国家出版基金资助项目

北京市社会科学理论著作出版基金资助

中外跨国公司发展史（下卷）

卢进勇　杨国亮　杨立强　等　编著

对外经济贸易大学出版社
中国·北京

图书在版编目（CIP）数据

中外跨国公司发展史．下卷／卢进勇等编著．—北京：对外经济贸易大学出版社，2016.12
ISBN 978-7-5663-1720-9

Ⅰ．①中… Ⅱ．①卢… Ⅲ．①跨国公司-经济史-世界 Ⅳ．①F279.1

中国版本图书馆 CIP 数据核字（2016）第 306510 号

中外跨国公司发展史（下卷）

卢进勇 杨国亮 杨立强 **等 编著**
责任编辑：张俊娟 郭华良 郭 巍

对外经济贸易大学出版社
北京市朝阳区惠新东街 10 号 邮政编码：100029
邮购电话：010-64492338 发行部电话：010-64492342
网址：http://www.uibep.com E-mail：uibep@126.com

北京华创印务有限公司印装 新华书店经销
成品尺寸：185mm×260mm 26.5 印张 612 千字
2016 年 12 月北京第 1 版 2016 年 12 月第 1 次印刷

ISBN 978-7-5663-1720-9
定价：78.00 元

总序

在当今世界经济中，跨国公司发挥着越来越重要的作用。国与国之间的大部分投资、贸易、金融和技术转让等活动都是由跨国公司承担和完成的。研究跨国公司，不仅要研究它们的发展现状和管理特点，也要研究它们产生与发展的历史，从中观察跨国公司在推动世界各国经济发展和经济全球化中所发挥的积极作用。跨国公司到底是什么时候产生的？中外学术界对此有各种不同的解释，本书也给出了相应的分析与判断。作为世界经济史的组成部分，中外跨国公司发展史的研究无论是对深化相关理论研究，还是对当前加快实施“走出去”战略背景下中国跨国公司的成长实践，都具有重要的学术理论价值和现实借鉴意义。

本书由对外经济贸易大学卢进勇教授、杨国亮教授和杨立强副研究员等编写，全书框架结构和章节体系由卢进勇教授设计。本书作者来自对外经济贸易大学和其他高校与研究机构，是一个由教授、副教授、博士后研究人员和博士生等组成的强有力的研究团队。全书坚持学术与历史视角，不仅涵盖跨国公司的整体发展史，而且兼顾了国别史与专题史；不仅展现了跨国公司的发展历程和实践，而且梳理了跨国公司的理论与学说史；不仅关注了国外跨国公司的发展史，而且分析了在中国的跨国公司和中国跨国公司的发展史。总之，从不同方面展现了几百年来跨国公司发展和崛起的波澜壮阔的画卷。

当前专门研究中外跨国公司发展史的文献还比较少，因此本书的出版具有一定的开拓性，希望本书的出版对推进这一领域的研究起到铺路石的作用。本书的出版得到了国家出版基金资助项目和北京市社会科学理论著作出版基金的支持，并入选“十二五”时期国家重点图书、音像、电子出版物出版规划。本书是对外经济贸易大学中国企业“走出去”协同创新中心的科研成果之一（项目批准号：201501JL003A）。

本书的编写得到了对外经济贸易大学林桂军副校长、对外经济贸易大学赵忠秀副校长、对外经济贸易大学国际经济贸易学院洪俊杰院长、上海大学经济学院董有德教授、对外经济贸易大学出版社刘传志副总编辑、对外经济贸易大学出版社经管图书事业部郭华良主任、对外经济贸易大学出版社张俊娟编辑和郭巍编辑等的大力支持和帮助，在此一并表示衷心感谢。

限于作者的水平和经验，书中难免存在错误与不足之处，恳请各位专家和广大读者不吝赐教。

卢进勇

2016年10月16日

前言

跨国公司理论的发展要远远落后于跨国公司的实践。在第二次世界大战结束后的几十年间，跨国公司的发展突飞猛进，催生了跨国公司理论和学说的出现，并不断推动着已有跨国公司理论的完善和新流派的诞生。概括来讲，跨国公司理论主要探讨和解释跨国公司的国际化经营行为，重点关注以下几个问题：企业对外直接投资的决定因素或制约条件是什么？跨国公司的竞争优势在哪里？为什么会出现跨境资本流动？跨国公司是如何维持其海外经营并不断发展壮大的？如何用成本—收益分析方法去评价跨国公司对外直接投资的效益？当前跨国公司理论和学说侧重从以下四个层面研究跨国公司：从企业层面聚焦跨境贸易和投资、全球生产经营网络和海外选址、外包与代工现象、跨国公司治理、跨文化管理等问题；从产业层面探讨国际产业转移、产业链与价值链、产业内贸易等问题；从宏观层面研究跨境资本流动和跨国公司对世界经济以及国别经济带来的各种影响；从政策层面分析投资政策、投资规制、投资促进、投资保护、投资障碍、投资环境等问题。

本卷分为四篇。首先分析了国外跨国公司理论发展史和欧美日等国的跨国公司投资理论，这部分理论和学说出现得相对较早，已经成为当前跨国公司理论的主流；然后探讨了发展中国家、服务业、中小型跨国公司投资理论，尽管这部分理论和学说出现较晚，但已经成为跨国公司主流理论的重要补充；随后梳理和分析了中国跨国公司理论发展史与主要的理论，归纳总结和介绍了跨境产业链理论、综合动因论、制度促进论、全球公司论、国际投资动力论、国际产能合作论等中国跨国公司的理论与学说；最后从国际投资促进、国际投资保护、国际投资环境以及跨国公司治理等角度研究了其他相关的跨国公司理论。

本卷各章的具体编写分工如下：第一章，李小永（对外经济贸易大学）、卢进勇（对外经济贸易大学）；第二章，杨宏恩（河南大学）；第三章，王晶（河南大学）；第四章，吴嵩博（对外经济贸易大学）、卢进勇；第五章，姜峰（对外经济贸易大学）、蓝庆新（对外经济贸易大学）；第六章，郑琴琴（复旦大学）、郭凌威（对外经济贸易大学）；第七章，王光（对外经济贸易大学）；第八章，程晓青（对外经济贸易大学）、卢进勇；第九章，卢进勇、刘辉群（天津商业大学）；第十章，卢进勇、程晓青、杨挺（中国国际贸易促进委员会）；第十一章，杨国亮（对外经济贸易大学）；第十二章，王志乐（北京新世纪跨国公司研究所）、郭思文（对外经济贸易大学）；第十三章，王东京（中共中央党校）、田云华（广东外语外贸大学）、程晓青；第十四章，杨杰（安徽财经大学）、郭凌威；第十五章，吴嵩博、卢进勇；第十六章，李锋（外交学院）；第十七章，杨立强、卢进勇、张亦扬（对外经济贸易大学）；第十八章，王勇（中共中央党校）。

在编写本卷的过程中，郜志雄、闫实强、黄珊珊、裴秋蕊、李秀娥、王静、邵海燕、李思静帮助收集整理了一些相关资料、数据和案例，在此一并表示诚挚的感谢！

卢进勇

2016 年 10 月 16 日

目录

第一篇　欧美日等国家跨国公司投资理论

第一章　国外跨国公司理论发展史　3

第一节　跨国公司投资微观理论发展史　3

第二节　跨国公司投资宏观理论发展史　14

第二章　欧美日国家主流跨国公司理论　21

第一节　垄断优势理论　21

第二节　内部化理论　32

第三节　产品生命周期理论　35

第四节　比较优势理论　42

第五节　国际生产折衷理论　48

第三章　其他跨国公司投资理论　57

第一节　动态比较优势理论　57

第二节　国家竞争优势理论　59

第三节　辅助型国际直接投资理论　63

第四节　资源基础理论　64

第五节　跨国公司理论及学说的延伸——跨国银行理论　68

第四章　最新的跨国公司投资理论　75

第一节　新资源基础论　75

第二节　产业集群理论　78

第三节　外包生产理论　81

第四节　横向和纵向一体化投资理论　83

第五节　跨国公司网络组织理论　85

第二篇　发展中国家、服务业、中小型跨国公司投资理论

第五章　发展中国家跨国公司投资理论　95

第一节　小规模技术理论　95

第二节　技术地方化理论　98
第三节　技术创新产业升级理论　102
第四节　利基市场营销理论　109
第五节　其他投资理论　112
第六章　服务业跨国公司投资理论　123
第一节　传统跨国公司理论对服务业跨国公司的应用　124
第二节　服务业跨国公司扩张动因理论　127
第三节　服务业跨国公司区位选择理论　131
第四节　服务业跨国公司进入模式理论　132
第五节　服务业跨国公司发展理论　137
第七章　中小型跨国公司投资理论　143
第一节　中小企业国际化阶段模型　143
第二节　其他中小企业国际化发展阶段理论　150
第三节　中小企业国际化的网络关系理论　153
第四节　企业家精神与中小企业国际化的关系　154

第三篇　中国跨国公司投资理论

第八章　中国跨国公司理论发展史　159
第一节　中国跨国公司理论之萌芽　159
第二节　中国跨国公司理论之试水　160
第三节　中国跨国公司理论之探索　161
第四节　中国跨国公司理论之发展　162
第九章　跨境产业链理论　169
第一节　改革开放后中国企业参与国际分工的主要特征　169
第二节　构建中国跨国公司主导的跨境产业链的作用与条件　172
第三节　如何构建跨境产业链　174
第四节　加快构建跨境产业链的政策措施建议　179
第十章　综合动因论　183
第一节　母国企业的动因　183
第二节　东道国环境动因　187
第三节　母国环境的动因　190
第四节　世界经济动因　192
第五节　案例分析　194
第十一章　制度促进论　201
第一节　制度促进论的理论分析　201

第二节　制度促进论的实践探索　206
第三节　“制度逃逸”与制度距离　215
第十二章　全球公司理论　227
第一节　全球公司的产生与发展　227
第二节　全球公司的特点　246
第三节　全球公司的影响　249
第四节　全球公司理论评价　266
第十三章　国际投资动力论　271
第一节　国际投资合力论　271
第二节　其他国际投资动力论　279
第三节　国际投资动力论评价　287
第十四章　其他中国跨国公司投资理论　289
第一节　国际产能合作理论　289
第二节　跨越式发展论　294
第三节　后发优势论　296
第四节　两阶段理论　300
第五节　综合优势理论　301
第十五章　国外关于中国对外直接投资理论研究述评　305
第一节　中国对外直接投资动因理论　305
第二节　中国对外直接投资模式理论　310
第三节　国外关于中国对外直接投资理论研究评价　312

第四篇　其他角度跨国公司投资理论

第十六章　国际投资保护理论　319
第一节　国际投资保护主义概述　319
第二节　国际投资保护主义的表现、特征及危害　323
第三节　国际投资保护主义的理论解释　331
第四节　国际投资保护主义的原因及对策　338
第十七章　国际投资环境理论　343
第一节　国际投资环境的概念与早期评估理论　344
第二节　世界银行投资环境调查和政策改革促进活动　353
第三节　国际投资环境对经济增长与宏观经济影响的理论发展　359
第四节　国际投资环境对跨境资本流动影响的理论发展　362

第十八章　跨国公司治理理论　371
第一节　跨国公司治理的内涵与价值　371
第二节　跨国公司治理的理论基础　378
第三节　跨国公司治理理念的最新发展　384
第四节　新公共管理运动与跨国公司治理　393
第五节　跨国公司治理的比较分析　399

第一篇

欧美日等国家跨国公司投资理论

第一章

国外跨国公司理论发展史

在第二次世界大战之前，对外直接投资只是被看作证券投资的一个特例，是母公司借款给（投资于）子公司。但当这种资本流动穿越国家界限进入到外国的领土、市场和文化中时，这个特例就变成了一个不同的课题。跨国公司必须与距离、时间、市场、文化、语言、人员、货币和政府上的差异以及其他障碍做斗争，而在正常的环境下，所有这些方面都是有利于当地竞争者的。因此，对外直接投资理论必须解释为什么跨国公司能够，而且确实能够克服这些市场因素障碍，在外国市场开展经营活动。然而，证券投资理论没有论述和解释这些问题。从20世纪60年代开始，学术界一些具有洞察力的学者将对外直接投资从证券投资领域剥离出来，把对外直接投资当作一个单独的研究领域，从而促进了对外直接投资理论的产生和发展。

自20世纪60年代至今，随着经济全球化的纵深发展，跨国公司和跨国经营行为由早期的一种特殊现象逐渐变为一种普遍现象。对应于这一变化，跨国公司投资理论也如雨后春笋般层出不穷，形成了许多不同的理论学派，比如发达国家跨国公司投资理论、发展中国家跨国公司投资理论、服务业跨国公司投资理论学派等。各理论学派又可以细分为各种不同理论，这些理论系统探讨了对外直接投资行为产生的动因、效应及具体形式等。基于上述各种理论的研究，本章根据不同理论研究主体和层次的差异，将跨国公司投资理论分为微观理论和宏观理论两部分。其中，微观理论是指那些将跨国公司本身作为分析主体的跨国公司投资理论，宏观理论则是指那些从产业、地区和国家层面来分析跨国公司投资行为的相关理论。另外，本章将主要以各个理论的代表性人物作为分析的切入点，并按照理论提出的时间顺序，对跨国公司投资的微观理论和宏观理论进行梳理和总结。

第一节　跨国公司投资微观理论发展史

一、20世纪60—70年代跨国公司投资微观理论

（一）斯蒂芬·海默

斯蒂芬·海默（Stephen Hymer）是较早明确区分证券投资和直接投资的学者之一，

他认为证券投资是指对经营实体无控制权的投资，而直接投资则是指对经营主体有控制权的投资。海默发现，在 20 世纪早期，国际投资方式并不与证券投资理论的预期相一致，他认为国际直接投资的发生不是因为资本收益率的差异，而是有其他原因。在此基础上，海默（1960）① 在他的博士毕业论文《国内企业的国际化经营：对外直接投资的研究》中首次从产业组织理论的角度对对外直接投资进行分析。海默从市场不完全理论出发，把产业组织的垄断原因用于对跨国公司行为的分析，从而形成了垄断优势理论。

海默认为，投资者通过直接投资以获得对企业的控制是出于两个原因：（1）确保投资的安全；（2）投资者（或投资公司）拥有某种形式的优势，并希望借助这种优势开发外国市场。对此，海默的解释如下：（1）如果市场是不完全的，即如果存在水平或双边的垄断或寡占，某种形式的合谋将是有利可图的。其中的一种形式是使不同的公司由一家公司拥有和控制，这是公司控制国外企业的动机之一。（2）如果市场是不完全的，并且投资者比东道国的竞争对手拥有某种优势，投资者利用这种优势在国外投资就是符合逻辑的。海默还进一步指出，跨国公司的垄断优势能够抵消东道国当地企业所具有的优势，也就是说，垄断优势对跨国公司有一定的补偿作用。

（二）雷蒙德·弗农

雷蒙德·弗农（Raymond Vernon，1966）② 的主要贡献是提出了产品生命周期理论。弗农的产品生命周期理论基于以下四个假设条件：（1）产品在生产和营销中经历可预测的变化；（2）技术信息的获取受到限制；（3）生产过程随时间而改变，规模经济普遍存在；（4）收入不同，品位也不同，从而针对不同的收入水平，产品可被标准化。弗农把他的产品生命周期理论融入到了同一时期的美国外国直接投资历史特征当中，他把重点放在作为独立变量的知识、区位因素以及创新时机上，将企业的垄断优势和区位优势结合起来，动态地描述了 20 世纪 50—60 年代美国制造业对外直接投资的情况。

弗农在其论文中，将产品生命周期区分为以下三个阶段：产品创新阶段、成熟产品阶段和标准化产品阶段。他假设美国的平均工资是西欧的两倍，这样拥有相对高工资率的美国市场便成为创新的发源地，尤其是通过创新，美国市场可以维持相对高的劳动力成本。在富裕的美国市场上的公司有动力去研究和开发新的节省劳动力的产品。但是，为何是在美国市场而不是在其他外国市场上生产这些产品呢？弗农认为答案存在于行业区位的外部经济中。由于新产品还没有标准化，厂商需要靠近市场生产来节省交易成本，产品在美国国内生产，任何外国的需求都需要靠从美国进口的产品来满足。当产品成熟后，它变得标准化了，依据相关的母国和东道国的生产和运输成本的比较，生产就可以在完全拥有所有权的外国子公司中进行了。一旦一家美国厂商立足于一个主要的外国市场，则这一

① Stephen Hymer. The international operations of national firms: a study of direct foreign investment[M]. Cambridge, MA: MIT Press, 1976.

② Vernon R. International investment and international trade in the product cycle[J]. The Quarterly Journal of Economics, 1966: 190-207.

市场上就会有寡头垄断的趋势，因为其他的美国厂商会试图维持或保护它们的世界市场份额。在弗农论文中最具历史影响力的经验结论是：他假设日本和中国的台湾省为不发达地区，这些地区处于产品周期的最后一个阶段，只能生产完全标准化的产品。

（三）金德尔伯格

金德尔伯格（Charles P. Kindleberger，1969）① 继续海默的工作，他也同样认为一个投资者必须拥有某种优势，这种优势使得一项直接投资能够获得足够的回报，从而证明与东道国的公司竞争是合理的，正如金德尔伯格的解释："在一个产品和要素完全竞争的世界里，直接投资不可能存在。"在市场和要素完全竞争的条件下，没有人能够拥有一项优势从而使得直接投资合理化。作为直接投资可能产生的原因，金德尔伯格列举了以下几种市场不完全：（1）在产品市场上偏离完全竞争，包括产品差异化、特殊的市场技能、维持零售价格以及价格管制；（2）在要素市场上偏离完全竞争，包括专利或不可获得技术的存在、获得资本方面的歧视、被安排到公司中而不是在完全竞争市场上被雇用，经理人员在技能上的差异；（3）内部和外部的规模经济，垂直一体化能够利用外部的规模经济获取优势；（4）政府对产出或进入的限制。

金德尔伯格认为两个原因导致对外投资垄断理论的产生：第一个原因，外国公司比当地公司拥有某种优势，外国公司不愿意共享那些专有知识，与合资企业相比，这是投资者不愿意共享股权的一个主要原因；第二个原因，对外直接投资理论本身就属于垄断竞争理论。金德尔伯格指出，跨国公司的垄断优势主要体现在五个方面：一是技术优势，包括技术诀窍、管理组织技能和市场技能；二是工业组织优势，主要包括规模经济、垄断市场的结构和行为；三是易于利用过剩的管理资源优势；四是易于得到廉价资本和投资多样化的优势；五是易于得到特殊原材料的优势。正因为如此，跨国公司才能克服直接对外投资的附加成本，抵消东道国当地企业的优势，确保直接对外投资活动有利可图。需要指出的是，金德尔伯格在他的这篇论文中就预测，国际性公司的出现将是未来发展的潮流。

（四）约翰逊

约翰逊（Harry G. Johnson，1970）② 从知识产权的角度对跨国公司投资进行阐述，继承和发展了垄断优势理论。约翰逊指出，知识资产在公司内部的转移是国际直接投资的关键。跨国公司的垄断优势主要来源于其对知识资产（如技术、商标、专利、管理与组织技能、销售技能等无形资产）的占有和控制。虽然跨国公司获取知识资产的生产成本较高，但是这种知识资产可以在全世界不同地点同时使用，并且其生产成本不会随着使用地点的增加而提高。跨国公司的海外子公司可以以较低的成本使用母公司的知识资产，而东道国企业为获取同类知识资产则要付出较高的成本，这就使跨国公司具有了竞争优势。

---

① Kindleberger C P. American business abroad: six lectures on direct investment[J]. Canadian Journal of Economics, 1969, 2(4).

② Johnson H G. The efficiency and welfare implications of the International Corporation[J]//Kinderberger C P. The international corporation. Cambridge, Mass.: MIT Press, 1970.

（五）阿利伯

阿利伯（Robert Z. Aliber）认为海默和金德尔伯格阐明的产业组织理论不能够解释为什么一个公司会选择对外直接投资来开发国外市场，而不是通过许可证或出口的方式。阿利伯（1971）① 认为，由于母国公司可能拥有的在资本方面的优势，母国公司相比东道国公司要为收入现金流付出更高的代价，因此对外直接投资可以这样来解释：在债务市场上，母国公司也许能以比东道国公司更低的利率借款；在股权市场上，母国公司的股份能以比东道国公司收入更高的比率资本化；母国公司和东道国公司之间的区别主要在于市场对其份额资本化比率方面的差异。由于阿利伯的理论是从跨国公司具有唯一优势的角度来解释对外直接投资，巴克利和卡森把他的理论包括在海默和金德尔伯格的理论体系中。但阿利伯并不认同他的先辈（海默和金德尔伯格），他认为这种优势不是跨国公司特有的，在基于某一特定的货币区内，这种优势对所有的公司都是可能的。巴克利和卡森注意到，尽管阿利伯很好地预测了第二次世界大战后跨国公司扩张的方向以及货币区之间对外直接投资的方向，但却不能解释同一货币区之间的资本流动，也不能解释货币区之间的交叉投资。

（六）尼克博克

尼克博克（Frederick Thomas Knickerbocker，1973）② 在《寡占反应与跨国公司》一文中提出了寡占反应理论。寡占反应是指无论寡头企业采取哪种行为或活动，其他企业都会模仿，力求缩小差距，降低风险，从而保持竞争双方相对均衡。尼克博克发现第二次世界大战后，美国对外直接投资主要是由寡占行业中的几家寡头公司进行的，他通过分析 187 家美国跨国公司的投资行为，发现在一些寡头垄断工业中，一些寡头企业的对外直接投资行为与其竞争对手的投资行为有着紧密关联。基于此，他将对外直接投资区分为率先进行的进攻性投资和随后进行的防御性投资，并认为进攻性投资可以根据弗农的产品生命周期理论来解释，而防御性投资可以用寡占反应理论来解释。当寡头企业中的一个企业率先进行对外直接投资时，其他企业为了避免其竞争地位的下降，也将随之进行对外直接投资。

（七）凯夫斯

凯夫斯（Richard E. Caves）为对外直接投资理论的发展提供了一个稍微不同的角度。按照海默—金德尔伯格理论的传统，对外直接投资意味着投资者必须拥有某种优势，并能够带来足够的回报，从而证明对外直接投资的合理性。凯夫斯在吸收了海默、金德尔伯格解释对外直接投资发生的产业组织理论部分观点的基础上，结合马克维茨的证券组合理论，提出了分散风险理论。他认为，对外直接投资中的水平投资通过产品多样化降低市场不确定性，减少产品结构单一的风险；垂直投资则是为了避免上游产品和原材料供应的不确定性风险。凯夫斯还观察到企业经常通过出口，进而转换为通过子公

① Aliber R Z. A theory of direct foreign investment[J]. The International Corporation, 1970(4).

② Knickerbocker F T. Oligopolistic reaction and multinational enterprise[J]. The International Executive, 1973, 15(2): 7-9.

司在当地生产的方式来测试外国市场，这是为了使产品更好地适应当地市场或是以较低的成本生产产品；很多时候公司销售额增长仅仅是由于当产品在当地生产时，当地人能够更好地接受它。根据凯夫斯的观点，对外直接投资几乎是唯一的由最大的公司进行的。由于牵涉到成本因素，较小的公司将出售许可证作为进行国外生产的一种方式。

凯夫斯（1974）[①] 试图运用统计数据来解释跨国公司巨大的产业间差异，他首先回顾了用于解释这种差异的假设条件，然后将这些假设条件的检验结果体现在英国和加拿大制造业中外国拥有的公司的销售份额当中。根据对跨国公司的存在和扩张的三种解释，这些假设条件被加以分类：第一种假设认为公司拥有某种无形资产，能够克服在某个国外市场经营的劣势。这种“无形资产”的假设由约翰逊提出（1970）。第二种假设认为跨国公司只是多元化公司的一个分支，因此发生了直接投资。第三种假设认为直接投资是公司管理资源的一种外溢，公司扩张至海外以使它的管理资源能够被充分利用。检验结果表明无形资产（即广告、研究和开发）在加拿大和英国的跨国公司中是非常重要的因素，多元化公司的假设对加拿大的跨国公司比较适用，但对英国的跨国公司却并不适用，对于这两个假设，凯夫斯推断说“无形资产和多元经济的假设表明跨国公司将会在具有显著进入壁垒且相对集中的行业出现，而且跨国公司相比其他公司的优势使得它们的普遍存在日益起到一种进入壁垒的作用”。此外，企业管理资源的假设没能在这两个国家表现出显著的重要性。

（八）巴克利和卡森

巴克利和卡森（Peter J. Buckley & Mark Casson，1976）[②] 在科斯的新厂商理论的基础上提出了三个假设：（1）厂商在一个市场不完全的世界里实现利润最大化；（2）当厂商所处的中间市场不完全时，它们有一种创造内部市场以绕过不完全市场的动力；（3）跨越国界的市场的内部化产生了跨国公司。在这些假设条件下，巴克利和卡森提出了内部化优势理论。同海默—金德尔伯格的垄断优势理论一样，内部化优势理论也是从市场不完全理论出发，但与垄断优势理论不同的是，该理论主要研究的是市场不完全如何使企业将垄断优势保留在企业内部，并通过内部使用而取得垄断优势的整个过程，当这一过程超越国界时，便会形成跨国企业。

巴克利和卡森认为，中间产品市场的不完全竞争是导致企业内部化的根本原因，这里的中间产品主要是指专利、技术诀窍、营销渠道、商标、信誉等知识产品。由于中间产品市场的不完全，企业在进行知识产品的外部交易时，存在着泄密风险和定价困难，企业需要支付较高的交易成本才能克服这些障碍，这样就不能保证实现利润最大化目标。相反，若利用内部交易来取代外部市场，企业可利用管理手段协调企业知识产品的配置，并在对外直接投资中加以利用，以降低交易成本，从而避免市场不完全对企业经营效率的影响。企业对外直接投资的实质是基于所有权之上的企业管理与控制权的扩张，而不在于资本的转移。其结果是用企业内部的管理机制代替外部市场机制，以便降

① Caves R E. Causes of direct investment: foreign firms' shares in Canadian and United Kingdom manufacturing industries[J]. The Review of Economics and Statistics, 1974, 56(3): 279-293.

② Buckley P J, Casson M. Future of the multinational enterprise[M]. London: Palgrave Macmillan, 1977.

低交易成本，拥有跨国经营的内部化优势。

巴克利和卡森阐述了与内部化决定相关的四个因素：（1）与产品性质和外部市场结构有关的产业因素；（2）与由市场联结的地理和社会特点有关的地区因素；（3）与相关国家之间政治和经济关系有关的国家因素；（4）反映组织一个内部化市场的管理能力的厂商因素。他们认为这些因素是内部化中间产品市场的最好原因，同时，产业特定因素对市场内部化的影响最重要。更进一步，他们界定了能给内部化提供显著收益的五种形式的市场不完全：（1）当由市场联结的相互依赖的活动之间存在时滞，而协调这些活动所需的期货市场又不存在时；（2）当有效率地开发一种中间产品的市场力量需要价格歧视政策，而这种价格歧视在一个外部市场上不可行时；（3）当一种双边集中的市场力量导致一种难以确定或者不稳定的讨价还价的力量时；（4）当买卖双方在关于产品的性质和价值的知识上存在不平等时；（5）当存在政府干预时，比如从价税或限制资本流动等。

巴克利和卡森认为，之前的对外直接投资理论可以纳入到他们的一般化理论当中。不仅如此，他们指出以前的理论还带有某些方法论上的缺点。他们提到的缺点包括：（1）以前的理论先验地判断某些关键问题，比如内部化一个市场的决定问题；（2）他们对分析基础的假设通常很模糊，尤其是在厂商的目标和他们所囿于的竞争限制方面；（3）他们没能区分长期分析和短期分析。同时，巴克利和卡森还列举了内部化的几项优势：（1）计划和控制生产的能力日益增加，尤其是协调关键投入流动的能力；（2）通过价格歧视来开发市场力量；（3）避免双边市场力量；（4）避免在双方转移知识时的不确定性；（5）避免潜在的政府干预。

（九）麦基

麦基（Magee，1977）[①] 将新古典学派创立的专用性理论与产业组织理论相结合来解释为什么厂商进行对外直接投资。麦基认为，对信息具有较高派生需求的产业必须不停地进行投资。这些投资产生五种具体形式的信息，即创立、发展、生产、市场、专用性，而跨国公司是产生这些具体形式信息的专家。由于通过市场复制这些信息很困难，跨国公司最好通过中间市场来传递这些信息。此外，专用性的水平随着技术精密程度的增加而增加。

二、20 世纪 80 年代跨国公司投资微观理论

（一）邓宁

邓宁（John Harry Dunning）1958 年在著作中对对外直接投资对东道国经济的贡献进行了首次研究[②]。该著作研究的基本目的是建立美国对外直接投资（FDI）在英国制造业中的一份客观事实记录，并评价它对英国经济的影响，指出它是在出于宏观公共政策而不是微观管理政策的考虑下产生的。在“马歇尔计划”的资助下，邓宁历时两年多，开展了非常详细的实地考察工作，走访了 205 家在英国有分支的美国制造公司，这

---

① Magee S P. Multinational corporations, the industry technology cycle and development[J]. Journal of World Trade Law, 1977, 11(4): 297-321.

② Dunning J H. American investment in British manufacturing industry[M]. London: Routledge, 1958.

些公司占了美国拥有的设在英国的全部子公司的雇用工人总数的 90%～95%。邓宁根据调查数据，对美国对外直接投资在英国的利益和成本做了经验分析，并归纳了影响美国对外直接投资效果的一些重要因素，比如地理位置、规模大小、所有权类型、财务状况、经营和管理结构等。在其著作的后半部分，他运用“平衡决定法”，评估了美国在英国的对外直接投资对于英国经济发展的贡献，并分析了美国在英国的对外直接投资对于英国竞争、研发、制造、管理技能、消费者和经济的整体效率的影响方式。邓宁的这项工作对后来学者的影响很大，比如海默就在其博士论文中使用了邓宁 1958 年研究美国在英国的跨国公司行为的数据来证明自己截然不同的观点。但此时邓宁的工作重点放在经济政策制定方面，而不是跨国公司对外直接投资理论方面。

邓宁（1977）① 提出了一种对外直接投资理论的折衷方法，他将三个占主流地位的对外直接投资理论结合到他的“国际生产折衷理论”中。邓宁指出，20 世纪 60—70 年代发展了三种对这种国际增长的解释：（1）海默的产业组织理论；（2）建立在对厂商海外活动金融方面考虑基础之上的解释（阿利伯）；（3）通过厂商理论来解释国际生产，这一解释侧重于导致对外直接投资发生的制度因素而不是其行为本身，其主要代表人物为巴克利和卡森。国际生产折衷理论认为跨国公司进行对外投资需要具备三个基本因素，即所有权优势（Ownership Advantage）、内部化优势（Internalization Advantage）、区位优势（Location Advantage），也就是所谓的 OIL 范式。出于以下三个原因，邓宁将他的方法称为折衷理论：（1）这一理论来源于 20 世纪 60 年代以来发展起来的上述主要流派的对外直接投资理论；（2）它与各种形式的对外直接投资都有相关性；（3）它包括了企业进行海外经营的主要工具，即直接投资、出口和契约性资源转移。这种更为全面的理论解释了厂商为市场服务的能力，更重要的是，解释了为什么厂商选择在国外而不是在国内进行生产。

邓宁（1981）② 阐述了国际生产折衷理论的主要假设条件，如果三个条件得到满足，厂商将会进行对外直接投资：（1）厂商相比在当地市场的竞争厂商拥有某种净所有权优势；（2）厂商保持对这些优势的控制比租赁或采用许可证转让技术给当地厂商更加有利；（3）对厂商来说，在母国之外将这些优势和至少是某种要素加以（包括自然资源）充分利用是有利可图的，否则外国市场将完全由出口来满足。邓宁同时阐明了各种所有权优势和内部化动机优势，邓宁的国际生产折衷理论表明国际化生产可以通过这些优势来解释。

邓宁的折衷范式被提出后遭遇了诸多学者的批判，比如部分学者认为折衷范式是各种变量的简单罗列、OIL 各要素存在自相关、折衷范式只能分析纯粹微观经济活动等。邓宁（1988）③ 对那些施加于其对外直接投资折衷理论之上的批评进行了反驳：他认为

① Dunning J H. Trade, location of economic activity and the MNE: a search for an eclectic approach[M]//Bertil Ohin, Pre-Ove Hesselborn, Per Magnus Wijkman. The International Allocation of Economic Activity. London, UK: Palgrave Macmillan, 1977: 203-205.

② Dunning J H. International production and the multinational enterprise[M]. London: HarperCollins Publishers, 1981.

③ Dunning J H. The eclectic paradigm of international production: a restatement and some possible extensions[J]. Journal of International Business Studies, 1988, 19(1): 1-31.

OIL 要素在国家、产业和企业三个层面上都存在差异，越是涉及具体问题，差异就越明显，所以企业差异程度远远高于产业和国家差异，差异的程度直接决定作为一般理论的解释能力；邓宁承认 OIL 要素之间有一定的自相关，但他同时认为一部分自相关是可以从各要素独立性检验中分离出来的；虽然折衷范式在应用到具体分析中时会涉及很多变量，但这些变量能够合理地归入 OIL 要素之中，因为 OIL 范式本身在经济理论或企业组织理论中就有深厚的基础。

（二）鲁格曼

鲁格曼（Alan M. Rugman）在巴克利和卡森关于内部化优势理论的研究基础上，扩展了内部化理论，使其不仅包括对外直接投资方面，还包括国际多元化方面。鲁格曼（1979）① 分析了跨国公司作为国际多元化的一个工具的作用，他认为跨国公司以知识内部化为手段，创造出内部市场以绕过资本市场上的不完全。鲁格曼认为内部化理论综合了许多著名学者的著作和他们个人的理论。这些学者——弗农（1966）、金德尔伯格（1969）、凯夫斯（1971）、阿利伯（1970）、麦基（1977）都对内部化理论的发展做出过贡献。

鲁格曼（1981）② 注意到跨国公司的研发（R&D）不仅在最易获得规模经济的产品设计与开发的中间阶段是集中进行的，而且在其他阶段也有较高的集中度，甚至他根据实证研究认为母公司比子公司在研发活动中的集中度更高。鲁格曼（1986）③ 回顾了关于跨国公司投资的文献并主要侧重于分析内部化的概念，他在结论中认为内部化理论是跨国公司理论的核心。他还总结说，内部化理论与交易成本理论以及邓宁的国际生产折衷理论有着完美的一致性，在这种情况下，等级组织机构取代了市场。

（三）威尔斯

威尔斯（Wells，1983）④ 在著作《第三世界跨国企业》中将跨国公司竞争优势的产生与这些国家的市场特征结合起来，系统地分析了发展中国家对外直接投资竞争优势的来源。威尔斯认为，发展中国家跨国公司的竞争优势是相对的，主要源自低水平的生产成本，这种低生产成本是与其母国的市场特征紧密相关的。威尔斯主要从三个方面分析了发展中国家跨国公司竞争优势的来源：（1）适合东道国市场需求的小规模生产技术；（2）东道国当地采购和特殊产品优势；（3）商品低价营销战略。威尔斯在此基础上讨论了发展中国家对外直接投资的几个主要动因：（1）保护出口市场；（2）突破配额限制；（3）谋求低成本；（4）分散资产。威尔斯指出，发展中国家生产的产品主要

---

① Rugman A M. International diversification and the multinational enterprise[M]. Lexington, MA: Lexington Books, 1979.

② Rugman A M. Inside the multinationals: the economics of international markets[M]. New York: Columbia University press, 1981.

③ Rugman A. New theories of the multinational enterprise: an assessment of internalization theory[J]. Bulletin of Economic Research, 1986, 38(2): 101-118.

④ Wells L T. Third World multinationals: the rise of foreign investments from developing countries[J]. MIT Press Books, 1983(1).

是使用“降级技术”生产在西方国家早已成熟的产品。

（四）拉奥

英国经济学家拉奥（Sanjaya Lall，1983）① 在对印度跨国公司的竞争优势和对外直接投资动因研究的基础上，指出发展中国家在引进发达国家的成熟技术之后，根据自身特点对其进行创新和升级，使技术更适应发展中国家生产要素的条件和市场需求，即把这种技术知识当地化，再将这种当地化的技术知识投资到与母国经济环境相似的国家和地区，由此可形成具有本国特色的国际直接投资竞争优势。拉奥还阐述了发展中国家的跨国公司形成自身“特定优势”的几个条件：（1）发展中国家的知识技术具有“本土化”特征；（2）发展中国家企业对国外技术的创造性吸收；（3）小规模生产条件下创新带来的经济效益；（4）开发出的产品能够在国内市场上与国外名牌产品抗衡。同时，拉奥也指出发展中国家企业的技术吸收过程是一种不可逆的创新活动，这种创新往往受当地的生产供给、需求条件和企业特有的学习活动的直接影响。

（五）沃纳菲尔特

沃纳菲尔特（Wernerfelt，1984）② 在吸收彭罗斯（Penrose）的企业成长理论的基础上，认为企业是各种资源的集合体，由于各种不同的原因，企业拥有的资源各不相同，具有异质性，这种异质性决定了企业竞争力的差异。他认为跨国经营已逐渐成为企业实现竞争优势的手段，其本质是工具性的，企业跨国经营的实质在于保持和发展优势以及寻求新的优势。在此基础上，跨国经营就是跨国公司在全球范围获取资源、整合资源的过程。而从知识和学习的角度看，跨国经营是企业组织人员到国外学习，实现知识的结合、积累和创造的过程。

三、20世纪90年代跨国公司投资微观理论

（一）坎特维尔和托兰惕诺

坎特维尔和托兰惕诺（John Cantwell & Paz Etrella Tolentino，1990）③ 不满足于传统的发展范式，认为发展中国家的海外投资活动应该从这些国家技术积累的演进过程角度加以充分说明，这个演进过程表现在相互联系的两个方面：（1）发展中国家产业结构的升级意味着技术积累的稳定扩大；（2）这种积累的扩大决定和影响着它们国际生产活动的形式和效果。在此基础上，坎特维尔和托兰惕诺认为发展中国家和地区对外直接投资的产业分布和地理分布是随着时间的推移而逐渐变化的，并且是可以预测的。坎特维尔还指出了产业分布和地理分布的发展规律。产业分布的发展规律为：首先是以自然资源开发为主的纵向一体化生产活动；然后是以进口替代和出口导向为主的横向一体化生产活动；最后随着发展中国家工业化程度的提高，技术进步速度加快，产品结构升

① Sanjaya Lall. The new multinationals: the spread of Third World enterprises[M]. New York: John Wiley & Sons, 1983: 25-268.

② Wernerfelt B. A resource-based view of the firm[J]. Strategic Management Journal, 1984, 5(2): 171-180.

③ Cantwell J, Tolentino P E E. Technological accumulation and third world multinationals[M]. Reading, UK: University of Reading, Department of Economics, 1990.

级，对外直接投资领域由传统产业的产品生产逐渐转为高科技领域的产品生产与技术研发活动。地理分布的发展规律为：首先是在周边国家进行直接投资，充分利用种族联系；其次是随着海外投资经验的积累，种族因素的重要性下降，逐步从周边国家向其他发展中国家扩展直接投资；最后，在经验积累的基础上，为获取更先进的复杂制造业技术，开始向发达国家投资。

（二）亨内特

亨内特（Jean Francois Hennart，1988）① 运用交易成本理论来解释合资企业产生的原因，他认为追求成本最小化是合资企业产生的重要原因，他还罗列了跨国公司追求成本最小化的三个主要领域：原材料和零部件、知识、分销和贷款资本。亨内特（1990）② 提供了一个对跨国公司和外国直接投资所做工作的回顾，这一工作进一步发展了由巴克利和卡森（1976）、邓宁（1977）以及鲁格曼（1979）所提出的内部化交易成本的假设。亨内特解释了合资企业、契约、其他形式的投资和对销贸易等现象，还说明了对外直接投资的种类和形式，认为主要包括横向投资（知识和商誉）、纵向投资（向后和向前的一体化）以及独立厂商（没有特殊的国家联盟）。亨内特总结说，交易成本为跨国公司的各种存在形式提供了一个“有说服力的解释”。亨内特根据中间产品的特性对企业跨国经营时的市场契约或科层控制做了详尽分析，其中涉及市场内部化和优势内部化，分析标准采取的是交易费用最小化标准。

（三）科格特和库拉蒂拉卡

科格特和库拉蒂拉卡（Kogut & Kulatilaka，1994）③ 结合实物期权理论对跨国公司投资进行了研究。他们认为，由于跨国公司拥有跨国性的商业网络，当环境变化时，跨国公司能够在网络内部提高转移资源生产以及分销的灵活性，理论上这种转换期权能够提升跨国公司的市场价值且能够规避风险。科格特和库拉蒂拉卡（1996）④ 就在汇率波动的前提下对日本公司对美国出口的时滞现象与美国经常项目持续赤字的现象进行了相关性分析，同时还研究了日本公司对美国的出口撤出期权和生产转换期权对跨国经营决策以及对美国经常项目收支状况的影响。基于实物期权的跨国投资研究表明，美国对外来直接投资设限不利于经常项目账户余额的调整。

（四）凡尤格勒斯

凡尤格勒斯（R. Veugelers，1995）⑤ 建立了一个博弈论模型分析寡占企业对外直接

---

① Hennart J F. A transaction costs theory of equity joint ventures[J]. Strategic Management Journal, 1988, 9(4): 361-374.

② Hennart J F. Some empirical dimensions of countertrade[J]. Journal of International Business Studies, 1990, 21(2): 243-270.

③ Kogut B, Kulatilaka N. Operating flexibility, global manufacturing, and the option value of a multinational network[J]. Management Science, 1994, 40(1): 123-139.

④ Kulatilaka N, Kogut B. Direct investment, hysteresis, and real exchange rate volatility[J]. Journal of the Japanese and International Economies, 1996, 10(1): 12-36.

⑤ Veugelers R. Strategic incentives for multinational operations[J]. Managerial and Decision Economics, 1995, 16(1): 47-57.

投资的战略性动机，并解释了对外直接投资中“追随潮流”（Bandwagon）的现象。在这篇论文中，凡尤格勒斯假定某一行业仅由两个国家市场组成，并且在这两个市场中仅有两个公司存在。因为两家公司具有不同的国籍，所以每一个市场既作为本国公司的国内市场，也作为另一家公司的国外市场。而一家公司的国外市场利润，由于国外经营成本的存在，不同于国内市场利润。这两家公司都必须做出是否进行研究开发并进而成为跨国公司的战略选择。由于战略上的相互作用影响到双方的利润水平，因此形成了一个典型的战略博弈。根据博弈的均衡结果，凡尤格勒斯认为，在整个博弈过程中，一家公司是否进行对外直接投资，形成跨国经营，将取决于另一家公司的战略决策及所形成的利润对比。不同的利润对比的条件，会导致不同的对外直接投资型产出结果。

四、21 世纪以来的跨国公司投资微观理论

（一）格拉斯和沙吉

格拉斯和沙吉（Amy Jocelyn Glass & Kamal Sagg，2002）[①] 研究得出东道国加强知识产权不能促进发达国家技术创新的结论。他们采用产品周期模型，将创新、模仿和对外直接投资均看作内生变量，研究了发展中国家的知识产权保护政策对引进对外直接投资的影响。他们认为，技术在国家间的转移有两种方式，一是对先进技术的模仿，二是通过对外直接投资转移。当发展中国家对知识产权的保护水平提高时，发展中国家的模仿成本就会增加。这会使跨国公司免遭发展中国家企业的模仿，但是发达国家公司的模仿行为却无法阻止。而且，模仿难度的增加产生了资源浪费，加剧了发展中国家的资源稀缺，使能用于生产的资源减少。在这种情况下，就产生了模仿减少效应和资源浪费效应，两种效应相互强化，使对外直接投资减少，从而使发达国家不得不增加用于生产的资源，造成发达国家的资源稀缺，从而抑制发达国家的创新。此外，他们还发现，对跨国生产的补贴会增加创新率而减小创新规模。

（二）赫尔普曼

赫尔普曼（Elhanan Helpman，2004）[②] 将企业异质性纳入多国—多部门一般均衡模型中，从企业异质性视角考察了企业出口与水平型对外直接投资（绿地投资）之间的选择。他认为市场准入模式涉及不同的相对成本，其中一些成本是沉没的，而其他的成本则随销售量（如运输成本和关税）而变化。相对于对外直接投资，出口包括较低的沉没成本和较高的单位成本。在均衡状态下，只有生产率更高的企业选择通过对外直接投资为海外市场服务。他根据美国对 38 个不同国家和 52 个部门的联属营销数据和出口数据，结合企业异质性程度，对给定行业的特定国家的相对总出口额和对外直接投资额得出可测试的经验预测。结果表明，企业异质性是影响对外直接投资流量的一个重要因素，而且异质性程度越高，则对外直接投资销售的产品数量相对于出口销售的数量越是显著增加。

① Glass A J, Saggi K. Intellectual property rights and foreign direct investment[J]. Journal of International Economics, 2002, 56(2): 387-410.

② Helpman E, Melitz M J, Yeaple S R. Export versus FDI with heterogeneous firms[J]. American Economic Review, 2004, 94(1): 300-316.

第二节 跨国公司投资宏观理论发展史

一、20 世纪 90 年代前的跨国公司投资宏观理论

（一）小岛清

根据日本对外直接投资的实际情况，小岛清（Kiyoshi Kojima，1978）① 在其代表作《对外直接投资》一书中系统地提出了边际产业扩张理论。小岛清继承和发展了大卫·李嘉图的比较优势学说，将比较优势原理运用到国际直接投资这一层面，解释日本在第二次世界大战后的国际直接投资行为。小岛清提出了三个基本命题：（1）生产要素的差异导致比较成本的差异；（2）比较利润率的差异与比较成本的差异有关；（3）美国和日本的对外直接投资方式不同。他区分了美国垄断性对外直接投资和日本贸易导向型的对外直接投资，并认为垄断优势理论和产品生命周期理论忽略了国际分工的作用，只能解释美国型跨国公司的对外投资行为。小岛清认为，对外直接投资应该从本国已经处于或即将处于比较劣势的产业（边际产业）开始，并依次进行。这不仅有助于本国的产业结构合理化，也能促进东道国产业的调整和劳动密集型行业的发展；投资国与东道国的技术差距越小越好，因为这会使技术转移的普及和吸收变得更加容易，有利于东道国发挥出潜在优势，为东道国创造更多的就业机会。小岛清根据对外直接投资的动机，将对外直接投资分为自然资源导向型、劳动力导向型、市场导向型三种类型。按照小岛清的观点，日本一直致力于对外直接投资以确保原材料和中间产品的供给，因为在这两个方面日本不拥有自然比较优势；而美国却有转移其拥有自然比较优势产业的历史。

（二）邓宁

面对其他学者关于折衷范式的批判，邓宁在进行辩解的同时也对这一框架做了部分改进，扩展了折衷范式的形式和内容。其中，邓宁（1981）② 对折衷范式在宏观层面进行动态应用性扩展时，提出了投资发展周期理论。邓宁实证分析了 1967—1978 年 67 个国家的直接投资流入量（即外商直接投资量）、直接投资流出量（即对外直接投资量）与国家经济发展水平（用人均 GNP 表示）。分析结果指出，经济发展水平与国际直接投资水平呈高度相关关系，具体如下：第一阶段，国家经济发展水平很低，本国企业拥有的所有权优势和内部化优势极少，甚至为零；同时，国家的基础设施、收入水平、人力资本、法律制度等各方面都欠缺或不足，没有明显的区位优势，这就导致了直接投资流出量和流入量都很低。第二阶段，国家经济发展水平有所提升，基础设施、教育水平、收入水平等也有所改善，国内企业也逐渐积累了一定的所有权优势和内部化优势，

① Kojima K. Direct foreign investment: a Japanese model of multinational business operations [M]. London: Croom Helm, 1978.

② Dunning J H. International production and the multinational enterprise (RLE International Business) [M]. London: Routledge, 2012.

进口替代型和自然资源导向型的外资开始大量流入；但本国企业所具有的优势还不足以克服东道国的投资障碍，对外直接投资的规模较小。所以，该阶段直接投资的流入量大于流出量。第三阶段，国家经济发展水平显著提高，市场经济制度趋于完善，本国企业的所有权优势和内部化优势得到进一步加强，能够逐渐克服东道国的投资障碍，对外直接投资量越来越多，其增长速度也大幅增加，直接投资流出量也与直接投资流入量持平。第四阶段，国家经济发展水平已经很高，国内资源禀赋和政策优势在区位优势中的重要性下降，进口替代型和自然资源导向型外资流入逐渐减少；同时，国内企业开始向国外更具区位优势的国家和地区转移，致使对外直接投资增长速度高于外商直接投资的增长速度，直接投资流出量在该阶段也大于直接投资流入量。

（三）施奈德和弗雷

施奈德和弗雷（Friedrich Schneider & Bruno S. Frey，1985）① 发展了一个政治经济学模型，同时考虑到了对外直接投资经济和政治两方面的因素。他们发现这两类因素对一国对外直接投资的流入量至关重要。最为重要的经济因素似乎应是由人均国民生产总值和国际收支平衡表来衡量的一国发展水平。人均收入越高，国际收支状况越好，就会吸引越多的对外直接投资。其他不很显著的因素包括国民生产总值的增长速度、工人的技能水平、通货膨胀和工资成本。对外国直接投资影响最大的政治因素似乎应是来自西方国家的双边援助的数量。来自社会主义国家的援助有显著的负面影响，政治不稳定也是一个显著的负面因素。但是，东道国的政治意识形态却没有显著的影响。

（四）穆基埃利

穆基埃利（Jean Louis Mucchielli，1987）② 首创性地提出用整合方法来分析跨国公司对外直接投资的原因，该方法不同于邓宁的国际生产折衷理论和小岛清的边际产业投资理论，而是从公司、产业和国家三个层面探讨在一个产业内如何把公司所拥有的竞争优势和一个国家所拥有的比较优势相结合。结合公司和国家的“需求—供给”关系，当这两种优势在公司的母国不能匹配，尤其是只有公司竞争优势（例如技术优势）存在时，该公司会前往外国建立子公司，在这种情况下，公司对外直接投资的动机由东道国和母国在特定产业内的技术差异而定。

穆基埃利（1998）③ 分析了 1984—1993 年 396 家日本跨国公司子公司在欧洲的区位战略。除了关注一国经济水平变量、劳动力市场变量以及税收政策等宏观变量外，还重点探讨了三个微观问题：（1）一个产业的竞争程度是否和该产业内公司的空间集聚负相关，即空间集聚是否会加剧公司间的竞争从而导致价格战。（2）公司空间集聚是否呈现一个自我累积的过程，即公司做出新的区位选择时是否遵循产业已经具有的空间

---

① Schneider F, Frey B S. Economic and political determinants of foreign direct investment[J]. World Development, 1985, 13(2): 161-175.

② 余飒. 法国学者关于跨国公司理论的研究动态[J]. 经济学动态, 2013(5): 122-130.

③ Mayer T, Mucchielli J L. Strategic location behaviour: the case of Japanese investments in Europe[J]. Journal of Transnational Management Development, 1998, 3(3/4): 131-167.

结构。(3) 基于尼克博克的寡占模型，除了空间维度，文章创新性地从时间维度探讨集聚效应对跨国公司区位选择的影响。研究结果证实了日本公司在进入欧洲市场时存在时间集聚和空间聚集效应。

二、20 世纪 90 年代后的跨国公司投资宏观理论

（一）迈克尔·波特

迈克尔·波特（Michael E. Poter）发现传统的比较优势理论难以解释这样一种现象，即许多国家的某一特定产业虽然成本较高，但却具有明显优势。例如，瑞士是一个内陆国家，劳动力成本高，环境保护法严格，自然资源贫乏，然而它的巧克力却闻名世界。于是，波特（1990）[①] 在《国家竞争优势》一文中分析了影响企业竞争优势的因素，提出了国内激烈的竞争是企业对外直接投资的推动力和在国际竞争中成功的条件的新观点。波特认为，企业所面临的国内经济环境制约和影响着企业开发其竞争优势的能力，其中影响最大、最直接的有如下四个方面的因素：(1) 要素状况；(2) 需求状况；(3) 相关的支持性产业；(4) 企业战略、结构和竞争程度。波特提出了对外直接投资的新观点，即一个国家若要在全球竞争中战胜对手，国内就需要有激烈的竞争。这样的竞争一方面促使企业发展对外直接投资，另一方面又为企业在国际竞争中获胜创造了条件。

波特用日本汽车工业发展的历程证明他的上述观点。在要素状况方面，日本由于自然资源匮乏，工资较高，日本的企业不得不发展将其珍贵资源加工成高附加值产品所需的技术，同时通过对员工培训提高员工的专业化水平和技术熟练程度。在需求状况方面，在国内市场成熟后，日本又大量促进产品的出口。在相关的支持性产业方面，日本工业的特点是围绕着各种产业都有强有力的群体。供应商与生产厂家形成长期的关系，有利于在革新方面进行合作。在国内竞争方面，日本获得国际性成功的每一项产业中，国内竞争都是激烈的。而存在卡特尔和其他限制竞争规章的产业，如建筑、农业、食品等领域，几乎不存在任何国内竞争，这些产业也不具备国际竞争优势。

（二）小泽辉智

小泽辉智（Ozawa Terutomo，1992）[②] 在对对外直接投资进行分析时，力图把跨国公司对经济增长的推动作用与开放的经济发展理论结合起来，用一种一体化的理论解释当经济发展到一定阶段时，发展中国家如何建立自己的跨国公司去促进经济转型，以及这一过程的实现机制。小泽辉智把这一过程分为四个阶段：第一阶段为吸引外国直接投资阶段；第二阶段为对外直接投资流入到对外直接投资流出的转型阶段；第三阶段是从劳动力导向的对外直接投资向技术导向、贸易支持型的对外直接投资过渡阶段；第四阶段是资本密集型的对外直接投资流入和资源导向型的对外直接投资流出交叉发生阶段。这四个阶段实质上分别是利用了现有的比较优势阶段、边际产业扩张阶段、获取新的比

① Porter M E. The competitive advantage of nations[J]. Harvard Business Review, 1990, 68(2): 73-93.

② Ozawa T. Foreign direct investment and economic development[J]. Transnational Corporations, 1992, 1(1): 27-54.

较优势阶段以及资源整合阶段。在小泽辉智的分析框架中，各个经济发展水平具有科层等级结构，这种科层等级结构对各国经济都非常重要，它为发展中国家提供了赶超的机会，为发达国家提供了一个转移知识与技术的机会。小泽辉智的动态比较优势理论指出，对外直接投资的发生及模式选择完全遵照动态的比较优势。

（三）莫琼恩和托尔曼

莫琼恩和托尔曼（Hans Mjoen & Stephen Tallman，1997）① 研究得出，随着国际竞争的日益加剧和全球化的发展，跨国公司需要应对不断增长的不确定性和满足全球对产品迅速增长的需求。从战略的角度来看，不确定性越大，就越要求灵活的承诺和高效地使用资源；从组织结构来看，采取联盟的方式来取代单个企业，可以有效地实现上述战略的要求。即组建联盟可以帮助跨国公司更好地应对全球不确定性和全球需求，联盟能够使单个企业依靠同样的资产来覆盖全球更多的市场。如果跨国公司需要在所有地方都有效地开展经营，同时又能够在全球范围内迅速地进行调整，那么即使是最大的跨国公司也需要借助于额外的资源，比如通过合作的方式获取市场准入、当地关系和最新技术等。组建国际合资子公司是组建国际联盟的一种重要方式，跨国公司可以凭借组建国际合资子公司来弥补自身在资源、技术等方面的不足，更好地回应全球竞争的需要。

（四）布隆尼根和大野健一

布隆尼根和大野健一（Bruce Blonigen & Yuka Ohno，1998）② 指出，跨国公司可能会为了提高东道国市场的竞争压力而增加其出口，其目的是给其他外国厂商在该东道国投资制造更大的障碍。他们的研究方法是，建立一个古诺双寡头模型，由来自不同国家的两个外国公司在东道国市场进行竞争。在第一期，外国公司只能向东道国市场出口，根据外国公司的出口量，东道国政府在第一期期末制定关税率。在第二期，外国公司可以选择出口或对外直接投资，最终得到三个子博弈完美均衡。一是两个外国公司在第二期都进行对外直接投资，但它们在第一期均降低出口量以降低第二期东道国市场的保护水平。二是两个公司在第二期都进行对外直接投资，且不降低第一期的出口量。三是只有一个外国公司进行对外直接投资，这就产生了所谓的“保护建造贸易”现象，此时，第二期进行对外直接投资的公司增加其第一期的出口量，从而提高东道国在第二期的市场保护水平，给其竞争对手制造了更大的障碍，且可以避免东道国对出口设置的障碍。

（五）高挺

高挺（Ting Gao，1999）③ 认为跨国公司的生产是在产业聚集效应与成本优势之间权衡的结果。随着经济的快速发展，在大的制造业中心地区，生产成本提高所带来的劣势会超过产业聚集效应所带来的优势，从而促使公司进行跨国生产。其观点建立在新贸

---

① Mjoen H，Tallman S. Control and performance in international joint ventures[J]. Organization Science，1997，8(3)：257-274.

② Blonigen B A，Ohno Y. Endogenous protection，foreign direct investment and protection-building trade[J]. Journal of International Economics，1998，46(2)：205-227.

③ Gao T. Economic geography and the department of vertical multinational production[J]. Journal of International Economics，1999，48(2)：301-320.

易理论基础上，在两个要素禀赋相同的国家、两部门寡头竞争模型中，生产差异产品的部门为垄断竞争，生产同质产品的部门为完全竞争，劳动作为唯一投入要素，可以在产业间移动，但在国家间不可自由移动。高挺在论文中做出了下列三个假设：（1）跨国公司总部拥有所有权优势；（2）差异性产品生产的不同阶段所需要投入的要素比例各不相同，各阶段可以分开在不同的地方进行；（3）生产需要中间品的投入。他将生产过程分为两个阶段：在生产初期，由于存在中间产品投入的原因，企业倾向于聚集在一处，减少贸易、运输等成本，由此形成聚集效应，此时生产中心的劳动力价格会上升；随着经济的发展以及贸易壁垒的减少，公司之间上下游联系所需要的交易成本减少了，使得聚集效应不再重要，公司开始将整个生产转移到外国，或是将劳动密集的生产部门转移出去。

（六）奥尔伯克

奥尔伯克（Rui Albuquerque，2003）① 从资产安全的角度解释了跨国公司投资的原因。他认为，由于跨国公司拥有无法进行市场定价的无形资产，这种无形资产与对外直接投资在一定程度上不可分割，从而使其具有对外直接投资的动机。奥尔伯克指出，在可能不完全履行金融合同的国际融资市场中，贷款和债券投资可能被借款国完全没收，而对外直接投资的无形资产是不能没收的。因此，跨国公司将会在金融市场不够自由的国家进行对外直接投资。奥尔伯克的研究还表明，相比其他投资方式，对外直接投资较少波动，而这无法用比较优势理论来解释；发展中国家获得的对外直接投资大多是以绿地投资而非跨国并购方式进行的，而这无法用跨国公司母国的经营成本高来解释。因此，奥尔伯克指出，发展中国家引进的对外直接投资之所以占所有引进外资的比例很大，不是因为它们具有比较优势，而是因为它们的金融状况差，不能获得其他形式的外资。

参考文献

[1] 余飒. 法国学者关于跨国公司理论的研究动态[J]. 经济学动态,2013(5):122-130.

[2] Albuquerque R. The composition of international capital flows: risk sharing through foreign direct investment[J]. Journal of International Economics,2003,61(2):353-383.

[3] Stephen Hymer. The international operations of national firms: A studyof direct foreigninvestment[M]. Cambridge,Mass.: MIT Press,1976.

[4] Vernon R. International investment and international trade in the product cycle[J]. The Quarterly Journal of Economics,1966:190-207.

[5] Johnson H G. The Efficiency and Welfare Implications of the International Corporation[J]// Kinderberger C P. The International Corporation. Cambridge,Mass.: MIT Press,1970.

① Albuquerque R. The composition of international capital flows: risk sharing through foreign direct investment[J]. Journal of International Economics,2003,61(2):353-383.

[6] Aliber R Z. A theory of direct foreign investment[J]. The International Corporation, 1970 (4).

[7] Knickerbocker F T. Oligopolistic reaction and multinational enterprise[J]. The International Executive, 1973, 15(2): 7-9.

[8] Caves R E. Causes of direct investment: foreign firms' shares in Canadian and United Kingdom manufacturing industries[J]. The Review of Economics and Statistics, 1974, 56 (3): 279-293.

[9] Buckley P J, Casson M. Future of the multinational enterprise [M]. London: Macmillan, 1976.

[10] Magee S P. Multinational corporations, the industry technology cycle and development [J]. Journal of World Trade Law, 1977, 11(4): 297-321.

[11] Dunning J H. American investment in British manufacturing industry[M]. London: Routledge, 1958.

[12] Dunning J H. Trade, location of economic activity and the MNE: a search for an eclectic approach [M]//Bertil Ohin, Pre-Ove Hesselborn, Per Magnus Wijkman. The International Allocation of Economic Activity. London, UK: Palgrave Macmillan, 1977: 203-205.

[13] Dunning J H. International production and the multinational enterprise[M]. London: HarperCollins Publishers, 1981.

[14] Dunning J H. The eclectic paradigm of international production: a restatement and some possible extensions[J]. Journal of International Busincss Studies, 1988, 19(1): 1-31.

[15] Rugman A M. International diversification and the multinational enterprise[M]. United States: Lexington Books, 1979.

[16] Rugman A M. Inside the multinationals: the economics of international markets[M]. New York: Columbia University Press, 1981.

[17] Rugman A. New theories of the multinational enterprise: an assessment of internalization theory[J]. Bulletin of Economic Research, 1986, 38(2): 101-118.

[18] Wells L T. Third World multinationals: the rise of foreign investments from developing countries[J]. MIT Press Books, 1983(1).

[19] Sanjaya Lall. The new multinationals: the spread of Third World Enterprises[M]. New York: John Wiley & Sons, 1983: 25-268.

[20] Wernerfelt B. A resource-based view of the firm[J]. Strategic Management Journal, 1984, 5(2): 171-180.

[21] Cantwell J, Tolentino P E E. Technological accumulation and Third World multinationals [M]. Reading, UK: University of Reading, Department of Economics, 1990.

[22] Hennart J F. Some empirical dimensions of countertrade[J]. Journal of International Business Studies, 1990, 21(2): 243-270.

[23] Kogut B, Kulatilaka N. Operating flexibility, global manufacturing, and the option value of

a multinational network[J]. Management Science,1994,40(1):123-139.

[24] Kulatilaka N,Kogut B. Direct investment,hysteresis,and real exchange rate volatility[J]. Journal of the Japanese and International Economies,1996,10(1):12-36.

[25] Veugelers R. Strategic incentives for multinational operations [J]. Managerial and Decision Economics,1995,16(1):47-57.

[26] Glass A J,Saggi K. Intellectual property rights and foreign direct investment[J]. Journal of International Economics,2002,56(2):387-410.

[27] Helpman E,Melitz M J,Yeaple S R. Export versus FDI with heterogeneous firms[J]. American Economic Review,2004,94(1):300-316.

[28] Kojima K. Direct foreign investment: a Japanese model of multinational business operations[M]. London:Croom Helm,1978.

[29] Dunning J H. International production and the multinational enterprise(RLE International Business)[M]. London:Routledge,2012.

[30] Ozawa T. Foreign direct investment and economic development [J]. Transnational Corporations,1992,1(1):27-54.

[31] Schneider F,Frey B S. Economic and political determinants of foreign direct investment [J]. World Development,1985,13(2):161-175.

[32] Mayer T,Mucchielli J L. Strategic location behaviour:the case of Japanese investments in Europe[J]. Journal of Transnational Management Development,1998,3(3):131-167.

[33] Porter M E. The competitive advantage of nations[J]. Harvard Business Review,1990, 68(2):73-93.

[34] Mjoen H, Tallman S. Control and performance in international joint ventures [J]. Organization Science,1997,8(3):257-274.

[35] Blonigen B A,Ohno Y. Endogenous protection,foreign direct investment and protection-building trade[J]. Journal of International Economics,1998,46(2):205-227.

[36] Gao T. Economic geography and the department of vertical multinational production[J]. Journal of International Economics,1999,48(2):301-320.

第二章

欧美日国家主流跨国公司理论

根据国际货币基金组织的定义，国际直接投资是指："从事获取投资者所在国之外的企业长期利益的投资活动，投资者的目的是能够对企业的管理拥有有效的控制。"① 而跨国公司则是国际直接投资的主体，国际上大部分投资活动都是由跨国公司进行的，同时跨国公司也是国际贸易、国际金融和国际技术转让的主要承担者。跨国公司的发展加快了全球一体化进程，加深了国与国之间的经济联系和相互依赖性，并推动着全球经济的发展。

传统的国际资本流动理论是一种古典经济学理论，认为：（1）国际资本流动的原因是各国利率和预期利润率的差异。（2）产品市场和要素市场对于各国来讲都是完全竞争的。（3）资本可以从资本丰裕的国家自由流向资本稀缺的国家，从而获得高利率收益。这一传统理论不能对跨国公司对外直接投资这一行为做出合理的解释。比如，传统理论就无法对上述两个引导案例做出解释。这就需要发展新的国际投资理论来不断完善国际投资理论体系，使其能更好地对现实做出合理解释。由于对外直接投资的主体是跨国公司，所以这种新的理论就被称为跨国公司对外直接投资理论，即 TNC 理论（The Theory of Transnational Company）。

20 世纪 60 年代前后，国际直接投资取得了空前发展，这使得各国学者对其进行了深入的研究与探索，逐步形成了一批针对欧美日国家对外直接投资的主流理论。这使得国际直接投资理论从国际贸易理论和国际资本流动理论中独立出来，不仅对跨国公司对外直接投资的动机进行了一定程度的解释，而且也深远地影响了国际直接投资理论的发展。垄断优势理论、内部化理论、产品生命周期理论、比较优势理论以及国际生产折衷理论构成了国际直接投资的主流理论框架。

第一节 垄断优势理论

一、理论背景

传统的国际资本流动理论基于其基本假设无法解释为什么第二次世界大战之后的发

① 张小蒂，等. 国际投资与跨国公司[M]. 杭州：浙江大学出版社，2004.

达国家的跨国公司大都到资本丰裕程度相近从而利率水平相近的国家去投资，为什么跨国公司能跨越国界到经营管理比本国更困难的国家去投资以及各国的产品和要素市场是否是完全竞争的市场等问题。基于此，1960 年，美国麻省理工学院教授斯蒂芬·海默在其博士论文《国内企业的国际经营：关于对外直接投资的研究》① 中首次以垄断优势（Monopolistic Advantage）来对跨国公司的对外直接投资行为进行解释。海默认为传统的国际资本流动理论对跨国公司的国际投资行为无法进行合理解释，他指出，对外直接投资并不是国与国之间利率差异所导致的资本流动。

一般说来，相比于东道国企业，投资国企业在对外直接投资过程中会遇到诸多障碍，比如语言、法律、法律、文化习惯等差异。既然在这些方面投资国企业都不占据优势，那么投资国企业为何还要选择对外直接投资呢？海默的研究就是以跨国公司海外子公司的生存性问题为出发点开始的。正是由于跨国公司的海外子公司在东道国所占据的不利条件，使得跨国公司的生存、发展与壮大必然要依赖于某些特定的优势。而跨国公司一旦具有了某些特定优势，传统理论中的完全竞争市场的假设就不具备成立的条件，完全竞争将转变为不完全竞争，从而转变为垄断市场。这些特定优势就成为了跨国公司垄断优势。

专栏 2-1

完全竞争市场和不完全竞争市场

在完全竞争这样一种市场结构中，每家厂商都失去了“个性”，每一家厂商在市场中所占的份额都微不足道，均无法影响市场价格，各自的行动都不会对市场带来什么影响。完全竞争市场中价格完全是由市场供求关系决定的。在这种市场结构中，资源能够实现帕累托最优配置。

（1）市场上存在大量的买方和卖方，数量多到致使任何一方都无法影响和改变市场价格，均只能被动地接受这一由市场供求关系决定的价格。

（2）市场上进行交易的商品都是同质的，彼此之间不存在差异性。

（3）买卖双方进出市场都是自由的，既不存在进入市场的门槛，也不存在退出市场的障碍。

（4）买卖双方均完全掌握有关商品和价格的所有信息，即双方信息是完全的。

而不完全竞争市场则指的是不完全满足以上条件的市场结构，是和完全竞争市场相对立的。它包括垄断市场、寡头垄断市场、垄断竞争市场等。在这种市场结构中，由于存在着种种障碍，资源不能实现帕累托最优配置。

传统理论中的市场完全竞争只是理论研究上的一种理想假设，在现实中是很难实现

① Hymer S.The international operations of national firms: a study of direct foreign investment[M]. Cambridge, Mass.: MIT Press, 1960.

的，也可以说是不存在的，而不完全竞争市场才是普遍存在的。现实生活中，由于种种因素形成的对于完全竞争市场必备条件的偏离和违背都被视为不完全竞争市场。

二、理论内容

海默发现美国的跨国公司主要分布在资本相对密集、技术先进和规模经济较为明显的产业部门，而这些部门的垄断性又较高。因此，要想解释跨国公司的对外直接投资现象，海默认为，就必须放弃完全竞争市场的假设，而从不完全竞争市场的假设出发。

海默认为，由于某种垄断优势，美国的跨国公司能够获得比东道国企业和国内企业更高的利润，是它们能够建立海外子公司的主要原因。垄断优势理论把这种垄断优势分成了以下几类。

（一）技术优势

跨国公司所拥有的最重要的垄断优势就是技术优势。大型跨国公司不仅具有极强的科研力量和雄厚的资金，而且有能力投入巨额资金进行新技术、新工艺的开发，也正是专利和专有技术使得跨国公司的产品与其他公司有所区别，有能力进一步更新产品，从而使得跨国公司能够对价格和销售量进行控制，同时还能对竞争对手的进入形成限制作用，并使得自身的垄断地位得以维持。

（二）雄厚的资金实力

跨国公司由于拥有较高的债务清偿能力而具有较高的金融信用等级，从而能在资本市场上以更广的范围、更低的产本、更快的速度、更多的数量以及更多的方式筹集到资金。尤其是那些需要投入巨额资金的行业和部门，跨国公司往往具有较好的信誉和偿债能力，因而在资金来源方面具有垄断优势。比如，在全球范围内配置资源时，跨国公司总部可以在公司内部的各个子公司之间灵活地调度数额庞大的资金，在成本最低的地方借款，在预期收益最高的地方投资。与此同时，凭借其雄厚的资金实力，跨国公司在研发方面还可以加大投入从而加快步伐进行技术创新，增加销售网点以扩大市场销售份额，可以雇用更多的高新技术人才和管理人才，使得自身竞争力得以加强。这是一般国内企业所无法比拟的，也是难以做到的。

（三）先进的管理经验

跨国公司除了拥有先进的技术之外，在其长期的生产经营实践过程中还总结出了一套先进的管理经验来适应现代化生产，对生产经营活动实现高效管控。同时，跨国公司拥有受过良好教育与培训的员工，经验丰富的高级管理人员也能确保管理的高效进行。高效的管理体制可以保证跨国公司平稳高效运行，不但能够促进公司健康发展，而且有利于加强其市场竞争力。

（四）先进的销售网络和销售经验

一般情况下，大型跨国公司都会有悠久的发展史，在国际上具有显赫的声名，其产品进入国际市场也会更容易。特别是自主的销售网络，以及与国际销售商之间长期而稳定的业务关系，使得这些跨国公司具有巨大的销售成本优势和物流成本优势。市场销售技能也是跨国公司的一种垄断优势，尤其是在某些行业中，企业在销售经验上的优势可以对其技术上的劣势进行弥补，利用其建立起来的完整的销售网络在市场竞争中胜出。

（五）相对全面且灵通的信息

先进的通信设备和其遍布世界各地的分支机构使得这些跨国公司收集的信息不仅全面、灵通而且可以被及时处理。

（六）规模经济优势

规模经济不仅是跨国公司的垄断优势来源，还是跨国公司对外直接投资的动机。跨国公司利用国际专业化生产，通过横向或纵向一体化战略取得东道国企业达不到的生产规模，降低了单位生产成本，使其竞争优势得以加强，扩大了市场份额，并可转化为跨国公司内部的经营利润。

（七）政府的干预

东道国以及母国的政府可以在市场准入、关税、利率、外汇以及进出口方面对跨国公司的直接投资活动进行直接干预。跨国公司可以从政府所提供的有关补贴、税收减免以及贷款优先等干预措施中获得某种垄断优势。当东道国政府设置贸易壁垒时，跨国公司可以通过直接投资的方式绕过贸易壁垒直接在东道国国内进行生产经营来维持并扩大其市场份额。

基于垄断优势理论的对外直接投资发生机制如图 2-1 所示。

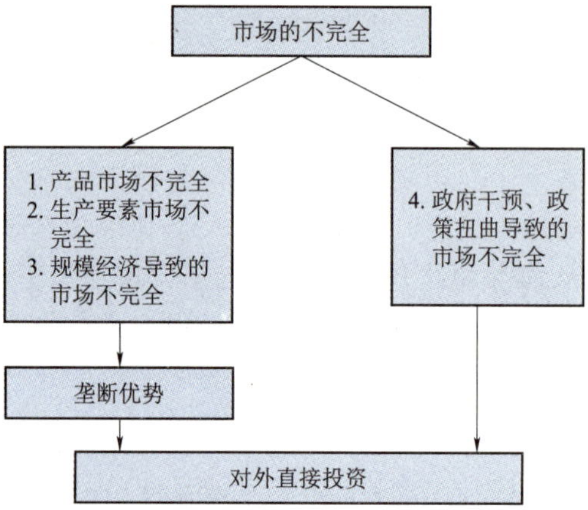

图 2-1　基于垄断优势理论的对外直接投资发生机制

资料来源：李辉，等. 国际直接投资与跨国公司[M]. 北京：电子工业出版社. 2013.

海默教授的导师金德尔伯格（Charles P. Kindleberger）在 1969 年又对此理论进行了补充和发展以及系统阐述①，由于这两位垄断优势理论学者一起从理论上开创了以国际直接投资为研究对象的新研究领域，因而，学术界将二者并列称为垄断优势理论的开创者，并将其理论合称为“海默—金德尔伯格学说”。金德尔伯格教授认为，美国企业

① 高薇. 国际直接投资理论的演变及其对中国的启示[D]. 长春：吉林大学，2011.

之所以进行对外直接投资，是因为能够在东道国获得高于东道国企业的利润。跨国公司利用其垄断优势进行直接投资的原因，一方面是为了绕过东道国的关税以及非关税贸易壁垒，减少贸易摩擦，以维持并扩大海外市场份额；另一方面，是为了获取技术资产的全部收益，在采用许可证方式的情况下，跨国公司如果不能获得技术优势的全部收益，则会选择对外直接投资的方式。①

但是，拥有垄断优势并不意味着跨国公司就要对外直接投资。因为除了对外直接投资，企业还可以选择许可证方式和出口方式来利用其垄断优势。海默和金德尔伯格认为，由于存在过高的贸易成本和中间品市场失灵现象，跨国公司不会选择出口方式和许可证方式。

三、理论优势与贡献

具体说来，海默的垄断优势理论具有如下几大优点：第一，海默放弃完全竞争假设，确立了垄断的地位，并对国际直接投资和国际间接投资之间的区别进行了研究，将资本国际流动的研究突破性地从流通领域转向生产领域。第二，海默的垄断优势理论与新古典贸易和投资理论的最明显区别是承认了跨国公司的国际生产主体地位，而不仅仅是国际交换的主体。该理论不仅强调了跨国公司对海外子公司的有效控制这一特征，还将外国直接投资视作技术、管理、营销等中间产品的转移手段。企业也正是凭借这些中间产品的跨越国界的转移而成长为跨国公司，并利用自身的垄断优势从事海外生产。第三，海默明确指出，企业的所有权优势是跨国公司能够进行跨国生产经营的必要条件之一。第四，该理论较好地解释了第二次世界大战以后美国大规模的对外直接投资现象，即这些跨国公司利用某些特定优势进行海外生产经营。第五，该理论的确立为随后其他理论的提出与发展奠定了基础，比如，邓宁的国际生产折衷理论中的所有权优势实际上就源自海默的垄断优势概念。②

四、理论的局限性

海默的垄断优势理论也存在着明显的局限性。第一，该理论只进行了经验分析和描述，缺乏实证分析，因而结论缺乏普遍意义。第二，理论中跨国公司垄断优势的存在形式为假设前提，忽略了垄断优势的获取成本，这样容易高估垄断优势收益，并且不能说明企业为何会投资于这些优势而不是其他优势，从而也就没能从根本上说明跨国公司垄断优势的来源。第三，该理论属于静态分析，没有说明企业何时会拥有垄断优势，何时会进行对外直接投资，以及投资区位如何随时间变化。③ 第四，对于拥有垄断优势的企业的对外直接投资的必然性，该理论不能做出解释。拥有垄断优势只是企业对外投资的必要条件但构不成充分条件，在国内也可以进行扩展。垄断优势理论是在经济国际化程度较低的情况下提出的，但随着全球经济一体化的不断发展，垄断优势理论的适用性就

---

① 范兆斌，苏晓艳. 跨国公司海外直接投资理论脉络及动态述评[J]. 商业研究，2007(7).

② 李东阳. 国际直接投资与经济发展[D]. 大连：东北财经大学，2002.

③ 范兆斌. 跨国公司海外直接投资理论脉络及动态述评[J]. 商业研究，2007(7).

被削弱了。第五，无法解释跨国公司对外直接投资的区位选择和地理布局问题。垄断优势理论只是从企业拥有某种优势的角度就对外直接投资的可行性进行说明。第六，无法解释不具备垄断优势的发展中国家企业的对外直接投资活动。垄断优势理论以美国制造业跨国公司为研究对象，强调了寡头垄断行业企业的垄断优势对海外投资的决定作用，不适用于其他发达国家以及发展中国家的情况。第七，该理论认为中间产品市场的失灵使得企业无法以许可证交易方式利用其垄断优势，但未能充分解释市场失灵的根源问题。

五、理论的发展

垄断优势理论是基于产业组织理论以及不完全竞争的假设，指出企业获得垄断优势的根源是市场的不完全性，企业开展对外直接投资的动因是垄断优势，其主要贡献是首次真正创立了国际直接投资理论。它的创立标志着国际直接投资理论研究的开端，后来的经济学家们对垄断优势理论进行了更深入的研究，其代表性的理论如下：

（一）约翰逊的知识资产占有理论

约翰逊（Johnson）[①] 在其 1970 年的论文中将企业对外直接投资的优势主要归结为对知识资产的占有和使用，并将其看作跨国公司最重要的优势。知识资产包括技术、诀窍、管理技能、市场技能等无形资产，这不仅是跨国公司垄断优势的主要来源，而且是东道国最希望得到的资产。[②] 相对于物质资产来说，知识资产的生产成本高昂，通过对外直接投资来对这些知识资产进行利用，成本却是极低的。企业在过去的知识资产生产过程中对资金与人力成本已进行了大量支付，子公司或分公司就可以以极低的成本甚至零成本利用母公司的知识资产，然而东道国的企业若是想利用这些知识资产就不得不付出全部成本。另外，简单技术制造的产品容易被仿制，而技术复杂度较低的产品令其他企业难以模仿。跨国公司能够始终把握最新知识和技术，并通过内部转让，以确保其竞争优势。再者，知识资产具有公共产品特性。这一特性使得跨国公司进行技术转让的时候会付出很高的交易成本。由于这些特性，在对外投资的不同区域同时利用知识资产，跨国公司就可能获得优势，从而实现垄断利润。

鲁特（F. R. Root）在其 1978 年的著作《国际贸易与投资》中所持的观点是：跨国公司会依据自身所拥有的知识资产优势来选择是对外直接投资还是进行许可证交易。一般而言，跨国公司的知识资产可以分为两类：一类是可以通过许可证交易转让给外国公司的无形资产，如专利技术、诀窍和商标等；另一类则是难以转让的，如公司的技术创新能力、管理能力以及市场销售技能。[③] 在国际直接投资项目具备中长期投资条件的情况下，跨国公司倾向于通过对外直接投资来有效利用其全部优势，因为这种一揽子利

---

① Johnson H G. The efficiency and welfare implications of the international corporation[J]//Kinderberger C P. The international corporation. Cambridge, Mass.: MIT Press, 1970.

② 崔健. 振兴东北经济战略与中日韩投资合作[J]. 吉林大学社会科学学报, 2005(1).

③ 高薇. 国际直接投资理论的演变及其对中国的启示[D]. 长春: 吉林大学, 2011.

用有形和无形资产优势的方式可获得的收益要远远大于仅仅利用其单项知识资产优势之所得。但是，在国际直接投资是短期投资的情况下，跨国公司更倾向于通过许可证交易的方式来利用其知识资产优势并从中获益。

对鲁特的论述，曼斯菲尔（E. Mansfield）做了进一步的补充。他认为，跨国公司之所以选择对外直接投资，而不是许可证交易，不仅是为了对其全部垄断优势更加有效地利用，还是为了使其技术领先地位得以保持。由于隐含了技术泄密的风险，跨国公司在进行技术转让从而获得收益时，也要付出巨大的潜在成本（间接培养国外的市场竞争对手），所以，跨国公司进行对外直接投资，可以有效避免特有知识资产被泄露。另外，一项新技术的有效寿命越长，也就是可使用年限越长，跨国公司就越可能采用对外直接投资的方式来利用其技术优势。

（二）凯夫斯的产品差异理论

1971 年，凯夫斯[①]在其论文中强调了在跨国公司垄断优势中产品差异化能力的重要性。凯夫斯认为，从根本上讲，跨国公司的垄断优势主要来自于产品的两种形态的差异化能力。这里产品的两种形态形成的跨国公司的垄断优势，一种是指生产方面的技术优势，另一种是指产品销售方面的优势。

案例 2-1

美国宝洁公司的差异化战略

在许多消费者的心中，跨国公司的产品总是质量高、性能好，这种认识的来源可能是消费者的实际体验，更可能是广告宣传。相比于一般企业，跨国公司尤其是著名跨国公司的广告宣传力度都是非常大的。例如，自从 1998 年进入中国市场以来，美国宝洁公司旗下形成了 6 大洗发水品牌共 20 多个系列，包括沙宣、润妍、飘柔、潘婷、海飞丝、伊卡璐等。这些品牌之间既存在竞争，也有自己的特色。这种多品牌战略形成了产品差异化，使得宝洁公司长期处于市场主导地位，占据了最大的市场份额。

（资料来源：李辉，姚丹，郭丽. 国际直接投资与跨国公司[M]. 北京：电子工业出版社，2013.）

与跨国公司的市场支配力量有着密切联系的还有规模经济优势，但是在传统的理论中，人们往往把注意力集中在工厂生产的规模上，而没有注意到公司的规模经济。直到 20 世纪 70 年代，一些学者开始强调将工厂生产的规模经济与公司经营的规模经济区别开来。所谓工厂规模经济，是指生产过程的规模经济，这种规模经济会受到本国反托拉斯条款和外国贸易壁垒的制约。而公司的规模经济则包括公司的所有非生产性的活动，它对于跨国公司的国际直接投资具有重要的意义。

① Caves R E. International corporations: the industrial economics of foreign investment[J]. Economitrica, 1971(38).

专栏 2-2

规模经济

规模经济是指所有生产要素同时同比例变动，从而导致生产规模变动时所引起的产量变动的变量。假定某厂商生产 10 万单位的产品，需要投入 1 万单位资本和 0. 5 万单位劳动力。现若该厂商打算扩大生产规模，决定投入 2 万单位资本和 1 万单位劳动力，这时，该工厂的产量可能出现三种情况：第一，产量为 20 万单位，这称为规模报酬不变（Constant Return to Scale），其特点是产出和投入同比例变动；第二，产量小于 20 万单位，这称为规模报酬递减（Diminishing Return to Scale），其特点是产出变动比例小于投入的变动比例；第三，产量大于 20 万单位，这称为规模报酬递增（Increasing Return to Scale），其特点是产出的变动比例大于投入的变动比例。

潘罗斯（E. T. Penrose）认为，技术优势有效发挥的重要原因就是规模经济优势。随着科技进步与经济发展，跨国公司之间在科技领域内的竞争日益激烈，研发成本和风险都在增加，再加上昂贵的专利和保护费用等多方面因素使得经营规模的大小对于公司研发活动的作用及影响越来越明显。

麦克曼纽斯（John C. Mcmanus）认为，管理技能是跨国公司的垄断优势之一。公司的经营规模在达到一定程度之前，管理人员的经验和技能无法充分利用，只有随着公司经营规模的扩大，跨国公司才可以更充分地利用这项管理技能资源，发挥其垄断优势。对于垄断优势中的规模经济，沃尔夫（B. M. Wolf）等人做了更深刻的阐述。他们认为，跨国公司通过垂直一体化可以获得稳定的原材料来源。大规模的产品营销网络的建立对于跨国公司来说同样具有重大意义。因此，一个经营规模较大且已建立庞大国际市场购销体系的大型跨国公司，凭借其所具备而东道国竞争企业所没有的规模经济优势，在东道国市场上甚至是国际市场上会具有更强的市场竞争能力。

在随后的研究中，有两位北美学者站在新的角度上，对海默的垄断优势理论做了补充和发展。一位是美国芝加哥大学教授阿利伯（Robert Z. Aliber），另一位是加拿大学者拉格曼（Allan M. Rugman）。阿利伯教授分别在 1970 年和 1971 年的两篇论文《对外直接投资理论》和《多元通货世界中的跨国企业》中提出了“通货区域优势说”。他指出，国际直接投资在各通货区域间的流动构成了国际直接投资这一货币现象。国际金融市场上存在着以各国货币定值的债券，这些债券的利率可反映出相应的各国货币预期贬值率。对于以弱币定值的债券来说，货币升水（Currency Premium）必然存在，以对投资者所承担的汇率风险进行补偿。因此，所在国货币坚挺（Hard/Stable Currencies）的企业相对于所在国货币疲软（Weak Currencies）的企业来说，前者拥有了当地竞争企业所无法具备的优势，易于以更低的利率筹资，可获得比东道国企业更高的收益率，因此国际直接投资会由前者流向后者。打个比方，一家美国的跨国公司在英国从事生产经营活动，英镑区的通货溢价大于美元，于是该美国公司在英国的子公司所要支付的实际借款利息就会比英国当地的企业低。通过对第二次世界大战以后美国对外直接投资的考证，阿利伯认为，美国的跨国公司正是由于这一时期美元的坚挺，也就是其通货溢价低于其他货币，因而能够以较低的市场利率在国际金融市场上或当地金融市场上筹集资金，为公司在当地的投资支付所需成本，从而获得相对于当地竞争企业的优势。因此，只要美元的强货币地位得以保持，美国跨国公司收购东道国企业就同样有利可获。根据通货区域优势说的观点，国际直接投资的流向是与区域货币优势的变化趋势相吻合的。第二次世界大战之后国际直接投资的大致流向是：最初由美国进行对外直接投资，紧随其后的德国与日本两个国家开始对外投资，在 20 世纪 70 年代以后，由于美元的贬值，西欧和日本等国对美国的大规模直接投资现象出现了。

阿利伯的通货区域优势说的主要贡献在于，在分析跨国公司对外直接投资的影响时，货币变量被引入了垄断优势理论的分析框架之中，相比于 20 世纪 70 年代以前的国际直接投资理论的偏企业经营决策等微观层面分析而言，更加突出了宏观因素的重要作用，从而较好地说明了第二次世界大战后美元的强势与美国企业对西欧国家直接投资迅速增长之间的关系。

但是，阿利伯的这一理论也存在着自身的局限性。近些年来，美元呈现疲软走势，然而美国跨国公司的对外直接投资仍在持续增长；美国的跨国公司在美元区进行直接投资；在第二次世界大战后的国际直接投资领域中，异货币区域间的交叉投资现象变得十分常见，尤其是美国与西欧。在世界国际直接投资总量中，美国与西欧之间的交叉投资占有绝大比重；发达国家在一些发展中国家进行直接投资，且这些发展中国家一方面不具备完善的资本市场，另一方面具有严格的外汇管制；货币疲软区的企业向货币坚挺区进行直接投资。对于这些现象，阿利伯的通货区域优势说无法予以解释。

加拿大学者拉格曼认为，从事国际经营的跨国公司可以借鉴国际证券投资的经验采用多元化资产经营方式来降低投资风险。现在我们做一假设，在国际经济环境中，各国所处的经济周期是不尽一致的。A 国处于萧条时，B 国可能正在经历通货膨胀，而 C 国在实行紧缩性货币政策时，D 国则可能正在放松银根。基于此种形势，跨国公司位于母国、东道国和第三国的子公司就可以国际多样化投资的经营战略规避风险，获取收益。比方说，跨国公司选择投资的东道国与母国经济波动不同步，就能够有效减轻母国经济波动对其造成的潜在负面影响，并获得稳定收益。这对于当地企业来说，也是一种其所不具备的优势。

（三）尼克博克的寡占反应理论

1973 年，尼克博克（Frederick Thomas Knickerbocker）在其著作《寡占反应与跨国公司》[①] 提出了寡占反应理论。该理论从垄断企业战略竞争角度出发，对垄断优势理论

① Knickerberker F T. Oligopolistic reaction and multinational enterprise[M]. Cambridge, Mass.: Harvard University Press, 1973.

做了进一步发展。寡占是指这样一种市场结构，这种市场中的几家大企业占据着统治地位。在寡占市场中，每个企业都对竞争者的行动十分敏感，一旦某个企业做出某项决策，其他竞争对手便会随之采取相应措施，尽量避免对手先行所带来的风险，从而维持原有的市场份额，这就是寡占反应。这一理论认为，如果一个寡头企业投资海外，其他寡头也会纷纷效仿，并采取相似行动，来抵消领导者的任何潜在优势，从而保持市场力量均衡。尼克博克认为第二次世界大战后美国企业大规模对外直接投资就是因寡占反应所致。

尼克博克运用寡占反应理论解释了第二次世界大战后许多跨国公司的对外直接投资为何大都集中在一个较短时期内，以及影响这种行为格局的几种主要因素。他将对外直接投资分为了"进攻型"和"防御型"两类。进攻型投资是指首先进入国外市场并建立子公司的跨国公司的投资，而防御型投资是指追随领先者进入海外市场建立子公司进行的投资。他认为进攻型投资可用垄断优势理论解释，而防御型投资要用寡占反应理论来解释。所以，尼克博克的理论只是对垄断优势理论的一种延伸和补充。

（四）希尔施的成本比较优势理论

希尔施（Seev Hirsch）在其 1976 年的论文《企业的国际贸易与投资理论》[①] 中提出了基于成本比较角度的出口与直接投资的比较模型，称为厂商成本比较理论。希尔施认为成本是影响跨国公司对外直接投资决策的重要因素，他将影响国际直接投资的成本分为四类，分别是生产成本（P）、许可生产的额外成本（K，主要是技术扩散的风险成本）、出口销售的额外成本（M，运输及关税成本等）、跨国经营的额外成本（C）。假设有 A、B 两个国家，其中 A 为母国，B 为东道国。如果$P_A+M>P_B+C$，$P_A+K>P_B+C$，则企业会选择直接投资的方式来利用垄断优势；如果$P_A+M<P_B+C$，$P_A+M<P_B+K$，则企业会选择出口方式来利用垄断优势；如果$P_A+K<P_B+C$，$P_A+K<P_B+M$，则企业会选择许可证方式来利用垄断优势。[②]

除注重跨国经营成本和收益分析外，希尔施国际经营决策模型在理论上也更接近于一般厂商理论。希尔施指出，跨国公司既是国际直接投资的主体，也是出口与许可证交易的主体。在做这三种方式的选择时，跨国公司是按照成本与预期收益的比较来进行的，以实现企业利润最大化这一最终目标。但是，该模型只对企业单一产品的最终经营决策予以考虑，没有涉及直接投资与出口两者的动态和风险方面的因素，这就为下一步的研究提供了空间。

尽管存在一定局限，但垄断优势理论还是对国际直接投资快速增长的现象做出了一定程度的解释，也促使各国学者在此基础上从不同的角度对这一理论进行不断的发展与完善。

---

① Hirsch S. An international trade and investment theory of the firm[J]. Oxford Economic Papers, 1976, 28(2): 258-270.

② 范兆斌. 跨国公司海外直接投资理论脉络及动态述评[J]. 商业研究, 2007(7).

案例 2-2

雀巢集团收购惠氏奶粉业务的垄断优势理论分析

2012 年 4 月 23 日，“并购狂人”雀巢集团（Nestlé）上演了生命中辉煌的一刻：以 118.5 亿美元收购辉瑞（Pfizer Inc.）营养品业务（主要是婴幼儿奶粉品牌惠氏，Wyeth）！国际食品巨头雀巢集团宣布，作为提升公司在全球婴儿营养业务领域的一项战略举措，该公司同意以 118.5 亿美元收购辉瑞营养品业务，即包括惠氏奶粉在内的营养品板块。这是至今为止，在与达能、卡夫、亨氏等国际食品巨头竞购中出价最高的一次，而市场对辉瑞营养品业务估值约 100 亿美元。业界评价称，雀巢和惠氏成为一家，改写了中国奶粉行业的格局，雀巢一跃成为中国最大的奶粉企业。

垄断优势理论（Monopolistic Advantage）即指企业对外直接投资有利可图的必要条件是这些企业应具备而东道国企业所没有的垄断优势，而跨国企业的垄断优势，又源于市场的不完全性。

具体来说，第一，完全竞争导致不完全市场，不完全市场导致国际直接投资。海默和金德尔伯格提出并发展了“结构性市场非完美性理论”（Structural Market Imperfection）。不完全竞争问题表现为四个方面：商品市场的不完全竞争；要素市场的不完全竞争；规模经济所造成的不完全竞争；经济制度与经济政策所造成的不完全竞争。第二，垄断优势是对外直接投资的决定因素。而雀巢集团正是满足了这两点才发起了对惠氏奶粉业务的并购。

根据凯夫斯的分类，垄断优势理论的这些静态优势要素主要由两部分组成。

一、知识资产优势

（一）技术优势

雀巢集团的研发网络遍布全球，包括设在瑞士洛桑的基础研究中心和分布在欧洲、亚洲、非洲及美洲等国家的 29 个研发中心（包括雀巢北京研发中心和上海研发中心），约有 5 000 名技术研发人员。

汇集于雀巢研发中心的各领域科学家共同努力工作，将其研究成果和先进的科学技术投入到公司的实际应用中，向消费者推出创新产品，为消费者带来健康及快乐。多面化的科学研究在为提高食物品质以及为消费者贡献更多健康食品上扮演着越来越重要的角色。

（二）资金优势

2011 年，无论是在新兴市场上还是在发达市场上，雀巢集团都取得了良好的业绩，收入和利润都获得了增长。2011 年，雀巢集团报告销售额为 836 亿瑞士法郎，实现有机增长 7.5%，创造了近年来增长的最好成绩。在 7.5% 的有机增长中，3.9% 为实际内部增长，3.6% 为定价贡献。汇率变化产生了 13.4% 的负面影响，资产剥离（收购除外）进一步产生了 4.2% 的负面影响，主要是因为爱尔康的交易。不考虑出售爱尔康的影响，销售额下降了 4.8%。

（三）原材料优势

雀巢婴儿奶粉原料来源于德国慕尼黑拜森霍芬（Biessenhofen）工厂，1905 年开始生产奶制品，拥有 100 多年高端婴幼儿营养品生产管理经验，1987 年生产了全球第一种水解蛋白婴儿配方奶粉，拥有水解蛋白领域领先的技术和设备，是雀巢集团最大的婴幼儿配方奶粉生产基地之一，产品销往全球 80 多个国家。

二、规模经济优势

雀巢集团 2011 年在婴幼儿营养品方面的资本开支大幅增加，包括扩大在德国和瑞士两家工厂的规模，预计投资约 5 亿瑞士法郎。目前，雀巢集团在中国被寄予厚望的高端奶粉“超级能恩”就进口自德国。截至 2010 年 7 月，中国奶粉市场上，多美滋、美赞臣、雀巢、雅培、惠氏品牌奶粉的占比分别为 16.76%、12.06%、10.58%、7.29% 和 4.72%。简爱华表示，这意味着，谁最终“喝”下惠氏奶粉，谁在中国的市场份额就将大幅提升。尽管雀巢集团得手后，其在中国内地奶粉市场的份额仍没有达到两成，但占有率也已经接近了 16%，直逼多美滋。

综合以上的分析结果，可以得出如下结论：

（1）市场全球化使得跨国公司面临强烈的外部压力，尤其是来自同行业的竞争。为了应对竞争，跨国公司纷纷整合业务，向全面和专业方向发展，并购成为跨国公司实现快速扩展的有效途径。案例中，雀巢集团通过与惠氏公司的合并，成为了集成人奶粉和婴幼儿奶粉多项业务于一身的全能食品生产集团，综合竞争力大大提升。

（2）跨国公司的并购不再是单纯的“大吃小”，而更多的是追求强强联合和优势互补，雀巢和惠氏的合并就符合这个论断，不仅实现了资产规模上的强强组合和业务上的互补，而且在无形资产的利用上也达到了双赢的效果。

（资料来源：http://wenku.baidu.com/link?url=5un3zxY_H_19j0snAL8oQBZqm2dvV6BTzDvYl5wWzlJxPZHkVlbVUFItDKfLGzbrA0LK6UaV5R92XCG9cSxY61vWkek-6X5Ya04FM7k6_j_）

第二节　内部化理论

一、理论背景

虽然垄断优势理论指出了跨国公司对外直接投资的基本动因，但是仅仅拥有垄断优势还不足以使企业进行海外投资。跨国公司不仅可以通过对外直接投资，还可以通过世界市场交易来利用其特定优势。那么，跨国公司为何不将技术和知识当作商品通过许可证方式在市场上公开出售，而是通过内部交易转移给海外子公司呢？基于此，英国里丁大学学者巴克利（Peter J. Buckley）和卡森（Mark Casson）在 1976 年合著的《多国企业的未来》以及 1978 年合著的《国际经营论》中提出的、后经加拿大学者拉格曼（Allan M. Rugman）于 1981 年应用到国际直接投资领域形成国际直接投资的市场内部化理论对这一问题做出了回答。

20 世纪 30 年代科斯（Coase）的交易成本理论是内部化理论的起源。1937 年，科斯教授在其经典论文《企业的性质》中引入并阐述了交易成本的概念。他认为，企业和市场是两种不同但又具有可替代性的交易制度，市场的交易是由价格机制来协调的，而企业的存在则将许多原属于市场的交易“内部化”了。在企业内部，按行政等级层次传递的“指令”取代了价格传递，成为生产活动的协调机制，[①] 以节省交易成本。随着巴克利和卡森将其引入企业对外直接投资的研究，交易成本理论被逐步发展成为内部化理论。

二、理论内容

内部化理论的基本假设包括：在不完全竞争环境中，企业的目的是追求利润的最大化；中间产品市场的不完全使得企业产生创造内部市场的动力；企业内部化行为超越国界时，对外直接投资和跨国公司就产生了。所谓中间产品市场，是指那些不能直接满足消费者需要的、用来作为生产经营要素制造最终产品的物品。该理论认为，导致企业跨国经营的原因不仅仅在于最终产品市场的不完全竞争，更重要的还在于中间产品市场的不完全竞争。中间产品市场的不完全性使得企业利用市场交易的成本很高，因此导致企业创造内部市场，将原先由市场联结和组织的各项活动置于统一的所有权控制之下，通过内部化将这些产品的市场交易转变为企业的内部交易，以降低外部市场不完全给企业经营造成的不利影响，[②] 保证跨国公司具有长期的垄断技术优势来谋求利益的最大化。内部化理论认为对外直接投资是企业组织的内部扩张从国内向国外扩展的结果。

内部化理论认为，跨国公司可以从以下几个方面获得内部化收益：第一，当交易双方因信息不对称而导致交易成本过高从而难以成交时，双方中的一方可以通过对另一方的收购，或者在同一行业内进行绿地投资，建立自己的子公司来消除市场不完全的不利影响，避免过高的交易成本。第二，当市场因某种双边垄断僵局导致交易条件不稳定时，跨国公司若建立较稳定的长期的供需关系就可以进一步保障自己的经营活动。第三，当政府在关税、税收、利润汇回政策等方面对外部市场进行干预时，通过内部化，跨国公司可以避免来自政府的某些干预；通过创造内部市场可将其各个相互依赖的经营活动置于统一的控制之下，跨国公司可以充分施展包括差别定价、转移定价等在内的定价策略，从而提高公司的整体经营效率。第四，跨国公司的内部化可使它更有效地发挥其拥有的知识产权优势，获得尽可能多的研发报酬，并保护其技术秘密不被泄露。

当然，跨国公司进行市场内部化必须付出一定成本，比如通信联络成本和管理成本。为了避免技术泄露，企业会建立通信系统。市场内部化后，跨国公司要对遍布全球的子公司进行监督管理，因而增加了监督管理成本。但只要对外直接投资内部化的收益超过了国际外部市场的交易成本和对外直接投资的内部化成本，企业就拥有了能够从事对外直接投资或跨国经营的内部化优势。[③] 由此，内部化理论认为对外直接投资是为了保持自身利益、克服外部市场的失效、避免交易成本的增加，而将未来在外部市场进行

---

① 胡芳. 中国农村土地使用权流转模式选择[J]. 经济师,2011(7).

② 唐磊. 跨国公司中的内部贸易问题探讨[J]. 价值工程,2006(6).

③ 陈玉萍. 知识经济时代企业跨国经营的理论思考[J]. 新疆财经,2004(3).

的交易转变为在企业内部进行，跨国经营就是企业内部化超越国界的表现。

三、理论优势与贡献

内部化理论作为研究跨国公司的一种新理论，自 1983 年以来，更是引起了学术界的极大兴趣，学术界多次召开国际性学术会议，进一步探索跨国公司内部化理论问题。首先，内部化理论的重要贡献之一是它将中间产品与最终产品市场的不完全性区分开来，并把中间产品市场的不完全性摆在了突出位置，这不仅有利于解释发达国家间的相互投资活动，并且还有利于解释发达国家以及发展中国家的对外投资行为。其次，内部化理论对于各种类型的跨国公司的形成基础具有强大的说明力。再次，内部化理论把市场不完全归结为市场机制内在的缺陷，并从中间产品的性质与市场机制的矛盾两个方面来论证内部化的必要性。① 最后，与海默的垄断优势理论的市场不完全导致跨国经营相反，跨国公司内部化理论恰好是消除了市场的不完全。

四、理论的局限性

但是，内部化理论也存在着一些局限性。第一，该理论无力解释对外直接投资的地理方向和跨国经营的布局网络，不足以称为跨国公司投资理论的“通论”。第二，该理论只是从跨国公司的主观方面，探寻其从事国际直接投资的动因和基础，忽视了国家政策等外部因素。第三，内部化理论能够较好解释企业的垂直一体化，但是在水平一体化的解释方面，不如规模经济具有说服力。第四，内部化理论没有考虑企业间竞争力量的影响。第五，内部化理论只是说明了企业在直接投资和许可证之间的选择问题，并不能说明企业为什么不通过出口方式利用垄断优势。②

案例 2-3

微软公司经营的内部化分析

微软公司在中国拥有自己的科研机构，拥有自己的销售机构，而且大多数都是微软公司拥有完全控制权的公司或机构。微软公司对技术的保护和输出都有严格的规定，始终依靠自己的技术垄断优势来获得最大的竞争优势，取得最大化的利润。

1. 防止技术优势的丧失

微软公司为了保持自己的技术领先优势，就直接建立自己的研发机构，有微软中国研究开发中心、微软大中华区全球技术支持中心、微软亚洲研究院、微软亚洲工程院及微软中国技术中心等，这都是技术内部化的例子。如果是在外部市场上交易技术这种中间产品，就存在技术泄密的风险。因此，微软公司通过各种方式将自己的技术内部化，同时，将涉及该项技术的生产活动控制在企业内部完成，从而减少了与外部企业进行交

① 张桁. 关于跨国公司形成和发展的理论[J]. 外国经济与管理，1992(10).
② 范兆斌. 跨国公司海外直接投资理论脉络及动态述评[J]. 商业研究，2007(7).

易获取技术的诸多交易费用，降低了企业在他国的经营成本和风险。微软公司很少交易自己的技术，同时对自己的技术实行了严格的保护。

2. 降低交易费用

微软公司在2003年11月与中软总公司建立战略伙伴关系，在2004年4月与创智公司建立全球战略合作伙伴关系，在2004年7月与神州数码公司建立全球战略合作伙伴关系，在2004年11月与浪潮集团举行了全球战略合作伙伴的签字仪式，同时与中国国内的主要硬件生产商，包括联想、方正、TCL、长城、清华同方等企业开展了全面的合作，这些都使微软公司降低了交易成本。

3. 利润最大化

微软公司通过建立自己拥有控制权的子公司或分公司，使得许多交易都在内部进行，所有利润都归微软公司，这样就获得了最大利润。因为交易价格由微软公司自己制定，不存在竞争。微软公司拥有研发、销售一体化的系统，减少了中间商和中介，使利润最大化。微软公司的内部化战略使得它成为软件行业的领头羊，拥有了巨大的技术优势，保持了较强的竞争力，获得了巨大的利润，但同时也带来了一些危机。在中国，由于微软公司对自身拥有绝对的控制权，采用独资的形式投资，因而它在中国的发展遇到了危机，与政府和消费者的关系恶化了，有了独裁、自大、傲慢的形象，公司的发展遇到了各方的阻力：这就是内部化带来的伤害。

（资料来源：http://wenku.baidu.com/link?url=szSploWpCQSuqBcMjtj3zJ5Vc4XEAM4Nyd3EJODuzfNJxpVn24IVyHZBWUAPVZwb4eP8LQ2Wg4vJCyOTO2bNM4PQgQ2rF94j1Z0YIjWa_Hi）

第三节 产品生命周期理论

一、理论背景

美国哈佛大学教授雷蒙德·弗农（Raymond Vernon）于1966年5月在《经济学季刊》上发表的《产品周期中的国际投资与国际贸易》① 一文中，首次提出了产品生命周期理论（The Theory of Product Life Cycle）。后来经过威尔斯（Louis T. Wells）和赫希哲（Hirsch）等人的发展而逐步完善，成为了解释制成品贸易和企业对外直接投资的著名理论。该理论将美国企业的对外直接投资与产品生命周期紧密地联系在一起，利用产品生命周期的变化来对第二次世界大战后美国企业对外直接投资的动机与区位的选择做出理论解释。

产品的生命周期并不是指产品本身由新变旧的周期，而是指一个产品从开发、发展直到淘汰的各个不同阶段的全部过程，是指产品在市场运动中的营销寿命周期。如果企业能够依据这一周期制定相应的营销战略，就能获得较好的经营效果。一般

① Vernon R. International investment and international trade in the product cycle[J]. Quarterly Journal of Economics, 1966,80(2):190-207.

而言，当企业在市场上推出某种新产品时，该产品的生命周期就开始了。弗农认为，产品的生命周期大致可被分为创新阶段、成熟阶段和标准化阶段。跨国公司的对外直接投资是其在产品生命周期中，随着生产、竞争条件等区位因素的变动而做出的选择。这表明，在国际生产中，任何产品生产地点的选择都在一定程度上取决于该产品处在生命周期中的哪一个阶段，而对外直接投资则是国际生产过程或产地转移的结果。

二、理论内容

产品生命周期理论的基本假设是：第一，消费者的消费偏好依收入的不同而不同；第二，企业之间以及企业与市场之间的沟通和协调费用随地理距离的增加而增加；第三，产品生产技术和营销活动的变化有一定的规律可循；第四，国际技术转让的市场是不完全的。

这一理论的基本思想是：在新产品的整个生命周期中，生产和销售产品所需的生产要素是不断变化的。引入新产品通常需要大量的研发费用和人力资本含量高的劳动力。随着这一产品的生产技术日渐成熟并进入大规模生产阶段，产品变得日益标准化，从而需要标准化的技术和大量的非熟练的劳动力，结果技术和资本丰裕的发达国家在最初的产品开发方面的比较优势逐步弱化，并逐步转移到劳动力相对富余且成本相对低廉的其他国家。比较优势的这种动态转移通常伴随着技术创新国与其他国家之间的国际贸易和对外直接投资活动。下面介绍的是弗农教授于 20 世纪 60 年代提出的产品生命周期理论。

在这一理论中，弗农教授将产品生命周期分为产品创新阶段、产品成熟阶段和产品标准化阶段。①

（一）产品创新阶段

从经济学角度讲，在市场经济中，任何产品的初始创新方向都会受到市场消费需求的引导，而消费者的需求偏好和对产品的选择会由于收入的高低而产生不同的层次。弗农教授的研究是从美国市场开始的。他认为，由于美国的人均收入水平较高以及相应的较高的劳动力成本，因此，美国市场对产品创新的引导要求企业积极研制节约劳动并能满足高收入消费偏好的高档消费品和资本技术密集型产品。这样，美国的比较优势才能充分发挥。在这一阶段，企业往往将自己产品的生产和销售安排在国内。这是因为：第一，处于创新阶段的产品尚未定型，需要不断、及时地根据市场的信息反馈改进设计以适应消费者的偏好。第二，由于刚设计出来的产品需要根据市场反馈的信息做出及时的修正，因而导致对产品生产所需的要素投入、加工工艺和规格需要及时做出调整。在国内生产不仅可以与顾客保持紧密联系，而且可以与原材料供应商保持密切联系，更容易以更低的信息成本（通信和协调成本）获得所需的技术和零部件，使得彼此之间的联系密切有效。第三，在这一阶段，新产品的差异性较强，产品的需求价格弹性较低，企业打入并占领市场的因素主要是企业新产品在市场中的差异性而致的垄断优势，并不是

① 韩薪雨. 跨国公司对外直接投资理论探析[J]. 现代经济信息,2008(5).

市场中的产品价格竞争。第四，在这一阶段，其他在消费水平和经济结构方面与该国相近的国家如果对这种新产品有需求，则主要通过对该国的进口而不是吸引该国的直接投资来实现，因为跨国公司的先进技术垄断优势可以使其采用高价战略在投入初期迅速收回投资。与此同时，其他国家则由于技术上的缺口而无法生产出这类产品，因此不得不从创新国进口产品。因此，创新国凭借技术、产品品牌和性能等方面的垄断优势在国际市场上以高价获得丰厚利润，不需要在海外进行生产经营。

（二）产品成熟阶段

产品成熟阶段是产品生命周期的第二阶段，这一阶段的产品具有以下特征：第一，国内外的市场需求开始大幅度增加，产品样式逐渐稳定，设计与生产工艺不再需要过多改动，产品逐渐标准化，最有效的生产工序已经形成，产品生产技术也基本稳定。因此，跨国公司比较愿意进行中长期的海外投资，以达到扩大生产规模并形成规模经济的目的。第二，消费者对产品的价格敏感程度增加，产品的需求价格弹性增大，这时降低产品的生产成本就成为了首要问题。第三，随着产品在国内外市场上的大量销售，国外企业对新产品的了解逐渐增多，使得跨国公司的技术优势逐渐弱化消失，国外的仿制品逐渐增多。模仿国为了保护国内新成长起来的民族企业，开始制定并实施相应的关税与非关税壁垒。这使得跨国公司在对外出口该类产品时要面对很高的运输成本与贸易成本，从而在贸易出口方面处于不利地位。此时，跨国公司为了避免由此带来的贸易摩擦，接近消费市场并减少运输成本，就会选择投资海外，选择到其他在消费水平和收入水平相较于创新国更低的发达国家进行生产销售，维持并扩大市场份额。第四，国内市场逐渐饱和以及国外市场对这类产品的需求不断扩大，加上降低成本与追求规模经济的目标促使企业投资海外。第五，国外的劳动力成本相对较低而美国的人均收入较高导致了劳动力成本较高。在产品成熟阶段，产品的生产需要更多的非熟练劳动力，于是，这一因素也促使了创新企业开始进行海外投资。以上这些因素都导致了美国的企业开始向其他发达国家直接投资以取代原先在国内先生产后出口的经营模式，以便以更低的成本维持并扩大其产品的国外市场份额，争取更大的经济效益。正是从产品成熟阶段开始，跨国公司选择了对外直接投资的经营方式。

（三）产品标准化阶段

进入标准化阶段之后，产品以及产品技术已经实现完全标准化，企业的原有技术优势已经扩散，创新国在技术上的垄断优势不复存在。该类产品在其他发达国家的生产已经十分普及，具有相当规模。国内外企业之间的竞争已经相当激烈，产品的价格及生产成本在竞争中成为决定性因素。因此，创新国为了进一步降低生产成本，会在全球范围内寻找成本更低尤其是劳动力成本更低的发展中国家作为其海外投资的最佳选择，以保持其竞争优势，继续参加市场竞争。跨国公司在劳动力成本更低的发展中国家生产经营，再将产品进口回国内，以满足国内市场需求。于是，创新国从产品出口国转变为了产品进口国。这样一来，原来新产品的生产企业也将由于产品生命周期的结束而必须转向另一种新产品的研发、生产与出口活动。

如图2-2所示，产品生命周期理论实际上描述了跨国公司对外直接投资区位转移的动态过程。美国首先研发出某种新产品，先将国内作为生产基地，主要满足国内市场需求，同时将新产品出口到经济发展水平相近的欧洲等发达国家或地区来满足国外市场的消费需求。随着出口量的增加，这类产品在国外市场的普及程度不断提高，欧洲各国也开始了该类产品的大规模生产，此时美国的出口量大幅下降，开始将生产成本较低的欧洲国家作为自己海外投资生产经营基地。当欧洲各国开始大规模出口并在劳动力成本更低的发展中国家投资生产的时候，美国开始由出口国变为进口国。当某些发展中国家由生产该产品转向大规模地向欧美国家出口时，欧洲各国对该产品的出口也会大幅下降，并像美国一样，开始大规模进口。因此，该产品的生产基地由美国转向欧洲国家，最后全部转向发展中国家，发展中国家开始走向出口的高峰。

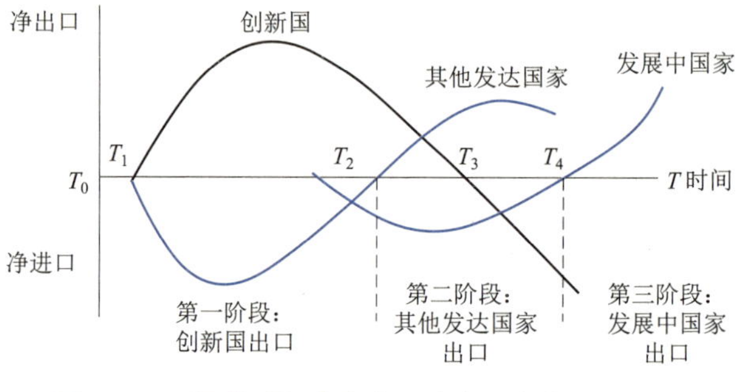

图2-2　不同类型国家在产品生命周期各阶段行为

总的来看，产品生命周期理论把产品生命周期的三个阶段同企业的出口、海外生产紧密联系在一起，随着新产品依次经历产品创新阶段、产品成熟阶段和产品标准化阶段，企业海外投资的区位也依次从最发达的国家转向较发达国家，再转移到发展中国家，具体表现为：母国生产并出口（产品创新阶段）→在较发达国家投资生产，母国减少生产并进口（产品成熟阶段）→到发展中国家投资生产，母国停止生产，从外国进口（产品标准化阶段）。

三、理论优势与贡献

产品生命周期理论的主要贡献和优势在于：第一，在一定程度上，产品生命周期理论继承了海默垄断优势理论中的特定优势，并将其特定优势与产品生命周期结合在一起，分析了处于产品生命周期不同阶段的企业随着特定优势的弱化、转移，是如何进行出口或对外直接投资的经营决策的。在这里，企业的特定优势主要指发达国家的跨国公司对市场需求的迅速敏锐的反应能力，在研发投入方面的资金优势以及创新和开发新产品、新工艺时特有的技术优势等。第二，产品生命周期理论弥补了古典贸易理论静态分析的局限。由于传统的资源禀赋理论和比较优势理论都具有静态性质，对国际贸易与投资的现实性的解释能力较弱，因此，弗农在其产品生命周期理论中加入了创新、规模经济、新产品开发中累积知识和风险度的降低、大型跨国公司相互依存的寡头市场关系等内容，使得产品生命周期理论能够反映跨国公司对外直接投资的动态变化过程，使其更具有现实意义。[①] 第三，该理论将产品生命周期与企业拥有的垄断优势和东道国的区位优势结合起来进行分析。产品生命周期理论将企业所有权优势和东道国区位优势结合起来说明国际生产格局的形成，揭示了对外直接投资的动因和基础不仅取决于企业拥有的垄断优势，还在于企业所在的东道国所拥有的区位优势。只有将这两种优势结合起来，投资者才会获益。[②] 企业的对外直接投资与出口之间是相互替代的，就是说，企业对外直接投资越多，出口反而会减少。此外，劳动力成本与信息成本等因素也对跨国公司对外直接投资的经营决策起着重要作用。第四，该理论为分析制造业跨国公司的成长提供了有力的理论工具。这一理论较好地将美国的宏观经济结构与美国企业的产品创新取向以及美国跨国公司对外投资的动机和区位选择结合起来，既对美国跨国公司对外直接投资的特点予以解释，又说明了这些公司由西欧国家转向发展中国家投资的原因。第五，产品生命周期理论将国际贸易理论与国际直接投资理论结合在一起来研究跨国公司的生产经营活动。这一理论作为贸易理论，同时又是投资理论。这种将贸易与投资结合起来的研究方法对以后的理论尤其是邓宁的国际生产折衷理论有着重大影响。

案例 2-4

产品生命周期理论的运用

20 世纪 60 年代初期，美国施乐公司发明了复印机，并开始在美国市场上销售。后来，随着国内市场需求的逐渐饱和，施乐公司开始将其产品向日本、西欧等一些发达国家出口，开始抢占国际市场。随着这些国家市场需求的不断增长，施乐公司开始在英国和日本建立合资企业。在国外子公司的不断发展壮大，使美国复印机的对外出口量开始下降，美国的消费者也开始通过成本更低的国外渠道，尤其是从日本进口复印机。后来，日本企业发现，本土复印机的生产成本大幅上涨，于是又将新加坡和泰国等发展中国家选为新的生产基地，来降低生产成本。复印机技术始于美国，然后向日本、英国等发达国家进行出口和技术转移，然后这些发达国家又向发展中国家进行出口和技术转移，美国从复印机的出口国变成了净进口国。复印机的这一国际贸易模式的转变、投资区位的变迁是与弗农的产品生命周期理论相一致的。

（资料来源：克里斯托弗·巴特利特，等. 跨国公司：理论、案例分析与阅读材料[M]. 4 版. 宋志红，宋海腾，等译. 北京：中国财政经济出版社，2005.）

四、理论的局限性

产品生命周期理论同样存在着明显的缺陷与局限性。第一，产品生命周期理论在解释制造业企业对外直接投资的行为方面具有适用性，由于制造业最终产品符合产品生命周期特征。但是，该理论不能解释资源开发型和技术向导型的投资行为以及目的不在于

① 高薇. 国际直接投资理论的演变及其对中国的启示[D]. 长春：吉林大学，2011.

② 刘英奎. 中国企业实施“走出去”战略研究[D]. 北京：中国社会科学院，2003.

出口替代的对外直接投资的行为，比如原材料采掘业，因为这些产业不符合产品生命周期特征。第二，产品生命周期理论仅仅考察了美国跨国公司的情况，并不能解释其他不具有技术垄断优势的国家的对外投资行为。20 世纪 80 年代以来，技术垄断型企业不再是国际直接投资的唯一主体，许多中小企业以及发展中国家企业也走上了对外直接投资之路，对于发达国家之间相互投资以及发展中国家对外投资这一现象，生命周期理论不能很好地予以解释。第三，产品生命周期理论没有考虑日益激烈的市场竞争环境对跨国公司对外直接投资的影响。实际上，跨国公司进行海外投资时并不是严格按照生命周期理论的先出口海外，再向较发达国家和发展中国家转移生产的发展路径进行的。竞争者可以在这一发展路径所给出的充分时间里来仿制产品和生产替代品以占领市场，这违背了产品生命周期特征。第四，产品生命周期理论是在企业只生产一种产品的假设下提出的，该产品的跨国生产与出口之间具有替代关系。换句话说，就是跨国生产增加，本国的出口就会减少，是此消彼长的关系。但实际上，跨国公司的生产范围是很广泛的，且生产的产品之间的相关性是很强的，这一点，产品生命周期理论是无法予以解释的。第五，产品生命周期理论将产品生命周期的三个阶段割裂开来，假定各阶段之间相互独立、互不影响，是按照先后顺序进行的。但是，跨国公司一般拥有全球性的生产经营体系，公司的产品研制、发展与销售呈现高度组织化状态，很可能会把这三个阶段同时作为整体予以统一考虑。跨国公司会在开始阶段针对不同东道国市场的需求特点同时设计出多款产品，直接越过出口阶段而迅速在东道国生产销售，抢占当地市场份额；或者同时在母国与东道国推出同种新产品。比如，苹果公司的 iPhone 7 手机在中国、美国、英国以及其他 20 多个国家和地区同步上市，不是由母国出口扩散到国外，而是一开始就在海外设计、研发，以海外市场为目标。技术发达国家越来越倾向于以全球同步上市的方式更快地在国际市场上占据一席之地。随着高新技术产品更新换代加速，全球同步上市时间间隔逐渐缩短，产品生命周期也在不断缩短。为了抢占市场，获得丰厚利润，跨国公司就必须尽快在不同地区生产和销售产品，并采用本土化战略针对当地需求偏好进行差异化设计生产。这一全球同步上市的战略就对产品生产周期理论提出了挑战。

五、理论的发展

在 20 世纪 70 年代初，也就是产品生命周期理论提出后不久，弗农教授本人就意识到了这一理论的不足。于是，在其 1971 年所著的《国家主权面临困境：美国企业的跨国扩散》以及 1974 年的《经济活动的区位》等论文中对之前自己的理论做了修正，引入了跨国公司寡占行为，强调了跨国公司寡占行为对产品生命周期的影响。跨国公司为了建立并维持自己的寡占地位，提高竞争对手的市场进入门槛，会在不同时期采取相应的不同措施。产品生命周期理论被修正后，产品生命周期被重新划分为产品创新的寡占阶段、产品成熟的寡占阶段和产品标准化的寡占阶段。[①]

① 赵世龙. 全球化竞争下小松公司中国市场发展策略研究[D]. 杨凌：西北农林科技大学，2014.

专栏 2-3

寡头垄断

寡头垄断市场是不完全竞争市场结构中的一种，在这样一种市场中，若干家厂商生产和销售整个行业的绝大部分产品。这里的若干家可以是几家，可以是几十家，并没有明确的规定。

寡头垄断这一市场结构有三个特点：一是市场进入存在障碍，比如巨大的生产规模要求巨额的初始投资，或者营业执照和关税等。二是寡头企业之间的行为是相互依存、相互影响的。由于每一家厂商的行为都足以影响整个市场，因此也足以影响到每个寡头厂商的切身利益。三是寡头厂商之间的竞争依然激烈。在产品差异不大的行业中，寡头厂商之间进行的往往是价格竞争；而在产品差异较大的行业中，寡头之间展开的往往是非价格竞争，比如设计、质量、售后服务的竞争等。

（一）产品创新的寡占阶段

在这一阶段，跨国公司不惜支付高昂的研发费用，雇用大批的研发人员，集中于母国进行新产品的研究与开发工作，并不断向市场推出新产品。此外，跨国公司还会对现有的产品采取差异化战略，以此来维持已有的垄断地位。由于各国拥有不同的要素禀赋条件，因而各国也会形成不同的垄断优势。比如，在满足高收入者需求和劳动力较为节省的产品创新与研制方面，美国企业具有比较优势；在创新节省土地和原材料的产品方面，欧洲国家的企业具有比较优势；而在创新节省原材料的产品方面，日本的企业更具有比较优势。弗农教授认为，在这一阶段把生产基地选在创新国内可以实现生产过程同研发与市场购买销售活动的有序协调。由于这个原因，技术创新成为寡头垄断市场的主要进入壁垒，发达国家凭借其特有的技术优势在国际市场上取得寡占地位，从而控制整个产品市场。

（二）产品成熟的寡占阶段

在这一阶段，产品的标准化逐步实现，率先推出新产品的跨国公司的创新领先地位逐步丧失。但是，这些企业仍可以依靠高度的集中化和规模经济，阻止其他竞争企业的快速进入，使其寡占地位得以维持。这时，跨国公司寡占地位得以维持的基础由技术优势变成了规模经济。一般情况下，各国的跨国公司会采用两种战略来维持各自的市场份额：一是相互牵制战略，即跨国公司各自到对方的主要市场上建厂经营，来避免竞争对手在自己的市场上低价竞争；二是盯住战略，即当领先的公司在开辟新市场时，同一行业的寡头也紧紧跟上，以维持寡占均衡。

（三）产品标准化的寡占阶段

在这一阶段，原先的寡占者的特有优势由于产品的完全标准化而丧失，有的被淘汰出市场，有的则不得不采取产品差异化战略或彼此之间形成卡特尔组织实行协调定价来维持部分市场。但是，即使是这样，原有的国际生产格局仍无法得以维持。随着市场进入障碍的减弱，企业所面临的来自市场中同业竞争者的压力逐渐增大，生产区位的选择更大程度上取决于成本因素，而不是毗邻市场或者寡占反应。最终，生产成本较高的这类企业就不得不退出市场竞争，而其他掌握某种特殊资源的企业要么转而生产其他产品，要么因获得某些外部效应而继续生产。[①] 此时，海外生产的区位选择的主要参考依据是生产成本差异，而与市场之间的距离和厂商之间的寡占反应成为了次要决定因素。

随着弗农教授对其原有理论的修正与改进，产品生命周期理论对现实中跨国公司对外直接投资行为的解释能力明显增强。但是，修正后的产品生命周期理论仍没有对之前所阐述的理论局限性予以根本性弥补。

总而言之，产品生命周期理论尽管研究对象单一、范围窄，但仍赋予国际直接投资理论分析以动态特征，同时也创新性地对产品创新进行了研究，这都赋予了产品生命周期理论在主流国际直接投资理论中的重要地位。

在弗农教授提出产品生命周期理论并对其进行修正之后，一些学者针对国际直接投资呈现出的新特征和原有理论存在的局限性又进行了进一步的修正和补充。在弗农产品生命周期理论的基础上，高歇尔（Sumantra Ghoshal）和巴特利（Christopher A. Bartlett）对其进行了一定扩展。他们提出了一种新的国际直接投资模式，即由产品创新、接近市场和通过竞争降低成本的三位一体模式。在这里，产品创新是指对新产品和新技术的研发以及这些技术的国际转移等；接近市场是指企业通过对新产品和新技术的改进使其更好地适应东道国市场的消费需求；竞争降低成本是指企业通过标准化、规模化的生产等方式降低产品生产成本。与弗农产品生命周期理论的不同之处在于，该国际直接投资模式对于成本因素对跨国公司对外直接投资的影响更加重视，并将其从技术优势和区位优势之中独立出来，[②] 对跨国公司对外直接投资的区位流向问题做出了较好的解释与说明，在一定程度上弥补了弗农的产品生命周期理论的局限性。

第四节　比较优势理论

一、理论背景

比较优势理论（The Theory of Comparative Advantage）又被称为边际产业扩张理论，又称小岛清模式，是由日本一桥大学小岛清（Kiyoshi Kojima）教授在 20 世纪 70 年代提出的。基于传统国际分工的理论，小岛清对李嘉图的比较优势学说进行了继承和发展，在对国际直接投资层面的研究中加入了比较优势原理，解释了第二次世界大战以后的日本对外直接投资行为。

第二次世界大战之后到 20 世纪 70 年代中期这段时间，垄断优势理论和产品生命周

① 李优树. 中国对外直接投资利益论[D]. 成都：四川大学，2004.

② 高薇. 国际直接投资理论的演变及其对中国的启示[D]. 长春：吉林大学，2011.

期理论等主流对外直接投资理论一直被日本理论界所接受。随着时间的推移，日本理论界逐渐认识到之前所接受的主流理论主要针对美国跨国公司对外直接投资活动，而没有考虑其他国家尤其是日本的国情和对外直接投资的特点，因此无法对日本的对外直接投资活动在理论上做出合理解释。与此同时，在20世纪60—70年代，日本对外直接投资尤其是对发展中国家的直接投资发展迅猛，在理论支持与指导上的需求十分迫切。鉴于此，小岛清从宏观经济的角度出发，针对日本不同于欧美等发达国家对外直接投资的特点，创立了符合日本具体国情与对外直接投资特点的国际投资理论来说明和指导日本企业的对外直接投资活动。分别于1978年和1981年出版的《对外直接投资》和《跨国公司的对外直接投资》两本著作是小岛清立足于日本的对外直接投资大量论著的代表。在《对外直接投资》中，小岛清对比较优势理论进行了第一次系统阐述。

二、理论内容

小岛清的比较优势理论是在三个基本命题的基础上来进行阐述的。这三个基本命题是：第一，古典国际贸易理论中的赫克歇尔—俄林模型（H-O模型）关于要素禀赋和资本—劳动要素比例的基本假定是较为合理的，但在具体分析国际直接投资时，可做适当改进，用更为广义的经营要素（Managerial Resources）来代替资本要素。经营资源是一种特殊要素（Specific Factor），既包括了有形资本，也包括了技术、技能等人力资本。如果两个国家的劳动力与经营资源要素的比例存在差异，则它们在两国的两种商品中的密集程度也将出现差异，从而导致比较成本差异的出现。第二，具有比较成本优势的行业往往也具有较高的比较利润率，建立在比较成本或者比较利润率基础上的国际分工原理既可以用来解释国际贸易，也可以对国际直接投资进行解释[①]。第三，日本模式的对外直接投资与美国模式的对外直接投资是两类对外直接投资，具有不同特点。

比较优势理论的核心内容是：一国的对外直接投资应当从本国所有产业中已经处于或即将处于比较劣势的产业或者说边际产业开始依次进行。所谓边际产业，在这里指的是已经处于比较劣势的劳动密集型生产部门或者某些生产或装配特定部件的劳动力密集型的生产环节或工序。[②] 由于各国资源禀赋存在差异，因此这些产业在其他国家可能正处于优势地位或者具有潜在优势。这种边际产业在国内的生产经营中遇到了原材料短缺、劳动力价格上升和市场日益狭小的困境，在投资母国内变成了劣势产业，与此同时，虽然东道国在原材料供给、劳动力价格和市场需求方面有很大的优势，但是缺乏经营资金、先进的生产技术和先进的管理经验。[③] 在这种情况下，投资国对东道国进行直接投资，将本国的边际产业转移到东道国，使得东道国可以利用这些产业扩大生产和出口，又能使得投资母国利用投资所得的利润来发展比较优势产业，既实现了本国产业结构的优化升级，又可以扩大与其他国家的比较优势差距，有利于促进其与其他国家之间的国际贸易发展。[④] 基于这个原因，小岛清的比较优势投资理论也被称为“边际产业扩

① 袁远．外国零售企业国际化动因和进入方式研究及对我国的启示［D］．杭州：浙江工商大学，2010.

② 胡兴民．发展中国家面临的比较优势陷阱分析［J］．财会月刊，2008(8).

③ 朱玉立．我国矿业企业“走出去”政策研究［D］．北京：中国地质大学，2008.

④ 黄飞翔．中国对澳矿业投资问题研究［D］．厦门：厦门大学，2014.

张理论”。

假定有两个国家——甲国和乙国，甲国拥有丰裕的经营资源、先进的技术，但是缺乏劳动力资源，劳动力成本昂贵；相比之下，乙国拥有的经营资源较为缺乏，技术比较落后，但是拥有的劳动力资源较为充裕，劳动力成本较为低廉。由于甲国的劳动力成本较为昂贵，因此劳动力密集型产业在甲国就属于比较劣势产业或者边际产业；而乙国的经营资源较为昂贵，故经营资源密集型产业在乙国属于劣势产业或者边际产业。这样一来，根据小岛清的主张，甲国应当将其产业部门系列中劳动力密集程度最高的产业首先通过对外直接投资形式转移到乙国。由此，甲、乙两国可获得如下收益：

第一，甲国将本国的经营资源直接投资于乙国的劳动密集型产业，与乙国丰裕从而边际产出率较低的劳动力要素相结合以后，可改善乙国的生产要素组合比例，从而使得乙国的全要素生产率获得提高。对甲国来讲属于比较劣势的劳动密集型产业对于乙国来讲却属于具有潜在比较优势的产业。甲国的经营资源以对外直接投资的形式转移到乙国的这些产业，可以使得乙国这些产业原先的潜在比较优势变成现实的比较优势，使得生产函数得到改善，经济效率得到提高，因而这些产业的利润率必会增长，由此对甲国可产生有利影响。这就是小岛清所谓的“比较成本优势与比较利润率相对应”的原理。

第二，由于甲国的边际产业即劳动密集型产业已被转移到乙国，因而甲国所需的劳动密集型产品将由减产转为从乙国进口，从而可集中资源来发展其比较优势产业的生产与出口，对甲国也产生了有利影响。因此，小岛清认为上述对外直接投资模式可以拉大两国的比较优势成本的差距，使得双方都能从国际分工与国际贸易中实现利益的分享。这正是其主张这一模式的理由。

小岛清的比较优势理论认为日本式的对外直接投资与美国式的对外直接投资之间存在明显的差异。这些差异具体表现在以下几个方面。

第一，根据对外直接投资的目的，小岛清将对外直接投资分为了四种类型，即自然资源导向型、劳动力导向型、市场导向型以及生产和销售导向型。[①] 小岛清认为日本的对外直接投资大都以自然资源导向型的开发与进口、劳动密集型产业转移为投资目的。一般情况下，这些产业都是日本已经或即将失去比较优势的产业，比如资源开发等标准化的劳动密集型产业。这一类型的对外直接投资不仅有利于日本国内的产业结构升级，而且有利于日本发展其对外贸易。与此相反，美国对外直接投资大多是在国内具有比较优势的产业。根据国际分工原则，日本式的对外直接投资能够让东道国与母国双方的比较优势和潜在比较优势都得以充分利用。值得注意的一点是，日本对外直接投资多采用的是以合资形式在东道国建立子公司，而美国对外直接投资多以独资形式或者特许经营方式进行，比如汽车、电子计算机、化学产品、医药产品等资本和技术密集型产业，并主要流向了西欧等发达国家。这样，美国将其比较优势产业转移到国外之后，不仅对本国的产业结构升级产生了不利影响，而且还会在比较优势方面缩小本国与其他发达国家之间的差距，正是这种对外直接投资形式使得美

① 周海敏. 浙江企业国际化程度研究[D]. 杭州：浙江工商大学，2008.

国培养了自己的竞争对手，甚至可能丧失自己原有的比较优势并削弱美国在国际贸易中的地位。

第二，日本的对外直接投资主体以中小企业为主，中小企业的对外直接投资在制造业的对外直接投资中占有很大比重，在规模上也远比美国公司对外直接投资小得多。在技术转移方面，其所转移的技术也更有利于发展中国家利用和发展，更接近东道国生产要素结构和水平，对东道国发展比较优势产业、增加就业并扩大出口都起到了积极的促进作用。根据小岛清的主张，日本式的对外直接投资应当“从技术差距最小的产业依次进行”。因为差距越小，对母国来说，就越舍得转移出去，而对东道国来说，也会更容易消化吸收。相比之下，美国式对外直接投资所转移的大都是拥有高级技术的大型跨国公司，发展中国家因为缺乏相应的工业发展水平和人才，很难吸收这些高级技术。

第三，小岛清将对外直接投资分为了顺贸易导向和逆贸易导向两种类型。由于国内资源缺乏并且市场狭小，日本企业对外直接投资更多地集中在自然资源开发和劳动力密集型等边际行业，比较成本越大的产业越先被转移。而在东道国，这些边际产业正在形成比较优势或是具有潜在比较优势的行业。这样，日本就能够集中优势资源发展国内比较优势产业。日本式对外直接投资符合比较优势原则，形成了良性的国际分工，创造和扩大了国际贸易，而不是对国际贸易的替代，国际直接投资和国际贸易之间形成了相互补充的关系，因而日本式的对外直接投资具有顺贸易导向性质，对于日本的长远经济利益更加有利。通过对比，美国式对外直接投资是从比较优势的产业开始进行的，也就是将对外直接投资集中于技术密集型等垄断行业，通过东道国子公司对这种优势加以利用。美国通过投资将其优势产业转移到欧洲，这种做法显然违背了比较优势投资理论，致使随着投资的进行，无形中培养并壮大了竞争对手，缩小了东道国与母国之间的技术差距，使美国企业的技术优势最终不复存在，美国的出口减少以及在欧洲生产的产品返销回美国，增加了美国的贸易逆差，对外直接投资与国际贸易之间形成了替代关系，所以，美国式对外直接投资属于逆贸易导向型投资。

三、理论优势与贡献

在比较优势理论被提出之前，海默、弗农等人的对外直接投资理论的研究对象主要是欧美等发达国家的跨国公司，而没有对日本式的对外直接投资加以考虑，因而是不全面的。小岛清比较优势理论的提出，不仅填补了对外直接投资理论体系的一个空白，而且对以往欧美学者常用的一种商品、一个产业、一家企业的分析也是一种重大突破，更加重视在多种商品、多种产品、多家企业的基础上进行研究。该理论强调了对外直接投资应当对母国和东道国双方比较优势的发展具有促进作用，从而使两国之间的贸易规模不断扩大。国际直接投资与国际贸易之间是互相补充的，这一观点也使得对外直接投资理论思路得以拓宽。比较优势理论较好地针对投资国的国家动机做出了解释，独到而具有开创性。并且，该理论还将国际直接投资与国际贸易的关系进行了统一解释，对第二次世界大战之后日本的对外直接投资活动做出了较好的说明。

四、理论的局限性

小岛清这一理论也具有以下几方面的局限性：第一，小岛清的研究时间区间是20世纪60—70年代，日本企业对外直接投资当时尚处于萌芽期，以中小企业为投资主体，转移的都是些发展中国家容易吸收的一般性技术，多分布在东亚和东南亚一带，但是20世纪80年代以后，随着贸易保护主义的盛行以及日本国内产业结构的调整，众多日本大型企业开始走上对外投资之路，逆贸易导向型投资规模大幅增加，对此，比较优势理论无法予以解释。第二，根据小岛清的理论，对外直接投资只能是由技术先进的发达国家向技术相对落后的发展中国家单向进行，反之则无法进行。这就无法对20世纪80年代以来，以中国为代表的发展中国家对外直接投资的迅猛增长做出合理解释。第三，小岛清理论是站在投资国的宏观角度进行的，这就默认了投资国内所有对外直接投资企业的投资动机是一致的，也就是说，投资国的投资动机就代表着各个企业的投资动机，这种简单假设显然是不符合实际情况的。尽管日本的某些行业具有比较优势，但这些行业中的企业并非都要进行对外直接投资。第四，该理论很好地解释了日本20世纪60—70年代的以中小企业为主的对外投资情况，但是20世纪80年代以来日本经济实力的增强和产业结构的变化使得日本对外投资的主体格局也在发生着改变，众多大型跨国公司也参与其中，日本的投资类型也由顺贸易导向型向着逆贸易导向型转变，对这些变化，小岛清的这一理论却无法给出合理的解释。

案例 2-5

比较优势理论的应用——
日本对中国生产要素导向型直接投资

日本企业在中国的直接投资包括生产要素导向型直接投资和市场导向型直接投资。生产要素导向型的直接投资主要针对纤维、制鞋、家电等劳动密集型产业，转移的技术也是生命周期上已经标准化且成熟的技术，把目标只放在出口上，不把东道国作为销售对象，也可以称作出口导向型直接投资。市场导向型直接投资是将东道国的市场作为销售对象，把具有更高水平的技术作为获得竞争优势的主要手段。市场导向型直接投资主要针对机械、电子、化学等资本和技术密集型产业，以高于东道国竞争企业的优先技术作为在竞争中保持优势的主要手段，因此它转移的技术主要是尖端技术或新技术。在中国加入世界贸易组织前，日本对华直接投资以生产要素导向型为主，而进入21世纪后，逐渐向市场导向型过渡，开始形成研发、生产、本土销售的全方位投资特点。相应地，边际产业对华直接投资模式逐渐向竞争优势产业的直接投资模式转变。

日本对华直接投资与边际产业扩张理论的相符之处主要表现在生产要素导向型直接投资上，具体体现为以下特点。

1. 边际产业顺序转移

改革开放后的20多年内，中国的劳动力价格较低，并大力发展劳动密集型产业；

而日本经历了国内成本快速上升的过程，因此劳动密集型产业成为了边际产业，即日本的比较劣势产业，同时恰是中国的比较优势产业。当时，日本对华投资也多集中在劳动密集型制造业，如纤维服装、食品饮料、电机、机械等。而随着两国经济的进一步发展，边际产业也在发生变化，日本逐渐向中国进行依次的梯度转移投资。日本对华直接投资的主要领域——制造业呈现出产业内升级和产业间升级的特点。产业内升级即由中低技术劳动密集型制造业转向高技术劳动密集型制造业；产业间升级即由一般制造业转向装备制造业、由轻型制造业转向重型制造业、由传统制造业转向高技术制造业。纺织、食品加工等附加值较低的传统制造业投资比重大幅下降；电机、化学工业、运输设备、钢铁及有色金属等产业的投资比重明显上升。

2. 转移的技术以成熟的应用型技术为主

与欧美跨国公司侧重推行的现代化战略相比，日本的跨国公司在东亚奉行的是全球化战略。以东亚作为“出口平台”，发挥其“迂回加工生产基地”的功能，因而日本对该地区的技术转让不如欧美投资者积极主动，主张和奉行“转让与当地经济技术发展水平相适应的技术”。通过中日合资企业，日本向中国输出了一批先进的技术和工艺，这些技术和工艺一般是日本企业拥有的拳头产品和“绝活”，如松下公司与中国华录集团生产的录像机机芯、上海松下电子应用机器有限公司生产的微波炉用连续波磁控管等。通过与日本著名跨国公司合资，中方企业的产品档次有了明显提高。许多日本企业建立了员工培训制度，使中方人员掌握先进设备的操作技巧和应用技术，培养了一大批具有现代生产经验和管理经验的后备人才。这些事实都印证了边际产业扩张理论，即通过建立合资企业，日本跨国公司扮演着“教练”的角色，向发展中国家转移容易消化吸收的专有技术、现代化的经验和标准化生产技术，产生技术扩散效应。

3. 把中国作为出口基地

生产要素导向型的日本对华直接投资遵循着如下战略：日本对华直接投资→日本对华出口设备零部件→中国对日本或第三国出口产品。例如，1995 年日本在华投资企业的出口占其销售总额的 68%，而港澳地区在祖国内地投资企业的这一比重是 40.4%，美国在华投资企业的这一比重仅为 2.4%。同时，在华日资企业的出口比重远远高于日本海外投资企业的平均出口比重，甚至在劳动力成本比较低廉的亚洲地区也是最高的。在华日资企业的这些特点都符合小岛清主张的“顺贸易倾向型”外国直接投资模式的特点。

4. 完成“教练”作用后退出中国市场

根据日本周刊《东洋经济》的“海外投资企业总览”，截至 2002 年，日本从中国累计撤出企业 1 058 家，撤出率为 20.42%，其中制造业撤出的数量总计达 252 家，占 55.4%。在制造业内部撤出比重较高的依次是石油煤炭（40%）、食品（25.6%）、运输机械（25%）、纤维（16.2%）和钢铁（15.4%）。食品和纤维的技术和资本密集度较低，是日本企业最早进入中国的领域，中日两国的技术差距很小，中国企业因而迅速发展起来，在国内市场和海外市场与日本企业展开了激烈竞争，最终导致日本企业退出中国市场。而电机、一般机械、化学领域的撤出率较低，分别为 7.4%、7.5% 和 5.6%。这些行业技术密集度较高，两国技术差距较大，中国本土企业的竞争难以达到像劳动密集型产业那样的激烈程度，因而日本企业撤出率相对较低。有些日本公司还直接被中国公司控股。2002年10月，总部在广东的美的集团购买了三洋电机公司的股份，得到该公司日本微波炉零部件生产厂的控制权。一度非常有名的日本电器品牌，如索尼和三洋的低技术含量产品被中国公司的低成本、高质量产品所取代。这种现象是日本企业完成了“教练”的作用，预见这些产业未来的经济增长前景不如以前或不如其他产业，从而分阶段转让所有权的行为。[①]

（资料来源：吴铭. 以日本对华直接投资检验边际产业扩张理论[J]. 国际经济合作，2012(2).）

第五节　国际生产折衷理论

一、理论背景

1977年，英国里丁大学（University of Reading）教授邓宁（John Harry Dunning）在其论文《贸易、经济活动的区位与跨国企业：折衷理论探索》一文中首次提出国际生产折衷理论（The Eclectic Theory of International Production）。继而于1981年，该理论在邓宁的论文集《国际生产与跨国公司》中得到系统的整理和阐述。邓宁是当代研究国际直接投资问题的著名学者，曾任联合国跨国公司中心的高级顾问。其学说是在适应国际化生产格局变化的同时，在继承垄断优势理论、吸收内部化理论、接受区位理论的基础上，跨国公司和东道国微观与宏观两个层面相结合的对外直接投资理论成果。这在一定程度上解释了国际化生产经营活动的三种方式，即技术转让、出口贸易选择问题和国际直接投资，并构建了国际直接投资理论综合研究框架，形成了当代对外直接投资理论的主流。

国际生产是指跨国公司对外直接投资所形成的生产活动。第二次世界大战之后到20世纪60年代，国际生产格局较为单一。在这一时期，以美国为生产基地的跨国公司在国际生产中占重要地位。国际生产主要分布于资本密集型初级工业部门和技术密集型制造业部门，投资主要流向西欧、加拿大以及拉丁美洲（简称“拉美”）国家，海外子公司主要采用独资形式。自20世纪60年代开始，随着日本、西欧等发达国家跨国公司的兴起，交叉式对外直接投资现象在国家之间涌现。而且，一部分跨国公司开始向新兴的工业化国家和欠发达国家进行直接投资；一部分发展中国家也纷纷加入国际直接投资中来。从而，合资企业已然成为当时的主要直接投资形式，同时国际生产格局也呈现出复杂的趋势。自此，国际直接投资的国家、部门、结构、地理流向以及方式都发生了巨大的变化。

根据邓宁对20世纪60年代以来的理论总结，国际直接投资理论大体有三类，分别是货币金融理论、产业组织理论、厂商理论。但不足之处在于这些理论对于国际生产和

① 吴铭. 以日本对华直接投资检验边际产业扩张理论[J]. 国际经济合作，2012(2).

国际直接投资行为的解释还不够全面，没有对对外直接投资的区位因素予以考虑。因此，在吸收以往这些理论主要观点的基础上，邓宁将企业的特定垄断优势与东道国的资源优势、区位结合起来，并解释了跨国公司参与国际经济活动时，对国际直接投资、许可证交易或出口贸易的选择问题，提供了一种更为全面的研究方法，弥补了传统理论只注重资本流动方面的研究而缺乏将直接投资、国际贸易和区位选择综合考虑的不足，所以邓宁的国际生产折衷理论可以被称为国际直接投资的综合理论。

二、理论内容

邓宁的国际生产折衷理论认为，多方面的因素在影响现代国际直接投资活动，仅用一两种因素来进行分析必然有失全面性，而如果企业同时具备了以下三个条件，则它将可以从事对外直接投资活动。第一，企业在某些特定市场要具备其他国家所不具备的优势；第二，当具备第一个条件时，企业将其拥有的优势内部化之后所获得的收益要超过将这些优势出售或出租给外国当地公司所得到的利益；第三，当具备了以上两个条件后，企业结合东道国的某些具有优势的要素投入要比仅仅利用本国要素投入更有利可图，否则企业会选择国内生产而最终出口国外。这三个条件相互联系，缺一不可，企业只有同时具备这些条件，才会选择对外直接投资。邓宁将这些条件分别称为所有权优势、内部化优势和区位优势。下面就分别介绍这三种优势。

（一）所有权优势

企业的所有权优势是指针对外国企业所拥有的优势。这类优势又可分为三种：一是跨国公司由于跨国经营形成的优势；二是跨国公司各个分支机构在生产管理上的集中所形成的优势；三是在同一区位内相对当地企业跨国公司拥有的优势，这要包括规模优势、商标优势、金融和货币优势、创新能力优势、专利技术优势、组织管理能力优势以及市场销售优势。邓宁认为，企业进行国际直接投资和海外生产必然会导致经营风险和生产成本提高。尽管如此，企业之所以仍然愿意进行对外直接投资，并最终能够获得超额利益，主要是因为跨国公司拥有东道国当地企业所不具有的比较优势，这种优势所带来的收益会超过国际直接投资带来的附加成本和政治风险。邓宁将这些优势称为所有权优势，这些优势发挥作用的前提是这些优势是这个公司所独占的、特有的，而且可以在公司内部自由流动的，甚至是能够跨越一定距离的。拥有所有权优势的企业可以选择通过市场交易进行技术转让来获得收益，也可以在国内生产最终将产品出口国外或者对外直接投资。企业是否进行对外直接投资必然受到所有权优势的影响，但是，具有所有权优势的企业并不一定就要进行对外直接投资。企业所有权优势是选择对外直接投资的必要条件，但非充分条件，影响对外直接投资决策的因素除了企业所有权优势外，还有其他方面的优势因素。

（二）内部化优势

企业的内部化优势主要指该企业以对外直接投资的方式将其所有权或资产内部化形成的优势，即相比通过交易转移给其他企业，企业将资产内部化后转移到国外子公司能获得更多利益。就像之前所说的，跨国公司将其拥有的优势内部化的主要动机是避免不确定性的外部市场对该公司生产经营造成损失，并保持和充分利用公司技术创新方面的垄断地位。巴克利等人尤其强调了中间产品的特殊属性和市场不完全，而邓宁则认为外部市场对中间产品和最终商品来说都是不完全的，都存在着这样或那样的障碍。

不难发现，内部化优势实际上代表着企业克服市场失灵的能力。邓宁在对国际生产折衷理论的研究中，把市场失效分为结构性的市场失灵（Structural Market Failure）和交易性的市场失灵（Transactional Market Failure）两大类。结构性的市场失灵是指由非完全竞争所导致的市场失灵，具体表现为东道国政府施加的限制（如关税壁垒和非关税壁垒），这种限制引起的市场失灵可以产生垄断租金，是促使跨国公司把原先从事的先国内生产再出口的方式转换成跨国公司对外直接投资从而绕过这些壁垒的主要因素。此外，知识资产的特殊性质所导致的外部市场失效也可划归为结构性市场失灵。交易性的市场失灵是指交易公平原则不能有效发挥作用的情况。在这种情况下，外部市场因为交易成本畸高而失灵，具体表现为交易渠道不畅、信息成本高、成交效率低、不履约风险大等状况，因而需要付出高昂的费用。具体来讲，企业为了避免交易成本和谈判成本，避免为保护知识产权所支付的成本，为防止政府干预，为弥补市场失灵，也往往会选择实行内部化。尤其是在技术等无形资产的生产和销售领域以及利用某些自然资源生产加工产品的生产和销售领域，跨国公司的内部化优势表现得尤为突出。

但是，邓宁同样认为，内部化优势同所有权优势一样，仅是企业对外直接投资的必要条件，绝非充分条件，表现为具备内部化优势和所有权优势的企业不一定会选择对外直接投资。因为这两种优势也可以被其他生产经营方式所利用，如企业可以选择先在国内扩大生产，其后再向国外出口。

（三）区位优势

作为关键因素之一，区位是跨国公司进行对外直接投资时所必须考虑的。内部化优势和所有权优势是针对企业本身的特征而言，不同于这两种优势，区位优势是指东道国所拥有的要素禀赋优势，包括良好而丰富的自然资源、完善的基础设施、优越的地理位置、充裕廉价的劳动力成本和东道国外资政策等，这些是企业所不能自行支配的，只能适应并利用。如果说内部化优势和所有权优势是跨国公司对外直接投资的内因，那么区位优势就应当归为外因。东道国的区位是相对于母国而言的，这样的话，母国的区位也应当予以考虑。因此，区位优势是影响跨国公司在东道国设厂选址乃至影响整个国际化生产体系布局的直接因素。一般而言，跨国公司在进行对外直接投资的时候应当考虑以下几种因素。

1. 要素成本因素

劳动力、原材料、自然资源和资金等是跨国公司在东道国可以利用的生产要素。因为这些生产要素的质量和价格直接影响着跨国公司在国外的生产成本，因此上述生产要素的价格就成为了跨国公司在进行国际生产选址时的重点考虑因素。例如，劳动力要素经常会受到各国政府移民政策的限制而缺乏国际间的流动性，这是各国的工资成本差别很大的根本原因。在这种国际背景下，跨国公司选择将劳动密集型产品的生产转移到工资成本低、劳动力丰裕的国家或地区，这种对外直接投资活动较为明智。就像 20 世纪

70年代以来，部分发达国家将钟表、电子装配、玩具等劳动密集型产业转移到劳动力成本较低的中国、韩国、新加坡等国家。同样在资金要素方面，融资成本低、金融市场相对完善、资本盈利率高的东道国是资本相对丰裕、资本盈利率较低的跨国公司进行直接投资选择的对象。另外，一些跨国公司也会到那些自然资源相对丰裕的国家投资，如某些南美洲和大洋洲的国家。

2. 市场特征因素

对于能否吸引到国外投资者，东道国市场的规模、地理位置、发展阶段和消费水平等特征都是重要因素。市场规模决定着规模经济的可能性，因此，当东道国市场容量足够大的时候，满足不同消费偏好的国际生产经营才是经济的。对于跨国公司而言，本国市场与东道国市场的经济距离、地理距离和心理距离都会影响直接投资。如两国地理距离会直接影响运输成本，同时东道国的地理位置会影响产品的生产技术条件和使用条件。一般来说，跨国公司往往青睐与本国地理上接近、文化背景上相近的国家或地区。例如，许多美国公司都将相邻的加拿大或墨西哥市场作为最先进入的区域；而日本却在东南亚地区进行大量的投资。再比如说，近些年来，到中国直接投资的外商也多为华人。虽然文化、语言、风俗习惯等方面的差异不能直接带来经济上的影响，但是这些因素不仅会与市场消费者的特性有关，也同样会影响到跨国公司的内部管理效率和公司在东道国的经营绩效。不仅东道国的市场因素能影响到对外直接投资决策，而且母国的市场状况同样能影响到跨国公司的决策。比如说，瑞士雀巢公司所在的母国瑞士的市场规模较小，因此它就在全球的60多个国家建立了原料和生产基地以及营销渠道，其所属的系列产品销往世界130多个国家。通过国外市场，雀巢公司实现了其70%以上的销售额。与此不同的是，美国国内的企业由于美国拥有庞大的国内市场这一优势，因而都是一些规模巨大、拥有明显技术优势的大型跨国公司。

3. 政府政策因素

跨国公司的对外直接投资行为必然会受到东道国和母国政府对对外直接投资实行的政策的影响。比如，美国政府的反垄断法就使得一些具有明显规模经济效应的大企业竞相投资海外。同时，跨国公司对外直接投资的决策也会在很大程度上受到东道国政府针对外资的关税、市场准入、行业开放、外汇管理等政策法令的影响。

4. 贸易壁垒因素

关税税率高低和非关税壁垒是否存在对跨国公司对外直接投资和出口的东道国选择至关重要。如近年来，日本汽车出口美国市场时遭遇美国政府设置的贸易壁垒，鉴于此，日本跨国汽车公司则会选择在美国境内直接投资设厂制造汽车，以避免美国贸易壁垒。因此，为了吸引外商直接投资，一些东道国政府也会特意设置一些关税、配额以及有关当地标准的贸易壁垒。又如，商品进出口贸易本应作为美国与加拿大这两个地理上紧邻的国家之间的首要经济交流方式，但是加拿大政府为了吸引来自美国的直接投资，却在很长一段时期里对美国的进口商品设置了较高的关税。

5. 一般的投资环境因素

跨国公司除了要考虑区位因素中的上述特定因素外，在做出其中长期的投资决策前，还要考虑东道国的经济体制、产业结构以及经济增长潜力等一般状况。跨国公司对直接投资进行利润预测、风险估计及项目可行性评估时一般会将东道国的经济、政治、社会、法制等环境构成的整体“投资环境”状况作为重要依据，也同样会作为对外直接投资具体地点的选择依据。

区位因素在影响企业从事国际生产倾向的同时，还决定着这些企业对外直接投资的地点和部门的选择。邓宁将国际生产分为资源开发、制造、产品生产或加工的专业化、贸易和销售、服务以及其他六大类。他认为，不同的所有权优势、内部化优势和区位优势决定了跨国公司究竟会选择哪一类国际生产方式，同时也决定了企业究竟在什么地方从事国际生产。一般来说，跨国公司开展对外直接投资，是由于其所拥有的资本、技术等企业优势，同时会将其所拥有的优势内部化以降低交易成本来维持垄断地位并考虑原材料、劳动力成本以及东道国政府对待对外直接投资的政策等区位因素。

当一家企业同时拥有了以上三种优势时，它就可以进行对外直接投资。当这三种优势形成不同优势组合的时候，企业也可以通过选择商品出口贸易和许可证交易的方式（见表 2-1）来利用其自身优势。

表 2-1　　企业进入国际市场的方式选择

国际市场进入方式	所有权优势	内部化优势	区位优势
许可证交易	有	无	无
出口贸易	有	有	无
对外直接投资	有	有	有

资料来源：张小蒂，王焕祥. 国际投资与跨国公司[M]. 杭州：浙江大学出版社，2004.

国际生产折衷理论可表述如下：当只具备所有权优势时，企业只能选择许可证交易；当只拥有所有权优势和内部化优势时，企业除了进行许可证交易，还可以进行商品出口；当同时具备所有权优势、内部化优势和区位优势时，企业就可以进行对外直接投资。

三、理论的优势与贡献

邓宁的国际生产折衷理论的优势和主要贡献在于：第一，国际生产折衷理论是对已有国际直接投资理论的归纳与融合，但又不是简单的综合和加总，是对前人的各种国际直接投资理论之长的兼容并蓄并加以发展，是在所有权优势和内部化优势的基础上又加入了区位优势从而提出的“三优势”理论，即 OIL（Ownership-Internalization-Location）范式。该理论从跨国公司国际生产的高度讨论了这些变量对国际直接投资的影响。比如，海默认为垄断优势是跨国公司对外直接投资的决定因素；内部化理论认为垄断优势必须内部化。但是按邓宁的观点，垄断优势只是跨国公司对外直接投资的基本物质条件，而垄断优势内部化后仍不能使跨国公司必须进行对外直接投资。在垄断优势和内部化优势结合的基础上还必须加入区位优势，跨国公司方可进行对外直接投资。第二，该理论与国际直接投资的所有形式都有联系，涵盖和应用的范围广，因其概括性、综合性和应用性强而被称为对外直接投资的“通论”。第三，该理论较好地解释了国际市场三种进入方式的选择依据，也就是对出口贸易、许可证交易和对外直接投资的选择的原因做出了合理的解释。第四，该理论对于服务业跨国公司的对外直接投资进行了较有力的论证。垄断优势理论未能解释服务业跨国公司的选址问题；产品生命周期理论不符合服务业跨国公司的发展过程，如金融和保险业跨国公司的发展过程中并没有出现产品生命周期各个阶段的交替。国际生产折衷理论结合服务业的特点，运用三种优势分析法，对服务业的对外直接投资问题进行了较为客观的说明。第五，该理论既强调了跨国公司母公司的自身优势，又强调了东道国的区位优势，体现了较强的适用性，是迄今为止最全面和被广泛接受的国际直接投资理论。

四、理论的局限性

国际生产折衷理论同样存在着很大的局限性。第一，国际生产折衷理论只是指出了同时具备三种优势的跨国公司可以通过对外直接投资的方式进入国际市场，但是对于那些不同时具备三种优势的国家尤其是发展中国家的对外直接投资行为无法做出合理解释。第二，国际生产折衷理论缺乏动态性，三种优势之间的关系及其随时间的变动情况并不明确。与其说是一种综合，不如说是一种分类。

参考文献

[1] 逄增辉. 国际直接投资理论的发展与演变[J]. 经济评论,2004(1).
[2] 高薇. 国际直接投资理论的演变及其对中国的启示[D]. 长春:吉林大学,2011.
[3] 范兆斌,苏晓艳. 跨国公司海外直接投资理论脉络及动态评述[J]. 商业研究,2007(7).
[4] 刘晓峰,庄培章. 跨国公司对外直接投资理论述评[J]. 哈尔滨商业大学(社会科学版),2003(3).
[5] 李辉,等. 国际直接投资与跨国公司[M]. 北京:电子工业出版社,2013.
[6] 卢进勇,等. 跨国公司经营与管理[M]. 北京:机械工业出版社,2013.
[7] 张小蒂,等. 国际投资与跨国公司[M]. 杭州:浙江大学出版社,2004.
[8] 吴铭. 以日本对华直接投资检验边际产业扩张理论[J]. 国际经济与合作,2012(2).
[9] 李东阳. 国际直接投资与经济发展[D]. 大连:东北财经大学,2002.
[10] 崔健. 振兴东北经济战略与中日韩投资合作[J]. 吉林大学社会科学学报,2005(1).
[11] 胡芳. 中国农村土地使用权流转模式选择[J]. 经济师,2011(7).
[12] 唐磊. 跨国公司中的内部贸易问题探讨[J]. 价值工程,2006(6).
[13] 陈玉萍. 知识经济时代企业跨国经营的理论思考[J]. 新疆财经,2004(3).
[14] 张桁. 关于跨国公司形成和发展的理论[J]. 外国经济与管理,1992(10).
[15] 韩薪雨. 跨国公司对外直接投资理论探析[J]. 现代经济信息,2008(5).
[16] 刘英奎. 中国企业实施“走出去”战略研究[D]. 北京:中国社会科学院,2003.

[17] 赵世龙. 全球化竞争下小松公司中国市场发展战略策略研究[D]. 杨凌:西北农林科技大学,2014.

[18] 李优树. 中国对外直接投资利益论[D]. 成都:四川大学,2004.

[19] 袁远. 外国零售企业国际化动因和进入方式研究及对我国的启示[D]. 杭州:浙江工商大学,2010.

[20] 胡兴民. 发展中国家面临的比较优势陷阱分析[J]. 财会月刊,2008(8).

[21] 朱玉立. 我国矿业企业"走出去"政策研究[D]. 北京:中国地质大学,2008.

[22] 黄飞翔. 中国对澳矿业投资问题研究[D]. 厦门:厦门大学,2014.

[23] 周海敏. 浙江企业国际化程度研究[D]. 杭州:浙江工商大学,2008.

[24] Buckley P J,Casson M. The future of the multinational enterprise[M]. London:Palgrave Macmillan,1976.

[25] Bartlett C A,Ghoshal S.Managing across borders:the transnational solution[M]. 2nd ed.. Boston:Harvard Business School Press,1998.

[26] Caves R E. International corporations:the industrial economics of foreign investment[J]. Economitrica,1971(38).

[27] Dunning J H. International production and multinational enterprise[M]. London:George Allen & Unwin,1981.

[28] Hirsch S. An international trade and investment theory of the firm[J]. Oxford Economic Papers,1976,28(2):258-270.

[29] Hymer S.The international operations of national firms:astudy of direct foreign investment [D]. Cambridge,Mass.:MIT Press,1960.

[30] Johnson H G. The efficiency and welfare implications of the international corporation [M]//Kinderberger C P. The international corporation. Cambridge, Mass.: MIT Press,1970.

[31] Kinderleberger C P. American business abroad: six lectures on direct investment[C]. New Haven:Yale University Press,1969.

[32] Knickerberker F T. Oligopolistic reaction and multinational enterprise[M]. Cambridge, Mass.:Harvard University Press,1973.

[33] Kojima K.Direct foreign investment:a Japanese model of multinational business operations [M]. London:Croom Helm,1978.

[34] McManus J C. The theory of the multinational firm[M]//Gilles Paquet. The multinational firm and the nation state. Toronto:Collier Macmillan,1972.

[35] Penrose E T. Ownership and control: multinational firms in less developed countries [M]//Helleiner G K. A world divided:the less developed countries in the countries in the international economy. London:Cambridge University Press,1976.

[36] Rugman A M. Risk reduction by international diversification[J]. Journal of International Business Studies,1976,7(2):75-80.

[37] Rugman A M. Risk,direct investment and international diversification[J]. Review of

World Economics,1977,133(3):487-500.

[38] Rugman A M. Inside the multinationals:the economics of the international markets[M]. London:Croom Helm,1981.

[39] Vernon R. International investment and international trade in the product cycle[J]. Quarterly Journal of Economics,1966,80(2):190-207.

[40] Vernon R. Storm over the multinationals[M]. Cambridge, Mass.: Harvard University Press,1977.

第三章

其他跨国公司投资理论

传统的主流跨国公司理论主要形成于20世纪60—70年代，那时跨国公司所处环境基本稳定，而且基本可以被有效预测：国界对企业竞争有较大限制，导致竞争基本上都发生在境内产业中；产业立法对于新的竞争者出现有限制作用；现实中产业的运作也改变了设定规则。可是从1987年前后开始至1994年前后，由于信息、网络以及知识三种经济体系之间的竞争日渐凸显，更有益稳定竞争环境的国界、控制、规则等诸多要素的影响力逐渐削弱，跨国公司营运环境也从过去的静态、稳定状况逐步转变成多变、难测的动态波动状况，传统的跨国公司理论得以构建的许多前提假设在今天已不复存在，跨国公司面临着“在动态环境中求生存”的现实。

从1965年至今，发达国家跨国公司发展极快，并成为影响全球经济的关键主体。过去已经被熟悉的跨国公司理论的关键内容是研究跨国公司的存在机制，但在科技进步和发展的背景下，世界范畴内的整个经济环境都已经彻底变化，跨国公司也因此出现较大改变，其营运行为也变得更加多元而且复杂。

理论发展总是与实践发展和经验不断丰富有关，伴随多国在跨国环境下直接投资的增多，跨国公司具备了更大影响力，国际直接投资理论因此也获得了更好的发展土壤，相关理论研究同时持续发展并不断创新，目前已有专门针对服务业、中小企业和发展中国家的理论体系，以及市场权力、技术协调（或创新）、投资诱发要素组合等多种不同理论。

第一节　动态比较优势理论

日本研究人员小泽辉智（1992）在对日本展开分析的基础上，提出了跨国公司发展动态推动模式，以解决相关研究中缺乏动态研究的问题，目的是通过各个国家充分利用国外直接投资来实现各自的比较优势，继而促成结构升级和经济发展。小泽辉智同时还分析了亚洲区域内多个新兴国家的工业化情况，验证了日本进行的跨国直接投资行为，并证实了雁形产业转化模式的有效性。根据其研究，多个国家的经济水准和发展状况所处等级与其比较优势的内容和形态有直接关系。只有精准判定国家经济所处的层级，该国经济的外部特征才可能充分发挥积极作用。因此，国家经济所处层级的判定相当关键，而且这一层级给予了许多尚未充分发展的国家和地区更多迎头赶上的机会。就发达国家而言，其主要存在转移智力以及技术的可能。所以，小泽辉智还提出科层结构事实上也存在外部影响作用。尚未充分发展国家和地区的经济最终是否成功在于能否开发和利用这一外部性。

同时他还指出，处于不同发展阶段的国家应遵从正常模式而不是简单的跳跃式发展。国家所采取的跨国直接投资推进形式和模式必须与国家内的经济构成和改变情况相吻合。他具体指出，身处资源、劳动要素驱动阶段的国家中，跨国直接投资形式应该以资源导向型为主。并且，在以投入劳动为主要资源的制造行业内，投资都会逐步流入成本较低的国家和地区。当国家处于从投资驱动转变为创新驱动过程中时，以投入技术为主要资源的产业不仅会从别国吸收直接投资，也会进入别国开展投资，并且将多数资金投入于中间产品的产业链内。上述不同阶段的划分与转化，均由工业化所需主体要素（人、物、资源）的改变决定。换言之，国家（或地区）范畴内的经济增长将以结构优化为主要途径达成。此过程还伴随人、物等多种资源的聚集出现，国民生产总值的人均值水平越是高，那么人和物两种资本的积累也就更多。与所处阶段直接相关的对外直接投资模式的转变，与该国所具备比较优势的改变有关，并且与其产业所处的特殊状况有关。

小泽辉智指出，各国开展国际直接投资活动通常都遵从下述次序：首先，吸纳来自国外的直接投资；其次，以劳动力为主导向外国进行投资；再次，以资源和贸易为主要内容和形式向别国投资；最后，以资本、资源为主要内容和形式向别国进行交叉投资。而且在第一步骤中使用的是现成比较优势，第二步骤中则以边际产业快速增长为标志；第三步骤中国家能够获取新的比较优势，最后一个步骤时，国家才最终整合各方面的资源。

小泽辉智分析发现，在各个国家和地区进行的跨国直接投资行动过程中，对外直接投资的作用机制表现出下述特征：在发展中国家背景下，发展经济的初始条件和刘易斯所提出的无限供给劳动力下的经济发展模式假定一致，也就是说，当刚刚开始发展时，国家现有劳动力通常存在很多剩余，工资平均值较低，国家主要实施以出口为主体的发展战略，因此贸易对于国家有极大影响，通过外向化特征的经济行动，市场扭曲程度必然有所改变。此时，政府会实施亲市场的发展体制，会更有效地发挥在配设资源时市场机制的影响效力，同时政府干预和控制经济的实现，也必须以此市场为前提和基础。这一体制具备特定活力，因此在经济发展和革新过程中，政府发挥着更加关键的作用，地位更加突出。

小泽辉智作为日本研究代表之一，在分析对外直接投资机制时，并不太重视国际生产折衷理论（特别是所有权）所具备的效力。所以，他提出的理论是不考虑国际生产折衷理论效力影响的宏观层面的对外直接投资动态理论。他所提的理论竭尽全力将跨国公司促进经济的作用、效力和经济开发及个性理论有效融合，尝试从一体化视角予以阐释，说明当经济水平达到某一程度时，发展中国家该如何构建起跨国公司，继而促使经济发生转型，并揭示了这一过程出现的内在机制。在其研究框架体系内，各国经济水平具有科层等级结构，这一形态给予了尚未充分发展国家迎头赶上的可能，同时给予已经发展的国家将其所具备技术和智力进行转移的可能。

小泽辉智构建的对外直接投资模式可以更充分地激发一国已具备的比较优势。发展不充分的国家采取对外直接投资模式时，必须将其与工业化战略充分融合。在小泽辉智的分析过程中，他将经济发展、比较优势和对外直接投资作为相互作用的三种因素结合于一体予以分析。他还提出提高自身具备的比较优势，保证本国经济具备一定的竞争力，是尚未完全发展国家从单纯引进外资逐步转变为向别国投资的主因。他将此转变过程划分成下述阶段：第一阶段为吸引别国资本阶段；第二阶段为对外直接投资从输入到输出的转变阶段；第三阶段是从劳动力导向的对外直接投资向技术导向、贸易支持型过渡；第四阶段是资本密集型输入的对外直接投资和资源导向型输出的对外直接投资的交叉发生阶段。

和邓宁所提理论并不相同，小泽辉智更加注重不同国家间经济进步过程中的对应特点和多国所具备动态比较优势的互补，同时将其判定为对外直接投资的主因，但他对国家、产业所处层级的变量对对外直接投资流动及本国投资所产生的影响，尚未给予重视。

第二节 国家竞争优势理论

关于国家的竞争优势从何而来，有很多传统的解释，如：（1）比较优势论——从一个国家的天然资源优势角度进行解释；（2）国家产业政策优势论——从一个国家的产业政策和优势角度来解释；（3）管理文化优势论——从民族文化差异的角度来解释；（4）劳工组织优势论——从劳动力成本和技能的角度来解释；（5）帝国扩张论等——从军备扩张的角度来解释。但是，其中最为全面、完整的当属波特的国家竞争优势理论。

一、国家竞争优势的基本内涵

波特将国际竞争优势定义为：在参与国际竞争的过程中，要从全局的高度，根据一国范围内可以调度的资源，并以最终在国际市场上确立本国产品市场占有率为目的的竞争能力。波特认为，应该从行业的角度来考察国家竞争优势问题，国家的经济实力不可笼统而论：一个国家在某些行业可能遥遥领先，占有很大优势，但同时在另一些行业却可能很落后。

在一个国家内部，各行业的发展是不均匀的，其主要原因是由于各行业对其经营环境的不同要求，相同的国内环境会对有些行业特别有利，但却不利于甚至阻碍另一些行业的发展。国家的竞争优势归根到底是若干行业的竞争优势问题，因此分析国家竞争优势应从行业着手。如果一个国家能在那些劳动生产率高，新发明、新技术发展最快的行业领先，则国家经济整体发展速度就会高于其他国家，就有了竞争优势，反之情况则相反。

二、制约国家竞争优势的四因素

波特提出了关于国家竞争优势的“四因素”理论，其基本假设前提为：企业所受本国经营条件的限制会影响国家具备的竞争优势。波特指出了企业总部所在国的市场中存在可能直接增强或有碍企业在全球市场上优势的几个因素，并将其构成特殊的“钻石”结构。

（一）要素条件

1. 要素条件的内容

要素条件即为某一特定行业中展开竞争必备的要素，具体有人力、实物、知识、基础设施等。

2. 要素条件类型划分

（1）一般要素。一般要素即为自然资源、劳力资源总量、所处地理区位等。若某国拥有一般要素优势，并且具备大量廉价劳动力，就可以通过运用这些要素降低商品成本，获得优势。但随着经济全球化的发展，一般要素优势必然很易于被他国模仿。譬如韩国在 1980 年前后就曾经通过对本国劳动者进行培训提高劳动力实际价值，从而使得制造产出的商品具备了价格优势，不过美国、意大利等国家中的企业可通过在劳动力成本相当的区域譬如印度建立企业，抵消价格优势。

（2）高级要素。高级要素即为高科技或者具备较高技术水平的劳动力。高级要素的构建有赖于坚实的基础与持续投资，譬如完善的教育体系。依赖高级要素构建的竞争优势难以被模仿。

当一般要素逐渐削弱其重要性时，高级要素通常会变得越来越重要。原因在于：第一，高级要素通常是生产新产品的必备要件。第二，高级要素很难从市场获取，同时也难以通过建立国外分公司来获取。高级要素还是研发新型产品的核心，必须同时和企业的设计、科技、研发、调研乃至营销等多部门密切协作才能发挥作用。

3. 要素创造

要素创造的系统与当前所拥有的要素相比更加重要。如前所述，高级要素的生产需要大量的基础投资，而公司的投资比政府投资更有效率。政府的投资领域更加广泛，更具基础性；公司的投资，由于其对相关产业的敏感性而更有效率。在丹麦，有两家专业治疗糖尿病的医院就是由世界级的胰岛素制造商诺和诺德（Novo Nordisk）经营的。

4. 选择弱势要素

根据波特的理论，一些一般要素丰富的国家，由于战略布局不合理，通常不能获得竞争优势。而一些一般要素稀缺的国家，通过对高级要素和专业化要素的不断投资，反而可以获得竞争优势。例如日本，由于土地这一基本要素稀缺，存活的成本相当高，因此适时生产和其他一些力图减少存货的先进管理手段，率先由日本公司应用。

（二）需求条件

1. 需求条件内容

取得竞争优势的第二个因素是本地的需求条件，其中包含本地市场对企业所供给商品的总需求量和增量特点。企业客户群体的特点与其需求性质都相当重要。复杂的本地消费结构有助于提升商品品质，并激活创新。能否清晰把握本土消费主体的需求条件是一国在这一产业中能否具备竞争优势的要件。国际竞争不能削弱本地市场需求的影响，但是企业如果能够深刻理解本地市场的需要，通常会更具信心。

2. 需求条件解析

（1）各国都有需求偏好的差别。细分市场差别将直接导致本地企业技术、市场的差异。如在空调行业，日本松下公司以生产小型、噪声小、节能的窗式空调而著称，这些产品特征在一个空气调节很重要的国家很关键。而大型、噪声大的空调由于房屋小、拥挤以及电费高而不被接受。

（2）各国需求条件存在时间差。在市场发展水平较高时，生产者通常会采用市场导向策略。所以，某国消费需求是否能够引领全球潮流，或者有否追随全球趋势，对该国生产主体在全球市场中的竞争具有很大影响。因为大部分企业均自本土市场起步，早期通常必须根据本地市场需要订立经营策略。因此，倘若本国需求引领全球市场，那么服务于该国的生产企业自然也就在全球市场上存在优势。

（3）各国需求结构规模的差别。除少量原料或必备的简单生活品之外，任一行业中的需求必然具有多种层次，消费偏好、需求必有不同特征。不同的国家因为消费习惯不同或其他原因，导致主体需求所处的层次也存在差别。与需求结构规模形成关联的另外一个主因是某个特定消费偏好或某国存在特别嗜好。也就是说，如果某国钟情于某个商品，则其政府、国民乃至厂商均会较好地支持其发展，同时该国在此领域中也必然具备他国不具备的优势。

（4）各国需求偏好的流转。需求条件对竞争优势产生影响的另外一个途径是某国的需求形式与偏好国之间发生流转。譬如在美国，其快餐业就跟随该国商业、旅游人员与在外驻军走进别国。如果本国的跨国交流很多，那么该国产出的商品自然更容易进入国外并创立新市场，并且能够经由影响外国需求设法提高商品销售总量，扩大销售覆盖范围。

（三）供应商及支持性产业

1. 供应商

在国内市场上经营，且以很强的在国际上有竞争力的供应商或支撑产业为基础的公司，将在国际市场取得有利地位并获得竞争优势。由于许多投入是流动的，因此公司不必在地理上接近以方便交换；但关键投入的交换，如稀缺的生产技能，确实需要在地理上接近。且与外国供货方相比，因为价值、文化等观念接近，所以本地供给方必然更易于沟通。良好价值链的形成使国家的这些相关产业都加速成长。

2. 支持性产业

支持性产业的发展水平对企业在竞争中所具备优势的影响通常体现在下述三方面。

（1）密切协作的可能。进行规模较大的商品贸易，如果科技并不复杂、品种单一，那么商品供应企业所处的区位显然直接影响物流成本，所以针对以制造产出技术为核心，依赖于创新研发产品的行业，供货方与行业相关企业如果在地理层面更为接近，那么显然就具备更好的合作条件。在原料、零件、配件不够充分的状况下，地理优势显然有益于供应保障；研发新品时，厂商区位相邻，具备相同文化、语言、时间有益于沟通、设计以及研发。国际竞争并非单一的行业间竞争，而是与多国有关的营销生产竞争，所以，企业在竞争中取胜的主要优势不但与其策略、能力相关，而且与其供货或行业策略、能力有关。

（2）“互补商品”需求的促进。互补商品即为在消费层面存在关联的商品。某一商品的技术改进和提升有益于互补商品技术的优化，能够更好地适应自身特性和功能。

（3）企业密集度和信息环境质量。有关行业中主体企业所处的区位对于处于生命前期的商品来说尤其关键。

（四）企业组织、战略和竞争

从本质讲，企业行为也是人特别是管理者的行为。任何一国的文化、历史、体制、技术乃至价值和经济水准对管理者思想、设定目标、具体行为准则等都具有重要影响，通常以约定、潜移默化的形式，定义企业内和企业间的关系，对其战略制定和决策有着直接的影响，并对整个行业在全球市场中的竞争地位有决定作用。

除去前述四大关键因素外，机会和政府作用也会影响国家竞争力。

（五）机会

机会事件是非常重要的。例如，微电子技术的出现为日本公司改变其竞争地位提供了机会。同样，船舶需求的增加为韩国的造船业赶超日本提供了机会。机会的出现通过改变“钻石”结构中的条件来发挥作用。第一次世界大战中德国海外资产的损失、贸易商标的丧失，为美国、英国的化学工业提供了一个赶超德国的机会。

（六）政府

政府政策对国家竞争优势有相当重要的影响。日本和韩国政府的政策就和两国的产业发展有着相当重要的关系。但政府政策是通过影响其他四个因素发挥作用的，例如对资本市场的政策，对教育的政策，就直接影响着要素条件。政府的政策同样可以通过对资本市场的管理、税率、反垄断法等方式影响企业的组织、战略和竞争。

当然政府的作用也受竞争四因素的影响，当地竞争者的数量影响政府教育投资的选择，市场需求的增加将促使政府尽快建立安全标准。

第三节 辅助型国际直接投资理论

一、理论背景

20 世纪 80 年代中期后，跨国公司研发导向型的对外直接投资活动大幅增加，基于本土化的压力，它们通过与当地供应商的合作，在当地建立培训机构或者是教育中心，为海外人力资源提供支持，许多有实力的跨国公司还建立了地区性总部或海外分公司。对于这种投资新趋势，传统直接投资理论无法做出较为合理的解释。蒂姆·克雷格以日本松下电子公司为例，对跨国公司的对外直接投资进行了研究，并提出了“辅助型国际直接投资理论”。他认为，跨国公司实施对外直接投资的早期，主要目的是通过海外工厂的建立实现对当地的直接供给，企业的其他一些活动仍保留在国内，这也是传统型的对外直接投资行为。而随着企业经营程度的不断提高，其研发、采购、雇员培训以及一般性的管理等都逐渐向海外转移，这种投资对企业的经营管理起着支持作用，并最终发展为企业全方位的辅助型对外直接投资。辅助型对外直接投资包含四大含义：第一，直接投资的主体是跨国公司。第二，投资目的是支持企业的海外市场扩展，并促进公司实现全球战略目标。第三，这是一种投资行为。也就是说，其投资必须经过投资决策和资产投入并取得预期成果和收益。第四，投资类型不具体，它是投资的总称，主要是辅助与支持企业的生产经营活动。

辅助型国际直接投资理论是基于串联效应理论，来对企业的投资目的进行解释，该理论认为，辅助型投资对提高企业的内在向心力具有增强作用，并对拉动企业的后续对外直接投资流向、整合海外产业链、形成自成一体的价值链等具有促进作用。其成功实施，主要依靠企业的知识创新以及有效的转移能力。

二、理论内容

辅助型国际直接投资的内容主要有以下两方面。

第一，投资动机。到目前为止，大多数辅助型国际直接投资活动，主要是为了支持跨国公司的发展。跨国公司的对外投资行为发展到一定程度之后，为完善其投资系统、提升企业的竞争力，跨国公司就会开展辅助型直接投资活动。不过，也有部分投资的动机不同。如企业在当地的投资环境得到改善，研发人才的质量不断提高，其研发逐渐向技术基础型研发方向转变，其投资行为已经不仅仅是为了服务当地市场，更是为了服务全球市场，如沃尔玛、麦德龙等跨国巨型零售商的投资行为。

第二，区位选择。跨国公司对外投资的区位选择都有一个共同特点，那就是无论其研发中心的选址，还是地区总部或是采购中心的地点，都位于经济发达的大城市。其选址的目的非常明确，就是与所在城市的经济水平、基础设施建设水平、人力资源水平、科研力量、信息交流以及优惠政策等有着密切关系，同时，与周边地区的发展趋势也有很大关系。跨国公司通过在重要城市的密集投资，在提高自身投资吸引力的同时，也提高了公司的投资价值。

第四节 资源基础理论

一、理论背景

主流跨国公司理论对跨国公司进行分析基于交易成本分析（Williamson，1975、1985、1996）的框架，而资源基础方法（Resource-based Approach）用于分析跨国公司本质及相关问题的有效性常常被忽略。实际上，自从彭罗斯（Penrose，1959）提出企业成长理论以来，资源基础方法就大量出现在企业管理的文献中，尤其在战略管理的文献中更是常见。有学者对此进行过考察并有文献记载，如马奥尼和潘笛安（Mahoney & Pandian，1992）以及贝特罗夫（Peteraf，1993）。而且，在企业管理文献中应用的资源基础方法都倾向于把彭罗斯的企业成长理论作为分析的起点，在彭罗斯企业成长理论的启发下，相继出现了许多著名的理论，例如资源基础的观点（Wernerfelt，1984）、公司核心能力理论（Pahaladd & Hamel，1990）、动态能力框架（Teece，Pisano & Schuen，1990）等，由此可见资源基础方法的影响以及彭罗斯的学术地位和学术贡献。

可见，资源基础方法在对跨国公司的研究中被不公正地忽视了。实际上，资源基础方法应用于跨国经营领域的前景是非常广阔的。

（1）从逻辑上讲，资源基础方法从资源集合的视角、从企业内部来探讨企业经营或成长的本质，更加清晰、明确和科学，对企业的跨国经营行为（或跨国公司）的分析也应该是适用的。

（2）从跨国公司理论分析的途径来看，以第三条路线即企业管理、组织和战略理论为基础的研究路线来解释跨国公司的本质和扩张现象具有更强大的生命力，而企业管理理论和战略理论的发展都有回归组织内部的倾向，愈加关注企业内部的资源、能力和知识。

（3）从交易成本分析方法与资源基础方法的互补性来看，资源基础方法提供了对于跨国公司本质解释的完全不同的视角。交易成本分析方法从垂直关系的角度分析了企业扩张的形式，而资源基础方法从企业资源水平转移的角度来分析企业扩张的方向；交易成本分析方法对于企业边界的解释是因为资源未被特定地使用。虽然两者很难或者根本不可能加以协调，但对于跨国公司的解释，需要两种方法相互补充，才能从整体上对跨国公司的本质及现象做出不失偏颇的考量。

因此，资源基础方法也应在跨国经营领域获得相应的地位，而不应被不公正地忽略。特别是当基于交易成本分析的传统跨国公司理论的诸多局限性日益暴露，导致其对现实解释极其乏力的时候，资源基础方法的作用和有效性就更加突出，这就为基于资源基础的跨国公司理论的形成、发展提供了广阔的空间。

二、理论内容

彭罗斯的企业成长理论（1959）是以经济基础论来讨论企业资源配置问题的，主要观点包括：企业是资源的集合体，企业扩张受内部资源以及外部机会两方面的限制。在企业内部生产性的、有价值的资源当中，彭罗斯尤其强调管理性资源，认为管理性资源限制和决定了公司进行的扩张计划，而且扩张计划能够实现的程度要受限于企业内部有经验的管理层，当扩张计划开始执行时，管理服务便成为计划执行过程的一部分，并推动进一步扩张计划的制订和实施。

相对于外部机会的扩张影响力，彭罗斯看重内部资源所起的决定性作用。虽然外部存在的市场—产品机会是扩张的必需条件，但内部资源才决定着企业扩张的方向和程度，因为企业内部资源的特性和多少决定了是否能够抓住扩张的机会，内部未使用的管理性资源库对于扩张计划尤其是有帮助的。

为了进一步解释企业内部资源对于企业扩张的影响，彭罗斯通过一些个案分析来证明其观点。例如，彭罗斯对海克力斯多角化经营过程的个案进行了分析，作为1959年工作的一部分或延续，彭罗斯分析的海克力斯扩张过程与鲁梅尔特分析的全钢砂个案的扩张过程极为相似，并帮助确立了彭罗斯在资源基础理论中的奠基者地位。另外，彭罗斯还以国际石油产业的扩张为例说明和体现资源基础理论的应用。

事实上，彭罗斯很早就发表论文来讨论资源基础方法如何应用于国际企业案例上，但研究重点还是放在国际企业的国内扩张上，一方面是基于对母国活动的分析，另一方面是从“独立的”海外子公司的视角来分析。彭罗斯指出，海外子公司具有自己的生命力，其发展由其内部资源以及东道国环境共同决定。因此，彭罗斯认为，母国企业的国内扩张和海外子公司的发展是独立现象，他对母公司与子公司或者子公司之间的关联极度忽视。这种分析用在多国企业的进化上不是很有说服力，而且子公司被视为独立公司的观点很有争议。

彭罗斯的理论对企业本质的研究有新的突破，但其未能进入国际商务或是跨国公司经营理论的崭新领域。彭罗斯没有能够运用自己的理论成功分析国际企业，一方面是由于主观原因，彭罗斯不恰当地选择了具有特殊性的石油产业作为案例，另一方面是在时间跨度上较为局限，未做动态研究。此外，彭罗斯对母公司与子公司定位所存在的问题也导致其在解释跨国公司扩张行为时的局限性。但是，彭罗斯的理论却为后来的学者们指引了研究跨国公司的一个新方向，后来的许多学者在彭罗斯的基础上，把资源基础理论用于对跨国公司的分析，并取得了重大成就。

沃夫在彭罗斯理论的基础上形成了跨国公司分析的资源基础观点。沃夫指出，公司的扩张有多个不同的方向，包括国内产业的多角化以及海外区域的多角化，而不管是国内还是海外投资，主要都是通过不同模式对一些被低度利用的资源进行开发，而这些低度资源，有可能成为公司未来的技术开发与产品发展方向。与彭罗斯不同的是，沃夫的主要贡献在于他并没有认为国内扩张与国际扩张是独立现象，而是认为它们都是基于资源基础的相互关联、相互影响的活动。

凯夫斯也用资源的观点来分析跨国公司的海外扩张行为，虽然凯夫斯主要是从交易成本的角度建立跨国公司动态扩张的框架，但他的观点更能阐释资源基础理论如何应用于分析跨国公司的演化：（1）交易成本与企业组织形式的多种选择密切相关，而企业资源基础与企业扩张方向的选择更相关。（2）他与彭罗斯一致认为，任何企业都是一个资源结合体，并且明确指出某些特定的资源库较适合于某些特定的扩张方向。（3）在其他条件相同的情况下，企业更倾向于选择能够发挥其资源潜力的扩张机会。这些分析说明，企业选择国家化扩张不得不考虑其资源基础。类似的观点已反映在巴克利（Buckly，1990）对海默论文的探讨上，他认为企业会一直追求水平扩张直到外部市场出现新机会或内部资源变动强迫企业注意其他扩张议题，其他议题就包括多角化发展，而多角化发展也包括产品多角化和海外多角化。

三、理论发展

跨国公司的经典理论是基于交易成本经济学的基础建立起来的。该理论认为，在跨国公司的形成和演进进程中，决定企业边界的主要是两个因素：（1）比较优势，必须具备企业比较优势或国家交易比较优势，即在不同的经济领域中，企业或国家去从事其具有比较优势的经济活动。（2）外部市场缺陷迫使企业必须通过内部交易来达成目的。第一个因素与企业或国家的特定优势相关，第二个因素与企业市场的内部化相关。优势理论以及内部化理论的研究，就分别建立在这两个因素的基础之上。

企业对外直接投资过程就是企业将资源和生产要素进行跨国界转移的过程。以往的理论经常把公司独特的优越性及其自身的跨国界转移作为外部资金投入的重要议题。其中比较重要的一点是，这种由公司扩张到世界其他地区的“原始优势”就是领先的知识资源的重要筹码。因而，传统理论非常注重知识资源发挥的重大效用，它们认为在国际市场上企业运营的独特优越性主要表现为对知识资源的占用、调动和专用性。要想全面探究跨国公司的出现和发展状况，就要深入探究几个联系紧密的问题：（1）知识资源能否作为公用物品；（2）市场的失调对知识资源在企业运作当中的转移能否起到主导作用。

将知识当作一种特殊的资源，根据交易成本的典型理论就能够对其进行全面深入的阐释。即知识是一种共用产品，这种属性恰好是由公共产品的特性所决定的。巴克利和卡森认为，知识作为一种大众化产品，其公共物品属性造成了几个重要问题出现：其一，这种产品转移性较强并且很难把控，可以把它作为内部化理论的精髓。其二，知识的内部化只能够使企业开展国际性的网络运营活动，从而跨国公司才逐渐产生。

交易成本理论立足于市场的角度来分析跨国并购行为。其中，最核心的就是市场失调和机会主义等因素，它们造成跨国公司借助对外贸易来获得的某个物品的交易费用比企业内部的费用高。进而造成该产品的制造商和上游企业都采用兼并的方式进入到跨国公司之列来满足自身需要。

资源基础理论立足于企业进行探究。该理论指出，造成市场失调的根本因素在于他国目标企业资源的差异性较大。很多国际目标企业在专用资源和特殊技能方面都有着独特的竞争力，从而导致跨国公司在获得某些产品时需要投入更多的资本。另外，跨国公司借助自身的原始积累来培育这种特殊资源也会产生较多的额外费用，同时也存在一定的滞后性。因此，跨国公司会采取跨国并购的方式来实现对战略性资源的管控。资源基础理论非常注重特有资源的形成和获取，比较注重特有资源的作用，跨国公司在开展并购活动时大多是出自企业成长的目的。在此期间，它们能够与其他国家的先进管理制度和特有技术接触，进而获得较多信息资源，为将来的学习和发展创造更多的机遇。因而，资源基础理论指出，跨国公司的兼并是因为海外的目标企业在资源和能力上具有一定的优越性，这些特殊的资源和能力可以使得跨国公司在自身资源条件下形成一种独特的竞争力。

另外，资源基础理论还对跨国兼并和并购的业绩进行了全方位的探究。以往研究的学者指出，跨国公司和并购企业二者存在一定的差异，并且这种差异会随着并购规模的扩大而增大。但摩斯尼、思恩和辛格（Momsini，Shane & Singh；1998）立足于资源基础视角，认为文化的差异往往会借助暗含在并购企业文化当中的习惯性做法来提升并购的质量。一般而言，认可并购企业文化当中的习惯性做法就能够全方位地利用并购企业原有资源的特性，尽可能地化解由于不同文化背景而产生的矛盾，从而实现不同企业文化之间各种资源的有效融合。维穆伦和巴克马（Vermeulen & Barkema，2001）经过研究指出，借助跨国并购，企业能够在更加大的区域来开拓自身的知识和资源，尤其是能够推动各个企业内部资源的有效配置和彼此借鉴。从长远来说，这样做能够提升企业的业绩。

主流的跨国公司理论主要强调企业跨国经营的前提条件（比如需要垄断竞争力），因此也将其称作“优势前提论”。相应地，传统跨国公司在国际上的行为主要体现在它们借助自身的垄断地位进行市场开拓，由此可以总结出一种综合性模式，即全球化扩张模式。该模式的具体内容是，先根据母国的产业链条形成特殊的优势，然后借助跨国运营这一模式进行全球性推广和利用。全球性推广模式主要探究和阐述了企业首次走向海外的各方面问题，包括企业首次走出国门的国内外背景、企业自身怎样借助自身独特优势对外投资以及跨国运营之后怎样在全球范围内进行协调和资源调配等。

尽管全球化推广模式不断地被运用和完善，但是其仍然保留着最根本的假定，即全球化就说明企业需要从总部走向国际化市场。最常用的做法就是在其母国创建经营优势，根据其自身独特优势开展国际化运营。比如福特、通用、雅虎以及思科几家企业，底特律是通用公司和福特公司成长的源头，而硅谷则是思科借助自身知识形成独特优越性进军全国的地方。母国情怀对它们产生了非常大的影响，使得跨国公司都产生了一种类似的想法，即永远在母国的怀抱中成长，从而导致其在国际竞争中处于越来越不利的境地。主流跨国公司理论的全球推广模式和“优势利用”逻辑过于静态化，其本身的局限性加上现实环境的变化，造成它无法解释现今很多跨国公司的争端，对跨国公司的运营时间更是难以把控。

根据资源基础理论可知，当前主流理论对跨国公司的认识是有其历史和经济背景的。人们通常会将理论研究的主体归结到那些垄断性较强、规模较大的跨国公司当中，它们将跨国运营当作是垄断竞争力利用和退出的结果，并且认为比较合理。事实上，跨国公司运营活动自身也会给企业产生强大的竞争力，对跨国公司的把控应当从“跨国公司的经营活动是一个动态过程”的视角来认识。主流理论主要从市场时效即交易成本的基础上对企业跨国经营及其应具备的条件进行了较为详细的分析，因此，企业的跨国经营并不能像主流理论所认为的那样是企业所具备的优势的结果，很多状况下优势就是企业以往活动的收益。由于企业的运行环境和竞争方式不断发生改变，跨国运作越来越成为企业竞争的主要方式。这种竞争从根本上来说是经营手段的竞争，企业跨国经营实际上是在找寻企业发展的竞争优势。跨国公司要考虑怎样使跨国运营成为赢得竞争的方法。

但是，随着国际市场和国际经营环境发生巨大变化，近年来跨国公司战略联盟及众多的合同安排形式急剧发展，逐渐产生了界定不清晰的虚拟企业，这对当前主流的理论提出了质疑。就像孔查特和罗兰基（Contractor & Lorange）认为的，跨国公司的含义或许需要重新定义。由于企业战略联盟的形成，在国际合作的背景下很多竞争对手都形成了协作关系，因而产生了群体网络。因此，跨国公司也可以被称为内部化差异网络组织。立足于资源整合的视角，当前的主流理论把总体结构当作研究的主体，非常注重母公司作用的发挥而对子公司并没有太过关注。同时，跨国公司依据“对称层级”这个概念，注重“同等相待”和“家长制”，往往不看重子公司的作用。总体而言就是，将子公司当作毫无创造性的实施者，当作母公司优势和资源的接受方，不注重子公司资源功能的发挥和优势的创造力，抑制子公司之间存在的横向交流和依赖。

但跨国公司网络组织则不同，它强调以下几点：（1）在网络组织当中，企业资源、能力以及管理决策都存在于整个组织当中，并非仅仅存在于企业高层；（2）子公司之间的资源调配有一定的横向关联，子公司在彼此依赖的同时会对公司总部产生较少的依赖感；（3）跨国公司的组织行为和价值创造需要在多个方面进行协调。

因而，子公司往往被认为是独特竞争力的来源，从资源的收集和获得，到资源的有效调配和创造，在企业的国际化运营中子公司都发挥着重要作用，这也是资源基础的跨国公司理论与主流跨国公司理论的一个重要区别所在。

第五节　跨国公司理论及学说的延伸——跨国银行理论

跨国银行理论作为国际投资与跨国公司理论的延伸，最早可追溯到 12 世纪，并在 20 世纪得到发展。作为跨国公司的金融支柱，跨国银行通过在海外设立分支机构及对跨国公司的股权参与，直接和间接地参与国际直接投资。第二次世界大战以后，跨国银行海外发展势头迅猛，引起了学者们的关注，出现了大量的研究跨国银行发展的文献，提出了一系列跨国银行发展理论，对于银行进行跨国经营的动力机制进行了深入的探讨。

跨国银行从形成到发展成熟，先后经历了初级发展、大发展、调整重组以及创新发展四个阶段。19 世纪末到 20 世纪初，跨国银行在资本主义国家实现了初步发展，但国外分行分布稀少；20 世纪初到 20 世纪 80 年代，国际贸易推进了跨国银行的大发展，各国跨国银行的投资规模不断加大；20 世纪 90 年代初到 90 年代中期，跨国银行进入调整重组阶段，频繁的兼并逐步调整改善了其内部机构；20 世纪 90 年代中期以来，是跨国银行的创新发展阶段，国际金融业构成了跨国银行主导的全球体系，各类分支机构在全球各地散布，并构建了遍布世界的网络。

一、"追随领导型" 理论

对于银行跨国经营的一种传统解释是跨国公司的"引力效应"（Metais，1979），也被称为"追随领导型" 理论。

（一）理论内容

这种理论认为银行开展跨国经营的动因是能够向在外国投资的老客户提供服务，而且所提供服务的品质通常与其原本提供服务的品质毫无差异。对银行业而言，向客户提供资金并在很长时间内维持稳定关系十分关键。此外，银行的国家化是指任一商品在不同国家中流动，也是资本在不同国家中流动所需要的，更是银行本身顺应顾客进行全球化运作的重要手段（杨晓军，2000）①。本理论还细化成贸易和投资两种追随论。其中前者指出跨国银行能够通过为跨国公司的国际贸易提供结算、支付等金融中介服务以便利贸易和获得中介收入（如中国银行）。而后者是在国际直接投资成为全球化主导力量的背景下提出的（如中国建设银行、中国工商银行），这一阶段，跨国银行不仅为国际贸易提供金融中介服务，而且为国际直接投资提供存贷款等金融服务（许竹青，2003）②。

（二）理论评价

"追随领导型" 理论在解释银行跨国经营的原因时将银行置于相对被动的地位，银行之所以建立海外分支是因为银行不能将跨境企业在海外设立的分支客户让给东道国。（实际上，跨境银行的内部化优势和所有权优势使得跨国银行更容易赢得跨国公司客户）。这种理论并没有考虑跨国银行的比较优势，而这种比较优势是追求利润的银行进行跨国经营的重要因素。

二、跨国银行比较优势理论

罗伯特·阿利伯（R. Z. Aliber，1976、1984）基于国际贸易理论，研究了多国银行的营运成本（相对）效率、贸易壁垒影响银行国际化的情况，并针对银行的国际发展提出了专门的比较优势理论。

（一）理论内容

该理论指出，如果银行具备比较优势那么就会更具效率，此类企业的国际化速度通常更快。因为存在金融贸易壁垒，所以多国银行具备的比较优势、效率都有一定差别，

① 杨晓军，章永奎．试论跨国银行的成长理论[J]．国际贸易探索，2000(2)．

② 许竹青．银行国际化进程及其效应研究[D]．上海：复旦大学，2003．

如果银行效率高，那么竞争必然具备比较优势，因此其进行跨国经营能够通过其竞争力获得东道国的银行业市场份额。保拉（LFR De Paula，2002）也指出进行跨国经营的银行都是在母国运营效率高的银行，同时，一些新兴国家为了提高本国银行业的效率也制定优惠政策以吸引高效的跨国银行建立分支机构。保拉等人（LFR De Paula et al.，2006）还指出跨国银行的比较优势不仅在于其运营效率，还在于其承担风险的能力。当新兴国家的银行业遭受负面因素冲击时，跨国银行由于在东道国外部的资产数量可观，一般不会被挤兑。

（二）理论评价

比较优势理论从跨国银行自身的优势出发，解释了其进行跨国经营时较强的竞争力。但是，比较优势理论难以说明以下两个事实：一是跨国银行在进行跨国经营时往往会对其分支的区位进行选择；二是一些跨国银行和东道国银行相比并不具备比较优势，如美国的一些跨国银行非常先进，但是大量跨国银行依然进入美国市场与美国本土银行展开竞争。所以，在对银行进行跨国经营的分析时需要考虑区位优势理论。

三、跨国银行区位优势理论

区位优势理论从根源讲来自于比较优势理论，它是指跨国银行投资东道国具备的特殊优势，譬如在管理、利率、税收等多个方面可享受一定优惠，或东道国营运环境优越于银行原所在国家，因此能够提高银行的获利水平，继而更好地吸引银行投资。

区位优势具体包含下述内容：东道国特有的有助于贸易开展的自然、区位、人口等资源；东道国法规、政治乃至政策得到完善，或提供投资优惠而形成的优势背景；东道国聚焦经济而存在的区位和成本优势，譬如硅谷（美国）、金融城（英国伦敦）等（孔庆洋，2010）。

此外，莱文等人（Levine et al.，2000）也指出，一些新兴市场为跨国银行提供大量优惠措施可以达到如下目的：第一，获得外国投资；第二，提高金融系统应对风险的水平；第三，学习新的产品、财务和管理技术；第四，提升银行业的运营效率。而这些优惠措施使得一些新兴市场成为具有区位优势的地方①。刘逖（1998）也总结了东道国的区位优势因素，包括给予外国银行诸如减免税等各种优惠措施、利率较低或利差较大（Aliber，1976）、资本成本低（Aliber，1984）②、监管制度不健全使得跨国公司运作成本较低。

四、跨国银行发展的产业组织理论

产业组织理论是研究某产业或部门（行业）结构特点及其影响资源使用效益的理论，具体研究产业部门采取何种竞争形式开展管理、生产，怎样令产业中的竞争趋于合理，让资源更有效配设利用。该理论是梅森（Edward S. Mason）于1935年前后提出

① Levine R. Financial development and economic growth[R]. Washington:The World Bank,1996.

② 汪建(2001)指出,金融管制程度较高的发展中国家和宏观经济严重萧条的国家的存款利率很低,这会吸引跨国银行进行海外融资,吸收低利息存款然后投资到贷款利率较高的国家(汪建,2001)。

的，1975 年前后，格鲁贝尔（Herbert G. Grubel）、布里默尔（Brimmer，A）、阿利伯（Aliber，R）、古德伯哥（Goldierg，M）等将其用在分析银行国际化运营过程中。阿利伯指出，比较优势与产业组织两大理论在此分析中存在相互辅助的作用，而且多国存贷款利息水平的差别来自于多国市场条件和竞争水平的差别。格鲁贝尔在产业组织理论框架基础上，将银行功能分成三类，即跨境零售、跨境服务以及跨境批发。并且他还提出，银行之间由于所掌握的管理、营销和组织技巧存在差别，促成了零售、服务两类银行业务的跨国化发展；全球资本市场不够完善，促成了跨国批发业务类型银行的发展。

保拉（Paula，2006）认为，管理和运营水平较高的跨国银行进入发展中国家时对于发展中国家可能带来的好处为：一是提升东道国的宏观经济稳定性（Clarke et al.，2001）①；二是通过改变发展中国家国际银行业的市场格局来提升银行业的竞争效率。产业组织理论认为，国际大银行拥有先进的经营管理方式、灵活的市场开拓技术、成套的金融服务产品以及与跨国公司更为密切的关系，这使得它们和一些发展中国家的银行相比具有明显的比较优势。而银行实行跨国经营一方面通过拓展海外分支机构的数量来克服国际金融市场的信息不对称困难，另一方面可以通过海外分支机构地区分布的广泛化来避免和减少因政治风云变幻给银行带来的经营风险。此外，随着跨国银行规模的不断扩张和新市场不断被开拓，跨国银行的经营效益将趋于上升，而早期拓展经验的积累也会使得其市场开拓成本不断降低。

五、跨国银行发展动因理论

章永奎、杨晓军（2000）对某个跨国银行发展的基本模型进行研究后指出，银行之所以开展跨境业务，主因有下述四点：第一，希望扩大银行规模，提高获利水平。跨国银行规模达到一定程度时，能够显著节约成本，提高获利水平。不过银行成本不会总是伴随着规模扩大而降低，这与跨国银行本身的管理水平与所处市场直接相关。不过规模可以促使跨国银行更有效地利用全球资源。第二，巩固顾客也是原因之一，银行如果能够开展跨境经营，必然能够阻止别的竞争银行因为跨境业务占据已有顾客。第三，配设全球资源。银行如果掌握了金融、技术、管理、荣誉乃至经验等多种优势资源，就可以保证银行在跨境运营过程中掌握优势。第四，监管宽松，也就是全球范畴之内的国家、地区放松金融层面的管制，成为促进银行开展跨境运营的外在要件。

与前述理论相比，跨国银行发展动因理论考虑银行跨国经营的规模经济和范围经济以及在世界范围内的监管放松。伯杰等人（Berger et al.，2000）认为，银行的规模经济主要是指随着银行规模的变大，其服务的单位成本逐渐降低，且随着技术的进步，即使是一些本已规模巨大的银行在继续拓展规模（如跨国并购等）时仍然能产生规模经济。保拉（Paula，2000）指出，跨国银行范围经济是指其利用同样的成本和资源能够提供更多的和更好的服务，跨国银行由于其资源丰富、人才优秀，因而开发一种新的产品和服务的成本一般要低于无范围经济的银行。但是也有一些研究指出，从经验上看，

① 跨国银行抵御风险的能力更强，因而对宏观经济有稳定作用。

不同规模的银行具有非常不同的成本结构，这暗示着银行如何运营可能比银行的规模和产品服务种类更为重要（Berger & Humphrey，1990；Walter，1999；Molyneux，2000）。不过，另一些学者指出，规模庞大的跨国银行资产分布在全球，因而其经营风险有所降低（汪建等，2000），如 2008 年爆发了全球金融危机，欧美等诸多规模很大的跨境银行推出的衍生金融产品遭受巨大损失，但是在中国的金融投资却颇有收获。经营风险的下降能够产生跨国银行的规模经济和范围经济（Paula，2000），这是因为经营风险的下降使得跨国银行更有创新的动力并进而提供更具附加值的服务。除了规模经济和范围经济，20 世纪 70 年代后全球范围内的监管放松降低了跨国银行进行跨国经营的成本。而在一些新兴国家，由于资金的短缺，或者出于提升本国银行业水平的初衷，会制定优惠措施以吸引跨国银行进入（Paula，2006）。

六、跨国银行理论评价

跨国银行在第二次世界大战以后得到了快速发展，相比于跨国公司理论，跨国银行理论既有对其理论的延伸，也存在独具特色的自身研究特点。第一，跨国银行理论是对跨国公司理论的延伸。鉴于跨国银行是特殊的跨国公司，学者在研究跨国银行理论时往往从跨国公司理论出发，演绎出跨国银行理论。第二，不同于跨国公司理论，跨国银行理论从自身产业特点出发，发展了其个性化理论研究。第三，跨国银行理论体系尚未形成完善的理论框架。尽管学术界对于跨国银行理论的研究众多，但一方面不同学者间持有不同观点的现象大量存在，另一方面部分学者只是针对跨国银行的某一个角度展开研究，缺乏整体性。

参考文献

[1] 蒂姆·克雷格. 支持功能型对外直接投资的区位和实施问题:松下电子公司全球化(续)[J]. 国际贸易译丛,2000(4).
[2] 卢进勇. 入世与中国利用外资和海外投资[M]. 北京:对外经济贸易大学出版社,2001.
[3] 朱颜,李汉铃,卢进勇. 中国企业的国际竞争力及其培育措施[J]. 国际经济合作,2002(7).
[4] 程惠芳. 对外直接投资比较优势研究[M]. 上海:上海三联书店,1998.
[5] 朱颜,李汉铃. 论中国企业跨国经营的跨越式发展[J]. 国际贸易问题,2002(9).
[6] 林叶. 中国跨国公司论[M]. 济南:山东人民出版社,1992.
[7] 卢进勇. 企业国际竞争力与中国跨国公司[M]. 北京:对外经济贸易大学出版社,2004.
[8] 刘海云. 跨国公司经营优势的变迁[M]. 北京:中国发展出版社,2001.
[9] 范黎波,王林生. 跨国经营管理理论与战略[M]. 北京:对外经济贸易大学出版社,2003.
[10] 江小涓,杨圣明,冯雷. 中国对外经贸理论前沿Ⅱ[M]. 北京:社会科学文献出版

社,2001.

[11] Dunning. Some antecedents of internalization theory[J]. Journal of International Business Studies,2003(34).

[12] Sethi D,Guisinger S E,Phelan S E,et al.Trends in foreign direct investment flows:a theoretical and empirical analysis[J]. Journal of International Business Studies,2003(34).

第四章

最新的跨国公司投资理论

第一节　新资源基础论

一、资源基础论的提出

彭罗斯的企业成长理论（Penrose，1959）开创了资源基础论的先河，该理论的观点可以概括如下：企业是一个资源整合体，它的扩张和成长同时受制于两个方面——内部资源和外部机会。企业对这些生产性服务的充分利用与开发是企业成长的原因。对于企业而言，资源是“企业为自己使用而购买、租借或生产的有形物品，以及使这些资源得以高效运行的雇员”，而服务是由这些资源创造出的，可以为企业生产运作做出贡献。由于服务只能产生于资源的使用过程中，从而使每个企业的能力是独特的、异质的。彭罗斯认为，服务分为企业家服务和管理服务，企业家服务用以发现机会，管理服务用来实现扩张。而“真正有进取心的企业家不把需求看作给定的，而看成是它应当能够创造的”。换言之，企业的服务的作用是创造需求，为企业带来成长机会。由此可见，在彭罗斯的企业成长理论中，企业成长的源泉是企业的服务，而服务来源于企业的资源。在企业内部生产性的有价值的资源当中，彭罗斯尤其强调管理性资源，认为管理资源限制和决定公司进行扩张的方向和程度①。企业的扩张行为必须与其扩张计划相一致，而且扩张计划能够实现的程度要受限于企业内部有经验的管理层，但扩张计划开始执行时，管理服务便成为计划执行过程的一部分，并推动进一步的扩张计划。②

里普曼（Lippman）和罗曼尔特（Rumelt）认为，如果企业无法仿制或复制优势企业产生特殊能力的源泉，各企业之间的效率差异状态将持续下去。他们的核心观点是将企业的竞争优势指向企业特有的难以被模仿的资源，并开创了把企业战略作为企业固有

---

① 于洋. 企业成长理论中资源观与能力论的反思[J]. 经济研究导刊，2008(10)：33-36.

② 薛求知. 当代跨国公司新理论[M]. 上海：复旦大学出版社，2007：126-129.

的可以产生“李嘉图租金”的资源进行经济分析的先河。沃纳菲尔特①（Wernerfelt，1984）在美国的《战略管理杂志》上发表了《企业资源基础论》一文，标志着资源基础理论的正式诞生。他指出，与外部环境相比，公司内部环境具有更重要的意义，对企业创造市场优势具有决定性的作用；企业内部的组织能力、资源和知识的积累是解释企业获得超额收益、保持竞争优势的关键。之后，巴尼（Bareny）等也对资源基础论做出了贡献。普拉哈拉德（Parhalad）和哈默尔（Hamd）在《哈佛商业评论》上发表的《公司核心能力》一文，将资源基础论与企业的实践相结合，从而使资源基础论受到了广泛关注。② 自彭罗斯以来，资源基础方法大量出现在企业管理的文献中，尤其在战略管理的文献中更是常见。基于资源基础的企业理论已经成为当今战略管理的主流学派，或称之为资源基础观（Resource Based View）。可以认为，企业的竞争优势有三个基本来源：企业所处的产业环境、企业所拥有的可控制的异质资源以及企业的创新能力。

二、资源基础论的新发展

主流的资源基础论对跨国公司的认识有其历史和经济背景。在那样的背景下，人们把理论研究的对象集中于那些具有垄断优势的、巨大的新跨国公司是十分自然的，把跨国经营看作是垄断优势利用和推广的结果也是合乎情理的。实际上，跨国经营活动本身也会给企业带来优势，对跨国公司本质的把握更应该从跨国公司经营活动和优势获取是一个互动的过程的角度去理解。从今天来看，跨国经营不仅是企业所具备的优势的结果，更是产生优势的手段。

目前，跨国公司成为全球一体化中最重要的载体，资源基础和对于跨国公司行为的解释更具有指导意义。应更关注跨国公司之间在全球范围的竞争战略的调整，比如对于外部资源的争夺、对新兴市场的争夺。因此，对跨国公司的研究也从解释“为什么”到解释“怎么样”，研究重点从存在机制逐步转向发展机制。这些研究使跨国公司理论向前迈出了一大步，研究的重点更加侧重于经营战略、投资决策等方向。这些研究构成了新资源基础论。

从公司组织结构的角度看，主流的资源基础理论把跨国公司看作是结构化的组织，强调清晰的层级结构形式。但是，随着国际市场和国际经营环境发生巨大的变化，近年来，跨国公司战略联盟以及众多合同安排形式的急剧发展，出现了边界模糊的虚拟企业形式，这一切都对原有的资源基础论的观点提出了挑战。在国际合作安排方式下，许多昔日竞争对手如今变成了合作伙伴，由此形成了群体网络，跨国公司被相应地定义为：由外国组织网络所包容的内部差别化的网络组织。对于这种组织进行深入研究，必然会导致跨国公司理论的变革和人们对跨国公司认识的转变。

---

① Wernerfelt B. A resource-based view of the firm[J]. Strategic Management Journal,1984,5(2):171-180.

② 赵优珍. 资源基础论视角的中小企业国际化[J]. 国际贸易问题,2003(10):39-43.

如果把跨国经营看成跨国公司获取优势的手段，强调跨国公司跨国经营的工具性本质，那么从资源的角度看，跨国经营就是跨国公司在全球范围获取资源、整合资源的过程；而从知识和学习的角度看，跨国经营是企业将组织边界扩展到海外进行学习、实践知识的结合、积累和创造的过程。跨国公司网络组织就是为资源整合而成立的，这个组织是一个通过不同关系所联结的资源而构成的内部多样化和差异化的网络。

虽然资源基础论可被用来分析跨国公司竞争优势的来源，但是这一理论难免有些片面。原有的资源基础论强调企业内部资源对于获取竞争优势的重要性，因此可以认为是跨国公司竞争优势的内生理论。资源基础论不仅局限于对资源特性的分析，而且其研究将视野局限于企业内部资源，忽视了对行业环境的分析，这种分析在全球性的竞争环境和全球网络化条件下就显得静态化而不合时宜。

随着经济全球化和资源分散化的日益演进，越来越多的企业认识到，单凭企业自身的力量很难在激烈的市场环境中求得生存和发展。资源基础论把研究视野局限于企业的内部，然而事实上企业的关键性资源可以从企业外部获得。从企业的社会嵌入性上来看，企业所依存的外部社会网络是影响企业行动决策所必不可少的关键性资源，它不仅关系到企业内部现有资源信息的分布状况，而且还在很大程度上决定了企业未来可控制资源集的大小和获得能力。巴尼（Barney，1991）提出：如果将企业内部资源与外部环境结合，那么影响企业竞争优势的资源可被定义为一种新的资源框架，其资源等于传统资源加网络资源。这里传统资源更多地是指企业内部的资源，而网络资源是指企业外部的社会资源，是一种用来制定和实施企业战略的特殊类型的企业资源。

对于跨国公司而言，其竞争优势不仅来源于跨国公司内部母子公司之间的资源协同，更来源于跨国公司在全球范围内对整个行业战略资源的协同。把资源基础论关于企业是资源的集合体这一概念稍加外延和推广，这个资源集的范围就可以包括企业外部的、行业内的资源。如果把整个世界看成一个由各个区位和节点构成的巨大资源网络，那么对于跨国公司而言，其竞争优势就来源于对这个资源网络体内资源的获得、整合和转移。能为跨国公司带来竞争优势的资源范围，不仅仅局限于跨国公司内部母公司的专有资源和东道国子公司的财务资源，还包括跨国公司外部的其他资源，尤其是其所在的全球行业资源。而在外部资源的获得上，跨国公司可以通过战略联盟、业务外包等方式，形成全球范围的动态的、系统的资源组合。

综上所述，可以得出如下结论：在动态环境下，跨国公司的竞争优势建立在对全球资源动态的识别、获取以及有效配置和整合的基础上，可利用的资源范围既包括企业内部母公司与子公司的特定资源，也包括公司外部存在于全球各个区位的特定资源。跨国公司竞争优势的差异就在于对内部资源和外部资源整合配置效率的差异。

第二节　产业集群理论

一、产业集群理论的提出

对新型空间产业集群的关注始于波特（Porter）1975年在《哈佛商业评论》上发表的文章①。继钻石模型对区域竞争力发展做了深入研究之后，波特在此基础上又提出了集群区在提升地方生产效率、孕育新企业产生以及促成区域创新网络方面所带来的勃勃生机。传统国际贸易理论认为，区域竞争优势主要集中在生产要素、资源禀赋差异以及便利交通所形成的成本优势基础之上。波特的观点对传统国际贸易理论有所突破。有关地方产业集群的理论渊源应追溯到马歇尔提出的产业区的概念。马歇尔研究了欧洲一些地区的企业集群现象，认为地方化的优势在于这些地区大量的中小企业彼此间发展了高效的竞争与合作关系，形成了高度灵活和专业化的生产协作网络，促进了知识和信息的频繁交流。这种集聚产生的外部性使企业具有极强的内部发展动力，依靠持续的创新能力保持了地方产业的竞争优势。

近年来有大量的文献对集群现象做了理论性和实证性的进一步研究，然而其中大部分仍集中于小企业集群的地方化网络系统上，忽略了某些新型产业集群产生于经济全球化的时代背景，忽略了跨国公司在某类集群中作为主导力量和重要参与者的突出存在，对当代产业集群的类别属性、动态演化和区域开放认识不足。例如波特（Porter，1990）的钻石模型以及他1998年所提出的集群概念都忽略了集群中的“核心企业”存在的可能性，即没有一个经济实体在集群中居于主导地位，倡导集群的“对称性”。此外，波特认为即使存在跨国公司的参与，其对集群发展动力的贡献也是次要的。对于集群中的国际联系以及外力在集群发展中的推动作用在波特的分析中居于次要位置。这些认识都受到了国际商务学者的批评。

二、产业集群对跨国公司的影响

当代产业集群中的区域创新网络是动态和开放的系统，集群内的知识系统对技术动力具有重要的影响，其中外界知识对技术变化发挥着很大的作用。封闭的知识系统不利于集群保持长期的竞争力，例如拉贝络蒂（Rabelloti，1995）将墨西哥制鞋产业集群的低效率归因于其封闭性。在经济日益全球化的今天，跨国公司内部以及彼此之间的资金、劳动力、技术和信息的全球性流动使某些重要集群区域的发展不再是一个孤立的过程，地方化的区域创新为了适应全球化竞争的挑战，必须保持与外界的紧密联系，因此必须从全球化的视角来看待集群的区域化发展。而跨国公司也间接或直接地参与到某些集群的地方经济系统中，跨国公司不仅将某些业务外包给具有地方特色的产业区的加工企业，而且还将某些部门如研发部门、区域总部直接设在了相关的集群区内部，成为集

① 薛求知．当代跨国公司新理论［M］．上海：复旦大学出版社，2007：203-204，209-211.

群区经济系统中的一部分。在现实经济生活中，跨国公司不仅参与了集群区域的创新网络，而且通过自身的全球网络组织为集群区域与外界的联系架起了一座桥梁，成为联结经济全球化与集群区域的纽带，使某些集群成为经济全球化过程中国际分工网络的有益补充，而不仅仅是当地化的地方性网络组织。

马库森①（Markusen，1996）根据集群的结构特征和参与企业的性质将集群分为四种典型的产业区类型：（1）马歇尔式工业区（小企业网络构成）；（2）轮轴式产业区（其地域结构围绕一种或几种工业的一个或几个核心大企业）；（3）卫星平台式产业区（主要由大型或跨国公司的子公司组成，这些子公司可能是高科技也可能是低成本的制造和加工机构）；（4）国家力量依赖型的产业区。其中，轮轴式产业区和卫星平台式产业区都提出了对集群中大型或跨国公司参与的关注。

按照战略性知识要素，又可以将这些集群分为三类：生产型知识集群、技术型知识集群以及市场型知识集群。

（一）生产型知识集群

弹性生产系统的灵活性和不断创新的区域生产效率成为当代跨国公司可以通过外包或参与方式加以吸收为己所用的重要竞争优势源泉。市场容量的扩大和分工协作的深化都有助于小企业的孵化，从而促进集群优势的动态演化。集群网络中的密切关系形成了供应商与买方跨国公司长期的供应联系，技术间的相互转移能够帮助供应商开发新产品和生产技术，从而进入新的、多样化的国际市场。当地方性供应网络以跨国公司或其子公司为核心时，集群中的跨国公司可以为地方性企业提供进入国际市场的机会，以苏格兰石油供应商为例，地方企业国际化经营有三种方式：

（1）供应商借助跨国公司子公司进入新的市场而跟随进入国外市场；

（2）供应商直接将产品出口到跨国公司其他区域的分支机构；

（3）供应商建立海外投资服务于跨国公司其他区域的子公司。

其中，信息是开发新市场的关键资源，无论是新机会的信息或是对可能出现的困难的预测，都减少了当地企业国际化经营中的不确定性，而集群中跨国公司本身成为这种信息的重要来源。不仅如此，地方供应商成为著名跨国公司的供应商对获取其他的客户有很大的促进作用，值得信赖的效果来源于供应商满足跨国公司高质量要求的标准。在中国台湾新竹工业园区，当地的许多小企业群体从为美国 IBM（国际商用机器公司）、苹果、惠普等跨国公司做贴牌生产（OEM）业务起家，目前已经形成了本地化的网络，并出现了宏基、华硕等世界级的电脑跨国公司，直接参与着国际经营。

（二）技术型知识集群

该类集群重要的区位优势在于隐性知识的传播、扩散与创新以及高科技人才的集聚。隐性知识的吸收和传播需要跨国公司参与集群高度的根植性，从而获得与当地社会

---

① Markusen A. Sticky places in slippery space: a typology of industrial districts[J]. Economic Geography, 1996, 72(3): 293-313.

文化网络的一致性。有研究表明，跨国公司位于优势集群区域中的子公司更具有独立性，更扎根于当地土壤和环境，更加国际化。因此这些地方“根植性”的特色网络使跨国公司除了选择直接参与已别无他途。在美国硅谷，许多国际上知名的跨国公司如微软、IBM等，纷纷在此将工程、资金、智力资本投入到区内或支持本地供应商的活动，或将总部迁于此，或将研究与开发中心迁入，因为只有参与到本地的创新网络当中，才能获得集群效应所带来的竞争优势。与硅谷有些类似的印度班加罗尔软件企业集群也吸引了许多家著名的跨国公司，如英特尔、摩托罗拉、朗讯以及其他许多著名的信息技术跨国公司，而且跨国公司在这些区域的投资也日益增加。该类集群不仅成为跨国公司全球竞争的重要优势源，同时集群内与高科技相伴的敢于承担风险的精神也极大地鼓励了高科技人才进行自主创业，而集群内跨国公司的培训、正式与非正式交流所形成的人际关系网络更提供了便利的机会。因此，该类集群往往成为孵化小企业的诞生地，更值得关注的是，其中一部分企业借助于集群中跨国公司全球范围内的信息流与关系网络，自新建之初便开始跨国经营，成为跨国公司，硅谷的雅虎、网景公司便是典型的例证。此外，集群网络中特定的外部性也直接促进了中小企业的国际化行为，更多的小企业也迅速走上了跨国经营之路，如企业获得进入特定市场的关键技术和销售技巧，或因为市场、产品和技术信息流的提高而使国际经营的成本大大降低。这些由当地企业脱胎换骨形成的跨国公司反过来将促进集群区与外界的联系，加速产业集群的创新与发展。在对美国得克萨斯州地区的高科技企业集群研究中，埃切韦里—卡罗尔（Echeverri-Carroll，1998）等认为与跨国公司的联系为当地小企业供应商独立的国际经营提供了充足的信息和资源。

（三）市场型知识集群

该类集群居于全球或区域性的世界级大城市，处于市场的国际性枢纽位置，成为人才、资金和信息流高度集中的辐射中心。跨国公司在此类地区可对瞬息万变的市场信息及时予以反馈、准确把握资本市场行情，为跨国公司设立区域总部、树立国际市场形象提供了重要的环境。麦加锡（Mcgahey，1990）指出，国际金融集群为跨国公司提供了优良的设施条件和信息“高速公路”，提供了借贷双方大量集中的广阔市场，还包括政治及社会稳定、经济自由、法律公正、政府透明的软环境。跨国公司的进入不仅是为了满足该区域的市场需求，更多的是为了在全球信息搜寻与转移的网络中获取重要信息，并为周边地区的分支机构和子公司提供全方位的服务。集群的形成扩大了市场的规模和容量，跨国公司的高级需求和人才培训直接促进了当地企业的培育，进而扩大了集群的网络组织，使跨国公司与当地企业的融合更紧密，增加了地方的黏性，促进了集群的动态发展。

此外，一些其他的变量对跨国公司参与的集群具有重要影响，如技术的复杂性程度、政府及其他外力的推动作用、集群网络关系的强度与深度、跨国公司子公司在集群中独立自主决策的能力等，这些都为具有理论和现实意义的研究提供了广泛的发展空间。

第三节 外包生产理论

一、外包与交易费用理论的提出

跨国公司外包运作是将某种创造价值较低的、非核心的业务及其控制权交给那些比自己更有效率、更易完成任务的外部专业生产商或者供应商，并与其形成资源互补的战略联盟，以优化企业资源配置，实现企业自身发展的一种战略管理方式。外包的主旨是跨国公司立足于自身核心能力的建设，通过有效整合外部能力获得长期竞争优势。外包是介于一体化企业和市场的中间治理形式，作为中间组织形式不仅与企业组织和市场采购有所区别，按控制程度不同又可分为完全外包与分包两种形式。其主要区别在于：前者在外包业务的同时，将与外包业务有关的控制权也转移给了外包商；而后者则仍由企业掌握与业务有关的控制权，包括对原材料采购以及生产过程的控制等。

在交易费用理论出现之前，解释企业经营行为的是新古典厂商理论，根据这一理论，厂商根据生产的边际收益和边际成本确定自己的产量和价格。1937 年，科斯的经典论文《论企业的性质》揭开了交易费用的经济学帷幕，科斯首次将交易费用作为基本信息单位引入到企业理论中，指出市场运作需要交易成本，而节约交易成本正是企业存在的必要条件。1960 年，科斯在《社会成本问题》一文中提出了外部性、产权与交易费用的互动关系，论证了在真实环境中有产权安排比无产权安排更容易解决外部性问题和节约交易费用。他的主要发现被其他学者总结为两个科斯定理[①]。

阿罗在 1969 年最先使用“交易费用”这一名词[②]，交易费用的范畴大于单纯的市场失灵所做的界定，通常情况下交易费用妨碍甚至忽视了市场形成。这一观点提升了有目的的组织行为在企业市场关系中的主动性。

威廉姆森在科斯的基础上更加深入地研究了交易费用和规制结构的问题，使交易费用理论形成了一个庞大的体系[③]。他深刻地分析了交易费用的决定因素并做了进一步的区分。威廉姆森将决定交易费用的因素分为两组：一组为交易因素，主要指市场的不确定性和潜在的交易对手的数量，以及交易的技术结构及交易物品的技术特性，包括资产专用性程度、交易频率和不确定性；另一组是人为因素，指的是交易主体的行为假设方面，首先是有限理性，其次是机会主义倾向，等等。威廉姆森还将交易费用区分为事前的交易费用和事后的交易费用两部分。

理性和机会主义以及签署合同交易成本的存在，导致合同是不完全的，而且活动的

① 薛求知. 当代跨国公司新理论[M]. 上海：复旦大学出版社，2007：76.

② Arrow K. Classificatory notes on the production and transmission of technological knowledge[J]. The American Economic Review，1969，59(2)：29-35.

③ 全裕吉，莫安达. 跨国公司外包运作的动因——基于扩展的交易成本理论的解释[J]. 东莞理工学院学报，2007(6)：53-56.

实施成为重要环节。用威廉姆森的话来说，就是事后知识制度变得很重要。他认为，不同的交易特征会使追求生产成本和交易成本最小化的人寻求不同的治理结构。而交易的特征主要取决于三个因素，即资产专用性、不确定性以及交易次数。在这三个因素中，威廉姆森尤其重视资产专用性，资产专用性是指为支持某项特殊交易而进行的耐久性投资，包括地点专用性、实物资产专用性、人力资产专用性、风险性资产以及品牌资产的专用性等。

根据前述的分析框架，威廉姆森认为，在没有专用性投资并且交易次数不多时，双方维持长期关系的意义不大，双方的具体身份也不重要，所以市场在这里是相对有效的方式。但在存在高度专用性资产时，情况则有所不同。对高度专用性资产来说，如果交易失败，把它用于其他用途上的收益会低得多，也就是说，资产专用性程度越高，交易失败导致专用资产拥有者的损失越大，所有者对机会主义行为造成伤害的承受力就越脆弱。在这样的条件下，关系的持久性是有价值的，因此交易双方的具体身份就变得更为重要。所以，在具有高度专用性投资并且交易需要经常进行的条件下，关系性的契约有相对优势，此时的外包是最有效率的经济组织形式。

二、跨国公司外包生产的理论

如果将跨国公司外包业务纳入这一分析框架，可以看出，跨国公司外包的建立有助于合作伙伴之间在交易过程中减少相关交易费用。跨国公司在全球范围内寻找承接业务的合作对象，如果纯粹进行市场交易，则交易变得复杂且难于控制，而如果选择一体化组织，则企业内交易集合网络过于繁复。由于外包伙伴之间经常沟通与合作，可以使搜寻交易对象信息方面的费用大为降低，相互之间的信任与承诺也可减少各种履约风险。即使在履约过程中产生纠纷，联盟伙伴在长期合作的基础上也可以通过协商加以解决，从而避免无休止地讨价还价甚至提起诉讼等产生的费用。外包有利于抑制市场交易中的外部效应。外部效应通常与市场交易中当事人的行为对他人利益造成的影响有关。如果交易的外部效应很强，那么双方为了避免执行合同中受到侵害的潜在危险，交易合同的谈判与签订就会尽可能地做到详尽，这必然会消耗大量的时间与精力。出于节约交易费用的目的，市场交易趋于准内部化，即类似企业以长期合作契约替代一系列短期市场契约。

从威廉姆森的交易费用决定因素来看，外包的建立将促进合作伙伴之间的组织学习。外包这种组织业务中企业间结合的密切程度，处在市场购买与企业集团内部独立企业间关系的中间位置。当企业活动需要发展和吸收外部资源时，外包提高了双方对不确定性环境的认知能力，减少了因为交易主体的有限理性而产生的种种交易费用。

阿尔钦和德姆塞茨（Alchian & Demsetz，1972）① 把交易费用理论的关注点从市场交易费用引到组织内部的激励问题上。他们批判了科斯的“企业是对市场的简单替代物”的观点。实质上企业与市场的区分并非是存在市场行为的区分，而是企业

① Alchian A, Demsetz H. Production, information costs, and economic organization [J]. The American Economic Review, 2010, 62(5): 777-795.

的团队生产。由于存在监督成本和外部性，企业内部偷懒与搭便车的行为广泛存在。解决激励相容的关键是合理安排有关出资者、管理者和生产者之间的财产控制权与剩余索取权的产权制度，赋予工作不易监督、成果不易衡量的一方以更多剩余索取权，以提高团队生产的效率。霍姆斯特姆在此基础上发展出一套鉴别团队成员能力的信号机制，通过资本与劳动所发送的不同能力信号安排"剩余索取权"，这些是委托代理理论的主要观点。

第四节 横向和纵向一体化投资理论

一、跨国公司的一体化战略

19 世纪中叶以后至第二次世界大战之前的跨国公司，其跨国化经营均采取了多国国内生产战略，即对外直接投资采取了"当地生产，当地销售"的形式。第二次世界大战结束后，一些跨国公司的多国国内战略开始让位于一体化经营战略。一体化经营是垂直一体化和水平一体化的统一，而就跨国公司的内部贸易而言，首先出现的是伴随垂直一体化而生的纵向内部贸易。例如，从 20 世纪 60 年代开始，美国福特汽车公司就将其整车生产和零部件加工制造业务在西欧地区进行各子公司间的国际化分工，到 20 世纪 70 年代，福特公司在西欧初步实现了从产品开发、零部件生产到总装的一体化。内部贸易是这种一体化的桥梁。

20 世纪 70 年代，伴随着跨国公司一体化经营的发展及大量中间产品的水平分工，在相同行业内的最终产品生产上，水平式分工也得到了长足发展。例如，在 20 世纪 70 年代，汽车业跨国公司在美国生产的重点是中高档汽车，在欧洲生产的主要是小型车和微型车，而在日本生产的主要是低油耗节能型汽车。这种横向一体化经营，跨国公司一方面是为了追求规模经济，另一方面也是以市场为导向的体现。由于各国之间存在一定的交叉需求，因此各子公司必然在同一行业内进行一定量的差异性产品交叉销售，并且由于经营实力的增强，著名的跨国公司纷纷实行跨行业的多元化经营战略，各子公司分别生产不同的产品并进行交叉销售，从而使横向内部贸易产生。进入 80 年代，一些著名的跨国公司针对一些靠自己力量难以完成的设计、开发、生产、销售业务，开始感兴趣于与另外的跨国公司进行强强联合。尤其是 90 年代，随着全球经济一体化进程的加快，跨国公司之间的各种形式的国际战略联盟层出不穷，联盟内的各种交易也在频繁发生。当然，在跨国公司内部贸易的发展历程中，并不是所有的跨国公司都经过以上发展阶段，跨国公司的内部贸易到底处于何种阶段，一方面受其发展规模和其一体化程度的影响，另一方面也受其所处行业的影响。有些行业如软饮料业、快餐业等，对外直接投资只能实行"当地生产、当地销售"的多国国内战略，其内部贸易主要是简单内部贸易形式；而另外一些行业如汽车、飞机、计算机等，随着对外投资的进一步发展，可采取全球范围内的一体化经营，从而会产生大量的在垂直分工和水平分工基础上的纵向内部贸易和横向内部贸易。另外，内部贸易的发展阶段也受跨国公司主观战略的影响，有的跨国公司愿意采取多国国内战略，而另外一些公司可能更感兴趣于从事全球范围内的一体化经营①。

二、战略角色理论

许多理论对跨国公司一体化进行了分析，包括前文提到的资源基础论以及威廉姆森的制度经济学视角等，这里简要介绍一下从子公司战略角色的角度分析跨国公司一体化行为的理论——战略角色理论②。

尽管怀特和波因特（White & Poynter，1984）最早提出战略角色的概念③，然而利用一体化（Integration）与当地化（Localization）框架对跨国公司海外子公司战略角色进行研究却是从波特（Porter，1986）开始的④。一体化指的是在持续经营的基础上对分散在不同地域的活动进行集权管理；而当地化经营（Local Responsiveness）主要是指针对地方性的竞争和消费需求，由某一子公司自主做出的资源配置决策。

以子公司当地环境的战略性与资源多寡为视角进行划分，巴特利特和歌肖尔（Bartlett & Ghoshal，1989）⑤从东道国资源和能力的多寡以及环境的战略重要性两个方面对跨国公司子公司的战略角色进行了分类：策略领袖、执行者、贡献者与黑洞。

策略领袖是指那些在东道国具有核心资源与能力，并且所处市场具有战略性意义的跨国公司子公司，策略领袖的任务是及时觉察东道国市场变化信息，准确分析在市场变化中出现的机会与一些威胁要素，进而采取相关策略稳固公司的发展，利用机会，避免威胁；执行者是指那些所处的市场战略性及其所拥有的资源和能力重要性均较低的跨国公司子公司，它们的主要战略角色是维持公司运作，配合母公司生产经营的需要，并支持母公司的战略或技术创新；贡献者是指那些拥有核心资源和能力但所处的市场对母公司发展并不太重要的跨国公司子公司，其战略任务是尽可能地创造利益，并将此利益在母公司和其他子公司间运用，为其他公司的发展提供强有力的支撑和保障；黑洞是指那些所处的市场地位很重要，但由于其本身的核心能力与资源的不足而无法对公司整体的战略优势有所提升的跨国公司子公司，其战略任务是稳步经营，抓住关键市场机会，向本市场逐步渗透。⑥

贾里约和马丁内斯（Jarillo & Martinez，1990）⑦依据跨国公司子公司与其他子公司整合程度与子公司经营本土化程度两个维度将跨国公司子公司分为积极型子公司

---

① 孙国辉. 跨国公司内部贸易与全球一体化经营[J]. 中央财经大学学报，2004(3):49-53.

② 曾国军. 跨国公司在华子公司战略角色演变——以当地化和一体化程度为框架[J]. 管理评论，2006(2):25-30,63-64.

③ White R E, Poynter T A. Strategies for foreign-owned subsidiaries in Canada[J]. Business Quarterly (pre-1986), 1984, 49(2).

④ Porter M E. Changing patterns of international competition[J]. International Executive, 1986, 28(2):13-14.

⑤ Bartlett C A, Ghoshal S. Managing across borders: the transnational solution[M]. Boston, Mass.: Harvard Business School Press, 1989.

⑥ 徐春福. 跨国公司子公司战略角色定位及业绩评价研究[D]. 天津:南开大学，2012:88-89.

⑦ Jarillo J, Martínez J. Different roles for subsidiaries: the case of multinational corporations in Spain.[J]. Strategic Management Journal, 1990, 11(7), 501-512.

(Active)、水平型子公司（Autonomous）与垂直型子公司（Receptive）三种。跨国公司子公司是一个半自主的实体，在由内部顾客、供应商和其他子公司构成的内部环境及由外部顾客、供应商和竞争者构成的外部环境下生存发展。依据一体化与当地化程度对子公司战略角色进行分类的两个基本维度是公司职能活动（研发、采购、制造、销售）的一体化（Integration）和当地化（Localization）程度。贾里约和马丁内斯认为，如果公司拥有价值链中的许多职能，并与母公司或兄弟公司密切协作，成为协作网络中的一个节点，则称这种子公司采用积极型战略（Active Strategy）；如果子公司与母公司或兄弟公司相对独立，拥有价值链中大多数经营环节，则该子公司实施水平型战略(Autonomous Strategy)；如果子公司只执行价值链中部分环节，并与关联公司高度一体化，则称之为垂直型战略（Receptive Strategy）。

子公司的战略角色随着时间、当地环境、子公司资源与母公司经营战略的变化而改变。通过对 50 家西班牙子公司的问卷调查，贾里约和马丁内斯归纳出子公司之前五年到之后三年战略角色的演变。随着当地子公司整合程度提高，部分子公司开始从自主型战略向接受型战略转变，表明西班牙经济的国际化也影响着子公司的演变。但是，该研究并没有说明随着西班牙与欧洲经济一体化程度的提高，为什么自主型子公司只向接受型子公司转变，而不向积极型子公司转变。战略角色理论从公司战略的角度对跨国公司一体化行为的动机进行了分析，这一理论的优点是易于通过问卷调查等形式进行经验分析，缺点是不够宏观，难以与主流理论进行比较。

第五节　跨国公司网络组织理论

一、跨国公司网络组织理论的提出背景

20 世纪 80 年代以来，借助信息技术和交通技术的快速发展，经济全球化进程日趋加快，这种趋势体现在贸易、金融和生产等各个方面。全球贸易量增长迅速，国际金融交易量急剧增加，金融工具不断创新，世界性的生产体系也逐渐形成。经济全球化和信息技术的发展使跨国公司面临更加激烈、复杂的竞争环境。企业必须提供更加个性化、高效便捷的服务才能赢得市场。面对日益复杂的市场竞争格局，许多跨国公司认识到，只有充分借助合作伙伴的力量，才能获得满足客户多元化需求所需要的全部资源，进而赢得越来越激烈的市场竞争。跨国公司开始尝试一些新型的经营模式和合作方式，希望通过提高效率、降低成本、提高产品质量和服务水平等来获取竞争优势。信息时代的环境巨变迫使跨国公司与其他公司联合起来，相互依赖、共同发展，形成利益与共、风险分担的联合体。群体竞争取代个体竞争成为跨国公司寻求竞争优势的重要手段，跨国公司与跨国公司之间、跨国公司与其他公司之间形成了复杂的网络关系。随着互联网技术的发展和全球化市场的快速成长，企业网络关系对跨国公司赢得竞争优势日趋重要。

传统的企业边界理论将企业看成市场的边界，但考虑企业网络组织时，情况有所不

同。理查德森（Richardson，1972）[①] 指出，“企业与市场之间直接协调和自动协调的两分法，使人误解为性质截然不同的协调方法，它忽视了企业间合作的事实”。他从互补性活动的角度为网络组织的存在提供了一种正式的理论基础，认为企业只是从事生产和服务过程中某些阶段的分工活动，这些活动包括研发、制造过程的各个阶段和营销等。由于企业所从事的只是分工活动的某个阶段，所以它的活动从不是孤立的，而是与其他企业相互依赖的、互补的。相互补充的活动在企业之间需要协调，特别是那些密切互补的活动。因此，通过企业间的多样化制度安排，企业可以降低交易成本和生产成本，推动技术的联合开发，实现对相关企业的有效控制。企业网络组织较计划、纯粹市场和科层组织具有更独特的优势。威廉姆森（Williamson，1985）[②] 提出了中间组织的概念，用交易活动涉及的资产专用性、不确定性和交易频率解释经济活动的制度结构。他认为，一般当这些变量特别是资产专用性程度不高时，市场采购具有大规模和治理优势。相反，这些变量尤其是资产专用性程度高时，企业科层组织就更有优势。介于这两种情况之间的则是双边、多边和杂交的中间组织形态。拉尔森（Larsson，1993）[③] 在研究了组织间关系理论之后，建议用市场、企业网络等组织间协调和科层企业的三种制度分析框架替代传统的市场与科层两种制度分析框架，并遵循亚当·斯密和钱德勒把市场和企业科层分别称为“看不见的手”和“看得见的手”的隐喻，形象地把组织间协调比喻为“握手”。

二、跨国公司网络组织的定义与特征

学术界目前对跨国公司网络组织还未形成公认的定义。许多学者从不同的角度对网络组织做出了诠释[④]。丹尼斯等人（Dennis et al.，1994）[⑤] 从经济、历史、认知、规则四个维度对网络组织概念进行了概括：（1）经济维度，网络组织是超越市场与企业两分法的一种中间组织形态，该形态是一个动态的、按照一定路径依赖不断演进的历史过程。从这个角度来看，构成一个网络的特定组织形态的出现及其演变可以用交易费用的方法来分析。（2）历史维度，网络组织是各种行为者（企业）之间基于信任、相互认同、互惠和行使优先权等所组成的长期关系系统，网络是随时间推移而形成的组织交易的一种手段，它从不是静态的，而是处于不断的演进之中，路径依赖的历史分析方法可以对这种演进过程提供基本的洞察力。（3）认知维度，一种网络组织是大于个别行为者（企业）诀窍总和的集体诀窍的存储器，这种组织方法的优势是允许集体学习过程在更广阔的范围内展开，如超越了企业边界的技术开发的学习过程。（4）规范维度，所有网络都是由旨在确定每个成员的义务与责任的一套规则所定义的，这些规则划定了

① Richardson G B. The organisation of industry[J]. The Economic Journal,1972,82(327):883-896.

② Williamson O E. The economic institutions of capitalism[M]. New York: Free Press,1985.

③ Larsson R. The handshake between invisible and visible hands[J]. International Studies of Management & Organization,1993,23(1):87-106.

④ 沈运红,王恒山. 国内外网络组织研究及其新进展[J]. 科技进步与对策,2007(3):198-200.

⑤ Maillat D,Crevoisier O,Lecoq B. Innovation networks and territorial dynamics:a tentative typology[M]//Patterns of a Network Economy. Berlin:Springer Berlin Heidelberg,1994:33-52.

集体活动的领域，并确保与网络的外部环境相比，网络组织受到始终如一的规制。肯尼斯（Kenneth，1997）认为，网络组织是由原来孤立交易的公司共同贡献资源而形成的“企业联结”，即动态联结组织，从而使企业进入一个动态的互联世界，成为灵捷竞争者。阿克罗尔（Achrol，1997）① 指出，网络型组织是由多个独立的个人、部门和企业为了共同的任务而组成的联合体，它的运行不靠传统的层级控制，而是在定义成员角色和各自任务的基础上通过密集的多边联系、互利和交互式的合作来完成共同追求的目标。

国内外学者对跨国公司网络组织的特征进行了诸多阐述，其中有代表性的观点主要有：奥斯泰恩（Alystne，1996）② 深入分析了市场、企业和网络组织的特性，认为网络组织形态也可扩展到一个企业内部联邦分权式的业务单元之间。除了边界的可渗透性之外，专业化资产的集中、联合控制和共同的目标这三个特征也将其与科层结构、组合间的偶然性交往和大规模的市场交易区别开来。罗仲伟从风险和不对称信息、团队、博弈、自利与公共物品、机制设计、垂直一体化、交易成本经济学、资源和产权、价值创新和开发等视角，比较系统地分析、研究了网络组织的含义和特性，并认为网络是以专业化联合的资产、共享的过程控制和共同的集体目的为基本特性的组织管理方式。③ 而正是这三个特性决定了网络组织的主要性质，并把网络组织与集中化组织、刚性层级组织、非正式联合、无序社会和批量市场等其他组织管理方式区别开。王丰、汪勇和陶宽（2000）④ 认为网络组织的特征表现为富有活力的结点、超越网格的管理联结和自由灵活的动态调适机制。薛求知、阎海峰（2001）⑤ 认为跨国网络组织具有动态性、富有弹性且模糊边界、追求无障碍沟通、超组织学习、超越官僚体制等特征。孙国强（2001）⑥ 认为网络组织的特征主要是制度安排、关系决定企业行为、交互作用的网络关系、自组织过程、不一定具有法人地位等，并认为网络组织的构成要素有目标、节点、经济联结、运行机制和网络协议等。

三、跨国公司内部的网络组织

跨国公司海外子公司的设立是母公司出于持续成长的考虑，也是母公司寻求满足其扩张所需资源的重要手段。⑦ 因此，海外子公司的初始角色是由母公司根据其对东道国的战略意图确定的。在跨国公司国际化经营的初级阶段，子公司承担的是寻求资源、开拓市场的任务。20 世纪后半期，技术的快速创新和扩散改变了全球竞争、战略和组织

---

① Achrol R S. Changes in the theory of interorganizational relations in marketing: toward a network paradigm [J]. Journal of the Academy of Marketing Science, 1997, 25(1): 56-71.

② Alstyne M V. The state of network organization: a Survey in three Frameworks [J]. Working Paper, 1996, 7(2): 83-151.

③ 罗仲伟. 网络组织的特性及其经济学分析(上)[J]. 外国经济与管理, 2000(6): 25-28; 罗仲伟. 网络组织的特性及其经济学分析(下)[J]. 外国经济与管理, 2000(7): 13-18.

④ 王丰, 汪勇, 陶宽. 网络组织: 21 世纪的新型组织结构模式[J]. 当代财经, 2000(5): 65-67.

⑤ 薛求知, 阎海峰. 跨国公司全球学习——新角度审视跨国公司[J]. 南开管理评论, 2001(2): 36-39, 69.

⑥ 孙国强. 网络组织的形成动因、条件与方式[J]. 商业研究, 2001(10): 74-75.

⑦ 高伟. 论跨国公司网络组织的结构及其优势[D]. 青岛: 中国海洋大学, 2007.

的性质，要素驱动（Factor-driven）让位于创新驱动（Innovation-driven）。跨国公司国际化经营战略也随之转向寻求效率和全球最优配置的高级阶段。这一时期，母公司为子公司确定初始角色时不仅要考虑跨国公司的自有优势，还需要考虑东道国的区位比较优势。然而，随着当地化经营能力和优势的不断积累，海外子公司逐渐形成了自身成长和发展的目标。在更多的时候，它们扮演着“混合角色”：一方面为了完成母公司指派的任务而承担初始任务；另一方面，根据自身成长和发展的需要对角色进行不断的调整。

在跨国公司一体化和当地化战略的协调过程中，海外子公司角色的演变与发展经历了以下三个阶段。

（一）战略执行阶段

处于这一阶段的海外子公司拥有的资源较少，能力水平较低，扮演着母公司经营战略被动执行者的角色，是母公司实现全球规模经济的基础，成为母公司价值的向下传递者，并帮助母公司将其全球标准化产品在东道国进行当地化调整。因此，母公司往往对其实行严格控制，将其经营范围设定在劳动密集型的简单产业部门，子公司的当地化程度也相应较低。

（二）战略进取阶段

这一阶段的海外子公司具有独特的能力，较其他子公司拥有更为广泛的技术和研发资源基础，由于其能力超出了当地市场的要求，因此跨国公司可以将这些子公司的资源和能力运用到更广泛的市场和经营中去，在母公司的整体战略定位中位于贡献者的位置。此时，子公司的当地化程度较高，经营范围转向资本、技术密集型产业。由于已经积累了一定的经验，子公司往往根据自身的经营实践为母公司出谋划策，帮助母公司根据东道国市场环境的变化做出相应的战略调整。因此，母公司给予此类子公司以更大的自治权，不过分影响其管理和技术人员的自主性，使其保持一定的创新自由。

（三）战略主导阶段

这一阶段的海外子公司在东道国的经营更加成熟，已经在东道国消费者和供应商心目中树立起市场领导者的形象。这些子公司及时扫描环境的变化，与总部一起分析这些变化可能导致的机会和威胁，并对此做出组织响应。此类子公司不仅是母公司觉察东道国市场变化的信号感应器，而且能够帮助母公司正确分析其在东道国面临的机遇和挑战，成为母公司开发和实施全球战略的战略伙伴。此时，母公司完全授权子公司担负起当地化的职责，大力支持其在东道国的发展，并为其提供资源和创新自由。相应地，子公司逐渐成长为战略领导者。传统的跨国公司组织内部资源流动往往仅限于纵向流动，即在跨国公司母公司与子公司之间的流动。随着跨国公司海外子公司战略角色的提升，子公司被赋予更多的战略决策权，而辅助战略实施必然要求相比以前更加频繁的资源流入与输出。由于跨国公司往往组织规模庞大，所以，如果这种资源的流动仍然完全通过跨国公司母公司进行统一组织配置，那么，将带来极高的组织成本。另外，如果这种资源的流动完全依靠市场机制进行，那么交易成本会很高，同时难以带来跨国公司整体的协同效应。而跨国公司网络组织模式，作为一种新型的资源配置方式，可以有效地解决这个两难问题。跨国公司海外子公司与母公司、子公司与子公司之间共同形成一个内部网络，各战略单元在统一的战略引导下，在不损害对方利益的前提下，可以更加自由地选择通过市场机制或者组织配置机制进行交易，改变资源流动的纵向单一性，从而有效控制交易成本和组织成本。

四、跨国公司与当地企业网络组织

（一）海外子公司嵌入当地经济网络

随着跨国公司子公司网络嵌入当地商业环境的不断加深，跨国公司实现了网络的外部开放。通过与当地的顾客、供应商的交易，形成优势互补、风险共担、要素双向流动的跨国公司外部网络组织，打破跨国公司的产权边界，以实现网络组织各成员之间资源共享、双赢互利的目的。对于跨国公司海外子公司而言，嵌入到当地商业网络中，就意味着可以吸收和创造出具有国别性的、难以模仿和持续的竞争优势。通过与当地企业集群、大学、研究机构之间的交流和学习，相互关联度较强的企业将被纳入到跨国公司网络组织中，以便于通过网络协同效应创造出高于资本成本的收益。跨国公司外部网络组织成员的准入，更多要考查各网络成员的相关性、共享、协同以及结成网络的必要性与可能性等方面的问题。

安德森和福斯格伦（Andersson & Forsgren，2002）① 从研究子公司嵌入与总部控制之间的关系和外部网络的角度来研究子公司的战略重要性。一般来说，在子公司成立之初，它与公司内部的联系主要限于对母公司指令的被动接受和资源转移的接受。新成立的子公司一般与内部网络的其他子公司联系较少，而与母公司的联系更多地也是单方面的，与外部网络伙伴的联系则更少，新成立的子公司战略角色也不突出。随着子公司的成长，它开始成为总部在当地的缩影，或者开始形成某方面的专长，并开始具有一定的战略意义，承担当地实施型或专业技能型的战略角色，其与内部网络成员的联系增强。随着子公司进一步成长，产品范围和价值范围进一步拓宽，战略意义进一步增强，与外部合作伙伴的联系逐步增加，结成跨国公司外部网络。对于跨国公司海外子公司而言，既不能过于陷入外部网络而疏离内部网络，也不能忽视外部网络对于子公司市场绩效的重要影响。除了子公司自身的吸收能力外，影响外部网络的资源、知识向内部网络流动的主要因素是子公司在外部网络中的关系嵌入程度和子公司自身网络结构的特征。子公司对当地商业网络的嵌入程度可以从相互依赖性和适应性的角度来衡量，即子公司与其业务伙伴相互依赖性、适应性越强，则在网络中嵌入得就越深，因为相互依赖性更倾向于建立长期的合作关系。

安德森和福斯格伦（Andersson & Forsgren，2002）的实证研究表明，子公司对当地环境的网络嵌入尤其是技术嵌入的程度不仅与子公司的市场绩效正相关，而且有助于提高整个跨国公司的产品开发和生产运作能力。原因是，子公司与外部商业伙伴长期合作形成的相互依赖性和交流渠道，使子公司更易于吸收根植于东道国特定社会背景和当地文化的隐性知识，而这些知识是难以通过市场机制获得的。这不仅增加了子公司的知识

---

① Andersson U, Forsgren M, Holm U. The strategic impact of external networks: subsidiary performance and competence development in the multinational corporation[J]. Strategic Management Journal, 2002, 23(11): 979-996.

存量，而且可通过内部跨单元的知识流动，使跨国公司获得稀缺的外部新知识，从而提高整个跨国公司网络的知识水平。

（二）与当地企业合作构建企业网络

跨国公司的外部网络组织是跨国公司通过各子公司与东道国的供应商、顾客、政府机构、大学及研究机构、竞争对手等组成的组织间网络。跨国公司与这些外部网络组织成员之间的合作形式多种多样，主要包括以下几个方面。

（1）分包或垂直供应链关系网络。这种网络是由特定行业中位于价值链不同环节的企业共同组成的企业间组织，原材料供应商、零部件供应商、生产商、经销商等上下游企业之间不仅进行产品和资金的交换，还进行技术、信息等其他要素的交换和转移。没有企业能拥有所需要的一切资源，即使是大企业也不例外。企业如果只限于使用自己所拥有的资源，那么它的发展就会受到局限。联系垂直供应链中各个企业的纽带是实现最终顾客价值这一共同使命，因为只有让最终顾客满意，位于价值链中各个环节的企业所创造的价值才能最终实现。垂直型网络的组织职能往往是由价值链中创造核心增加价值的企业来履行的，例如通用汽车公司和丰田汽车公司就分别构建了一个由众多供应商和分销商组成的垂直型网络，网络内企业通过紧密合作实现及时供应和敏捷制造，大大提高了效率，降低了成本。

（2）虚拟生产企业网络。虚拟企业是由各种企业共同形成的一种网络组织——虚拟化网络组织，它们彼此紧密联系，相互影响和相互作用，为着共同的目标而合作。虚拟企业有别于伙伴合作关系，也不同于战略联盟，这些合作形式可能存在共同拥有关系、联合管理和共同承担责任的情形。虚拟企业通过突破原有组织的有形界限，将能优质、快速、高效而经济地完成某项任务的各功能体进行整合，虽然具有生产、设计、经营、财务等完整的功能，但企业体内却没有完整地执行这些功能的组织。企业仅仅保留关键的核心功能，而将其他的功能虚拟化。它是为实现某一市场机会，而把拥有实现该机会所需资源的若干企业或部门集结而成的一种动态化的网络组织，它往往随机遇的产生而形成，并随机遇的消失而解散。虚拟生产企业网络最显著的特征是，核心企业并不从事具体的生产活动，而是将实际生产交给一些专门的生产性企业来完成。核心企业实现其对其他企业的控制，是通过它所掌握的独特的生产技术或制作秘方。核心企业将主要精力放在确保和提高上述核心能力上，并据此对其他企业的生产活动做出指导和规范，通常都会制定一套严格的质量检验标准。虚拟生产的典型代表是耐克公司和可口可乐公司。耐克公司总部只从事服装的设计和某些生产技术的开发，如运动鞋的“气垫”技术以及市场拓展、公司战略等高层管理活动等，实际的服装生产均是由海外的生产性企业来完成的；可口可乐公司则凭借其独特的饮料配方创造并维持了这样一个世界著名的品牌，而可口可乐饮料的生产、罐装及销售等任务都是由遍布世界的合作企业去完成的。

（3）连锁经营企业网络。连锁经营企业网络在商业营销中运用得最为普遍。连锁经营又称合同连锁，是以契约为基础的连锁方式，是指主导企业把自己开发的商品服务和营业系统（包括商标、商品等企业象征的使用，经营技术，营业场所和区域），以契约的形式授予加盟店在规定区域内的经销权和营业权，加盟店必须交纳一定的营业权使用费，并承担约定的义务。连锁经营的核心是特许权的转让，主导企业凭借特许权的转让实现对加盟店经营权的控制，而各加盟店在所有权上则是与主导公司完全独立的。“Seven-Eleven”公司是连锁经营企业网络的代表，该公司把各地旧式的小零售商店组织成为连锁商店，通过电子计算机系统统一办理进货及结算业务，并帮助其改造店铺，使之现代化。这样，分散在大街小巷的、孤立的小商店就连成了现代化的商业网络，各个小加盟店也改变了过去不易得到畅销品和高档货的不利条件。

除此之外，还有贸易商社组织、战略联盟、技术联盟、联合经营以及专业服务网络等多种组织形式。这些形式的企业网络丰富了跨国公司与当地经济的联系形式，促进了跨国公司对当地优势的利用，这种外部企业网络与跨国公司内部企业网络一起，为跨国公司提供了竞争优势。

参考文献

[1] 于洋. 企业成长理论中资源观与能力论的反思[J]. 经济研究导刊,2008(10):33-36.

[2] 薛求知. 当代跨国公司新理论[M]. 上海:复旦大学出版社,2007:76,126-129,203-204,209-211.

[3] 赵优珍. 资源基础论视角的中小企业国际化[J]. 国际贸易问题,2003(10):39-43.

[4] 全裕吉,莫安达. 跨国公司外包运作的动因——基于扩展的交易成本理论的解释[J]. 东莞理工学院学报,2007(6):53-56.

[5] 孙国辉. 跨国公司内部贸易与全球一体化经营[J]. 中央财经大学学报,2004(3):49-53.

[6] 曾国军. 跨国公司在华子公司战略角色演变——以当地化和一体化程度为框架[J]. 管理评论,2006(2):25-30,63-64.

[7] 徐春福. 跨国公司子公司战略角色定位及业绩评价研究[D]. 天津:南开大学,2012:88-89.

[8] 沈运红,王恒山. 国内外网络组织研究及其新进展[J]. 科技进步与对策,2007(3):198-200.

[9] 罗仲伟. 网络组织的特性及其经济学分析(上)[J]. 外国经济与管理,2000(6):25-28.

[10] 罗仲伟. 网络组织的特性及其经济学分析(下)[J]. 外国经济与管理,2000(7):13-18.

[11] 王丰,汪勇,陶宽. 网络组织:21 世纪的新型组织结构模式[J]. 当代财经,2000(5):65-67.

[12] 薛求知,阎海峰. 跨国公司全球学习——新角度审视跨国公司[J]. 南开管理评论,2001(2):36-39,69.

[13] 孙国强. 网络组织的形成动因、条件与方式[J]. 商业研究,2001(10):74-75.

[14] 高伟. 论跨国公司网络组织的结构及其优势[D]. 青岛:中国海洋大学,2007.

[15] Andersson U, Forsgren M, Holm U. The strategic impact of external networks: subsidiary performance and competence development in the multinational corporation[J]. Strategic Management Journal, 2002, 23(11): 979-996.

[16] Wernerfelt B. A resource-based view of the firm[J]. Strategic Management Journal, 1984, 5(2): 171-180.

[17] Markusen A. Sticky places in slippery space: a typology of industrial districts[J]. Economic Geography. 1996, 72(3): 293-313.

[18] Arrow K. Classificatory notes on the production and transmission of technological knowledge[J]. The American Economic Review, 1969, 59(2): 29-35.

[19] Alchian A, Demsetz H. Production, information costs, and economic organization[J]. The American Economic Review, 1972, 62(5), 777-795.

[20] White R E, Poynter T A. Strategies for foreign-owned subsidiaries in Canada[J]. Business Quarterly(pre-1986), 1984, 49(2).

[21] Porter M E. Changing patterns of international competition[J]. International Executive, 1986, 28(2): 13-14.

[22] Jarillo J, Martínez J. Different roles for subsidiaries: the case of multinational corporations in Spain.[J]. Strategic Management Journal, 1990, 11(7): 501-512.

[23] Richardson G B. The organisation of industry[J]. The Economic Journal, 1972, 82(327): 883-896.

[24] Williamson O E. The economic institutions of capitalism[M]. New York: Free Press, 1985.

[25] Larsson R. The handshake between invisible and visible hands[J]. International Studies of Management & Organization, 1993, 23(1): 87-106.

[26] Bartlett C A, Ghoshal S. Managing across borders: the transnational solution[M]. Boston, Mass.: Harvard Business School Press, 1989.

[27] Maillat D, Crevoisier O, Lecoq B. Innovation networks and territorial dynamics: a tentative typology[M]//Patterns of a Network Economy. Berlin: Springer Berlin Heidelberg, 1994: 33-52.

[28] Achrol R S. Changes in the theory of interorganizational relations in marketing: toward a network paradigm[J]. Journal of the Academy of Marketing Science, 1997, 25(1): 56-71.

[29] Alstyne M V. The state of network organization: a survey in three frameworks[J]. Working Paper, 1996, 7(2): 83-151.

第二篇

发展中国家、服务业、中小型跨国公司投资理论

第五章

发展中国家跨国公司投资理论

第一节　小规模技术理论

小规模技术理论（Theory of Small Technology）是由美国经济学家刘易斯·威尔斯（Louis T. Wells）提出的，其在 1977 年发表的《发展中国家企业的国际化》文章中首次提出该理论，并在 1983 年出版的《第三世界跨国企业》专著中系统地阐述了发展中国家对外投资的理论依据①。在发展中国家跨国公司投资理论的研究者中，威尔斯被认为是最有影响力的人物之一。小规模技术理论主要是对发展中国家在不具备规模经济，也不具备技术优势的同时仍然可以实现企业国际化发展的现象做出解释，弥补了传统企业国际化经营理论的空白。至今，小规模技术理论依然被全球经济学家认为是发展中国家企业国际化经营研究领域最具代表性的理论②。

一、小规模技术理论的内容

小规模技术理论的核心是小规模技术优势所带来的低成本优势，这种低成本优势与母国市场结构密切相关。发展中国家制成品市场的特征是需求量小，市场规模有限，发达国家以大规模生产为特征的技术无法在这种小市场上发挥其规模效益，而一些发展中国家的企业则正是开发了这种适合小市场规模的技术而获得了对外直接投资的优势③。

根据发展中国家跨国公司的部门结构、技术转让类型、投资流向、市场销售策略以及所有权形式等方面的特点，小规模技术理论总结出发展中国家跨国公司的主要特点（威尔斯称为竞争优势）。

第一，掌握为小市场生产提供服务的规模生产技术。由于发展中国家的收入普遍较低，对产品的需求量也往往不大，所以发达国家的大企业集团所拥有的大规模生产技术

---

① 刘易斯·威尔斯. 第三世界跨国公司[M].叶刚，杨宇光，译. 上海：上海翻译出版公司，1986.

② 杜奇华. 国际投资[M]. 北京：对外经济贸易大学出版社，2009.

③ 张寒. 跨国并购的理论、运作及我国企业的跨国并购问题研究[D]. 北京：对外经济贸易大学，2005.

很难在这种小市场获益，反而发展中国家所拥有的小规模生产技术十分适合这种市场①。适宜的小规模生产技术一方面来自于向发达国家的学习并创新，另一方面来自本国的传统技艺，从而对目标市场提供品种繁多却规模不大的产品，迎合发展中国家的特点。比如20世纪50年代末，斯里兰卡希望苏联帮助自己建设一座轧钢厂，可当时苏联轧钢厂最低年产量标准为6万吨，西方发达国家的标准为100万吨，而斯里兰卡每年仅需3.5万吨轧钢，最后，斯里兰卡不得已只能从印度购入小规模的钢铁设备，印度的大部分制造业公司都是靠进口来引进国外生产技术，并且它们都无一例外地改造引进的技术，从而满足发展中国家小规模生产的需求②。

第二，拥有民族产品生产的竞争优势。发展中国家的跨国公司较多地吸收和利用东道国的设备、人才、技术及研究开发能力，这既可能出于成本的考虑，又可能是因为两国经济发展水平相近，以及当地有能力提供跨国公司所需的有关设备③。例如，20世纪80年代，一家巴西钢铁公司实施了一种技术革新，在炼钢还原工序中用木炭代替焦煤，目的是减少该公司对特殊品位煤的依赖，因为焦煤在巴西是无法得到的。同时，具有母国民族特色的特殊产品，也是发展中国家对外投资中的一项内容，这些产品是为当地与投资母国有血缘、民族关系的种族社区服务的，具有“民族纽带”性。一个突出的例子是华人社团在餐饮、新闻出版、食品加工等方面的需求，带动了一部分东南亚、东亚国家和地区的对外投资。

第三，产品具有物美价廉的优势。物美价廉是发展中国家产品的最大特点，也是发展中国家跨国公司提高市场占有率的秘密武器。一般情况下，发达国家跨国公司推广产品的主要手段是投入大量广告费用，以便于尽快树立品牌形象，创造名牌产品效应。由于自身条件的限制，发展中国家跨国公司花费较少的广告支出，紧紧跟随发达国家的跨国公司投资设厂，为大厂商配套生产，并采取低价营销策略，这是发展中国家跨国公司常见的发展模式。美国学者巴斯基特对毛里求斯出口加工区外国制造业公司的调查证实，发展中国家跨国公司推销产品的广告费用大大低于发达国家的同行公司，在被调查的企业中，96%的发展中国家公司的广告费用占其销售额的比例低于1%，而在发达国家的同行中，21%的子公司的广告费用占其销售额的比例超过2%④。

综上所述，小规模技术理论主要是指发展中国家跨国公司通过最大限度地降低成本来开拓国际市场，从而在民族产品、小商品、服饰等方面具有国际竞争优势。

二、对小规模技术理论的评价

（一）小规模技术理论的贡献

小规模技术理论把发展中国家自身的市场特征与发展中国家跨国公司的竞争优势结合起来，摒弃了依赖规模经济和垄断技术优势的企业国际化经营的传统观点，从

① 张祥. 我国企业国际化经营及其绩效研究[D]. 成都：西南财经大学，2013.

② 阮孟钢. 越南利用中国企业直接投资问题研究[D]. 南京：南京理工大学，2013.

③ 郁晓耕，魏浩. 发展中国家对外直接投资理论综述[J]. 经济经纬，2006(5)：47-50.

④ 鲁桐. 发展中国家跨国公司理论及其思考[J]. 世界经济与政治，1998(1)：23-27.

而满足多样化、小规模的市场需求，为发展中国家中跨国公司国际化经营的研究提供理论支持，即生产规模较小、科学技术不够先进的企业只需要满足世界市场的特殊需求，就可以参与全球竞争，同时，在理论上给后人提供了充分的分析空间。相对于欧美等发达国家的跨国公司所具有的绝对技术优势，小规模技术是一种相对优势。一方面，发展中国家的跨国公司具备的生产技术更加适宜本土市场，在该市场中，拥有小规模生产技术的公司具有更强的竞争优势；另一方面，相比于发达国家，发展中国家的跨国公司不具有绝对优势，但世界上依然存在更加落后的国家或地区，与此相对比，部分发展中国家的跨国公司具备显著的技术优势，因而拥有明显的竞争优势。

小规模技术理论对于发展中国家企业开展国际化经营，并在国际化初期阶段在全球竞争中占据一席之地是颇有启发的。全球市场是多层次、多元化的，即使对于那些生产规模和经营范围不够庞大、技术不够先进的企业来说，参与全球竞争仍然具有很强的经济动力。例如，金属冶炼、一般机械、食品加工、纺织等传统工业属于劳动密集型行业，技术和产品已趋于标准化，生产规模不需要很大，这对于发达国家来说，已属于“夕阳工业”，正被日渐放弃或冷落，但对中国来说则属于成熟产业，中国在这些产业上具有较强的技术优势，生产成本较低。同时，对于那些低于或类似中国生产发展水平的国家来说，机械、金属冶炼、食品加工等行业则属于适宜快速工业化的对外直接投资，不仅从企业的长期目标、经营战略上看是必要的，而且企业主动参与国际竞争，对提高企业竞争力、增强企业的综合实力是十分有益的①。小规模技术理论还揭示了发展中国家对外投资的一般规律，即“民族纽带”在对外投资中发挥着重要的作用，这对于认识发展中国家企业“走出去”，以及进行对外投资的区位选择都具有指导意义②。从本质上看，小规模技术理论是技术被动论，吸纳了弗农的产品生命周期理论，认为发展中国家主要是使用“降级技术”生产在西方国家早已成熟的产品③。这样，发展中国家在国际生产中永远处于边缘地带和产品生命周期的最后阶段，发展中国家跨国公司在技术上的创新活动仅仅局限于对现有技术的继承和使用④。

（二）小规模技术理论的不足之处

小规模技术理论无法解释发展中国家的高新技术企业进行国际化经营的行为，尤其是对发展中国家企业对发达国家的直接投资日益增长的现象无法做出合理解释。

同时，小规模技术理论所认为的发展中国家企业具备的竞争优势，是拥有绝对技术优势和大规模经济优势的企业无法通过自身学习、创造所获得的，这与事实和直观感觉相违背。一个小企业可以做到并获得优势，一个大型集团企业也完全可以通过模仿而取得，然而，根据现有事实推断，发达国家的跨国公司是不愿意进行小规模生产，而不是

① 张洪雁. 发展中国家对外直接投资理论及思考[J]. 河南社会科学，1999(6)：62-65.
② 宋维佳. 发展中国家对外直接投资理论的评析[J]. 辽宁省交通高等专科学校学报，2006(4)：45-47.
③ 陈建南. 发展中国家对外直接投资理论述评[J]. 经济学动态，2001(2)：65-67.
④ 陈晓丹，孙磊. 发展中国家和地区对外投资理论文献综述[J]. 临沧教育学院学报，2005(3)：38-42.

不具备这种能力，因此该理论暗含的基础假设并不牢固。

三、小规模技术理论案例

20 世纪 80—90 年代，中国浙江省经过改革开放进入高速发展阶段，一些经营状况较好、发展较快的企业在科学技术上积累了一些经验、知识，具备在世界范围内追求边际效益最大化的能力，已开始实施技术转移。虽然浙江民营企业无法如发达国家的跨国公司一样，利用垄断技术获取超额利润，但浙江民营企业可在需求多层次化、多元化的市场中，拥有大型跨国公司无法替代的小规模生产技术优势。相比于发达国家，浙江民营企业的技术水平几乎没有任何优势，然而对于一般经济转轨国家和发展中国家来说，依然具有较大的优势落差，尤其是在劳动密集型产业部门，经过 20 多年的发展，该产业已成为浙江省的占优产业。2002 年浙江省私营企业投入技术改造和新产品开发资金 319.66 亿元，科技投入有效改善了民营企业的产品质量，2002 年已有 2 068 家私营企业获得 ISO 9000 质量体系认证，175 家私营企业获得欧洲 CE 认证[①]。由此，浙江民营企业在技术上具有十分鲜明的个性特点，并善于在发达国家技术垄断的夹缝中生存。

第二节　技术地方化理论

英国牛津大学沙加亚·拉奥（Sanjaya Lall）是继刘易斯·威尔斯（Louis T. Wells）之后，又一位对发展中国家跨国公司进行专门研究的经济学家，其在 1983 年出版的《第三世界跨国企业》（The New Multinationals: The Spread of Third World Enterprises）一书中，通过对印度企业对外投资动机和竞争优势的深入分析，从技术变动的角度首次提出了著名的“技术地方化理论”（The Theory of Localized Technological Change）[②]。技术地方化是指发展中国家企业可以对外国技术进行消化、改进和创新，从而使产品更适合自身的经济条件和需求[③]。虽然发展中国家跨国公司采用劳动密集型技术，生产设备相对落后，生产规模小，但依然涵盖着公司对生产技术的创新活动。不同于小规模技术理论所暗含的技术被动思想，拉奥强调企业对引进技术的再生过程，即发展中国家跨国公司对发达国家技术的引进和利用不是一种简单被动的模仿或复制，而是对技术进行改造和创新使其适应本国市场的需求，正是这种主动创新活动为企业带来竞争优势，弥补了小规模技术理论的不足[④]。根据拉奥（Sunjaya Lall）的观点，发达国家和发展中国家/地区的垄断优势来源如表 5-1 所示。

① 宓红. 从小规模技术理论看浙江民营企业对外直接投资的优势[J]. 亚太经济,2003(4):65-67.

② Sanjaya Lall.The new multinationals:the spread of Third World enterprises[M]. New York:John Wiley & Sons, 1983:25-268.

③ 樊增强,宋雅楠. 企业国际化动因理论述评[J]. 当代经济研究,2005(9):18-22.

④ 高薇. 国际直接投资理论的演变及其对中国的启示[D]. 长春:吉林大学,2011.

表 5-1　　发达国家和发展中国家/地区垄断优势的来源

发达国家跨国公司	发展中国家/地区跨国公司
1. 企业规模优势	1. 家族企业或国有企业的所有制优势
2. 进入资本市场融资的能力	2. 适应发展中国家/地区条件的技术
3. 专利技术和未申请专利的技术	3. 少数的差异化产品
4. 产品差异化能力	4. 其他营销手段
5. 营销诀窍	5. 适应发展中国家/地区条件的管理技能
6. 管理技能	6. 低成本的管理和技术人员
7. 获得廉价中间投入品的能力	7. 文化优势
8. 对要素市场和产品市场的垂直控制	8. 东道国政府的优惠政策
9. 东道国政府的优惠政策	

资料来源：Sunjaya Lall.The new multinationals:the spread of Third World enterprises[J]. The Journal of Developing Area,1985(19).

一、技术地方化理论内容

技术地方化理论包括四个方面的内容。

第一，发展中国家跨国公司需要对发达国家的先进技术进行本土化，从而满足本地消费者的消费习惯，这种本土化的过程是在不同于发达国家的环境中进行的，这种新的生产、技术、经济环境往往与一国的要素质量及其价格相联系。

第二，发展中国家生产的产品适合于它们自身的经济和需求。从本质上讲，发展中国家的企业通过对引进的技术和产品进行一定的改造，使它们能够更好地满足当地的市场要求，这种技术地方化的创新活动使发展中国家的企业获得了竞争优势①。因此，第二点是第一点的补充。

第三，发展中国家企业竞争优势不仅来自其生产过程和产品与当地的供给条件和需求条件紧密结合，而且来自创新活动中所产生的技术在小规模生产条件下具有更高的经济效益②。前两点都是从市场和产品契合度的角度来考虑，而第三点是从创新对产品本身所带来的提升的角度入手，说明合适的创新不仅能够使产品适应市场，并且能够起到降低成本的作用③。

第四，从产品特征看，发展中国家的跨国公司往往能够开发出与名牌产品不同的消费品，尤其是当东道国市场较大、消费者的品位和购买能力有很大差别时，来自发展中国家的产品仍具有一定的竞争力④。例如，十年前，在中国市场出现的山寨苹果手机，仅仅是外形与苹果手机酷似，而内在功能则存在较大不同，但由于当时中国的经济发展

① 周伟. 我国跨国公司技术优势的来源[J]. 科学学研究,2006(2):216-221.

② 郁晓耕,魏浩. 发展中国家对外直接投资理论综述[J]. 经济经纬,2006(5):47-50.

③ 张祥. 我国企业国际化经营及其绩效研究[D]. 成都:西南财经大学,2013.

④ 杨林. 我国科技型企业技术创新国际化战略的理论分析[J]. 科学管理研究,2010(3):5-10.

处于初期阶段，居民消费能力较低，且对手机产品的性能和品质要求不高，因此许多人都接受质量、功能相对较差的山寨苹果手机，这就是一个技术地方化的典型例子。

二、对技术地方化理论的评价

（一）技术地方化理论的贡献

技术地方化理论的贡献较为明显，即指明发展中国家跨国公司对发达国家的先进技术的吸收、创新在整个全球竞争中的作用，该理论一方面解释了发展中国家企业的相对优势是什么，另一方面还强调了发展中国家在其中所做出的创新。发展中国家的相对优势是建立在对非差异化产品的特殊营销手段和使用成熟技能基础上的，可能来源于对从外国引入的生产工艺、成熟技术的改造，或源于发展中国家跨国公司自身的技术创新，也可能源于成熟技艺所带来的成本优势。发展中国家向东道国提供的技术可能不是新技术，但这种技术通过母国企业自身的改进，更加适应了其他发展中国家的需要，更好地适应了东道国的要素价格条件和东道国对产品质量的要求，而且发展中国家企业的技术创新往往还具有小规模倾向，这种小规模倾向生产技术更能适应一些发展中国家市场较小的特点①。发展中国家企业的创新活动是竞争优势形成的主要原因。技术吸收过程本质上就是一种不可逆转的企业创新活动，这种创新活动往往受到东道国需求、供给条件的直接影响。发展中国家企业对国外成熟技术是积极主动地消化、吸收和改进，而不是被动地复制、模仿，这就形成了一种适用于东道国环境的技术，恰恰是这种包含企业内在创新的技术给发展中国家企业带了特殊的竞争优势。

从另一个角度来说，技术地方化理论解释了小规模技术理论无法解释的一个难题：发达国家的跨国公司具备绝对技术优势和大规模生产优势，为何不通过模仿或学习来获取小规模生产技术，直观来说，一个大型跨国公司想做小企业做到的事情，似乎是易如反掌的，但现实生活中大型跨国公司却无法抢夺小规模经济优势，原因就在于发展中国家企业可以吸收、仿制进而配合本地文化改进大型跨国公司的技术，而大型跨国公司即使掌握技术优势，但想模仿、吸收甚至学习发展中国家的本土文化，却并非易事。

虽然技术地方化理论对发展中国家企业的创新活动的描述是粗线条的，但它也把发展中国家跨国公司国际化理论的研究方向从宏观变化引导为微观层面，以证明落后国家的企业仍然可以凭借比较优势参与到全球化生产、经营活动中②。

（二）技术地方化理论的不足

首先，技术地方化理论有一个隐含假设，即发展中国家的生产技术都是由发达国家的技术改进而得到的，因而忽略了发展中国家自身也有“土生土长”的科学技术，例如中国的陶瓷烧制、纺织技术。

其次，技术地方化理论忽略人力资源的“本土化”，过分强调了跨国公司国际化经营所触及的当地市场特点与产品的结合。还是上文所述的中国流行一时的山寨手机的例

① 杨清. 中国跨国公司成长研究[D]. 南京：南京航空航天大学，2006.

② 鲁桐. 发展中国家跨国公司理论及其思考[J]. 世界经济与政治，1998(1)：23-27.

子，时至今日，山寨手机早已淡出手机市场，随着发达国家推陈出新，发展中国家的消费市场也不断扩大，逐步接受发达国家所设计的产品，而对“本土化”产品的喜欢程度逐渐降低，从而导致该理论对这一问题解释乏力。

再次，随着发展中国家经济的快速崛起，本国的消费习惯和消费水平在不断改变、提高，逐步向发达国家方向靠拢。因此，当发展中国家的经济发展到一定水平的时候，技术地方化理论就会失去解释力度。

最后，发展中国家结合自身的经济特点和自然资源禀赋对引进的技术进行吸收、地方化（即本土化或改造），造就适合本土市场的差异产品的生产能力并拥有小规模生产技术，其能否产生竞争优势还有待论证，而具有地方特色的生产技术通常仅适合于环境、经济条件相类似的邻近国家。鉴于此，技术地方化理论所强调的竞争优势是非常有限的。

三、技术地方化理论案例

20 世纪 60—70 年代，德国的服装厂商开发出了更先进的机械设备，并在本国安装、试用，而替换下来的二手设备通过纺织企业以传统或合资对外直接投资的形式转移到中国香港地区。据估计，这期间德国向中国香港服装业 70% 的投资设备是二手设备。这种生产线整体转移为香港积攒技术能力提供了更多机会，香港地区在初步完成技术地方化后，也将淘汰的生产设备以各种方式输出到劳动力更廉价的区域（如东南亚）。20 世纪 70 年代，中国香港纺织业向印度尼西亚和其他亚洲国家投资的主要目标就是摆脱过时的设备。

技术地方化不仅是发展中国家跨国公司对外直接投资的一种方式，而且德国、日本、美国等发达国家也采取相似的对外直接投资模式，向发展中国家转移落后生产设备、生产能力。发达国家的转移输出对发展中国家来说是技术学习的一个阶段，有助于发展中国家或地区的产业优化升级，提升产业技术水平，进而推动其向其他发展中国家进行直接投资。

20 世纪 60 年代初，日本由于处于工业起飞阶段，面临着严重的产业结构调整升级问题。中小型日本棉纺织厂受到欧美配额制的影响，面临生存危机，为此，日本将大量二手生产设备输出到泰国、马来西亚、巴西、墨西哥、中国台湾、中国香港等地，采用股权参与的方式参与当地生产。不同的技术地方化能力会产生不同的发展情形。因为泰国纺织工厂的最优规模扩大、技术进步加速，该国纺织业的吸收、改造能力比不上这种变化的速度，所以较多采取与日本企业合资的方式进一步发展。而中国的台湾和香港地区的纺织业则有效利用日本落后、淘汰的技术和设备，加快了当地纺织业的现代化进程，并更快地实现了跨国公司国际化，于 20 世纪 70 年代逐渐进入国际高端服装领域，香港也成为纺织业对外直接投资的主要来源地之一。而泰国纺织品进入国际市场的时间要晚得多①。

大部分发展中国家的纺织生产能力依赖于对二手设备的吸收和消化，中国和印度的

① 宋小红. 跨国公司与发展中国家的产业成长[D]. 天津:南开大学,1997.

纺织业则主要是通过对过时设备的模仿和“反向工程”建立起来的，也属于技术地方化形式之一①。然而，内地纺织业与香港纺织业相比较，在国际销售网络建设和品牌建设等方面还存在较为明显的差距，其根本原因在于祖国内地的技术地方化仅仅是生产设备的地方化，而香港的技术地方化还包含销售技巧、管理技能的地方化。

20 世纪 70 年代初期，香港纺织业一方面彻底吸收、消化了日本的二手设备，另一方面利用日本跨国贸易公司的国际营销网络、分包网络积累了全球销售的经验，同时利用日本、美国企业品牌的经验为中国香港跨国公司创立自有品牌奠定了坚实的基础。截止到目前，中国香港纺织业对外直接投资的规模、国际化水平、竞争力等依然远远领先于其他发展中国家或地区。与此同时，纺织业也成为中国对外直接投资的重要产业之一，优势富余产能开始逐步向周边国家输出，如东盟十国、中亚五国、印度、俄罗斯等国家，广东、福建、浙江等省份的私营企业也纷纷利用对外直接投资的方式保持全球竞争力，但在营销技巧上依然落后于香港的纺织企业。同样的问题也体现在了哥伦比亚的纺织业上，由于拉丁美洲地区缺少国际分包网络的学习环境，加上强有力的保护政策削弱了企业参与国际竞争的动力，哥伦比亚纺织业最终在技术能力、市场能力上都止步不前②。

第三节　技术创新产业升级理论

自 20 世纪 80 年代中期，发展中国家跨国公司对外直接投资快速增长，尤其是部分新兴工业化国家或地区，大量资金被投入到发达国家，成为当地企业的竞争对手之一。如何解释发展中国家对外直接投资的新形势，成为企业国际投资理论界面临的热点问题。20 世纪 90 年代初期，英国里丁大学研究技术创新与经济发展问题的著名专家坎特维尔（John A. Cantwell）和托兰惕诺（Paz Estrella Tolentino）在《技术累积与第三世界跨国公司》论文中研究发展中国家企业的技术特点，共同提出了技术创新产业升级理论，用以解释 20 世纪 80 年代以来发展中国家和地区对经济发达国家的直接投资加速增长的趋势③。技术创新产业升级理论的核心是发展中国家企业通过技术积累，能够形成向周边国家特别是发展中国家进行对外直接投资的国际化经营能力，并且最后能实现向发达国家进行企业国际化经营的目标。即发展中国家将技术积累作为内在动力，从而在地域上进行扩展，这种技术的不断积累会使得其固有能量随之扩张，而扩张的结果便是发展中国家的企业国际化经营逐步从资源依赖性转向技术依赖性④。

一、技术创新产业升级理论的内容

技术创新产业升级理论是以技术累积论为基础，解释发展中国家跨国公司的国际投资活动，主要包括两大基本命题：（1）发展中国家产业结构的升级，说明了发展中国

① 刘源超. 发展中国家对外直接投资的理论与模式研究[D]. 北京:北京大学,2008.

② 宋小红. 跨国公司与发展中国家的产业成长[D]. 天津:南开大学,1997.

③ 陈晓丹,孙磊. 发展中国家和地区对外投资理论文献综述[J]. 临沧教育学院学报,2005(3):38-42.

④ 张祥. 我国企业国际化经营及其绩效研究[D]. 成都:西南财经大学,2013.

家企业技术能力的稳定提高和扩大，这种技术能力的提高是一个不断积累的结果[①]。(2) 发展中国家企业技术能力的提高是与其对外直接投资的增长直接相关的。现有的技术能力水平是影响其国际生产活动的决定因素，同时也影响发展中国家跨国公司对外投资的形式和增长的速度[②]。

由此可以看出，发展中国家企业国际化经营的发展过程中涉及的产业分布和地域分布是随着时间的变化而有规律地变化的，所以这种变化是可以预测的[③]。

技术创新是一国企业、产业发展的根本动力。技术创新产业升级理论强调技术创新是发展中国家发展的根本动力，能有效促进经济、社会发展。发达国家企业的技术创新更多地表现为大量的开发和研究投入，从而开发和掌握高精尖的科学技术，引导全球技术发展的新方向。与发达国家对科学技术研发的投入不同，发展中国家的跨国公司因为缺乏财力、物力、人力支持，对生产技术的创新研究相对较弱，主要依靠长期积累的学习经验和组织能力来开发、掌握已有的科学技术，并根据自身特点进行适度的改进。

坎特维尔和托兰惕诺还分析了发展中国家跨国公司对外直接投资的地理特征和产业特征。他们认为发展中国家对外直接投资的地理扩散规律可分成三个步骤来描述：第一步，这是关键的一步，向周边国家或者文化有关联、接近的国家投资；第二步，开始向临近的发展中国家投资，投资对象是比较单一、简单的服务业和制造业；第三步，在最高级的产业阶段，跨国公司将自身优势运用于高端、复杂的服务业和制造业投资，开始向发达国家和距离遥远的国家进行投资[④]。目前，大多数发展中国家的对外直接投资还更多地处于第一步、第二步，发展到第三步的还较少。在产业分布方面，首先是以自然资源开发为主的纵向一体化生产活动，然后是以出口导向和进口替代为主的横向一体化生产活动，最后涉及高新技术领域的全方位对外直接投资，具体的产业选择也不再局限于传统产业，而是逐步转向高水平科研领域的生产和研发活动[⑤]。随着工业化程度的不断提升，部分新型工业化国家的产业结构产生了明显的改善，生产技术能力也大幅提升。如中国台湾的跨国公司在计算机、半导体、化学领域领先全球，中国香港、韩国的企业在软件开发、半导体、电信技术领域发展迅速，新加坡的跨国公司在生物技术、电子技术、计算机、基因工程等领域都占有一席之地。不同投资发展阶段对外直接投资的特征如表 5-2 所示。

表 5-2　不同投资发展阶段对外直接投资的特征

特征＼阶段	第一阶段	第二阶段	第三阶段
目的地	区域性的投资活动；周边国家和其他发展中国家	主要是区域性的投资活动，并扩展到世界范围	全球化的投资

① 陈建南. 发展中国家对外直接投资理论述评[J]. 经济学动态,2001,(2):65-67.
② 郁晓耕,魏浩. 发展中国家对外直接投资理论综述[J]. 经济经纬,2006,(5):47-50.
③ 鲁桐. 中国企业海外经营:对英国中资企业的实证研究[J]. 世界经济,2000,(4):3-15.
④ 刘源超. 发展中国家对外直接投资的理论与模式研究[D]. 北京:北京大学,2008.
⑤ 高薇. 国际直接投资理论的演变及其对中国的启示[D]. 长春:吉林大学,2011.

续表

特征＼阶段	第一阶段	第二阶段	第三阶段
动因	在发展中国家的资源依赖型/市场寻求型	在发展中国家的资源依赖型/市场寻求型；同时在工业国家的资产依赖型/市场寻求型	力求最优化利用各国比较优势的效率寻求型
对外直接投资的类型	在早期工业化国家内开展小范围生产、面向资源密集型产业；斯密式增长	在发展中国家，资源密集型产业作为首选；在工业化国家，在熊彼特式产业内的资产依赖型投资，在斯密式产业内的市场寻求型投资	资本与知识密集型产业中的劳动/资本之比依赖于东道国的状况
所有权优势	来自所在国家的所有权优势	来自所有国和企业的两方面的所有权优势	主要是来自企业自身的所有权优势
所有权优势的例证	适用性技术、集群优势、低成本（包括人力资本和管理成本）、适应性管理、种族文化优势	适应性管理、集群优势、低成本（包括人力资本和管理成本）、部分产品的差异化、种族文化优势、对要素产品市场的垂直一体化、一定的市场销售技能、资金补贴	借助资本市场融资、规模经济、产品差异化、技术、跨国管理、市场销售技巧、对要素产品市场的垂直一体化、有效的全球网络

资料来源：Dunning J H, Hoesel, Rajneesh Narula. Explaining the "new" wave of outward FDI from developing countries: the case of Taiwan and Korea[J]. Research Memorandum, 1996.

二、对技术创新产业升级理论的评价

技术创新产业升级理论从一个新的角度提出了发展中国家跨国公司技术提升的路径，即是一个通过技术积累和技术创新，在对外投资与产业结构的相互促进中不断升级的动态过程①。技术创新为发展中国家的对外直接投资带来竞争优势，发展中国家企业技术能力的提高有利于其对外直接投资的增长，将影响到其企业对外投资的形式和增长速度。发展中国家在产业布局上的演变规律是资源依赖型—劳动、资本依赖型—技术依赖型，而在地理布局上的演变规律是周边发展中国家—其他发展中国家—发达国家，这两种演变规律有利于本国产业的升级和转换，从而形成利用外资和对外投资之间的良性互动，促进本国经济的可持续发展②。由于对技术积累、创新、产业升级的重视，发展中国家企业的国际化经营对本国经济增长具有重要的推动作用，从而该理论契合发展中国家的成长轨迹。同时，该理论对发展中国家吸收、积累、学习发达国家的生产技术以便于提升本国技术水平，更进一步提高国际竞争力和改善产业结构具有较强的指导意义。通过对中国的香港和台湾地区以及韩国、新加坡的深入研究，发展中国家的国际化经营符合技术创新产业升级理论的产业选择和地理分布特征，而且该理论可以合理地解释发展中国家企业向发达国家投资并形

① 里光年. 发展中大国企业跨国并购研究[D]. 长春：吉林大学，2010.

② 林铮凌. 新加坡对外直接投资战略研究[D]. 昆明：云南财经大学，2014.

成适度竞争力的现象。

然而，技术创新产业升级理论仍然认为决定跨国公司国际化经营的主要因素是企业所具备的技术水平，它把国际化经营当成一个不可逆转的过程，因此该理论无法合理解释发展中国家向发达国家直接投资且设立研发分（子）公司的现象。同时，该理论对技术创新、产业升级的阐释都是总结前人对发展中国家跨国公司国际化经营的研究所得出的，随着发展中国家经济水平的提升，这种跨国公司发展路径逐渐被打破。很多新企业的成立就是为了进行国际化经营，还有跨过前几个步骤直接对发达国家进行企业国际化经营的企业也不断出现，这也就给该理论带来了严峻的挑战①。发展中国家理论中对企业优势的概括如表 5-3 所示。

表 5-3　　发展中国家理论中企业的优势

理论	企业优势
小规模技术理论	源于低成本的小规模的生产技术优势，自有的民族品牌和低价营销策略
技术地方化理论	可以在发展水平相近的国家进行地方化的技术优势
技术创新产业升级理论	通过对外直接投资和产业升级而积累起来的技术创新优势

资料来源：宋春燕. 企业国际化优势论:现有理论与中国现实[D]. 杭州:浙江大学,2008.

三、技术创新产业升级理论案例

海尔集团的成功发展历程基本符合技术创新产业升级理论。

中国海尔集团 1984 年成立于青岛，发展至今有 42 年。海尔集团从一家资不抵债、濒临破产的集体小厂发展成为全球最大的家电制造商之一，在 17 个国家拥有 8 万多名员工，海尔产品已遍布全球上百个国家和地区。1993 年，海尔品牌荣获中国首批知名商标，2003 年海尔全球销售额为 806 亿元人民币，2005 年海尔被《金融时报》列为中国十大世界级品牌的榜首，2006 年海尔的品牌价值为 749 亿元人民币，连续四年位居“中国大陆企业综合领导力”榜首，2012 年，在英国伦敦揭晓了第 18 届中国品牌价值排行榜，海尔以品牌价值 962. 8 亿元人民币位列第一，2013 年海尔集团成为世界十大最具创新力的企业之一②。表 5-4 列出了海尔集团近几年取得的成绩。

表 5-4　　海尔集团在国际市场上取得的成绩

时间	国家/地区	成　　绩
2009 年	巴基斯坦	海尔冰箱获得由巴基斯坦权威调研公司（MEMRB）认证并颁发的“冰箱高端第一品牌”的奖牌，并且已经迅速成长为当地第二家电品牌，其中冰箱当地排名第二，洗衣机当地排名第一，空调当地排名第一

① 张祥. 我国企业国际化经营及其绩效研究[D]. 成都:西南财经大学,2013.

② 朱明娜. 海尔与苹果公司技术创新模式对比分析——我国大中型企业技术创新模式初探[D]. 南昌:南昌大学,2013.

续表

时间	国家/地区	成绩
2009 年	欧洲	海尔集团在欧洲先后建立了意大利设计中心、德国研发中心、法国营销中心，实现设计、制造和营销“三位一体”本土化模式，并采用缝隙化和差异化战略成功进入中高端市场。11 月顺利进入德国最大的家电连锁渠道（MSH）。截至目前，海尔产品销往欧洲 30 多个国家，进入了美地亚、家乐福等主流渠道和其他零售店
2010 年	尼日利亚	海尔冷柜和冰箱的市场份额已经达到 55% 和 33%，继续保持着稳定快速的增长，目前，海尔尼日利亚公司年营业额超过了 2 亿美元
2011 年	中东非	经营业绩持续增长。在突尼斯，海尔实现了翻番增长，一举成为当地第二大空调品牌，据华通明略品牌调研数据，海尔在沙特阿拉伯的品牌知名度达到了 59%
2010 年	美国	海尔冰箱和冷柜成功进入美国家具提升渠道劳氏（Lowe's），目前海尔产品已顺利入驻美国排名前 10 大的连锁集团，并获得“最佳供货商”“免检供货商资格”等荣誉
2011 年	泰国	上市的海尔独特的零水压“Power Flow”系列洗衣机和海尔“Care & Cool”全球平台的 TM 冰箱，时尚的设计，人性化的功能，出众的质量，使其品牌美誉度和市场份额均得到了显著提升，2011 年泰国本土海尔销售增幅在 50% 以上
2014 年	印度	海尔从整机进口时期的缝隙产品阶段逐步进化到本土生产为主，并已经进入“三位一体”用户零距离差异化阶段，海尔印度公司的业绩增速高达 20%，2014 年销售额达到了 2 亿美元

海尔集团在起步阶段主要靠技术的引进与消化吸收来实现快速发展。20 世纪 80 年代，中国冰箱技术正处于成长期，市场上大部分为国外知名品牌，中国本土市场的主流是低端的 2 星级和 3 星级冰箱，而国际市场则以 4 星级冰箱为主。1984 年，海尔集团在“起步晚，高起点”的指导下，决定采用先进技术，与利勃海尔公司签订技术进口合同，选派技术人员去利勃海尔公司进行技术培训，学习后再回厂消化吸收，不断实践模拟，最终突破了冰箱研发技术的瓶颈，生产出了亚洲第一台 4 星级冰箱。在充分利用技术引进策略的基础上，海尔从一家濒临倒闭、资不抵债的小厂逐步进入创业正轨。

20 世纪 90 年代，海尔集团开始从一种产品向多种产品扩张，实施多元化战略，通过收购、兼并、合作、合资等方式，迅速由冰箱产品进入空调、冷柜、洗衣机等白色家电领域，而这一阶段，海尔集团主要采取模仿创新战略。1993 年，海尔集团与世界著名的意大利盈德喜（Indesit）家电集团合资成立海尔盈德喜（青岛）洗衣机有限公司，主要生产欧洲式的滚筒洗衣机。在短短十年多的时间里，海尔盈德喜通过吸收、借鉴世界滚筒洗衣机百年发展过程中的成熟经验，并通过流程和观念的创新，成为亚洲大型的滚筒洗衣机生产基地之一①。

自21世纪起，海尔集团进入快速发展阶段，经济实力和技术能力不断增强，可依然无法依靠自身实力满足市场需求，部分技术难题仍未攻克，因此海尔集团一方面对技术资源进行充分整合和利用，并建设覆盖全球的创新网络，另一方面有效借助外力，与国际先进技术合作，实现借力开发与自主研发相结合。图5-1展示了海尔集团的技术创新机制。

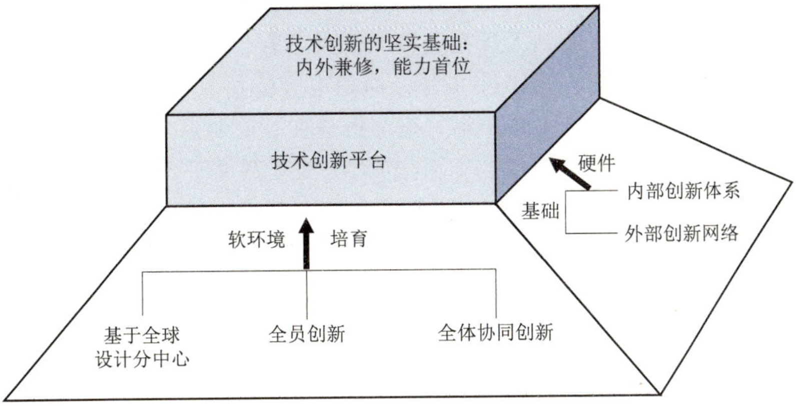

图5-1 海尔集团技术创新机制

资料来源：许庆瑞，朱凌，郑刚，等．全面创新之道——海尔集团技术创新管理案例分析[J]．大连理工大学学报（社会科学版），2004(1)．

由于超前性是企业向多元化发展、培植新的增长点的基础，因此海尔集团对技术“超前性”绝不懈怠，目前，海尔集团已建了11个超前技术实验室及有关研究所，通过这些研究机构研究、开发与集团发展紧密相关的超前10年的基础研究项目和应用技术项目，为技术创新不断积累智力资本。同时，在海尔集团内部，海尔集团技术创新体系由产品质量监测中心、生产手段开发中心、产品开发中心、中央研究院构成。庞大的外部创新网络包括全球范围的信息网络和人才网络、国际化的科技开发网络。通过遍布亚洲、美洲、欧洲各国的设计分部，全方位利用世界各地的设计资源，为海尔产品的本地化设计开发创造了条件；通过常年与国际专家和中国著名科研院所的密切联系，构筑了全球范围的人才网络。信息的支持对于获取最新科技资料、全球各地的需求也很重要，因此，海尔在各国的中心销售城市都设立了信息分中心，方便自己动态、及时地获取全球信息资源②。

20世纪90年代，海尔集团分别与美国微软、日本东芝、荷兰飞利浦等大型公司开展合作，建立了9家协议型技术开发机构，并成立9家外部科技控股公司。1998年成立了中国国家级科研机构——海尔科化国家工程塑料研发中心，同年与美国公司、北京航空航天大学合资设立北航海尔公司。2001年，为了提高洗衣机的清洁效率，海尔与韩国一家公司合作开发“双动力”洗衣机，并起草“双动力”发动机的专利文件，三

① 许湾湾．海尔集团技术创新战略发展历程分析[J]．现代商贸工业，2012(21)：25-26．

② 许庆瑞，朱凌，郑刚，等．全面创新之道——海尔集团技术创新管理案例分析[J]．大连理工大学学报（社会科学版），2004(1)：6-10．

年内，中国市场就销售了超过 100 万台的“双动力”洗衣机。2006 年 2 月，海尔集团与全球最大的微晶玻璃制造商——德国肖特集团（Schott Glaswerke AG）签署协议，合作开发中国厨房家电市场，自此，海尔集团成为中国唯一一家与国际先进母本制造业合作的厨房家电公司，大大提升了海尔集团厨房家电技术整合的实力。2015 年 5 月，英特尔公司携手海尔无线公司签订战略合作协议，双方将围绕无线充电技术在更多行业部署展开一系列合作，这种最新无线充电解决方案真正满足了消费者对无线充电的期待，合作的目的就是让消费者体会到无线充电将“无处不在，随放随充”，这将真正推动一场革命性的、颠覆性的创新。2016 年 1 月，通用电气公司（GE）与海尔集团依据签署的全球战略合作协议成立联合工作小组，全面推进在智能制造、工业互联网、消费者医疗等领域的战略合作，首次推动 GE Predix 作为工业互联网平台在中国制造业的相关应用，共同探索通过“互联网+”助力中国制造和产业升级。2016 年 2 月，海尔空调公司与三菱电机公司签订战略合作协议，在未来 5 年，双方将联合开展节能、舒适、智能等全面新技术和新产品的研发，共建联合研发团队，打造高端个性化产品解决方案，这将对空调行业技术研发以及高端个性化创新发展产生深远影响。海尔集团经营战略创新及其与技术创新战略的协同如表 5-5 所示。

表 5-5　海尔集团经营战略创新及其与技术创新战略的协同

	起步阶段（1984—1991 年）	多元化阶段（1992—1998 年）	国际化战略（1999 年至今）
技术创新	• 引进、模仿创新	• 模仿基础上的二次创新	• 模仿创新与自主创新相结合的组合集成创新 • 以技术创新为中心的全面创新模式
观念、文化创新	质量型、秩序型文化： • 质量第一、“零缺陷”	扩张型、服务型文化： • 创造市场，“真诚到永远”的服务观念	国际化、创新型文化： • 速度、创新 • 人人都是策略性经营单位
制度与管理创新	• 全面质量管理	• 日清日高、日事日毕管理	• 市场链与索酬、索赔、跳闸机制
市场创新	• 靠高质量占领市场	• 靠品牌实现多元化扩张	• 先难后易，3 个 1/3 • 国际化、本土化
结构与流程创新	• 直线职能制	• 矩阵、事业本部制	• 流程型网络结构 • 内部市场链流程

资料来源：周亚庆，郑刚，沈威. 我国企业技术创新体系建设的最佳实践——海尔集团国际化的技术创新体系[J]. 科研管理，2004(5).

正是以技术创新产业升级理论为指引，以高科技为后盾，海尔集团才能不断地推陈出新，生产国际领先的新产品，再加上贴心的售后服务，海尔集团因而在激烈的国际竞争中脱颖而出，不断创造新的辉煌。

第四节 利基市场营销理论

20 世纪 80 年代，利基市场受到美国商业营销领域的重视，近年来，经济学也开始逐渐使用利基市场理论进行分析。所谓利基（Niche），起源于法语，本意是指墙上的壁龛，是用于放置花瓶、雕像等的墙壁凹槽处。菲利普·科特勒在《利基营销》里对“利基”定义如下：利基是更窄地确定某些群体，这是一个小市场，并且它的需要没有被服务好，或者说有获取利益的基础[①]。因此，利基市场又称为“针尖市场”或“缝隙市场”，是指那些高度专业化的需求市场，在这类需求市场中，人们具有一种较为强烈的个性化欲望和要求，利基产品的开发恰好满足了消费者的个性化嗜好，从而吸引了大量忠实的消费者。因为市场容量较小，无法容纳大企业，甚至无法规模化、批量化生产，所以利基市场非常适合发展中国家的跨国公司。关于市场的细分情况如图 5-2 所示。

一、利基市场营销理论的内容

一般说来，利基市场具有以下几个特征：

（1）具有足够的购买力和规模，能实现盈利。

（2）拥有持续发展的潜力，由于替代商品产生的竞争压力，企业必须不断创新。一方面保证了其他企业无法轻易模仿，建立了进入壁垒，引领了市场潮流；另一方面随着顾客需求量的持续增加，企业可以实现可持续发展。

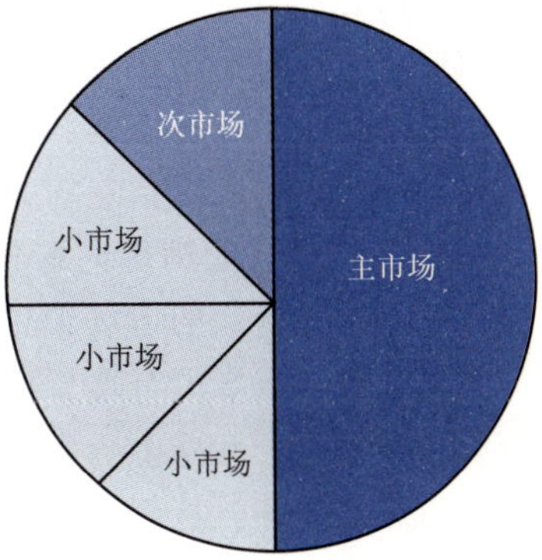

图 5-2 市场细分图

（3）产品差异性较大，市场狭窄，无法满足标准化生产的条件，难以发挥大型企业的资本规模优势。

（4）企业必须具备足够的资源和能力为这个市场提供优质的服务。这要求企业必须审时度势，不仅要了解市场需求，而且还要清楚自身的资源状况和能力，量力而行。

（5）企业在自己的市场中建立品牌优势，从而有效应对强大国外企业的入侵。

中小企业开拓的利基市场类型包括以下几种：

（1）自然利基市场。为了追求规模经济效应，很多大企业采用大批量、少品种的生产方式，这就自然为中小企业留下了很多大企业难以涉及的“狭缝地带”，这种“狭缝地带”即为自然利基市场[②]。

（2）协作利基市场。对于生产复杂产品的大企业来说，不可能每一道工序都达到规模经济性的要求，而大企业为了谋求利润最大化或节省成本，避免“大而全”生产

① 李文. 基于利基市场理论的安徽生猪产业发展策略[J]. 安徽农业科学，2015(21)：330-332.

② 和俊民. 浅析利基营销[J]. 中南民族大学学报(人文社会科学版)，2004，24(2)：81-82.

体制的弊端，需与外部企业进行协作，这种协作关系为中小企业提供了生存空间，即协作利基市场①。

（3）专利利基市场。拥有专利发明的中小企业，可以运用知识产权来防止大企业染指自己的专利技术进而向自己的产品市场渗透，从而在法律制度的保护下形成有利于中小企业成长的专利利基市场②。

（4）潜在利基市场。现实中，常有一些根本未得到充分满足或只得到局部满足或正在孕育即将形成的社会需求，这就构成了潜在的市场需求空间，即潜在利基市场③。

（5）替代利基市场。美国著名的企业战略学家波特教授经过严密的竞争者分析后，得出结论：最好的战场是那些竞争对手尚未适应、尚未准备充分、竞争力较弱的细分市场。敌方的虚弱之点就是本企业应该着重攻击的地方。如果企业有能力比竞争对手提供更令消费者满意的服务或产品，即能够有力地打击竞争者的弱点，那么，该市场就可以作为本企业的目标市场，这正是“避实击虚”思想在市场竞争战略中的应用。④

利基市场营销具有四方面的作用：

（1）利基市场营销理论有助于发展中国家企业进行市场研究。一方面市场研究依赖于市场信息的收集和科学合理的分析方法，另一方面市场研究可以为跨国公司的决策提供依据。由于细小市场的要素相对容易获取，因此，利基市场理论通过关注细小市场，而大大减少了目标市场收集信息的成本和调研的复杂性，中小企业能花费较少的成本及时地获取市场需求信息。

（2）利基市场营销理论有利于发展中国家企业强化客户服务管理，更好地满足客户的需要。通过专业的市场细分和对目标市场的调查研究，中小企业可以掌握消费者的切身需求和目标市场的行情，进而针对顾客需求进行业务调整和产品开发，而且利基营销活动主要发生于发展中国家这类中小市场上，企业以“专、精、特”为风格，为客户提供更好的服务，从而提高客户的满意度和忠诚度。由此，利基市场营销理论是发展中国家中小企业提升竞争优势的重要理论武器。

（3）利基市场营销理论有助于发展中国家企业掌控营销目标。一般情况下，企业的营销目标要与企业具有的内部资源相匹配，并不是越大越好，这有利于企业更好地控制生产经营。企业对自身营销目标的控制取决于企业在市场上的地位和力量，如企业信息系统状况、品牌忠诚度、产品市场占有率等企业核心要素。由于利基营销有利于企业对市场信息资源的掌握和市场研究，企业对营销目标的把握和对内部资源进行比较、权衡之后形成的取舍策略，能使企业较好地融入市场，实现企业的营销优势⑤。

（4）避免了与大型跨国公司的正面冲突，提升了成功的可能性。实施利基市场营销的多数为中小企业，其不与主要的企业竞争，而专心服务于市场的某一细小部分，利用专业化措施占据市场的有利位置，形成独特的经营行为与管理方式，从而形成差别化

① 张强．中小企业的利基市场营销策略［J］．企业改革与管理，2013（3）：65-67．

② 孙慧鹏．基于利基营销战略的我国中小企业的发展思路研究［D］．大连：东北财经大学，2006．

③ 和俊民．浅析利基营销［J］．中南民族大学学报（人文社会科学版），2004，24（2）：81-82．

④ 张强．中小企业的利基市场营销策略［J］．企业改革与管理，2013（3）：65-67．

⑤ 和俊民．浅析利基营销［J］．中南民族大学学报（人文社会科学版），2004，24（2）：81-82．

优势，这就是利基市场营销理论的根本目的。因为大型跨国公司具有极强的技术创新与产品开发能力，且具备人才优势，所以采取利基营销的企业与它们相比不具有竞争力。当一个正在建立竞争优势的行业弱势企业试图避免与行业巨人直接竞争时，利基市场营销理论就具有了特殊的魅力①。许多企业无法成功，主要原因在于在目标市场上缺乏优势。为了解决此困境，发展中国家的中小企业应充分利用利基市场营销理论，而避免硬碰硬、面对面地进行市场争夺战。

二、利基市场营销理论的评价

利基市场多数是指服务不充分的市场，而且没有充分满足消费者的个性化需求，因为部分消费者群体的个性化需求具有极强的黏性且十分强烈，从而衍生出一个符合此类个性需求的利基市场。利基市场营销理论是企业依据自身所具有的资源优势，利用专业化生产经营占据市场，进而最大可能地获取利润的竞争理论。该理论既反映了顾客导向的市场营销思想，又体现了竞争导向的营销观点，同时也是在衡量企业自身实力基础上量力而为的战略，因此利基市场理论的实效性很强，在企业，特别是发展中国家中小企业中的应用十分广泛，利基营销的时代已经悄然而至②。

三、利基市场营销理论的案例

利基市场尽管小，但并不意味着低利润，相反，利基市场具有高边际利润和高成长率的特点。一项研究显示，美国小市场的投资回报率平均为 27%，而大市场的仅为 11%③。

第一个案例是华为公司。华为公司创业之初的成功就是依靠利基市场的。20 世纪 90 年代初，中国的程控交换机市场已被阿尔卡特、爱立信、朗讯等跨国公司及其合资企业所占据，中国企业无法与之抗衡。当时作为一家默默无闻的小企业，在大中型城市的电信市场，华为公司是无法抢到订单的，只好将不被重视的农村、县城市场作为突破口，研发适合农村艰苦条件的、防护能力强的交换机系统，从而迅速打开了农村市场，取得了巨大的成功。随后，华为公司向城市市场发展，依靠高研发投入与欧美公司展开竞争，逐步发展成为出口市场遍布全球 40 多个国家的大型跨国公司④。

第二个案例是“明珠星”钟表厂。手表市场是全球钟表行业的主要市场，其中非手表石英钟如台式闹钟的市场规模较小，特别是石英钟的核心技术长期没有较大突破，致使该行业的平均利润不断降低。但中国广东省的一家由小作坊发展起来的钟表厂——“明珠星”钟表厂，在台式闹钟等利基市场中取得了极大的成功。这家小企业仅仅凭借高度的专业化生产，在闹钟的功能、外观上进行较多的改进、创新活动，每年可推出 100 多款新式闹钟，这些钟表被世界各地厂商大量效仿。如今

---

① 段志霞. 企业利基营销策略研究[D]. 青岛:中国海洋大学,2005.

② 杨兆宁. GW 公司利基市场营销策略研究[D]. 上海:上海外国语大学,2014.

③ 唐留雄. 中小企业跨国经营的利基战略及其成功因素[J]. 国际商务(对外经济贸易大学学报),2004(3):68.

④ 刘源超. 发展中国家对外直接投资的理论与模式研究[D]. 北京:北京大学,2008.

“明珠星”钟表厂已成为世界上最大的石英钟生产公司，年销售额约 3 000 万美元，年生产闹钟、石英钟 4 000 多万只。[①]

第三个案例为广东宏达公司。作为提高生猪食欲的一种饲料添加剂，早期中国的饲料香味剂都是依靠进口获取的。广东宏达公司原本是一家小型饲料企业，经过市场细分，该企业最终选择的主攻市场为针对乳猪的饲料香味剂，专门生产“猪乳香”饲料香味剂。因为乳猪断奶后对普通饲料的进食热情较低，一般的饲料香味剂毫无作用，导致大量乳猪死亡。整体看来，饲料香味剂是一个容量有限的细分市场，专门针对乳猪的饲料香味剂的市场需求量更少，但因为缺少竞争对手，宏达公司能够快速垄断市场，成长为当前中国最大的饲料香味剂生产企业。[②]

第五节　其他投资理论

一、长期战略考虑理论

（一）长期战略考虑理论的内容与评价

长期战略考虑理论是鲁伯等人通过对 80 多个发展中国家的跨国公司调查总结而提出的，着重描述了三种不同类型的跨国公司的对外投资，他们发现长期战略考虑是跨国公司投资的最重要因素。

该理论认为：第一种外国直接投资是出口导向型，投资目的是使跨国公司更接近包括零部件、原材料的投入品来源地，以获取较高的短期收益率，其中大约有 10% 的产品用于出口；第二种直接投资是市场拓展型，产品主要在东道国内销售，这种投资主要着眼于当地市场的发展潜力和规模以及当地的生产成本，投资对象一般是快速增长、规模庞大的目标市场地，投资的目的在于巩固和拓展产品市场[③]；第三种是政府倡导型，主要由东道国各种鼓励性补贴所引致，即在东道国政府大力倡导和补贴下的投资，其目的是从政府的优惠和补贴中获取利益[④]。

通过上述学者的分析，不同的因素决定了跨国公司对外投资的不同类型，比如，出口导向型投资通常注重较高的收益率或较短的回收期。然而，将各种国外直接投资都纳入到考虑体系中，鲁伯认为，长期利润率、生产成本、市场潜力和规模对跨国公司投资水平有着根本的影响。投资刺激对出口导向的投资选址有一些影响，并会增加政府倡导型和市场拓展型对外直接投资向发展中国家的流量[⑤]。

长期战略考虑理论是实证性理论，根据不同影响因素其将对外直接投资进行分类，

① 项文彪. 解析利基市场上的两个成功企业[J]. 区域经济评论,2003(12):28-29.
② 刘源超. 发展中国家对外直接投资的理论与模式研究[D]. 北京:北京大学,2008.
③ 张寒. 跨国并购的理论、运作及我国企业的跨国并购问题研究[D]. 北京:对外经济贸易大学,2005.
④ 赵进华. 外商对华直接投资的演进规律研究——区域结构与进入模式的视角[D]. 上海:复旦大学,2006.
⑤ 郁晓耕,魏浩. 发展中国家对外直接投资理论综述[J]. 经济经纬,2006(5):47-50.

这有利于对该问题的研究理解。长期战略考虑理论对发展中国家的指导意义在于，开展对外直接投资应着眼于企业的长期发展战略，短期利润率不应占有绝对重要的位置，同时在投资的选址上，也应把企业未来的发展考虑在内[①]。

（二）长期战略考虑理论的案例

索尼公司一直以来都是日本企业发展的神话，作为消费电子制造商中的领军品牌，索尼品牌就意味着高质量、高技术，从独创卡带式收录机到数码相机等消费类电子产品，索尼曾孕育了多种充满锐气而创新独特的产品，为索尼品牌全球地位的确立铸就了经典的辉煌历程[②]。

1972 年以前，索尼公司的管理者一直坚持认为所有的生产都应该在日本本土进行，进入美国市场的方式主要是市场营销和销售。直到索尼公司被控告在美国进行倾销，这才导致了索尼公司开始考虑在美国进行直接投资。在外部压力和内部意见的共同影响下，公司决定开始对美国进行初级职能水平（只执行产品的最后组装）的直接投资。那些到美国工作的索尼公司电视部的日本驻外人员将索尼电视方面的生产技术和加工流程技术带到了美国的圣迭戈，建立了一条日本的装配线。经过新的下属公司的努力，逐步在美国租赁厂房，就地采购零件设备和雇用员工，并从日本总公司获取技术、财务和管理资源。圣迭戈工厂开始运作起来，它将母公司和美国当地的资源结合在一起，把各种零件组装成电视整机。日本的管理者们严密地监督着工厂的运作，当索尼公司对在美国组装的成品质量表示满意后，开始让下属公司执行更多的职能。不久以后，考虑到在越洋运输过程中玻璃管的损坏及运输费用，公司将显像管的生产也转移到美国。随着时间的推移，下属公司能够执行更多的职能，包括从本地购买组装零件和设计一些附加产品。最后，下属公司在诞生大约 20 年之后，确立了在北美电视业务领域中的战略领导地位。

1998 年以后，在中国为吸引外资提供大量优厚的招商政策下，索尼公司开始加大了对中国的投资力度，旗下的各种产品相继到中国投资建厂，各自去招募工人、寻求场地，这样就分散了索尼公司在中国投入的力量，正田作为索尼（中国）有限公司的董事长必须很好地处理生产力量分散的问题。正田多次去无锡考察，发现无锡工厂有一定的规模，技术员、工人、生产管理人员都是现成的，来到无锡就如同进入一个企业孵化器，而且 2000 年以后，无锡在招商引资方面取得了长足的进展，无锡已成为常州、苏州、昆山等市构成的大上海经济圈的重要组成部分。因此，正田最后决定将索尼分散的工厂集中到无锡。无锡工厂打破了索尼过去按事业分部门从事生产活动、每个部门又存在一些条块分割的局面。而无锡工厂则成为索尼公司的一个生产平台，只有职能部门如总务、人事、财务等合在一起，生产归各个事业部门管理。现在索尼公司的各种产品，包括数码相机、硬盘播放机、U 盘、电池、背投电视、投影仪等都在无锡的工厂生产。索尼公司在中国的发展历程如表 5-6 所示。

---

① 赵进华. 外商对华直接投资的演进规律研究——区域结构与进入模式的视角[D]. 上海:复旦大学,2006.

② 张建平. 跨国公司在华的经营管理研究——以索尼公司为例[D]. 成都:西南财经大学,2011.

表 5-6　　索尼公司在中国的发展历程

时间	事　件
1978 年	开始开展中国业务，先后在北京、上海、广州、成都等地设立代表办事处
1982 年	开始在北京和上海授权生产专业磁带录像机
20 世纪 80 年代中期	在江西省和厦门市的代工工厂开始生产电视机
1993 年 9 月	与上海广电股份有限公司合资成立“上海索广电子有限公司”（索尼公司出资 70%）。1994 年 2 月开始运营，主要生产和销售摄像机、8 毫米摄像机部件、光学拾音头
1995 年 10 月	与北京邮电学院科技开发公司、北京天竺空港工业开发公司和北京京芝电子信息产业有限公司三家公司合资成立“北京索鸿电子有限公司”，并于 1997 年 11 月开始运营，主要从事磁带录像机、DVCAM 格式专业用摄像机、移动电话的生产和销售
1995 年 11 月	索尼精密部件（惠州）有限公司成立，1996 年 1 月开始运营，主要从事光学拾音头的生产和销售
1995 年 12 月	与上海广电集团和上海真空电子有限公司合资成立上海索广映像有限公司，1996 年 12 月开始运营，主要从事贵翔平面特丽珑彩电、投影电视等的生产和销售；索尼影视娱乐公司北京代表处成立
1996 年 10 月	独资区域性管理公司“索尼（中国）有限公司”成立
2000 年 8 月	索尼电子（无锡）有限公司成立，产品包括聚合锂离子电池等
2000 年 10 月	青少年体验型科技馆“索尼探梦”在北京开业
2001 年	索尼音乐娱乐（国际）公司与上海锦文投资公司、上海协和集团合资成立上海新索娱乐有限公司，并于 2002 年初开始运营
2001 年 10 月	EMCS 中国（索尼集团在中国工程/制造及客户服务类企业的统称）成立
2002 年 8 月	索尼爱立信移动通信（中国）有限公司成立； 作为 EMCS 中国的一部分，软件研究开发工程中心在上海成立，主要设计适合中国市场的 AV 类产品软件
2002 年 11 月	作为索尼（中国）公司旗下的一个机构，索尼信息系统解决方案（亚太）中心在大连成立。索尼国际采购中心在深圳成立，主要业务是为 EMCS 日本采购零部件
2003 年	索尼电子（无锡）有限公司第二工厂开始为中国市场生产 AV/IT 产品
2003 年 6 月	索尼（中国）有限公司注资成都索贝数码科技有限公司，后者成为当时中国最大规模的专业电视多媒体设备制造商之一
2004 年 4 月	索尼电子华南有限公司成立，2006 年 2 月开始运营，生产 DVD 播放器
2004 年 6 月	上海技术中心在上海浦东新区张江高科技园区成立，面积为 3 400 平方米，除软件开发之外，AV/IT 硬件和零件设计，一部分质检及其他研发相关职能一一建立； 索尼影视国际电视公司和中国电影集团共同组建了中国首家中美影视制作合资公司——华索数字制作有限公司
2005 年	索尼集团执行副总裁高篠静雄就任索尼公司驻中国总代表

续表

时间	事　件
2005 年 2 月	索尼中国设计工程集团成立，高篠静雄担任该机构总裁至 9 月
2005 年 8 月	“Creative Center”（创造中心）在上海成立。作为索尼全球创意源泉之一，上海创造中心将根据中国消费者的需求、喜好及生活方式量身设计各类新品
2005 年 12 月	索尼爱立信移动通信有限公司并购北京索鸿电子有限公司
2006 年 1 月	原索尼电子（无锡）有限公司第二工厂变更为索尼数字产品无锡有限公司

资料来源：张建平. 跨国公司在华的经营管理研究——以索尼公司为例[D]. 成都:西南财经大学,2011.

二、产业结构转移理论

（一）产业结构转移理论的内容与评价

随着知识经济的到来，世界产业转移呈现出如下发展现状：一是将前几次产业革命发展起来的以传统机械技术为基础的劳动密集型或资源密集型产业从中等发达国家转移到发展中国家；二是发达国家将一部分以现代技术为基础的技术密集型的重工业，如石油、钢铁、化工等，转移到经济基础相对较好的发展中国家；三是当今最发达国家，如日本、美国等，将一部分以高技术为基础的下游产业，如电子产品的组装业等转移到发展中国家；四是发达国家之间，由于共同开发高新技术和扩大国际贸易的需要，互相之间进行水平产业合作，以转移相对较弱的产业环节，形成比较优势，促进专业分工和合作①。

产业结构转移理论认为全球产业转移的发展趋势是，首先，发达国家将本国已经或即将丧失比较优势的产业转移到发展中国家，同时发展较快的发展中国家行将淘汰的产业部门在其他发展中国家还有一定的生存空间，因此产生发展中国家之间的产业转移；其次，一些发展中国家的跨国公司利用发达国家产业结构调整的时滞，利用自身的比较优势可以实现逆向投资；最后，通过直接投资于发达国家科研机构或技术开发企业来获取先进技术，或者投资于发达国家现代产业部门，利用产品的前后向关联性，建立技术密集型国际生产体系，从而实现发展中国家的产业结构升级②。

（二）产业结构转移理论的案例

TCL 集团创办于 1981 年，前身为中国首批 13 家合资企业之一——TTK 家庭电器（惠州）有限公司，是一家从事家电、通信、信息、电工产品的生产、销售及研发，集工、技、贸为一体的中国大型国有控股企业。经过 30 多年的发展，TCL 集团已形成以王牌彩电为代表的家电、通信、信息、电工四大产品系列，并实施以手机为代表的移动通信终端产品和以王牌彩电为龙头的视频产品的发展来带动企业增长的战略。20 世纪

① 钟胜阳. 跨世纪国际投资与外资政策新变化[J]. 华南师范大学学报(社科版),1997(1):1-8.

② 王军,高国威,刘育明. 发展中国家对外直接投资的成功经验及其对中国的启示[J]. 世界地理研究,2003,12(1):23-29.

90年代以后是TCL集团发展最快的时期，连续12年年均增长率为50%，是中国增长最快的工业制造企业之一，其制造的家电、通信、信息、电工等主导产品都居于中国同行业前列，目前集团有7.5万名员工、23个研发机构、21个制造基地，在80多个国家和地区设有销售机构，业务遍及全球160多个国家和地区。2015年，TCL集团实现营业收入1 045.79亿元，其中海外收入占47%，实现净利润32.3亿元，纳税总额为59.6亿元。2015年，TCL集团的LCD电视销售量居全球第三位，手机销售量全球排名第五位，液晶面板销售量全球排名第六位，空调销售量中国排名第五位，洗衣机销售量中国排名第六位。2015年TCL品牌价值达710.28亿元，居于中国百强品牌第七位，连续十年蝉联中国彩电业第一品牌。

自1997年亚洲金融危机后，中国家电生产能力和市场需求大幅减弱，由此，TCL集团开始寻找新的经济增长点，大力开拓国际市场。一方面，TCL集团及时掌握国际市场导向信息并吸收世界先进技术；另一方面，TCL集团在有市场潜力的发展中国家建立销售、生产网络。

截至目前，TCL集团已在俄罗斯、美国、加拿大、波兰、法国、德国、越南、新加坡、印度尼西亚、泰国、中国香港、巴基斯坦等地建立了公司或商务机构，并在印度、菲律宾、越南设立了海外工厂。TCL集团的全球发展过程较为符合产业结构转移理论。

自20世纪90年代后，越南社会稳定，经济快速发展，年均经济增长速度超过7%，收入水平的不断提高使得越南人对电话机、彩电、洗衣机、冰箱等家电产品的需求量快速增加。高速增长的经济发展趋势及其产生的巨大市场潜力，是TCL集团选择越南作为海外直接投资第一站的主要因素；另一个主要因素就是TCL集团计划以越南为基地向东盟市场进军，整个东盟市场有5亿多人口，商品从越南进入东盟只需5%的关税，在2006年区域内关税大幅削减至3%，而从中国进入则需要20%的关税。此外，也可以以越南为基地，辐射欧盟地区，欧盟如今对中国家电设立反倾销税，对中国的产品进入设置了很高的壁垒，TCL集团希望通过越南是东盟国家的优势，通过越南将商品打入欧盟市场，避开反倾销税①。

从总体上说，中国市场与越南市场的同质化程度较高，从而使TCL集团受益匪浅。而华文杂志《亚洲周刊》曾对越南的投资环境进行了一次全面、深入的调查，结果为，100%的欧美跨国公司对越南的投资环境持否定态度，而80%以上的中国香港和台湾地区的跨国公司对越南投资环境持肯定态度。对同一事物产生不同观感和态度的原因是中国香港和台湾地区的跨国公司比欧美的跨国公司更能适应越南经济、政治、文化、法制、社会等环境。

越南是TCL集团以海外投资设立自营机构的方式推动企业国际化的第一站，企业经营管理全过程都由TCL集团自身主导，这在一定程度上决定了有试验、学习、探索的意义。风险小、运营成本低、投资不大等特点，决定了越南是一个很好的练兵场和试验区。同时，像越南这样一个经济形态、人口规模的国家，极有可能是中国跨国公司国际化进程中所面临的主要目标市场，并且由于中国与越南在社会、政治等方面的亲和性

① 韩载振.中国企业对外直接投资发展分析[D].北京:对外经济贸易大学,2004.

和相似性，越南因此可以成为 TCL 集团在拓展国际市场方面“初试牛刀”的一个有效选择①。

TCL（越南）有限公司是一家 TCL 集团独资的企业，1999 年 10 月在越南同奈省注册，注册资金 350 万美元，目前主要以生产电视机为主。自 2006 年越南加入世界贸易组织后，TCL 集团调整了在越南的市场策略，从以往主攻农村市场，转向胡志明、河内等大城市。目前，TCL 集团除了河内和胡志明市两个重点市场以外，也在海防、岘港等地设立了经营部，在越南有 200 多家经销商、3 000 个销售网点；在越南同奈省的 TCL 集团彩电生产工厂产能达到 50 万台每年，年营业收入超过 3 000 万美元，彩电市场占有率在越南已经连续多年名列前五名。TCL 在越南市场属于知名品牌。

图 5-3 展示了 TCL 集团的海外进入战略。

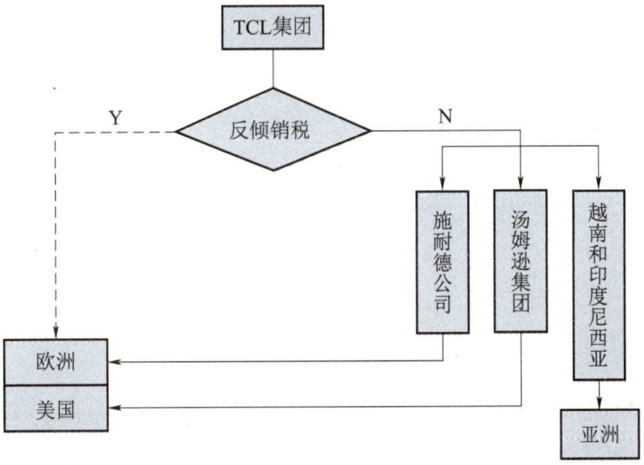

图 5-3　TCL 集团的海外进入战略

资料来源：韩载振. 中国企业对外直接投资发展分析[D]. 北京：对外经济贸易大学，2004.

三、资本相对过度积累理论

（一）资本相对过度积累理论的内容与评价

欧美等发达国家对外直接投资的主要原因是国内过剩的资本无法在本国实现高投资回报，因此通过向其他国家进行直接投资来实现发达国家内在的比较优势，这种投资也可称为“资本过剩型跨国直接投资”。然而，发展中国家跨国公司的对外投资多数是在资金缺乏的情况下开展的，本国经济社会发展并没有进入瓶颈期，而且本国建设资金匮乏，需要吸引大量国外资金。鉴于这种情况，前苏联学者阿·勃利兹诺伊利首次将发展经济学的“二元经济结构”理论引入发展中国家跨国公司对外直接投资领域，试图用二元经济结构阐释发展中国家的经济发展。1954 年，美国经济学家刘易斯（William Arthur Lewis）在《劳动无限供给条件下的经济发展》一文中提出的“二元经济结构”，

① 郑玉琳. 略论优化我国对外直接投资[J]. 财金贸易，1999(7)：30-31.

是指发展中国家具有新技术的现代化工业部门和技术落后的传统农业部门同时存在，即传统经济与现代经济并存的经济结构①。

资本相对过度积累理论的内容主要包括以下三个方面。

（1）传统落后的农业部门与现代化工业部门在经济组织形式、劳动生产率、技术水平上的较大差距使得这两个部门的联系大大减弱。

（2）农业部门的需求弹性和供给弹性都较低，且容易受到客观环境和天气变化的影响，使得农业部门无法对现代工业部门提供的经济发展机会做出及时、有效的反应，从而使产业间的差距进一步扩大。

（3）由于以上两个因素，发展中国家的现代化工业部门有可能在未达到规模效益时，就出现结构性供给过剩乃至个别企业或行业的“相对过度资本积累”，于是对外直接投资成为可能。

资本相对过度积累理论将国际直接投资与二元经济结构理论相融合，探讨了发展中国家在技术先进的现代化工业部门与落后的传统农业部门并存的情况下，可能产生部分行业资本相对过度积累而个别行业资本短缺的二元格局，辩证地论证了发展中国家资本相对过剩的行业或部门开展的海外扩张行为。

然而，资本相对过度积累理论的论证逻辑不够严谨，它仅探讨了发展中国家在资本短缺情况下进行海外投资的可能性，却没有深入分析发展中国家海外拓展的方式和动机。

（二）资本相对过度积累理论的案例

从全球钢铁市场来看，中国已发展成为世界主要的产钢大国、钢材进口大国和钢材消费大国，虽然中国普通钢材与国际钢材市场一样供大于求，但高附加值、高技术含量的自给率仍然较低，依然需要大量进口，这是中国钢铁工业大而不强的突出特点。1997年，中国加入世界贸易组织指日可待，国外先进的钢铁企业已基本完成结构调整，世界贸易组织的加入将会扩大国外企业在中国市场的份额，会给上海宝钢等企业带来巨大影响。党的十五大的召开，大大加快了宝钢集团战略重组的步伐，为钢铁工业的产业结构调整指明了前进方向，后来中共中央又成立专门的联合筹备组，着手实施宝钢集团的战略重组工作。1998 年，中国国务院下发《关于组建上海宝钢集团公司有关问题的批复》，做出了对上海地区钢铁国有资产进行战略重组的果断决策，即上海市政府将上海冶金控股（集团）公司和梅山钢铁公司的固定资产全数无偿划拨中央，由国务院委托宝钢集团经营，成立上海宝钢集团公司。1998 年 11 月 17 日，三家企业终于实现大联合，为以后宝钢集团实施对外直接投资提供了可能。

四、国家利益优先取得论

（一）国家利益优先取得论的内容和评价

在经济全球化加速的进程下，发展中国家跨国公司为了追赶世界经济发展潮流，必

① 高薇. 国际直接投资理论的演变及其对中国的启示[D]. 长春：吉林大学，2011.

须进行对外投资，增强和拓展自身优势。对外直接投资一方面使跨国公司取得利率差异造成的资本收入，且保持资本所有权；另一方面使跨国公司获得比货币利润更重要的综合效益，并持有资本使用和运行的控制权。

对外投资给发展中国家跨国公司带来的利益是综合性的，包含以下几方面。(1) 产业结构调整利益。鼓励本国相对成熟、产品供给富余甚至饱和的行业企业对外投资，可以在确保现有资产价值的基础上，起到优化、调整本国产业结构的作用，这有利于加快发展中国家产业结构高级化进程。(2) 资源转换效果。投资国通过对外直接投资，不仅可以享受东道国的基础服务和低成本的自然资源供给，还可以吸收、传递先进的管理知识和技术成果，这是发展中国家支持和鼓励跨国公司对外直接投资的根本动力。(3) 市场竞争利益。在跨国企业规模不断扩张、数量不断增多的条件下，投资国国内的竞争局势发生了部分变化，部分率先发展的跨国公司，由于市场空间拓展到海外，取得了新的技术信息，获得了稳定的资源供给，进而提高了自身的综合实力，使竞争地位大幅跃升，增强了对本国竞争对手的压力，因此，其他竞争企业要么改进经营战略，提高科技研发投入，增进产品质量，要么采取跨国投资的行为，以应对国内挑战。(4) 国际收支效果的获得。跨国直接投资对投资国的国际收支还具有若干影响：带动和扩大产品出口，间接地增加了国家外汇收入；直接创收外汇利润；境外企业进行反向投资以及联系、介绍外商对投资国投资，增加了国家的外汇收入；带动和扩大劳务出口，增加和扩大非贸易外汇收入①。

传统的跨国公司对外直接投资基本上都是以比较优势理论为依据，而国家利益优先取得论强调本国对外直接投资并无比较优势，在无利可图的情况下，获取有利于国家发展的其他资源是最终目的②。

(二) 国家利益优先取得论的案例

中国海洋石油总公司（以下简称中海油）是直属于中国国务院国有资产监督管理委员会的特大型国有企业，也是中国最大的海上石油生产商。自 1982 年建立起，在改革重组、资本运作、海外并购、上下游一体化等举措的实施下，公司综合实力不断增强，已经从一家单纯的石油开采上游石化公司，发展成为产业链完整、主业突出的国际能源公司，业务涉及炼化与气电、油气勘探开发、新能源与金融、工程技术与服务等。

中海油在国际市场上拥有四家上市子公司，包括中海石油化学股份有限公司、海洋石油工程股份有限公司、中海油田服务股份有限公司、中国海洋石油有限公司，均表现良好。中海油积极平衡风险、回报、资源，重视国际能源局势的动态分析，优化海外资产，不断提高国际业务的资源整合能力、经营管理能力、风险管控能力。2014 年，中海油的“以战略为导向的大型石油公司跨国并购决策与实施”创新成果获第 20 届中国企业管理现代化创新成果一等奖。

1994 年，中海油与美国阿科公司签订了合作勘探开发马六甲海域油田的合同，并

① 齐观义. 国际直接投资理论的新发展——几种支持发展中国家对外直接投资的理论[J]. 国际经贸探索, 1998(6):17-20.

② 单文静. 中国服务业利用外商直接投资研究[D]. 北京:首都经济贸易大学,2012.

以 1 600 万美元收购该公司马六甲区块 32.58% 的权益，这是中海油海外投资的第一步。2004 年，根据对 12 家亚洲油气公司对外投资情况的研究报告，中海油决定将投资中心由资产收购转为公司收购，因为海外收购的资产收益已不足以支撑企业的快速成长。2005 年，中海油尝试收购美国优尼科公司，但未成功，可这次事件不仅提升了中海油的国际影响力，为跨国并购提供了宝贵经验，而且成为中国资源性企业对外直接投资的标志。2013 年，中海油以 151 亿美元成功收购加拿大尼克森公司，成为当时中国跨国公司对外直接投资史上收购金额最高的一次交易，同时弥补了中海油在非常规油气领域中技术落后和资源储备匮乏的不足，进一步提升了中海油海上开采技术优势。目前，中海油的对外投资遍布 19 个国家，海外资产占比达 26.4%，公司总收入中的 25.5% 为海外收入，在收购尼克森公司之后，中海油的海外储量占公司总储量的 44%，并且海外资产结构也进一步得到了优化。1994—2012 年中海油主要对外直接投资项目见表 5-7。

表 5-7　1994—2012 年中海油主要对外直接投资项目一览表

时间	项目名称
1994 年	收购美国阿科公司马六甲油田区块 32.58% 的权益
2002 年	收购西班牙瑞普索公司在印度尼西亚五大油田的部分权益
2002 年	收购澳大利亚天然气项目（NMS）上游产品及储量权益
2005 年	收购加拿大麦格能源公司（MEG Energy）18% 的股权
2005 年	收购美国优尼科公司全部流通股份
2006 年	购买尼日利亚海上石油开采许可证 45% 的权益
2008 年	与澳大利亚阿尔托纳公司合资开发煤气化和发电联合体项目
2010 年	收购英国 BP 石油公司所持有的阿根廷泛美能源公司 60% 的股份
2011 年	收购已经破产的加拿大 OPTI 公司
2012 年	收购加拿大尼克森公司所有流通中的普通股

资料来源：徐颖洁. 中国资源型企业的对外直接投资模式分析与案例研究[D]. 长沙：湖南大学，2014.

参考文献

[1] 波特. 竞争优势[M]. 陈小悦，译. 北京：华夏出版社，2005.
[2] 陈建南. 发展中国家对外直接投资理论述评[J]. 经济学动态，2001(2)：65-67.
[3] 陈建勋，翟春晓. 投资发展周期：新兴市场国家的检验与拓展[J]. 财贸经济，2015(2)：87-96.
[4] 陈晓丹，孙磊. 发展中国家和地区对外投资理论文献综述[J]. 临沧教育学院学报，2005(3)：38-42.
[5] 段志霞. 企业利基营销策略研究[D]. 青岛：中国海洋大学，2005.
[6] 杜奇华. 国际投资[M]. 北京：对外经济贸易大学出版社，2009.

[7] 樊增强,宋雅楠. 企业国际化动因理论述评[J]. 当代经济研究,2005(9):18-22.
[8] 高薇. 国际直接投资理论的演变及其对中国的启示[D]. 长春:吉林大学,2011.
[9] 韩载振. 中国企业对外直接投资发展分析[D]. 北京:对外经济贸易大学,2004.
[10] 和俊民. 浅析利基营销[J]. 中南民族大学学报(人文社会科学版),2004,24(2):81-82.
[11] 科特勒,等. 营销管理[M]. 卢泰宏,高辉,译. 北京:中国人民大学出版社,2009.
[12] 孔德海. 中央企业国际战略定位与风险控制研究[D]. 长春:吉林大学,2013.
[13] 里光年. 发展中大国企业跨国并购研究[D]. 长春:吉林大学,2010.
[14] 李文. 基于利基市场理论的安徽生猪产业发展策略[J]. 安徽农业科学,2015(21):330-332.
[15] 林铮凌. 新加坡对外直接投资战略研究[D]. 昆明:云南财经大学,2014.
[16] 刘伟全,蒲章国. 发展中国家海外投资的理论依据及其启示[J]. 对外经贸实务,2008(7):81-84.
[17] 刘潇. 中国对东盟新成员国直接投资研究[D]. 南宁:广西大学,2013.
[18] 威尔斯. 第三世界跨国公司[M]. 叶刚,杨宇光,译. 上海:上海翻译出版公司,1986.
[19] 刘源超. 发展中国家对外直接投资的理论与模式研究[D]. 北京:北京大学,2008.
[20] 鲁桐. 发展中国家跨国公司理论及其思考[J]. 世界经济与政治,1998(1):23-27.
[21] 鲁桐. 中国企业海外经营:对英国中资企业的实证研究[J]. 世界经济,2000(4):3-15.
[22] 宓红. 从小规模技术理论看浙江民营企业对外直接投资的优势[J]. 亚太经济,2003(4):65-67.
[23] 阮孟钢. 越南利用中国企业直接投资问题研究[D]. 南京:南京理工大学,2013.
[24] 宋春燕. 企业国际化优势论:现有理论与中国现实[D]. 杭州:浙江大学,2008.
[25] 宋维佳. 发展中国家对外直接投资理论的评析[J]. 辽宁省交通高等专科学校学报,2006(4):45-47.
[26] 宋小红. 跨国公司与发展中国家的产业成长[D]. 天津:南开大学,1997.
[27] 孙慧鹏. 基于利基营销战略的我国中小企业的发展思路研究[D]. 大连:东北财经大学,2006.
[28] 唐留雄. 中小企业跨国经营的利基战略及其成功因素[J]. 国际商务,2004(3):68.
[29] 王军,高国威,刘育明. 发展中国家对外直接投资的成功经验及其对中国的启示[J]. 世界地理研究,2003,12(1):23-29.
[30] 王跃生. 国际企业制度创新[M]. 北京:北京大学出版社,2007.
[31] 许庆瑞,朱凌,郑刚,等. 全面创新之道——海尔集团技术创新管理案例分析[J]. 大连理工大学学报(社会科学版),2004(1):6-10.
[32] 许湾湾. 海尔集团技术创新战略发展历程分析[J]. 现代商贸工业,2012(21):25-26.
[33] 徐颖洁. 中国资源型企业的对外直接投资模式分析与案例研究[D]. 长沙:湖南大学,2014.

[34] 杨林. 我国科技型企业技术创新国际化战略的理论分析[J]. 科学管理研究,2010(3):5-10.
[35] 杨清. 中国跨国公司成长研究[D]. 南京:南京航空航天大学,2006.
[36] 杨兆宁. GW 公司利基市场营销策略研究[D]. 上海:上海外国语大学,2014.
[37] 郁晓耕,魏浩. 发展中国家对外直接投资理论综述[J]. 经济经纬,2006(5):47-50.
[38] 赵优珍. 中小企业国际化——理论探讨与经营实践[M]. 上海:复旦大学出版社,2005.
[39] 张寒. 跨国并购的理论、运作及我国企业的跨国并购问题研究[D]. 北京:对外经济贸易大学,2005.
[40] 张洪雁. 发展中国家对外直接投资理论及思考[J]. 河南社会科学,1999(6):62-65.
[41] 张建平. 跨国公司在华的经营管理研究——以索尼公司为例[D]. 成都:西南财经大学,2011.
[42] 张强. 中小企业的利基市场营销策略[J]. 企业改革与管理,2013(3):65-67.
[43] 张蔚,徐晨,陈宇玲. 国际投资学[M]. 北京:北京大学出版社,2002.
[44] 张祥. 我国企业国际化经营及其绩效研究[D]. 成都:西南财经大学,2013.
[45] 赵进华. 外商对华直接投资的演进规律研究——区域结构与进入模式的视角[D]. 上海:复旦大学,2006.
[46] 郑玉琳. 略论优化我国对外直接投资[J]. 财金贸易,1999(7):30-31.
[47] 钟胜阳. 跨世纪国际投资与外资政策新变化[J]. 华南师范大学学报(社科版),1997(1):1-8.
[48] 周斌. 国际直接投资教程[M]. 北京:中国对外经济贸易出版社,2003.
[49] 周伟. 我国跨国公司技术优势的来源[J]. 科学学研究,2006(2):216-221.
[50] 周亚庆,郑刚,沈威. 我国企业技术创新体系建设的最佳实践——海尔集团国际化的技术创新体系[J]. 科研管理,2004(5):110-115.
[51] 朱明娜. 海尔与苹果公司技术创新模式对比分析——我国大中型企业技术创新模式初探[D]. 南昌:南昌大学,2013.
[52] Barry, Gorg, McDowell. Outward FDI and the investment development path of a late-industrializing economy: evidence from Ireland[J]. Regional Studies, 2003(37):341-349.
[53] Dunning J H. International production and the multinational enterprise[M]. London: George Allen & Unwin, 1981:177.
[54] Dunning. Explaining international production[M]. London: Unwin Hyman Ltd. , 1988.
[55] Duran, Ubeda. The investment development path of newly developed countries[J]. International Journal of the Economics of Business, 2005, 12(1):123-137.
[56] Sanjaya Lall. The new multinationals: the spread of Third World enterprises[M]. New York: John Wiley & Sons, 1983:25-268.

第六章

服务业跨国公司投资理论

20世纪80年代以来服务业逐渐进入了快速发展阶段，其在经济中的重要地位也日益凸显。根据联合国贸易与发展会议（UNCTAD）统计的数据，全球服务业生产总值占国内生产总值（GDP）的比重过半，在2000年之后该比值始终在60%以上。其中，发展中国家的服务业产值比重从1980年的41%增长到2014年的51%，而发达国家的这一比重更是从59%增长到71%[①]（见图6-1）。服务贸易总额2000年时仅为2.97万亿美元，在2015年却已达到9.24万亿美元[②]。截至2014年年底，全球对外直接投资（FDI）存量中的64%都为服务业[③]。服务业的发展推动着世界各国经济发展模式的转变，影响着世界各国在全球价值链和产业链中的地位，逐渐成为每个国家国际竞争力的关键影响因素，而服务业跨国公司的国际扩张正是推动服务业发展的重要动力。

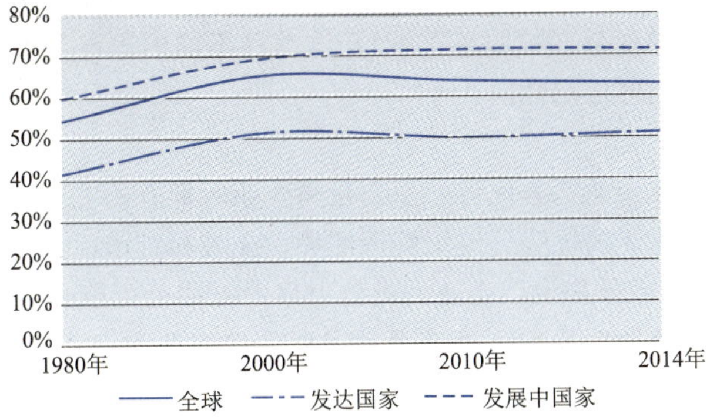

图6-1 1980—2014年全球、发达国家、发展中国家服务业生产总值占GDP的比重

数据来源：作者根据UNCTAD的数据整理所得。

服务业有别于制造业，具有其特殊的性质。格罗鲁斯（Gronroos，2000）将服务业

① 根据联合国贸易与发展会议统计数据整理计算所得，原数据链接：http://unctadstat.unctad.org/wds/TableViewer/tableView.aspx?ReportId=95。

② 中华人民共和国商务部服务贸易和商贸服务司新闻数据。

③ 联合国贸易与发展会议，《2016年世界投资报告》。

的特点总结为五点：非实体性、异质性、不可分割性、顾客参与性和不可储存性①。这也就意味着服务业生产和消费行为发生的时间以及物理位置必须统一。服务业的这一重要特征使得服务业在海外扩张中尤其倚重海外直接投资的形式，绝大多数从事海外业务的服务型企业都在东道国设立了分支机构。同时，服务业的特性也使得服务业跨国公司的出现、扩张以及发展模式都与传统制造业跨国公司有所区别，因此本章将对服务业跨国公司的投资理论进行较为深入的探索。

第一节　传统跨国公司理论对服务业跨国公司的应用

一、国际生产折衷理论对服务业跨国公司的应用

简而言之，国际生产折衷理论认为一个企业要从事对外直接投资必须同时具有三个优势，即所有权优势、区位优势和内部化优势。

（一）国际生产折衷理论对服务业跨国公司的适用内容

邓宁（Dunning，1989）发表了一篇文章将国际生产折衷理论的框架拓展到服务业领域，并指出国际生产折衷理论的基本框架是适用于服务业跨国公司的②。在该篇文献的分析中，邓宁将服务分为两种：一种是依托于制造型企业提供的服务，这种服务往往搭载着商品同时销售和提供，比如购买的汽车可以用来提供运输服务，购买的电话用于通信服务等；另外一种则是“纯服务”。对于这两种不同的服务类型，邓宁分别解释了国际生产折衷理论对其的适用性。

1. 所有权优势

所有权优势，又称企业竞争优势，主要是指企业所拥有的大于外国企业的优势，主要包括技术优势、企业规模优势、组织管理优势、金融和货币优势以及市场销售优势等等③。对于搭载商品类服务来说，企业的竞争力很大一部分可能来自于产品生产方面的优势，比如某些产品的售后服务、通信服务需要依赖电信设备的优势等。而对于“纯服务”来说，竞争优势主要来自于以下几个方面。

（1）服务质量。服务或依托于商品，或依靠人为提供，因此相对于商品来说，服务质量更为多变、不确定，常见的例子就是专业服务、咨询服务、娱乐服务和零售服务等。这些服务质量的高低更多地取决于人为的因素。因此对于这种类型的服务来说，如何确保高而稳定的服务质量就成为关键。邓宁认为品牌是服务质量的一个重要体现和优

---

① Gronroos C. Service management and marketing: a customer relationship management approach[M]. New York: John Wiley & Sons, 2000.

② Dunning J H. Multinational enterprises and the growth of service: some conceptual and theoretical issues[J]. The Service Industry Journal, 1989, 9(1): 5-39.

③ 卢进勇，杜奇华. 国际经济合作[M]. 北京：对外经济贸易大学出版社，2009.

势来源，好的品牌使得消费者能对即将消费的服务有合理的预判，从而引导消费者的消费选择。

（2）范围经济。邓宁认为许多服务的可提供性以及价格都依赖于企业的范围经济效应。例如，零售企业储存商品的量和种类众多，不仅可以提升与产品供应商的议价能力，而且可以帮助客户降低交易成本，议价能力的提高又可以让企业更好地控制其所购买商品的质量和方式，从而能够为客户提供更好的服务。航空公司和酒店集团的全球范围的信息共享系统也是其为国际客户提供服务的重要优势。总的来说，范围经济能够帮助企业连通市场信息，有利于企业的国际扩张。

（3）规模经济。邓宁认为大的企业规模可以使得企业从人事专业化、物力以及信息管理规模化中更加灵活地运用要素和环境优势。此外，与制造企业类似的是，大型的服务型企业的融资能力强，往往也更容易在购买商品和服务时享受到更多的折扣。

（4）技术和信息。以最低的成本获取、创造、集合、储存、监控、解释和分析信息的能力是服务型企业关键的无形资产和竞争优势。

（5）知识资产的特性。在服务业领域，知识资产往往可以以较低的成本，甚至是无成本而被重复利用，使知识资产拥有者获益。然而，知识资产的获得往往需要较高的投入，因此企业有通过海外扩张分摊高额固定成本的动机，也会有与其他企业合作分散风险的趋向。

（6）资源和市场的可获得性。一些服务型企业拥有某些关键资源的获取渠道，从而能够降低搜寻、谈判和检查资源的成本。一些服务型企业提供海外业务其实是为了保留原有的客户，随着客户业务海外的拓展而进入新的市场。这两种类型的企业对于资源和市场的可获得性成为了其关键的竞争优势。

2. 区位优势

国际生产折衷理论的区位优势是指可供投资的地区在某些方面较国内优越，一般包括劳动力成本、市场需求、地理距离、自然资源、基础设施、运输与通信成本、关税和非关税壁垒、政府对外国投资的政策以及因历史、文化、风俗、商业管理差异而形成的心理距离等。

与制造型企业相比，服务业跨国公司在区位选择中对运输成本无须做太多考虑，但是对接近客户、适应当地文化的程度和需求要求更高。市场的规模和特点以及真实工资水平对于服务业的投资选择也非常重要，像专业服务以及旅游相关的服务尤其如此。

政府在很大程度上影响服务业跨国公司的选址，通常会认为服务业的管制比制造业更加严格，也更可能面临各种各样的非关税壁垒，因此政府对于服务业外来投资的态度对于跨国公司选址非常重要。

3. 内部化优势

内部化优势是指企业在通过对外直接投资将其资产或所有权内部化的过程中所拥有的优势，企业的内部化优势通常取决于交易成本的大小。对于服务业来说，邓宁认为服务型企业的组织形式首先受到交易成本的影响，其次是受政府干预程度的影响。

在邓宁看来，服务业相对于制造业来说具有更高的交易成本，主要原因如下：第一，大多数服务业都包含诸多特殊的客户订制类元素；第二，服务的生产过程往往包含更多的人为因素，质量更难控制；第三，服务业中提供和涉及的许多信息、知识以及解析技能都是隐性的（Tacit Knowledge）；第四，由于知识和信息的隐性特性，不采用内部化的方式经营易使得企业关键知识被其他公司复制；第五，对于一些非服务型企业来说，将服务性环节掌握在自己手中是保障成功经营的关键，比如一些制造型企业会掌握一些船运服务以保证产品及时交付。

（二）国际生产折衷理论对服务业跨国公司适用性的讨论

针对国际生产折衷理论对服务业的适用性问题，越来越多的学者进行了进一步的探讨。

1. 对内部化优势适用性的讨论

近几十年来，跨国公司组织结构变得更加分散化，并频频采用新的业务模式，如外包、特许经营以及其他的网络组织形式。这就使得跨国公司边界模糊，内部化优势显然不复存在，而跨国公司在竞争地位上更多地依赖于其他具有互补能力的公司①。由于公司内部的组织结构更多地依赖于与外部的联系，许多公司也不再纯粹依赖公司内部的优势（所有权优势），而是依赖于与其他公司之间所建立的交互关系。所有这些改变都表明跨国公司所建立的外部联系是非常值得关注的。

纳次姆和基布尔（Nachum & Keeble，2000）通过对伦敦中心区专业服务业公司的实证研究，认为服务业跨国公司与其他公司所形成的外部网络联系是其获取竞争优势的重要组成部分，跨国公司的规模、市场领域越大，就越需要更广泛的国际网络来赢得竞争优势，跨国公司对于有效建立这种联系也就更加关注，然而对于究竟这种网络如何赢得优势，文章并没有深入研究。

2. 对区位优势适用性的讨论

邓宁的理论认为富有特殊资源的地理区位将吸引跨国公司去充分利用这些资源，这意味着特定的区位优势对于所有的跨国公司将产生相同的价值。也就是说，在某个行业领域里，所有企业对该区位优势的评估以及获益程度应该是相同的。然而纳次曼和威姆斯（Nachuman & Wymbs，2002）提出跨国公司区位的选择是受公司内部一系列特性所影响的，区位因素对于每个公司的影响并不相同。例如，大的市场容量通常被认为是企业的主要区位优势，因为企业能从中获得规模经济效应，但是这种区位优势对于规模较大并且能够大规模、标准化生产的企业才具有价值，对于组织规模分散、无法实现大工厂生产的服务业跨国公司来讲，它的核心竞争优势更多地取决于对个人客户或是一小群客户群体特殊需求的适应性。因此，区位优势并不是绝对统一的，而是在不同的企业中有所不同，这主要取决于公司本身的特殊性质。

① Nohria N, Ghoshal S. The differentiated network: organizing multinational corporations for value creation[M]. San Francisco: Jossey-Bass Publishers, 1997.

二、其他跨国公司理论对服务业跨国公司的适用性

（一）产品生命周期理论的适用性讨论

薛求知和郑琴琴（2002）提出，弗农的产品生命周期理论成功地解释了当时在日益激烈的竞争中制造企业的行为。它针对的是当时制造业竞争加剧、成熟期产品的技术已不再居于主要地位、降低产品成本成为制造业跨国公司扩张的主要动力的情况，而这对于性质较特殊的服务业产品来讲是比较不适用的。

虽然服务业产品可能存在生命周期，但是服务产品从低成本国向高成本国出口的可能性不大。鉴于服务产品生产与消费的同时性，服务业跨国公司全球知识信息在各分支机构内部是共享的，当服务业跨国公司开发出新服务产品时，如果遵循产品生命周期理论，企业会将新服务首先投放到发达国家，经过一定的时滞之后再投放到发展中国家。然而，这种做法是没有任何意义的，只会是眼睁睁地看着竞争者在发展中国家市场上攫取利润。因此，只要开发的新服务产品能够适应其他国家或地区的市场，全球同步提供该服务产品是其最优的选择。而且价格竞争绝不是服务业跨国公司的主要竞争因素，由于服务的五个基础特征，即非实体性、异质性、不可分割性、顾客参与性、不可储存性，服务业跨国公司在国际化经营活动中与当地服务企业相比并没有多少成本优势，因此服务业跨国公司更多采用的是差异化竞争。

（二）对于经典跨国公司理论前提的适用性讨论

经典的跨国公司理论，如海默的垄断优势理论以及邓宁的国际生产折衷理论等都是以市场的不完全性作为理论前提的。随着国际贸易的发展、科技手段的进步，国际市场发生了巨大变化：信息更加丰富，政府的管制减少，市场的不完全性减弱，交易成本不断降低。许多企业的交易行为都发生了巨大的变化。在这种趋势下，过分强调市场失灵是不现实的。

而服务企业也正是在这一背景下，从无法进行贸易的当地化企业，进而发展成服务型跨国公司并且不断发展壮大。虽然我们无法否认市场不完全在某种程度上是一种绝对状态，而市场完全则在目前的条件下依然是一种理想状态，但是市场不完全性在许多市场行为中的体现越来越弱化了，再以市场的不完全作为前提或基础就显得有点落后于时代的步伐了。艾瑞丽（1993）在对服务业跨国公司海外市场进入模式选择的研究中也指出，由于市场不完全性的减弱，跨国企业才有可能采用市场化安排的形式来进行国际扩张。

我们不能否认这些经典理论对于跨国公司理论的指导意义，但值得注意的是跨国公司的经典理论已不能很好地解释如今服务业跨国公司兴起中出现的许多新现象。因此，服务业跨国公司新理论的建立还需要更多学者的努力。

第二节　服务业跨国公司扩张动因理论

对于服务业跨国公司扩张动因，有一部分学者着重强调了服务企业的特殊资源在扩张中的重要性。但是，用传统国际经营理论很难解释（服务业）酒店业所重视的坚持

品牌形象和运作一致的国际转移。酒店业跨国公司在国际化中往往较少地关心跨国控制权问题，而是更多地关心它们的特殊资产、知识以及帮助企业建立品牌声誉、顾客基础和忠诚度的能力在国际转移中的有效性。然而在艾瑞丽等人的研究中却没有注意到帮助企业建立品牌声誉、顾客基础和忠诚度的能力不仅仅在国际化中会转移，而且也会在国际化过程中创造出来。

一、扩张动因

服务业跨国公司扩张研究的代表人物艾赫罗妮和纳次姆（Aharomi & Nachum，2000）指出服务业跨国公司的扩张因素有四个[①]。

1. 跟随客户的需要

服务业跨国公司第一波国际化浪潮是跟随它们的客户——制造业跨国公司的国际化扩张而扩张的。随着经济的发展，供给和需求的变化改变了经济的结构，服务在国民经济中的地位日益重要，这无形中扩大了服务的市场。然而，由于服务的无形、非储存等特性，长途的运输是不可能的，随着顾客的跨国界扩张，服务企业不建立海外服务机构将无法满足顾客的需求。

2. 竞争优势的提升

近年来服务业中信息知识、无形资产的重要性逐渐提高。服务企业在国际化扩张中通过各国运营经验、信息的获取，始终站在变革的最前沿。灵活的国际化发展，全球声誉的提高，提升了服务企业的竞争优势。

3. 政府政策的改变以及服务市场自由化的提升

在没有允许进入和经营的情况下，服务企业的国际直接投资是无法实现的。东道国关于服务方面的政策、相关规则的改变以及对于外国服务机构的市场管制都大大影响了服务业跨国公司扩张的进程和模式。

4. 科技的进步

由于技术的进步，服务的可贸易性增强了。随着电子通信和数据技术的迅猛发展，服务企业特别是信息密集型服务企业充分运用发达的通信技术手段进行跨国界经营，提高了服务的可贸易程度，使服务更加高效、简便，公司运营成本也大大降低。

在此基础上，艾赫罗妮和纳次姆着重强调了声誉在专业服务业跨国公司中的重要性，指出专业服务业跨国公司要赢得需求、创造出价值，首先必须将“可信赖的承诺”（Credible Promise）销售给顾客，使顾客能够接受结果无法预见的服务，而企业一直以来所建立的声誉就是顾客考察并购买服务的最关键指标。

专业服务业跨国公司的全球运作行为提高了企业的声誉，使它在服务尚未售出之前就已经成功地推销了可信赖的承诺（即使要价更高或是实际服务质量的不可预见也并不会给顾客信心产生多少动摇），这也就是“声誉效应”。另外，一旦服务企业在当地市场上建立了良好的声誉，并且该声誉流传到了其他国家，那么良好的声誉将产生更多

① Aharoni Y, Nachum L.Globalization of services：some implications for theory and practice[M]. Loudon：Routledge，2000.

的需求，也将拉动服务企业进行国际化发展。如此往复的提升，就犹如鸡与蛋，互为因果。这与波特认为的声誉所表现出来的当地化特征的观点是截然相反的。

二、经验对国际扩张的推动作用

通常国际化经验都被认为是企业世界范围内的经验。一些研究提出了经验在服务业跨国公司扩张中的重要性。经验丰富的跨国公司通常都被认为是在许多国家经营，而不是仅仅集中在某一地区开展经营活动①。

李嘉涛（1994）对服务业跨国公司在亚太地区的扩张进行了实证分析研究。他认为在目标市场上的经验和知识对于国际化扩张是非常重要的，企业将更倾向于在它或它的竞争对手所投资过的类似行业和相关区位进行投资。

在李嘉涛（1994）的研究中，作者提供了两种服务业跨国公司国际化的先前经验：地区范围经验（EXPA）和世界范围经验（EXPW）。这是两种不同的国际化经验，地区范围经验是在特定地区的国家经营运作中获得的经验，而世界范围经验是在没有特指任何国家的国际环境中经营所获得的经验。在国际扩张中，世界范围经验以及亚太地区经验，这两种经验对于服务业跨国公司都是非常重要的。

研究对 180 个大型服务业跨国公司 1980—1986 年在亚太地区的投资情况进行了实证分析。假设检验结果高于 80% 的扩张决策都能被模型正确地预测，则表明变量的显著性，也表明国际扩张经验、地区经验对于服务业跨国公司在亚太地区的扩张是有显著影响的。同时，文化、公司规模也会对扩张产生影响。由于经验的主导作用，服务业跨国公司的扩张往往采取跟随顾客或跟随行业领导者的战略模式。

地区范围经验与国际扩张是正相关的，表现为对数线性（Log-Linear）关系，这表示地区范围经验对国际扩张的影响将随着服务业跨国公司在该地区经验的积累而降低。这是与“干中学”模型相一致的，在该地区没有经验的企业往往会发现在不熟悉的环境中建立和管理新的分支机构是很难的。另外，在某地区具有大量分支机构的企业将对经营环境非常熟悉。地区范围经验帮助服务业跨国公司增加在该地区的表现值。然而，当企业在该地区已经达到一定程度的表现值时，地区范围经验的作用就减小了。

而世界范围经验则在服务业跨国公司投资决定中表现出非单调（Non-Monotonic）的影响。也就是说，通常世界范围经验在国际扩张过程中的早期阶段是有正效应的。然而，对于具有较多经验的跨国公司来讲，经验对新的国际扩张会产生一定的负面影响。这与许多过去的研究都认为国际经验在国际扩张中是正相关的观点有所不同，但都表明在国际扩张早期国际经验的特别重要性。随着企业在亚太地区表现值的增加，新的国际化扩张决定则会更多地考虑其他因素的影响。

国际扩张被看作是包括一系列逐渐增加决策的过程，通常企业并不是在某一时点上进行大范围的海外投资，而是以较小步伐来展开国际化扩张。经验知识的缺乏是国际经营发展的重要障碍，而必要的经验知识则主要是通过过去的海外运营经验来获得的。过

---

① Erramilli M K.The experience factor in foreign market entry behavior of oervice firms[J]. Journal of International Business Studies, 1991,22(3):479-501.

去的海外投资经验影响母公司建立和管理海外分支机构的行为。国外经验知识的增长减少了海外运营成本，降低了不确定性。

“经验作用”的重要性也被一些研究行为学的学者所关注。帕奥斯等人（Pauwels et al.，2003）对具有经验的国际型服务企业持续国际化扩张倾向进行了研究分析，其中强调了以认知行为为基础的国际化扩张理论（Johanson & Vahlne，1977、1990）。文章分析了服务业在行为意图方面持续扩张的原因：对于国际化的整体认识、战略和结构的行为范式以及抑制因素促进了对于扩张倾向的行为控制。其分析结果显示了在企业国际扩张中认知或情感因素的重要性。

纳次姆（Nachum，2000）指出全球化的表现使服务企业能够发展更广泛、更复杂的“经验值”并分享各地产生的知识，提升企业竞争力。过去波特的观点认为，竞争优势如技术诀窍“Know-How”等是从一个国家到另一个国家的传递和转移。然而在服务业跨国公司中，竞争优势也产生于企业持续地与全球各相关中心的区位联系并获取当地知识的能力。不管这些知识中心的当地市场潜力如何，即使该市场根本无利可图，只要从当地项目活动中所获得的经验运用于其他市场上所带来的价值大于在当地市场上所花费的成本，企业就有可能从当地市场上获得竞争优势。

还有一些学者认为服务企业在经验增长后，将对自身满足顾客需求的能力、估计成本和收益以及掌握海外市场经济增长的真实情况，具有更大的信心。艾瑞丽（Erramilli，1991）通过观察服务企业选择海外市场进入的行为后，认为随着服务企业经验的增长，其国际化的地理范围将更加多样化，服务企业将更倾向于选择与母国文化差异较大的地区市场。

三、外部因素的影响

外部因素对于服务业跨国公司扩张的影响也是许多学者研究的重点。瑞登等人（Reardon et al.，1996）通过对服务业跨国公司在扩张中所面临问题的研究，发现无论服务业跨国公司具有多么强大的竞争优势，在扩张中最主要的问题还是东道国政府的管制，以及与此紧密相关的文化和营销方面的问题，而且不同行业、不同规模的服务企业所面临的问题都非常相似。他们提到，虽然美国服务业跨国公司相对于他国竞争对手而言是具有很多优势的，然而国外市场上的种种障碍，如市场准入、透明度、雇员人事问题、客户关系以及文化差异等，使企业很难有效地为国外客户提供服务。

李嘉涛和桂森哲（Li & Guisinger，1992）在对三大发达地区的服务业跨国公司进行实证分析研究后也认为，东道国市场开放程度、市场规模、文化差异、全球寡占反应是服务业对外直接投资的主要影响因素。由此看来，外部因素对于服务业跨国公司的扩张具有较大影响。

另外，许多研究试图对服务业跨国公司扩张因素进行综合研究。拉洛、克里斯托弗和乔治（Love-lock，Christopher H & George S；1996）提出了八类扩张动因：相同的顾客需求、全球性顾客、全球性销售渠道、全球规模经济、有利的物流条件、信息技术的发展、政府政策和管制以及可转移的竞争优势。薛求知和郑琴琴（2002）认为，需求的拉动、供给的推动、服务业的竞争、进入壁垒降低、赢得信赖以及全球学习推动了服务业跨国公司的扩张。

关于服务业跨国公司扩张的动因在一些相关研究中也略有提及，然而却没有对此进行深入探讨。美国的克里斯托弗·H. 洛夫洛克在《服务营销》中认为有五种产业动力有助于服务业全球化和全球一体化的战略：（1）市场动力；（2）竞争动力；（3）技术动力；（4）成本动力；（5）政府动力。谢康的《同场竞技：入世后的跨国公司与中国企业》提到服务业之所以日趋成为跨国公司对外直接投资的重点，其主要原因是：（1）全球对现代化服务需求的增长；（2）东道国对服务业发展提出更高的要求；（3）服务业的贸易性不断提高；（4）服务业在生产、就业、贸易和消费等方面发生良性效应；（5）发展中国家开始允许外商进入一些服务行业投资。

然而，许多对于服务业跨国公司动因的研究都是以现象列举的方式进行分析解释的，并没有对动因背后的深层缘由进行挖掘，使研究缺乏理论支持。

第三节 服务业跨国公司区位选择理论

过去对于跨国公司进入地理位置的研究是由经典的区位优势理论所主导的，它成功地解释了制造业跨国公司选择地理位置的行为依据。然而，之后服务业跨国公司表现出的特殊地理选择特性（如某地区服务供给者的集中性）对此提出了挑战。

纳次姆（Nachum，2000）将经济地理理论与区位优势理论融合，对金融与专业服务业跨国公司进行了实证分析研究。经济地理理论主要是针对高度分工并与外部世界具有有限经济联系的中小企业的研究。最早提出这一概念的是马歇尔（Marshall，1890），之后就成为地理集群理论的核心。众所周知，集群效应不是通过个别企业的努力而实现的，往往是由处于同一地理位置的所有企业能力的总和而形成的集体能力和优势。

通常认为该理论对于大规模、地理位置覆盖广泛的跨国公司来讲是不适用的，跨国公司的竞争优势主要依赖于公司内部特有的性质，例如，根据国际经营理论，跨国公司的优势是典型的全球范围内大规模的经营活动所带来的内部的规模经济和范围经济，这种优势通常在中小企业集群这种特殊群体活动中不会产生，而中小企业集群所带来的竞争的加剧以及资源利用的减少对于跨国公司来讲并不能产生传统意义上的理想的区位优势。

另外，跨国公司机构的地理分布往往延伸至两个或者更多的国家，这与处于同一地理位置上的小型当地化企业所产生的外部联系大不相同。集群中的当地企业仅仅只有一个当地动态的外部联系，而跨国公司不仅有外部联系，而且还有公司内部各机构之间的联系（Dupuy & Gilly，1999）。这意味着跨国公司对于外部联系的需求没有当地企业来得迫切。

然而，当地信息和知识对于服务业跨国公司来讲是非常重要的，而且服务业跨国公司松散的组织结构以及业务外包的更多使用，赋予了各分支机构更大的自主权和创新动力。这就增加了服务业跨国公司各分支机构对当地外部联系的依赖，也给服务业跨国公司机构的地理位置选择提供了更多机会。

纳次姆（Nachum，2000）通过将经济地理理论与区位优势理论融合，对美国金融和专业服务业跨国公司进行了实证分析研究，结果包含三个方面：

第一，集聚经济和区位优势共同作用，形成了美国金融和专业服务业跨国公司的地理区位的选择模式。对于金融和专业服务业跨国公司区位选择的影响因素分析必须充分认识到传统区位优势和集群活动的吸引。

第二，研究对于集聚经济和其他区位选择的影响因素进行了深入研究。而区位优势对于金融和专业服务业跨国公司在美国的区位选择比集聚经济的影响力更强，具有丰富资源的特定地区比当地存在集群经济对于企业更有诱惑力。

第三，研究对解释力在时间序列上进行了改进。随着时间的推移，解释对外直接投资分布的区位优势影响力将逐渐减弱，而集聚经济效应则有增强趋势。

该研究结果表明了经济地理理论在服务业跨国公司区位选择时所产生的积极作用，两个理论的结合形成了服务业跨国公司特殊的地理优势。服务业跨国公司往往相似地选择某一具有传统区位优势的地理位置，同时对于服务企业之间外部联系的寻求将吸引更多的服务企业在此地投资，于是这种逐渐积累的机制将使该地区的区位优势增加。

因此，在研究跨国公司的区位选择时，应该对于各种因素进行全面考虑。从经济地理方面所获得的观点在解释跨国公司行为时是非常有用的，而遗憾的是，对于经济地理方面的考虑至今也未纳入到国际商务研究的领域中。但是，研究中对于集聚经济的引入，并没有抹杀区位优势对于跨国公司区位选择的相关解释力，而是将两者融合，兼顾区位优势和集聚经济所带来的特殊位置对跨国公司区位选择的影响。

纳次姆的研究针对模型中采用集聚经济后所表现出的显著的解释力，对国家和当地政府对于寻求吸引外资的政策制定提出了一些建议：

一方面，由于集聚经济可以带来良性循环，对外接投资可以创造积累的效应，过去的投入会产生现在和将来的更多的资金流。这意味着已经吸引了外资的国家应当采取持续吸引的政策，从而带来良性的循环。任何一项投资吸引所带来的收益将会随着后续相似投资的吸引而产生放大作用。也就是说，某一项投资所带来的后续更大的价值远远超过其本身所带来的价值，因此，在适当的条件下，应当播下创造集聚经济的种子。

另一方面，有可能存在政治边界和区域范围的不一致，这会对跨国公司的区位选择产生影响。因此，吸引外资的政策工具应当用于相关的经济区域（如某个特殊的城市中心），而不是某个政治区域（如整个国家）。

第四节　服务业跨国公司进入模式理论

从开始进行国际化运作的那一刻起，服务业跨国公司就表现出了很多与制造业跨国公司不同的特征，其中一个明显的特征就是进入方式的多元化。上文中也提到，相对于制造业跨国公司来讲，服务业跨国公司更倾向于采用非股权方式进行国际化。服务业跨国公司这种以市场交换为基础的国际化行为，不仅仅是对传统跨国公司内部化理论的巨大挑战，也是吸引许多研究学者关注的地方。

与许多跨国公司的研究相似，早期的进入模式选择领域的研究绝大多数都集中在制造业企业上（Contractor，1985；Kogut & Singh，1988）。随后许多学者提出了服务业企业在国际化扩张模式上与制造业的不同（Bowen，Siehel & Schneider，1989；Lovelock，1983）。认识到对于制造业研究的理论结果并不能很好地适用于服务企业后，学者们对于服务业国际化扩张模式的选择展开了一系列讨论。

一、进入模式选择理论

艾瑞丽等人（Erramilli et al.，1990）提出了服务业跨国公司进入模式选择理论。该研究针对服务企业的特殊性质，对服务业的海外市场进入模式进行了研究。通过使用“市场知识”这一决定企业进入模式的变量，对于服务业跨国公司的跟随客户和寻求市场两种情况的进入模式与参与程度提出了几种假设，并通过对463个服务企业国际扩张活动行为的调查进行了实证分析检验。研究认为服务企业获得的市场知识越多，在进入模式的选择上就越大胆①。

在分析企业进入市场模式时，艾瑞丽首先对企业采用的某一特定进入模式所表现出的在海外市场上的参与程度进行了定义，称之为“市场参与度”（Level of Involvement），并用这一定义对企业的海外扩张进行了衡量。

从最高参与度的全资子公司，到最低参与度的合同安排进入，服务企业在进入国外市场时，进入模式和参与程度往往形式各异。而企业在国外市场上的市场参与度依赖于：（1）对于国外市场所要投入的管理资源和财物资源；（2）企业所要投入的资源在东道国市场的特殊程度。

企业在不同进入模式上的选择将使它们在海外市场运作中的控制权发生变化。一般说来，企业要想保持较高的海外经营控制权就必须选择较高市场参与度的进入模式。但是当企业面临无法接受的风险和不确定性时，决策者也会试图降低海外市场的参与度，转而与外部代理、经销商或东道国伙伴进行合作。换句话说，它们愿意通过放弃一定的控制权来换取较低的风险和不确定性。

服务企业进入海外市场时主要有两种类型：客户跟随型（Client Following）和市场寻求型（Market Seeking）。客户跟随型服务企业进入海外市场主要是为其母国客户的海外分支机构提供服务，该类企业进入国外市场时通常采用全资子公司形式；而市场寻求型服务企业进入海外市场主要是为东道国客户服务，其进入国外市场往往采用合资形式。

客户跟随型企业相对于市场寻求型企业来讲，通常会具有相对较多的海外市场知识。这就意味着市场寻求型企业面对的风险和不确定性可能更高，因此在国际扩张中，

---

① Erramilli M K, Rao C P. Choice of foreign market entry modes by service firms: role of market knowledge[J]. Management International Review, 1990,30(2):135-150.

市场寻求型企业也就表现出更强烈的与外部实体合作的意愿，以弥补其市场知识的不足。这也揭示了客户跟随型企业在市场进入模式的选择上表现得更为大胆。

二、进入模式选择理论的深入研究

艾瑞丽等人（Erramilli et al., 1993）利用交易成本分析法（TCA）对服务业跨国公司进入模式选择理论进行了更深入的研究①。

研究所涵盖的对象非常广泛，既包括商业服务业也包括消费者服务业，既有全资子公司经营、合资经营，也有合同安排，但是不包括出口贸易形式。与过去局限于研究大型的服务业跨国公司相比，该研究范围也包括了中小型服务业跨国公司。

作者首先对全资子公司经营、合资经营和合同安排等进入模式进行了归类。全资经营是企业对国外生产和经营的完全控制，因此这被称为完全控制模式。而其他的经营模式都要或多或少地与外部实体分享控制权，因此统称为分享控制模式。该研究主要就是研究服务企业进行国际扩张时在这两种类型的模式之间是如何进行选择的。

研究认为，企业一开始都期望采用完全控制的进入模式。随着进入模式选择中一些关键变量的影响，带有低资产特殊性特征的企业会放弃一定的控制权来应对整合成本的提高或整合能力的降低。

艾瑞丽等人提到，早先公司更多采用内部一体化以及更多控制权的进入方式主要就是基于市场失灵，降低交易成本。而交易成本分析法则是建立在市场完全竞争假设基础上的（例如有很多潜在供应商），那么对于加强供应商行为管理的市场，压力就减小了，而“在这样的条件下，市场化的合同安排或低控制权的进入模式才会被企业所青睐”。

比如供应商的谈判能力就会影响交易成本，进而影响跨国公司进入方式。如果市场失灵，有限的供应商将使进入企业处于谈判的不利地位，那么存在合同关系的企业对于供应商的机会主义行为就必须进行严格的磋商和监控，这时若采用低控制模式将会使交易成本大大提升，此时通过有效率的、可控制的内部化来代替与供应商的交易将减少交易成本。而如果市场上存在众多的供应商，那么可替代性就会降低机会主义的发生，促使供应商更有效率地与企业配合，那么采用非股权安排的市场化交易未尝不可。

由于市场失灵而采取的一体化所带来的交易成本降低的好处必须与一体化所带来的成本相比较，因为建立内部一体化也会带来显著的内部组织管理成本和官僚成本。这些高昂的成本会降低企业灵活性，带来转换成本的提高。可见，内部一体化的控制成本也是很高的。企业在选择进入模式时，会面临两种交替成本的选择。

根据交易成本的观点，最重要的决定因素是特殊的交易资产。这种特殊的交易资产是专门化的、独一无二的物力或人力的资本，如生产某种材料所需要的特殊设备、进行某项服务预先所必须掌握的非一般性的专业技术或诀窍等。当企业资产的特殊性较高时，企业会采取内部一体化充分控制权的进入方式，因为分享控制权会带来更大的利润流失。

---

① Erramilli M K, Rao C P. Service firms' internationalentry mode choice: a modified transaction-cost analysis approach [J]. Journal of Marketing, 1993,57(3):19-38.

由于服务企业的一些特殊性质，如低资本密集度和生产消费不可分割性，传统的交易成本理论框架有必要进行修改以适应服务企业的要求。

传统的交易成本分析法（TCA）是建立在市场契约或低控制权模式的选择是对于低资产特殊性默认的前提与基础上的。而这个前提假设要成立必须具备两个条件：在不完全市场中，一体化的唯一好处就是减少了交易成本；一体化成本通常是非常高的。

然而实际上，这两个前提假设并不总是成立的。安德森和盖次里昂（Anderson & Gatignon，1986）就指出，除了减少交易成本动机外，通常会有许多其他非 TCA 动机促使企业采取一体化形式。同样对于第二个前提，由于在许多服务企业，特别是专业服务业企业中，建立全资子公司仅仅只需要建立一个办公室，其所需的固定投资成本是较低的，因此一体化成本不高，而且一体化所带来的转换成本也是相对较低的，因为服务企业里真正创造价值的是人力资源，而人力资源也是相对灵活的。

很明显，断定低资产特殊性企业会自动地选择分享控制权模式是不严密的，因此传统的交易成本分析理论需要进行修正。艾瑞丽等人认为企业在选择控制权模式时，还会有一些其他因素的影响，使一体化的成本和收益发生变化。

艾瑞丽等人对交易成本模型进行修正后，用实证分析法通过五个变量（资本密集度、服务可分性、文化差异、国家风险、企业规模）对资产特殊性与控制权的分享之间负相关影响的假设检验，对服务业国际化模式选择进行了研究，并认为，当内部组织成本较高或企业一体化能力较低时，服务差异化程度较低的企业比差异化程度高的企业更多地倾向采用部分控制模式。检验结果表明，除文化差异没有显著性外，其他变量均对该相关性产生影响。

通常低资产特殊性的企业更多地选择分享控制权模式，但是如果企业资产密集度较低（也即一体化成本较低），低资产密集度的企业不愿意分享控制权，从而不能利用一体化所带来的优势。随着资本密集度的增加，低资产特殊性的企业将发现充分控制权模式将越来越没有吸引力。然而，高资产特殊性的企业将坚持一体化模式，而不考虑资产密集度，因为分权所带来的交易成本始终是巨大的。因此，资产特殊性与企业分享控制权效用的反向关系会随着资产密集度的提高而加强。

相对于制造企业来讲，服务的生产与消费不可分性是显著的，但是在服务业内部，服务的可分性还是有程度上的差别。高度不可分性的服务使企业面临特殊的风险：在没有最初出口服务获得一定经验的情况下就直面顾客开展服务。对于这种额外的成本和风险，高资产特殊性的服务企业选择自己承担，而低资产特殊性的企业则更多选择与其他伙伴共同承担。因此，资产特殊性与企业分享控制权效用的反向关系会随着服务不可分性的提高而加强。

在低风险国家，低资产特殊性企业没有理由放弃自己的控制权，然而随着国家风险的提高，灵活性变得更加重要，低资产特殊性企业会加强寻找分享控制权的意愿，而高资产特殊性的企业则会坚持全部控制权的进入模式。因此，资产特殊性与企业分享控制权效用的反向关系会随着国家风险的提高而加强。

通常大企业具有更多的资源使用和风险吸收的能力，因此更愿意建立一体化企业，而且大企业在控制权的谈判中也具有更强的谈判能力。由于控制权的减少也意味着利润的流失，高资产特殊性的企业会不考虑企业的规模而坚持采用全部控制权模式，而低资产特殊性企业在规模较小的时候更愿意进行控制权的分享。但随着企业规模的扩大，这种放弃控制权的意愿会降低。因此，资产特殊性与企业分享控制权效用的反向关系会随着企业规模的提高而减弱。

三、特许经营与管理服务合同等进入方式的研究

前面的研究运用交易成本分析法，成功地解释了服务企业进行国际扩张时在完全控制和分享控制这两种模式之间是如何进行选择的。然而交易成本分析法的主要功能也就局限于对这两大类控制模式选择的解释，企业对于具体不同程度的分权控制模式如何进行选择，则是交易成本分析法所不能及的。

为此，艾瑞丽等人（Erramilli et al.，2002）进一步探讨了服务业跨国公司在国际化扩张时两种不同的非股权进入方式（特许经营和管理服务合同）的选择。用组织能力分析法对酒店业企业两种非股权进入方式进行了实证分析。

研究认为，企业在特许经营和管理服务合同之间的选择可以看成是在准内部模式和准市场模式之间的权衡。特许经营要求资源跨企业边界的转移，而管理服务合同则是企业内部能力的转移。

企业的资源或能力对于企业的竞争优势来讲是有价值的。当企业进入海外市场时，它必须将资源和能力转移到海外运营机构中。因此企业要选择一种进入模式来最好地转移资源和能力，而不损害它们的价值，进而损害企业的竞争优势。

当资源及能力的转移对于企业价值产生较大冲击而损害其竞争优势时，服务企业倾向于采用偏内部化的管理合同方式，反之会采用更加外部化的特许经营方式。通过对一系列服务业跨国公司国际化进入方式选择的研究，不难发现研究中的不足之处。

对服务业国际化中股权与非股权安排的选择存在两个局限性：（1）实证分析中由于数据获取的困难而造成样本的普遍代表性不够；（2）该研究是继承了过去所有权决定控制权的论点，而这并不是始终如此，越来越多的研究表明通过非股权以及合同安排形式，企业也能够获得控制权（Dunning，1988；Heideand John，1992）。因此，对于服务企业来讲，无论其股权参与程度如何，它都有可能获得一定的控制权。

另外，艾瑞丽等人的交易成本分析，主要是针对服务业跨国公司采取垂直一体化时，针对交易成本而采取的进入模式选择，其中也提到“该理论对于企业进行垂直一体化决定的解释是很有效的”。然而，就服务的不可分割、不可储存性来讲，服务企业本身就是集生产与销售为一体的企业实体，而且许多服务企业（如咨询公司、保险公司等）并没有什么供应商可言，因此服务业跨国公司若采取一体化，则更多地采用的是水平一体化形式。对于许多采用水平一体化的服务业跨国公司，这种分析就显得不太适用了①。

① Erramilli M K, Rao C P. Service firms' internationalentry mode choice:a modified transaction-cost analysis approach [J]. Journal of Marketing, 1993,57(3):19-38.

第五节 服务业跨国公司发展理论

一、服务业跨国公司发展三阶段理论

讨论跨国公司绩效与扩张程度的关系不仅对于学术界，而且对于公司战略而言也是至关重要的一个话题。过去，主流的国际商务理论都认为企业国际化程度与绩效是正相关的，国际扩张的优势产生于：

（1）将中央管理费用分散到更多的国家，特别是研发密集型行业，这是很重要的，即将研发费用摊销到更多的市场中去（Kobrin，1991；Tallman & Li，1996）。

（2）更多的国际经验的学习和获得。

（3）在国外市场上获得更廉价和特殊的资源，这包括更廉价的劳动力、更高的科技或某个国家的特殊资源（Porter，1990；Jung，1991）。

（4）跨国公司全球扫描竞争对手、市场以及其他获取利润机会的能力。

（5）更好地运用交叉补贴、价格歧视以及在更广泛的地理范围内套利。

近年来，许多对于跨国公司扩张的研究表明，跨国公司在国际化扩张中既有获得优势的一面，也有付出的代价，不容忽视。至于究竟是负面效应占据主导还是更多地获得了正收益则是近年来讨论的焦点。

一些学者对于制造业跨国公司国际扩张不同阶段的绩效进行实证研究，结果产生了两个相反的 U 形效应关系。

U 形关系表明国际扩张在初始阶段对企业绩效产生负面影响，随着国际化扩张的深入，则逐步转化为对绩效的正面影响（Qian，1997；Ruigrok & Wagner，2002）。而倒 U 形关系表明在国际扩张超出一个最优水平后，会损害企业的绩效（Daniels & Bracker，1989；Gomes & Ramaswamy，1999）。

（一）服务业跨国公司发展三阶段理论内容

基于过去的研究都建立在对制造业跨国公司的研究基础上，坎瑞特等人（2003）则对过去这些看似相反的研究结果进行组合，形成了新的国际扩张三阶段理论（S 形曲线），并将该理论运用于服务业跨国公司国际扩张的绩效实证研究[①]。

坎瑞特等人的三阶段理论认为服务业跨国公司国际化扩张分为三阶段。在最初阶段公司业绩是下降的，随着服务业跨国公司的逐渐向外扩张，公司绩效与国际化程度之间从最初的负相关转为正相关，而当服务业跨国公司过分扩张时公司的绩效又开始下降，如此形成了 S 形曲线效果（见图 6-2）。

阶段一，向下倾斜的曲线：最初国际扩张的成本和壁垒。企业在扩张初期一般是寻

① Contractor F J, Kundu S, Hsu C. A three-stage theory of international expansion: the link between multinationality and performance in the service sector[J]. Journal of International Business Studies, 2003, 34(1): 5-18.

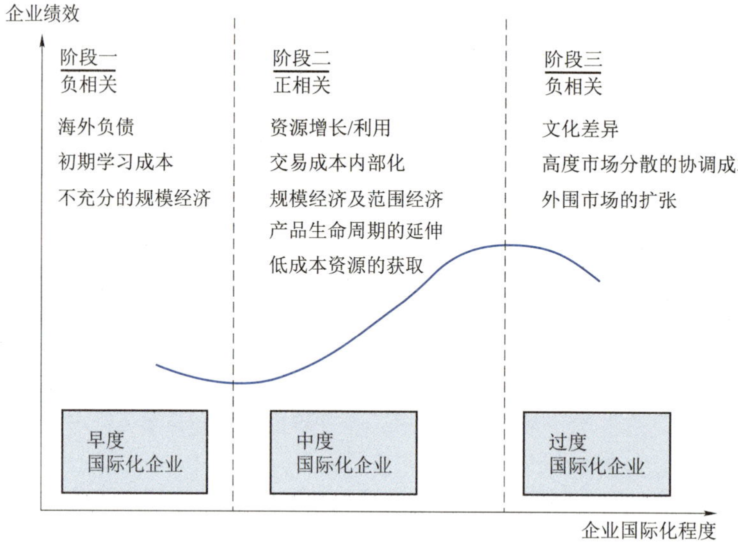

图 6-2 三阶段理论（S）模型

找和熟悉市场，初期的额外负担或成本是企业必须承担的。由于不熟悉国外市场、环境及文化，企业一开始就必须付出较大的知识获取成本，而且企业在海外扩张初期国际运作的规模较小，用已经运作的仅有的现有市场所获得的收入来弥补开发新的市场运作的前期投入还有较大压力。因此，企业扩张初期业绩是下降的。

但是，初期的成本和障碍并不是致命的负担，否则就没有企业愿意进行海外投资了。因此虽然初期表现为业绩下滑，但是坡度较为平坦，而且经历的时间也相对阶段二较短。

阶段二，向上延伸的曲线：国际扩张的收益逐步实现。在国际扩张中期，更大地理规模的运作更有效率，绩效获得改进和提高。总部的固定运营成本和巨大的研发费用可以由更多国家的分支机构来分担。而更深入的国际扩张中所获得的收益相对于成本的增加有更大幅度的增加。

资源导向型企业能够更好地获得低成本的投入；市场导向型企业则能够发现更多的市场商机。而且在这个阶段，在更多的国家经营，能够使企业通过价格歧视、战略性的交叉补贴以及套利等方式获利。因此，在第二阶段，企业的业绩随着扩张的深入而提高。

阶段三，向下倾斜的曲线：国际扩张超出了最优范围。更广泛的国际扩张并不能给企业带来无止境的效益提高。过分的国际扩张超出了最优水平，将会使向外围扩张成本的增加超过所获得的利润而损害企业全球的整体性绩效。

由于已经进入了最有利市场，剩下的都是一些潜在利润较低的、次优的、边缘的市场，而且在超过最优数目的国家进行全球运营，势必会提高企业全球运营的复杂性，这就使企业内部协调、治理成本提高。即使对外直接投资能够给公司带来规模经济，由于管理者应付复杂性的能力有限，过度的国际化仍可能导致管理瓶颈的产生。高的信息成本会使战略控制失效。特别是在一些文化差异较大的国家，企业必须面对交易成本和公司治理成本大幅增加的现实。因此阶段三的曲线又重新表现为向下倾斜。

然而，为什么又会有企业越过最优范围，进行过度扩张呢？坎瑞特等人认为，对于一个企业来讲很难判断何时处于最优的扩张范围，何时过分扩张了。而且有一些企业可能会刻意地采取过分扩张的策略，以实现企业长期战略，如占领市场份额、排挤竞争对手、接近知识集群等。

该理论研究首先针对服务业内部各行业的不同特性将对绩效与扩张程度的关系产生不同影响，对服务业进行了分类，即分为知识密集与资本密集两种类型。知识密集型服务业包括广告、市场营销研究、出版、证券以及多种金融服务。资本密集型服务业包括航空运输、建筑、旅馆、饭店、快餐、批发、零售以及海上运输和陆地运输。研究对从 1983 年到 1988 年间 12 个国家 11 类服务业的数据资料进行实证分析。对两种类型服务行业的实证分析，证实了三阶段理论在服务业跨国公司中的适用性。

研究结果表明，S 形特征在知识密集型服务业中表现显著，而对于资本密集型服务业的 U 形特征坎瑞特等人认为，由于资本密集型服务业在扩张时要付出的成本相对较高，固定资产风险较大，因此该类企业在国际扩张中表现得更为谨慎，不像知识密集型服务跨国公司那样容易“过分扩张”。因此，目前处于第三阶段的资本密集型服务业很少，这就使得资本密集型服务业仅呈现出最初两个阶段的 U 形曲线，而没有完全形成 S 形特征。相比之下，知识密集型服务业具有较少的有形资产负担，可以更好地跟随顾客，更快地进行扩张以获取利润，因此，也就会更容易扩张至第三阶段，当中较少公司具有某种评估管理工具能够告诉它们什么时候它们已经过分扩张了。

而且，该研究也证实了只有较少的公司处于第一阶段和第三阶段的假设，大多数的公司都是处于第二阶段，也即国际化与绩效的正相关阶段。

（二）对服务业跨国公司发展三阶段理论的讨论

三阶段理论为我们研究服务业跨国公司开辟了一个很好的视角，然而其中存在的几个问题值得提出。

首先，对于资本密集型服务业未表现出 S 形特征所进行的解释有待探讨。资本密集型服务业扩张过程中会表现得非常谨慎，但这不能说明知识密集型服务业就容易“过分扩张”。从发展时间顺序来看，资本密集型服务业大多属于传统服务业，发展及对外扩张的历史较早，而知识密集型服务业大多属于新兴服务业，起步较晚。如此看来，其实资本密集型服务业发展更加成熟，更应该表现出 S 形特征。

其次，在该理论研究运用的样本中，绩效明显表现出三阶段的知识密集型服务业采用的样本无论在行业上还是在数量上都是偏少的，而行业与数量偏多的资本密集型服务业并没有表现出三阶段的特征（而是 U 形）。

最后，在立方与平方回归模型选择的过程中，研究者用 SPSS 统计分析分别对两种模型进行了拟合。结果二次方程模型显示的两种服务行业均为 U 形关系，而三次方程模型则对不同性质的服务行业表现出不同，分别为 S 形和 U 形。然而，他们并没有明确提到不取信于平方回归模型的理由，便直接采用了立方回归模型的结果，这种做法欠妥。

二、服务业跨国公司发展理论的进一步探索

格仁和玛可诺（Goerzen & Makino，2007）通过结合卓汉森和沃恩（Johanssan & Vahlne's，1977、1990）的序列投资理论（Sequential Investment Theory）以及库盖特和冉德（Kogut & Zander，1992、1993）的知识转移理论（Kownledge Transfer），建立了一套对服务业投资类型的新的分类方式，并在此基础上对服务业跨国公司的发展提出了新的理解①。

格仁和玛可诺（Goerzen & Makino，2007）认为序列投资理论与知识转移理论是相辅相成的，二者都认为公司的对外直接投资行为是一系列合理的、连贯的增量投资，而非离散的、试验性的投资决策。而业务的相关性（Relatedness）和区位特异性（Location-specificity）是服务业跨国公司国际化进程中的两个关键因素。

业务的相关性，可理解为转移到子公司的服务占企业核心业务的比重。区位特异性指的是由于区域特定事物和额外的学习需要导致的服务跨境转移的难度。根据这两个因素的维度，格仁和玛可诺（Goerzen & Makino，2007）将服务业投资重新定义为四类：核心—全球型（Core-global）、相关—本地型（Ralated-local）、不相关—全球型（Unralated-global）和不相关—本地型（Unralated-local）。

序列投资理论认为公司的对外直接投资首选区域特异性低的业务范围，随后区域约束逐渐增强；知识转移理论的观点则是认为公司的对外直接投资首选那些与公司主营业务更为相关的领域，而后逐渐向不相关领域拓展。综合两种观点，格仁和玛可诺（Goerzen & Makino，2007）提出服务业跨国公司的对外直接投资首先会选择进入核心—全球型服务领域（这些服务业务与公司核心业务相关性极高而区域特异性较低），随后进入相关—本地型服务领域（这些服务业务区域特异性强但与公司主营业务十分相关）和不相关—全球型服务领域（这些服务业务与公司主营业务不太相关但区域限定不强），最后公司才会进入不相关—本地型服务领域（与公司主营业务不相关且区域性约束较强），这种投资发展模式如图 6-3 所示。

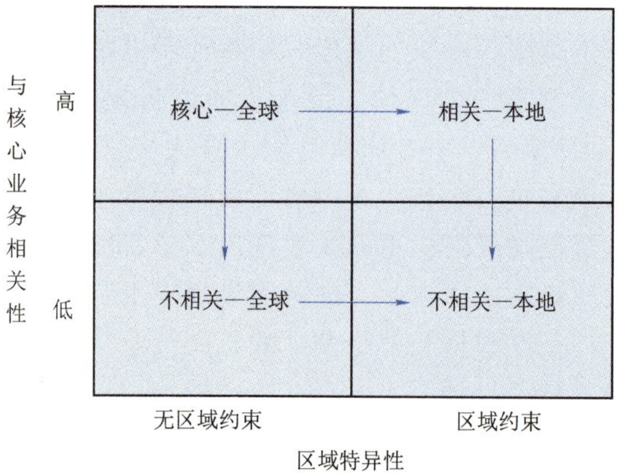

图 6-3 服务业投资发展模式

① Goerzen A，Makino S. Multinational corporation internationalization in the service sector：a study of Japanese trading companies[J]. Journal of International Business Studies，2007，38(7)：1149-1169.

格仁和玛可诺（Goerzen & Makino，2007）采用日本贸易企业的数据验证了其理论，并指出通过对传统跨国公司投资理论的修改和调整可以在一定程度上适应服务业跨国公司投资的发展。但是，由于服务业的特殊性质，为了更好地研究服务业投资的发展理论，需要对服务业进行更为精准的分类和界定。

参考文献

[1] 卢进勇,杜奇华. 国际经济合作[M]. 北京:对外经济贸易大学出版社,2009.

[2] 薛求知,郑琴琴. 服务型跨国公司的出现及扩张动因[J]. 世界经济研究,2002(5).

[3] 克里斯托弗·H.洛夫洛克. 服务营销[M]. 3版. 陆雄文,庄莉主,译. 北京:中国人民大学出版社,2001.

[4] 谢康. 同场竞技:入世后的跨国公司与中国企业[M]. 上海:社会科学出版社,2001.

[5] Dunning J H. Multinational enterprises and the growth of service: some conceptual and theoretical issues[J]. The Service Industry Journal, 1989,9(1): 5-39.

[6] Nohria N, Ghoshal S. The differentiated network: organizing multinational corporations for value creation[M]. San Francisco: Jossey—Bass Publishers, 1997.

[7] Bhagwati J N. Incentives and disincentives: international migration, Economic Incentives [J]. 1984,120(4):678-701.

[8] Erramilli M K, Rao C P. Service firms' internationalentry mode choice: A modified Transaction-Cost Analysis Approach[J]. Journal of Marketing, 1993,57(3):19-38.

[9] Aharoni Y, Nachum L. Globalization of services: some implications for theory and practice [M]. London: Routledge, 2000.

[10] Li J. Experience effects and international expansion: Strategies of service MNCs in the Asia—Pacific Region[J]. Management International Review, 1994,34(3):217-234.

[11] Erramilli M K. The experience factor in foreign market entry behavior of service firms[J]. Journal of International Business Studies, 1991,22(3):479-501.

[12] Pauwels P, Patterson P G, Ruyter K, et al. The propensity to continue service internationalization: a model of planned behavior [R]. Maastricht: METEOR, Maastricht Research School of Economics of Technology and Organization in its series Research Memoranda, 2003.

[13] Nachum L. Economic geography and the location of TNCs: Financial and professional service FDI to the USA [J]. Journal of International Business Studies, 2000, 31(3):367-385.

[14] Reardon J, Erramilli M K, Dsouza D. International expansion of service firms: problems and strategies[J]. Journal of Professional Services Marketing, 1996,15(1):31-46.

[15] Li J, Guisinger S. The globalization of service multinationals in the "Triad" regions: Japan, Western Europe and North America[J]. Journal of International Business Studies,

1992,23(4):675-696.

[16] Lovelock C H, Yip G S.Developing global strategies for service businesses[J]. California Management Review,1996,38(2):64-86.

[17] Dupuy C, Gilly J P.Industrial groups and territories:the case of Matra-Marconi-Space in Toulouse[J]. Cambridge Journal of Economics,1999,23(2):207-225.

[18] Erramilli M K, Rao C P.Choice of foreign market entry modes by service firms:role of market knowledge[J]. Management International Review,1990,30(2):135-150.

[19] Anderson E, Gatignon H.Modes of entry:a transactions cost analysis and propositions [J]. Journal of International Business Studies,1986,17(3):1-26.

[20] Errmilli M K, Agarwal S, Dev C.Choice between non-equity entry modes:an organizational capability perspective[J]. Journal of International Business Studies, 2002,33(2):223-242.

[21] Contractor F J, Kundu S, Hsu C.A three-stage theory of international expansion:the link between multinationality and performance in the service sector[J]. Journal of International Business Studies,2003,34(1):5-18.

[22] Goerzen A,Makino S.Multinational corporation internationalization in the service sector:a study of Japanese trading companies[J]. Journal of International Business Studies, 2007, 38(7):1149-1169.

第七章

中小型跨国公司投资理论

20世纪70年代后，以经验学习为观点的企业国际化理论开始兴起，反映了企业对国外市场信息获取困难以及国外经验缺乏的客观情况。80年代晚期和90年代早期，随着信息技术的进步，国际市场逐步融合，系统的国际化理论应运而生。90年代中期，国际市场环境复杂多变，国际经济进一步自由化，大部分中小企业突然间国际化的现象促使了外部机遇因素观点的出现。近些年，大批中小企业从成立之初就开始快速国际化，以市场网络理论为基础、企业家精神为视角的新解释不断涌现。

第一节　中小企业国际化阶段模型

中小型跨国公司的投资理论主要涉及三个模型：乌普萨拉（Uppsala）模型、天生国际化（Born Global）模型及再生国际化（Born-again）模型。

一、传统的乌普萨拉模型

传统的乌普萨拉模型是基于经验研究来解释中小企业国际化模式的。卓汉森和保罗（Johanson & Wiedersheim-Paul，1975）通过调研瑞典四个国际化企业，从心理距离、潜在市场规模、行动知识和组织结构等方面进行案例分析，提出了乌普萨拉模型，为了同后面修正的乌普萨拉模型相区别，我们称之为传统的乌普萨拉模型。该模型认为国外市场知识是企业国际化发展的重要影响因素，而这一知识主要通过在国外市场经营实践中获得。市场知识影响着投资决策，投资决策决定了经营活动的开展，经营活动促使企业在获得市场知识的同时，降低潜在的风险，增加对国外市场的投入。如此反复，不断循环。传统乌普萨拉模型的主要核心要素包括：（1）市场知识。市场知识是影响国际经营决策的重要因素。相较于较易获得的客观知识，企业经验与市场经验更为重要，需要在经营实践中获得。（2）市场投入。它是指资源投入的数量与程度。（3）投入决策。决策者需要平衡两方面的利弊，即处理好市场运营规模增加带来的经济效应与市场不确定性带来的风险之间的关系。（4）经营活动。国际化过程中，企业在目标国市场开展国际经营活动的顺序依次为：没有稳定的出口活动，通过制造商代理出口，设立国外销售代理，开展国际生产。企业通过中间媒介陆续进入国际市场，设立国外市场的常驻代理。随着销售额的增长，销售机构替代代理，随着销售额的继续增长，企业会克服贸易壁垒直接在国外市场生产。这一国际化进程被称为链条构建，模型结构如图 7-1 所示。

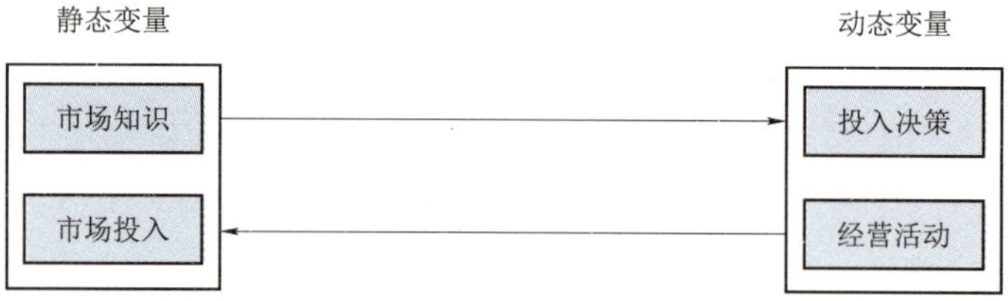

图 7-1 传统的乌普萨拉模型结构

传统的乌普萨拉模型应用于大型跨国公司与中小型跨国公司的分析中。该模型认为国际化是一个企业自我强化、不断增加学习积累、逐步获得国外市场知识、增加对市场投入的过程，是一个基于企业“走出去”链条构建“不规律的出口活动—通过代理出口—销售子公司—生产制造”而形成的解释模型。传统的乌普萨拉模型假定市场存在不确定性以及企业决策者拥有受限理性。模型中有两个动态机制：第一，企业在“走出去”的经营过程中，通过学习经验知识而不断完善投入决策以巩固其在国外市场的地位。第二，经营活动中积累的经验构成企业的市场知识，这些知识进而影响投入水平的决定以及下一步的经营活动，这是一个循环往复的动态过程。

传统的乌普萨拉模型的两个关键变量是国外经营模式与心理距离。企业进入新市场与心理距离远近相关。企业根据了解的国外环境的困难程度权衡心理距离，企业的国际化程度由低向高依次进行，进入国外市场的次序根据“心理距离”远近程度来排列，但并非按部就班，可能会有跳跃性发展。缺乏国外市场知识是国际化经营的主要障碍，并且由于不确定性，企业的市场投入是逐步增加的。企业首先在与本国心理或者地理距离相近的国家开展业务，采取低风险、低水平投入的市场进入模式，比如设立出口代理。出口代理决策与潜在市场规模无关，与心理距离远近有关；而在外国设点进行生产销售与潜在市场规模、心理距离相关。但是，传统的乌普萨拉模型缺乏衡量的标准，解释范围有限，知识增长与市场投入增加之间的解释并没有完全被实践检验。

二、修正的乌普萨拉模型

传统的乌普萨拉模型旨在揭示企业国际化进程的特征。企业内部关系与外部挑战直接影响国际化是否顺利进行。企业间合作关系的建立为信任、市场投入以及学习提供了潜在可能的机会。国际化进程中，外国投资者需要企业特定优势以应对外部的挑战。心理距离越大，则外部挑战越大。

卓汉森和沃恩（Johanson & Vahlne，2009）修正了传统的乌普萨拉模型，引入了网络视角，认为市场是一个联结所有企业的复杂、不可见的网络，网络关系为企业经验学习、信任与承诺的构建提供可能性，影响着国际化的成功与否。2009 年修正的乌普萨拉模型基于网络关系模型来分析经验学习过程，将经验学习与商业关系、投入决策的互动，描述为学习、识别市场机会的主要机制，解释了关系学习使得企业可以进入新的国外市场，企业需要发展新关系为其提供一个进入其他市场的平台。

修正的乌普萨拉模型认为，企业国际化业务依赖于企业的外部关系和市场网络，“走出去”的企业基于其自身与重要合作伙伴的关系开展国际业务。如果该合作伙伴在一个或更多的国家有一个有利的市场网络位置，该企业很可能会跟随该合作者。开展国际化进程的可能性包含以下两种情况：第一种情况是发现有利的国际商业机会的可能性。合作者之间的认知基础是相互联系的，有存在与其他网络成员间接联系的机会。得益于相联系的认知基础，己方企业可能因此进入国外市场网络，进而识别与利用机会。合作方之间相互的信任与市场投入并非一定通过正式的合约实现，至少存在过去合作的商业经历，彼此达到最低限度的满意即可。第二种情况是当存在合作关系的合作者“走出去”，或已经“走出去”，合作者希望己方企业跟随之，己方企业基于彼此之间的承诺关系跟随合作者“走出去”，如图 7-2 所示。

图 7-2　修正的乌普萨拉模型结构

对于国际化企业“走出去”的路径问题，修正的乌普萨拉模型认为，除非国外市场中合作者有一个很有利的市场网络位置，否则进入哪个国外市场取决于己方企业与合作者所发现的机会。如果企业没有有价值的合作伙伴，该企业会去那些容易建立联系的企业所在国的市场。例如，同代理中间商、分包商建立联系，当企业与客户建立联系后，通过中间商建立自己的子公司，较短的心理距离便于建立和发展关系，这对于尚未具备有利条件去识别、利用机会的企业而言是可行的。企业具体关系中的“知识”“信任”“投入”等变量可以解释企业进入国外市场的过程是如何开始的。例如，己方企业可能基于合作者与其他商业伙伴的信任，利用与合作者已有的关系。而市场知识的增加会使得己方企业或者合作者对彼此关系不满意，二者可能会决定减少投入甚至解除关系。

三、传统乌普萨拉模型与修正乌普萨拉模型的比较

比较图 7-1 与图 7-2 可以发现，修正的乌普萨拉模型将静态变量“机会认知”加入到“知识”中，“机会”是“知识”的子集，说明“机会”是企业国际化知识结构中最重要的元素。其他重要的知识组成要素包括需求、能力、战略以及与己方企业有直接或间接联系的市场网络等。

传统模型中的另一个静态变量是“市场投入”，修正的模型中静态变量是“网络定位”。修正的模型设定国际化过程是在规划一个网络，企业的国际化发生在市场网络的背景下，不同程度的“知识”“信任”“投入决策”水平非均匀地分布在相互交流的市场参与者关系之中，并在促进国际化的过程中发挥不同作用。如果国际化顺利，潜在收益可观，“学习”“信任”“承诺”的建立是较好的结果，对于“走出去”企业找到国外市场网络位置，建立合作伙伴关系是有益的。

传统乌普萨拉模型中的动态变量是“经营活动”，修正模型中动态变量是“学习”“创造”“信任建立”。“经营活动”指日常经营活动以增加知识、信任、承诺水平。“学习”“创造知识”“建立信任”过程的速度、强度以及有效性取决于已有知识、信任、承诺的体系，尤其取决于合作方寻找既定机会的需求程度。高水平的知识、信任、承诺在合作关系中形成更有效率的创造过程。

传统乌普萨拉模型中的另一个动态变量“投入决策”。修正的模型中增加了“商业关系”，说明承诺是对合作关系的承诺或是对关系网络的承诺，即企业对于市场网络中的一个或几个合作关系决定增加或减少承诺水平。承诺的改变可能会加强或减弱合作关系。从网络关系理论看，关于关系承诺的决定有两种：一种是在大多数商业活动中发展新关系，或为新的网络关系搭建做准备；另一种是保护或支持企业已有的战略关系网。

传统的乌普萨拉模型认为企业国际化需要增加“知识”，而“知识”来自于当前经营活动的经验之中。经验学习可以了解不同的国外市场情况以及自身能力，进而使得开展国外经营成为可能。这里的“知识”主要包括“市场知识”“商业环境”“基于国际化经验的基本知识”等元素。大部分研究支撑了“市场知识”是“知识”的关键组成部分的观点。国际化过程的经验学习中，缺乏诸如语言、法律、规则等有关市场框架性方面的知识会影响到企业的心理距离以及外部对企业的压力。按商业网络关系的视角，有关商业环境知识的缺失会阻碍企业进入外部市场，增加企业“走出去”的压力，充分认知与己方企业有关联的企业以及即将会有商业往来的企业，了解企业之间的关系很有必要。企业参与国际业务的资源以及能力的基本国际化知识同样重要，主要包括国外市场进入、具体方式、核心业务、联盟、并购等。缺乏的系统市场知识需要大量的时间弥补，对国际化的成本影响很大。传统的模型中每个企业组织之间市场知识不断交流，并随之产生新的市场知识。修正的模型加入了“特殊关系知识”，涉及交互双方的异质性资源与能力方面的知识，在不同的市场与不同的合作伙伴交流过程中，企业会学习如何协调这些“特殊关系”，这个过程会产生更多的市场知识与经验积累。

传统的乌普萨拉模型没有明确关系情感维度的因素。修正模型的引入包含认同、情感等因素的社会资本、信任及类似的概念。情感因素对于理解合作关系至关重要。信任在合作关系发展与网络构建中的作用明显。对于顺利学习与发展新知识而言，信用是一种关键要素，甚至在知识缺失时，信任可以替代之。信任是建立合作的前期基础，尤其是在市场不确定的情况下，信任促使彼此交流信息。信任在关系建立早期很重要，当关系需要持续巩固以产生可利用的市场机会时，信任的重要性贯穿其中，合作双方都会保证尽最大努力维护之。信任与投入都会促进效率，保证生产的有效性。

市场投入承诺对国际化的重要性在修正的乌普萨拉模型中没有体现。企业与合作伙伴之间的互惠承诺有利于国际化。信任是承诺的前提条件，信任引发承诺的出现，意味着有意愿维持关系，并愿意投资，以牺牲短期利益换取长期利益。基于长期利益，一定程度的信任与承诺促使维持的关系逐步加深。市场机会是合作方之间做出承诺的关键核心，但也是彼此间依赖的不利诱因。可能一方并不认可另一方的所有行为，但基于长期利益却有所妥协。国际化进程中企业间彼此持续的交流产生关系，积累知识，建立互信，最终做出投入承诺。在此过程中，微弱且单边的依赖关系逐渐形成稳固且多边的独立关系，最终提高联合的生产效率。关系的发展是一个经验学习的过程——学习企业了解合作伙伴的资源与能力，并逐步提高它们的承诺。业务关系是大量投资的结果，是企业重要的资源。

传统乌普萨拉模型中，市场投入与市场知识可能影响或有的市场机会与潜在市场风险。反过来，预期的市场机会与风险又会影响投入决策与当前的经营活动。修正模型中认为：经验知识的重要性在于使得发现可行的机会成为可能，以便于企业采取行动。修正的模型基于网络视角，通过网络关系的外部资源以及己方企业已有的经验在当前的经营活动中去识别市场机会。市场机会的把握是一个逐步积累的认知学习过程，也是合作方相互信任、承诺投入的过程。市场机会的承诺与知识增长是相关的。一个企业了解掌握另一个企业的需求、经营能力、市场份额与市场网络位置，进而辨识潜在的市场机会；或者两个企业相互认知，识别机会；或者多个企业彼此交流，增加预期合作的承诺以及对机会把握的可能性。商业关系的存在伴随着市场机会的识别，处在市场内部的参与者可以抓住、发现机会并利用之。寻找市场机会是有风险的，但是建立持续性的信任承诺会逐步地减低风险。

四、天生国际化模型

耐特、马德森和瑟维（Knight, Madsen & Servai; 2004）认为，天生国际化企业成立后快速成长，国外业务可以在各个国家同时开展，出口目标市场与本国市场的心理距离无关。天生国际化理论最显著的特征是快速地国际化，以网络为背景，网络方式论的部分内容能解释天生国际化企业出现的原因。天生国际化理论打破了逐步国际化的概念与经验的假设前提，描述了一部分企业成立之初或是一开始就国际化的现象。

通常，天生国际化企业是指从一成立就开始通过各国之间的资源利用与产量销售获取显著的竞争优势的商业组织。天生国际化企业的管理者具有广阔的国际视野，拥有国外生活、工作经验，熟知目标市场的知识，从一开始就具备全球商业发展动向；企业的发展离不开商业网络，通过依赖较大的网络实现其快速国际化，并找寻市场的定位；此外，这类企业一般出现在高技术水准的行业内，并不关注心理与地理距离对国际化进程的影响因素，快速学习目标市场特征的能力很强。天生国际化企业将全球设定为一个市场，将本国市场作为开展国际商务的平台，一开始就国际化，通过介入新的商业网络获得新资源以提高竞争力，进而增加经营业绩。多数天生国际化企业属于技术密集型企业，比较优势来源于复杂的知识基础，更关注高度专业化的商品、服务，服务特殊的利基市场，这些企业国内市场与国外市场几乎同时进入并扩张，无关心理距离远近。

奥维埃和麦克杜格尔盖尔（Oviatt & McDougall，1994）指出天生国际化企业的国际创业是建立在企业国际社会网络基础之上的，企业社会资本为企业国际创业提供了保障。企业管理者更关心在多个国家市场中联合各种资源，并基于以往经历而发展，企业家不必从国内开始发展，可以建立从一开始就协调多国资源、业务和不同地理位置顾客的企业。奥地尔、卢马和阿瑞斯（Autio，Lummaa & Arenius；2002）提出了程度、距离、差异性、配置、杠杆和巩固整合的天生国际化模型。

前期的天生国际化模型中，管理者、市场、产品是影响企业国际化过程的三个主要因素：管理者同时具备产业经验和国际经验。管理者制定的全球化战略是天生国际化企业出现的前提；显著特征的市场是企业快速国际化的因素，国内市场需求空间不足促使企业在其他国家寻找贸易机会；先进产品、创新产品经常存在于高科技和知识密集型部门，这些产品的特征是生命周期通常比较短，易于企业快速国际化。路易斯安东尼和安吉拉（Luis Autonio Dib & Angela da Rocha，2010）提出厂商、网络、企业家三因素模型。厂商拥有独特的无形资产，不断创新和推行专业化，实现产品差异化，制定以顾客为导向的战略，具备技术优势，熟悉信息技术的应用；企业所在的商业网络、私人网络庞大，嵌入产业集群，伙伴关系紧密；国际导向的企业家特征，有国外教育经历，国外经验丰富，具备风险精神和技术诀窍。

在天生国际化模型中，从企业创立之初至开始国际化行动的时间以及国外销售比是分析的主要变量。耐特和凯文斯格（Kinght & Cavusgil，2004）发现成立之初的3年内超过25%的国外销售比率。阿塞多和乔恩斯（Acedo & Jones，2007）发现2年时的国外销售比率是20%，6年内接近80%。此外，科维拉恩等（Kuivalainen et al.，2007）发现，按照国际化程度以及进入市场程度划分，国外销售比率不同的天生国际化企业的国际化策略不同。

五、再生国际化模型

贝尔等人（Bell，2001、2003）提出再生国际化模型：国内市场成立后，部分企业迅速致力于国际化。在关键事件发生前，企业没有特别的意愿扩展海外业务。突然间的国际化是因为显著的事件给企业提供了额外的资源，因此促使其国际化。所有权或者管理的特殊事件促使快速国际化，因此随后的开始国际化的企业被认为是再生国际化企业投入到世界市场中。再生国际化模型与天生国际化模型不同，主要在于国外运营模式以及市场进入顺序、国外收入份额不同。再生国际化模型与天生国际化模型拥有很高的国外收入比率，并且没有心理距离因素的考量。再生国际化企业需要积累更多的资源以开展国外经营。

对于天生国际化与再生国际化，时间间隔与国外销售比率是两个关键变量。时间变量是区分天生国际化企业与传统企业的关键要素，也是识别再生国际化的因素。国外销售比率作为国际化程度的指标，拥有相近销售比率的企业在不同国家会有不同的运营模式以及不同的国际化路径。

六、上述三种模型对中小企业国际化的解释及比较

贝尔等人（Bell et al.，2003）提出传统国际化路径、天生国际化路径、再生国际化路径。表7-1从国际化起点、国际化速度、国际化竞争力、国际化目标、企业管理者、与国外联系、进入及扩张模式等维度对乌普萨拉、天生国际化、再生国际化三个主要模型进行了比较。

表 7-1 三种国际化模型比较

	乌普萨拉模型	天生国际化模型	再生国际化模型
国际化起点	在国内充分发展后，再国际化，一般会超过三年	成立初或成立后不久，一般以三年为限	以突然的关键事件为起点，进入国际市场
国际化速度	渐进地、逐步地国际化，一次单一市场，现有产品调整	快速进入全球利基市场，迅速、瞬间国际化，同时开发许多市场，全球产品开发	较晚，迅速国际化，同时几个市场
国际化竞争力	被动适应，不利的国内市场条件，初始一般是被动出口，被动接受的询盘、订单，新产品成本，刚开始国际竞争力较弱，动力不足	主动涉及，全球利基市场，积极出口，初始就具有很强的国际竞争力，尤其是知识密集型企业，竞争优势，先发优势	被动适应，管理层收购（MBO）、收购、兼并等关键事件的响应，前期竞争力较弱，随着国际经验的增加，国际竞争优势不断增强
国际化目标	企业的生存、成长，增加销售量，获得市场份额，延长产品生命周期	竞争优势，首发优势，锁定客户，全球利基市场或分割市场，保护与开发知识产权	从关键事件中开发新的网络与资源
企业管理者	拥有较少的国外市场知识，初始没有国际化战略，注重企业利润	拥有先进国际经验、产业经验，全球化倾向较高，具有冒险性，注重市场扩张	前期拥有较少的国外市场知识，初始没有国际化战略，后期全球化意识具备，逐步掌握国际经验，扩张国际市场
与国外联系	与国外联系较少，企业的产品不具有很强的顾客导向性	与国外市场有很强的网络关系，企业的产品有很强的顾客导向性	前期与国外联系较少，后期加强与国外市场的联系，同时培育国际市场竞争优势
进入模式	代理商、经销商、批发商，直销	网络，代理商或经销商，客户渠道一体化，许可贸易、合资企业、海外生产	网络，母公司、合作者或客户的渠道

续表

	乌普萨拉模型	天生国际化模型	再生国际化模型
扩张模式	逐步增加，首先国内扩张，然后根据心理距离接近原则来选择国外市场，集中于心理距离近的市场，低科技、不复杂的市场，有限的网络。扩张过程是逐步的	国外和国内市场同时扩张，或只关注国外市场，且国外市场的选择并不一定按照心理距离。国内扩张与出口增长同时实现，集中于先导市场，部分客户追随，丰富的网络	国内市场导向之后的迅速国际化，集中于母公司的网络和国外市场，丰富的客户追随
战略目标	偶然的机会主义行为，出口是被动适应的反应性行为，对新机会的持续被动适应，企业生存，增加销售量	有条理、有组织、有计划的国际化扩张，全球网络的扩张	对关键事件的响应，此后的计划性，新网络的扩展
融资手段	自力更生	通过迅速成长自筹资金，风险投资，首次公开募股（IPO）	管理层收购（MBO）之后母公司的再次资金注入

第二节　其他中小企业国际化发展阶段理论

一、基于创新的国际化五阶段理论

卡瓦斯基尔（Cavusgil，1980）提出创新国际化模型（Innovationrelated Internationalization Mode），模型将企业国际化看作是一个创新的过程。卡瓦斯基尔将中小企业的国际化发展路径分为五个阶段（见表 7-2），分别为：产品国内生产与销售；企业寻求信息并评估潜在出口市场，出现不规则的出口活动；获得出口经验，企业主要从事间接出口；以直接出口方式向其他国家出口更多的商品；以全球市场为目标制定企业战略规划。卡瓦斯基尔没有具体给出每一个阶段需要的时间。

表 7-2　卡瓦斯基尔创新国际化阶段模型

国际化发展阶段	每一个阶段企业出口的特点
第一阶段：国内市场	企业仅仅关注国内市场，没有出口。由于国内市场的需求强劲，无暇顾及国外市场，同时没有出口经验，没有能力接外单，企业对出口没有意愿，出口销售额比率为零
第二阶段：出口前准备	企业收集信息，并评估出口可行性。但关于成本、汇率风险、海外业务布局等基本信息依然不充分。出口销售额比率接近于零
第三阶段：经验积累，间接参与	企业开始小额出口，心理与文化距离有限。偶尔间接涉及出口业务。出口销售额比率为 0%～9%

续表

国际化发展阶段	每一个阶段企业出口的特点
第四阶段：直接参与	通过向大多数国家出口整体提升企业销售额，成立专门的业务部门支持出口业务的开展。出口销售额比率为 10%～39%
第五阶段：积极参与	企业主要依赖国外市场。管理者不断平衡国内市场与国外市场之间有限资源的分配。多数企业开始开展许可证经营或者进行直接海外投资。出口销售额比率在 40% 以上

二、基于系统计划的国际化阶段模型

米勒（Miller，1993）提出十步国际化阶段观点，涉及评估、选择不同的国外经营规划，汝特（Root，1987、1994）提出机会评估、目标设定、选择进入模式、形成市场计划、执行等阶段的国际化路径。乔治等人（Yip George S.，2000）提出站点国际化模型（Way Station Mode）（见表 7-3），认为企业国际化应该是一个系统的、有计划的渐进过程，前期在国内市场得以充分发展，了解更多国外市场的信息，并且开始国际化前必须具备最初的竞争优势，有完备的计划和充分的准备之后再开始国际化经营。乔治等人认为，基于整个市场研究及调研的系统的国际化计划，有利于企业国际化的顺利进行，企业按照以下六个阶段实现国际化，分别是动机和战略计划、市场调查、市场选择、进入模式选择、突发事件和问题计划、进入战略和资源投入（见表 7-3）。

系统计划模型过于理性，其关键假设在于市场信息收集与分析有效且全面。

表 7-3　　乔治（Yip George S.）站点国际化模型

国际化发展阶段	系统计划过程
第一阶段：动机和战略计划	到国外市场进行发展的动机，追随顾客或充分利用规模经济的战略计划
第二阶段：市场调查	收集、选择正确的目标市场的信息。知识在该阶段的重要性凸显
第三阶段：市场选择	选择充分符合国家特征、企业竞争力、协同效果和国外市场需求特征的市场。选择最能符合公司全部战略的市场
第四阶段：进入模式选择	对每种情况的完整分析，考虑企业的控制要求、资源状况和风险偏好来选择进入模式
第五阶段：突发事件和问题计划	为潜在的问题做好准备工作。采取系统的、有规律的计划过程，绝大部分可能出现的状况或问题是可以事先被发现的，从而进行有效预防或及时解决
第六阶段：进入战略和资源投入	制订具体的进入方案，协调资源投入，开始国外业务。资源投入是基础

三、主要国际化模型的综合比较

乌普萨拉模型是一种经验学习的传统模型，经验学习强调国外市场知识和经验的逐渐积累，是企业国际化扩张或成长的促进因素。乔治（Yip George S.）提出的站点国际化模型是一种系统计划观点，假定企业的行为是理性的，通过坚持一个系统计划次序，从而发展企业的国际化活动。经验学习模型忽视了计划阶段和企业的特定动机。系统计划的观点过于理性，要求在进入市场之前必须进行计划。中小企业的国际化过程是无次序的。中小企业通常在收集国外市场的信息和知识时受到资源的限制，因而不能经历一个系统的计划过程。天生或再生国际化模型主要说明企业的国际化依赖于外部环境，诸如产业结构、市场战略、正式与非正式的企业间关系网等。中小企业在国际化时没有大企业有经验，许多中小企业从一开始就处于全球环境中，必须对国际市场机会做出快速反应。主要国际化模型的比较如表 7-4 所示。

表 7-4　国际化模型比较

	经验学习模型		站点国际化模型	天生或再生国际化模型
	乌普萨拉模型	创新国际化模型		
国际化进程	市场知识、承诺决定、当前活动、市场决定，不断学习积累和市场承诺的自我完善的动态循环过程	国际化是企业采用新技术的一系列过程	国际化是企业一步一步系统规划的过程	快速国际化没有征兆，取决于各种内外偶然因素
提出时间	20 世纪 70 年代早中期	20 世纪 70 年代晚期，80 年代早期	20 世纪 80 年代晚期，90 年代早期	20 世纪 90 年代中后期
理论基础	企业行为理论：受限理性、不确定性。在组织学习的过程中国际化		完全理性的经典经济假设。完全信息，企业可以评估所有最大化效用的机会	偶然机遇论，结合经济学理性与管理行为学
适用性	任何规模企业的初始阶段。但乌普萨拉模型并不适用于国际化创业	大、小规模企业，但更适用中小企业	任何规模的企业，但不太适用于中小企业。不适用于不稳定的环境	中小企业

续表

	经验学习模型		站点国际化模型	天生或再生国际化模型
	乌普萨拉模型	创新国际化模型		
指导意义	在充满不确定性的国际市场，经验学习很重要。中小企业跟随龙头企业或者合作者以降低进入成本	对于出口导向型企业创新是必要的。在国际化的不同阶段需要采取不同的策略	系统决策计划对于企业成功“走出去”是可行的，对于中小企业有参考意义	背景因素（例如初始资源、与利益相关者的网络关系、市场战略、行业特征）影响企业国际化进程。忽视这些因素不利于企业发展。对于资源有限但积极的中小企业而言，外部的偶然机遇很必要

第三节　中小企业国际化的网络关系理论

企业的国际化就是国际商务网络的进化过程，网络成为企业进入国外市场的桥梁。商业网络作为市场结构，网络关系影响企业国外目标市场的选择及市场进入模式。例如，供应商组织内部关系以及与买方的组织关系，会影响到国际扩张的方式。在相互促进又相互依赖、限制的关系中，企业巩固自身在市场网络中的位置，改善并保护其地位。企业进入国外市场的问题不在于进入模式方式的选择，而是考虑其在国外市场网络中的位置构建以及回应。“走出去”企业主要通过与国外具体的企业、利益团体以及机构的联系，获得经验性的市场知识。企业参与不同的商业关系与网络，可以获得不同的国外市场经验，因此国际化过程的路径不尽相同。

卓汉森和马特森（Johanson & Mattsson，1988）第一次提出国际化的网络方式论，认为产业系统是由众多的从事生产、销售、服务等活动的企业组成的，这个产业系统为“企业间关系网络”。每个企业都有一定的市场位置，并在产业系统内活动，建立、维持、发展网络关系。企业的国际化是企业在国际市场网络中建立、发展网络关系并不断积累的过程。企业和市场的国际化特征都影响国际化进程。

在企业间关系网络中，根据企业自身特点与所处的外部市场环境，可以将参与产业系统活动的企业分为四类（见表7-5），即“早行动企业”“晚行动企业”“独立国际化企业”与“全球企业”。“早行动企业”与生产网络的其他企业及国外企业的联系非常少，企业对国外市场了解很少。采取的策略是从邻近市场开始，通过代理商出口，减少投资风险。“晚行动企业”一般是国内企业，但其上下游的参与者，诸如供应商、顾客和竞争者国际化程度较高。企业与国外网络有许多间接的联系，拥有偏少的市场知识，很难在紧密结构化的网络中建立新的市场位置。“独立国际化企业”国际化程度高，有处理国外市场关系的经验，但所处的市场环境不佳。“全球企业”自身以及市场环境高度的国际化、网络的国际化整合会导致根本的国际化变化。在一个市场上运营获得的经验和能力可以在其他市场上运用。

表 7-5　　卓汉森和马特森的网络理论

		市场（产品）国际化程度	
		低	高
企业国际化程度	低	早行动企业	晚行动企业
	高	独立国际化企业	全球企业

第四节　企业家精神与中小企业国际化的关系

国际化导向与全球化企业密切相关，国际化导向被定义为管理者能力，是指管理者对出口、国际经营、留在国外有积极的态度。国际化导向包括国际视角（与心理距离有关）与管理者全球思维（是天生国际化企业的特点）。天生国际化的显著特点是国际化模式的起点，以及管理以全球为焦点。天生国际化一开始就将世界看作整体市场，传统企业将国外市场与本国市场相连接，并非一开始就关注国际市场，可能由于国内市场需求下降、被动的订单以及其他外部因素而开始关注国外市场。尽管再生国际化企业没有在一开始就有全球视角，但是与传统的企业相比，不同之处在于它们的国际化导向。新的国际经验管理以及全球视角引致企业突然开始关注国外市场。

国际化的环境复杂，具有很高强度的不确定性，企业需要逐步积累经验，重视合作策略，决策者及其性格特征是重要影响因素。决策者是知识、信任、承诺、网络关系的承接者，因此国际化与企业家精神密切相关（Sarasvathy，2001）。中小企业依靠有限资源进入利基市场。国际市场环境多变、充满风险，中小企业开展国际化时所进入的国家和行业都与企业领导者的生活、学习、工作背景密切相关，企业家可以发现机会并做出决策（Zimmerer & Scarborough，2006）。天生国际化企业的创立者或者管理者，都具备海外经历或者国际经营经验，他们冲出了单一国内市场或单一文化对自己商业思维的束缚，具备了全球视野（Oviatt & McDougall，1995）。企业在成立之初就进行国际化在于特殊企业家精神的存在（Knight & Cavusgil，1996）。企业家精神是驱动中小企业国际化的重要引擎，主要涉及承担风险能力、对市场机会的洞察力和创新的精神等（Stevenson，1998）。

奥维埃和麦克杜格尔盖尔（Oviatt & McDougall，2000、2003）将国际企业家精神定义为：为了在组织中创造价值而跨越国界的创新、主动设计和风险追求行为的结合。国际企业家精神是为了创造未来的产品和服务而跨越国界的对机会的识别、评价、开发和利用。企业家精神会影响中小企业国际化扩展计划，企业家精神较强的企业，在国外市场范围与活跃度方面，往往具有较高的跨国经营倾向（Clercq，2005）。

参考文献

[1] 冯德连,等. 中小企业外向国际化理论与实践研究[M]. 北京:经济科学出版社,2010.

[2] 钱海燕. 中小企业国际化:社会资本和组织创新视角[M]. 南京:南京大学出版社,2012.

[3] Gankema H G J, Snuif H R, Zwart P S. The internationalization process of small and medium-sized enterprises: an evaluation of stage theory[J]. Journal of Small Business Management, 2000, 38(4):15.

[4] Li L, Li D, Dalgic T. Internationalization process of small and medium-sized enterprises: toward a hybrid model of experiential learning and planning[J]. MIR: Management International Review, 2004,44(1):93-116.

[5] Armario J M, Ruiz D M, Armario E M. Market orientation and internationalization in small and medium-sized enterprises[J]. Journal of Small Business Management, 2008, 46(4): 485-511.

[6] Johanson J, Vahlne J E. The Uppsala internationalization process model revisited: from liability of foreignness to liability of outsidership[J]. Journal of International Business Studies, 2009, 40(9):1411-1431.

[7] London K. Multi-market industrial organizational economic models for the internationalization process by small and medium enterprise construction design service firms[J]. Architectural Engineering and Design Management, 2010, 6(2):132-152.

[8] Chelliah S, Pandian S, Sulaiman M, et al. The moderating effect of firm size: internationalization of small and medium enterprises (SMEs) in the manufacturing sector[J]. African Journal of Business Management, 2010, 4(14):3096.

[9] Kuivalainen O, Sundqvist S, Saarenketo S, et al. Internationalization patterns of small and medium-sized enterprises[J]. International Marketing Review, 2012, 29(5):448-465.

[10] Torkkeli L, Puumalainen K, Saarenketo S, et al. The effect of network competence and environmental hostility on the internationalization of SMEs[J]. Journal of International Entrepreneurship, 2012, 10(1):25-49.

[11] Olejnik E, Swoboda B. SMEs' internationalisation patterns: descriptives, dynamics and determinants[J]. International Marketing Review, 2012, 29(5):466-495.

[12] Lis B, Nienstedt H W, Proner P, et al. SMEs going global: a comparison of the internationalization strategies of publishers and online social networks[J]. International Review of Management and Marketing, 2012, 2(1):1.

[13] Kuivalainen O, Sundqvist S, Saarenketo S, et al. Internationalization patterns of small

and medium-sized enterprises[J]. International Marketing Review, 2012, 29(5):448-465.

[14] D'Angelo A, Majocchi A, Zucchella A, et al. Geographical pathways for SME internationalization: insights from an Italian sample[J]. International Marketing Review, 2013, 30(2):80-105.

[15] Cancino C A. Rapid internationalization of SMEs: evidence from Born Global Firms in Chile[J]. Innovar, 2014, 24(Speciac Issue):141-151.

[16] Nummela N, Saarenketo S, Jokela P, et al. Strategic decision-making of a born global: a comparative study from three small open economies[J]. Management International Review, 2014, 54(4):527-550.

[17] Oehme M, Bort S. SME internationalization modes in the German biotechnology industry: the influence of imitation, network position, and international experience[J]. Journal of International Business Studies, 2015, 46(6):629-655.

第三篇

中国跨国公司投资理论

第八章

中国跨国公司理论发展史

中国跨国公司理论最早可追溯至19世纪中后期的洋务运动，在经历了萌芽、试水、探索时期后，最终在改革开放后逐渐走向成熟，并出现了一系列具有重要实践意义的理论观点。

第一节　中国跨国公司理论之萌芽

晚清时期（1840—1911年），中国从鸦片战争走向辛亥革命，清王朝一步步走向灭亡。这一时期，中国先后经历了帝国主义五次侵华战争和数次人民反抗运动，中国的政治和经济社会处于极其动荡的环境中，政治上对外软弱无力、对内无限欺压，经济上受侵略者掌控。在这一时代背景下，中国做出过引进外资以自救的努力，但最终还是败在了整个时代之下。这一时期的理论思想促成了中国跨国公司理论的萌芽。

晚清时期，以洋务派为代表，坚持利用外资创办新式企业：通过借款的方式办企业以保证对企业的控制权；积极引进侨资；技术引进是以引进国外先进设备、工程技术设备为主。这一时期的主要理论观点包括“师夷制夷”“中学为体，西学为用”和“提倡西学，体制一用”。

一、师夷制夷

“师夷制夷”也即“师夷长技以制夷”，是洋务运动前期的指导思想，最早由魏源在《海国图志》一书中提出。

“师夷制夷”表明洋务运动与外国资本主义侵略者的关系，即“向洋人学习先进军事技术，用以抵抗洋人的侵略”。该理论不仅主张从西洋购买船炮，而且更强调引进西方的先进工业技术，由自己制造船炮。所谓“制夷”，是指抵抗侵略、克敌制胜。魏源明确地把是否学习西方国家的“长技”提高到能否战胜外国侵略者的高度来认识。他强调指出，“不善师外夷者，外夷制之”。

在贸易方面，魏源认为在不损害中国主权的前提下，同外国进行贸易是有好处的。第一，可以多进口洋米。他认为在各项进口商品中，洋米对中国最有利，应该鼓励洋米贸易。第二，可以通过贸易关系进口西方的武器和技术，有助于实现“师夷长技以制夷”。第三，可以进口其他对中国经济发展有利的商品，如铅、铁、硝、布等。

二、中学为体，西学为用

“中学为体，西学为用”思想，也即“中体西用”思想，最早由改良主义先驱冯桂芬于 1861 年在《校邠庐抗议》一书中以“以中国之伦常名教为原本，辅以诸国富强之术”的形式提出，他以“本”“辅”的主从关系来处理中学与西学的关系。1896 年，沈寿康在《匡时策》一文中明确提出“夫中西学问，本自互有得失，为华人计，宜以中学为体，西学为用”。1898 年，张之洞在《劝学篇》中全面论述了这一思想，把前辈的思想归纳为“中学为体，西学为用”，并使其成为洋务派的思想武器。

“中体西用”表明洋务运动与中国封建主义传统文化的关系，体现了中学与西学各自在洋务运动中的地位，即以中学为主体，西学为辅用。其主要内容包括：第一，提出了消解现代化过程中的中西、古今矛盾的方法，即“惟善是从”。其“惟善是从”的思想根植于中国文化中的见贤思齐、刚健有为的传统，是从中国本土文化中生长出来的、可以催生中国文化与时俱进的极其宝贵的思想，也是中国文化具有强大生命力的生动体现。第二，继承了林则徐、魏源的传统，肯定了“师夷长技以制夷”的口号，主张学习西方的军事工业。第三，明确提出在农业、工业生产中采用机器的主张。冯桂芬提出了“自强攘夷”的主张，他把其主张概括为“以中国之名教伦常为原本，辅之以诸国富强之术”。第四，强调中国自己掌握新式技术，指出发展中国家在向发达国家学习的过程中必须自己掌握经济命脉，只有这样才能确保独立的思想。

三、提倡西学，体制一用

“提倡西学，体制一用”由清末极具影响的资产阶级启蒙思想家严复提出。严复提倡西学，反对洋务派“中学为体，西学为用”的观点。他认为“中学有中学之体用，西学有西学之体用，分之则两立，合之则两止”。

严复认为中国要实现国家富强、民族振兴，既不能故步自封，也不能全盘西化，而是要善于汲取外来文化和传统文化之精华，坚持“体用一致”，而做到“体用一致”要从政治制度上进行改革，提出“以自由为体，以民主为和”的西方教育方针。

第二节　中国跨国公司理论之试水

民国时期（1911—1948 年），中国政治局势动荡，经济发展缓慢，且在很大程度上受西方国家控制，仅有少量外资流入中国，民族资本主义工业得到了初步发展，为未来跨国公司的发展奠定了一定的工业基础。在这一时期，中国利用外资的思想逐渐萌芽发展，孙中山提出“利用外资，引进国外先进技术和设备”思想，但受时代背景限制，其理论最终难以付诸实践。但这一时期的理论思想进一步促成了中国跨国公司理论的萌芽。

孙中山为引进和利用外资设计了两条途径：一是与西人合股建立银行，“专以输入外资为目的，直接振兴中国实业”；二是利用外资投资于中国的实业建设。关于利用外资进行实业建设，孙中山提出了引进外资的三种方式。①

第一，借款自办。此法是以个人或私人公司名义，直接与外国资本家交涉一切有关借款事宜。这种办法的好处是避开政府之间的矛盾，纯为商业性质。缺点是无论个人或私人公司，没有政府的授权或认可，外国人是不会承认的。另外，交款回扣、购料回扣、按年出息、亏耗津贴、到期偿还以及如何取得外商的信赖等都是棘手的问题。

第二，中外合营。孙中山对中外合营设想了四种方法：（1）招股筑路，中外合资，规定主权属于中国；（2）中外合办工厂，双方各出若干资金；（3）中外联合开设中西商办银行，将来中国借款，以该行名义进行，并利用该行发行公债票，销售于国际市场；（4）中外联合在全国建立一个统一经营的百货公司系统，“半数股份将为中国所有，另一半股份将属于外商”。孙中山认为，准许外人入股，合资经营企业，外人利益攸关，“希冀可图，绝非如雇佣之关系可比，于我必有利益”。但是，中国缺乏资金，“以中国现在状况，即半数合资，亦非易言”。

第三，外商独资经营。可以让外商在华办理各种工商事业，订立一定期限，期满由我方收赎。也可以把铁路批给外商承办，“凡有资本者，皆准包修一路，四十年后，收归国有”。

孙中山认为，上述三种方式各有其利弊，相对而言，第三种（外商独资经营）对中国最为有利。

民国时期利用外资的思想，极大地引导了后来跨国公司理论的发展。但该时期的“利用外资、引进国外先进技术和设备的思想”是建立在国家主权不受侵犯基础之上的，当时的半殖民地半封建的社会背景，不能够成为中国引进外资的温润土壤。

第三节　中国跨国公司理论之探索

新中国成立至改革开放前（1949—1978 年），是中国跨国公司理论发展的探索时期。毛泽东的利用外资思想为中国经济发展指明了方向，但由于当时国际国内政治环境等历史原因，西方敌对国家对中国实行封锁政策，中国利用外资的活动一度受阻。第二次世界大战后，世界取得了反法西斯战争的胜利。战败国和战胜国都面临着经济重建的压力。新中国成立后，经济基础薄弱、社会发展缓慢，因而对外资有着急切的需求。

第一，重点引进苏联资本，并拓宽其他外资获取渠道。毛泽东一方面将苏联列为帮助中国可能性最大的国家，另一方面也没有完全放弃从西方资本主义获得外资。毛泽东等中央领导人曾经明确指出：“为了利用外国资本主义以促进中国的工业化，某些事业和外资合营及成立这种股份公司甚为必要，不独和苏联，和各新民主主义国家，甚至和资本主义国家还可能在适当的条件下订立这种合营合同甚至租让合同。”

---

① 张汉静，秦兴俊. 孙中山利用外资思想研究[J]. 山西财经大学学报，2013(2).

第二，利用外资采取“民间先行，以民促官”的灵活政策，而且收获颇丰。1949—1952年，中国先后与欧洲部分国家以及日本等国家的企业签订了总价值过亿元的商贸合同，为中国经济的恢复和发展起到了重要作用。

第三，引进侨资。1956年5月，毛泽东指示有关部门调整部署，利用香港贷款利率低的好机会加快沿海经济发展，国务院随即出台了《华侨投资兴办学校办法》《华侨投资于国营华侨公司的优待办法》等文件。此措施提高了华侨回国投资的热情，促使大量华侨回国投资。

毛泽东利用外资的思想为中国企业“走出去”奠定了良好基础，也为邓小平利用外资的实践活动提供了理论依据，对邓小平在改革开放中利用外资思想的产生和发展产生了更为直接、现实、深远的理论意义。

第四节　中国跨国公司理论之发展

改革开放后（1979年至今），中国跨国公司有了长足的发展，逐渐从引进跨国公司向培育跨国公司发展，并形成了具有中国特色的跨境产业链。与此同时，中国跨国公司理论研究也产生了强劲的发展势头。

一、邓小平利用外资的思想

改革开放前的30多年的经验教训告诉中国，关起门来搞建设是发展不起来的，由此，邓小平提出吸引外国资本来中国进行投资的理论。邓小平利用外资思想是邓小平经济理论思想的重要组成部分，也是对马克思、恩格斯、列宁、斯大林以及毛泽东等老一辈无产阶级革命家的对外开放和利用外资思想的继承和发展。

邓小平利用外资思想的主要内容包括解放思想、利用外资的目的和根本原则以及利用外资的方式。

第一，解放思想是利用外资的前提。解放思想的第一个重要意义是促使人们价值观的改变，新价值观的提出和原有价值观的改变促进了人们价值体系的结构性变化；第二个重要意义在于认识规律方面的解放，人们得以正确认识客观规律，正确认识中国所处的实际情况。从而帮助中国人民从旧传统束缚中走出来，更好地接纳新的事物。

第二，利用外资的目的，一是大力发展生产力，满足人民日益增长的物质文化需要，发展中国经济；二是作为对社会主义公有制经济的有益补充。

第三，利用外资的根本原则，一是坚持“独立自主，自力更生”和“平等互利”原则，时刻谨记利用外资只是对社会主义经济的一个补充，而不是社会主义经济的主体。在利用外资时，要积极地利用国际资本的流动性，通过利用外资来获取资金、技术、税收、管理、就业等方面的利益，同时也要促进中国经济的发展。此外，还强调必须允许外商在这个经济行为中赚取正当利润。二是利用外资要尊重经济规律。利用外资是一种经济行为，必须遵循价值规律和经济规律来办事。

第四，利用外资的方式是直接利用与间接利用相结合，采用多样化的方式。在直接利用外资方面，邓小平认为外商到中国来直接建厂投资是利用外资的重要形式，且大力倡导开办“三资”企业，通过合资经营、合作经营、外资经营、补偿贸易等形式吸引和利用外资；此外，邓小平还鼓励积极充分利用侨资。中国经济特区和沿海开放城市的确立以及各种利用外资的优惠政策、华人华侨投资的多种方式，有效地带动了加工贸易和转港贸易的蓬勃兴起。在间接利用外资方面，中国积极获得国外贷款和接受外国的货币、商品、培训人员等无偿援助。

二、跨境产业链理论

构建中国跨国公司主导的跨境产业链（Cross-Border Industrial Chain，简称 CBIC）由卢进勇（2012）提出，即由中国跨国公司通过对外直接投资等途径构建多环节国际产业网络。跨境产业链的理论核心是：由中国跨国公司主导，通过发展不同产业、开发不同地区，以由点及面的方式在全球构建由中国企业引领的跨境产业链。

（一）跨境产业链的内容与类型

跨境产业链是指企业通过对外直接投资等方式建立起来的由多个环节组成的国际生产经营网络。其内容包括研发体系、能源资源供应体系、零部件采购供应体系、生产体系、营销体系、中介服务体系、基础设施体系和支持保障体系等。现阶段，跨境产业链主要类型有前向关联型、后向关联型、全产业链型、生产者驱动型、采购者驱动型等。

（二）构建跨境产业链的重点行业

中国跨国公司应当在那些自身具有优势（比较优势、垄断优势、竞争优势、潜在优势）、产业链比较长、价值链环节比较多的行业构建跨境产业链。未来 5～10 年，这样的行业主要包括：第一，富余产能型行业，以寻求新的市场和新的发展空间；第二，优势发挥型行业，以扩张企业规模，掌控市场，提升效率，构建全球网络；第三，国内短缺型行业，以确保资源与能源稳定供应和安全；第四，战略资产寻求型行业，以获取相关技术、品牌、专利、设计、研发、信息、营销网络等战略性资产，培育和形成竞争优势；第五，商业存在型行业。

（三）构建跨境产业链的优先地区

根据不同产业链对资源与要素的不同要求，中国企业可以选择适合建设产业链的国别或地区。现阶段应优先在以下国别或地区打造中国企业主导的跨境产业链（即区域国际分工体系）：第一，东南亚和中亚地区，自然资源丰富，经济发展潜力巨大，与中国产业互补性强；第二，非洲地区，当地自然资源丰富，经济发展水平和基础设施落后，具有巨大的经济发展潜力，中国产品和技术在当地受欢迎，产业互补性比较强；第三，中东欧地区，经济处在发展和振兴之中，产业升级愿望强烈，是欧洲新兴市场国家集中的地区。

（四）构建跨境产业链的主要途径

构建跨境产业链的主要途径是：第一，通过股权对外直接投资方式构建，包括并购投资与新建投资两类；第二，通过非股权对外投资方式构建；第三，通过货物与服务外包方式构建，通过外包方式吸收部分境外企业加入本企业的产业链或价值链中。第一种方式是在企业内部打造跨境产业链，后两种方式有属于内部打造的，也有属于外部打造的。

三、综合动因论

综合动因论由卢进勇（2016）提出。该理论认为，任何一个国际投资项目往往都是母国企业、东道国环境、母国环境以及世界经济四个因素综合发挥作用的结果，其中发挥主要作用的是母国企业动因和东道国环境动因，而母国环境动因和国际环境动因往往起到辅助作用。但在部分情形下，对某些类型的国家、某些类型的企业或某些类型的投资项目，后两个因素也可能发挥主要作用。

第一，母国企业动因。根据企业属性，中国企业可分为国有企业和中小民营企业两大类，两类企业参与国际市场的动机不尽相同。国有企业因其国有属性，主要是代表国家意志力开展对外投资；民营企业则主要在其利润驱动下参与国际分工。

第二，东道国动因。东道国作为母国企业投资的接受者，在国际经济活动中扮演着重要角色，其对对外直接投资动因的影响涉及制度、环境以及加入全球价值链等多方面因素。

第三，母国环境动因。一国开展对外直接投资顺利与否，与其母国环境息息相关，其中涉及投资母国的经济外交、国家发展战略、国际核心竞争力以及承担国际社会责任等。

第四，国际环境动因。一方面，全球范围内建立起的新型国际分工体系，再一次成为促进国际经济合作的推动力；另一方面，世界格局多元化、经济全球化、国际区域组织影响以及国际资本市场的发展极大地推动了企业在全球范围内的国际直接投资活动。

四、全球公司理论

全球公司理论由王志乐（2014）提出。该理论认为，全球公司是跨国公司全球化发展的新阶段，它们拥有全球战略、实行全球管治、承担全球责任。与一般跨国公司相比，一方面全球公司全球化程度大大提高（跨国指数超过 50%）；另一方面全球公司经营重心在海外，其发展战略、管治结构和理念文化更注重全球化，形成了全球经营的思维模式和经营模式。全球公司理论的框架包括三大变化（全球战略、全球管治、全球责任）、一个变量（跨国指数超过 50%）。

（一）全球战略：从跨国经营向全球经营转变

全球公司实现全球经营的全球战略，是指企业在全球范围内吸纳、整合资源和配置资源，打造全球产业链，利用全球资源参与全球竞争。其实质在于适应全球市场的出现，吸纳整合全球各种资源（资金、市场、原料、技术和人才等），参与全球竞争。具体战略有：第一，跨国公司通过在全球最适宜的地点设置营销服务、制造组装、研发设计等价值增值环节，完善全球价值链；第二，通过外包整合全球资源；第三，通过与其他企业建立战略联盟和并购其他企业，整合全球资源，打造全球价值链和完善全球产业系统。

（二）全球管治：全球管理网络与治理结构

跨国公司管治结构的全球调整包括股权全球化、公司治理结构全球化和管理结构全球化。第一，外资股权比例急剧上升，促进股权全球化。股权全球化意味着跨国公司从对一个国家的股东负责逐步演变为对全球股东负责，是跨国公司管理治理结构全球化的重要原因。第二，公司治理结构全球化。各个公司在坚持自身治理结构优点的基础上，有选择地学习其他公司的长处。第三，网络全球化（公司管理结构的调整），在全球不同国家和地区设立纵向业务分部以及横向地区总部以形成新的管理架构。这种多中心、多节点的网络管理模式有利于全球公司在全球范围经营环境发生变化时迅速做出反应，能够更有效地利用全球资源。

（三）全球责任：以责任为核心的公司文化

为适应全球竞争与合作的要求，跨国公司需调整企业经营理念和文化。第一，承担公司全面的责任，负责任的商业行为是一个更为广泛的企业责任概念，除了经济、社会和环境责任，还包括商业贿赂以及企业道德等方面的要求。第二，承担公司全球的责任，走向全球的跨国公司不仅需要为总部所在母国的经济、社会和环境负责，也需对海外子公司的行为负责。第三，淡化国籍色彩，强化全球化。

（四）发挥作用的渠道

全球公司是中国经济发展的发动机，是中国经济体制转型的催化剂，是和平发展新道路的同盟军。其发挥作用的渠道有四种：第一，桥梁—沟通。全球公司是中国经济融入全球经济的桥梁，是中国企业与国际企业合作的桥梁，有力推动着国外资源与中国资源的交换。第二，标杆—示范。全球公司的全球战略、全球管理和全球责任是中国企业管理的新标杆。第三，关联—带动。全球公司凭借其技术、资金、全球网络以及著名品牌的强大带动作用，能够从根本上改善中国的工业基础，提高中国企业的全球竞争力。第四，竞争—激励。全球公司带来的公平市场竞争，为中国市场注入了活力，提高了中国企业的综合竞争水平。

五、国际投资合力论

国际投资合力论由王东京（1992）提出。该理论在分析借鉴前人理论的基础上，分别从投资母国和东道国的角度提出动力论、引力论和惯性论。该理论认为国际投资活动是在投资母国和东道国的合力作用下发生的。

第一，对外直接投资动力，是指国际投资活动的动机和经济发动力，包括追求利润最大化和存在过剩资本两大要素。剩余资本是一国开展对外投资的持续动力，对外投资动力的大小与国内投资利润率、银行利率成反比。

第二，对外直接投资引力，是指投资对象国对投资国资本的一种吸引和接纳能力，其严格定义为存在于投资对象国内部的某种对国际资本投向起调节和支配作用的客观经济力量。国际投资引力调节的是国际投资结构而非投资规模。该理论解释了国际资本投向的一般规律，有利于发展中国家根据本国国情和其对外资的需求程度来适当地调整本国对外国资本的引力程度。国际投资引力论的四大方法论原则是：国际投资引力不是一个独立的单因素，而是一个由多因素构成的引力体系；分析一个国家的国际投资引力重点要考察该国的经济发展程度；国际投资引力以“利润”为研究关键点；资本丰裕程度是影响国际投资引力的重要因素。

第三，对外直接投资惯性，是指国际投资活动中客观存在的一种经济现象，它是一种资本流出国的持续力（非原生力），可分为国际零投资惯性和国际正投资惯性。具体来讲，对外直接投资惯性是指一个国家或地区在其他条件（对外直接投资动力、对外直接投资引力以及其他外界因素）不变的情况下，该国对外直接投资的规模与速度会保持原来的状态。

六、制度促进论

制度促进论主要阐释对外直接投资企业母国的制度条件对企业对外直接投资的促进作用。该理论指出，母国特定优势尤其是制度优势对企业对外直接投资起着促进或阻碍作用。一般情况下，对外直接投资能够给投资国带来利润和其他收益，投资国倾向于创造各种制度条件来帮助企业形成更多竞争优势，促进企业对外直接投资。这些制度条件按空间可以划分为投资国范围内的“对外投资促进体系”，以及投资国与东道国和其他国家之间的“双边及区域投资制度”。以“走出去”战略制度为核心的制度体系大大促进了中国企业的对外直接投资，是制度促进论的典型案例。

七、其他理论

除上述介绍的理论外，中国跨国公司理论的发展还包括国际产能合作理论、新资源基础理论、综合优势理论等。

第一，国际产能合作理论。该理论认为，国际产能合作是指存在投资意愿与引资需求的国家或地区间，通过生产中的优势互补、资源共享、余缺调剂，实现经济上互动融合、互助发展、互利共赢的合作方式，是一种对外直接投资与产品输出和产业转移相结合的国际间包容性全新合作模式。

第二，新资源基础论。该理论认为，知识的学习和创造以及企业家精神是企业最重要的资源，企业的成长和扩展，直至进行对外直接投资，发展跨国经营，都是上述内生资源优势作用的结果。因此，该理论强调跨国公司应专注于从内部发展自身的核心能力，集中资源加强核心业务，避免盲目的多元化经营。该理论还指出，跨国公司拥有核心优势的特性是部分跨国公司选择非股权安排以及实施国际战略联盟的内在动因。

第三，综合优势理论。该理论认为，中国开展对外直接投资具有大国综合优势，具体表现为投资动机的多极化、差别优势的多元化和发展空间的多角化三个方面。

参考文献

[1] 卢进勇. 中国海外投资理论研究述评[J]. 对外经济贸易大学学报,1991(6).
[2] 卢进勇,陈静,王光. 加快构建中国跨国公司主导的跨境产业链[J]. 国际贸易,2015

(4).
[3] 温丽琴,卢进勇. 中国跨国公司构建自主国际生产经营网络研究[J]. 亚太经济,2012(6).
[4] 林叶. 中国跨国公司论[M]. 济南:山东人民出版社,1992.
[5] 冯雷,夏先良. 中国国际商务理论前沿(7)[M]. 北京:社会科学文献出版社,2014.
[6] 王询,于秋华. 中国近现代经济史[M]. 大连:东北财经大学出版社,2004.
[7] 黄河. 跨国公司与发展中国家[M]. 上海:上海人民出版社,2012.
[8] 张峰. 邓小平理论研究(2013)[M]. 北京:人民出版社,2014.
[9] 杨清. 中国跨国公司成长研究[M]. 北京:人民出版社,2009.
[10] 赵奇伟. 改革时期的中国制度安排与 FDI 溢出效应[M]. 北京:中国社会科学出版社,2010.
[11] 张汉静,秦兴俊. 孙中山利用外资思想研究[J]. 山西财经大学学报,2013(2).
[12] 孙建中. 资本国际化运营——中国对外直接投资的综合优势比较[M]. 北京:经济科学出版社,2000.
[13] 王东京. 国际投资论[M]. 北京:中国经济出版社,1993.
[14] 王志乐. 全球公司——跨国公司发展新阶段[M]. 上海:上海人民出版社,2014.

第九章

跨境产业链理论

进入 21 世纪，中国虽然成为对外直接投资大国，但仍处于全球价值链低端的尴尬境地，面临着全球资源整合困难、价值链跃升受阻等难题，中国对外直接投资面临严重的可持续发展危机。由此，卢进勇（2012）提出构建中国跨国公司主导的跨境产业链（Cross-Border Industrial Chain，简称 CBIC），即由中国跨国公司通过对外直接投资等途径构建的多环节国际产业网络。

第一节　改革开放后中国企业参与国际分工的主要特征

改革开放后，中国企业参与国际分工可分为三个阶段，各个阶段表现出了不同的特征。根据对特征的分析，得出了价值链升级与构建中国企业主导的跨境产业链同等重要的结论。

一、由浅入深、由低到高的三个发展阶段

国际分工指的是不同国家（地区）之间不同部门、不同产品或不同生产工序之间的分工合作。按照参与国际分工的方式，改革开放以后的 30 多年可划分为 3 个阶段：（1）1979—1991 年，以对外贸易为主要方式参与国际分工的阶段。（2）1992—2010 年，以对外贸易和引进外资两种方式并举为主的阶段。这个阶段，除了通过贸易方式外，还通过大量引进外资嵌入跨国公司全球价值链参与国际分工。（3）2010 年至今，对外贸易、引进外资和对外投资三种方式并存的阶段。伴随对外直接投资的异军突起，中国参与国际分工的主要方式除了对外贸易和引进外资外，又新增了对外投资，方式由两个变为三个，更加立体化和多层次化。

1979 年，中国开始实行改革开放政策，主动参与国际分工，承认国际分工的积极作用和基本公平的性质。在实施改革开放政策的前十几年里，中国主要是通过对外贸易（进出口贸易）方式参与国际分工。当时已开始引进外商投资，但数量不多，且引进外

资的一个重要目的就是扩大出口规模和对外贸易规模。这个阶段是改革开放后中国参与国际分工的第一阶段，以有形的货物贸易方式为主，国际间直接的生产要素移动和投资合作已经出现了，但比较少，是辅助性的。1991 年，中国进出口总额为 1 357 亿美元，其中出口额 719 亿美元；当年批准设立外商投资企业 1.3 万家，但实际使用外资金额仅为 44 亿美元；当年对外直接投资额很少，只有 10 亿美元，境外企业累计也只有 1 000 多家。截止到 1991 年年底，引进外商投资累计额为 217 亿美元，对外直接投资累计额为 20 亿美元。

1992 年，邓小平南方谈话的发表和党的十四大的召开，促使中国掀起了新一轮改革开放和经济发展的高潮。在这一轮高潮中，引进的外商投资持续增长，跨国公司大举进入中国，大进大出式的加工贸易快速发展。中国参与国际分工的方式由前一阶段的以贸易为主演变为贸易与外商投资并举，开始进入一个新阶段，外资的作用越来越大，中国企业和产业开始嵌入跨国公司的全球价值链，在其中主要担任生产车间、组装车间或加工厂的角色，负责零部件生产和产品组装。中国逐步成为世界工厂、全球加工制造业中心或基地。2001 年中国加入世界贸易组织，国内市场进一步开放，中国企业嵌入跨国公司全球价值链的程度进一步加深，中外经济开始走向生产一体化和市场一体化，部门内贸易、公司内贸易和价值链不同环节间贸易迅速增长。跨国公司全球价值链向中国的延伸，促进了中国对外贸易尤其是加工贸易的发展，增加了国民生产总值（GDP），扩大了就业，推动了产业和技术升级，繁荣了经济。从 1994 年开始，中国一直是发展中国家中最大的外资引进国，在世界上也多年排名引资国第二位（其中 2001 年排名世界第一位）；同期，中国逐步成为世界上第一大出口国和第二大贸易国。2010 年，中国进出口总额为 29 740 亿美元，其中出口额 15 778 亿美元；当年批准设立外商投资企业 2.74 万家，实际使用外资金额 1 147 亿美元；当年对外直接投资额为 688.1 亿美元（约为外商投资的 60%）。截止到 2010 年年底，引进外商投资累计额为 11 044 亿美元，对外直接投资累计额为 2 838 亿美元（约为外商投资累计额的 26%）。

2011 年，伴随“走出去”战略的加快实施，企业对外直接投资规模不断扩大，中国跨国公司开始在世界各地办厂开店，买矿置地，并购入股，设立境外分支机构和网点，开始尝试构建自己的生产经营网络，形成自己主导的全球价值链和产业链，在全球范围整合利用资源和组织生产经营活动。这是中国参与国际分工的一种新方式，由于这种方式的出现，中国进入到了改革开放后参与国际分工的第三阶段。这是一个全新的阶段：一方面，除了对外贸易与外商投资两种原有的参与方式外，新增了对外直接投资方式，是三种方式并重并举；另一方面，因为提出和实施了全球价值链提升战略，前两种方式也开始优化结构和进行升级，开始从价值链的中低端迈向中高端。2011 年，中国对外直接投资接近 750 亿美元，以后几年持续扩大，到 2015 年非金融类对外直接投资连续两年突破千亿美元，达 1 180.2 亿美元，当年引进外资 1 262.7 亿美元（不含金融类）。再加上企业通过第三地的投资，总额超过引进外资，实际上中国已成为资本净输出国，涉外资本流动格局发生根本性变化。截止到 2015 年年底，中国引进外商投资累计额为 16 423 亿美元，对外直接投资累计额为 8 630.4 亿美元（约为外商投资的 52.55%）。

二、三个发展阶段的主要特征分析

在第一个发展阶段，中国参与的国际分工主要是部门间或产品间，参与国际分工的主要方式是对外贸易，涉及的领域主要是流通领域，生产要素物化在商品中实现国际移动的，直接的生产要素移动与组合比较少，引进的外资和跨国公司比较少，企业“走出去”投资比较少，中国跨国公司也比较少。在国际分工体系中，中国跨国公司是新进入者和参与者，主要是熟悉和适应。

在第二个发展阶段，中国参与的国际分工除了部门间或产品间的以外，发展到主要是零部件间、生产工序间和价值链不同环节间，参与国际分工的主要方式除了对外贸易外还增加了引进外商投资，涉及的领域从流通领域扩展到国内生产领域。政府鼓励外资进入，支持企业嵌入跨国公司的全球价值链或产业链。以国外跨国公司为主体，各种生产要素开始直接向中国移动并与中国当地的生产要素组合配置，形成新的贸易生产力，加工贸易快速扩张，支撑了贸易规模的持续增加和经济的腾飞。外商投资企业在进口中所占的比重从 1993 年超过 40% 以后一直持续到现在，2006 年曾经达到高峰值 59.7%；在出口中所占的比重从 1996 年超过 40% 以后也一直持续到现在，2005 年曾经达到高峰值 58.29%。这一阶段，多数参与国际分工的中国企业没有自主技术和自主品牌，没有自己独立构建的全球价值链，在外国跨国公司构建的全球价值链中处在低端或中低端位置，获利相对较少，主要是跟随者和嵌入者。但大批中国企业在这一阶段在本土就加入了国际分工体系，并且在生产者驱动型价值链和采购者驱动型价值链中获得了一定的发言权和管理权，得到了锻炼、学习与提高的机会。

在第三个发展阶段，中国企业参与国际分工的方式开始多元化和立体化，除了对外贸易和引进外资，增加了对外直接投资方式，涉及领域除流通领域和国内生产领域外，还包括国外生产领域。中国企业开始在一些地区构建自己主导的全球产业链或价值链，利用产品、技术、品牌或管理的相对优势，在海外设立分支机构，并吸纳当地企业或第三国企业参加。中国企业把自己的全球价值链或产业链向海外延伸，把自己构建和主导的公司内国际分工体系（包括产品间、零部件间、生产工序间和价值链不同环节间的分工）推向海外，形成属于自己的国际生产分工体系或生产经营网络。在这个阶段，中国在国际分工中的角色出现三大变化：一是参与方式多样化和多层次化，二是由参与变为部分引领，三是由适应和嵌入变为独立构建。第三个阶段既有自己的特征也包括前两个阶段特征和方式的叠加，中国的身份已经不仅仅是参与者、跟随者和仿效者，还是主导者和引领者，是五重身份并有。目前，这个阶段还处在起步期，仅是部分行业的企业开始行动了，今后肯定会有更多的企业加入进来。中国的角色不再仅仅是世界市场、世界工厂或世界办公室，还将成为世界的投资者，在世界范围内布局产业，实现生产要素的直接移动与重新组合配置。这些变化在对外开放进程中无疑是历史性的事件。

三、价值链升级与构建中国企业主导的跨境产业链同等重要

价值链与产业链两者关系密切，有时两者通用。严格来讲，价值链研究的是同一产品不同生产环节与工序之间的关系，产业链研究的是相互关联的不同产品之间的关系，

产业链涉及的范围大于价值链。跨境产业链分工是一种综合型的国际分工，也称为公司内分工或国际生产经营网络，它包含了不同产品之间和同一产品不同生产工序之间的分工。跨境产业链的发展延长了国际分工产业链条，使全球价值链分工获得了更快的发展。

当前，中国产业发展面临着双重任务，既要升级在全球价值链中的地位（主要针对第一和第二个层次参与国际分工方式），又要构建属于自己的跨境产业链（主要针对第三个层次参与国际分工方式）。中国对外开放的新常态之一就是参与国际分工的三种方式并举，对外直接投资成为一种新的发展更快的方式。中国正在推进的“全球价值链提升工程”既要包括提升企业在现有国际分工体系中地位的任务，也应包括加快建设中国企业主导和引领的跨境产业链的任务。

第二节　构建中国跨国公司主导的跨境产业链的作用与条件

一、中国为什么要加快构建这个产业链

加快构建跨境产业链的意义和作用可以从以下几个方面来认识。

（一）借助这个产业链可以实现国内外产业互联、互动、互促，推动国内产业转型升级，使“走出去”战略进入到提质、增效和升级的新阶段

建设中国企业主导的跨境产业链，到海外整合与延伸产业链，有助于转移、化解国内富余优势产能，促进高科技与战略产业发展，加快国内产业转型升级。“走出去”的实质之一就是中国富余和优势产能的对外转移，就是构建中国企业的国际分工体系，用跨境产业链连接中外产业，可以释放中国的产能，提升产业国际影响力。

（二）有利于增强中国企业对全球产业转移和布局的掌控能力，掌控全球价值链的高端，摆脱“低端锁定”

构建属于企业自己的跨境产业链，发展自己控制的国际分工体系或生产经营网络，可以整合与利用全球资源，提高国内外资源的配置效率，规避经营风险。另外，还可以克服长期处于全球价值链低端的不足和尴尬，摆脱“低端锁定”，改变产品附加值低的状况，走向价值链的高端，实现中国企业在国际分工和价值链中的地位跃升。参与他国建设的产业链或价值链，升级自己在所参与的价值链中的地位，最多只能走到中端，只有自己构建才能把握高端。

（三）有利于推动“一带一路”战略的实施

“一带一路”建设的内容包括基础设施互联互通、跨境产业园、富余和优势产能的输出及国际合作、并购与新建投资、工程承包、重大装备“走出去”等。而建设跨境产业链可以把其中的部分内容连接起来和包括进去，促进和服务于“一带一路”建设。

（四）可以防止国内产业空心化和就业机会的流失

把价值链中的部分高端环节（设计、研发、广告、销售、服务等）保留在国内，

把部分原材料、关键零部件的生产保留在国内，可以防止对外投资导致的国内产业空心化与就业机会流失，可以减少税收损失。如纺织行业可以把纱锭和工厂搬迁到产棉区，把服装设计和品牌运营等高端环节保留在国内。

（五）有利于实现境外投资与对外贸易的相互促进，推动中国对外开放由简单买卖型向相互投资复合型转变

企业依据价值链或产业链进行的对外投资，主要特点是贸易创造型而非完全替代型，投资与贸易是相互补充与促进的。中韩、中日、中美、美欧间的投资与贸易很多都是相互补充、相互推动的关系。贸易背后有投资，贸易分工的背后是产业分工与价值链分工，贸易与投资依靠生产经营网络连接起来。

（六）推动中国从国际投资大国走向国际投资强国

中国已经是国际投资大国，2015 年引进外资额和境外投资额均居世界第三，兼具吸收外资大国与资本输出大国的地位。但中国距离国际投资强国的地位还有差距，需要在以下六个方面努力：缺少世界一流的跨国公司、缺少自主技术与国际知名品牌、处在国际分工和价值链的中低端（目前主要是参加外国企业构建的价值链）、缺少自主构建的跨境产业链或价值链（国际生产与经营网络）、缺少对国际投资规则制定的发言权、境外投资成功率与效益有待提高。构建跨境产业链可以在一定程度上缩小这些差距。

（七）有利于贯彻互利共赢的开放战略，帮助东道国加快工业化和基础设施现代化步伐

相对于出口商品而言，东道国更欢迎外来投资，中国企业通过投资进入东道国，可减少出口贸易导致的摩擦与纠纷，化解东道国的不满。近年来，发达国家实施再工业化计划，发展中国家推进工业化和基础设施现代化。通过构建跨境产业链可帮助东道国推进工业化进程，加快基础设施建设，促进当地技术进步与就业，为东道国经济和社会发展做出贡献，赢得东道国欢迎，实现互利共赢。

二、中国当前有没有条件构建这个产业链

中国已经具备构建这个产业链的条件。

（一）中国企业的实力和国际竞争力已有明显提升，已经拥有一批在国际上享有信誉的企业

伴随着经济发展和国际竞争的锻炼，中国企业的实力提高了，产业（特别是制造业）的国际竞争力提升了，一批各行业的跨国公司也出现了。2015 年，入选世界 500 强的中国企业达到 110 家，占比高于 1/5，排名前 10 位的企业中有 3 家中国企业（国家电网、中国石油和中国石化）。这些企业管理科学，经营机制先进，信誉较好，有一定的跨国经营和海外投资办厂经验，比较优势明显。此外，中国的大多数大中型企业或企业集团都已制定了国际化经营战略，这也将有力地促进和推动中国海外投资事业的发展。

（二）中国具有充足的外汇储备，人均 GDP 已经超过国际上公认的企业主动开展对外投资的标准

最近 5 年中国的外汇储备都在是 3 万亿美元以上，到 2016 年 3 月底达到 3.21 万亿

美元，居世界第一位。充足的外汇储备，为企业开展对外投资提供了有力保障。根据国家统计局发布的《2015 年国民经济和社会发展统计公报》，当年中国人均 GDP 已达到 49 351 元人民币（约合 7 533 美元），超过国际上公认的一国企业主动开展对外投资的人均 4 750 美元的标准。这说明中国企业大规模“走出去”，积极开展对外直接投资已是大势所趋，具备了 GDP 基础。2015 年，中国对外直接投资（不含银行、证券、保险）总规模为 1 180 亿美元。对外直接投资规模的不断扩大，为构建跨境产业链提供了坚实基础。

（三）中国企业在技术、设备、管理和人才等方面也具有比较优势

进行海外投资具有比较优势是完全可以的，不一定具有绝对优势，只要相对于东道国来讲具有优势就可以进行投资。中国在一些技术领域是拥有国际先进水平的，而且还拥有大量的适用技术、特色技术和传统技术，技术商品的价格相对便宜，这些技术在广大发展中国家受到欢迎。同样，在高铁、核电、水火电、通信等成套设备方面中国也具有相对优势。另外，中国企业在管理和国际化人才方面也积累了一定的优势。

（四）国家实施鼓励与扶持企业“走出去”的政策，制定了一系列有利于跨境产业链发展的计划

2001 年，实施企业“走出去”战略；2009 年，制定“鼓励装备制造业和优势产能走出去”政策；2013 年，提出“一带一路”战略构想；2014 年，开始组建“两行一金”（亚洲基础设施投资银行、金砖国家银行、丝路基金）；2015 年，国务院制定《关于推进国际产能和装备制造合作的指导意见》。另外，中国政府还提出了《中非工业化伙伴计划》等计划。这些战略和计划的实施，为中国跨国公司构建跨境产业链提供了动力和环境。

（五）东道国推出了一些有利的政策、战略或计划

近年来，美国开始实施“再工业化战略”，德国提出了“工业 4.0 计划”，日本也提出要升级工业制造业水平。许多发展中国家都在推进工业化和基础设施现代化。为了振兴经济，各国注意营造安商和富商环境，努力扩大产业开放度，普遍欢迎外来投资。新一轮国际产业结构的调整，产业转移和产业分工体系的重构，增加了中国企业构建跨境产业链的机遇。

（六）中国产业竞争优势持续增强

中国制造业规模世界第一，制造体系门类齐全、独立、完整，产能优质充裕；装备工业技术水平持续提高，装备产品类型多样、品质可靠；基建产业实力雄厚；骨干企业国际竞争力和行业影响力稳步提升，满足产能和装备外部需求的能力不断增强，“走出去”整合产业链上下游的条件更加成熟。

第三节　如何构建跨境产业链

跨境产业链的理论（见图 9-1）核心是：由中国跨国公司主导，通过发展不同产

业、开发不同地区，以由点及面的方式在全球构建由中国企业引领的跨境产业链。

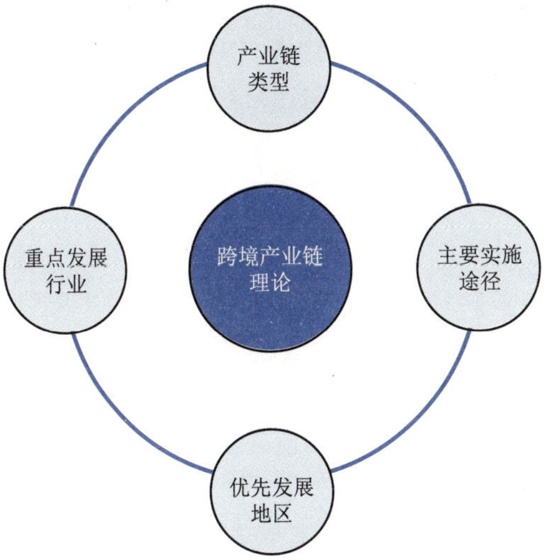

图 9-1 跨境产业链理论示意图

一、跨境产业链的内容与类型

跨境产业链是指企业通过对外直接投资等方式建立起来的由多个环节组成的国际生产经营网络。其内容包括研发体系、能源资源供应体系、零部件采购供应体系、生产体系、营销体系、中介服务体系、基础设施体系和支持保障体系等。现阶段，跨境产业链主要有以下类型：前向关联型（石油炼化厂与油田的关系）、后向关联型（钢铁厂与建材厂的关系）、全产业链型（既包括前向也包括后向，从牧场到养牛再到牛肉制品的关系）、生产者驱动型（也称总装型，如手机、飞机、汽车、成套设备等厂商建设的产业链或价值链）、采购者驱动型（批发零售厂商、贸易商与供应商的关系）等。

二、中国企业在构建跨境产业链方面存在的问题

客观来说，近年来一部分中国跨国公司开始注意打造自己的跨境产业链或全球价值链，如中国石油、中国石化、宝钢、华为、海尔、比亚迪、匹克、中国银行、中粮和双汇等企业，已经开始在这方面进行探索并有所进展。

但从构建跨境产业链或全球价值链的角度观察，中国企业仍存在以下一些问题：一是缺少由中国跨国公司主导构建的跨境产业链或全球价值链，企业构建产业链或价值链意识差；二是已经设立的境外企业缺少国际著名品牌的引领，产品和服务的知名度与影响力不足；三是国内与国外产业上下游脱节，多数境外企业与国内母公司的核心业务和主导产业关联性不强，境外企业单打独斗，散兵游勇，未能通过对外投资实现公司核心业务和主导产业向海外的扩展与延伸；四是对外投资与国际贸易脱节，对外投资对促进公司内、产业内、产品内国际贸易的增长作用不明显。

三、构建跨境产业链的重点行业

中国跨国公司应当在那些自身具有优势（比较优势、垄断优势、竞争优势、潜在优势）、产业链比较长、价值链环节比较多的行业构建跨境产业链。未来5～10年，这样的行业主要包括以下几类。

（一）富余产能型行业

这些行业在国内已经处于产能富余和过剩状态，是长线产业，急需向境外转移。其中一些行业属于“边际产业转移型走出去”，向外转移的主要目的是寻求新的市场和新的发展空间。中国企业在这类行业具有比较优势，如钢铁、有色冶金、电子、电器、轻工、纺织服装、机械、建材、建筑、制药、汽车等。

（1）推进钢铁产能合理转移。加大黑色金属境外勘察开发力度，重点布局俄罗斯、哈萨克斯坦、印度、南非、津巴布韦、巴西、乌克兰、加拿大、澳大利亚等国家，支持企业通过对外直接投资方式获取多重优质矿产权。

（2）延伸有色金属境外产业链条。实施有色金属国际产能合作重大工程：第一，构建矿产资源勘探工程，不断扩大海外有色金属矿山权益产能规模，提升有色资源保障能力；第二，实施产业园区建设工程，推进同中南部非洲、东南亚、中亚、南美等地区的集聚区建设，实现产业链上下游集聚发展，增强有色行业国际竞争力和影响力；第三，建立绿色发展推广工程，推动中国自主开发的铜、铝、镍等有色金属冶炼的节能环保先进技术走向世界。

（3）拓展木材工业发展空间。第一，加强全球建材行业资源研究，重点跟踪石墨等战略性资源，以及品位好、开采价值高、国内紧缺的重要非金属矿资源，掌握国际优质无机非金属矿产资源的分布情况；第三，巩固玻璃纤维、水泥、建筑卫生陶瓷等传统产品的出口优势，推动绿色建材制品、复合材料、高端非金属矿功能材料、工业陶瓷、人工晶体、石墨烯制品等高端建材和新材料的产品和产业输出。

（4）推动化工领域对外合作。以油气、石化、煤炭、化肥、橡胶、染料等行业为重点，结合工程设计、装备和标准“走出去”，建设典型境外产能合作示范基地，构建能源资源合作上下游一体化产业，培育一批具有国际竞争力的骨干企业，逐渐形成全球资源开发、生产制造、市场营销、科技创新体系的布局。

（5）扩大汽车国际市场。以国际化品牌建设为核心，推动汽车企业“走出去”：第一，推动企业从贸易型为主向贸易先行、投资跟进、本土化发展的“走出去”战略转变；第二，鼓励汽车企业在欧美发达国家、金砖国家投资设立汽车技术和工程研发中心，通过对外直接投资方式提升行业关键技术的掌控力和竞争力；第三，鼓励汽车零部件企业通过对外直接投资的方式提升自身的技术创新能力，弥补国内汽车产业链的薄弱环节。

（6）加强农业对外合作。推进对外农业投资与合作，共建境外农业合作示范区，支持境外农业全产业链发展，强化农产品品牌建设，培育一批具有国际竞争力的大型跨国涉农企业集团。

（二）优势发挥型行业

这类行业以装备制造业为代表，相对于东道国而言具有技术、设备、管理和标准等方面的比较优势，或者在全球范围内也具有了垄断优势，中国具有自主知识产权，在国内不一定产能过剩。这类行业属于“比较或垄断优势型”行业，境外投资的主要目的是扩张企业规模、掌控市场、提升效率、构建全球网络，如高铁、核电设备、工程机械、电力设备、通信、船舶、石化、化工、光伏、基础设施建设、电子商务、民航、承包劳务等。

（1）构建工程机械全球业务网络。第一，结合境外重大基础设施建设项目，鼓励承建企业使用“中国制造”工程机械产品，扩大优势工程机械装备出口；第二，支持工程机械制造企业并购具有品牌、技术和市场优势的国外企业，在有条件的国家设立海外技术研发中心，提高品牌国际影响力和技术水平。

（2）加快航空航天装备对外输出。契合目标市场需求，提升自主产品研发能力，加快推动与国际航空航天产业布局、产业服务、技术标准的有效性衔接，逐步建立有国际竞争力的航空航天产业体系。

（3）开拓船舶和海洋工程装备国际市场。加强与境外重点港口、临海参与聚集区建设的规划衔接，拓宽装备对外输出路径，提高装备研发和制造能力，提升船舶和海洋工程装备核心竞争力。

（三）国内短缺型行业

这类行业以资源与能源产业为主，在国内属于短线产业，产品供不应求，需要到国外投资布局以确保稳定供应和安全。这些行业“走出去”的主要目的是寻求自然资源，属于“自然资源寻求型”的对外投资，如石油、天然气、铁矿、铜矿、铝矿、有色金属矿、耕地、林地、牧场等。

（四）战略资产寻求型行业

这类行业在国内处于空白、弱势或起步阶段，如高科技产业、战略性新兴产业、传统产业升级换代的关键环节等，投资海外是为了获取相关技术、品牌、专利、设计、研发、信息、营销网络等战略性资产，培育和形成竞争优势。这类投资属于“稀缺要素寻求型”“先导型”或“学习型”投资，涉及的行业包括 3D 打印、大数据、智能工厂、数控机床、新能源、新材料、汽车设计、服装设计、建筑设计、工业设计等。

（五）商业存在型行业

这类行业主要指的是服务业。由于服务是无形商品，不易运输和储存，生产与消费往往都是同时间、同地点进行，所以服务的出口主要依靠设立境外机构，也就是依靠商业存在的形式提供，如银行、保险、餐饮、酒店、批发零售、专业服务、医疗、教育、房地产、快递等。

四、构建跨境产业链的优先地区

根据不同产业链对资源与要素的不同要求，中国企业可以选择适合建设产业链的国家或地区。现阶段应优先在以下国家或地区打造中国企业主导的跨境产业链（即区域国际分工体系）。

（一）东南亚地区

东南亚地区属于“一带一路”战略覆盖的地区，同中国已经签署自由贸易协定和投资协定，经济贸易联系密切，自然资源丰富，经济发展潜力巨大，与中国产业互补性强，中国产品和技术在当地受到欢迎，中国企业在当地已有相当规模的投资与产业合作，已经建设了一批境外经贸合作园区。

为实现跨境产业链的构建，第一，要推动在东盟国家建设轨道交通装备制造中心，带动装备“走出去”，实现标准对接；第二，适应东南亚国家工业化、城市化进程持续推进的需要，重点在轻工纺织、汽车、建材、化工、轨道装备、船舶制造等领域开展产能合作。

（二）中亚地区

中亚地区属于“一带一路”战略覆盖的地区，同中国已经建立了良好的外交关系和密切的经济贸易联系，当地自然资源丰富，经济处在发展和振兴过程中，与中国产业互补性强。2014年，在李克强总理和哈萨克斯坦总理马西莫夫的共同努力下，“中哈产能合作”计划开始实施，项目总金额达236亿美元，涉及钢铁、有色金属、平板玻璃、炼油、水电、汽车、基础设施、公路、住房等广泛领域。

（三）非洲地区

非洲地区同中国已经建立了良好的外交关系和密切的经济贸易联系，当地自然资源丰富，经济发展水平和基础设施落后，具有巨大的经济发展潜力，中国产品和技术在当地受到欢迎，产业互补性比较强。近年来中国企业对非洲的投资逐步扩大，已在一些国家建设境外经贸合作园区。另外，中国政府已经提出《中非工业化伙伴计划》和《关于非洲跨国跨区域基础设施合作行动计划》（将积极参与非洲高速铁路、高速公路、区域航空等基础设施三大网络的建设）。

第一，加快中非工业化合作。一是在非洲资源密集地区完善项目换资源模式，探索“矿电路港”权益组合开发模式；二是围绕重点资源生产基地和重要交通枢纽，建立各种产业聚集区，推广中国开发区建设运营经验和标准。

第二，拓宽中非农业现代化合作。建设农业技术示范项目，实施农业优质高产示范工程，加大种子研发、推广和普及力度。

第三，推进中非基建合作。结合资源能源生产基地和产业聚集区布局推进基建合作，打通非洲互联互通关键节点和经济发展主动脉，带动基建产业链上下游“走出去”。

（四）中东欧地区

中东欧地区属于“一带一路”战略覆盖的地区，同中国已经建立了良好的外交关系和比较密切的经济贸易联系，经济处在发展和振兴之中，产业升级愿望强烈，是欧洲新兴市场国家集中的地区，共包括16国，与中国具有较强的经济和产业互补性，双方合作发展潜力巨大，但当地基础设施比较落后。近年来，为了强化经济与产业合作，已经举办过三次“中国—中东欧国家领导人会晤”，已经签署《布加勒斯特纲要》《贝尔格莱德纲要》《中欧合作2020战略规划》和《中国—中东欧国家中期合作规划》，计划以基础设施建设为牵引，以产能合作为抓手，以金融合作为支撑，共建产业、工业和技术园区，拓展双方产业合作的新空间。

五、构建跨境产业链的主要途径

构建跨境产业链的主要途径有如下几个。

（一）通过股权对外直接投资方式构建

这是国际上公认、主要和通行的方式，包括并购投资与新建投资两类。借助并购或新建途径，通过合资、合作或独资等企业形式，设立境外分公司、子公司或代表处等分支机构。构建跨境产业链，境外网点的布局是关键的一环。中国跨国公司开展的对外投资是构建跨境产业链的主要方式和基础，有了境外分支机构，企业就有了自己控制的生产经营网络，就可以形成自己掌控的国际或区域分工体系。

（二）通过非股权对外投资方式构建

非股权投资指的是虽然没有在境外企业直接投资入股，但可通过一些手段控制或管理该境外企业。控制这些企业后，将它们纳入跨国公司的生产经营网络，使它们成为产业链上的一个环节或价值链上的一个节点，具体形式有特许经营、技术授权、技术服务、许可转让、合同制造、管理合同、订单农业等。

（三）通过货物与服务外包方式构建

企业通过外包方式吸收部分境外企业加入本企业的产业链或价值链中。在外包业务中，接包企业基本上受发包企业的左右，会按照发包企业的安排组织生产经营活动，实际上已经成为发包企业跨境产业链中的一部分。

前一种途径是在企业内部打造跨境产业链，后两种途径有属于内部也有属于外部打造的。构建产业链的企业主要由龙头企业牵头，一般都是跨国公司或大中型企业，俗称领导厂商或产业领袖。这些企业有品牌和主打产品，有技术和专利，是价值链的设计与组织者，是全球生产经营网络的主要发起者、构建者、引领者和主导者。苹果、三星、IBM、波音、空客、丰田、耐克、麦当劳、沃尔玛、华为、海尔等企业就是这类企业。

第四节 加快构建跨境产业链的政策措施建议

一、将相关政策落到实处

相关战略规划、投资便利化措施和支持企业“走出去”的金融政策要落到实处。近年来，中国政府先后制定了与跨境产业链建设相关的一些战略规划，如《推动共建丝绸之路经济带和21世纪海上丝绸之路的愿景与行动》《中非工业化伙伴计划》《关于非洲跨国跨区域基础设施合作行动计划》和《建营一体化计划》等，应加强与相关国家的沟通和国内各单位之间的协调，使这些战略规划落地生根，开花结果。2015 年，在对外投资领域，中国已经推广实施“备案为主、核准为辅”的管理方式，除敏感国家（地区）和敏感行业外，一律改为备案制。这是一项重要的改革措施，减少了环节，缩短了时间，大大提高了企业境外投资的便利化水平，要确保落实到位。另外，2013 年和 2014 年，国务院先后出台了支持企业“走出去”的金融政策，如《关于金融支持经济结构调整和转型升级的指导意见》和《金融支持企业走出去一揽子政策》，这些金融政策涉及简化审批手续、拓宽融资渠道和健全政策体系三方面的内容，也要保证见到实效。

提高境外直接投资管理水平。第一，进一步加大简政放权力度，完善以备案为主的境外投资事前管理制度，优化网络备案系统，加强部门间管理协调，提高境外投资便利化水平；第二，优化外汇使用登记与监管方式，推进境外直接投资外汇登记全国联网办理，提高登记的便捷化，逐步建立外汇管理负面清单制度，放宽境外投资汇兑限制。

完善财税支持政策。第一，完善外经贸发展专项资金的使用方式和资金投向，设立国际产能合作补助贴息专项资金，重点支持国际产能合作重大项目；第二，加快与有关国家商签避免双重征税协定的进程，扩大和完善双重征税协定网络，实现重点国家全覆盖。

完善公共服务体系。增强外交服务保障，推动引领国际投资贸易规则制订，切实维护海外公民和企业利益，加强信息归集应用，深化对外政策沟通交流，进一步完善对国际产能合作的公共服务。

二、制定跨境产业链建设扶持政策

为了推进跨境产业链建设，建议政府相关部门制定《中国境外投资产业指引》（从母国角度鼓励和引导企业构建跨境产业链或全球价值链）、《产能富余行业“走出去”项目目录》和《外汇储备转化为境外实业投资具体政策》等政策文件。今后，还应借助投资促进机构对“走出去”的企业进行产业链与价值链培训，提高企业对产业链和价值链的认识和把握程度，提升企业设计、治理和管控产业链与价值链的水平。

第一，加强国际化人才队伍建设。以国际产能合作需求和构建跨境产业链为导向，有计划、有系统地加强国际化人才的培养，制定相应的人才培养规模和相适应的财政投入规划。

第二，加快技术创新步伐。部署引领装备制造业发展的重大关键技术攻关项目，增强原始创新和引进消化吸收再创新能力，加快形成全球化创新体系，着力突破一批支撑产业创新发展的核心技术，不断增强产能合作技术优势。

第三，拓展知识产权国际合作。一是围绕国际产能合作重点领域，制定专利导航海外发展的布局规划，编制发布相关国家和地区专利申请实务指南，实施产业规划类和企业运营类专利导航项目；二是完善企业海外知识产权信息服务平台，发布相关国家和地区知识产权制度环境、重点产业知识产权竞争的动态信息。

第四，促进生产性服务业发展。一是鼓励生产性服务企业和生产性企业抱团“出海”，拓展生产性服务企业海外布局，提升国际竞争力；二是鼓励跨境电子商务产业发展，结合国际产能合作重点领域促进大宗原材料网上交易、工业产品网上定制销售、上下游关联企业业务协同发展。

三、协调好各方力量，避免境外恶性竞争

不论是在境外投资领域，还是在工程承包招投标或成套设备出口领域，近年来中国企业在境外经常上演恶性竞争、互挖墙脚的把戏。这种状况急需改变，应由政府部门或行业协会出面进行有效协调，维护正常经营秩序和正常竞争，反对不正当竞争和恶性竞争。

四、加快各类境外园区建设

境外经贸合作区、科技园区、工业园区和产能合作园区等是中国境外企业的聚集地，是企业集群式“走出去”的有效方式，也是跨境产业链建设的重要载体和有机组成部分。应结合“一带一路”建设，在相关国家进一步布局各类园区的建设。截至目前，中国已经在世界上15个国家先后设立了境外经贸合作区，有的已经初具规模，需要认真总结建设经验，并加以推广。

五、加快培育世界一流跨国公司和国际知名品牌

跨国公司是产业链或价值链的设计者、建设者和组织者，是产业领袖，尤其是世界一流的跨国公司，它们都拥有自己的专利、品牌、技术优势和生产经营网络。建设跨境产业链，没有世界一流的跨国公司和国际知名品牌不行。中国已经有了一大批跨国公司和品牌，但是缺少世界一流的和国际知名的。为此，要认真分析世界一流跨国公司的管理经验和国际知名品牌的成长历程，结合中国的实际加以学习借鉴，加快培育世界一流的国有或私营的中国跨国公司，培育中国自主的国际知名品牌。

六、推动中国标准、技术与服务“走出去”

建设跨境产业链，仅仅有中国资本“走出去”还远远不够，还必须要有中国标准、中国技术和中国服务“走出去”。通过标准、技术和服务“走出去”，可以更好地带动中国资本、中国企业和中国装备走向世界。标准、技术和服务虽为软实力，但有时候比硬实力还重要。要实施“走出去”标准化战略和国际专利商标战略，特别是在工业生产、高铁和核电等标准化领域，要抢占标准制高点，打好“走出去”的技术基础。中国标准、中国技术和中国服务“走出去”，能够加快国内富余优势产业的转移和“走出去”战略的转型升级。

推动中国标准国际化。实施中国标准外文版翻译工程，健全中国标准外文版出版发行机制；实施重点国家标准化合作工程；实施重点领域标准国家化突破工程；实施企业国际标准化能力提升工程；实施国际标准化研究与服务创新工程。

七、从东道国实际情况出发

企业要认真研究东道国的投资环境，关注东道国制定的产业发展战略或工业化规划

等规定。中国企业在决定“走出去”开展对外投资、建设产业链或价值链的时候，一方面要了解母国有关产业转移、产业调整、产业关停、产业升级和产业促进等方面的政策法规、战略规划与扶持鼓励措施，另一方面也要熟悉东道国的投资环境，特别是有关产业发展战略或工业化规划等方面的规定。这方面的规定包括：东道国国民经济和社会发展战略，新的经济政策或计划，农业、工业、高科技等行业的发展或升级规划，各类园区或开发区建设计划，基础设施更新规划，等等。企业要在这些规定中寻找合作机会，加以配合与利用。

参考文献

[1] 卢进勇,陈静,王光. 加快构建中国跨国公司主导的跨境产业链[J]. 国际贸易,2015(4).

[2] 温丽琴,卢进勇. 中国跨国公司构建自主国际生产经营网络研究[J]. 亚太经济,2012(6).

[3] 廖泽芳,宁凌. 中国的全球价值链地位考察——基于附加值贸易视角[J]. 国际商务,2013(6).

[4] 唐东波. 贸易政策与产业发展:基于全球价值链视角的分析[J]. 管理世界,2012(12).

[5] 杨珍增. 知识产权保护、国际生产分割与全球价值链分工[J]. 南开经济研究,2014(5).

[6] 桑百川. 提升我国企业在全球价值链中的地位[N]. 人民日报,2016-03-27.

[7] 王岚. 融入全球价值链对中国制造业国际分工地位的影响[J]. 统计研究,2014(5).

第十章

综合动因论

对外直接投资作为国际经济活动的主要方式，已被各国企业广泛接受。任何一个国际投资项目往往都是母国企业、东道国环境、母国环境以及世界经济四个因素综合发挥作用的结果，其中发挥主要作用的是母国企业动因和东道国环境动因，而母国环境动因和国际环境动因往往起到辅助作用（见图 10-1）。但在部分情形下，对某些类型的国家、某些类型的企业或某些类型的投资项目，后两个因素也可能发挥主要作用。本章就中国开展对外直接投资的综合动因做出以下研究分析。

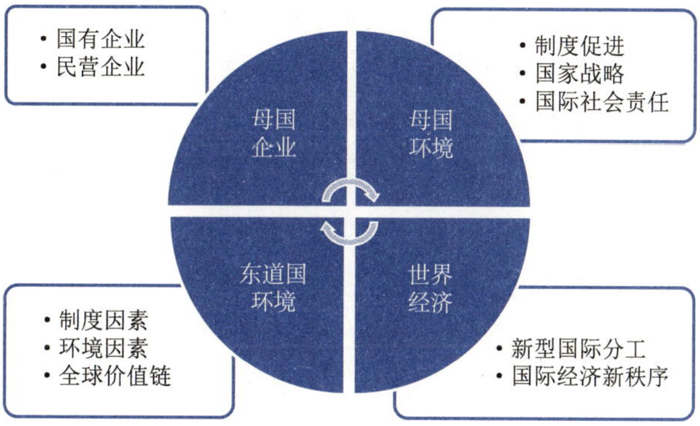

图 10-1　中国企业对外直接投资综合动因论示意图

第一节　母国企业的动因

母国企业作为对外直接投资活动的主体，在国际市场中扮演着重要角色。就中国企业开展对外直接投资而言，母国企业动机具有多样化。根据企业属性划分，中国企业可分为国有企业和中小民营企业两大类。上述两类企业因其属性不同，参与国际市场的动机也不同，国有企业因其国有属性，主要是代表国家意志开展对外投资；民营企业则主要在其利润驱动下参与国际分工。

一、国有企业的动因

国有企业作为开展对外直接投资的主力，因其国有属性往往代表国家意志在海外开展投资，以国家长期发展战略为目标。其开展国际投资的主要动因可归纳为三个方面，即获取国际战略资源，掌握国际资源的国际定价权；调节外汇储备存量，提高资本利用水平；利用对外直接投资，改善中国产品出口结构。

（一）获取国际战略资源，掌握国际资源的国际定价权

中国地大物博、自然资源丰富，但整体资源配置存在两大问题。一是人均资源远低于世界平均水平。中国矿产资源储量居世界第三位（潜在总值为 16.56 万亿美元），但人均矿产储量只有世界平均水平的 58%，排世界第 53 位，而且人均资源数量和资源生态质量仍在继续下降和恶化。如：35 种重要矿产资源人均占有量只有世界人均占有量的 60%，其中石油、铁矿、铝土矿分别只有世界人均占有量的 11%、44%、10%。二是缺乏国际战略资源。中国是资源进口大国，原油和天然气供需矛盾较大，石油对外依存度超过 50%；国内生产的铁矿石品位较低，因而是铁矿石第一进口大国。

部分国有企业以“获取五大战略资源[①]、掌控全球定价权”为目的开展对外直接投资。第一，逐步建立在全球范围内的战略资源储备体系，尤其是实现长期对关系国家命脉的资源（如石油、铜、铁矿石等）的储备；第二，引进国际先进技术，提高对国内资源的开采效率，尤其是提高对国内优势矿产（如煤、稀土）的开采和供应；第三，开展国家资源竞争与合作，在全球形成资源多元化供应体系；第四，通过国有企业开展对外直接投资，将国外优势能源和国际战略能源融合在一个利益互联的定价平台，实现对重要战略资源的国际定价权。

（二）调节外汇储备存量，提高资本利用水平

中国过高的外汇储备给国内经济带来了一些问题。第一，近十年，中国外汇储备保持高速增长，规模已超出合理水平。1978 年中国外汇储备仅为 1.67 亿美元，2006 年突破万亿美元，2015 年中国外汇储备累计约 3.4 万亿美元，居世界外汇储备第一位。根据国际两个不同的指标，一国国际储备应与它的贸易进口额保持一定比例关系，一般以 40% 为适度，20% 为低限；或者，外汇储备占 GDP 的 10% 以上即有可能是外汇储备量过多。自 2006 年以来中国都处于过度持有外汇储备的阶段。第二，过高的外汇储备给国内经济带来一系列问题，包括外汇持有成本不断攀升，且不能转化成实际的生产资料，造成资源浪费和资金闲置；大量的外汇储备有可能会导致通货膨胀和本币升值，从而降低中央银行实施货币政策的调控效果；中国的外汇储备有 65% 左右是美元，当美元贬值时会使中国的外汇储备面临贬值风险。

以国有企业为主要代表，开展对外直接投资可以有效调整中国外汇储备。第一，利用外汇储备开展对外直接投资，从而直接减少其储备。国有企业因其国家属性，在利用

① 五大战略资源：包含石油、天然气及煤炭在内的能源资源，基本金属及贵金属，铁矿石，稀土，以粮棉油糖为主的重要农产品及农业资源。

国家资金方面具有更高的利用效率和实践经验，因而在对外开展直接投资方面更具优势。第二，对外直接投资通过调整国际收支降低外汇储备。第三，发挥中国高额外汇储备优势，提升国有企业开展对外直接投资的综合竞争力。

（三）利用对外直接投资，改善中国产品出口结构

中国出口规模大，但存在严重的结构问题。2015 年中国出口额达 2.27 万亿美元，排名世界第一，远高于排名第二的美国（1.5 万亿美元），但中国出口产品附加值严重偏低。根据对中国出口商品结构的测算①，中等技术产品是中国第一大出口商品，高技术产品在中国出口中所占份额较低，一直维持在 5%左右的份额；在国际市场上，中国占世界低技术商品出口总额的比例日益提高，且具有一定的垄断地位；中国占世界中低技术、中等技术商品出口总额的比例也比较高；中国占世界中高技术，特别是高技术商品出口总额的比例较低，与发达国家的差距很大，且有日益拉大的趋势。

国有企业开展对外直接投资能够有效地带动中国高技术产品的出口。第一，以对外直接投资的方式实现贸易促进作用；通过提供设备、物资、技术作为投资方式，扩大中国成套设备和物资的出口；以技术入股投资，带动专利、专业技术和软件技术的出口。第二，在国际工程项目上开展投资，使用中国产品标准，进而加大国际市场对中国优势产品的需求，如高铁行业等。

二、中小民营企业的动因

改革开放以来，中国市场经济发展如火如荼，从而也涌现出了一大批民营企业，2015 年中国民营企业数量占总企业比重高达 86%，逐步成为拉动中国经济增长的主力。目前，中国已形成极具影响力的民营企业，如华为、恒大、吉利等。民营企业开展对外直接投资，日渐成为中国企业“走出去”的中坚力量。综合分析，不同于国有企业，中小民营企业的对外直接投资动机可具体划分为四个方面：拓展企业国际生存空间，开拓新市场；绕开国际贸易壁垒，提高经营活动效率；获取国际新技术和企业创新活力；跟随大型企业参与国际分工。

（一）拓展企业国际生存空间，开拓新市场

随着经济全球化的不断发展，国内市场已不能满足国内民营企业的需求。第一，产能过剩成为中国当前经济面临的很大问题，众多民营企业只有不断开拓国际市场才能实现其可持续发展；第二，由于产品存在生命周期等问题，受经济政策、市场环境影响，民营企业部分产品会面临淘汰或更新换代压力，国际市场在一定程度上延长了其产品生命周期，避免了产品大量积压或过多的固定资产投资带来的资本紧张压力。

（二）绕开国际贸易壁垒，提高经营活动效率

近年全球各国频繁发起针对中国出口产品的贸易救济调查，给中国出口企业带来了很大的应对压力。1995—2014 年间，全球对中国发起 1 571 起贸易救济调查，其中反倾销案件 1 061 起、反补贴 90 起、保障措施和特别保障措施 421 起；仅 2014 年就发生了

① 魏浩. 中国出口商品结构变化的重新测算[J]. 国际贸易问题,2015(4).

99起案件。由此给中国企业带来了巨大的经营压力：第一，企业如果发起应诉，则会发生很大的应诉成本（人力、物力、财力），同时还面临着应诉失败的巨大压力；第二，企业如果不应诉，则会被要求缴纳倾销税，从而严重降低企业出口产品在当地的竞争力。

民营企业开展对外直接投资，能够有效绕开国际贸易壁垒，提高企业的对外经营效率。一方面，通过投资替代出口，进而减少出口贸易，从而以最直接的方式避开贸易壁垒；另一方面，对外直接投资可以有效地调整中国同其他国家贸易不平衡的现状，进而从根源上规避贸易摩擦。

（三）获取国际新技术和企业创新活力

随着中国大众创业的热情高涨，中国创新型企业层出不穷，但中小民营企业的核心技术水平仍有待提高。第一，中国研发投入已有所提高。2015年全国研发经费投入总量为1.4万亿元，投入强度（研发经费与GDP之比）为2.10%，已达到中等发达国家水平，居发展中国家前列，但与北欧先进国家（3%～3.5%）还存在很大差距。第二，企业研发投入不足，中国规模以上企业经济投入占销售比例为0.9%，远低于发达国家平均水平（2%）。第三，研发科技成果转化不够，贡献率有待提升。第四，企业核心技术和关键零部件对外依存度过高，其中高端产品开发技术依存度达70%，重要零部件达80%。

民营企业开展对外直接投资能够有效地学习国际先进技术，为企业成长注入新活力。第一，通过跨国并购等投资方式直接获取外国企业高新技术；第二，利用对外投资的技术逆向溢出效应，加强企业的技术获取能力；第三，通过参与国际竞争，提高研发水平、改善企业经营策略，从而提高企业的创新成果转化率。

（四）跟随大型企业参与国际分工

从当前企业经营水平来看，国有大型企业仍旧是开展对外直接投资的领头军。部分中小民营企业因其资本积累不足、风险承担能力弱等原因，在对外业务上仍旧比较保守，从而跟随大型企业参与国际分工，成为其规避国际经营风险的有效方式。第一，透过大型企业的经营成效，了解当地的经商环境以及市场容量；第二，通过与大型企业合作（如分包等形式），循序渐进地进入国际市场。

三、案例

（一）中国石油天然气集团公司

中国石油天然气集团公司（“中国石油”或“中石油”）是国有重要骨干企业，是以油气业务、工程技术服务、石油工程建设、石油装备制造、金融服务、新能源开发等为主营业务的综合性国际能源公司，是中国主要的油气生产商和供应商之一。

中石油自开展海外投资以来，以获取石油战略资源为导向。中石油的“三步走”跨国发展战略为：第一步（1993—1997年），起步阶段。以小项目运作为主，以寻求油田开发项目和老油田提高采收率项目为主，重在熟悉国际环境，积累国际经验，在实践中培养国际化人才。第二步（1997—2002年），成长发展阶段。这一阶段，要拿储量，拿产量，形成海外资源替补区。第三步（2003 年至今），规模扩张阶段。开始涉及勘探领域，并初步建成中亚、中东、非洲、美洲和亚太五个海外油气合作区和亚太、欧洲、美洲三大国际油气运营中心。海外合作综合一体化发展格局初步形成，优势充分发挥，合作领域从上游勘探开发拓展到炼油化工、管道储运、销售贸易、工程技术服务等。

中国石油海外投资逐渐体现出其国家意志。第一，其战略选择较为明晰，中国石油将海外投资业务定位为国家石油公司（NOC）和国际石油公司（IOC）的优选合作伙伴，通过自主开发和战略联盟相结合的方式进入非常规油气领域；通过兼并收购获取符合海外发展战略的油气公司和资产，着力完善全球业务布局，优化油气资产结构。第二，提高一体化综合能力，保证对国内市场的供应。中石油重点加强海外油气勘探开发，谨慎、有效、适度发展中下游业务，积极推进资源进口来源多元化，扩大国际油气贸易的规模，形成国际竞争力较强的跨国公司；并加快建立经济、安全、稳定的国外油气生产、供应基地；积极延伸服务价值链，加快向技术研发、制造、服务等一体化方向发展；优化资源配置，提高多专业协同作战能力，拓宽业务范围，提高一体化综合能力。

（二）华为技术有限公司

华为技术有限公司（“华为”），1987 年创建于广东省深圳市，是一家由员工持股的民营通信科技公司，总部以中国广东省深圳市龙岗区坂田华为基地；产品主要涉及通信网络中的交换网络、传输网络、无线及有线固定接入网络和数据通信网络及无线终端产品，为世界各地通信运营商及专业网络拥有者提供硬件设备、软件、服务和解决方案。目前，华为是全球最大的电信网络解决方案提供商，全球第二大电信基站设备供应商，也是全球第六大手机厂商。

华为开展对外直接投资的目的之一是开拓国际市场。其发展思路为：地域渐进式战略，由近及远、由易到难，先开拓邻近区域市场和发展中国家市场，再向发达国家市场拓展。具体过程：第一步，瞄准的是深圳的近邻香港；第二步，考虑发展中国家的市场开拓，重点是市场规模相对较大的俄罗斯和南美地区，建立了合资公司；第三步，2000 年之后，开始在其他发展中地区全面拓展；第四步，进入发达国家市场和欧美主流高端市场。

华为开展对外直接投资的目的之一是获取国际先进技术。第一，建立国际研发战略，自主研发与国际合作研发并行。华为公司一方面强调自主研发，同时采取非常开放的战略，面向一流的合作伙伴，进行战略合作，与众多西方公司按照国际惯例达成了一些知识产权的交叉许可协议和合作开发协议，使得华为能用自己有限的研发团队和研发技术，迅速赶超世界先进水平。第二，通过收购获取研发资源。

华为等高科技企业为中国高科技企业“走出去”做出了良好的示范。其目标明确的对外投资战略使得华为在中国乃至全球价值链中保持着优势地位，中国电信也在国际市场取得了话语权。

第二节 东道国环境动因

东道国作为母国企业投资的接受者，在国际经济活动中扮演着重要角色，其对对外直接投资动因的影响可概括为三方面，即制度因素、环境因素以及加入全球价值链的因素。

一、制度因素

东道国的制度因素直接影响其对外资的吸引水平。本部分就制度因素和制度距离加以讨论。

（一）东道国的制度环境对企业开展投资影响较为复杂

一般来讲，当把东道国划分为发达国家和发展中国家时，制度环境对企业开展投资的影响程度是相反的。

当选取发达国家作为投资对象时，其良好的制度环境对投资具有促进作用。发达国家多为法治国家，投资企业开展业务前能够充分了解当地的市场环境，能够尽可能地将各类风险考虑其中，从而能够顺利地开展投资业务，即便遇到各类问题，也能利用当地有效的制度体系保护自身合法权益。以中国企业投资美国和欧盟为例，因上述地区均为法治化国家，其政治经济制度完善程度较高，企业按照市场规则能够很好地适应当地经济环境。根据中国全球投资追踪，中国对外直接投资的最大接受国是美国，2016 年上半年，对美投资额达 350 亿美元，同比几乎翻了一番。

当选取发展中国家或者相对比较落后的国家作为东道国时，其较差的制度环境反而能够给企业投资带来机遇。具体来讲，第一，中国经济尚未达到完全市场化，对于经济活动中的非市场行为具有灵活的处理能力及方式，而国内商业习惯的关系网在这类市场中能够很好地发挥其“寻租”作用；第二，当投资企业为国有企业时，因为其代表国家意志在外开展业务，以国家作为后盾，因而对于企业经营过程中遇到的各类风险具有较强的承受力；第三，制度环境较差的国家，中国与其签订双边投资保护协定也能够很好地促进投资。以中国企业投资非洲基础设施为例，非洲作为全球最落后的地区，大部分地区法律法规不完善，但中国企业 2015 年在非洲承包的工程业务在海外市场占比大于 1/3，营业额同比上涨了 3.4%。

（二）制度距离在一定程度上制约国际投资业务

东道国与投资母国的制度距离对国际投资具有重要的影响作用。本部分将制度距离划分为三部分来分析，即制度环境距离、产业距离以及历史联系距离。

第一，东道国与母国的制度环境差异对国际投资业务会产生很大的影响。当两国处于相似的制度环境下，会对投资产生较大的促进作用。一方面，企业能够很好地适应东道国法律体系、经营理念等。以中国企业在亚太地区开展投资为例，相比于欧美地区，亚太地区在国家治理理念、法律体系、经济制度以及文化环境方面存在或多或少的相似性，进而中国企业开展投资时能够充分地了解市场需求以及当地的营商环境。另一方面，能够增强东道国对投资企业的信任程度，进一步加深双方合作。

第二，东道国与母国产业的良好对接是推动对外直接投资的又一动因。企业开展对外直接投资首先要了解东道国的经济环境、产业环境，对双方经济合作的盈利性、可持续性做深入分析。具体来讲，只有当东道国与母国实现良好的产业对接，两国资本才能发生自由高效的流动。一是上下游产业对接，母国企业对东道国进行投资，能够很好地延伸产业链，并同时促进两国经济发展；二是同水平行业互补性对接，母国和东道国分别在资源、土地、技术、成本、辐射市场等方面具备同比竞争力，二者的合作（也即母国对东道国开展对外直接投资）能够实现这一产业的深度发展。

第三，母国与东道国的历史联系对国际投资也有很大的影响。一是经济联系，当两国存在长期经济合作关系时，母国在东道国开展对外直接投资将会更加便利，包括对市场环境的熟悉程度、经济合作伙伴的信誉水平、当地的风土民情了解等；二是文化联系同样能够促进对外直接投资的发展，两国相近的文化传统能够提高双方的亲和度，进而促进双方经济合作；相近的法律体系同样也促进东道国对外资的吸引水平。

二、环境因素

东道国的环境因素主要包括区位环境和经济环境两方面。

（一）东道国的区位环境

东道国的区位优势在吸收外资方面扮演重要角色，具体包括地理位置、市场规模、资源禀赋以及基础设施建设四个方面。

一是东道国的地理位置也决定着企业是否投资，当一国在全球占有越重要的地理位置（如重要国际交通要道、接近目标市场等），其越能够吸引跨国公司进行投资。

二是东道国的市场规模直接影响企业的对外投资，当其市场规模越大时，越容易产生规模经济，越有利于企业投资。此外，随着中国国际产能合作的不断深化，中国优势产能在国际市场中再次获得发展活力，从而通过拓展市场的发展延长中国产品的生命周期。

三是东道国的资源禀赋也具有重要意义，尤其是对于以获取资源为动机的母国企业。丰富的自然资源对外资具有吸引作用；人力资源也是企业开展对外投资的又一重要动因，一方面是东道国廉价的低端劳动力成本，另一方面是东道国的具有较高科研实力或者企业经营管理能力的高端人才，都是企业发展的重要考量因素。以华为为例，华为之所以建立了国际研发战略，就是为了能够在国际舞台上挖掘人力资源。

四是东道国的基础设施建设（如交通设施、通信条件、水电供应等）对企业投资与否也有一定影响，因为直接关系企业经营的便利化程度。

（二）东道国的经济环境

东道国的营商环境和对待外资的态度在很大程度上决定了母国企业的投资水平。

一是东道国的营商环境直接影响企业的对外投资，具体包括市场化水平、企业运营成本、金融市场开放程度、当地法律环境、企业税收等。大量学者研究分析发现，稳定的经济政策、完善的产权保护、宽松的所有权限制和廉洁的官僚体系有利于吸引跨国公司进行投资。

二是东道国对外资的态度直接决定了母国企业投资与否。一方面，当东道国规制制度对外资流入管制相对宽松或者对外资持欢迎态度时，企业有可能会加大投资力度；另一方面，东道国吸引外资的优惠政策是企业开展对外直接投资的重要因素，具体包括财政优惠政策、金融鼓励措施和其他鼓励措施。

三、利用外资加入全球价值链

跨国企业对外开展直接投资，对东道国（尤其是发展相对落后的国家地区）具有很大的技术溢出效应，对东道国参与国际分工、加入全球价值链具有很大的促进作用。

第一，东道国利用外资为参与国际分工做好准备工作。母国企业在东道国开展投资，对东道国的经济增长、产业结构调整起着推动作用。一方面，母国企业的技术溢出效应为当地市场带来新的发展动力，当地企业如果能够很好地吸收并转化新技术，将极大地促进其经济增长；同时新技术也能够推动产业向高新技术水平发展，从而优化产业结构。另一方面，母国企业能够为东道国市场带来竞争活力，当地企业因为竞争企业的存在会在市场的合作与竞争中不断完善，并逐渐培养新的核心竞争力。

第二，东道国利用外资加入全球价值链体系。母国企业能够站在全球视角帮助东道国挖掘其企业经营优势。母国跨国公司作为全球国际分工的主导者，在全球范围内配置资源，一方面，利用东道国的优势资源开展国际业务，并将东道国纳入到国际分工体系；另一方面，使东道国看到了其在全球价值链体系中的位置，因而能够更好地挖掘其自身优势，从而在国际分工中获取更大收益。

第三，东道国利用外资向全球价值链体系的高端跃升。东道国在获取了母国企业的先进技术以及经营管理理念后，将其转化为自身企业发展的重要生产力，提高了企业核心竞争力，有利于向全球价值链的高端环节跃升。

第三节　母国环境的动因

一国开展对外直接投资顺利与否，与其母国环境息息相关，其中涉及投资母国的经济外交、国家发展战略、国际核心竞争力以及承担国际社会责任等。下面就企业开展对外直接投资的母国动因加以探讨。

一、制度促进

母国的制度因素对于企业开展对外投资具有重要的引导作用。本部分就母国制度安排、国家战略、经济外交、培养核心竞争力等几个方面加以阐述。

（一）国家关于对外直接投资的制度安排

中国一系列的对外直接投资制度安排，极大地促进并保护了中国的海外投资者。中国与其他国家签订的“双边投资协定”“避免双重征税协定”“自由贸易区协定下的投资规定”“双向投资促进协定”和“境外经贸合作区”五种双边及区域制度规则比东道国单边政策制度具有更高的可信性，能够为投资者提供有效的法律保障，从而降低交易成本和风险。截止到 2015 年年底，中国已与 104 个国家签订了双边投资协定；对外正式签署了 101 个避免双重征税协定，其中 97 个协定已生效，和香港、澳门两个特别行政区签署了税收安排，与台湾省签署了税收协议；与 13 个国家地区签订了自贸区协定。

（二）推行国家发展战略

改革开放以来，为促进中国经济发展，中国政府先后制定了一系列“走出去”发展战略，促进中国的对外直接投资开展；同时，通过企业的对外直接投资业务逐步实现中国的对外发展战略。

一是“一带一路”发展战略。2015 年国家发展和改革委员会、外交部、商务部联合发布了《推动共建丝绸之路经济带和 21 世纪海上丝绸之路的愿景与行动》，积极利用现有双多边合作机制、充分发挥沿线各国资源禀赋差异性、经济互补性，实现政策沟通、设施联通、贸易畅通、资金融通、民心相通。

二是“国际产能合作”战略。受全球产业结构加速调整、基础设施建设方兴未艾、发展中国家大力推进工业化和城镇化进程的影响，2015 年国务院发布了《国务院关于推进国际产能和装备制造合作的指导意见》，推进国际产能和装备制造合作。其目标是力争到 2020 年，与重点国家的产能合作机制基本建立，一批重点产能合作项目取得明显进展，形成若干境外产能合作示范基地；推进国际产能和装备制造合作的体制机制进一步完善，支持政策更加有效，服务保障能力全面提升；形成一批有国际竞争力和市场开拓能力的骨干企业；国际产能和装备制造合作的经济和社会效益进一步提升，对国内经济发展和产业转型升级的促进作用明显增强。

三是“境外合作区”战略。境外经济贸易合作区是指在中华人民共和国境内（不含香港、澳门和台湾地区）注册、具有独立法人资格的中资控股企业，通过在境外设立的中资控股的独立法人机构，投资建设的基础设施完备、主导产业明确、公共服务功能健全、具有集聚和辐射效应的产业园区。最终以创新合作区的发展模式，支持国内企业“走出去”，更好地发挥金融对经济结构调整和转型升级的支持作用。截止到 2015 年年底，中国已与 13 个国家和地区建立了境外经贸合作区。

（三）开展经济外交

进入 21 世纪，中国成为国际经济体系的重要成员，逐步踏上了经济外交的舞台。中国经济外交内涵丰富，但其主要目的是促进中国乃至全球经济的和平发展，具体来讲，就是通过经济手段实现中国以经济建设为中心的发展目标。中国企业开展对外直接投资从某种角度上来讲，也是中国开展经济外交的一种重要方式，一方面促进了中国和东道国经济的共赢建设，另一方面也加强了双方经济往来、建立了良好的互信合作关系。

（四）培养国际核心竞争力

长期以来，中国在全球被冠以“世界工厂”的称号，究其原因在于中国缺乏具有影响力的核心企业。中国经济要实现可持续、健康有序的发展，必须通过对外直接投资培养一批具有核心竞争力的跨国企业。一方面，中国企业通过对外直接投资可以间接获取国外先进的企业经营理念、高新技术、创新模式等；另一方面，对外直接投资为企业充分利用国际资源提供了更好的平台，在全球各大地区设立高效的生产网络，实现真正的跨国运营，从而使得中国企业在塑造核心竞争力的同时，也为中国构建由中国跨国公司主导的跨境产业链奠定了重要的网络基础。

二、加快构建跨境产业链

中国推行的“全球价值链提升工程”，旨在提升企业在现有国际分工体系中的地位，加快建设中国企业主导和引领的跨境产业链。

跨境产业链是指企业通过对外直接投资等方式建立起来的由多个环节组成的国际生产经营网络。母国企业作为国际经济活动的主导者，在海外开展投资业务能够促进中国跨境产业链的建设，从而实现以下目标：第一，借助这个产业链可以实现国内外产业互联、互动、互促，推动国内产业转型升级，使“走出去”战略进入到提质、增效和升级的新阶段；第二，有利于中国企业掌控全球价值链的高端，摆脱“低端锁定”；第三，有利于推动“一带一路”战略的实施；第四，可以防止国内产业空心化和就业机会的流失；第五，有利于实现境外投资与对外贸易的相互促进，推动中国对外开放由简单买卖型向相互投资复合型转变；第六，有利于贯彻互利共赢的开放战略，帮助东道国加快工业化和基础设施现代化步伐。

三、承担国际社会责任

中国企业开展对外直接投资的另一重要原因是承担国际社会责任。随着中国经济的不断发展，中国有责任也有义务为欠发达地区提供经济援助，而对外直接投资是一种很好的实现方式。中国企业代表国家通过“援助+投资”方式支持特定国家的经济建设。

一是对非洲发展落后的国家的支持。中国国有企业通过“优买优贷”等途径，自筹资金为其提供公共基础设施建设，通过“资金+技术”的援助方式将中国对外经济援助的效益最大化。

二是对周边国家地区的支持。周边国家和地区进行国际通道工程建设和农林开发建设，充分利用外汇储备，通过援助、投资的方式，以战略通道、产业基地、合作平台、交流窗口为重点，推进国际大通道建设，是构建合作与发展新格局的重要内容。

第四节　世界经济动因

世界经济市场作为国际投资活动的舞台，对企业投资活动也会产生很大影响。本部分就新型国际分工和国际经济新秩序两方面内容加以探讨。

一、新型国际分工

伴随着科技进步，国际合作的地理距离已不再是问题，生产工艺更加细化，资源配置更加便利，全球范围内建立起来的新型国际分工体系再一次成为促进国际经济合作的推动力。

（一）跨国公司的对外直接投资活动主导着新型国际分工

新型国际分工是基于跨国公司关系网络的国际分工。新型国际分工是指跨国公司在全球范围内合理配置资源，是基于跨国公司的全球生产网络的产品内分工。也就是说，跨国公司全球生产网络的每一部分都由分工链组成，从而将世界各地的个人、企业、国家、地区以及世界各种资源整合到国际分工体系中来，形成一个基于分工网络的共同利益。在新型国际分工体系中有两大特征，一是由跨国公司主导，二是民族工业逐步将国际工业转变。所以，新型国际分工的直接动力是对外直接投资和跨国生产。

新型国际分工是跨国公司生产体系的拓展。新型国际分工将第三世界国家纳入分工体系，形成全球范围内的“资本—生产—商品”网络体系，由此欠发达国家越来越多地与世界经济体系生产部门相关联。也可以说，新型国际分工是国际经济活动向第三世界扩展的体系。

新型国际分工是基于全球价值链的国际分工。跨国公司通过整合到全球价值链参与国际分工，使得其链条越来越庞大，其作用开始逐渐超越国家政府之间的经济交往作用。

新型国际分工是由市场价格引导的国际分工向跨国公司引导的国际分工的转变。跨国公司改变了传统国际分工的性质，使当代国际分工出现了转型：在由盲目的市场机制协调的国际分工中，出现了由跨国公司内部有意识地、有计划地予以协调的企业内部国际分工。

（二）新型国际分工促进母国企业的对外直接投资活动

新型国际分工通过延伸价值链促进对外直接投资。新型国际分工能够促进全球价值链的分化与整合，从而为商业模式创新提供了机遇。跨国公司在新商业模式下拆分价值链实现业务创新，进一步延伸全球价值链，从而为更多的企业提供参与机遇。

新型国际分工构建新型产业链促进对外直接投资。新型国际分工将企业生产经营严格专业化，在全球范围内布置运营网络，对于部分产业形成了新的产业价值链。一方面，使得全球价值链主导者向多元化发展，为更多的新加入者提供机会；另一方面，推进全球价值链产业化发展，逐步将构建价值链培养成为企业的经营理念，提高经营效率。

新型国际分工有利于构建由中国跨国公司主导的跨境产业链，进而改善中国企业被动参与全球价值链的局面。

二、国际经济新秩序

当前的国家政治经济环境是影响一国企业开展对外直接投资的重要因素。本部分从世界格局多元化、经济全球化、国际区域组织影响以及国际资本市场推动等几个角度加以阐述。

第一，世界格局的多元化发展为各国参与国际经济活动提供了公平契机。一方面，政治格局多元化使得国际秩序向公正合理方向发展，世界各国参与国际分工、国际规则制定方面更加公平；另一方面，经济格局多元化使得发展中国家和转型经济体有更多的机会参与国际经济活动。因此，世界格局多元化发展是推动国际投资的重要因素。

第二，经济全球化推动中国对外直接投资。经济全球化是指世界经济活动超越国界，通过对外贸易、资本流动、技术转移、提供服务、相互依存、相互联系而形成的全球范围的有机经济整体的过程。经济全球化的加深，使得全球各个国家地区得以充分发挥自身比较优势，在全球价值链和生产体系中找准自己位置，培养自身的核心竞争力。因而，各国在国际经济活动中培养了综合竞争力，为将来参与对外直接投资提供了更好的经济、技术等基础。中国开展对外直接投资是参与经济全球化的重要途径；同时，经济全球化也推动了中国企业在全球范围内开展投资活动。

第三，国际区域组织为对外直接投资活动提供了良好的秩序保障。而近年来，国际区域组织（如自贸区、境外产业园等）发展如火如荼，再一次为国际投资活动提供了便利。第一，为企业开展对外直接投资提供了区域性导向；第二，为国际投资活动提供了规范且公平的竞争市场；第三，为国际投资活动提供了大量的优惠政策以及便利化服务。因此，国际区域组织的发展为国际投资活动注入了新的增长活力。

第四，国际资本市场推动了中国对外直接投资的发展。国际资本市场的发展加速了国际资本流动，能够更广泛地吸引国外资本或国际资本，提高资本使用效率及跨空间调配速度，为企业开展对外直接投资提供了极大便利。以跨国公司为主的对外直接投资经营活动，一方面可以充分利用国际资本市场规避风险，逃避各国的金融、外汇管制及税收问题；另一方面能够充分利用这一平台在全球范围内合理配置资本，实现高效投资，成为世界经济增长的引擎。

第五节　案例分析

一、吉利收购沃尔沃的动因分析

2010年，吉利控股集团正式完成对福特汽车公司旗下沃尔沃轿车公司的全部股权收购，这是中国汽车行业最大的一次海外并购活动。这一并购活动的成功完成是多方面因素共同促进的结果，既有吉利企业自身的因素，也有沃尔沃所在国家（瑞典）的因素，同时当时的国际环境也为此提供了重要机遇。

（一）企业动因

吉利收购沃尔沃最大的动力来自于吉利自身，源于企业战略转型的需要、获取协同效应的必须、扩大市场份额以及获取国际核心技术等。

1. 企业战略转型

作为中国本土企业，吉利汽车最初定位在低端市场，而后逐渐从“造老百姓买得起的车”发展为“安全环保节能车”，其经营理念的转变是吉利收购沃尔沃的主要动因。一方面，吉利汽车凭借持续不断的自主创新和政府的扶持发展迅速，其核心竞争力也从成本优势重新定位为技术优势和品质服务；另一方面，沃尔沃是福特旗下品牌，但是金融危机后，其销量大幅下降，这也是吉利汽车收购沃尔沃的筹码。

根据微笑曲线理论，在产业链中，在曲线左右两端的设计区域与营销区域具有较高的附加值，而这些区域多被资金雄厚和技术先进的国际企业垄断；曲线中间的生产制造区域利润较低，而吉利公司正处于该区域。因此，吉利汽车通过并购沃尔沃，由微笑曲线中间位置向两端发展，以实现产业升级，增加产品附加值。

2. 协同效应

协同效应也就是通常所说的 1 + 1>2 的情况。协同效应主要来自生产领域、市场领域、财务领域和人事领域。在生产领域，主要是接收技术和研发团队，提高核心竞争力和生产能力，达到规模经济性；在市场领域，主要是帮助企业扩大现存生产及销售网络，增加产品市场份额；财务领域，可以做到降低关税，同时可以拉长资金链条；人事领域，主要是学习能力的提升、研发技能的获取以及优秀管理人才的互动。吉利收购沃尔沃就是一个典型的 1+1>2 的案例，它为吉利带来了重要的市场份额、销售利润以及逆向技术外溢等效应。

3. 市场份额

一般来讲，企业如果拥有生产中的比较优势则可以获得较高的市场份额，形成市场的集中，从而带来高的利润率。企业以利润最大化为目标，追求市场份额是实现该目标的重要途径。吉利汽车凭借其灵活的运营机制和持续的自主创新得到快速发展，资产总值达到 105 亿元，占据国内市场很大份额，但在国际市场上则明显处于劣势。吉利汽车收购沃尔沃后，实现了市场份额的互补，获得了沃尔沃汽车知识产权和研发团队，使其品牌进入国际市场；同时，它还可以利用沃尔沃原有的经销网络与销售渠道，分享其国际市场份额。

4. 核心技术

吉利汽车收购 100% 股权的沃尔沃，是一家净资产超过 15 亿美元、品牌价值接近百亿美元、具备极强的持续发展能力和低碳发展能力的公司。它拥有 4 000 名高素质的研发人才队伍，有分布于全球 100 多个国家的 2 400 多家经销商和接近 60 万辆生产能力的自动化程度较高的生产线等。

吉利汽车收购沃尔沃后，虽然沃尔沃仍独立经营，但至少吉利汽车可以享有其知识产权，真正做到“学习、消化、吸收、再利用”，利用其研发团队，提高企业的核心技术与竞争力，还可以学习沃尔沃优秀的团队管理方法，以及借助沃尔沃提升自己的品牌形象，扩大在全球市场的份额。

（二）东道国动因

沃尔沃集团总部设在瑞典哥德堡，在瑞典斯德哥尔摩北欧证券交易市场上市。作为瑞典最大的工业企业集团，沃尔沃在全球 20 多个国家和地区设有生产基地，并在 190 多个市场从事经营活动，客户集中分布于欧洲、亚洲和美洲。瑞典作为东道国，其良好的投资环境是吉利对其开展对外直接投资的又一重要动因。

1. 市场开放，强调公平竞争

瑞典市场对外资包容性强。第一，瑞典政府对外资采取开放态度，对不同产权和国籍的资本一视同仁，一般情况下，不会为保护本国产业限制外国企业，也不针对外资实行特别的鼓励优惠政策。第二，瑞典企业对外资普遍持欢迎态度，无针对外汇流动的特殊管制措施。

2. 市场及法律环境运行良好

瑞典法律拥有至高无上的地位。第一，市场规范有序，具有开放、现代和友好的商业环境；公司注册程序简便。第二，金融业发达，各类专业人才齐全，工会与劳资双方关系融洽。第三，瑞典企业税在欧洲具有竞争优势，税制公开透明，操作简便。

3. 创新能力强

瑞典是全球最具创新能力的国家之一，人均拥有发明专利和专利申请量居世界前列。崇尚创新的传统、包容失败的社会氛围、开放式教育及完善的福利制度等形成了瑞典优越的创新环境。近年，瑞典研发投资约占 GDP 的 4%，以民间资本为主，是全球研发投入最大的国家之一。

（三）国际环境动因

国际环境的正向变动、负向变动都促进了吉利的对外直接投资活动。国际环境向好为吉利并购提供了良好的市场环境；国际环境向坏则为吉利提供了参与国际投资的重要机会。

1. 金融危机沉重打击了国际汽车市场

2008 年金融危机爆发后，过分依赖汽车金融的美国车市遭受了沉重打击，随后全球汽车行业统统被卷入其中。在风雨飘摇的美国汽车界，包括通用、福特、克莱斯勒在内的美国三大汽车企业已经到了可能面临被迫申请破产保护的境地。福特遇到金融危机，急需现金周转，于是选择卖掉部分品牌以换取现金。

2. 中国汽车产业发展如火如荼，成为世界汽车产业重组的重要力量来源

目前，中国每年乘用车新产品数量不断攀升，激烈竞争使产品更新速度加快。在市场压力面前，自主品牌产品越来越成熟，跨国公司的压力越来越大。因而，开展海外并购业务是中国汽车企业获取核心技术、挖掘国际人才、提高创新水平的重要途径。

二、华为全球化发展动因分析

华为公司于 1987 年成立于深圳，在 20 多年的时间里，华为以开放的姿态参与到全球化的经济竞合中，逐步发展成一家业务遍及全球 170 多个国家和地区的全球化公司。

（一）企业动因

华为已经初步成长为一个全球化公司。在海外设立了 22 个地区部，100 多个分支机构，在美国、印度、瑞典、俄罗斯及中国等地设立了 17 个研究所。采用国际化的全球同步研发体系，聚集全球的技术、经验和人才来进行产品研究开发，使华为的产品一上市，技术就与全球同步。

1. 开拓国际市场

华为公司对外直接投资具有明确的市场导向。早在 20 世纪 90 年代末，华为公司已成为国内企业的领航者，但是在具有前景、迅速增长的移动市场上收获不多。当时中国的移动市场 98% 的市场份额被国外跨国公司占据，国内厂商（包括华为）已被边缘化。虽然华为公司的几个主要产品的市场份额都已经超过 30%，但继续增长的空间已经非常有限。在这种局面下，华为公司确定了走向国际化、寻求市场新机

会的战略方向。

2. 规避贸易壁垒

规避贸易壁垒是华为开展对外直接投资的又一重要动因。第一，近年来，国际社会不断地对国内企业发起反倾销、反补贴调查，严重影响了中国企业的对外贸易水平，同时也为企业参与贸易救济调查应诉案件带来很大压力。第二，对外直接投资成为避开贸易壁垒的最有效方式，因而华为在海外国际市场建立合资企业或代表处，以减少海外投资风险，借助当地合作者熟悉东道国环境、商业惯例的优势，更重要的是容易获得东道国政府的支持，以此来规避贸易壁垒，尤其是非关税壁垒。

3. 增强技术创新能力

华为公司创立之初就很重视自主研发，但在进入国际市场后发现自己的技术水平与发达国家相比有较大差距。华为坚持每年将10%以上的销售收入投入到研究与开发。2015年，从事研究与开发的人员约占公司总人数45%，研发费用支出占总收入的15.1%。

1999—2012年，华为公司先后在印度、瑞典、美国、德国、英国、法国和芬兰等国家设立研究所，与西门子、赛门铁克合作成立合资公司，以此来引进国际企业的技术，进行消化和吸收，再进行一些功能、特性上的改进和集成能力的提升，增强企业技术创新能力。

（二）母国动因

中国政府的支持，为华为开展对外直接投资提供了最直接的促进作用。1996年，在华为公司提出国际化战略之初，时任副总理的朱镕基视察华为公司时明确表示支持国产交换机开拓国际市场，并承诺政府提供买方信贷。政府鼓励通信企业参与国际竞争，并制定积极的政策促进通信业的发展，为华为公司进入国际市场创造了条件。外交上，中国政府与发展中国家和地区以及亚非拉地区建立了良好的外交关系，为华为公司国际化初期业务的开展营造了友好的国际环境。华为公司对外扩张的过程中，中国政府也一直给予融资上的支持，在华为受到其他国家不公平待遇时，中国政府和商务部都给予了华为全力支持。

（三）世界环境动因

国际市场公平开放的舞台环境，为华为对外直接投资活动提供了重要的平台保障。

1. 国际开发的市场环境为华为提供发展平台

全球经济一体化的国际背景极大地促进了华为的国际投资活动。第一，新型国际分工为华为在全球范围内配置资源、优化资源配给提供了重要的舞台；第二，国际开放的市场环境，使得华为能够在国际市场公平地参与竞争，增强企业活力；第三，国际高度发达的金融市场为华为在全球范围内调配资金提供了极大的方便。

2. 国际市场空间充足

国际市场为华为公司的对外直接投资提供了充足的空间。第一，同国内市场相比，大量海外市场电信网络发展水平不高，且经营水平有限，为华为企业提供了大量参与机会，也会给企业创造了巨大的赢利空间，企业的经营状况与经营效率很大程度上是自行支配的。第二，国际通信市场准入壁垒不高，为华为对外直接投资提供了较低的准入门槛。第三，世界范围内的全球化能够使人、物、财资源得以优化，凭借和其他企业构建战略联盟，协同作战，对多种多样全球资源予以利用，为华为走进国外市场开通了一条绿色通道，使其竞争优势更为明显。

参考文献

[1] 郑磊. 东道国经济、制度因素对中国对外直接投资的影响[J]. 国际贸易,2015(11).

[2] 潘镇,金中坤. 双边政治关系、东道国制度风险与中国对外直接投资[J]. 财贸经济,2015(6).

[3] 徐悦. 外汇储备充裕下对外直接投资与中国经济增长的关系研究[J]. 江西社会科学,2015(1).

[4] 陈炳才,田青,等. 中国外汇储备及其运用的战略思考[J]. 全球化,2015(4).

[5] 陈岩,翟瑞瑞,郭牛森. 基于多元距离视角的中国对外直接投资决定因素研究[J]. 系统工程理论与实践,2014(11).

[6] 王晓宇. 中国国有企业海外并购外部动因的实证研究[J]. 经济研究导刊,2014(24).

[7] 冀相豹. 中国对外直接投资影响因素分析——基于制度的视角[J]. 国际贸易问题,2014(9).

[8] 徐旸慜,姜建刚. 东道国制度视角下我国对外直接投资的决定因素[J]. 上海经济研究,2014(2).

[9] 吴勇志,张玲. 新国际分工、全球价值链整合与中国企业国际化经营模式[J]. 现代经济探讨,2013(12).

[10] 卢进勇,李秀娥. 中国双边及区域投资制度安排:特点、作用及建议[J]. 亚太经济,2013(1).

[11] 祁春凌,邹超. 东道国制度质量、制度距离与中国的对外直接投资区位[J]. 当代财经,2013(7).

[12] 杨群. 中国国有企业海外并购的制度因素研究[D]. 南昌:江西财经大学,2012.

[13] 唐绍祥. 基于资源及经济安全视角的中国对外投资合作研究[J]. 上海经济研究,2012(7).

[14] 马强. 运用外汇储备推进国际化进程[J]. 中国经贸导刊,2012(2).

[15] 邓明. 制度距离、"示范效应"与中国 OFDI 的区位分布[J]. 国际贸易问题,2012(2).

[16] 尹国俊,杨雅娜. 企业对外投资区位选择的能力资源整合分析[J]. 财贸经济,2012(2).

[17] 刘澜飚,张靖佳. 中国外汇储备投资组合选择[J]. 经济研究,2012(4).

[18] 朱美虹,池仁勇. 中小民营企业对外直接投资动因分析[J]. 特区经济,2011(6).

[19] 吴先明. 制度环境与我国企业海外投资进入模式[J]. 经济管理,2011(4).

[20] 李亨章. 国有企业 OFDI 的业绩、地位与政策启示[J]. 汉江论坛,2011(11).

[21] 石鸟云. 基于制度理论的跨国公司东道国选择问题研究[J]. 产业和科技,2011(8).
[22] 刘慧. 利用外汇储备优势加强对外直接投资[J]. 当代经济,2009(9).
[23] 王英,刘思峰. 对外直接投资的动因及效应研究综述[J]. 审计与经济研究,2007(6).
[24] 张涵冰,周健. 简评跨国公司直接投资的诱发要素组合理论[J]. 社会科学论坛,2005(4).
[25] 毛中根,段军山. 基于外汇储备角度的对外直接投资[J]. 亚太经济,2004(2).
[26] 孙建中. 技术获取型对外直接投资的选择[J]. 生产力研究,2004(8).
[27] 魏浩. 中国出口商品结构变化的重新测算[J]. 国际贸易问题,2015(4).
[28] 卢进勇,李建明,杨立强. 中国跨国公司发展报告[M]. 北京:对外经济贸易大学出版社,2016.

第十一章

制度促进论

第一节　制度促进论的理论分析

主流对外直接投资理论主要围绕企业对外直接投资的竞争优势展开，大部分理论没有认识到国家的影响，或者没有对这一影响展开分析。本章首先对企业竞争优势予以深入研究，进而研究在企业对外直接投资中东道国和母国优势尤其是制度优势对企业竞争优势的影响，建立一个制度促进论或制度优势论的完整框架。

一、“企业特定优势”

第二次世界大战以后，国际资本流动转向以国际直接投资为主。按照联合国贸易与发展会议（UNCTAD）的定义，直接投资与间接投资的区别在于，前者不仅要取得资本收益，而且要取得所有权或经营管理控制权。外国企业如何取得所有权或经营管理控制权；在已不具备殖民地特权的条件下，外国企业如何与本土企业竞争以获得资本收益？

受传统国际贸易理论影响，一部分国际投资理论沿袭了从国家视角研究投资问题的传统。1933 年，纳克斯（Nurkse，R.）在要素禀赋论的基础上提出利率差异论；1966 年，弗农（Vernon，R.）提出产品生命周期理论；1978 年，小岛清（Kiyoshi Kojima）提出边际产业扩张理论。然而，这些理论都无法解释后来大量发生的发达国家之间相互投资等现象，从而使“以企业利益为立足点”的国际直接投资理论逐渐占据了优势地位，而“以国家利益为立足点”的国际直接投资理论则进展有限。①

1960 年海默（Hymer，S. H.）提出垄断优势理论，首次以“企业特定优势（Firm-specific Advantage）”解释对外直接投资。海默研究了美国企业的对外直接投资行为，发现这些企业主要分布在资本相对密集、集约程度高、技术先进、产品特异和规模经济明显的一些部门，这些部门又都是垄断程度较高的部门。海默因此提出，一个企业之所以对外直接投资，是因为它具有比当地同类企业有利的特定优势。这种“企业特定优

① 张纪康. 国际直接投资——壁垒·进入·效应[M]. 太原:山西经济出版社,1998:5-6.

势”即企业国际化经营的垄断优势，能够使企业赚取更多的利润。[①]

杨国亮（2008）在综合研究现有国际直接投资理论的基础上，进一步明确了“企业特定优势”，认为它只不过是在当时为少数发达国家如美国的跨国公司所“垄断”的竞争优势，并以此为线索建立了一个国际直接投资的一般分析框架。[②] 他认为，企业的竞争优势最终表现在能否获得或获得多少超额利润上。为此，企业或者以低成本、低价格获得超额利润，或者以产品的差异性获得超额利润。这两个方面构成企业的两种基本竞争优势，即低成本优势和差异性优势。[③]

低成本优势是指，一个企业出售给消费者的商品的成本与竞争者相比处于较低的水平，从而使商品具有较低的价值或价格而具有的竞争优势。这里的成本可以扩展为企业出售给消费者的商品的“总成本”，它产生于企业生产经营的各个环节。企业降低生产经营成本的方法有多种多样。在直接生产过程中，主要依靠改进、提高和完善“工人的平均熟练程度、科学的发展水平和它在工艺上应用的程度、生产过程的社会结合、生产资料的规模和效能，以及自然条件。”[④]

差异性优势是指，企业为满足消费者不同需要，提供更具差异性的产品而具有的竞争优势。这种差异性首先来自商品本身，包括质量、规格、等级、花色、品种、型号等，其中质量差异是商品本身最重要的差异。其次来自商标、广告、包装、销售环境等因素，使消费者“认为”存在产品差别。[⑤] 再次来自空间距离等“自然的产品差别”。[⑥] 在对外直接投资过程中，企业必须不断地追求这两种优势，凭借这两种优势获取超额利润。

要建立一个国际直接投资的一般分析框架，需要解决三个根本问题，即（1）企业为什么要对外直接投资；（2）企业为什么能对外直接投资；（3）企业到国外什么地方投资。马克思、列宁的资本输出理论回答了第（1）和（3）两个问题，即“过剩资本”寻求“有利的投资场所”以获得高额利润是企业对外直接投资的物质基础、必要条件和根本动因。这里需要进一步解决的问题是第（2）个问题，即企业为什么能对外

① 海默认为这种垄断优势主要存在于以下七个方面：技术优势；先进的管理经验；雄厚的资金实力；信息优势；国际声望；销售渠道优势和规模经济优势。

② 杨国亮．国际直接投资：一个马克思主义的经典解释［J］．马克思主义研究，2008(6)．

③ 杨国亮．关于竞争优势的马克思主义分析框架［J］．中国人民大学学报，2005(5)．

④ 马克思认为，在直接生产过程中，“劳动生产力是由多种情况决定的，其中包括：工人的平均熟练程度，科学的发展水平和它在工艺上应用的程度，生产过程的社会结合，生产资料的规模和效能，以及自然条件。”马克思．资本论（第1卷）［M］．北京：人民出版社，2004：53．

⑤ 张伯伦（Chamberlin，E. H.）认为，“产品差别”不仅包括产品本身的差别，还包括由于商标、广告、包装、销售环境等因素使消费者“认为”存在的产品差别。每一个厂商都有自己商品的独特性而对价格具有某种控制力，成为垄断竞争中的垄断因素。

⑥ 萨缪尔森（Samuelson，P. A.）将产品差别区分为“有意识的产品差别”和“自然的产品差别”。他以钢铁工业和电力生产的情况为例说明，“产品不仅经常由于人为的原因，而且还经常由于自然的原因而具有差别。空间距离本身以及由此而引起的运输费用便是这方面的一个重要例证。”萨谬尔森．经济学（中册）［M］．北京：商务印书馆，1988：146-149．

直接投资，答案是这些企业具有较强的竞争优势。[①] 三者结合，形成了一个国际直接投资的一般分析框架。

这个框架可以用来解释现有国际直接投资理论。例如，垄断优势理论提出的核心概念“垄断优势”实际上是低成本优势和差异性优势两种竞争优势的综合。尽管海默及其支持者对形成“垄断优势”的条件的概括比较零散而且杂乱无章，但从总体看可以划分为两类，即形成低成本优势的条件和形成差异性优势的条件。综合海默、金德尔伯格等人概括的条件，形成低成本优势的条件主要有规模经济、政府课税、关税等限制性措施、资金获得条件的优惠、货币政策、利率、汇率等；形成差异性优势的条件主要有生产技术、管理技能、销售技术、专利与技术诀窍、产品差别、商标、品牌等。

以上研究确立了对外直接投资研究的正确方向，即从企业视角出发，着重研究企业在对外直接投资中的竞争优势及其变化。然而，进一步研究发现，这一研究仍然存在不足，即将影响企业竞争优势的因素仅仅局限于企业自身，忽略了企业外部因素特别是与企业对外直接投资相关的国家尤其是东道国和母国因素对企业竞争优势的影响。企业自身的竞争优势涉及技术、资源、市场等物质条件，可以归结为物质因素；而东道国和母国因素主要影响企业对外直接投资的制度环境，可以归结为制度因素。

20 世纪 90 年代以来，对制度问题的研究逐渐兴盛起来。制度是为了界定人们之间的相互关系而建立的规则和秩序（North，1990）。制度可以通过限定经济行为的可选择范围来提高其可预测性，进而减少不确定性风险（Rodrick，D.，1999）。制度约束并限制着人们的行为，决定着商业活动中的交易成本。一个国家的制度条件影响该国范围内企业的生产经营活动，其制度质量高低可能提升或抑制企业的资源和能力，增强或削弱企业对外投资中的竞争优势。借鉴已有研究成果，可以将东道国和母国在这方面的影响分别称为东道国区位优势和“母国特定优势”。

二、东道国区位优势

1966 年弗农提出的产品生命周期理论，1977 年邓宁提出的国际生产折衷理论，以及近年来一些学者提出的投资诱发要素组合理论，都涉及东道国区位优势，只是研究的视角和范围有所不同。

弗农（Vernon，R.）运用产品生命周期理论，提出了与国际投资密切相关的三个产品阶段，即产品创新阶段、产品成熟阶段和产品标准化阶段。在产品创新阶段，由于美国的人均收入高以及相应的劳动力成本高，引导企业积极研制高档消费品和资本、技术密集型产品。在此阶段，技术还不完善，产品还不定型，生产集中在国内。进入产品成熟阶段，市场对该产品的需求急剧增加，技术趋于完善，产品趋于定型，对企业最有利的选择是把新增加的生产转移到国外。进入产品标准化阶段，产品和技术都已完全标准化，成本和价格问题变得十分突出。为了保持竞争优势，企业开始将产品的生产转移

---

① 从西方国际直接投资理论发展的脉络来看，一个基本的主题是对跨国公司“竞争优势”的认识，这一认识“由绝对化、静态化到相对化、动态化”，使其解释力逐渐增强。Cantwell J. Foreign direct investment and technological change [M]. MPG Books Ltd.,1999. 另见彭有轩. 国际直接投资理论与政策研究[M]. 北京：中国财政经济出版社，2003:31.

到劳动力价格更低的劳动力密集地区。这一理论分析了企业竞争优势的动态变化，并且涉及投资国和东道国条件对企业决策的影响。

邓宁（Dunning, J. H.）提出的国际生产折衷理论，综合了前人的观点，认为企业要想对外直接投资必须同时具备所有权优势、内部化优势和区位优势。所有权优势主要指企业自身拥有的无形资产和规模经济优势；内部化优势主要指将所有权优势保持在企业内部所获得的优势。区位优势主要指企业综合分析东道国的制度和生产要素，将投资经营安排在最有利于发挥所有权优势的地方所获得的优势。这一理论扩展了对企业对外直接投资的认识，前两个优势是企业自身优势，第三个优势则强调东道国区位优势，从而将企业竞争优势的来源从“企业特定优势”扩大到“东道国区位优势”。这一理论具有一定的综合性，但把两个不同主体的不同性质的优势简单罗列在一起，缺乏逻辑的严密性。

近年来，西方一些学者提出了投资诱发要素组合理论。该理论认为，任何形式的对外直接投资都是投资的直接诱发要素和间接诱发要素组合作用的结果。直接诱发要素主要指生产要素，包括劳动力、资本、技术、管理及信息等，它既可以存在于投资国，也可以存在于被投资国。由于对外直接投资本身就是生产要素的移动，因此，直接诱发要素是对外直接投资的主要诱发要素。如果投资国拥有这种要素的优势，那么它将通过对外直接投资将该要素转移出去。如果投资国没有这种要素的优势，而东道国却有，那么投资国可以利用东道国这种要素进行对外直接投资。因此，东道国的直接诱发要素同样能诱发和刺激投资国的对外直接投资。

间接诱发要素是指除了直接诱发要素之外的其他诱发要素。主要包括投资国鼓励性的投资政策与法规，与东道国的协议或合作，东道国优良的投资环境，经济一体化、区域化、集团化的发展，科技进步以及国际金融市场上利率与汇率的波动等。投资诱发要素组合理论认为，一个明显的趋势是，间接诱发要素在当今国际直接投资中起着越来越重要的作用。投资诱发要素组合理论在承认企业竞争优势的基础上，突出了来自投资国和东道国的因素对企业对外直接投资的“诱发”作用，其中大部分是制度因素，包含了制度促进论的思想元素。

东道国的制度质量不仅对企业的市场进入产生影响，还必然对后续的经营绩效甚至退出机制产生影响。企业对外直接投资不仅是为了利用东道国已有的资源，而且是为了利用东道国的相对优势扩展自己的能力。因此，如果东道国制度框架比较薄弱，企业将负担较高的交易成本，这就阻碍了潜在交易，而较为完善的制度环境可以使企业的各项资源和能力得到有效的利用和发挥。因此，东道国那些有利于增加其资源和能力的制度对企业对外直接投资来说更具吸引力。

现有国际直接投资理论中的部分理论在一定程度上研究了国际直接投资中国家及其制度环境的重要性，但研究重点显然侧重于东道国，特别是以发展中国家为东道国，反映了早期国际直接投资中东道国主要是发展中国家的事实。这种学术倾向与当今发展中国家特别是包括中国在内的新兴国家对外直接投资能力不断扩大的事实已不相适应。因此，有必要更多地转向发展中国家的对外直接投资，更多地把发展中国家作为投资国来考察，研究这些国家作为对外直接投资母国给企业带来的“母国特定优势”。

三、“母国特定优势”

现有主流国际直接投资理论主要以跨国公司为研究对象，把“企业特定优势”和东道国区位优势作为一国企业对外直接投资优势的来源，这种认识有一定的合理性，不足之处在于忽视了母国在企业对外直接投资中的地位和作用，因此难以完全解释当代一些发展中国家和新兴国家的对外直接投资现象。

几十年来，研究母国在对外投资中的作用的文献甚为有限。迄今为止，最有影响的理论仍然是“投资发展周期理论”。投资发展周期理论是邓宁于20世纪80年代初提出来的，旨在发展和完善国际生产折衷理论。邓宁根据人均国民生产总值将一国的投资发展周期划分为四个阶段。研究了母国经济发展水平对企业对外直接投资的影响，但总体看还只是描述性的和较为粗浅的。

为此，裴长洪、郑文（2011）构建了国际投资理论的一个补充解释框架，认为母国是一国企业对外投资的“基石”，它为本国企业发展提供了“基础性条件”；“母国特定优势”是本国企业参与国际竞争的优势之源，对本国企业参与对外投资具有重要意义。某文通过实证分析发现，母国服务业发展水平构成对外投资的起步条件，从而对投资发展周期理论做了补充，即一国对外投资的基础性条件既包括国民收入水平，还包括服务业发展水平。各国对外投资的稳定展开，需要相近的服务业水平作为起步条件；对外投资规模的稳定扩大，需要服务业发展水平的同步提升。母国除提供基础性条件外，还衍生出了行业优势、规模优势、区位优势、组织优势及其他特定优势，这些优势构成了企业优势的重要外部来源。

这一补充解释框架“补充”了母国因素对企业对外投资的重要性，但对母国因素的研究忽略了一个重要因素，即制度因素。从中国企业对外直接投资的实践可以发现，在国家提出和实施“走出去”战略以后，中国企业对外直接投资规模迅速扩大，从统计图表上看，对外直接投资曲线几乎是从这一时间点“拔地而起”。显然，“走出去”战略这一制度因素在中国企业对外直接投资中发挥了重要影响。制度因素是人为因素，具有一定的“可控性”。从这一角度可以将母国影响本国企业对外直接投资的条件分为两类，一类是客观条件，是一国企业对外投资的基础条件，包括上述框架补充的“基础性条件”和“其他特定条件”；另一类是主观条件，即为上述补充解释框架所忽视的母国为促进企业对外直接投资而人为创造的条件，主要是制度条件。

早在20世纪70年代，学者们就注意到了跨国公司在对外直接投资和跨国经营中存在的“竞争劣势”现象。海默（1976）最早观察到了跨国公司子公司在东道国市场上比当地企业更难获取信息，而且还可能受到东道国政府、消费者和供应商的歧视，他将企业在国外经营必须承担的额外成本称为“异国经营成本”。查希尔（Zaheer，1995）将这种“水土不服症”形象地称为“外来者劣势（Liability of Foreignness）”。这一现象成为跨国公司研究的基本假设之一，自提出以来一直受到西方学者的广泛关注。邓宁的国际生产折衷理论认为，只有在三种优势同时具备的情况下对外直接投资才会发生，不过是表明由于“外来者劣势”，只有当企业竞争优势更加明显，由此产生的利润更加丰厚，足以补偿和抵消对外直接投资中产生的额外成本和风险而有余时，对外直接投资才会发生。

综合以上分析，企业对外直接投资的竞争优势来自方方面面，主要包括企业特定优势、东道国区位优势和母国特定优势。而母国特定优势尤其是制度优势对企业对外直接投资起着促进或阻碍作用。一般情况下，对外直接投资能够给投资国带来利润和其他收益，投资国倾向于创造各种制度条件来帮助企业形成更多竞争优势，促进企业对外直接投资。按空间划分，可以将这些制度条件划分为投资国范围内的“对外投资促进体系”，以及投资国与东道国和其他国家之间的“双边及区域投资制度”。

第二节　制度促进论的实践探索

中国自改革开放以来，对外直接投资从无到有，从小到大，逐渐发展成为对外直接投资的主要国家。在这一过程中，制度条件发挥了重要作用，特别是实施“走出去”战略以来，对外直接投资突飞猛进。可以说，以“走出去”战略制度为核心的制度体系大大促进了中国企业对外直接投资，是制度促进论的典型案例。这一制度体系主要包括“走出去”战略制度的形成、对外投资促进体系的完善，以及双边及区域投资制度的建立。

一、“走出去”战略制度的形成

在吸引外资取得成功的同时，中国加大了“走出去”的步伐。“走出去”战略制度的形成经历了三个阶段。

1. 1979—1991 年，“走出去”战略的酝酿。这一阶段中国对外投资制度的建设主要在行政审批和外汇管理上。1979 年 8 月，国务院颁布《关于经济改革的十五项措施》，第一次把出国办企业、发展对外投资作为国家政策。1984 年 5 月，对外经济贸易部发布《关于在国外和港澳地区举办非贸易性合资经营企业审批权限和原则的通知》。1985 年 7 月，又发布《关于在境外开办非贸易性企业的审批程序和管理办法的试行规定》，实现了对对外投资的规范性审批。1989 年 3 月，国家外汇管理局发布《境外投资外汇管理办法》，该办法和 1997 年颁布的《境外外汇账户管理规定》都属于比较严格的外汇管理制度。

2. 1992—2001 年，“走出去”战略的确定。1992 年，中国出现经济过热。为应对这一局面，中央政府对中国境外企业进行了一次全面的清理整顿。1993 年，外经贸部起草《境外企业管理条例》，明确了外经贸部、国家计委和其他部委等各政府部门的外资管理职能。1997 年 9 月，中共十五大提出要“努力提高对外开放水平”。1998 年 2 月，中国共产党第十五届中央委员会第二次全体会议（中共十五届二中全会）提出，要有领导有步骤地组织和支持一批有优势的国有企业走出去，到国外去投资办厂，这标志着“走出去”战略雏形的形成。为配合国有企业走出去，1999 年国家集中出台了一系列关于促进境外加工贸易的配套措施。2000 年 10 月，党的十五届五中全会首次明确提出了“走出去”战略。

3. 2002—2008 年，“走出去”战略制度的形成。2002 年 11 月，党的十六大提出，“实施‘走出去’战略是对外开放新阶段的重大举措，鼓励和支持各种所有制企业对外投资”。此后，各部委调整政策，开始制定和实施实质性的支持政策，逐渐建立起对外投资促进体系。2004 年 7 月，国务院颁布《关于投资体制改革的决定》。该决定改变了在对外投资中政府的主体地位，企业可以自行决定对外投资的方向和规模，自主行使投资决策权。在该决定的指导下，2004 年 10 月，国家发展和改革委员会发布《海外投资项目核准暂行管理办法》。新办法取消了审批制，代之以核准制和备案制，明确政府主要发挥引导、服务和支持作用。在这一阶段，中国对外投资呈爆发式增长。

二、对外投资促进体系的完善

对外投资促进体系是指各级政府部门为推动国内企业“走出去”和开展对外直接投资而设立的相关机构、制定的相关政策法规及采取的各种促进方式与手段的集合体。这个体系包括以下一些子体系：组织机构子体系、法律法规子体系、支持政策子体系、服务措施子体系、风险防范子体系、国际协调子体系和评价子体系等。中国对外投资促进体系的建立经历了一个从无到有、由规范限制到鼓励支持并不断完善的过程。

（一）对外投资促进组织机构体系的建立

中国对外投资促进组织机构的建立虽然起步比较晚，但已基本形成了两个层次的组织机构体系：中央政府层次以商务部投资促进事务局为代表；地方政府层次包括省市区级、地市级和县区级各级政府部门都设立了相应的投资促进机构。总体来看，各级投资促进机构基本上是“引进来”和“走出去”两大业务都做，兼有促进外商来华投资和促进国内企业对外投资两大职能。相对而言，沿海地区的投资促进机构，上述两方面的工作都有发展，而广大中西部地区的投资促进机构的主要工作仍然以“引进来”为主。

在目前的管理体系下，在中央政府层次，呈现出商务部、国家发展和改革委员会与外汇管理局等部门多头审批、交叉管理的模式。设立了三个具有官方色彩的专业促进机构：商务部下属的事业单位“投资促进事务局”“中国国际投资促进协会”，以及国家发展和改革委员会下属的事业单位“中国产业海外发展和规划协会”。此外，商务部下属事业单位“中国国际经济技术交流中心”也承担了一部分国际投资领域的工作，工业和信息化部、农业部也设有类似的国际交流中心，从事本部门国际贸易和投资促进活动。

（二）政策法规体系的完善

在设立投资促进机构的同时，也建立了促进投资的政策法规体系。这些政策法规有的是属于管理方面的，有的是属于法律保障方面的，还有一些是属于提供优惠鼓励政策方面的。总之，随着这一系列政策法规的颁布实施，中国对外投资促进的政策法规体系基本建立起来了，详见表 11-1。

表 11-1　　近年来国务院有关部门发布的对外投资主要政策法规一览

序号	文件名称	发布单位	发布文号	发布日期
1	境外投资联合年检暂行办法	对外经济贸易部、国家外汇管理局	外经贸部、国家外汇管理局令［2002］第32号	2002-10-31
2	关于简化境外投资外汇资金来源审查有关问题的通知	国家外汇管理局	汇发［2003］43号	2003-03-19
3	简化境外加工贸易项目审批程序	商务部、国家外汇管理局	商合发［2003］26号	2003-06-26
4	关于进一步深化境外投资外汇管理改革有关问题的通知	国家外汇管理局	汇发［2003］120号	2003-10-15
5	关于印发《在拉美地区开展纺织加工贸易类投资国别导向目录》的通知	商务部	商合函［2004］第12号	2004-04-06
6	关于印发《在亚洲地区开展纺织服装加工贸易类投资国别指导目录》的通知	商务部	商合函［2004］第19号	2004-05-19
7	国务院关于投资体制改革的决定	国务院	国发［2004］号	2004-07-16
8	境外投资项目核准暂行管理办法	国家发改委	国家发改委令第21号	2004-10-09
9	关于对国家鼓励的境外投资重点项目给予信贷支持政策的通知	国家发改委、中国进出口银行	发改外资［2004］2345号	2004-10-27
10	关于印发《国别投资经营障碍报告制度》的通知	商务部	商合发［2004］58号	2004-11-11
11	关于推进我国信息产业“走出去”的若干意见	商务部、信息产业部	商合发［2005］6号	2005-01-10
12	关于建立境外投资重点项目风险保障机制有关问题的通知	国家发改委	发改外资［2005］113号	2005-01-30

续表

序号	文件名称	发布单位	发布文号	发布日期
13	关于调整境内银行为境外投资企业提供融资性对外担保管理方式的通知	国家外汇管理局	汇发［2005］61号	2005-08-16
14	关于进一步加强对境外投资重点项目融资支持有关问题的通知	国家发改委、国家开发银行	发改外资［2005］1838号	2005-09-25
15	关于印发《对外经济技术合作专项资金管理办法》的通知	财政部、商务部	财企［2005］255号	2005-12-09
16	关于进一步加大对境外重点项目金融保险支持力度有关问题的通知	国家开发银行、中国出口信用保险公司	开发行［2006］11号	2006-01-18
17	关于建立中国对外直接投资国别（地区）数据核查制度的通知	商务部	商合字［2006］26号	2006-04-30
18	关于发布《对外投资国别产业导向目录（一）》的通知	商务部、外交部	商合发［2004］294号	2004-07-08
19	关于发布《对外投资国别产业导向目录（二）》的通知	商务部、外交部	商合发［2005］151号	2005-10-08
20	关于公布《对外投资国别产业导向目录（三）》的通知	商务部、外交部、国家发改委	商合发［2007］29号	2007-01-31
21	关于做好我国企业境外投资税收服务与管理工作的意见	国家税务总局	国税发［2007］32号	2007-03-20
22	关于鼓励和支持非公有制企业对外投资合作的意见	商务部、财政部、中国人民银行、全国工商联	商合发［2007］94号	2007-05-10
23	关于加强我国驻外使（领）馆经商参赞处（室）管理对外投资合作工作的指导意见	商务部	商合发［2008］270号	2008-07-17
24	境外投资管理办法	商务部	商务部2009年第5号令	2009-03-16

续表

序号	文件名称	发布单位	发布文号	发布日期
25	关于完善境外投资项目管理有关问题的通知	国家发改委	发改外资［2009］1479号	2009-06-08
26	关于发布《境内机构境外直接投资外汇管理规定》的通知	国家外汇管理局	汇发［2009］30号	2009-07-13
27	关于企业境外所得税收抵免有关问题的通知	财政部、国家税务总局	财税［2009］125号	2009-12-25
28	关于调整保险资金投资政策有关问题的通知	中国保监会	保监发［2010］66号	2010-07-31
29	关于印发《境外中资企业机构和人员安全管理规定》的通知	商务部、外交部、国家发改委、公安部、国资委、安监总局、全国工商联	商合发［2010］313号	2010-08-13
30	关于印发《对外投资合作境外安全风险预警和信息通报制度》的通知	商务部	商合发［2010］348号	2010-08-26
31	关于印发《大陆企业赴台湾地区投资管理办法》的通知	国家发改委、商务部和国务院台湾事务办公室	发改外资［2010］2661号	2010-11-09
32	关于发布《对外投资国别产业指引（2011版）》的通知	商务部、国家发改委、外交部	商合函［2011］767号	2011-08-30
33	国家发展改革委关于做好境外投资项目下放核准权限工作的通知	国家发改委	发改外资［2011］235号	2011-02-14
34	国家外汇管理局关于进一步改进和调整直接投资外汇管理政策的通知	国家外汇管理局	汇发［2012］59号	2012-11-21
35	关于印发鼓励和引导民营企业积极开展境外投资的实施意见的通知	国家发改委、外交部、工业和信息化部、财政部、商务部、中国人民银行、海关总署、国家工商总局、国家质检总局、银监会、证监会、中国保监会、国家外汇管理局	发改外资［2012］1905号	2012-06-29

续表

序号	文件名称	发布单位	发布文号	发布日期
36	财政部商务部关于做好 2012 年对外经济技术合作专项资金申报工作的通知	商务部	财企［2012］141 号	2012-07-12
37	关于印发《保险资金境外投资管理暂行办法实施细则》的通知	中国保监会	保监发［2012］93 号	2012-10-12
38	商务部、国家统计局、国家外汇管理局关于印发《对外直接投资统计制度》的通知	商务部、国家统计局、国家外汇管理局	商合函［2012］1129 号	2012-12-31
39	商务部、环境保护部关于印发《对外投资合作环境保护指南》的通知	商务部、环境保护部	商合函［2013］74 号	2013-02-18
40	商务部、外交部、公安部、住房和城乡建设部、海关总署、国家税务总局、工商总局、国家质检总局、国家外汇局关于印发《对外投资合作和对外贸易领域不良信用记录试行办法》的通知	商务部、外交部、公安部、住房和城乡建设部、海关总署、国家税务总局、工商总局、国家质检总局、国家外汇管理局	商合发［2013］248 号	2013-07-05
41	合格境内机构投资者境外证券投资外汇管理规定	国家外汇管理局	国家外汇管理局公告 2013 年第 1 号	2013-08-21
42	商务部等 9 部门关于印发《对外投资合作和对外贸易领域不良信用记录试行办法》的通知	商务部、外交部、公安部、住房和城乡建设部、海关总署、国家税务总局、工商总局、国家质检总局、国家外汇管理局	商合发［2013］248 号	2013-09-17
43	国家发展和改革委关于实施《境外投资项目核准和备案管理办法》有关事项的通知	国家发改委	发改外资［2014］947 号	2014-05-14
44	国家发展和改革委办公厅关于启用全国境外投资项目备案管理网络系统的通知	国家发改委办公厅	发改办外资［2014］1386 号	2014-06-22

续表

序号	文件名称	发布单位	发布文号	发布日期
45	国家外汇管理局关于境内居民通过特殊目的公司境外投融资及返程投资外汇管理有关问题的通知	国家外汇管理局	汇发［2014］37号	2014-07-04
46	商务部发布《境外投资管理办法》	商务部	商务部令2014年第3号	2014-09-06
47	商务部、国家统计局、国家外汇管理局关于印发《对外直接投资统计制度》的通知	商务部、国家统计局、国家外汇管理局	商合函［2015］6号	2015-01-08
48	国家外汇管理局关于进一步简化和改进直接投资外汇管理政策的通知	国家外汇管理局	汇发［2015］13号	2015-02-28
49	中国保监会关于调整保险资金境外投资有关政策的通知	中国保监会	保监发［2015］33号	2015-03-31
50	关于企业境外所得适用简易征收和饶让抵免的核准事项取消后有关后续管理问题的公告	国家税务总局	国家税务总局公告2015年第70号	2015-10-10

资料来源：卢进勇，闫实强. 中国对外投资促进与服务体系建设的演进、成绩和前景展望[J]. 国际贸易，2012(1). 作者根据商务部、国家发改委等部门网站信息补充完善。

自2000年10月，党的十五届五中全会首次明确提出“走出去”战略以来，中国境外投资政策法规的相关具体政策发生了一系列重大调整，这些政策可以粗略地划分为外汇、税收、信贷、保险、监管和政府服务等方面。具体调整情况如下。

（1）外汇管理体制由集中管理到逐步放开。2002年，国家外汇管理局启动了外汇管理改革试点。2003年10月，国家外汇管理局发布《关于进一步深化境外投资外汇管理改革有关问题的通知》，正式取消了境外投资外汇风险审查和汇回利润保证金制度，放宽了对企业购汇对外投资的限制，简化了境外投资外汇管理审批手续。2005年5月，国家外汇管理局发布《关于扩大境外投资外汇管理改革试点有关问题的通知》，将境外投资改革试点扩大到全国。2006年6月，国家外汇管理局发布《关于调整部分境外投资外汇管理政策的通知》，进一步简化了境外投资外汇管理手续。

（2）财税政策由鼓励支持到提供公平环境。2008年初开始实施新的《企业所得税法》规定，已在境外缴纳的所得税税额，可以从其当期应纳税额中抵免。截至2015年

12 月，中国已对外签署 101 个避免双重征税协定，其中 97 个协定已经生效，和香港、澳门两个特别行政区签署了税收安排，与台湾省签署了税收协议。目前，还在积极与部分未签署国家和地区进行谈判。另外，中国与外国签订的涉及国际投资的贸易协定等也在一定程度上缓解了国际重复征税问题，为企业境外投资创造了相对公平的外部环境。

（3）信贷保险政策的支持。2003 年和 2004 年，国家发展和改革委员会和中国进出口银行相继联合发布对国家鼓励的境外投资重点项目给予信贷支持的通知，共同建立境外投资信贷支持机制，专项贷款享受优惠利率。2005 年，国家外汇管理局发布通知，调整境内银行为境外投资企业提供融资性担保管理方式，推进了境外投资的便利化。2005 年，国家发展和改革委员会、中信保联合发出通知，为境外投资提供政策性保险支持。2006 年，国开行、中信保联合发布通知，加大对境外重点项目的金融保险支持力度。

（三）监管服务体系的完善

在境外投资监管与服务政策职能上，形成了以商务部为核心组织部门，从宏观上协调各个部门的运作模式。2003 年以来，国家在境外投资方面发布的一系列政策和信息均由商务部单独或由商务部牵头协调完成。商务部在境外投资监管、服务方面的领导地位体现为协调国家外汇管理局、外交部、国家统计局、各驻外经商机构等多个相关部门和单位的工作。

近年来，商务部定期发布《国别贸易投资环境报告》《国别投资经营障碍报告》《对外投资国别产业导向目录》和《对外投资合作国别（地区）指南》等专题咨询研究报告与指导文件；公开发布《中国对外直接投资统计公报》已持续多年；自 2010 年开始，商务部还组织力量编写《中国对外投资合作发展报告》。此外，各种公共信息服务网站、展会平台和中介服务组织等方面的信息体系建设也有了较大的进展。

三、双边及区域投资制度的建立

在中国企业对外直接投资过程中，中国政府积极同世界各国或地区签署投资促进和保护协议。卢进勇、李秀娥（2013）将中国双边及区域投资制度安排概括为五种形式，即双边投资协定、避免双重征税协定、自由贸易区协定下的投资规定、双向投资促进合作机制和境外经贸合作区，见表 11-2。这些制度规则为中国企业对外直接投资提供了良好的外部环境、有利的法律框架和多层次的合作平台。

表 11-2　中国双边投资制度安排类型、主要内容及形式

类　型	主要内容	主要形式
双边投资协定	投资待遇、投资保护	中国政府与缔约国政府之间的协定
避免双重征税协定	境外税收	中国政府与缔约国政府之间的协定
自由贸易区协定下的投资规定	投资开放、投资自由化、便利化	中国政府签署的自由贸易区协定中的投资条款、投资章节或者是中国与其他成员国政府在自由贸易区协定框架下的投资协议

续表

类型	主要内容	主要形式
双向投资促进合作机制	投资促进	中国政府与其他国家中央或地方政府签署双向投资促进合作备忘录
境外经贸合作区	境外工业园区	中国政府与国外政府签署协议，由中国企业为建设主体

资料来源：卢进勇，李秀娥. 中国双边及区域投资制度安排：特点、作用及建议[J]. 亚太经济，2013(1).

双边投资协定的签署始于改革开放初期。20世纪80—90年代，为吸引发达国家投资，中国与主要资本输出国谈判和签署了一批双边投资协定。随着经济发展和中国企业实力增强，开始实施“走出去”战略，积极利用双边投资协定促进和保护中国企业境外投资。在实施“走出去”战略以后，双边投资协议可以分为两类：一类是与一些发达国家签署的双边投资协定到期，签署新协定以替代旧协定，对原有条款进行了适当的调整；一类是中国作为母国，主动与其他国家签署的双边投资协定，为中国企业境外投资提供法律保障。

由谈判和签署避免双重征税协定的历程也可以看出中国政府立场的调整。中国最早与日本于1983年9月签署了避免双重征税协定，在接下来的80—90年代，中国主要是与美国（1984年4月）、法国（1984年5月）等发达国家签署双边税收协定，中国作为资本输入国签署双边税收协定有利于资本输出国得到部分税收收益。随着中国经济发展和中国企业对外直接投资的发展，为支持中国企业“走出去”，中国政府不断完善税收协定安排，签署避免双重征税协定的国家覆盖范围不断扩大，由日本、美国等发达国家扩大到印度、越南等发展中国家，基本覆盖了中国主要对外投资目的地。

与这一历程不同，自由贸易区协定中的投资规定、双向投资促进合作机制及境外经贸合作区建设是在“走出去”战略背景下诞生的，是积极促进和保护中国企业到境外投资的新措施。自由贸易区协定中的投资规定比双边投资协定和避免双重征税协定的态度更积极、开放程度更高、范围更广。双边投资协定主要集中于投资待遇和投资保护，避免双重征税协定主要集中于税收问题，而自由贸易区框架下的投资规定一般包括投资自由化、投资便利化以及相应的投资权益的保护等问题，有些还包括税收规定。通过自由贸易区协定中的投资规定推进双边及区域投资自由化，积极为中国企业创造自由、便利的投资环境，如在外资准入方面提高股权比例或允许控股；在减少和消除投资壁垒方面取消产业、地域或经营范围限制等。

相比于政府之间的双边投资协定、避免双重征税协定、自由贸易区协定下的投资规定，在促进中国企业对外直接投资方面，双向投资促进合作机制更灵活更直接。通过签署双向投资促进合作谅解备忘录建立双向投资促进合作机制，能够有效补充双边投资协定和自由贸易区协定下的投资规定等内容。境外经贸合作区中中国作为母国立场更具体，旨在通过建设境外经贸合作区来促进中国企业“集群式”走出去，尤其是鼓励和支持具有一定竞争优势的中小企业“走出去”。

双边及区域投资制度安排在促进中国企业对外投资中发挥了积极作用。与东道国单方面优惠政策或其国内法规相比，双边及区域投资制度安排是政府间行为及承诺，具有较高的可信性。一般说来，这些双边及区域投资制度安排往往要遵守一定的国际法原则（例如《解决国家与他国国民之间投资争端公约》），将缔约国政府对中国投资者在其境内投资的保护义务及其对投资者的承诺提升到国际法层面，对缔约国具有较强的法律拘束力，从而能够为企业提供有效、稳定的投资环境，降低政治风险。

建立双边及区域投资制度安排的各阶段还会给外界释放积极信号，在一定程度上消除投资者的顾虑。这些安排的建立过程还会向投资者释放一定的有效信息，降低信息成本。同时，这些安排的建立过程还能增加各方直接接触的机会，有利于促成投资和合作项目，降低谈判成本。各种生效的具体条款还能够带来实际的投资待遇、投资自由和投资便利，从而降低监督成本。可见，这些安排形成的制度规则能大大降低企业到境外投资的信息、谈判和监督等各项交易成本，促进企业对外直接投资。

第三节　“制度逃逸”与制度距离

制度促进论主要阐释对外直接投资企业母国的制度条件对企业对外直接投资的促进作用。然而，母国的对外投资制度并不总是优良的，投资制度落后、对对外投资有更多限制，或者投资制度供给不足、服务水平低下等情况，都可能促使企业在对外投资中采取种种措施规避母国制度约束，从而发生“制度逃逸”。为克服这种现象，投资国需要一方面努力提高自身的制度质量，另一方面努力缩短与东道国和其他国家的制度距离。

一、“制度逃逸”说

中国的对外直接投资整体上呈现出一些传统理论无法解释的特征。主要有：(1) 对外直接投资大量涌入避税港，如香港、维尔京群岛和开曼群岛等。这些地区不存在丰富的实体经济和制造业，流向这些地区的投资主要是进行“迂回投资”，进一步开展国际投资，部分还以外资身份返回国内。(2) 侧重于向发达国家寻求战略资源。从中国对外直接投资流量和存量的行业分布看，较为集中于采矿业。在国家资源战略的推动下，跨国并购也较为集中于资源开发行业，如石油、金属矿产、天然气等。[①] (3) 地域分布格局偏离“就近选择”常规，倾向于进入高政治风险国家和地区。(4) 大型国有企业尤其是中央企业是海外并购的主要力量，这些海外并购尤其是在发达国家的并购屡屡遭遇投资壁垒。

近年来，中国对外直接投资中这些“反常”现象受到越来越多的关注，一个重要的研究领域就是试图用制度理论加以解释。2007 年，威特和卢因（Witt, M. A. &

① 近年来有一些新的变化，已经注意到获取品牌和技术的重要性，开始注重知识产权价值的并购和企业管理的参与。

Lewin，A. Y.）提出了“制度逃逸论”，认为发展中国家落后的制度约束逼迫国内企业在相对较早的发展阶段就开始国际化，以逃离本国不协调制度的制约。① 因此，企业可能存在通过国际化来逃避国内制度制约的动机。

一些研究者试图运用这一理论解释中国制度因素在对外直接投资中的某些消极方面。威特（2007）等发现，中国企业的对外直接投资在很大程度上是一种对母国制度性约束的逃离反应（Escape Response）。当今中国普遍存在着诸如对知识产权保护的缺失、高强度的政府管制、市场分割和地方保护等现象，这些因素会导致企业通过对外直接投资进行制度规避及制度套利。博伊索特（2008）等对中国企业对避税地的投资进行了研究，认为这可能是一种从国内市场的战略退出，而不是对国外市场的战略进入。因为这些企业绕过国内的种种制度约束与障碍后，其资金还要回到国内寻找商业机会，在本质上是一种制度规避与制度套利的行为模式。

一些事实也印证了这些说法。据《福布斯》杂志发布的全球税负指数表明，中国内地是全球税负第二重的地方，而中国香港则是全球税负第二轻的地方。巨大的税负差距吸引内地资本涌入香港，在香港设立公司开展业务经营。税收制度是引致中国企业对避税地大量投资的重要原因。资本市场制度的不完善也导致内地企业对香港等离岸金融中心大量投资、设立控股公司等，以便在海外上市和获得更便利的融资。② 一个令人遗憾的事实是，投向这些避税地的投资多半为“虚假投资”，有 1/4 或者更多返回中国内地市场，以外资身份在国内开展业务。这样的现象之所以会发生，主要是为了享受中国政府尤其是地方政府为招商引资而提供的对外资的“超国民待遇”，如税收优惠、土地优惠等。③

此外，登格（2007）以及鲁伊和伊普（2008）等采用案例研究表明，中国企业热衷于通过跨国并购来获取战略资产的一个重要原因是规避国内的制度约束。朱吉庆（2011）则研究了中国高科技新创企业通过逆向投资进军发达国家这一现象，认为新创企业到发达国家投资的目的是逃避当前国内不合理的制度安排，去海外寻求更为有利的融资与成长环境。李凝等（2011）系统分析了造成企业规避行为的种种制度因素，如转型期中国内外资企业差别待遇、对民营企业的制度性歧视、资本市场的不完善、冗余的行政管制和干预、对知识产权保护的缺失以及市场分割和地方保护等。高云龙等（2011）也对中国对外直接投资失衡的各种表现进行了分析，认为高端和低端劳动力市场的非完全市场化、对外投资企业融资市场的歧视和差别待遇、政府多头交叉管理造成的低效率等是导致中国对外直接投资发展结构严重失衡的宏观制度因素。

---

① Witt M A, Lewin A Y. Outward foreign direct investment as escape response to home country institutional constraints [J]. Journal of International Business Studies, 2007(38): 579-594.

② 中国内地资本市场还不发达，融资条件比较苛刻，企业在资本市场上融资还比较困难。比如，企业上市融资还需要中国证券监督管理委员会的审核和批准，在中国证监会排队等待审核的企业至今已经超过八百家。中国的私募股权基金和风险投资基金也是刚刚兴起，存在大量的制度供给缺失，企业融资依然比较困难。到离岸金融中心设立控股公司，利用海外资本市场宽松的融资条件为企业的国内经营筹集资金是一些企业开展对外直接投资的真实目的。

③ 李述晟. 制度视角下的中国对外直接投资促进机制研究[D]. 北京：首都经济贸易大学，2013.

二、制度距离的形成

20世纪90年代中期，科斯特瓦（Kostova，1996）以制度理论为基础研究了国家间的差距问题，将国家之间的差距理解为国家之间制度环境的差距，提出了“制度距离”这一概念，并根据斯科特（Scott，1995）提出的制度三维度（规制、规范和认知）理论框架，进一步把制度距离界定为国家之间在规制、规范和认知三方面所存在的差异。[①] 近年来，有学者指出，科斯特瓦的定义过于狭隘并且已经过时，应该基于新组织制度理论的最新发展来重新界定其内涵，认为企业在开展跨国经营活动时要面对比单个国家更加复杂的“制度环境”，应该把“组织场域”作为分析的基本单位。这样将制度距离概念扩展到多个分析层面，更加贴近企业跨国经营要面对的现实制度环境。

中国改革开放初期的二十年中，由于国内建设资金和外汇资金的短缺，国家重点实行的是吸引外资的政策。对于企业海外投资不是很鼓励，甚至在投资许可和用汇审批上管制非常严格。随着经济发展和工业化进程的加快，国内市场出现了一定程度的饱和，快速的经济增长对资源的需求越来越大，部分产业的发展也需要超越国界扩大经营，于是逐渐放开了对对外直接投资的管制，由限制改为引导和支持。进入21世纪以来，尤其是加入世界贸易组织之后，中国政府相继出台了很多关于对外直接投资方面的管理法规、部门规章，也对对外直接投资的管理进行了优化，如放宽对外直接投资审批和外汇审批等。但是与发达国家相比，中国对企业境外投资的管理和政策支持还存在相当大的差距。[②]

和一些发达国家高效的对外直接投资管理体系不同，当前中国企业开展对外投资还面临着中央、地方多层级管理和政府多部门、多重审批问题。在国家层面上，主管对外直接投资的政府职能部门是商务部以及国家发展和改革委员会，涉及对外直接投资的协管部门还有国家外汇管理局、中国人民银行、财政部、海关总署和国务院国有资产管理委员会，一些投资项目还要有工业和信息化部、农业部等部门的参与。地方各级政府对地方的对外直接投资行使管理职能，驻外使领馆和商务参赞对当地中国企业的跨国经营进行监管。投资项目涉及的各职能部门在行使管理职权时往往各自为政，依据自己本部门的管辖内容来设定要求，部门之间缺乏沟通，导致审批内容交叉、重叠。

在申请对外投资核准时，企业需要向商务部、国家发展和改革委员会和外汇管理局等部门同时上报各种各样的材料。在境外投资的核准过程中，商务部和国家发展和改革委员会对企业提交材料的要求还不一致。商务部的要求相对简单，而国家发展和改革委员会的要求则比较详细和复杂。商务部要求的主要是企业基本情况的证明、驻外经济参赞的意见（针对中央企业）等，而国家发展和改革委员会则需要企业对外直接投资的

---

① 伊登和米列尔(Eden & Miller,2004)用“距离至关重要”简要解释了造成外来者劣势的主要原因，即母国和东道国之间所存在的距离迫使外国企业在东道国开展经营活动时要承担额外的成本。当然，他们所说的距离不单是指两国在地理上的距离，还指两国在制度、文化、观念等方面的距离。Eden L, Miller S R. Distance matters: liability of foreignness, institutional distance and ownership strategy[A]. Hitt M A, Cheng J.(Eds).Advanves in international management[C]. New York: Elsevier,2004:187-221.

② 李述晟. 制度视角下的中国对外直接投资促进机制研究[D]. 北京：首都经济贸易大学,2013.

项目报告书、资信证明、企业董事会的决议、银行出具的融资意向书以及资产评估报告等。多头审批和手续繁琐导致审批时间过长，对于及时抓住海外市场机会来说非常不利。

在国际竞争中，有价值的交易机会往往稍纵即逝，晚一步就会被竞争对手抢先获得。多个部门决策使决策过程漫长，在很大程度上阻碍企业国际战略的施行。基于这个原因，国家发展和改革委员会与商务部牵头，与对外投资领域可能涉及的多个部门建立了部际联席会议制度，对企业的对外直接投资管理事项进行协调。但是这种松散的联席会议制度实行的是“一事一议”的运行模式，效率自然不会很高。即便是商务部2009年5月颁布的《境外投资管理办法》对旧有的对外直接投资管理制度进行了改革，如下放核准权限和简化核准程序等，仍然存在着对外直接投资主管部门分工模糊和审批效率不高的问题。

在对外直接投资的外汇使用方面，严格的外汇管制限制了企业投资规模和进一步扩大生产和经营。如商务部《境外投资管理办法》规定，对投资金额小于1 000万美元的项目仅需省级商务部门进行形式上的审查，是对旧的管理制度的改进。但是企业在对外直接投资中的审核事项仍然繁琐，涉及省级的发展和改革委员会、外汇管理、税务、海关等多个部门，一些中小企业为了规避这些复杂的审批，往往使用个人汇款的方式汇出经营使用的资金，使这些开展国际直接投资的资金绕过了有关部门的监管。这也是在对外直接投资领域行政干预过多而导致的制度性规避现象。

在对外直接投资的金融支持上，突出的问题是民营资本融资难。中国国有企业开展对外直接投资一般会得到国有金融机构的融资支持，因为国有资本与国有银行有国家支持。而民营企业在对外投资的融资上无法和国有企业相比，因为风险承受能力的关系，很多国内商业银行对待民营企业融资都比较谨慎。在融资的手续上，民营企业要从中国专业的境外投资政策性金融支持机构——中国进出口银行或国家开发银行融资，必须通过国家发展和改革委员会的审核。而国家发展和改革委员会的审核主要针对大项目，民营企业的对外直接投资大多因为资金限制规模较小而难以获得贷款。另外，中国尚未出台关于海外投资保险的法律、法规，与世界其他国家签订的双边投资协定也无法与国内法律制度相衔接，没有国内法意义上的承保人代位求偿权，是境外投资政治风险担保存在的问题之一。

中国对外直接投资起步较晚，大规模的对外直接投资是本世纪初才有的现象，因而专业的投资促进和咨询机构还不多。国家层面的官方的投资促进机构有商务部投资促进局，专门负责中国吸引外资和对外投资的促进工作。另外，国家发展和改革委员会下设有非官方的中国产业海外发展和规划协会，专门为中国企业对外投资提供交流和服务。其他诸如工业和信息化部、农业部等部门也设立了一些国际经济交流中心之类的机构，对本部门领域的国际贸易和投资提供促进服务。地方政府各个层次也设立了相应的投资促进机构。这些机构名称五花八门，有的叫招商引资机构，有的叫商务机构，有的叫经济协作机构等。从总体看，国家层面的投资促进机构业务交叉重叠，地方层面的投资促进机构设置复杂混乱。

对外直接投资还面临缺乏有效的中介机构支持的困难。由于跨国投资涉及国际经济贸易、国际法、国际金融、外语等各种专业知识，还需要一定时间的投资经验积累，中国民间商业性的中介机构如投行、会计师事务所、律师事务所还不发达，很难提供跨国投资的专业化服务。大量的对外直接投资主要通过国际专业服务机构完成，如美国、英国的专业投资银行高盛银行及汇丰银行、四大会计师事务所、国际知名的律师行等，大多是发达国家和地区的专业机构。发达国家一般都有比较成熟的非政府中介组织，为企业对外直接投资提供各种服务，或者代理跨国投资中涉及的各种事项。而中国的许多投行、财务、法律中介机构甚至没有接触过跨国并购类业务，很难提供有效服务。如果聘请国际专业机构，又面临着收费高昂、沟通困难等问题，对企业开展跨国投资非常不利。

另外，高素质的跨国投资和经营管理人才也相当缺乏。在境外创办企业需要大量既熟悉国际经营环境、又了解东道国基本情况的科技、财务、法律类专业人士。而中国在跨国经营领域的人才储备非常有限，外派到投资东道国的工作人员大多是国内公司总部的管理人员，往往缺乏国际投资知识和经验的积累，对当地的经济和社会环境也需要一段时间来熟悉。中国企业海外并购的失败案例有很多是管理人才缺乏导致企业经营陷入困境的，如 TCL 公司在并购法国阿尔卡特公司之后很长一段时间内缺乏专业的、合适的经理人；上海汽车在完成收购韩国双龙公司之后，却无法提供合适的管理者前去管理，只好使用双龙公司原来的管理团队，但因为沟通和交流不畅导致经营问题连连。这些因为管理人才缺乏导致的对外直接投资绩效不高的现象普遍存在，成为制约中国企业对外直接投资的重要阻力。

近年来，一些学者研究了制度距离对中国企业对外直接投资产生的影响。阎大颖（2011）探讨了中国企业海外并购成败与否的决定因素，通过实证检验表明，正式和非正式制度距离对中国企业海外并购成功率有着显著负面影响，而企业以往海外并购的成功经验与后续并购的成功率显著正相关。邓明（2012）从东道国制度质量和东道国与中国之间的制度距离等方面考察了东道国制度因素对中国对外直接投资区位分布的影响，结果表明，与东道国的制度距离对东道国吸收外国直接投资有显著的负面影响。因此，要综合考虑东道国的制度质量以及与中国的制度距离，逐步提高中国管制制度和市场经济制度的质量，主动缩小与外国的制度距离，为中国企业国际化战略的成功实施降低难度。

三、制度距离的变化

在“走出去”战略制度形成后，由于国际环境的变化和改革开放的推进，中国与其他主要国家之间的制度距离会发生相应的变化。其中，入世后中国履行承诺，主动与通行的国际经贸规则相接轨，缩小了中国与其他国家的制度距离。国际经贸规则的新变化是制度距离扩大的主要原因，而对境外投资促进体系和双边及多边投资制度的改革与调整是缩小制度距离的重要途径。

（一）制度距离的缩小

中国加入世界贸易组织（WTO）后，认真履行承诺，学习、掌握和运用国际经贸规则来应对国际贸易投资摩擦和争端，使中国与世界其他国家尤其是发达国家之间的制度距离大大缩小。刚加入世贸组织时，国内对“入世”的条款有很大争议，国外对中国能否履行承诺也存在疑虑。十多年过去了，应该说双方担心的问题都没有发生。[①]

入世后，中国认真地履行了自己的承诺。在外贸领域，实施了外贸管理体制改革、调整关税、统一检验检疫标准等；在投资领域，清理不符合 WTO 规则的法律法规，消除对外商投资企业的非歧视待遇。在短短两三年时间里，仅中央各部委就清理了 2 000 多件法律法规，废除了 500 多件不符合 WTO 规则的法律法规。加上地方政府清理的法规，共清理法律法规 9 万多件。清理法律法规的过程对中国建立公开透明的法律体系发挥了至关重要的作用。对外资企业的市场准入和不同行业投资的股比要求做了调整，对鼓励类、限制类、禁止类行业导向目录做了调整，使外资企业在华投资和经营环境得到了较大改善。另外，过去外资企业享受超国民待遇，只缴纳 15% 的所得税，而国内企业则需缴纳 33% 的所得税，2008 年两税合并，企业所得税一律调整为 25%，符合世贸组织非歧视性原则。

入世后，中国认真学习、掌握和运用国际规则。过去美欧掌握国际经贸规则制订权，在它们竞争力强的部门主张开放，在它们竞争力弱的部门，尤其是在纺织品服装领域，则坚持另一套规则，允许保留进口配额和进口许可证制度，允许保留高关税，成为世贸规则中的灰色区域。经过乌拉圭回合谈判，它们才最终承诺到 2005 年取消纺织品的进口配额，使纺织品服装贸易也按照 WTO 规则运行。2005 年之后，中国的纺织品服装出口出现井喷效应。在美欧施压下，把部分纺织品服装的配额延长到了 2008 年。发达国家还利用反倾销、反补贴等贸易保护措施限制中国产品的出口，中国予以有理、有利、有节地应对，把负面影响降到最低程度。在 WTO 的框架下不断解决争端的过程中，也积累了经验，锻炼了队伍。

加入世贸组织，中国不仅履行承诺，而且参与国际经贸规则的制定，主要体现在多哈回合谈判中。多哈回合谈判涉及内容十分广泛。发展中成员最关心的是大幅削减发达成员对农产品的补贴，这是多哈回合谈判最核心的问题。[②] 发达国家在谈判中更关心的是发展中国家的市场开放。尤其是美国，把矛头指向新兴经济体，要求巴西、中国、印度、南非等发展中成员进一步降低关税，开放农业、工业品和服务贸易市场。多哈回合谈判最终因为印度和美国的原因没有取得突破。多哈谈判停滞带来负面影响，即各国都大力发展双边和区域的贸易安排，削弱了现有多边贸易体制。

（二）制度距离的进一步扩大

当前，美国等发达国家通过跨太平洋伙伴关系协定（TPP）、跨大西洋贸易与投资伙伴关系协定（TTIP）、服务贸易协定（TISA）等贸易投资协定谈判，力图推行代表发达国家利益的高标准的贸易投资新规则。美国等国作为实力强大的发达国家，追求在全球治理中的领导权，推动国际经贸规则从“边境规则”向“边境内规则”扩展，更多

① 孙振宇.中国入世十周年之际的回顾与展望[J].国际经济评论,2011(4).

② 多年来发达成员对农产品的巨额补贴使发展中国家农民深受其害。一方面,发展中国家农产品出口难以扩大;另一方面,发达国家廉价的农产品大量充斥发展中国家市场,造成这些国家农民进一步贫困化。这种现象不应当再继续下去了。

涉及一国的国内政策，如国有企业行为、知识产权保护、环境与劳工标准等。而新兴经济体则更强调合作，注重贸易与发展的关系，倡导建立适合本国经济发展阶段的贸易投资规则。如果欧美发达国家推行的国际经贸新规则一旦确立，中国与这些国家之间的制度距离将进一步扩大。

在新的全球经济格局下，美国和欧盟仍然是全球经济的霸主，在国际经贸新规则制定中发挥着主导权。近 20 年来，美国和欧盟在全球范围内努力构建以自身为核心的区域贸易协定网络，其区域一体化战略经历了三个阶段：第一阶段是 1990 年代，美国和欧盟分别构建了北美自由贸易区和欧洲经济共同体；第二阶段在之后的十余年间，分别构建了以自身为核心的轮轴—辐条型区域经贸体系；第三阶段，从 2008 年开始，美国着力打造跨太平洋伙伴关系协定（TPP）、跨大西洋贸易与投资伙伴协议（TTIP）等跨地区的区域贸易协定，而欧盟也通过 TTIP、欧盟—加拿大自贸区等加强了区域贸易谈判。通过这些区域经济合作战略，搭建了引领全球经贸新规则的框架体系。除了区域贸易协定外，美国 2012 年双边投资协定（BIT）范本、发达国家的单边改革、国际服务贸易协定（TISA）等也体现了国际贸易投资规则发展的新趋势，它们共同形成了新的国际经贸规则体系。

TPP、TTIP、TISA 等协定标准不仅仅是为了形成协定本身，而是要引领 21 世纪的贸易投资标准，因此在范围和深度上，都超过了世界贸易组织（WTO）协定的通行规则。新规则对货物贸易、投资、服务贸易规则等加以整合，以形成适应 21 世纪全球生产贸易发展的新一代贸易投资规则。新规则集中在各国国内管辖的政策领域，要求各参与国放弃一部分在国内法制或管制政策上的管辖裁量权，来取得在这些协定中的贸易投资自由化收益。新规则反映了美国等发达国家在全球价值链生产上的新模式，力求维护美国和欧盟自身的就业和增长以及它们的投资者在其他国家的利益，维持其在全球经济中的主导地位。而对于发展中国家，新规则超越了其发展水平，对其制度规范和经济改革形成了外在压力。

（三）制度距离进一步缩小的可能性

近年来，中国在全球经贸格局中已经占有举足轻重的地位。在新一轮全球治理结构调整中，经济实力日益增强的中国有可能主动谋求与自身实力相当的地位。美国和欧盟推出体现其经济发展水平的高标准的国际经贸新规则，具有一定的先进性和引领性。为适应这一新规则，缩小与发达国家的制度距离，中国面临两方面的机遇，即一方面通过国内改革开放主动适应有利于中国经济发展的新规则，另一方面不放弃在国际经贸新规则制定中的参与权和主导权。①

1. 内部机遇：以对外开放促进国内改革

党的十八届三中全会强调了“以开放促进改革”的思路。在对外开放方面，提出“适应经济全球化新形势，必须推动对内对外开放相互促进、引进来和走出去更好结合，促进国际国内要素有序自由流动、资源高效配置、市场深度融合，加快培育参与和引领国际经济合作竞争新优势，以开放促改革”。

① 东艳．全球贸易规则的发展趋势与中国的机遇[J]．国际经济评论，2014(1)．

管制协调与边境内规则是国际经贸新规则体系的重要内容，这将对国内政策调整带来压力。从中国目前面临的需要改革的重要问题来看，新经贸规则的调整方向与中国正在进行的全面深化改革目标有很多相呼应的地方。党的十八届三中全会的决定中对投资体制改革与商签双边投资协定、国有企业改革、服务业开放、劳动者权利保护、知识产权保护等方面均有详细的政策导向。中国应利用国际经贸新规则的压力来倒逼国内改革，将符合政策导向的改革开放举措尽快落到实处。

新规则体系强调货物贸易、投资和服务规则的整合。在货物贸易领域，建立“单一窗口”，实行货物贸易便利化；在投资领域，采用负面清单方式，强化对投资者利益的保护；在服务贸易领域，建立全面的、高标准的服务贸易自由化。发展服务业是中国产业结构优化升级的战略重点之一。探索有条件逐步接受服务贸易新规则有利于提高中国服务业的开放水平。通过放开准入，引入外部投资者，可加强服务行业的竞争，同时促进网络、信息、电子商务等新兴行业的发展。

新规则提出了“竞争中立”等对国有企业进行规范的原则。通过竞争中立，制约现有和潜在成员国国有企业的竞争优势，是美国在 TPP 等协定谈判时考虑的一个重要因素。美国等发达国家关注中国在政府采购等方面给国有企业的优惠、中国对国有企业补贴而使其产品取得的价格优势、中国国有银行、国有资金支付系统（中国银联）等问题。从国内改革角度看，减少国有企业的垄断是目前改革的重要一环，包括分离国有企业政策业务与经营业务、完善市场参与机制、引入民间资本准入等。

在劳工和环境标准方面，靠劳动力成本来取得价格优势的竞争模式已经难以为继，人口结构的变化使劳动力供给开始出现短缺，低工资带来的低成本出口容易引发国外的反倾销投诉，同时社会保障体系缺乏也引发了较高的储蓄率，经济结构失衡明显。加强劳工保护，提高社会保障水平，是中国经济调整的重要一环。促进可持续发展，降低碳排放量，降低能耗，促进传统产业向高附加值、低能耗、低污染的集约型发展方式转变，实现产业转型升级，是中国经济转型的方向。

在知识产权保护方面，通过坚持自主创新、自主知识产权、自主品牌的“三自”战略，促进中国从全球价值链低端参与型向自主主导型转变。目前，中国在知识产权保护立法方面与国际一般标准的差异并不大，重点在于知识产权保护执法方面。此外，对于新规则中的促进中小企业发展等问题，党的十八大报告中也明确了“支持小微企业特别是科技型小微企业发展”的政策导向。

通过以上条款的具体分析可以看出，国际经贸新规则所体现的高标准与中国总体的改革方向并不矛盾，在很多方面具有一致性，差距在于具体保护标准和保护水平的设定方面，应重视国际经贸新规则调整所带来的机遇。

2. 外部机遇：参与和主导构建国际经贸新规则

要积极推进多边贸易谈判进程，在亚太经合组织、20 国集团等层面上，发挥更大的领导力量。通过在多边、区域、双边等层面代表新兴经济体、发展中国家、金砖国家和东亚国家利益参与和引领国际经贸新规则的制定，平衡发达国家和发展中国家的利益诉求，推动建立适合全球经贸发展的新规则体系。2014 年，亚太经合组织（APEC）北京峰会成功地启动了亚太自由贸易区进程，批准了《亚太经合组织推动实现亚太自贸区北京路线图》。2016 年，G20（二十国集团）杭州峰会制定了一系列务实的行动计划。在贸易投资领域，制定了两份具有历史意义的文件，一份是《二十国集团全球贸易增长战略》，致力于扭转当前全球贸易疲软的态势；另一份是《二十国集团全球投资指导原则》，这是世界范围内首个多边投资规则框架，填补了全球投资治理领域的空白。

应掌握 TPP、TISA 等谈判的动向，在新规则谈判中更多地反映发展中国家的诉求。目前，中国对 TPP 谈判已经由防御转为更加开放的态度，同时已经加入 TISA 谈判。TPP 倡导高标准规则，但在具体内容上，美国与其他发达国家及发展中国家存在分歧。在 TISA 等谈判方面，美国担心中国的加入会延缓谈判的进程。从中国角度看，在已经进行的深度一体化实践基础上，要设计出适合中国特点，并能平衡全球各国利益的高标准规则；通过参与国际经贸新规则的构建更多地反映发展中国家的利益，倡导建立面向 21 世纪的平衡发展中国家和发达国家利益的新标准。

可以中美、中欧双边投资协定（BIT）谈判为突破，与发达国家进行高水平协定谈判。中美 BIT 按美国 2012 年 BIT 范本为基础进行谈判。美国 2012 年 BIT 范本与 TPP 属于同一层级开放程度的规则体系，在具体内容上有许多相通的地方，如对国有企业的规定、对环境、劳工、金融服务等条款，即使中国目前无法加入 TPP、TTIP 谈判，也可以通过中美 BIT 而平行地与美国进行新规则谈判。和美国类似，欧盟也在将欧洲 FTA 网络与北美、东亚 FTA 网络进行扩展和整合，中欧 BIT 是中国与欧盟进行新规则对接的平台。中美、中欧 BIT 谈判是中国与这世界两大经济体进行贸易投资合作的基石，是未来双边自贸区以及在亚太自贸区等框架下合作的基础。①

以上海自贸试验区等为平台，探索国内外规则整合的渠道。加强上海自贸试验区等的建设，在试验区内创造更加开放的投资经营环境，探索高标准规则在中国的适应性。2013 年 9 月，中国（上海）自由贸易试验区挂牌成立。该试验区总体方案指出，要经过 2～3 年的改革试验，加快转变政府职能，积极推进服务业扩大开放和外商投资管理体制改革，努力形成促进投资和创新的政策支持体系，着力培育国际化和法制化的营商环境，力争建设成为具有国际水准的投资贸易便利、货币兑换自由、监管高效便捷、法制环境规范的自由贸易试验区，为中国扩大开放和深化改革探索新思路和新途径，更好地为全国服务。

2014 年 12 月，第十二届全国人大常委会第十二次会议决定授权国务院在广东、天津、福建自由贸易试验区及上海自由贸易试验区扩展区域内暂时调整有关法律规定的行政审批，自此形成了 4 个自贸试验区。自自贸试验区建设工作启动以来，4 个自贸试验区在投资、贸易、金融、创业创新、事中事后监管等多个方面进行了大胆探索：以负面清单管理为核心，投资管理体制改革持续深化；以贸易便利化为重点，贸易监管制度创新成效明显；以提升服务实体经济质量和水平为目标，金融开放创新举措稳步推出；以

① 除了与大国进行新规则接触和谈判外，中国还应该在 RCEP、中日韩 FTA、中澳 FTA 等区域、三边、双边 FTA 谈判中发挥主导作用，在已经进行的深度一体化实践基础上，设计出适合中国特点并能平衡全球各国利益的高标准规则，在这些谈判中，渗透和体现中国版的国际经贸新规则范本。

防控风险为底线，严密高效的事中事后监管体系初步形成；以鼓励创业创新为着眼点，公共服务支撑体系不断完善；以服务国家战略为根本，差别化功能举措不断推出。

2016 年 8 月，党中央、国务院决定，在辽宁省、浙江省、河南省、湖北省、重庆市、四川省、陕西省新设立 7 个自贸试验区，依托现有经国务院批准的新区、园区，继续紧扣制度创新这一核心，进一步对接高标准国际经贸规则，在更广领域、更大范围形成各具特色、各有侧重的试点格局，推动全面深化改革、扩大开放。这代表着自贸试验区建设进入了试点探索的新航程。完全消除中国与主要发达国家的制度距离是一个漫长而曲折的过程，在这个过程中的大部分时间努力的方向都是缩小制度距离，争取构建一套平衡中国作为发展中国家与主要发达国家利益的新标准。随着中国经济社会的发展进步，中国的制度环境将进一步改善，两者之间的制度距离将越来越小。中国推进全面深化改革、扩大开放，参与和主导构建国际经贸新规则，为进一步缩小两者之间的制度距离提供了可能性。

参考文献

[1] 东艳. 全球贸易规则的发展趋势与中国的机遇[J]. 国际经济评论,2014(1).

[2] 董彦岭. 我国境外投资促进体系的制度演进分析:1979—2009[J],理论经济研究,2012(3).

[3] 洪俊杰,黄薇,等. 中国企业走出去的理论解读[J]. 国际经济评论,2012(4).

[4] 李平,徐登峰. "走出去"战略:制度形成与改革展望[J]. 国际经济合作,2008(5).

[5] 李述晟. 中国企业对外直接投资中的母国制度因素文献研究[J]. 改革与战略,2012(12).

[6] 卢进勇,李秀娥. 中国双边及区域投资制度安排:特点、作用及建议[J].亚太经济,2013(1).

[7] 卢进勇,闫实强. 中国对外投资促进与服务体系建设的演进、成绩和前景展望[J]. 国际贸易,2012(1).

[8] 裴长洪,樊瑛. 中国企业对外直接投资的国家特定优势[J]. 中国工业经济,2010(7).

[9] 裴长洪,郑文. 国家特定优势:国际投资理论的补充解释[J]. 经济研究,2011(11).

[10] 任兵,郑莹. 外来者劣势研究前沿探析与未来展望[J]. 外国经济与管理, 2012(2).

[11] 阎大颖. 制度距离、国际经验与中国企业海外并购的成败问题研究[J]. 南开经济研究,2011(5).

[12] 杨国亮. 国际直接投资:一个马克思主义的经典解释[J]. 马克思主义研究,2008(6).

[13] 杨国亮. 关于竞争优势的马克思主义分析框架[J]. 中国人民大学学报,2005(5).

[14] 薛有志,刘鑫. 国外制度距离研究现状探析与未来展望[J]. 外国经济与管理,2013(3).

[15] Boisot M, Meyer M. Which way through the open door? Reflections on the internationalization of Chinese firms[J]. Management and Organization Review,2008,

14(3).

[16] Kostova T. Success of the transnational transfer of organizational practices with multinational companies[D]. Minneapolis: University of Minnesota, 1996: 9-21.

[17] Witt M, Lewin A Y. Outward foreign direct investment as escape response to home country institutional constraints[J]. Journal of International Business Studies, 2007, 38: 579-594.

[18] Zaheer S. Overcoming the liability of foreignness[J]. Academy of Management Journal, 1995, 38(2): 341-363.

第十二章

全球公司理论

第一节　全球公司的产生与发展

一、全球公司的定义

全球公司（Global Corporations）是跨国公司全球化发展的新阶段。全球公司拥有了全球战略、建立了全球管治并承担了全球责任。与此同时，与一般跨国公司相比，全球公司全球化程度大大提高，其跨国指数（海外资产、海外销售和海外雇员与总资产、总销售和总雇员的比例的平均数）超过50%。

全球公司由跨国公司发展而来，又有别于跨国公司。第一，全球公司通常将研究部门设在注册国以外地区，与当地的合营企业共享科技成果。第二，全球公司选择在全球范围内设立多个生产网点，这样可以几乎不花费任何成本地将这些信息和诀窍应用到几乎所有的网点上，形成范围的经济性。第三，全球公司积极地以多国合营企业的新面貌出现在国际市场上，实行强强联手的战略，以增强企业的竞争力。总体而言，全球公司由于其主要收入、主要资产均来自海外，因此经营重心在海外，其发展战略、管治结构和理念文化更注重全球，并且形成了全球经营的思维模式和经营模式①。

二、跨国公司向全球公司转型

（一）全球公司产生的背景

20世纪90年代以来，世界政治格局、经济发展与科技进步出现了一系列根本性的新变化，这些根本性的变化极大地改变了跨国公司经营和竞争的环境、条件和规则。

1. 冷战结束，导致全球市场的形成

1979年中国对外开放，世界上人口最多的发展中大国开始逐步融入经济全球化的进程。1989年11月至1991年12月，东欧与苏联发生剧变。自此，持续40余年的冷战结束。

---

① 王志乐.全球公司——跨国公司发展新阶段[M].上海:上海人民出版社,2014.

冷战结束给世界政治经济形势带来了深远的影响。两个对立的阵营不复存在，和平与发展成为时代的主题和主流；以经济为基础、以科技为核心的综合国力的竞争取代过去的军备竞赛，经济全球化政治障碍被扫除。自此，超越政治地理界限的全球统一市场开始形成，市场经济在世界范围内得以发展。

冷战结束是与东欧剧变和苏联解体相联系的。第二次世界大战结束不久，昔日反法西斯的盟友就成为冷战的对手。美苏争霸，在世界范围形成了对立的两大阵营和两极格局。这一格局延续了将近半个世纪。其间，尽管以苏联为首的社会主义国家和以美国为主导的资本主义国家都曾积极推进本阵营的经济一体化，但经济全球化却难以逾越两大阵营间的政治障碍。从 1989 年 11 月 9 日柏林墙被冲开，到 1991 年 12 月 8 日苏联解体，导致以苏联为首的原社会主义阵营解体。东欧剧变和苏联解体带来的经济影响是极其深远的。此后，使世界的政治与经济格局发生了新的重大变化。

由于东欧剧变、苏联解体，中、东欧和独联体国家重新回到市场经济的运行机制中来。改革开放以来，中国开始从计划经济体制向市场经济体制转型。世界各国的经济运行机制逐步趋向统一，从而使世界范围的经济一体化获得了前所未有的有利的发展条件。与此同时，和平与发展日益深入人心，为争夺资源和市场的局部战争也相应减少。这给世界各国的社会经济发展提供了最基本的国际和平环境和条件，使各类国家可避免因进行激烈军备竞赛和大规模战争所带来的危害和破坏，从而能集中人力、物力和财力去发展经济，改善人们的生活环境和条件。

努力发展经济逐渐成为人类社会的主流和最强音。这对各类国家、企业都既是机遇，也是挑战。如何利用较长的和平时期来发展自己的社会经济，如何在激烈的经济竞赛中经受考验，已经成为各个国家和企业集团必须解决的迫切课题。

2. 信息技术革命成为经济全球化的技术支撑

1995 年前后，因特网开始被广泛商业化应用，移动电话也开始普及。信息技术和通信技术的革命使得全球联系空前加强，全球市场才得以真正形成和运行。信息技术和通信技术的革命使得跨国公司的战略和管理在全球范围才能够真正实施。

20 世纪 80 年代以来，以信息科技领先，生物科学、材料科学、能源科学、海洋科学、空间科学为主要内容的科学技术革命，正以亘古未有的规模和力度，彼此呼应，推波助澜，呈现出一派加速发展的趋势。与此同时，科学技术成果转化为直接生产力的速度越来越快，周期愈来愈短，规模更为宏大。

这些高科技、高智能成果对生产力诸要素的渗透和改造，促使全新的生产设备、生产过程和崭新产品的出现，并不断开创着新的工艺革命的道路，使企业的技术基础、增长方式、经营管理模式以及人与生产过程的关系发生革命性变化。例如，工业社会市场要求提供大批量、统一规格和大众化商品，而信息社会市场要求提供小批量、多品种和个性化商品，导致生产模式正从规模生产（Mass Production）向个性化产品的规模生产（Mass Customization）转变。工业化时代企业价值的主要来源是资金、设备和厂房等硬件设施，信息化社会价值主要来源是创新、营销、服务、品牌、专利、设计等软件。工业化时代生产以厂家为中心，信息化时代生产以客户为中心。生产工艺越来越智能化。市场变得越来越电子化（见表 12-1）。

这些重大科技成就的全面产业化，引起了产品结构、产业结构、就业结构、生产组织结构和管理手段的重大变革，使世界经济从工业化阶段逐步进入信息化、智能化和知识化阶段。科技发展正在成为构筑新生产力体制的核心，成为促进经济发展和社会变革的内在因素和特殊资源。

表 12-1 工业化与信息化经济的区别

	工业化经济	信息化经济
市场需求	大批量、单一规格、统一标准——以厂家为中心	小批量、多样化、个性化——以客户为中心
价值来源	资金、厂房、设备、生产线——硬件	技术、品牌、专利、设计、营销、服务——软件
竞争战略	上规模，降成本，降价格	差异化、创新、速度
组织结构	金字塔——科层制	网络化——伙伴制
劳资关系	资方拥有基本生产要素——资金、设备	劳方拥有决定性生产要素——知识、创新能力

20 世纪 90 年代以来，发达国家的主导产业正在加速从钢铁、汽车、化工等传统产业转变为包括集成电路、软件、电子计算机、因特网等在内的信息技术产业。例如，在美国，信息产业已成为经济中新的龙头和支柱，占国民经济总量的比重越来越大，对国民经济增长的贡献率比过去美国经济三大支柱（钢铁、汽车和建筑业）加在一起的总和还要大。欧洲发达国家的信息产业也在蓬勃地发展。即使在发展中国家，信息产业也在加速发展，如印度，甚至成为了世界软件业中的佼佼者。中国的信息产业发展也在加大力度和速度。不仅如此，信息产业还改造了众多的传统产业部门，使它们从生产流程到经营管理都发生了巨大的变化，从而重新焕发了活力，并大大提高了劳动生产率。

可以预期，21 世纪的人类将全面进入信息时代、知识经济时代。包括集成电路、软件、个人电脑、因特网等在内的信息技术产业无疑将成为未来全球经济中最宏大、最具活力的产业。其他高技术产业，特别是生物工程、航空航天等，也将成为重要的产业部门。依靠高科技的知识和智能密集型产业将取代那些主要依赖于原料和劳动力的传统制造业的地位而迅速崛起，成为国民经济的支柱。

3. 世界贸易组织运行，开启经济全球化发展的新阶段

1973 年石油危机和美元脱离布雷顿森林协议而自由浮动成为第三次经济全球化的起点。从 20 世纪 70 年代中期开始，全球主要货币在全球逐步自由浮动和买卖，随后债券和股票也开始在全球自由买卖。外汇、债券和股票等流动金融资产在全球自由流动成为第三次经济全球化的重要特征。

经济全球化作为一个概念，是由经济合作与发展组织（OECD）前首席经济学家 S. 奥斯特雷在 1990 年首先采用的。它主要指生产要素以空前的速度和规模在全球范围内流动，以寻找适当的位置进行最佳配置。

1992 年，联合国前任秘书长布特罗斯·加利先生在联合国日致辞中说：“第一个真正全球化的时代已经到来。”以商品、资本、服务、劳动和信息跨国界全球流动为主要内容的经济全球化正在以前所未有的规模和速度得到发展。自由贸易区、关税同盟、共同市场、经济同盟四种发展程度递进的经济区域一体化形式遍及世界各地，其中，欧洲统一大市场、北美自由贸易区、亚太地区经济合作组织和拉美次区域合作集团的出现最为引人注目。

经济全球化并非始于今日，经济全球化就其根源应始于资本来到世间所形成的一股力量。正如马克思所说：“资产阶级开拓了世界市场，使一切国家的生产和消费都成为世界性的了。”[①] 经济全球化乃是一个不断发展的动态过程，它随着世界经济的不断发展而总是在不断扩展和深化。大致说来，经济全球化经历了三个发展阶段（见表 12-2）。

表 12-2 经济全球化的三个阶段

	第一阶段	第二阶段	第三阶段
时间	16 世纪—19 世纪中期	19 世纪末—20 世纪中期	20 世纪 70 年代以来
全球化	商品贸易全球化	直接投资全球化	金融资本全球化
经济	初期工业化	高度工业化	信息化
政治	殖民战争	两次世界大战	冷战结束
运输技术	火车（1814） 轮船（1807）	汽车（1886） 大型轮船 飞机（1903）	高速火车 大型集装箱船 大型喷气客机
信息技术	电报（1837）	计算机（1945） 电话（1876） 无线电报（1895）	卫星光纤通信（1970） 个人计算机（1977） 个人移动电话（1990） 因特网（1969）

无疑，全球化时代为企业超越国界经营活动的发展提供了良好的物质条件和广阔的空间。全球化是一场革命，它使企业家能够利用世界任何地方的资金、技术、信息、管理和劳动力在他希望的任何地方进行生产，然后把产品销往任何有需求的地方。经济全球化有利于实现以最有利的条件生产、在最有利的市场销售这一世界经济发展的最佳状态。

但是，这也将使企业面临更大的挑战。经济全球化使得无国界竞争（“无限制竞争”）逐步形成，经济过程的全球化、自由市场经济的迅速扩展正在把所有实行市场经济的国家纳入全球市场经济体系。在这种趋势的冲击下，传统的“国内市场”与“国外市场”的界限将不复存在，因为外来的竞争随时都会在后院展开。每一个企业或公司所面对的都将是“国际市场”，这些公司和企业在经营时所遵循的准则和惯例都将

① 马克思，恩格斯. 马克思恩格斯选集：第 1 卷[M]. 2 版. 北京：人民出版社，2013：273-276.

是“国际准则”和“国际惯例”。这就意味着，企业必须把自己的生存发展空间放在全球经济总体发展中去，制订全球化经营战略，见表12-3。

表12-3　一国经济与全球经济的区别

	一国经济	全球经济
经济类型	封闭型——自力更生	开放型——相互依赖，共同发展
消费需求	消费决定于本国国情	消费偏好全球趋同
生产要素	在一国内流动	超越国界流动
增值链条	各环节均在国内	全球布点、全球网络
竞争范围	一国之内	全球范围
竞争对手	国内竞争对手	面对全球顶尖高手的竞争
竞争条件	具备国内市场竞争力即可生存	具备全球竞争力，具备专门领域竞争力
政府作用	在一国之内有效地干预经济	受制于全球规则，干预能力有限

从20世纪90年代初期算起，在短短的不到10年时间里，全球政治、科技和经济领域均集中出现了根本性的变化，这在人类历史上是十分罕见的。时间集中意味着这些变化同步进行。这些变化相互作用、相互影响，极大地推动经济全球化潮流的形成。

经济全球化潮流改变了企业经营环境和竞争规则。面对迅速形成的全球市场和迅速发展的全球化潮流，跨国公司原有的发展战略、管治结构以及理念文化均面临严峻挑战。

（二）全球战略：从跨国经营转向全球经营

面对迅速形成的全球市场，一批跨国公司与时俱进，开始调整企业发展战略。

全球市场的形成，使得企业可以在全球选择最有成长性的市场作为经营的重点。过去，发达国家市场是企业征战的中心地区。现在，新兴市场往往成为新产品急剧增长的市场。全球市场形成，使得企业可以超越原有的国家地理界限在全球范围配置资源。新兴市场迅速崛起这一事实表明，企业可以根据增长潜力而不是根据地理位置来细分消费者市场。由于劳动力、原材料、能源、资本和技术等生产要素在全球各地性价比不同，企业有了在全球选择要素的可能。他们把全球性价比最好的资源吸纳和整合到自己的价值链中来，从而有可能获得更大的竞争优势。

例如，由于信息技术的突飞猛进，在全球任何地点，无论发达国家繁华都市还是发展中国家乡村小镇，人们都可以通过互联网获取信息，加工信息和处理信息，可以参与全球范围的创新活动。中国的高技术人才可以融入欧美国家的创新网络，欧美国家人才也可以在欧美参与中国项目的开发和设计。这一事实表明，企业可以根据技能水平或性价比而不是地理位置对劳动力进行配置和组合。

显然，在经济全球化和信息技术革命推动下，企业跨越政治地理界限在全球范围内按照功能配置资源和获取资源已经成为可能。为获得竞争优势，企业必须创新发展战略。企业必须在全球范围吸纳整合资源和配置资源，打造全球产业链或者全球产业系统，利用全球资源参与全球竞争。

1992 年以来，也就是全球市场出现以来，许多跨国公司进行全球战略调整，按照企业经营系统的功能重新配置资源，以适应全球市场的出现。在这些公司中，诺基亚公司、IBM 公司以及三星公司便是其中的代表。这三家公司位于欧、美、亚不同地区，但是都在 1992 年全球市场出现后进行了深刻的企业发展战略的调整。IBM 公司由于使用新的战略适应了全球市场，从制造业企业转向服务业公司，继续引领着行业发展。

案例 12-1

IBM 公司 1993 年的战略转型

1990—1993 年，IBM 公司连年亏损，赤字高达 80 亿美元，股值下降 3/4，在 PC 机国际市场被挤出前 3 名，具有优势的大型计算主机市场低迷。IBM 在微型计算机市场的失利，在于企业发展战略和管理的失误，而非技术的落后。

1993 年 3 月，在市场经营和战略方面有丰富经验的郭士纳出任 IBM 公司新总裁，对 IBM 公司的经营战略和管理结构实行大幅度调整和改革。在战略上，把经营重点从制造向服务、从硬件产品向附加值更高的软件和系统产品转移。

郭士纳先生认为，IBM 公司就本质而言，应成为一家为客户解决问题的企业。根据网络世界的发展进程，电脑软件系统以及客户服务体系将会扮演日益重要的角色。因此，过去 IBM 公司没有独立的软件部门，软件部门从属于硬件部门的状况必须加以改变。必须使软件系统事业成为 IBM 公司网络系统的基础，IBM 所有产品要围绕网络世界进行。IBM 公司的战略调整重点是使 IBM 公司从电脑硬件系统的生产厂家转化成一家集硬件系统、软件系统、客户服务为一体的为客户提供系统的解决方案的公司。经营重点发生了转移：硬件→软件→解决方案。

为开发软件事业和适应网络革命的需要，1995 年，IBM 公司成立独立的软件系统部门和网络部。为迅速打开市场和建立市场，IBM 斥资 35 亿美元收购莲花发展公司，利用莲花公司群组软件系统和 IBM 公司的产品，共同占领国际互联网络产品市场以及软件服务市场。1996 年，IBM 公司又以 74.3 亿美元买下 Tivoli 公司，使得 IBM 在分布系统管理方面的产品水准突飞猛进，迅速达到行业领先水平。IBM 公司收购上述 2 家软件公司后，从根本上改变了 IBM 公司的软件部门，增强了公司的竞争实力。

IBM 在增强公司软件竞争力的同时，还进行了管理结构改革，“消肿减肥”，精简人员。IBM 公司管理机构改革的结果是采取网络式管理机制，按全球各大战略地区划分管理系统，如美洲区、亚太区、欧洲区等，将公司负责主要生产经营活动的产品业务部门与地区总部结合，协调管理。从 1993 年到 1997 年，按照新总裁要求，IBM 公司精简员工近 20 万人。公司雇员人数从 40 余万减少到了 22 万。

经过郭士纳大刀阔斧的改革，IBM 公司很快扭转了经营亏损的局面。1995 年，公司利润达到 42 亿美元，1996 年度进一步增加到 54 亿美元。公司的业务结构也发生了重要转变。1996 年度，软件产品销售额达到 130 亿美元，成为全球最大的软件王国。

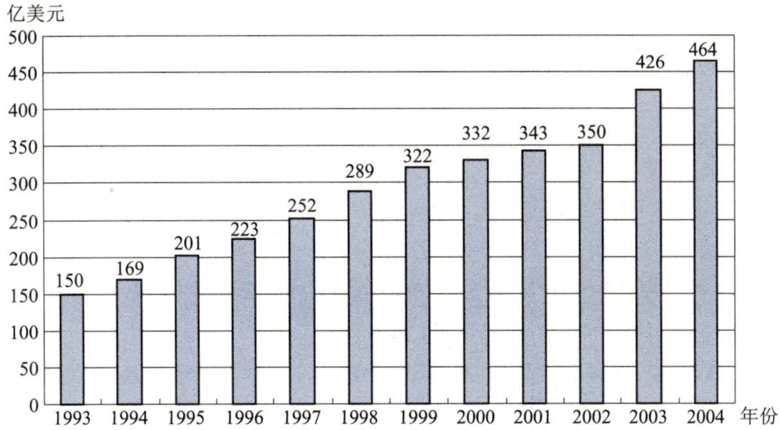

图 12-1　1993—2004 年 IBM 服务业务的增长

新出现的全球市场对原有跨国公司带来了两方面的挑战，一方面是如何布局全球市场而向其他企业挑战，另一方面则是如何应对先于自己在全球市场展开竞争的其他企业的挑战。无论是主动发起还是被动应对其他公司来自全球市场的挑战，跨国公司都不得不根据全球市场制定全球战略，从而保持现有竞争优势和开发新的竞争优势。越来越多的跨国公司把过去的在多个国家的跨国经营战略调整为全球发展战略。全球经营已经成为企业经营的常态。

他们或者在全球最适宜的地点设置采购中心、制造组装中心、研究开发中心、财务结算中心和营销服务中心来完善全球价值链；或者把价值链若干环节外包，充分利用其他企业、其他国家的资源；或者通过与其他企业建立战略联盟和并购其他企业，吸纳整合全球最优资源，打造全球价值链和完善全球产业系统。

1. 战略调整之一，打造全球价值链①

跨国公司通过在全球最适宜的地点设置营销服务、制造组装、研发设计等价值增值环节，从而形成了全球价值链。

营销服务全球化往往是跨国公司最先开展的全球化行动。他们从过去的多国经营转向全球经营，迅速进入和占领正在形成的全球市场，特别是进入全球新兴市场。在全球市场出现之前，跨国公司已经在多国建立了营销网络。现在，他们积极地把这个网络覆盖到融入全球市场的新市场，例如中国、越南、东欧以及原苏联地区。营销服务网络的扩大意味着跨国公司开发了新的市场，吸纳了新的市场资源。率先进入新市场的跨国公司往往借助新的市场机遇而迅速做大，从而刺激了其他尚未进入新市场的企业在新兴市场展开竞争。事实上，开发新市场的竞争是经济全球化的内在动力之一。会计师事务所、律师事务所、公关公司、咨询公司等专业服务公司往往是最先在全球开展业务的跨国公司。

① 全球价值链（Global Value Chain，GVC），按照联合国工业发展组织的定义，指为实现商品或服务价值而连接生产、销售、回收处理等过程的全球性跨企业网络组织，涉及从原料采购和运输，半成品和成品的生产和分销，直至最终消费和回收处理的整个过程。

案例 12-2

宝洁公司品牌全球化

能够体现宝洁公司转型为全球公司的主要特征是宝洁公司拥有大批全球性品牌，这已为世界许多国家的消费者所熟悉和认同。宝洁是一家多品牌公司，目前拥有 300 个品牌，产品覆盖面广。在 1998 年前后，出于对信息化变革带来影响的思考，宝洁公司通过积极的改变来适应全球化经济一体化的大环境。

自 20 世纪 60 年代以来，宝洁在世界范围建立 300 多种消费品牌。由于当时的市场环境，这些品牌支持了宝洁的发展。但是，从 20 世纪 90 年代中期开始，由于信息技术革命和全球经济一体化的发展，宝洁公司的成长率开始下降。公司未来的发展路线开始出现争议。2000 年，宝洁公司核心领导人更换，给宝洁公司带来了全面变革的新战略，即执行“大品牌、大市场”的战略，通过业务调整、重组等方式减少、削减部分不适应全球市场需求的品牌，集中资源运作少数有前景、有竞争的核心品牌。为保证这一战略调整能适应瞬息万变的市场形势，宝洁公司将自身的运营系统划分为两大部分：一是通过纵向品牌系统运营，加强总部对品牌运营的领导，同时通过全球各国的横向运作系统，充分发挥当地运作团队的积极性。目前，宝洁公司已形成以优质、领先品牌为主导的新格局，帮宝适、佳洁士、汰渍、碧浪、兰诺、舒肤佳、护舒宝、飘柔、潘婷、海飞丝、威娜、玉兰油、锋速 3、欧乐 B、金霸王、吉列、博朗等 23 个品牌年销售额超过 10 亿美元。2004 年，宝洁公司宣布它的大品牌战略已取得了阶段性成效，宝洁公司的婴儿护理、家居护理和美容美发三大品牌销售占据世界市场销售量的第一名。

制造组装全球化是跨国公司应对经济全球化的重要举措。

跨国公司原有的生产制造基地难以满足迅速发展的新市场的需要，又由于各国吸引跨国公司在本国建立生产设施，因此，20 世纪 90 年代初期以来，跨国公司加大了在全球生产设施的投资。这些投资很多集中到新兴市场，因为这些地方市场迅速扩大，劳动力成本低廉。

随着新兴市场经济体发展，劳动力价格逐步提升，廉价劳动力的优势逐步丧失。跨国公司则开始把制造组装基地进一步转移到刚刚起飞的发展中经济体，以寻求更为廉价的劳动力。跨国公司追求利润最大化的行为，客观上促进了产业转移，促进了落后国家融入经济全球化。

研发设计全球化则是跨国公司应对经济全球化的新举措。

过去，研发设计是产业链中跨国公司最不愿意和最难以全球化的部分。为了增强企业竞争力，跨国公司必须在全球重要市场就近开展研发设计。与此同时，随着通信和网络技术发展，发展中国家人力资源也纳入全球创新系统。跨国公司有可能建立全球研发系统。过去，跨国公司研发活动往往集中在母国，后来扩散到发达国家。最新的发展趋势是跨国公司把研发设计等服务环节也从母国转移出来，并且越来越多地进入新兴市场国家。跨国公司的研发出现了从国内到国外，从发达国家到发展中国家转移的趋势。联合国贸易与发展会议 2005 年发布的《世界投资报告》描述了这一发展趋势。

1992 年全球市场出现以来，研发全球化是跨国公司向全球公司转型的重要方面。迄今，一批跨国公司已经完成研发全球化布局，形成了全球研发网络。在全球范围设立研发中心，可以贴近市场开发产品，更重要的是可以吸纳整合全球各地的创新人才和其他创新资源。

案例 12-3

诺华公司的研发全球化

诺华公司在中国乃至全球的业绩增长，源于其不断创新的企业策略。为了满足尚未被满足的医药健康需求，为全球患者带来更多、更有效的新药，诺华一直致力于创新。为此，诺华不断在研究和开发方面加大投入，以期造福患者。作为世界研发领域的领导者，诺华以研发优势作为企业核心竞争力，公司每年的研发投入不断上升，2006 年研发投入已超过 50 亿美元。

诺华总部在欧洲，但是其最重要的研发机构生物医学研究所总部位于美国马萨诸塞州的剑桥，其他的研究中心分别位于美国加州埃默里维尔市、美国新泽西的东汉诺威、瑞士巴塞尔、英国霍舍姆、奥地利维也纳、日本筑波及一个在中国上海新建的中心。诺华研发的许多成果都来自于诺华生物医学研究所和集团研究机构。最新建立的研发中心在中国上海。诺华集团研究机构的目的是利用 3 个研究中心的科研成果满足尚未被满足的医药健康需求，特别是发展中国家的常见病和被忽视的疾病。这些研究中心分别是位于美国加利福尼亚的 GNF 研究中心、位于新加坡的诺华热带病研究所（NITD）和位于瑞士巴塞尔的 FMI 研究中心。

资本运作全球化是跨国公司打造全球产业链的关键环节。

肇始于 20 世纪 70 年代初的第三次经济全球化启动就是以美元为代表的全球货币的自由流动。随着货币自由流动，后来债券也在全球自由买卖，进而股票在全球大规模买卖。货币、债券和股票的全球买卖和流动推动着经济全球化发展。纽约、伦敦等全球金融中心是跨国公司进行全球资本运作的中心。与此同时，维尔京、开曼、百慕大等群岛①越来越成为跨国公司资本运作的重要地点。许多跨国公司在这些群岛设立公司，在全球投资享受免税优惠，同时由这些公司充当企业应对全球运作风险的防火墙。值得注意的是，近年来私募股权基金投资越来越活跃。这些基金从世界各地吸纳投资资金，由专业投资管理人员管理运作，投向收益最高的地区和项目。事实上，私募股权基金也是跨国公司

① 维尔京、开曼、百慕大等群岛被称为“避税天堂”(Tax Haven)，这些地区为吸引外国资本流入、繁荣本国或本地区经济，在本国或本地区确定一定范围，允许境外人士在此投资和从事各种经济、贸易和服务活动，获取收入或拥有财产而又不对其征直接税、或者实行低直接税税率、或者实行特别税收优惠。

打造全球产业链的资金纽带之一。

通过在全球范围设立营销服务、制造组装和研发设计中心，通过在全球范围资本运作，跨国公司建立了自己的全球价值链或者产业系统。跨国公司展开的现代市场竞争已经从单一的企业间点对点的竞争上升到产业链和产业系统的竞争。

案例 12-4

IBM 公司全球配置资源

经过十几年改革和战略调整，IBM 65%的员工来自美国以外、60%的收入产生于美国以外。

目前，IBM 的采购中心总部在深圳，全球支付中心在上海，全球财务中心在吉隆坡，全球人力资源中心在马尼拉，全球援助中心和客户服务中心在澳大利亚布里斯班。

IBM 研发全球化。IBM 研究部门是世界上拥有最先进技术和最完善设备的研究机构之一，在 6 个国家的 8 个实验室拥有大约 3 000 名研究人员。这 8 个实验室分别位于以色列海法、瑞士苏黎世、日本东京、中国北京、印度新德里以及美国的奥斯丁、华生和阿莫顿。最近，IBM 又建立了 4 个研发中心，分别位于巴西、澳大利亚、爱尔兰和非洲相关国家。

2. 战略调整之二，通过外包整合全球资源

由于全球市场迅速形成和急剧扩大，跨国公司为迅速占领全球市场，仅靠自身资源已经远远不够，必然要从外部获得资源，特别是人力资源的支持。又由于技术更新加快和教育水平提高，不仅发达国家而且发展中国家人力资源也有可能进入跨国公司全球价值链。在这样的背景下，外包（Outsourcing）应运而生。开始是制造外包，后来则是服务外包。现在，连财务管理、产品设计等过去完全由企业自己完成的服务业务也都开始外包给其他企业进行。

案例 12-5

宝洁与 IBM 签署价值 4 亿美元的服务外包协议

2003 年 9 月 9 日，宝洁公司和 IBM 宣布签署了一项为期 10 年、价值 4 亿美元的全球协议。根据协议，IBM 将为近 80 个国家的近 9.8 万名宝洁员工提供支持，IBM 提供的服务包括工资管理、津贴管理、补偿计划、移居国外和相关的安置服务、差旅和相关费用的管理以及人力资源数据管理。IBM 还将利用宝洁公司现有的全球 SAP 系统和员工门户网站，为宝洁公司的人力资源系统提供应用开发和管理服务。

此外，大约 800 名宝洁员工将加入 IBM 这个人力资源业务转型外包团队，他们将与 IBM 业务咨询服务事业部的人力资源小组一起，构成世界领先的人力资源专业服务

组织。通过这一计划，将有机会在两家公司以及 IBM 人力资源业务转型外包运营的未来客户员工之中，运用人力资源管理方面的各种最佳实践经验。

中国“入世”以来，跨国公司在中国扩大制造外包的同时，也急剧增加了服务外包。

据统计，自 2006 年商务部提出“千百十”工程以来，服务外包被众多城市视为经济转型的重点产业，在政策支撑下产业规模急速膨胀。2011 年，中国服务外包合同执行额达 323.9 亿美元，较 2006 年初翻两番，目前是继印度后的全球第二大承接国。

在全球新一轮产业变革下，服务外包产业已经成为发展中国家提升服务和制造业水平的主要策略，而欧美发达国家随着高昂人力成本及企业管理的成熟，未来离岸业务仍会保持高增长态势。

中国服务外包产业近几年形成了以 21 个示范城市为主体的辐射模式，以江苏无锡为例，当地在产业集聚、公共平台建设、人才培养方面独树一帜，被国际知名机构评为“全球最安全离岸外包城市”之一。

3. 战略调整之三，通过并购快速成长

跨国公司为加强企业核心竞争力，往往放弃或退出某些业务领域，与此同时通过与其他企业建立战略联盟或者收购兼并其他企业来强化那些需要加强的业务领域。并购是企业的一种重要的增长模式。过去，企业比较注重“有机增长”（Organic Growth），即主要依靠自身业务增长和扩大而取得发展。现在，仅仅依靠有机增长已经难以适应迅速变化和扩大的市场。通过并购获得增长的方式被广泛应用。

从 20 世纪 90 年代中期起，全球企业间的并购规模越来越大。根据联合国贸易与发展会议的资料，2000 年全球跨国并购规模达到 11 000 亿美元，占当年跨国投资总量的 80% 以上。2006 年跨国并购交易数量达 6 974 起，交易规模达到 8 800 亿美元，占当年全球跨国投资 13 060 亿美元近 70%。并购已经成为跨国公司迅速扩大全球经营规模和增强全球竞争力最有效的途径之一。

案例 12-6

经过 100 多次并购，思科成为行业龙头

思科公司是通过并购成长的一个极好例子。1984 年思科公司成立之初年销售收入不过几十万美金。从 1993 年起，思科开始并购拥有先进技术的小企业，使自己的技术既向纵深也向横向发展。思科公司主要做两种方式的收购，第一种是进入新的市场，或者说新的技术领域。通过这种方式拓展其产品链，提供更好的解决方案，通过这种方式也能够使其业务或者活动延伸到新兴的市场。另外一种类型是根据公司目前的优势来进行兼并，对那些技术比较发达、比较完善的领域，通过兼并来增强技术能力，以求得进一步的发展。

经过 100 多次并购，如今思科已经成为年销售收入近 460 亿美元、净利润近 80 亿

美元的世界最大的网络设备和服务公司。值得人们借鉴的是思科收购企业的若干原则。思科收购的原则有：帮助思科进入有吸引力的市场，获取新的、大规模的收入来源；扩展思科产品线，提供“端到端”解决方案；延伸到新兴国家；加强思科现有的先进技术；获取技术和人才，加强现有业务单元的领导力；进入相邻市场；整合先进技术。总之，所有收购都为了加强企业的核心业务和产品。

综上所述，最近十几年来，面对经济全球化发展，特别是全球市场的出现，跨国公司进行了深刻的全球战略调整和提升。他们通过营销服务全球化、制造组装全球化、研发设计全球化以及资金运作全球化，打造了全球价值链或者全球产业系统；他们通过制造外包和服务外包，成功地吸纳整合全球资源；他们通过跨国并购迅速壮大企业和放大了自己的全球竞争力。

跨国公司向全球公司战略转型的实质在于适应全球市场的出现，吸纳整合全球各种资源，包括资金、市场、原料、技术和人才等，以全球资源参与全球市场的竞争。

（三）全球管治：全球管理网络和治理结构

随着企业发展战略的转型，跨国公司的管治结构也相应进行了调整。

跨国公司管治结构的全球调整包括股权全球化、公司治理结构和管理结构适应全球化进行调整三个层面的变化。

1. 股权全球化——外资股权比例急剧上升

如前所述，肇始于 20 世纪 70 年代的第三次经济全球化浪潮是以金融资产全球自由流动从而推动全球化为特征，金融资产的自由流动必然导致企业股权的全球化。

最近十几年来，跨国公司纷纷在全球多个股市上市融资。德国 BASF 公司的股票在法兰克福、伦敦和苏黎世三地交易所上市交易。BASF 公司外资股份 1997 年占全部股份的 27%，2001 年增加到 35%，2005 年达到 52%。

ABB 公司集团总部位于瑞士苏黎世，并在苏黎世、斯德哥尔摩和纽约证券交易所上市交易。ABB 公司股权高度分散而且全球化。其最大股东是位于瑞典斯德哥尔摩的 Investor AB，拥有公司 7.6% 股权；第二大股东是位于美国波士顿的 Fidelity-FMR Corp.，拥有公司 5.0% 股权；其他持有近 90% 股权的股东则是分散在全球各地的小股东。

过去，日本跨国公司股权高度集中在日本股东手中。1998 年金融危机以后，日本企业积极加大全球化力度，其中一个重要措施就是股权全球化，增加外资股权（见表 12-4）。

表 12-4　若干日本企业外资股权的增加

	索尼	松下	东芝	富士通	NEC	本田	新日铁
1999 年	43.6%	20.3%	11%	14.5%	13.6%	17.8%	10.3%
2007 年	52.6	28.5%	25.3%	31.1%	27.2%	34.9%	19.6%

资料来源：日本四季社《日本公司手册》。

2. 和而不同——公司治理结构的全球化

正是由于股权的全球化带动了跨国公司治理结构的变化。1992 年以来，越来越多的跨国公司董事会的构成也出现了全球化趋势。

跨国公司（TNCs）正驱动着全球化的进程，但是否有任何证据表明管理着这些跨国公司的董事会也正在变得更全球化呢？美国学者克利福德施塔波里斯（Clifford L. Staples）对此进行了研究。他对吉利斯和迪金森的研究进行了后续研究。吉利斯和迪金森选取了 80 家全球最大的跨国公司进行研究，他们的研究表明在 1993 年，这 80 家公司中有 36.3% 的跨国公司至少有一名非本土的董事会成员。克利福德研究发现，到 2005 年这些公司中有 75% 的跨国公司至少有一名非本土的董事会成员。平均来看，跨国公司董事会非本土成员所占全部成员的比例达到 25%，而非本土成员占到董事会成员绝对多数的公司有 10%。他认为，跨国公司董事会全球化的趋势值得关注，因为全球化的董事会为全球商业阶层的出现提供了跨国的社会基础。①

由于各国文化背景不同，也由于各国企业发展历史的差异，过去公司治理模式和结构呈现多样化。例如，德国公司实行双委员会，既有相当于美国董事会职能的监事会，也有相当于美国公司高管（执行层）的董事会；美国公司则有董事会和以首席执行官（CEO）为首的管理执行团队。

20 世纪 80 年代，由于雇员、银行或供应商等股东以外的利益相关者参与公司治理，在促进长期投资、增进信赖和合作、提高经济效益方面起到了积极效果，日本和德国的企业管理模式受到推崇。但是在 90 年代，由于美国经济力量增强，针对美国式经营的批判也随之减少。国际舆论逐渐趋向于认为唯有盎格鲁—美国式模式才是出色的企业管理基准，股东价值成为投资家的口号。美国式公司治理模式似乎成了独一无二的国际标准模式，逐渐奠定了其霸权地位。经过 20 世纪 90 年代战略调整、业务重组和管理改革，美国公司治理和管理理论和实践影响了欧洲和日本、韩国等国跨国公司的改革。

过去，在社会市场经济框架内德国企业十分重视企业利益相关者，重视社会效益。在 20 世纪 90 年代以来的改革中，德国企业经营目标做了调整。例如，戴姆勒奔驰公司的经营目标比过去强调了股东利益。其经营目标表述为："旨在增值的企业经营管理目标：为股东提供适当的利润；为顾客提供有吸引力的产品与服务；为员工提供优厚的和有保障的工作职位。"

日本企业过去对于公司市值不够重视，实际上是对于股东价值的忽视。1998 年以后一些日本企业对此进行了重大调整。目前不少公司认为，企业必须重视为股东盈利。索尼公司现在把股东、员工和客户三者利益摆在同等重要的地位，进行企业管理结构的改革。一些大型跨国公司按照欧美控股公司模式进行改革，其目标是在总公司下面按照不同业务组建若干分公司，分公司独立经营，独立核算；总公司负责全公司战略管理。改革的目的是使企业经营决策更加贴近市场，对市场变化反应更灵活和更迅速。管理结构改革还包括对董事会的改革。20 世纪 90 年代末，索尼公司把董事会成员从 37 人减

① Journal compilation. Blackwell Publishing Ltd. 2007 Volume 15 Number 2 March 2007.

少到 10 人，引进 3 名公司外董事。东芝公司建立“执行董事”制，使董事人数减少，职责清晰。上述几个方面的改革事实上对日本企业传统的经营目的、经营管理体制以及企业文化进行了全面的冲击。

进入 21 世纪后，新的经济泡沫破灭，安然公司和 WorldCom 的丑闻给美国式模式投下了阴影。人们开始重新思考，美国公司治理和管理模式是否是理想的模式，究竟应当如何借鉴其他管理模式。

韩国最大的民间经济研究所三星经济研究所，在 2002 年 7 月底提出了“引进美国式经营要慎重”的主张。该研究所在一份名为《财务欺诈与美式经营的动摇》的研究报告中指出，美国式经营的问题在于，一是股票期权的过度发放使经营者过于追求短期效益；二是美国式的会计准则无法准确界定形式多样的金融商品及其交易方法的合法性；三是企业与会计法人以及股市评论师等相互勾结，使后二者都堕落为协助企业做假账的“帮凶”。因此，急于全面引进美国式会计方式的做法也很危险。

2002 年 7 月，日本企业界召开会议对于引进美国模式进行反思。人们开始冷静地对待引进美国企业管理模式问题。日本经济产业省客座研究员新原先生研究了日本经营“优秀”的企业的特点。他发现，这些优秀企业既有采用美国式模式的，如东芝、索尼、三菱商事等，也有采用日本企业原有模式的，如丰田、佳能、新日铁等。企业是否优秀与采用何种治理和管理模式无关。

美国企业界也在反思自己的治理和管理结构。自从安然公司和美国其他大公司的公司犯罪行为暴露之后，政治家、监管者和公司高级管理人员都提出要通过更好的公司治理约束公司的会计责任。2002 年 7 月，美国国会通过了关于公司治理和会计改革的新法案，即《萨班斯—奥克斯利法案》（Sarbanes-Oxley Act）。7 月 30 日，由美国总统布什签署生效。法案的目的是根据美国证券法，通过提高公司信息披露的准确性和可靠性，增加公司责任，为上市公司会计和审计的不适当行为规定更加严厉的处罚以及保护投资者。

综上所述，20 世纪 90 年代不少欧洲和亚洲企业在战略调整、业务重组和管理改革中学习和引进了许多美国公司治理和管理结构的成功经验。如果说，当时的学习和引进美国模式是一种治理管理结构的趋同，那么，进入 21 世纪以来，这种趋同的趋势进一步加强了。

值得注意的是，与 20 世纪 90 年代不同的是，21 世纪以来全球企业治理管理结构的趋同不是向美国公司结构学习的单向趋同，而是各个公司在坚持自身治理管理结构优点的基础上，有选择地向其他公司学习别人的长处。美国公司的管理治理结构不再被认为是最理想的管治结构，美国公司也在纠正自身管理治理结构中的缺陷。上述韩国企业和日本企业在坚持自身文化环境中形成的治理管理优势的同时，吸取美国公司重视股东利益强调企业价值增长的合理成分。这种双向的甚至多向的管治结构的趋同是经济全球化带来的企业治理管理结构改革的积极发展。

3. 全球网络——公司管理结构的调整

过去跨国公司是以母国为中心辐射若干国家子公司的中心辐射式的管理模式。在这一阶段，公司总部拥有绝对的决策控制权。现在的情况发生了重要变化。由于全球各个市场当地化经营的需要，过去单纯的纵向管理结构已经不能提供足够的灵活性来应对全球各个地点经营条件的迅速变化。跨国公司需要在全球市场的若干重点地区和国家设立地区总部，统一管理协调公司各个业务部门在当地的经营活动。地区总部代表公司总部负责协调和支持一个重点地区所有分支机构的经营业务。公司事业部在当地的业务分部和地区总部实行的是一种矩阵式管理结构。

在全球不同国家和地区设立纵向的业务分部以及横向的地区总部使得这些公司形成了新的管理架构。这是一种多中心、多结点的网络管理模式。网络管理模式有利于全球公司对全球范围经营环境的变化做出更迅速的反应，以更有效地利用全球资源。

案例 12-7

ABB 公司全球管理结构

ABB 全球管理结构是一种矩形结构，总部的 5 大事业部负责全球业务发展，与此同时，各地区业务发展由所在地区负责人协调与领导，8 个区域总裁分布在美洲、欧洲、中东与非洲、亚太地区等。

5 大事业部（BU），即电力产品部、能源系统部、自动化产品部、过程自动化部与机器人业务部等。5 大事业部总部并非集中在瑞士，而是分别在美国、中国、苏黎世等地。事业部来制定业务发展战略，例如在哪里建厂生产或关闭工厂。ABB 以优化全球资源为目的，事业部设在何地，取决于当地是否对 ABB 最有利。现在机器人业务总部就设在中国上海。5 大事业部还有直属分支机构 20 个，这 20 个事业部分部同样分布在全球各地。

ABB 强化地区总部作用的管理体制有利于公司及时有效地应对各地区市场的不同变化，有利于公司吸纳与整合各地区资源，有利于公司融入各个地区市场。

通过公司股权结构、公司治理结构以及公司管理结构的调整，一批跨国公司管理和治理结构全球化程度大大增加。全球化管理治理结构既有利于跨国公司在全球范围吸纳资源，也有利于跨国公司在全球范围整合资源，从而大大增加在全球的竞争力。

（四）全球责任：以责任为核心的公司文化

跨国公司走向全球，面临如何吸纳不同文化背景的员工、整合不同文化背景的市场、与不同文化背景的政府打交道的问题。例如，美国企业到中国来投资和经营，了解中国文化并且适应中国文化，才能成功地吸纳当地员工，才能成功在中国市场开展竞争。美国企业到中东去投资和经营，又必须了解当地的伊斯兰文化，甚至了解不同派别的伊斯兰文明，才能成功地在当地经营。

随着越来越多的中国企业“走出去”，中国企业也面临跨文化管理的问题。中国企业目前在海外遭遇的困难之一就是如何了解和适应当地文化。

著名的中国公司吉利集团通过收购英国的锰铜公司、澳大利亚的 DSL 公司，特别是收购了位于瑞典的沃尔沃轿车公司而成为一个新兴的跨国公司。吉利总裁李书福在跨国经营中迅速领悟到跨文化管理是吉利走向世界能否成功的关键。他认为："沃尔沃和吉利需要更好地融合，使吉利形成一种跨越国界、跨越宗教信仰、跨越语言和肤色界限的完全自由的追求商业成功的全球性的企业文化。如果企业在文化建设上突破国家概念、区域概念、民族概念、宗教、语言和肤色等概念，就能够在全球市场竞争中取得主动权。"

为适应全球竞争与合作，包括来自中国等新兴国家跨国公司在内的跨国公司调整了企业经营理念和文化。

1. 承担公司全面的责任

文化似乎看不见，摸不着，但是确实存在。它是一种无形的行为规范，规范着企业高管乃至员工的行为。不同的企业有着不同的企业文化。企业文化实际上是以责任为核心的。好的企业文化，必然是承担全面责任的文化和合规的文化。拥有好的企业文化的企业不仅为股东负责，而且为员工、社会和环境全面负责，还承担合规反腐的责任。

国际组织在推进跨国公司强化公司责任中发挥了重要作用。

早在 20 世纪 70 年代，跨国公司在全球发展所引发的社会和环境问题就已经引起人们的高度关注。90 年代以来，经济全球化潮流影响到全世界，全球市场形成，全球公司崛起。人们在发挥跨国公司积极作用的同时，也希望遏制跨国公司带来的社会和环境问题。

经济合作与发展组织（OECD）积极推动建立跨国公司行为规范。1976 年出台了《OECD 跨国公司行为准则》第一稿。此后根据全球经济发展的新变化，OECD 对这个准则进行了 4 次修订。1999 年修订的版本对于跨国公司行为做了更加严格的规范。例如，该准则规定，企业应以谋求可持续发展为前提，切实关注环境保护、鼓励竞争，反对垄断、抑制商业腐败，等等。近年来，OECD 还积极推进企业从事"负责任的商业行为"。"负责任的商业行为"是一个更为宽泛的企业责任概念，它不仅包括经济、社会和环境责任，而且包括反对商业贿赂以及企业道德等方面的要求。

在推进企业强化全面责任方面，联合国发挥了不可替代的作用。

1999 年 1 月 31 日，联合国秘书长安南在世界经济论坛的发言中对全球化带来的社会和环境问题进行批评。2000 年 7 月 26 日，《全球契约》在联合国总部正式发起进入实施。《全球契约》提倡包括人权、劳工、环境和反贪污 4 个方面的 10 项原则，是一项自愿性的倡议，鼓励各个企业或组织广泛参与。《全球契约》是人们解决全球化带来种种问题的一个新思路，即发挥全球化中的强者——跨国公司的作用，使跨国公司成为解决社会环境等问题的积极力量。

从 2000 年正式推进《全球契约》① 以来，已经有 8 000 余家世界著名企业加入契

① 《全球契约》包括 10 项原则。人权：原则 1　企业应该尊重和维护国际公认的各项人权；原则 2　绝不参与任何漠视与践踏人权的行为。劳工：原则 3　企业应该维护结社自由，承认劳资集体谈判的权利；原则 4　彻底消除各种形式的强制性劳动；原则 5　消除童工；原则 6　杜绝任何在用工与行业方面的歧视行为。环境：原则 7　企业应对环境挑战未雨绸缪；原则 8　主动增加对环保所承担的责任；原则 9　鼓励无害环境技术的发展与推广。反贪污：原则 10　企业应反对各种形式的贪污，包括敲诈、勒索和行贿受贿。

约。《全球契约》成为跨国公司强化公司责任的一个里程碑。《全球契约》推出，标志着跨国公司强化责任进入一个新的高度。从过去强调经济责任到强调包括经济责任、社会责任和环境责任等在内的全面责任。

跨国公司毕竟不是社会慈善机构，而是一个以创造价值和赢利为目的企业组织。他们强化社会责任和环境责任并非在作秀，也没有偏离企业经营和赢利的目标。他们强化社会责任和环境责任实际上就是强化企业的竞争力（赢利能力）。

在国际组织和非政府组织推动跨国公司承担全球责任的同时，许多跨国公司在强化全球责任方面也做出了积极努力。

从 1993 年开始“新经营”，特别是 1998 年金融危机后战略调整以来，韩国三星公司的经营理念特别强调了全球责任。自 1938 年成立至今，三星就一直坚持紧跟公司自己以及世界新的发展趋势的使命。“事业报国”“人才第一”“追求合理”，每种理念分别代表了三星历史中的不同重要时期，反映了公司从本土产业领导者到全球消费电子领域龙头的不同发展阶段。在经济全球化时代，三星认为：“我们将承担一个优秀企业公民所应承担的全部责任，追求与我们的社区、国家以及人类社会的共同繁荣。”

早在 1994 年就开始向股东和大众提供社会责任报告的诺维信公司对于强化社会责任的目的十分清楚。为什么重视社会责任？诺维信的回答是：“强大的社会行为表现可以帮助我们赢得‘人才之战’、品牌价值、社会责任投资、客户要求。否则可能冲击我们的底线：声望、股票价值、运行许可、员工士气。”

同样积极推进公司社会责任的壳牌公司的回答是：“我们意识到，要让壳牌保持成功，就需要找到在社会和环境方面更加可持续的方式来满足社会的要求。我们坚信，通过和利害相关方协商交流，通过把社会和环境方面的考虑融入项目的整个生命周期，可以使壳牌不论在长期还是短期都成为反应更敏捷、竞争力更强和更具赢利能力的公司。”

跨国公司关于公司社会环境责任与股东利益关系的论述表明，跨国公司强化公司责任已经从过去强调“股东价值最大化”上升到包括经济、社会和环境在内的全面的责任。强化全面的责任不仅不是公司的负担，而且有助于增强他们的竞争力。在全球化时代，跨国公司之间的竞争已经从过去主要是硬件竞争上升到软件的竞争，从过去主要是技术、产品的竞争上升到公司责任理念以及公司道德水准的竞争。先进的公司责任理念成为企业制胜的不可或缺的软竞争力。

2. 承担公司全球的责任

走向全球的跨国公司不仅需要为总部所在母国的经济、社会和环境负责，而且也需要对海外子公司的行为负责。走向全球的跨国公司面临承担全球责任的挑战。全球市场出现后，跨国公司从过去的跨国经营走向全球经营。一些新近建立市场经济的国家合规经营的法规体系不够完善，有的地方甚至商业贿赂盛行。跨国公司面临如何在不同的市场环境下按照各国法规反对商业贿赂、合规经营的挑战。

西门子公司海外子公司为取得商业合同而在不同的国家行贿，为此，2008 年 12 月，西门子公司向美国和德国司法机构付出了 16 亿美元的罚金（以和解形式出现）。这一事件轰动了全球商界。在美国华盛顿，西门子公司向法庭承认公司存在故意规避及未能对公司内部实施合理控制，从而违反美国《海外反贿赂行为法》中关于账目记录规定的行为。西门子公司的商业贿赂丑闻是在2006年11月被揭露出来的。据调查，西门子涉嫌挪用上亿欧元资金作为行贿基金，通过外国银行户头转账的方式在不同的国家行贿，以获取合同，涉及的国家包括意大利、希腊、瑞士、奥地利、美国、德国和中国。这一丑闻最终导致西门子首席执行官克劳斯·克莱因菲尔德以及任职长达15年的董事会主席冯必乐辞职。

西门子公司痛定思痛，在追查行贿案同时大刀阔斧重建合规经营体系。西门子重建合规体系的主要措施有：更换了大部分最高层管理人员，包括首席执行官、法律总顾问、首席合规官等均从西门子公司外部选聘。现任首席执行官罗旭德先生明确表示："西门子只从事廉洁的业务。（Only clean business is Siemens business. Everywhere everybody every time）"

西门子修订和增加了许多合规政策，涵盖了诸如银行账户统一管理、现金控制、礼品和接待、并购交易中的反腐败、捐赠与赞助等方面。公司还完善了其商业行为准则，为整个合规体系提供了框架。超过20万员工完成了合规培训。西门子加强了对供应商和客户的合规管理，颁布了商业伙伴行为准则以评估潜在商业伙伴的诚信度。

以西门子公司被处罚为标志，2009年以来，许多跨国公司都建立或强化了合规管理体系。不少公司设立了专门的合规专员，负责培训、制定规则，监查公司运行流程中的违规现象，处理违规事件。

跨国公司强化合规经营反对商业贿赂形成趋势，除了他们自身的努力，国际组织和各国政府也发挥了重要作用。

包括商业贿赂在内的不正当竞争是市场经济发展的大敌。因此，在市场经济体制健全的国家和地区往往都形成了比较健全的反对商业贿赂、反垄断和反不正当竞争的法律体系。值得注意的是，联合国"全球契约"不仅强调人权、劳工、环保等社会责任，还有2004年添加的第10项原则，即反商业腐败原则，"企业应反对各种形式的腐败，包括敲诈勒索和行贿受贿"。

与国际组织推动反商业腐败同时，各国政府先后出台了各自的反商业腐败，特别是反海外商业腐败的法规。

1977年美国《反海外腐败法》的制定，标志着制裁跨国商业贿赂法律的产生。《反海外腐败法》产生的政治诱因是"水门事件"，该事件使美国高官和大企业主管这些传统上受人尊重的上层阶层的诚信度遭到社会质疑，社会要求加强对其行为的监督。传媒界借机掀起揭开黑幕运动，各种官方调查也随之展开。

《反海外腐败法》颁布之后，经历1988年、1994年、1998年三次修改，其中1988年的修法幅度最大。1977年，美国实施《反海外腐败法》后，美国公司难以继续贿赂海外政府官员，在海外市场上处于竞争劣势。针对这一情况，1988年的修法做了两大调整，一方面将《反海外腐败法》的管辖范围扩大到外国企业或自然人在美国境内实施行贿行为，另一方面排除了一些政府例行工作加快费支付的非法性，但支付必须在合理范围之内。

此外，1988年之后美国政府开始积极推动《反海外腐败法》的国际化，主要通过两个途径：一是通过国际组织形成多边条约，成果体现在美洲国家组织通过的《美洲反腐败公约》，经济合作与发展组织通过的《禁止在国际商业交易中贿赂外国公职人员公约》以及联合国通过的《联合国反腐败公约》中；二是当《反海外腐败法》多边化受挫时，美国利用《1974 年贸易法》第 301 条款对那些认同贿赂为正常业务模式或未有效阻止本国公司利用贿赂获取合同的国家进行制裁。正因如此，这部为约束美国公司和个人行为的法律，对发展中国家起到了很强的冲击作用。

美国《反海外腐败法》管辖对象相当广泛，既包括美国本国的上市公司和私有企业，也包括在美国上市的外国公司，还包括在美国实施了将导致违法行为的个人或实体，美国司法部门管辖对象还可以做宽泛解释。

近年来，国际组织和美国等国家关注企业海外腐败，从而加大打击力度。与此同时，越来越多的跨国公司强化在海外子公司的合规反腐。这一趋势表明，跨国公司不仅需要承担包括经济、社会和环境责任在内的全面责任，而且要承担在海外的规范经营的责任，包括合规反腐，即全球责任。这是全球化时代企业责任的又一次提升。

3. 淡化国籍强化全球性

过去，跨国公司往往以母国文化为中心整合各国雇员带来的不同的文化。现在全球公司则通过全球各地分支机构吸纳当地人才，从而吸纳人类多种文化成果，形成能够吸纳多元文化的企业文化。这种转变被学者称为从“我族文化中心战略”（Ethnozentrische Strategien），转向“多元文化战略”（Polyzentrische Strategien），全球化程度高的跨国公司出现了淡化国籍、强化全球性的趋向。

宝洁公司的业务已经扩展到全球 100 多个国家，特别重要的是其工作人员来自众多国家。1998 年笔者访问了宝洁位于天津的生产基地，当时与基地负责人——一个来自澳大利亚的总经理对话，了解宝洁成功的经验。当笔者询问这位总经理，作为美国公司如何利用美国的优势时，该负责人明确回答：我们是全球化公司，而不仅仅是美国公司。

东芝公司 2005 年新任总裁认为，东芝是“地球内企业”。

ABB 则称自己是“处处为家的全球公司”（We are global company, which is at home everywhere）。在 ABB 公司看来，其建立在世界各地的企业或分支机构是当地经济的一个组成部分。ABB 是把企业所在地当作自己家园来经营的全球公司。

IBM 公司认为，原有跨国公司已经不能适应全球化时代的需要。IBM 公司给自己的定位是“全球整合的企业”（Global Intergrated Enterprise）。

令人感兴趣的是，2006 年以来，出现了一些著名德国企业转变为“欧洲公司”的现象。“欧洲公司”的法律形式是基于欧洲联盟法律，并根据于 2001 年 10 月 8 日颁布的欧共体（EC）关于欧洲公司的条例实施。“欧洲公司条例”的出台使得在一个以上欧盟成员国设立的公司进行合并成为可能，并且允许在整个欧盟范围内经营。对于德国企业而言，转变为欧洲公司就可以本国公司的身份在其他欧洲国家投资和经营。对于其他欧洲国家而言，这些德国公司不再是外国公司。欧洲公司是解决全球化潮流中出现的超国家公司。显然，欧洲企业是比单一国家公司全球化程度更高的公司，是走向全球公司的一个过渡阶段。

从 2006 年 10 月安联保险公司率先转变为欧洲公司之后，德国 FASF 公司在 2007 年 11 月 15 日也转变为欧洲公司。BASF 新的欧洲执行委员会类似德国企业的监事会，这个委员会的 23 名成员来自欧洲 12 个国家。

案例 12-8

德国安联保险公司转变为欧洲公司

安联保险从德国公司转变为“欧洲公司”。

随着安联保险集团（Allianz AG）与意大利保险公司 RAS Holding 的成功合并，2006 年 10 月 13 日，安联由一家德国的“股份公司”率先转变成“欧洲公司（Societas Europaea，SE）”的法律形式，成为首家转化为欧洲公司的上市德国企业。安联保险集团总裁迈克尔·狄克曼认为：“通过 RAS 与安联的完全整合，简化了我们在欧洲的经营结构，这意味着我们在欧洲取得长期有利业务机会的能力得以加强。”合并之前，安联持有 RAS Holding 76.3%的股份。他认为：“‘欧洲公司’更加确切地反映出了今日安联的定位：植根德国，成为欧洲本土市场真正的国际金融服务商。”

20 世纪 80—90 年代，安联在欧洲和北美展开了一系列战略性并购，将数家著名保险集团，如 RAS、Cornhill、AGF、美国 Fireman's Fund 保险集团和 USA 人寿保险公司归并旗下，进一步加强了其作为国际保险人的市场地位。今天，安联集团毛保费收入的近 70%来自德国以外的业务，这清楚地表明了安联作为全球行业领导者而为之所做的成功努力。

安联在 1998 年做出战略性决定，将资产管理业务整合为集团的独立核心业务。随着先后对美国最大的资产管理公司 PIMCO Advisor、Nicholas Applegate 以及之后对德累斯登银行的并购，安联作为全球领先的机构投资者的声誉得以进一步加强。2004 年 10 月，安联被誉为资产管理“全球市场领导者”。作为世界最大的投资者之一，安联拥有许多著名国内及跨国集团的股份。

吸纳多元文化和承担全球责任意味着全球公司理念和文化的提升，也标志着跨国公司在公司责任和文化方面向全球公司的责任和文化演进。

第二节　全球公司的特点

从 20 世纪 90 年代初期以来，经过战略、结构和文化三方面调整，许多跨国公司发展到新阶段，其发展战略、管治结构以及理念文化与原来的跨国公司发生了重要的变化。

全球公司是跨国公司发展的新阶段。

与一般跨国公司相比，全球公司不仅仅是扩大了经营地域，而是从战略、结构到理念文化均发生了深刻的变化。在全球化潮流中，跨国公司通过战略、管治架构和理念文化的调整完成了从跨国公司到全球公司的转型。这些本来就很强大的跨国公司在向全球公司转型过程中，依据其强大的软竞争力，通过并购和外包成为所在产业全球价值链中为数不多的系统集成者。它们通过整合全球价值链和建立全球经营网络在全球范围放大了自己的竞争优势。

与一般跨国公司相比，全球公司的全球化程度大大增加，跨国指数[①]超过 50%。根据联合国贸易与发展会议的统计，最近 20 年，全球跨国公司的全球化程度大大提高（见表 12-5）。1994 年，全球最大的 100 家跨国公司海外资产占其总资产 41 %，到 2012 年最大 100 家跨国公司海外资产占其总资产比例上升到 60%。海外资产总额则从 1994 年的 15 879 亿美元上升到 2012 年的 76 983 亿美元，近 20 年中增加了约 4 倍。同一期间，最大 100 家跨国公司海外销售占其总销售的比例从 46% 增加到 65%，海外雇员比例则从 43% 增加到 59%。

表 12-5　　全球 100 大跨国公司全球化程度的变化　　单位：亿美元，万人

项目	内容	1994 年	1999 年	2005 年	2012 年
资产	国外	15 879	21 240	47 320	76 983
	总资产	38 631	50 920	86 830	128 415
	国外/总资产	41.1%	41.7%	54.5%	60%
销售	国外	18 265	21 230	37 420	56 620
	总销售	40 023	43 180	66 230	87 269
	国外/总销售	45.6%	49.2%	56.5%	64.9%
雇员	国外	534	605	803	985
	总雇员	1 225	1 328	1 511	1 688
	国外/雇员	43.6%	45.6%	53.1%	58.4%

注：根据历年世界投资报告整理。1994 年“资产”栏数字是 1995 年的。

中国同样也拥有庞大的国内市场，本土企业在本土市场同样拥有巨大的发展空间。但是，随着经济全球化进一步发展和中国企业进一步成长壮大，中国企业也必然会像美国企业一样在开发巨大的本土市场的同时开拓全球市场更为巨大的空间。

2015 年，中国跨国公司中有 5 家企业跨国指数超过 50%（见表 12-6），分别是浙

① 跨国指数（Transnationality Index，TNI）=（国外资产/总资产+国外销售额/总销售额+国外雇员数/总雇员数）/3×100%，由联合国跨国公司与投资司提出。跨国指数越高，企业的国际化程度就越高。联合国贸易与发展会议（UNCTAD）每年要对全球 100 家最大跨国公司进行跨国指数排序。

跨国指数标准由两个指标体系构成：一是海外经营指标体系，包括海外营业额指数（海外营业额占总营业额的比例）、海外采购与生产指数（海外采购额与生产额占总采购额与生产额的比例）、海外直接投资指数（海外投资额占总投资额的比例）、海外技术转让指数（海外技术贸易额占总技术贸易额的比例）等主要定量评价指标；二是管理职能的国际化发展指标体系，包括跨国公司战略与决策的协调力、当地市场的适应力、聘用外籍管理人员的状况、财务管理上的控制力等主要定性评价指标。

江吉利控股集团有限公司、宁波均胜电子股份有限公司、中国中化集团公司、广东省航运集团有限公司、中国大连国际经济技术合作集团有限公司。其中浙江吉利控股集团有限公司的跨国指数继 2014 年后蝉联榜首，达到 68.91%，比 2014 年提高了 1.3 个百分点。

表 12-6　　2015 年跨国指数超过 50% 的中国企业

公司名称	海外资产（万元）	海外收入（万元）	海外员工（人）	跨国指数（%）
浙江吉利控股集团有限公司	8 305 092	12 951 344	25 260	68.91
宁波均胜电子股份有限公司	383 540	498 041	3 746	63.43
中国中化集团公司	25 510 368	44 030 613	5 912	57.03
广东省航运集团有限公司	757 191	318 120	515	56.05
中国大连国际经济技术合作集团有限公司	623 481	190 416	935	50.47

资料来源：根据中国企业联合会“中国 100 大跨国公司及跨国指数”整理。

2015 年，中国 100 大跨国公司平均跨国指数为 13.66%，比 2014 年提高了 0.06 个百分点；2015 年，中国 100 大跨国公司共拥有海外资产 56 334 亿元，比 2014 年增长了 7.36%，占 100 大跨国公司总资产 393 382 亿元的 14.32 %；2015 年，中国 100 大跨国公司实现海外收入 51 771 亿元，比 2014 年增长了 3.39 %，占 100 大跨国公司总收入 248 590 亿元的 20.83 %，与 2014 年基本持平；2015 年，中国 100 大跨国公司拥有海外员工 754 731 人，比 2014 海外员工人数增长了 4.25%，占 100 大跨国公司总员工数量的 5.60 %，比 2014 年提高 0.31 个百分点。

新型的跨国公司与一般跨国公司相比，全球化程度大大提高。当一个公司超过一半的资产在海外、超过一半的收入来自海外、超过一半的雇员在海外就业时，这家公司的思维方式和经营模式就与一般跨国公司产生了巨大的差异，海外经营成为这家公司的重心，其战略、管理结构和理念文化必然发生重心转移。对于这些公司而言，海外经营的重要性不断上升，母国经营的重要性则相对下降。公司的资源越来越多地向海外转移。这种情况在瑞士、荷兰、北欧一些小国的跨国公司中特别明显。

案例 12-9

米塔尔公司

近年来蜚声世界的米塔尔钢铁公司就是典型的全球公司。1976 年年仅 19 岁的拉科什米·米塔尔管理其父在印度尼西亚投资兴建的一家年产量仅 6.5 万吨的小型轧钢厂。1995 年，米塔尔将其负责的钢铁企业与其父亲在印度的公司分离，在荷兰注册成立了 LNM 集团，将管理总部搬到英国伦敦。2006 年，该公司通过并购欧洲的阿塞洛钢铁公司一跃成为全球遥遥领先的钢铁业主导者，其钢铁产量达到 1.2 亿吨，超过韩国浦项、日本新日铁和中国宝钢之和。米塔尔钢铁公司发迹于印度，注册于荷兰，总部在英国，生产设施分布在全球 27 个国家。这家公司在全球最适合的地点配置资源，在全球打造产业链，利用全球资源参与全球竞争。

第三节 全球公司的影响

一、全球公司对世界经济的影响

全球公司一经出现，就对全球经济和社会带来巨大和深远的影响。它改变了企业的经营模式、产业的组织模式。在全球公司带动下，越来越多的产业成为全球产业。由于适应全球经济的发展，全球公司极大地开发了生产要素的价值，创造了过去难以想象和企及的巨大财富。与此同时，全球公司也给人类的环境、社会带来了巨大的挑战。

（一）带动全球产业的发展

随着全球公司的兴起与发展，全球各个重要产业也发生了巨大变化。过去，产业存在于一个个民族国家之内，产业链的各个环节在一个国家内得到配置，产业发展所需要素主要从本国获取。现在，产业的发展出现了全新的模式。产业发展所需资本、技术、人才、原料、市场等资源在全球范围获取。包括研发设计—生产制造—营销服务等各个环节在内的产业链在全球布局；在若干国家和地区围绕产业链的某个环节形成企业簇群；产业链和企业簇群形成超越国家地理界限的全球产业系统。值得注意的是，往往有若干全球公司作为龙头企业整合全产业资源，打造全球产业链，引领全球产业发展。

汽车产业就是一个典型的全球化发展的产业。20 世纪 90 年代以来，汽车产业全球化突飞猛进。由于全球市场形成、技术突破（节能减排、平台技术等）、成本压力等因素，催生了汽车全球产业。在汽车产业中，资本、技术、人才、市场等资源高度全球化；研发设计、制造组装和营销服务产业链各环节超越单一国家范围实现全球布局，各主要市场形成产业簇群。

通用、大众、丰田等企业主导了汽车产业发展，而这些企业已经成为全球公司。例如，通用汽车公司的全球化指数在 1993 年不过 26.4%，2012 年已经达到 60.5%。丰田公司的全球化指数则从 32.3% 提高到 66%。大众公司本来全球化指数就比较高，1993 年已经达到 54.4%，到 2012 年进一步提升到 78.3%。正是这些汽车全球公司引领了最近 20 年汽车产业的全球化，使得汽车产业成为全球型产业（见表 12-7）。

表 12-7　　6 家著名汽车公司全球化指数的变化　　单位：%

年份＼公司	通用	福特	丰田	本田	大众	宝马
1993	26. 4	34. 4	32. 3	35. 3	54. 4	43. 3
2012	60. 5	47. 5	66. 0	92. 4	78. 3	55. 1

资料来源：根据联合国贸易与发展会议《世界投资报告》历年资料整理。

如同汽车产业的变化一样，电信、制药、电器和能源等产业 20 年来也迅速走向全球产业。

在行业内全球公司带动下，各个产业的龙头企业在全球寻找性价比最高的生产要素加以整合，并且超越民族、国家地理界线在全球最适合的地点配置产业链的各个环节，在全球最重要市场建立营销基地，在研发基础最好的地点设立研发和设计中心，在劳动力性价比最高的地点设立制造组装基地。众多的中小企业则与作为产业龙头的全球公司建立关联。他们成为全球龙头企业的供应商，为他们提供零部件或各种服务，或者成为全球龙头企业的销售商，为他们提供销售服务。由于吸纳整合了全球最优资源，所以这种跨越国家地理界线的产业组织模式为全球产业和全球产业生态的形成和发展提供了基础。

全球价值链的形成使得各种生产要素的价值被空前开发出来。发达国家先进的研发设计成果被应用到全球各个地区；中国和东南亚数以亿计的性价比颇具优势的劳动力为全球市场组装和制造各种产品；丰富的矿产资源和能源被开发出来并源源不断地从中东和澳大利亚等地运往全球各个制造中心；纽约、伦敦、香港等全球性的金融中心则为全球商业活动提供金融服务。如同第一次工业革命创造了无数新财富一样，随着全球公司和全球产业的形成，经济全球化给人类带来了巨大的新财富。

（二）促进全球生产力大发展

如前所述，全球公司带动了全球产业的形成。20 世纪 90 年代中期以来，特别是进入新世纪以来，全球公司在全球范围通过战略调整和组织管理架构的调整，经营状况大大改善，竞争实力大大增强（见表 12-8）。全球公司促进了全球生产力的发展。

表 12-8　　1995—2012 年财富杂志全球 500 大公司历年经营数据　　单位：百万美元，人

年度	营业收入额	利润	资产额	股东权益	员工
1995	11 378 387	323 338	32 136 550	3 347 788. 8	35 119 851
1996	11 434 819	404 408	33 271 047	3 624 219. 8	35 517 692
1997	11 453 516	452 032	34 187 773	3 724 138. 3	36 770 153
1998	11 463 407	440 271	38 989 284	4 233 812. 4	39 685 624

续表

年度	营业收入额	利润	资产额	股东权益	员工
1999	12 695 951	554 011	44 002 771	5 010 578.0	43 955 988
2000	14 064 960	667 209	45 807 624	5 527 401.9	47 225 289
2001	14 009 959	306 092	48 664 506	5 643 920.8	47 810 635
2002	13 729 041	133 473	52 607 346	5 535 837.0	46 492 660
2003	14 873 027	731 159	60 814 536	6 782 352.4	45 908 637
2004	16 798 086	929 526	67 745 870	7 693 850.5	47 956 133
2005	18 929 360	1 214 929	72 769 483	8 281 710.9	50 538 508
2006	20 900 340	1 529 241	85 403 841	9 527 281.9	52 469 541
2007	23 618 474	1 592 920	105 039 371	11 093 825.5	54 163 484
2008	25 175 500	822 000	100 040 000		
2009	23 085 071	960 459	104 730 120		57 856 938
2010	26 020 563	1 526 798	112 477 739		60 685 964
2011	29 488 520	1 630 069	117 478 380		63 660 941
2012	30 304 930	1 540 835	121 513 620		64 877 969

资料来源：根据《财富》杂志历年全球500大公司统计整理。

全球500大公司中并非全部是全球公司，但是其中大多数正在或已经成为全球公司，他们往往成为所在产业的整合者。500大公司经营状况可以在一定程度上反映全球公司的经营状况及其影响。

从上表数字可以看到，20世纪90年代中期到2012年，全球500大公司销售收入几乎增加了2倍，净利润增加了4倍。进入新世纪以来的12年，500大公司利润先从6 672亿美元减少到3 060亿美元，然后迅速增加到2012年创纪录的15 292亿美元。20年来，500大公司经营状况大幅度改善，当然有一些客观原因，例如能源、资源类企业由于产品价格上涨而改善赢利状况，但是，最近十几年跨国公司全球化程度提高、吸纳整合全球资源能力和盈利能力加强显然是主要原因。全球公司通过全球战略、管治架构和理念文化的调整，成功地吸纳整合了全球资源，从而大大提高了全球竞争力和赢利能力。

全球公司在全球范围极大地发掘了各种生产要素的价值。全球公司开发了大量技术和产品，通过在全球设立工厂，使这些技术和产品不仅用于发达国家，还用于发展中国家；全球大批服务业公司走向全球，例如银行保险公司、法律事务所、会计事务所，在全球市场提供专业服务。全球公司进入新兴市场国家，例如中国，成功地发掘了大量中国劳动力的价值，使这些劳动力不仅为中国市场生产产品，而且为全球市场制造产品；例如印度，使印度为全球企业提供服务外包；全球公司还开发了全球各地优质矿产和能源，使这些矿产和能源用于全球，例如澳大利亚的铁矿进入中国，极大地促进了中国钢铁产业发展。

近20年来，企业的全球化促使一大批全球型企业崛起。这些全球公司在增强自身竞争力的同时，充分发掘了全球原有生产要素的价值，从而极大地增加了全球生产力，增加了全球财富。这一情况在积极融入经济全球化并且与全球公司积极合作的国家和地区最为明显。

全球公司超越原有国家地理界限，在全球吸纳资源，整合资源。原有各国的管理体制以及国际规则难以适应全球公司这种基于全球市场的经营模式。20多年来，全球公司的全球经营模式冲击着原有的各国经济管理体制和国际规则，促使这些体制和规则不断改进。全球公司事实上推进了全球经济管理体制的改革和进步。

（三）价值链重新布局导致利益冲突

全球公司整合全球资源并且带动全球产业形成，从而促进了全球经济大发展。与此同时，全球公司重新调整其价值链布局以及全球产业链重组，对不同的国家和地区带来了不同影响。全球公司追逐赢利的目标必然与一些国家的经济利益发生冲突，从而对一些国家带来负面影响。

全球公司超越国家地理边界在全球市场经营，在全球寻找性价比最高的劳动力、技术、资金以及矿产等各项资源并且打造全球价值链，从而在更大程度上开发了这些资源的价值，创造了全球更多的财富。与此同时，全球公司也在寻找全球最好的经营环境，例如企业所得税和个人所得税最低以及人力成本最低的地方。全球公司往往把制造和组装基地设置在劳动力性价比最高和靠近市场的地方，从而降低其产品制造成本和物流成本。全球公司往往把公司注册在税收最低的国家和地区，包括那些著名的“避税天堂”，从而减少纳税，增加公司赢利并且防止经营风险波及母公司。这种做法使得全球公司与不少国家和地区在就业和税收方面产生了利益冲突。

以美国为例，从20世纪90年代末美国制造业就业岗位开始减少。国际金融危机后，奥巴马总统几乎每年都在国情咨文中呼吁改善营商环境，促进制造业回归。

在2012年国情咨文中奥巴马指出：“我们不可能把所有流失到海外的工作都找回来，但是现在，在诸如中国等地从事经营的成本越来越高。与此同时，美国的生产效率也越来越高。因此，我们面前有一个把制造业迁回来的大好机会，我们必须抓住机会”。奥巴马总统要求：“任何美国公司都不能通过把工作和利润移到海外而逃避公平纳税。”

在2013年国情咨文中奥巴马总统指出：“我们首要的任务是要让美国成为吸引新就业岗位和制造业的地方。在长达10年的制造业工作岗位流失的态势下，我们在过去3年创造了50万个就业岗位。”

在2014年国情咨文中奥巴马总统指出：“民主党人和共和党人都认为，我们的税法充满复杂的漏洞，效率低下，苛待在美国的商业投资，鼓励企业把利润留在国外。让我们扭转这样的局面。让我们一起努力，填补这些漏洞，消除将就业包给海外的诱因。为了在这里，在祖国创造就业的企业，让我们降低税率。”

在公开呼吁的同时，奥巴马总统还亲力亲为做全球公司总裁的工作，促使他们到美国创造就业。2012年2月，美国总统奥巴马在硅谷举行宴会时问苹果公司的创始人史蒂夫·乔布斯："要付出何种代价，才能在美国生产 iPhone?"然而，乔布斯的答复非常明确。据一名与会者透露，他的原话是："这些工作机会是回不来的。"苹果将生产线转移至其他国家，不仅仅是由于那里的劳动力成本更低；苹果管理层认为，海外工厂规模庞大，工人更加灵活、勤勉，工作技能也更加出色，这些优点远远超过了美国本土的工厂和工人，以至于苹果的大多数产品已经不再适宜"产自美国"。苹果公司近日在其官网发布了 2013 年供应商责任和名单。该名单显示，2013 年苹果全球有 748 家供应商，其中中国大陆地区的供应商有 331 家，高居全球第一。

美国总统推动制造业回归的努力表明，全球公司在全球重新布局价值链使得美国的就业机会受到挑战。在发达的市场经济国家，就业问题是政府面临的首要的挑战。

全球公司给一些国家带来挑战的另一方面是避税。

据媒体报道，2013 年 5 月 20 日，美国国会发布报告称，苹果公司利用美国税法漏洞，过去两年在美国避税 125 亿美元。美国国会的报告指出，苹果通过众多的海外联营公司避税，以苹果位于以色列的一家附属公司为例，该公司 2011 年赚取了 220 亿美元，却仅仅上缴了 1 000 万美元税款。报告预计，苹果 2011 年和 2012 年在美国分别避税 30 亿美元、90 亿美元。苹果公司通过苹果国际运营公司，将利润都转到后者的总部所在地英属维尔京群岛。由于苹果国际运营公司管理权不在爱尔兰，因此不用在爱尔兰缴税，而英属维尔京群岛几乎免税。参议院调查报告称，最终结果就是，无论是对美国还是对爱尔兰，苹果的大部分海外收入都只缴纳了很少或几乎没有缴纳税金。

除苹果之外，谷歌、微软等跨国科技巨头同样也在采取上述方式避税，但截至目前，美国国会还未发现这些公司触犯法律的证据。①

全球公司在全球经营时成功避税，事实上影响了其投资所在国的利益，因此长期以来很多国家都与全球公司避税行为展开博弈，但是一个国家的行动难以奏效。近年来，越来越多的国家通过国际机构寻找遏制全球公司避税的措施。

2013 年 6 月 17 日，八国集团（G8）领导人会议上讨论了跨国/全球公司税收漏洞问题，并且于 6 月 18 日签署了包含 10 点协议的《厄恩湖宣言》，呼吁全球税务机构自动共享与纳税有关的企业及个人信息；承诺将全面改革国际企业税制，严厉打击空壳公司隐秘所有者及逃税者。《宣言》敦促各国政府，改革那些让跨国公司将利润转移到国外实现避税的规定，要求这类公司明确报告"在何处缴纳了何种税赋"。

《厄恩湖宣言》谴责的跨国公司通过转移利润实现避税的关键问题在于企业利润如何分配。目前，国际税制实行的公司税，多是基于一家公司的赢利规模和注册地而征收，而不是基于营收规模和销售地。分析人士表示，企业经济活动的诸要素中，相对不容易转移的要素只有消费者。原则上说，如果统一全球跨国公司税收实施规则，企业仅基于商品销售发生地纳税，即利润最终只在消费者居住地被征税，而税收不再取决于商品生产地、知识产权所在地、企业注册地等其他要素，那些可能被转移至低税率国家的经济活动要素，将不再可能被不法企业用来避税，企业内部交易收取的转让价格也将不

① 中国经济网，2013 年 5 月 22 日，http://www.ce.cn/cysc/tech/07ityj/guoji/201305/22/t20130522_21493555.shtml。

再影响整体税基。这或许是市场所乐见的最彻底的税收体制改革。

（四）违规经营带来负面影响

过去，跨国公司在海外投资时往往不顾及在当地所应当承担的社会和环境责任。例如，1984 年 12 月 2 日午夜在印度博帕尔市发生的毒气泄漏事件就是跨国公司此类行为的典型。这一事件造成 20 000 人死亡，成为迄今为止世界上最严重的中毒事件。这一事件跟美国联合碳化公司印度公司设在博帕尔市的一个杀虫剂工厂有关，当时这个工厂泄漏了 40 吨的剧毒气体。由于当时公司在杀虫剂销售方面出现困难，于是尽力削减安全措施方面的开支，杀虫剂厂的重要安全系统或者发生了故障，或者被关闭了。而且，当灾难迫近的时候，公司也没有对当地居民做出任何警告。

20 多年来，全球公司比过去的跨国公司更加强调从事负责任的商业行为。类似博帕尔毒气泄漏这样严重的事故减少了，但是全球公司在环境和社会责任方面存在的问题仍然很严重，全球公司应当承担更大的全球责任。

侵权责任既包括环境和社会责任，也包括合规反腐责任。从美国有关部门处罚过的企业案例来看，一些全球公司在合规反腐方面还面临严峻挑战。一些全球公司在走向世界时往往以入乡随俗为借口大肆行贿，以此获取商业利益。这种做法败坏了商业规则，恶化了商业环境，其恶劣影响在发展中国家最为明显。

2005 年以来，美国司法当局处罚了 77 家跨国/全球公司，这些公司在全球开展业务时涉嫌进行了商业腐败行为。这些被处罚的企业中包括了诸多全球知名的跨国/全球公司，例如孟山都、雪佛兰、菲亚特、通用电气、强生、ABB、安联保险、飞利浦和道达尔等。这些公司主要的商业腐败活动往往是为了开拓业务。例如，飞利浦公司从 1999 年起通过参加公开招标的方式向波兰医保企业销售医疗器械。1999—2007 年，公司在至少 30 笔交易中向对方管理层行贿以获取合同。强生公司行贿数个欧洲国家公立医院医生以及向伊拉克支付回扣以获取业务合同。挪威国家石油公司 2002—2003 年向伊朗政府行贿，以换取开采油田合同。

这些公司商业腐败活动的案例表明，全球公司在全球开展商业活动，如果不能遏制商业腐败行为，他们将给各国和地区带来愈演愈烈的商业腐败。全球公司的腐败行为不仅败坏投资或经营所在国的商业环境，而且将从根本上破坏经济全球化的积极成果。

（五）对各国安全带来隐患

过去的传统的跨国公司不仅介入投资和经营所在国经济发展，而且还往往深度介入这些国家的政治。有的跨国公司借助其强大的经济实力，控制这些发展中国家的政治派别，操纵这些国家的选举甚至政变。现代全球公司已经不再直接从事这些政治活动，但是，全球公司超越国家地理界限的经营，也可能为各国安全，特别是信息安全带来负面影响。由于现代技术的发展，全球公司有可能通过其领先的信息技术和利用一些国家的信息，危害这些国家的信息安全。

全球型银行以及全球型财务公司在全球提供金融以及财务管理服务时，往往能够深入了解投资或经营所在国企业甚至政府的信息。尤其当企业在海外上市时往往由这些全球金融或财务公司充当中介，他们直接掌握了这些企业的大量经营数据。这些信息和数据使用不当很可能造成客户企业甚至客户国家机构的信息泄露，从而形成巨大的安全隐患。

全球型信息技术公司在因特网普及的时代也拥有便利条件掌握和控制海量的客户信息，它们有可能对客户企业和客户政府机构造成严重的安全威胁。

2013 年斯诺登事件暴露了信息安全的严重性。2013 年 6 月，前美国中央情报局（CIA）技术分析师、国防项目承包公司 Booz Allen Hamilton 爱德华·斯诺登（Edward Snowden）向外界爆料，美政府机构存在名为“棱镜（PRISM）”的民众信息监控项目。美国政府机构信息监控项目当然需要得到信息技术企业的技术支持。虽然斯诺登没有透露所使用的“互联网路由器设备”生产商的名字，但作为垄断全球 50% 以上路由器市场的巨头，思科毫无疑问地被人们质疑。

2013 年 11 月，苹果发布了首份详述其与执法部门往来的完整报告。苹果表示，2013 年上半年，该公司接到了来自 41 个国家的 1.244 2 万项索取苹果设备信息的请求，包括某台 iPhone 或 iPad 在何时、何处或者由谁首次激活。苹果表示，该公司满足了其中近 3/4 的请求，包括来自美国的 3 110 项请求、来自中国的 429 项、来自德国的 1 856 项、来自英国的 689 项，其中“绝大多数”与丢失或被盗设备有关，“决不”涉及与国家安全相关的信息。

显然，在信息化时代，如果缺乏严格的、规范的操作，或者违反对合作的企业或政府部门应承担的保密责任，这些全球公司有可能恶意使用其掌握的信息，或者被其他机构恶意使用，从而造成与其合作的企业或政府部门的信息安全漏洞。

综上所述，我们在充分肯定全球公司形成与发展对全球经济带来巨大推动作用的同时，也必须充分看到全球公司给全球经济、社会乃至政治带来的新的挑战。在发挥全球公司积极作用的同时如何减少和规避其负面影响，是国际组织、各国政府以及企业共同面临的挑战。

二、全球公司对中国经济的影响

跨国公司和全球公司已全面进入中国，跨国/全球公司进入中国给中国经济和社会带来了深刻的影响。一方面，他们给中国经济各个层面，包括宏观、产业和企业的发展带来了积极影响；另一方面，也给中国经济各个层面带来了严峻的挑战。

（一）全球公司的积极作用

1. 发动机——全球公司与中国经济发展

跨国/全球公司对宏观经济发展的作用体现在一系列宏观经济指标上。30 多年来，特别是最近 20 多年来，中国引进了大量外资。按照联合国贸易与发展会议的统计，把外资企业视为跨国公司在华企业，这是因为跨国公司在华企业是外资企业的主体或主导力量。由于缺乏全球公司的统计数据，因此我们在研究全球公司的作用时，把外资企业的数据作为参照。

2006 年中国入世第一个 5 年时，中国入世承诺到位，外资经济得到了大发展。当时在华外资企业达到 32 万家，占全国企业总数 3%。外资企业吸纳就业人员 2 800 万。2007 年外资企业固定资产投资 6 351 亿元，占全社会固定资产投资总额 4.63%；外资企业工业产值 125 037 亿元，占全国工业产值的 31%。中国涉外税收总额 9 973 亿元，占全国税收总额的 20%。

从 2002 年到 2010 年，外商在华投资达到 6 835 亿美元，占改革开放 33 年吸收外资总量的 65%。2010 年当年吸收外资 1 057 亿美元。以跨国公司/全球公司为主要代表的外资企业当年创造的工业产值、税收、进出口额分别达到全国的 28%、22%、55% 左右，直接吸纳就业约 4 500 万人。通过引进跨国公司/全球公司的投资，中国引进了资金、技术和管理，促进了经济的高速增长。跨国公司已经成为促进中国经济发展的重要发动机。

2. 催化剂——全球公司与中国经济体制转型

评价跨国公司和全球公司在中国改革开放中的作用，不应当仅仅停留在这些宏观统计数据上。30 多年来，中国处在从传统的苏联式的计划经济体制向具有中国特色的社会主义市场经济体制转型过程中。中国开放引资与其他市场经济国家不同。其他市场经济国家利用外资的主要目标是引进经济增长要素，促进本国经济发展，即发挥跨国公司/全球公司的经济发动机作用。中国引资不仅为了促进经济增长，而且可以推动中国经济体制改革和经济运行机制转换。前者的作用很容易被人们认识和理解，后者的作用却容易被人们忽视。

（1）全球公司促进了中国现代企业的发展

首先，通过转让技术促使本土企业引进现代产品与技术。

20 世纪 80 年代打开国门后，中国企业看到的首先是技术产品的差距。通过引进新产品、新装备和新技术，中国企业进行了一场技术革命。在引进技术过程中产生了一批新企业，例如联想、四通、TCL、海尔、长虹等公司。他们进入家用电器或者 IT 等当时新兴的产业，拥有先进的技术和产品。

其次，通过建立外资企业促进本土现代企业制度发展。

改革开放初期，中国还没有现代企业。从法律角度看，当时中国还没有现代的公司法。中国最早按照现代企业制度建立的企业就是进入中国的外资企业。1979 年全国人大制定的《中外合资经营企业法》是第一部符合现代企业制度的企业法。外资企业的存在事实上成为了现代企业的示范。外资通过合资，或者通过技术转让和采购，把一大批中国企业纳入其产业链，并进而进入全球网络。在这个合作过程中，一大批中国企业通过向跨国公司学习而成长壮大，走向世界。与此同时，外资进入中国，也带来了竞争。外资企业竞争的压力，促使一大批中国企业懂得了现代企业管理体制，了解了市场经济运行机制，从而改变了计划经济体制下形成的“等、靠、要”等被动状况。跨国公司的竞争激活了这些企业，增强了内资企业的竞争力。

通过近距离的学习，人们逐渐认识到，跨国公司之所以有竞争力，不仅仅靠先进的技术和产品，还要有现代企业制度。20 世纪 90 年代，中国企业大规模地按照现代企业制度进行了新建或改革。1994 年，中国第一部《公司法》开始实施，大批的民营企业按照公司法建立，国有企业开始全面改革。特别是通过上市，许多中国国有企业和民营企业懂得了何为公司治理结构、何为集团公司管理。

最后，通过强化公司责任推进公司负责任的商业行为。

20 世纪 90 年代初，随着冷战结束全球市场出现，跨国公司开始向全球公司转型。全球公司比过去的跨国公司更加注重企业的全面责任，即在强调企业为股东价值最大化负责的同时，还要对社会与环境负责。与此同时，全球公司比过去的跨国公司更加注重在投资和经营所在国的责任。过去，一些跨国公司能够按照母国政府要求关注社会和环境责任，但是在投资所在地的发展中国家却没有严格按照环境保护和社会保障规范投资和经营。2000 年《全球契约》提出以来，越来越多的跨国公司/全球公司把责任推广到全球范围。全球公司的全球战略越来越与全球责任相对应。

跨国公司在企业责任理念方面的提升深刻地影响了中国企业。从 2006 年以来，中国政府与企业互动，在企业中积极推动社会责任和环境责任。现在，不仅一大批国有企业，而且一大批民营企业都已经把社会和环境责任作为自己经营的原则。

30 年来中国政府官员、企业管理者和企业员工全面地与跨国公司直接接触。中国人在跨国公司在华机构里与外国雇员共同工作、相互了解和相互促进。中国人从跨国公司学习了什么是现代公司组织、什么是公司治理结构和管理结构，了解了这些最有活力的企业组织竞争力的来源。通过跨国公司，中国人了解了什么是市场经济管理体制和运行机制、什么是不正当竞争、什么是垄断。正是这种学习促进了国有企业的改革和民营企业的成长，初步形成了各种所有制企业的平等竞争、相互促进。

（2）全球公司促进中国现代产业的形成与发展

全球产业兴起和发展时，中国扩大开放并且加入 WTO。跨国公司全面进入中国，改变了中国产业发展轨迹，把中国产业发展纳入全球产业发展之中。我们曾经对包装、物流、家用电器、食品、饮料、通信、IT、保险等行业的情况进行了解。这些行业普遍反映，通过吸收外资极大地促进了中国各个经济产业/行业的发展。有的行业，例如家用电器、包装、物流等完全是改革开放后外资进入中国而带动发展起来的。没有外资进入，就没有这些新兴产业的发展。

全球公司在建立全球产业链时，一般会把投资所在国的资源纳入其全球网络。一批全球公司在一个国家的共同投资，会在投资所在国延伸出一系列的产业链和产业集群，从根本上提升投资所在国的产业竞争力以及在全球产业链中的地位。

30 年来，跨国公司和全球公司把全球战略延伸到中国，对中国现代产业的形成和发展起到了极其重要的作用。与中国开放引资三个阶段发展相一致，跨国公司为中国现代产业发展提供了三个阶段的推动力。

首先，在中国开放引资第一阶段，跨国公司通过大量转让技术，催生了一批现代产业。

改革开放前，新中国建立了门类基本齐全的制造业，但是没有建立和形成轿车、家用电器、通信设备、日用化学品、饮料、工程机械等现代制造业。

20 世纪 80 年代跨国公司（外商）在华直接投资不多，当时多数公司向中国企业转让技术。例如，日本松下公司在这一时期一共在华实施了 180 多个技术转让或提供成套设备项目。其中，包括向 7 个厂家提供彩电生产线，向 6 家工厂提供洗衣机生产线。四川长虹彩电和无锡小天鹅洗衣机就是成功地从松下引进的项目发展起来的。其他日本电子电器企业也在这一时期转让技术，在此基础上，中国产生了现代家用电器产业。

美国卡特彼勒20世纪80年代在当时机械部主持下，向中国各地十几家工厂转让工程机械技术，在此基础上，中国当地工程机械产业形成和发展了起来。

其次，1992年以后通过大规模直接投资推动了现代制造业的大发展。

在这一时期，跨国公司从过去转让技术转变为在华直接建立制造组装企业。中国潜力巨大的市场和廉价而优良的劳动力吸引着跨国公司前来建立市场或采购基地。这批外资建立的现代企业对中国当地的民营和国有企业的发展产生了深远影响。

1992年后由于深化改革扩大开放，中国民企崛起。许多民营企业纷纷进入20世纪80年代刚刚建立和形成的现代制造业。民营企业市场竞争意识强，而且高度重视引进、消化新技术。他们的崛起很快占领了新型制造业产业的低端市场。民企不断侵蚀原来国有企业的市场，规模越来越大。

外企的进入和民企的竞争给原来的国企带来了相当大的压力。在高端产品市场，跨国公司在华企业的压力迫使国企重视研发设计，不断创新。在低端产品市场，民企对国企市场的侵蚀，迫使国企或者退出，或者进一步改进技术，以提升自己的产品档次。中国第一次出现了外企、国企和民企相互竞争、相互促进的局面。

通过各种所有制经济的相互竞争和相互促进，中国现代产业迅速壮大，中国成长为全球主要的制造基地。到入世前后，许多产业在中国都成长为全球最大的产业组成部分，例如钢铁、家电、通信设备等。

这一时期，通过跨国公司的直接投资，带动或者促进了中国现代制造业做大。

最后，跨国公司促进中国服务业发展并且推动中国产业重组提升。

入世以后随着服务业的开放，越来越多的外资服务业进入中国，通过外资企业的示范、带动以及竞争促进了本土服务业发展。其中，批发零售业的发展就是一个极好的实例。

中国零售业的对外开放起步较晚，长期以来以百货商店为主的单一业态始终占据主要地位，而且经营状况普遍欠佳。“入世”后，国际上著名的零售企业大都以新型的销售业态投资进入中国市场，开办购物中心（家乐福和沃尔玛）、仓储会员店（麦德龙、万客隆）、便利店（日本7-11）等，这些跨国公司凭借新型的销售业态在中国市场显示出了强劲的竞争优势。不仅如此，绝大多数进入中国市场的跨国零售企业还采取了连锁经营的模式，从而实现了商业活动的标准化、专业化和集团化，通过低成本经营和降低流通费用实现了规模经济效应。

家乐福、沃尔玛等世界零售巨头进入中国给中国本土零售企业带来了巨大的冲击。许多中国企业纷纷效仿这些跨国公司的做法，建立自己的连锁超市。随着中国本土企业的不断学习、改进经营，以华联、物美等企业为代表的中国现代零售业正在逐渐兴起。

中国“入世”以后，跨国公司和全球公司在建立新的生产设施的同时，开始更多地通过并购进入中国或者通过并购在中国增强竞争力。跨国公司和全球公司开展并购的客观条件是中国企业快速发展产生了一批有价值的企业，又由于产业大而不强，需要通过并购重组转型。

从跨国公司和全球公司角度看，与新建投资相比，并购投资项目投产快，而且可以利用被并购企业原有的专业人员和销售渠道。因此，跨国公司要求以并购方式投资。

另外，中国入世后服务业开放引资加大。跨国公司中的投行、私募基金以及并购的专业服务企业纷纷进入中国，使得并购可操作性大为增加。

全球公司在华发展第三阶段的特点是并购投资逐步成为全球公司投资的主要方式。全球公司这一时期的并购将促进中国各个产业在做大的基础上做强。

令人遗憾的是，2006 年以后三四年，由于“姓中姓外”的质疑，一些企业和一些部门开始抵制外资并购。这一做法不仅推迟了国内各个产业通过并购做强的发展，而且使一批企业丧失了就近学习跨国并购的机会，难以从并购中成长。

回顾跨国公司和全球公司在华发展历程，他们通过最初转让技术，催生了中国一批现代产业；通过在华直接投资，与国企和民企相互促进，做大了中国现代产业；通过并购，将推动中国产业重组和转型，从而做强产业。

（3）全球公司推动计划经济向市场经济体制转型

首先，全球公司促进了中国市场经济体制的改革。外商直接投资企业的不断增加，对中国宏观经济管理的要求也越来越高：一是要求改革经济管理体制，以适应开放经济条件下出现的新情况；二是要求提高宏观经济管理水平，健全和完善宏观调控，运用利率、汇率和税率等经济手段以及法律手段、行政手段来调控宏观经济和外商直接投资。近年来，中国经济管理体制进行了一系列重要的改革，特别是财税体制、金融体制、外汇管理体制、投融资体制、外贸体制、价格管理体制等方面的改革，无疑都使中国的宏观经济管理体制进一步完善，宏观调控能力得到加强，反过来又促进跨国公司和全球公司在中国市场更好的发展。

其次，全球公司有助于中国市场竞争机制的完善。充分且公平的市场竞争对企业微观主体既有激励作用又有约束作用。过去，我们习惯于用政策手段引导企业的投资经营行为，效果欠佳。现实中市场的激励和约束作用比行政的激励和约束作用更有效。全球公司给中国企业带来了全方位的竞争压力，如在价格、质量、技术以及服务等方面的竞争，从而促进中国企业不断提高竞争意识。由于外商投资企业的全部经营活动都是按照市场原则来进行的，其经营活动必然对国内各种市场的发育与发展产生促进作用。

最后，全球公司促进了中国市场规制的建立和健全。多数跨国公司和全球公司在中国都能做到合法经营、合规管理，但是也有少数企业存在着违法经营、责任弱化的倾向，由此引发的问题促进了中国相关法律条例的出台。

随着全球公司在华投资的逐步集团化，其利用市场优势地位限制竞争的能力进一步加强，其在某些行业存在垄断的倾向。为了更好地运用市场经济规则，引进新的竞争者，保护弱小的竞争者，形成公平的、比较充分的竞争，2008 年中国正式开始实施《反垄断法》，以便更好地对企业进行规制。

2008 年国际金融危机以后，许多全球公司都在进一步强化合规经营，遏制商业贿赂。目前，全球公司不仅建立了全面的合规管理程序，而且不断加强培训、制定规则，预防和监督公司运营过程中可能存在的违规现象，积极处理违规事件。借鉴《全球公司》合规经营的经验和教训，有利于遏制商业贿赂，净化商业环境，同时促进中国企业进行合规经营。作为对企业积极进行合规管理的回应，政府相关部门应该尽快建立、健全《反商业贿赂法》，将中国关于商业贿赂行为的零散法规加以整合，以促进企业合规经营有法可依、有章可循。

3. 同盟军——全球公司与和平发展新道路

历史上一个大国崛起的时候，本国资源都不足以支撑其发展，无一例外都需要吸纳国际资源，19 世纪英国、德国的崛起，20 世纪美国、日本的崛起都是如此。这些国家之所以能够崛起，除了顺应了经济全球化潮流之势，往往还都要借助暴力或者不公平贸易掠夺别国资源。

现在，市场竞争规则已经改变，战争与暴力的掠夺以及不公平交易的攫取已经成为历史。中国的崛起需要从全球获取能源、矿产等自然资源，也需要获取资金、技术等生产要素，还需要得到广大的全球市场。然而，与历史上崛起的西方大国不同，中国既不能通过战争等暴力手段，也不能通过不公平交易等经济手段获取这些资源，中国只能通过和平的道路与公平的交易，与全球相关国家相互合作、互利共赢，即通过市场竞争的渠道吸纳和整合国际资源。在这个过程中，全球公司成为中国和平崛起的同盟军。

跨国公司或全球公司从两个方面促进了中国的和平崛起和发展。

第一，全球公司有助于中国营造和平发展的外部环境。

随着全球化潮流发展，全球公司在海外资产、营业收入和雇员的比例不断提高，海外经营和海外利益成为全球公司的重点。由于全球化程度不断提高，全球公司在母国以外市场的营业收入以及资产占总资产和总收入比例越来越大，海外经营成为公司经营的重心。全球公司发展的这一趋势，导致全球公司更加关注在全球配置资源。因此，他们比一般公司更加关注全球的和平环境，更加注重在投资所在国从事负责任的商业行为。为了公司长期发展的需要，全球公司积极推进各国之间的经济交往和经济合作，希望缓和各国间的紧张关系，保持世界和平，其目标是维护一个良好的全球经营和竞争环境。与全球公司加强合作和相互渗透，有利于促进中国与各国和平相处，推动中国与各国经济互利合作，营造和平发展的国际环境。

在这种情况下，全球公司为中国和平发展带来了积极作用。改革开放以来，特别是 1992 年以来，跨国公司和全球公司积极推进欧洲、美国、日本等国的政界了解中国，促进各国政界与中国和平交往。以美国为例，20 世纪 90 年代中期以来一批著名美国跨国公司积极促进国会议员以及政界人士访问中国、了解中国、制定与中国和平相处、互利合作的政策。美国企业界在缓和中美关系、促进中美合作方面发挥了不可替代的作用。

改革开放以来，随着跨国公司和全球公司投资中国规模的扩大，其企业利益与中国市场关系越来越紧密，跨国公司和全球公司越来越关注其母国与中国关系的发展。源于美国的全球公司在中美关系改善方面发挥了积极作用。源于德国和日本的跨国公司或全球公司在中德关系和中日关系改善方面均发挥过重要作用。应当看到，全球公司全球经营的全球战略有助于中国赢得和平发展环境。从这个意义上讲，在经济全球化时代，全球公司是中国实现国家经济安全的积极因素。

案例 12-10

美国跨国公司反对国会制裁中国

据多个媒体 2007 年 9 月 28 日报道 在多个对华贸易提案即将进入美国国会议事日程之际，微软、沃尔玛、花旗等 160 家美国跨国公司和行业协会联手致信国会，呼吁避免采取专门针对中国的贸易制裁措施。

当地时间 9 月 26 日，160 家美国跨国公司和行业协会采取高调行动，联手致信国会。信件强调说，采取诸如提高关税这样一些报复性的举措，只会导致弊大于利的结果。

参与信件联署的包括 122 家公司和 38 家行业协会。这些公司大多为大型跨国公司，覆盖了不同行业，具有广泛代表性，其中有英特尔、微软、IBM、惠普这样的高科技公司，也有沃尔玛、百思买等大型零售连锁店，花旗集团、摩根士丹利、纽约人寿等主要金融机构，还包括可口可乐、宝洁、雪佛龙、通用电气等老牌美国巨头。

在行业协会中则包括了与对华贸易密切相关的、具有相当影响力的机构，如成员超过 300 万家的美国最大商会组织美国总商会，成员包括 240 多家参与对华贸易的主要企业的美中贸易全国关系委员会等。

第二，全球公司使中国通过市场交换获取全球资源。

20 多年来，跨国/全球公司进入中国，与中国大批企业合作，从而将中国的经营纳入其全球经营网络。在这个过程中，中国企业与跨国/全球公司通过市场交换而不是通过暴力吸纳和整合了中国崛起所需的大量国际资源。

中国融入全球经济的渠道主要有三种：对外贸易、吸收外资和包括对外投资在内的对外经济合作，即俗称“三外”的外贸、外资和外经。跨国公司或全球公司是中国融入全球经济的企业渠道。跨国公司或全球公司不仅通过全球贸易网络推进中国全球贸易的发展，而且通过在华直接投资企业扩大中国对外贸易的数量和质量；跨国公司和全球公司是投资中国的主体，是中国吸纳高质量外资的主要来源；源于中国的跨国公司则是在海外投资并在海外直接获取资源的主体。

改革开放 30 多年来，借经济全球化带来的机遇，中国在一个和平的环境中，通过市场交换的方式吸纳和整合了大量的全球资源，建立了融入全球的新经济体制。与历史上的大国崛起相比，拥有 13 亿人口的中国在发展中避免了暴力攫取和不公平贸易掠夺的道路，成功地开辟了以市场竞争获取资源的和平发展道路。全球公司在中国和平发展中发挥了不可替代的作用。显然，中国和平发展需要全球公司。

综上所述，改革开放以来，特别是全球市场出现的 20 多年来，跨国公司和全球公司全面进入中国，他们发挥了促进中国经济发展的发动机作用，发挥了推动中国经济体制转型、市场经济运行机制转换和现代企业和产业发展的催化剂作用，还发挥了助推中国和平崛起的同盟军的作用。

显然，全球公司与历史上的跨国公司不同，他们不再是历史上依赖武力掠夺发展中国家资源的帝国主义的侵略工具。正如 IBM 原总裁帕米萨诺所说：跨国公司通常被认为是推动全球化发展的首要动力，但如今它正悄然地呈现新的形式。不管是对于企业来说，还是对于整个社会而言，这种新形式无疑都会带来新的希望之光。

（二）全球公司发挥作用渠道

通过分析亚洲、欧洲和美国著名跨国公司和全球公司在华企业的众多案例，我们发现，跨国公司和全球公司在中国可持续发展中的积极作用主要通过 4 种渠道发挥出来。

1. 桥梁—沟通

跨国公司和全球公司是中国经济融入全球经济的桥梁，也是中国企业与国际企业合作的桥梁。通过这个桥梁，中国企业“引进来”，获取全球资源；通过这个桥梁，中国企业“走出去”，获取全球资源。

跨国公司和全球公司通过与中国企业的贸易和在中国的直接投资，在中国取得资源的同时，也把国际先进技术、设备、原材料甚至人才引进中国。跨国公司和全球公司是中国与世界资源交换的桥梁。如前所述，跨国公司和全球公司已经成为中国引进技术的主体，通过技术合作或者通过建立企业，引进国外先进技术。跨国公司和全球公司通过在中国外包和采购，把中国当地企业的产品推向全球。跨国公司和全球公司推动了国外资源与中国资源的交换。

我们应当研究如何在新的历史条件下进一步发挥跨国公司和全球公司的桥梁作用。

2. 标杆—示范

一直以来，跨国公司和全球公司在企业管理方面是中国企业的标杆。如果中国企业研究了跨国公司最新发展趋势——向全球公司转型，就可以发现，全球公司的全球战略、全球管理和全球责任将成为中国企业的新标杆。

上述大量案例说明，全球公司通过强化公司责任体系（包括经济、社会和环境责任）越来越重视对投资东道国环境保护与社会发展的责任。它们既有明确的实施标准，也有一套实施措施。它们为当地企业提供了节能、降耗、减排以及承担社会责任的示范。我们应当研究这些公司在可持续发展方面的成功经验，以这些公司为榜样，提升我们的全球责任意识和标准。

上述大量案例也说明，跨国公司和全球公司通过技术产品创新、管理体系和机制创新以及业务流程和业务模式的创新已经大大增加了竞争力。我们应当研究这些企业自主创新的经验，通过与这些企业的合作竞争，提升我们本土企业的创新能力。

中国企业要走向全球，要成为国际一流企业，就必须以这些全球公司为标杆，通过新一轮“对标”，找到学习榜样，找到合作伙伴，找到竞争对手。也正是在中国企业的对标过程中，跨国公司发挥了示范作用。

3. 关联—带动

跨国公司和全球公司凭借其技术、资金、全球网络以及著名品牌，具有强大的带动能力。跨国公司和全球公司通过带动上下游相关企业进而带动产业发展。跨国公司和全球公司通过外包和采购，在中国建立了颇具规模的供应链体系。即使是他们建立的独资企业也通过供应链的关联作用带动了数以千计的当地企业提高质量、降低成本、承担环境责任和社会责任。正是通过这样的关联作用，全球公司与中国当地企业一起，从根本上改造了中国工业基础，提升了中国当地企业的全球竞争力。

我们应当研究如何通过多种方式与跨国公司和全球公司建立关联。我们可以通过合作项目的方式和合资企业的方式与它们建立关联，也可以通过承接外包的方式和接受订单的方式与它们建立关联，还可以通过并购和建立战略联盟的方式建立关联。通过关联开始是被动地接受带动，进而主动进入跨国公司或全球公司的全球产业链，在全球产业链中提升自己的地位。从开始在国内市场发展到进而在全球市场扩展，在接受跨国公司和全球公司的带动中走向世界，成长壮大。

4. 竞争—激励

引进跨国公司和全球公司不仅是引进技术、资金和管理，而且是引进了市场竞争。对于许多企业，特别是那些没有与跨国公司合作合资的企业来说，跨国公司和全球公司全面进入中国意味着带来了激烈的竞争。

其实，公平的、充分的市场竞争是个好东西。通过竞争促进先进、淘汰落后，从而激励中国本土企业奋发图强。全球公司进入中国给同行业企业带来了冲击，那些能够尽快转变经营机制和经营观念的企业通过与外来竞争者合作、竞争得到成长和壮大，那些不能适应竞争的企业有可能被淘汰。

近年来外资并购境内企业就是这种竞争—激励机制的体现。通过并购，跨国公司和全球公司为被并购企业注入资金、技术、责任理念，对原有企业进行深刻的改造，从而把原有企业纳入全球网络。这种兼并重组有利于提高产业集中度，有利于提高企业整体竞争力。对于那些未被并购的企业来说，外资并购迫使他们奋发图强，激励他们不断进取。

（三）全球公司带来的挑战

任何事物都有两个方面。在充分肯定全球公司在华经济社会发展中的积极作用的同时，我们也要看到它们给中国经济发展带来了严峻挑战。

中国处在从计划经济向市场经济转型的过程中，经济管理者缺乏市场经济管理经验，本土企业也缺乏在完全市场经济条件下竞争的经验。全球公司强势进入中国，以其强大的全球竞争力给中国本土企业带来了严峻的挑战，给中国宏观经济管理者也带来巨大的压力。

1. 全球公司与中国宏观经济发展目标偏离

如前所述，全球公司进入中国是为了开拓全球市场，为了打造其全球价值链，为了吸纳整合全球资源，总之是为了加强在全球的竞争力。换言之，全球公司在中国的投资和经营是典型的商业行为。全球公司并不是偏离商业目标的企业，其在中国的投资和经营活动必然地要满足其盈利目标。

全球公司之所以在中国发挥了经济发展的发动机、制度转型的催化剂和和平崛起的同盟军的作用，主要是因为其在华经营战略与中国的发展战略在一定阶段和一定程度上相联系，两者间有利益交汇点，甚至有很大的利益交汇区。与此同时，全球公司的战略与中国宏观经济发展战略以及中国企业发展战略也必然会有利益偏离点和冲突点。

首先，全球公司的战略目标与中国经济发展的长远目标存在偏离。

不少全球公司重视中国市场，并且愿意同中国政府合作协调其在华投资的目标。然而，全球公司毕竟是一个企业，在华投资的目标要服从其全球战略的目标，而且以追求经济利益最大化为其在华投资的动力。出于这个考虑，它们当然要找投资条件好、投资效益高的地区和项目投资。在这种情况下，跨国公司必然与中国引进外资的产业导向和地区导向发生某种偏离。

例如，全球公司在华投资了数以千计的项目，但是，决定企业未来发展和保持持久竞争力的研究与开发项目不多，决定现代经济发展水平和竞争力的知识密集型服务业也不多（之所以造成这个问题，也有中国限制外资准入的原因）。

跨国公司和全球公司投资与中国的地区导向偏离更为明显。跨国公司和全球公司在华投资项目绝大部分集中在中国东部，中西部地区跨国公司和全球公司项目极少。而中国中西部地区十分需要引进国外资金、技术和管理，以促进中西部经济的发展。

其次，不少跨国公司和全球公司项目技术开发能力差。

一些跨国公司和全球公司项目主要是组装和加工厂。这些工厂往往缺乏技术开发能力，如果不加以改进，中国与跨国公司和全球公司合资的项目有可能成为跨国公司和全球公司在其全球经营网络中的一个简单的加工厂。

最后，跨国公司和全球公司通过合资增强了中方合作者的实力及其在国内市场的竞争力，但与此同时，也压抑了同行业中一批中国企业的发展。这批中国企业受到外商投资企业的冲击，面临萎缩直至关停并转的前景。

上述事实表明，与跨国公司和全球公司合资合作，通过引进其资金、技术和管理增强中国经济实力的同时，也可能由于跨国公司和全球公司追求利润最大化而使投资偏离中国国民经济发展的长远目标，也可能使我们的合资公司变为其简单的加工厂，还可能由于其在中国与其他跨国公司和全球公司的激烈竞争压抑同行业中中国企业的发展。

正如联合国贸易与发展会议发布的《1999年世界投资报告》所指出的："有必要认识到TNCs（"跨国公司"的英文缩写）和政府的目标并不一致：政府试图促进本国范围内的发展，而TNCs试图增强其在国际范围内的竞争力。因此，并不是所有的对外直接投资都总是并自动地符合东道国的最佳利益，有些会对发展造成负面的影响。TNCs试图增强它们自己的竞争力，而不是发展东道国经济。它们的需要和战略可能不同于东道国的需要和战略。TNCs的存在可能与东道国试图建立强有力的本国企业的目标相冲突；或者，东道国可能希望得到新的技术，而外国子公司则想使用成熟的技术；或者，当出现进口自由化或比较优势转移时，TNCs认为关闭其子公司更有效率，而东道国则希望它继续存在以维持就业；TNCs可能想加强对知识产权的保护，而东道国政府也许赞成不严格的知识产权，以便扩大技术的扩散。在很多情况下，TNCs与东道国的需要和战略是不同的——有人可能还会补充说，TNCs与其母国的需要和战略也是不同的，不论其母国是发达国家还是发展中国家。"①

2. 全球公司违规的行为带来负面影响

如同在全球范围因商业腐败而对全球商业环境带来破坏性影响一样，近年来全球公

① 《1999年世界投资报告》，第183页。

司在中国的商业腐败行为也为中国的市场环境带来了负面影响。

跨国公司/全球公司在华腐败行为表现出四方面特征。第一，腐败行为的主体大都来源于发达经济体，并且很多都是世界知名企业。2014 年，经济合作与发展组织首次发布《海外行贿报告》，指出海外行贿主体大多为发达国家经济体的大公司。该组织对包括 263 件个人行贿以及 164 件企业行贿的案件进行分析后发现，60% 的海外贿赂案件是由大公司做出的，涉及海外行贿的中小企业仅占 4%，这与中国市场腐败现状基本一致。第二，跨国公司/全球公司利益输送的对象趋于“高端化”。一些跨国公司/全球公司已经不再满足于与地方官员进行利益交换，逐渐向高层政府官员渗透，他们往往通过上层路线，获得巨额利益。第三，腐败手段更加隐蔽。为了逃避本国和中国的法律制裁，跨国公司/全球公司逐渐学会采用非金钱方式进行贿赂，其中包括以技术服务费、咨询费、顾问费、外出考察、赞助研讨会等看似合法形式出现的“准行贿”方式，还包括一种“腐败期权”，即一些跨国公司/全球公司在近两年中国反腐败制度不断完善、惩罚力度日益严苛的情况下，选择在产权交易完成后进行补偿性贿赂。第四，腐败涉及的行业集中度较高。历数近几年曝光的跨国公司/全球公司在华腐败案件，主要涉及医药、能源设备、电信、金融等行业。这些行业之所以腐败频发，原因就在于其多属于垄断性行业，行业中手握行政审批权、资源分配权、管理权等公权的人员自然成为商业贿赂追逐的对象，而急于开拓中国市场的跨国公司/全球公司则成为商业贿赂的重要参与者，一旦行贿成功，即可获得远超贿金的高额回报，因此许多跨国公司/全球公司愿意铤而走险。①

中国政府也高度关注全球公司在华企业的违规问题。2013 年 7 月，中国有关部门调查了葛兰素史克中国公司的商业犯罪问题。根据公安机关提供的信息，作为大型跨国药企，近年来葛兰素史克（中国）投资有限公司在华经营期间，为达到打开药品销售渠道、提高药品售价等目的，利用旅行社等渠道，采取直接行贿或赞助项目等形式，向个别政府部门官员、少数医药行业协会和基金会、医院、医生等大肆行贿。同时，该公司还存在采用虚开增值税专用发票、通过旅行社开具假发票或虚开普通发票套取现金等方式实施违法犯罪活动。

由于中国市场经济体制还不完善，许多市场经济机制还不健全，各种形式的商业腐败对中国向市场经济体制的转型带来了极其恶劣的影响，因此，全球公司的商业腐败在中国带来的负面影响远远超过了其他国家。显然，中国政府和企业面临着如何遏制全球公司在华商业腐败、净化市场环境的严峻挑战。

3. 全球公司对国家安全带来潜在威胁

也有不少人关注全球公司带来的对国家经济安全的负面影响，认为全球公司大规模进入中国，掌握大量的企业乃至国家的信息数据将影响国家安全。这样的担心确实值得关注。

正如前文所说，当企业在海外上市时往往由一些全球金融或财务公司充当中介，他们直接掌握了这些企业大量的经营数据。这些信息和数据使用不当很可能造成客户企业

① 卢进勇，邹赫，程健. 跨国公司在华腐败相关问题研究[J]. 当代经济管理，2015(5).

甚至客户国家机构信息泄露，形成巨大的安全隐患。

2000年以来，一大批中国企业在海外上市，他们的大量信息和数据为全球投资咨询类企业或金融企业掌握，其中有一些中国国有银行的数据也为这些全球公司掌握。如果对这些国际企业或全球公司没有规范的约束，中国企业甚至政府将面临巨大的安全风险。

对于中国企业而言，如何在与全球公司合作中既获取利益又防控信息安全风险是一个新课题。对于中国政府而言，如何在扩大对外开放中加强安全风险的防控也是一个巨大的挑战。

其实，由于斯诺登事件，这是全球各国政府和企业都面临的难题，最近，美国科技企业联名向全球各国政府呼吁限制监听。据英国《金融时报》报道，苹果（Apple）、谷歌（Google）和Facebook等美国主要科技企业已发出呼吁，要求美国政府阻止情报机构大量收集电话通话和互联网数据的行为，并对迫使企业交出此类信息的权力加以限制。在这封有苹果、谷歌、微软（Microsoft）、雅虎（Yahoo）、美国在线（AOL）、LinkedIn、Facebook和Twitter签名的联名信中，这些企业制定了一系列它们认为各国政府应该遵守的原则。

第四节　全球公司理论评价

一、全球公司理论的特点

全球化背景下，全球公司是跨国公司发展的新趋势。全球公司理论阐述了全球公司出现的历史背景，剖析了政治、科技、经济条件。全球市场的形成、信息技术的快速发展、全球经济一体化奠定了全球公司出现的可能性。全球公司理论给出了全球公司区别于跨国公司的特点，以及鉴别全球公司的量化指标，即跨国指数超过50%。

全球公司理论分析了全球公司区别于跨国公司的特点。首先，全球公司采用全球化经营的战略，在全球范围内寻找最适宜的地点进行制造组装、研发设计、资本运作、营销服务等经营活动。其次，文化差异是全球公司必须要面对的矛盾，通过建立全球化管理网络达到文化交融是全球公司采用的应对方式。全球公司在全球范围内吸纳优秀人才，采用因地制宜的管理治理模式，在延续公司自身管理优势的同时，借鉴东道国的优秀经验，积极应对全球经营环境的变化，高效利用全球范围内的资源，打造更具竞争实力的全球化公司。再次，全球公司更加关注全球责任，全球责任包括员工利益、社会责任、环境保护以及维护市场经营秩序的正常运转。

全球公司理论进一步探讨了全球公司对世界经济的影响，有好的一面也有不利的一面。从好的方面来讲，其一，全球公司的形式推动了全球产业尤其是新兴产业的发展。全球公司在全球范围内形成全球产业链，通过在新兴市场建立研发基地，将研发技术推广到全球各个地区，特别是为新兴经济体带来新的活力。其二，全球公司打破了国家地理界限。在全球范围内合理配置资源，极大地促进了生产力的发展，带动了传统行业的升级转型。其三，全球公司将其优秀的管理治理模式带到投资东道国，在保持自身优势的同时吸纳东道国的优秀经验，建立优秀的现代企业管理网络，促进现代企业管理模式的发展。其四，全球公司给传统行业产业、已经存在于市场中的企业带来竞争，激励落后的企业不断进行改革升级，通过优胜劣汰，形成良性竞争的市场机制。

同时也应看到全球公司给全球经济带来巨大挑战。第一，全球公司的出现形成了全球价值链，全球公司往往把高端研发技术布局在发达经济体，而把低端制造产业布局在发展中国家、新兴经济体，如此一来导致财富在全球范围内分配更加不公平，继而可能引发国家之间的利益冲突。第二，全球公司始终是一家企业，势必以企业利益为公司经营的终极目标，因此可能违背投资东道国的社会治理目标，给东道国带来环境污染、资源浪费、过度竞争等问题，可能因为商业贿赂扰乱市场经营秩序。第三，全球公司可能带来国家安全隐忧。在信息化时代，随着科学技术的飞速发展，全球公司中从事通信技术等高科技产业的企业、金融服务行业，往往能够获取个人甚至国家的信息，这给国家安全带来严重威胁，成为了政府保障国家安全必须应对的严峻挑战。

全球公司通过四种渠道影响中国经济。第一，全球公司是中国经济融入世界经济的桥梁，是中国企业与跨国企业进行沟通的桥梁。通过吸引优秀的全球公司在中国投资，为中国带来丰厚的资源，同时通过培养中国自己的全球公司，将优秀的中国制造、中国产品、中国品牌推向世界。第二，全球公司为中国企业树立了标杆，全球公司采用的全球战略、全球管理和全球责任都是中国企业学习的榜样。第三，通过建立起中国企业与全球公司之间的关联合作，带动上下游产业不断改革发展，企业不断成长壮大。第四，全球公司进入中国市场，必然给传统行业、产业带来冲击，在激烈的市场竞争环境下，激励原有企业转型升级。

二、全球公司理论有待进一步发展和充实

全球公司理论基于以往跨国公司理论发展而来，是针对新的经济社会环境提出的与时俱进的跨国公司理论。全球公司起源于跨国公司，又更胜于传统跨国公司，是跨国公司发展的新阶段；全球公司理论汲取了以往跨国公司理论的精髓，又在此基础上有了新的突破和更深的见地。但是，全球公司理论仍然有其局限性，在区分全球公司与跨国公司的定义、剖析跨国公司发展成为全球公司的动因、分析全球公司为母国带来的影响方面仍然留有空间值得进一步思考和探讨，本书在基于全球公司理论的基础上，对于如何进一步充实完善该理论提出一些观点。

（一）构建全球公司评价指标体系

跨国公司的概念由来已久，已经广为接受。全球公司由跨国公司发展而来，必然与跨国公司有相同点，也有不同点，而区别全球公司与跨国公司的关键在于不同点。全球公司理论中唯一衡量跨国公司达到全球公司的量化指标是跨国指数，全球公司理论给出的标准是：当跨国指数超过 50%，跨国公司即达到了全球公司的标准。跨国指数包含海外资产占总资产、海外销售占总销售、海外雇员占总雇员的比例，然而这一单一标准并不能概括全球公司的全部特点。

全球公司除了跨国指数应达到 50% 以外，还应当实施全球战略，建立起全球管理

治理网络，并且能够承担全球责任，然而这些特征均无法用量化指标来进行衡量。其中，全球战略要求全球公司在地域上突破界限，以更高的视野在全球范围内合理配置资源，其生产制造、研发设计、营销服务、资本运作应跨越全球多个市场，将最优资源合理配置应用。建立全球管理治理网络要求全球公司能够突破文化的界限，因地制宜，在东道国寻求最适宜的管理治理方式，寻求最适宜的运营模式。而全球责任则要求全球公司突破短视的局限，不以盈利为唯一目标，将财富与资源取之于社会还之于社会，通过不断提升企业形象为企业的长远发展创造良好的环境和机遇。以上三项均非量化标准，无法采用量化评价。

依照全球公司理论对全球公司的定义，依然难以准确衡量一家跨国公司是否已经达到全球公司的水准。有一些大型跨国公司，实施高瞻远瞩的全球战略，拥有完善的全球管理治理网络，并且积极承担全球责任，但因基础规模大，海外发展的规模难以达到公司整体规模的 50%；而一些中小企业在全球化发展过程中，通过在海外设立分支机构，容易使跨国指数超过 50%，但是在其他方面还未达到全球公司的标准。因此，仅以跨国指数作为衡量达到全球公司的唯一标准，是否全然合理值得商榷。

因此，构建全球公司评价指标体系能够为全球公司提供一套评价标准，有利于更加清晰地划分跨国公司与全球公司的界线。全球公司评价指标体系除了跨国指数以外，应当有一整套衡量全球公司整体水平的量化指标，例如可以增加跨国公司在海外多少国家或者地区设立分支机构、海外分支机构的数目、海外分支机构设立时间、海外消费者打分情况等指标，这套指标能够综合评价全球公司的经营业绩、市场竞争力、可持续发展力、企业形象、品牌价值等，并且能够划出全球公司的基准线，当跨国公司达到这一基准线就可以称为全球公司。而跨国指数超过 50% 只是衡量是否为全球公司的其中一项指标，如果跨国指数超过 50%，而企业并没有一套完整的全球管理治理体系或者企业社会责任指标不达标，仍然不能称之为全球公司；反言之，如果跨国公司严格执行全球战略并有一套完善的全球治理网络体系，同时积极履行全球责任，但是跨国指数未达 50%，也没有达到全球公司的标准，尚不能称之为“全球公司”。

（二）全球公司是跨国公司顺应时代发展的必由之路

全球公司是跨国公司发展的高级阶段，是升级版的跨国公司。网络与信息技术的飞速发展以及经济全球化为跨国公司拓展海外业务提供了必要条件。跨国公司发展成为全球公司之后，拥有全球化的视野，以长远发展为企业经营目标，能够更快适应东道国的经济社会环境，更加迅捷地在全球范围内合理配置资源。当前经济社会更加讲求互利共赢，全球公司相较于跨国公司，具有更加灵活的管理机制。全球公司通过全球管理治理网络可以快速调整不同区域的经营模式，在各地采用因势利导的战略，从而为企业获取更多的资源，吸纳更多的优秀人才，创造更多的利润。另一方面，全球公司在推动国际经贸法则不断改革完善的同时，也成为这些新的国际经贸法则的受益者，能够先于其他企业享受这些国际规则带来的优惠。

从企业利益角度出发，全球公司将为企业带来更大盈利空间，为企业可持续发展创造了更有利的条件。全球公司通过在全球范围内建立生产、经营、销售、管理网络，吸纳全球优质资源，降低生产成本，提高生产效率，为企业带来更大的利润，并为企业在全球各地寻找商机创造机会。站得更高能让企业看得更远，成为全球公司有利于企业长远发展。从社会发展角度出发，全球公司通过构造全球价值链，在全球范围内合理配置资源，促进资本全球流动，能够为世界创造更大财富。全球公司通过资源整合、优势互补，不断与其他企业进行整合、合作，从而加速推进区域经济一体化的进程，将高端产业、先进技术推广到发展中国家，促进新兴经济体繁荣。

全球公司理论在阐明全球公司的特点以外，也应引导跨国公司如何发展成为全球公司。全球公司并非一般跨国公司难以企及，或是只有特定行业的企业才能成为全球公司，事实上，全球公司是跨国公司发展到成熟阶段的表现形式。跨国公司要想成为全球公司离不开多方的共同配合：首先，在全球范围内已经形成机制健全、良性竞争、平稳有序的经济环境；其次，企业的母国政府应该引导、鼓励跨国公司积极拓展海外业务，在政策上给予优惠和倾斜；再次，企业管理层必须具备全球战略眼光，把企业构建全球管治体系、承担全球责任与企业的长远发展结合起来。

（三）全球公司给企业母国带来深远影响

全球公司理论阐述了全球公司给世界经济及中国经济带来的影响，均是从东道国的角度进行分析，事实上，全球公司也给其母国带来了深远影响。这种影响是双向的：一方面，不同国家因自身基础及条件的异同，衍生出行业优势、规模优势、区位优势、组织优势及其他特定优势，构成企业优势的重要外部来源，母国的经济发展状况为全球公司提供成长壮大的土壤，而全球公司也为母国带来新的发展机遇；另一方面，全球公司的品牌形象也会影响母国的国家形象，优秀的全球公司为投资东道国带来丰厚的资源，引进先进的技术和企业管理治理模式，刺激东道国产业改革升级以及形成良好的市场竞争机制，有利于提高全球公司母国的国家形象，反过来，国家形象又可以影响外国公众对该国生产的商品、提供的服务、进行的投资活动的态度，进而影响该国企业在国际经济社会是否能够处于有利地位。

全球公司是母国国家形象的延伸，良好的国家形象会为其在海外的经营活动提供便利，形成国家认同，由此派生出企业认同。全球公司的东道国政府、企业与居民在观察这家企业时，往往首先会联想到其背后的母国国家形象。例如德国生产的产品总是给人非常扎实、耐用的印象，德国在人们的印象中是一个非常严谨的国家，这种刻板效应使得消费者每当看到“德国制造”的字样，就会产生思维惯性，认为该产品必定经久耐用。由于母国德国的良好形象，有助于德国企业树立良好的品牌形象。全球公司较一般的企业，其影响力更广，分支机构遍布全球范围，因此，全球公司的品牌形象与其母国的国家形象更加紧密联系，品牌的特色往往能折射出一个国家民族的特征。全球公司在向全世界推广其产品的同时，也承担着母国文化传播、价值观输出的责任，尤其当全球公司拥有国际知名品牌时，其产品已成为国家的符号，能够为母国提高国际声誉，创造更有利的国际政治、经济、文化环境。此外，全球公司能够吸引优秀合作伙伴到母国投资，在向东道国输出资本的同时，也为母国带来新的资源。

全球公司是国际规则的利益相关者。发达国家总是习惯于按照自身的利益进行全球性的扩张，形成一整套国际交往规则和国际经济规则。全球公司与其母国必定密切关注国际规则的制定与国际规则的运转。全球公司除了能为母国带来丰厚的经济收益外，还能提升母国的国际地位，增强母国的国际影响力与话语权。如此，将有助于母国对国际规则的掌控以及对国际组织的影响，反过来又会给本国的全球公司带来便利。总而言之，全球公司与其母国的关系是相辅相成、相傍相依的。

（四）全球公司不仅仅是规则遵循者，亦能参与规则制定

全球公司在全球市场上有较大影响力，因此不再简单地成为国际标准和规则的遵循者，而能积极参与国际标准和规则的制定，全球公司的这一特征有待在全球公司理论中进一步展开探讨。

全球公司要在国际市场立足，除了拥有产品竞争力，还要有一定的话语权。由于贸易摩擦始终存在，而主动权更多地掌握在游戏规则的制定一方。跨国公司若不能参与行业规则的制定，就容易在规则上受到制约，即便一时占领国际市场，只要规则一变，优势就会消失。国际标准和规则的谈判在政府，但企业能够作为参与者为谈判代表提供建议，因为企业人员往往比政府官员更加了解产业的具体情况。

全球公司比一般跨国公司拥有更广阔的平台、更多的海外分支机构以及背景更加丰富的员工，能够更深入持久地影响规则制定。例如微软公司联合 BEA 系统公司、Tibco 软件公司于 2004 年发布了一项名为 Web Services Eventing 的环球网服务事件规范，以简化依赖事件触发行动应用程序的研发工作，该规范交由一个产业标准组织考虑，为进一步制定产业内的标准提供参考。企业通过制定国内法规，逐渐影响国际规则的转变，是全球公司参与国际规则制定的一种途径。另外，全球公司可以通过参与行业内技术法规的制定、评议，在多哈谈判等国际谈判中发声，进而影响国际规则的制定。

全球公司比一般跨国公司拥有更多的机会与规则制定者会晤，无论是正式还是非正式场所。随着网络和信息时代的发展，全球公司可以更加便捷地将自己的意见与诉求传递到规则制定者的耳中。全球公司比一般跨国公司拥有更多的机会参加一些国际论坛，能够更好地了解当前国际规则的变化以及规则发展的动向。国际标准和规则的制定通常不是一蹴而就，需要酝酿几年甚至几十年才能最终形成。在这个过程中，全球公司可以充分把握机会，对规则的制定与变化施加影响。

参考文献

[1] 王志乐. 全球公司——跨国公司发展新阶段[M]. 上海：上海人民出版社，2014.

[2] 王志乐. 跨国公司在华发展新趋势[J]. 宏观经济研究，2005(3).

[3] 马克思，恩格斯. 马克思恩格斯选集：第 1 卷[M]. 2 版. 北京：人民出版社，2013：273-276.

[4] 卢进勇，邹赫，程健. 跨国公司在华腐败相关问题研究[J]. 当代经济管理，2015(5).

第十三章

国际投资动力论

国际投资动力理论是对外直接投资的核心理论，从传统的资本输出动力理论，到西方国际投资动力理论，再到国际投资合力理论，都对跨国公司对外开展投资经营活动的原因做出了重要的解释。

第一节　国际投资合力论

“国际投资合力论”由王东京在其1992年出版的《国际投资论》[①] 一书中提出。该理论在分析借鉴前人理论的基础上，分别从投资母国和东道国的角度提出动力论、引力论和惯性论（见图13-1）。其中，国际投资动力主要分析一国对外投资的原因，国际投资引力主要分析资本的国际投向及其形成原因，国际投资惯性主要是对国际资本的运动状态及其过程进行分析。该理论认为国际投资活动是在投资母国和东道国的合力作用下发生的，并为各作用力提供了严谨的量化工具。

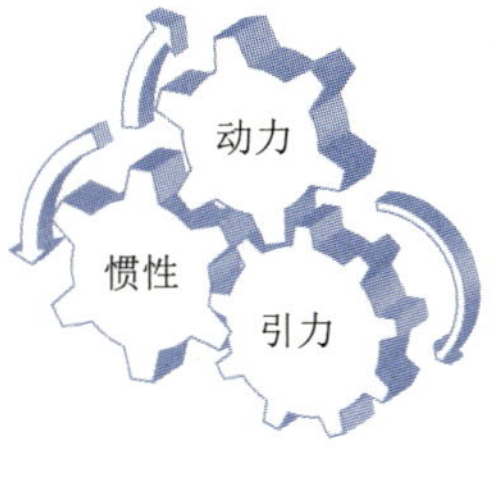

图13-1　国际投资合力理论示意图

一、国际投资动力

国际投资动力是指国际投资活动的动机和经济发动力，包括追求利润最大化和存在过剩资本两大要素。也可以说，国际投资动力是一种合力或者一种系统力，其中，为过

① 王东京. 国际投资论[M]. 北京：中国经济出版社，1993.

剩资本寻找出路是国际投资发生的本体动力，追求利润最大化是国际投资产生的持续动力。

（一）模型假设

国际投资动力定律作为一般性定律，是基于以下假设条件提出的：

第一，除模型中几大主要因素外，忽略其他非主要因素对国际投资的作用，从而使国际投资动力模型具有较强的操作性；

第二，参与对外直接投资的主体均以利润最大化为目标；

第三，只针对于宏观经济分析，即从一个国家的整体投资行为出发；

第四，投资母国和东道国都是外汇管制较宽松的国家，且同时具有比较完善的国际金融市场；

第五，对外直接投资最终目的是利润最大化，而不存在某种超经济的政治或外交目的。

（二）模型结构

国际投资动力定律是指一个国家一定时期对外投资动力的大小，与该国国内同期投资密度的变动指数成正比，与国内投资利润率和银行存款利息率的平均变动指数成反比。另外，当 $D_t=1$ 时，国际投资动力恒定不变；当 $D_t<1$ 时，国际投资动力缩小；当 $D_t>1$ 时，国际投资动力增大。用公式表示如下：

$$D'_t=\frac{H'_t}{\frac{1}{2}\times(R'_t+I'_t)}$$

D'_t——一个国家的对外投资动力系数，值越大动力越大。

H'_t——一定时期内，对外投资母国的国际投资密度变动系数，即报告期的投资密度与上期投资密度的比值。投资密度是指一个国家一定时期的人均投资额。

R'_t——一定时期内，对外投资母国的银行存款利率变动系数。

I'_t——一定时期内，对外投资母国的国内投资利润变动系数。

t——代表时间参数，一般可用“年”表示。

（三）模型要素

1. 用投资密度替代过剩资本

首先，过剩资本的存在是一个国家产生对外投资的本体动力。也就是说，过剩资本越多，对外投资的动力就越大，因此，国际投资动力是与过剩资本的多少成正比例的。其次，过剩资本难以量化，故用投资密度加以替代。因为投资密度与过剩资本高度相关。最后，一般来讲，投资密度越高，过剩资本存在的数量就会越大。因为国内投资的边际收益会呈下降趋势，必然会使国内资本出现相对过剩的现象，所以说这种替代是可行的。

2. 国际投资动力的大小与国内投资利润率、银行存款利息率的高低呈反比关系第一，国际投资动力只与国内投资利润率和利息率相关，而不与国外对应因素相关，这是因为国际投资的主体是投资母国，他国的利润率和利息率只影响该国的资本投向，但与该国的对外投资动力大小无关。第二，国际投资动力的大小与国内投资利润率、银行存款利息率的高低呈反比关系。因为国内投资利润率和银行存款利息率的高低与国内投资场所的大小呈正比，而国际投资动力的大小又与国内投资场所的大小呈反向相关。

3. 国内投资密度变动率与国内投资利润率、银行存款利息率的比值能够真实地反映一个国家对外投资规模的大小

第一，以往的国际实证数据证明了该论点；第二，一个国家的动力系数越大，其对外投资规模也越大。

（四）模型意义

国际投资动力定律在理论研究和现实应用中都具有重要的研究价值。

第一，从方法论的角度解释了国际投资产生的动机和原因。国际投资动力定律不仅从科学角度说明了一个国家为什么要进行国际投资，还解释了该国为什么能够对外投资，即从必然性和可能性两个方面阐明的对外投资的存在。

第二，对发展中国家引进外资具有参照作用。国际投资动力模型不定性分析了一个国家对外投资的各自动力因素，还以定量的方式给出了国际投资动力的计量方式。对于需要引进外资的国家而言，如果能够优先从国际投资动力系数较高的国家引进资本，那么该国将会比较顺利地完成引进外资的任务，同时避免了一系列不必要的麻烦。

二、国际投资引力

国际投资引力是指投资对象国对投资国资本的一种吸引和接纳能力，其严格定义为存在于投资对象国内部的某种对国际资本投向起调节和支配作用的客观经济力量。国际投资引力调节的国际投资结构并非投资规模。该理论解释了国际资本投向的一般规律，有利于发展中国家根据本国国情和其对外资的需求程度来适当地调整本国对外国资本的引力程度。

国际投资引力论的四大方法论原则：第一，国际投资引力不是一个独立的单因素，而是由一个多因素构成的引力体系；第二，分析一个国家的国际投资引力重点要考察该国的经济发展程度；第三，国际投资引力以“利润”为研究关键点；第四，资本丰裕程度是影响国际投资引力的重要因素。

（一）模型假设

国际投资引力定律作为一般性定律是基于几个假设条件提出的：第一，发生资本流动的国家都是外汇管制较为宽松的国家；第二，存在健全的国际金融市场；第三，各发达资本主义国家资本流动的地区分布呈现同乡移动的趋势，而这种趋势与国际投资引力相关；第四，发达资本主义国家对发展中国家投资的地区流向日益集中在像巴西、墨西哥、新加坡等国以及中国香港等地区，这一现象与国际投资引力相关；第五，发达资本主义国家国际投资的部门结构几乎一致地从采掘业向制造业、服务业和高技术工业部门

转移，这一趋势表明国际投资活动受到某种“引力”的支配。

（二）模型结构

国际投资引力定律：A 国对 B 国国际投资引力的大小与两个国家人均国民收入的相对水平成正比，与两国银行利率的比率以及两国同一行业的投资利润率比率成正比，与两国某一同类行业投资密度的比率成反比。用公式表示如下：

$$E_{(a/b)}=F_{(a/b)}\times\frac{I_{(a/b)}\times R_{(a/b)}}{H_{(a/b)}}$$

$E_{(a/b)}$——A 国对 B 国的总体投资引力系数。

$F_{(a/b)}$——A 国人均国民收入对 B 国人均国民收入的比值，代表 A 国对 B 国的资本引力常数。因该指标在短期内相对稳定，故定义为 A 国对 B 国资本的引力常数。$F_{(a/b)}<1$ 表明该国是一个相对不发达的国家。

$R_{(a/b)}$——A 国银行利率对 B 国银行利率的比值，只影响国际投资的国别流向，代表宏观引力因子。

$I_{(a/b)}$——A 国某行业投资利润率对 B 国同行业投资利润率的比值。因该指标变动比较灵活且影响国际投资的部门投向，故代表微观引力因子。

$H_{(a/b)}$——A 国某行业的投资密度对 B 国同行业投资密度，与总投资引力负相关，代表反引力因子。$H_{(a/b)}<1$ 表明该国某行业投资薄弱，市场对外资的需求较大。

（三）模型要素

国际投资引力以“投资国利润最大化”为主线，将其模型要素分为两类，即宏观要素和微观要素。其中，宏观要素包括人均国民收入、利率水平；微观要素包括行业利润率和行业投资密度。

第一，“人均国民收入水平”是一项反映某个国家经济发展程度、社会消费水平、市场需求状况以及投资经济环境的综合指标。在国际引力模型中，该指标存在两方面意义。首先，从总量上反映一国的投资经济环境，当一国人均国民收入较低时意味着该国经济落后，其国内市场需求空间有限，从而投资环境较差，因此对外资吸引力较差；其次，从结构上反映一国对外资的吸收能力，当人均国民收入较高时，该国与发达国家的市场需求结构和消费机构就相对接近，进而在数量和质量上都能够很好地容纳和吸收发达国家的大量投资。

第二，“中央银行利率”是影响国际资本投向的重要因素。如果外国的利率高于本国，那么本国的资本就会流向高利率国，在其他条件都相同的情况下，这一资本流动会一直持续直到两国利率调整为相同水平。

第三，“行业利润率”解释了为什么发达资本主义国家之间会存在相互投资。一国的行业利润率不同于平均利润率，吸引外国资本的利润率是行业利润率。因为一国国家的对外投资针对另一个国家的特定行业或部门，而不是把资本平均地投向另一个国家所有行业或部门。

第四，“行业投资密度”是指一个国家任一行业的投资总额（含国内和国外投资）与国内人口总数的比率，该指标是从资本的丰裕程度考虑国际投资引力水平。当某行业的投资密度越高时，它对国际投资的引力就越小；反之越大。其原因有二：首先，一个国家的行业投资密度反映了该国某类产品的社会供给与需求之间的适应程度，在其他条件不变的情况下，一国特定行业的投资密度越高，该市场对外资的需求越小。其次，行业投资密度反映一国的投资结构状态，不同国家在不同行业具备不同优势，这就给发达国家之间提供了相互投资的机会，因而在竞争规律支配的现代资本主义经济中，各发达国家的垄断资本几乎都是通过发挥自身的投资优势，并利用对方某种投资劣势来进行国际投资的。

（四）典型情况分析

第一，当 $F_{(a/b)}<1$，$R_{(a/b)}$ 极大地>1①，$I_{(a/b)} \geqslant 1$，$H_{(a/b)}<1$ 时，总体引力系数>1，外国资本会流向该国，解释了二战前资本流向亚非拉地区。

第二，当 $F_{(a/b)}$ 极大地<1，$R_{(a/b)}>1$，$I_{(a/b)}>1$，$H_{(a/b)}<1$ 时，总体引力系数<1，外国资本不会流向该国，解释了二战后资本逐渐转移出经济落后国家。

第三，当 $F_{(a/b)}>1$，$R_{(a/b)}$ 接近于 1，$I_{(a/b)}$ 接近于 1，$H_{(a/b)}$ 极大地<1 时，总体引力系数>1，外国资本会流向该国，解释了存在一部分发展中国家把部分资本投向欧美等发达国家。

第四，当 $F_{(a/b)}>1$，$R_{(a/b)}>1$，$I_{(a/b)}>1$，$H_{(a/b)}<1$ 时，总体引力系数>1 且很强，外国资本会大量投资到该国的高利润行业，解释了为何二战后美国成为各国投资争夺的市场。

第五，当 $F_{(a/b)}$ 接近于 1，$R_{(a/b)}>1$，$H_{(a/b)}$ 极大地<1 时，总体引力系数>1，B 国资本会流向 A 国投资密集度低、利润高的行业；若改为 $I_{(a/b)}<1$，$H_{(a/b)}$ 极大地>1 时，总体引力系数<1，则 A 国资本逆流向 B 国，从而解释了二战后发达国家之间的相互投资现象。

第六，当 $F_{(a/b)}>1$，$H_{(a/b)}>1$，$E_{(a/b)}>1$ 时，如果 $R_{(a/b)}>I_{(a/b)}$，则 B 国会在 A 国开展间接投资；当 $F_{(a/b)}>1$，$H_{(a/b)}<1$，$E_{(a/b)}>1$ 时，如果 $R_{(a/b)}<I_{(a/b)}$，则 B 国会在 A 国开展直接投资，从而解释了二战后出现国际直接投资与间接投资并存，且以直接投资为主的现象。

（五）一般性结论

根据上述典型情况的分析，国际投资引力模型存在以下几个一般性规律。

第一，当 A 国对 B 国的总体引力系数 $E_{(a/b)}=1\times\frac{1\times1}{1}=1$ 时，两国间不存在资本流动。故两国不发生资本流动的典型经济条件为：两国的人均收入水平相同，两国中央银行的比率相同，两国同类行业的投资利润率一致，两国同行业的投资密度相等。

第二，当 $E_{(a/b)}>1$，B 国向 A 国投资。

---

① 模型中使用“极大地>1”或“极小地<1”，均指其幅度都是使总体引力系数大于 1 时所需要的水平。

第三，当$E_{(a/b)}<1$，A 国向 B 国投资。

三、国际投资惯性

国际投资惯性是指国际投资活动中客观存在的一种经济现象，它是一种资本流出国的持续力（非原生力）。具体来讲，对外直接投资惯性是指一个国家或地区在其他条件（对外直接投资动力、对外直接投资引力以及其他外界因素）不变的情况下，该国对外直接投资的规模与速度会保持原来的状态。

第一，国际投资惯性可分为对外零投资惯性和对外正投资惯性。对外零投资惯性是指当一个国家或地区从未发生过对外投资时，如果外界未发生大的变动，该国很难启动对外投资；对外正投资惯性是指当一国或地区存在对外投资时，如果外界变化不阻止对外投资，该国会保持这一经济活动。

第二，国际投资惯性是从资本流出国的角度研究对外投资，故其载体为投资母国。

第三，国际投资惯性是保持一国投资状态的惯性力或持续力，仅在原有投资基础上影响国际资本的流动。

（一）国际投资惯性定性分析

类似于物理学中的惯性定律，国际投资惯性既有保持不对外投资的惯性，也有保持继续对外投资的惯性，即国际零投资惯性和国际正投资惯性。

1. 国际零投资惯性

国际零投资惯性是指当一国在初始状态没有发生对外直接投资时，如果外界条件没有发生明显变动，该国会继续保持其对外零投资的状态。可从以下三个方面解释国际零投资惯性存在的原因：

第一，该国无力启动资金外流。具体表现在两个方面，一是国内经济落后，自身资金短缺，启动资金缺乏；二是社会生产尚未形成规模化，缺乏启动对外投资的企业主体。

第二，资本流动追逐高利润导向。国际零投资国往往具有较高的投资利润率，原因有二，一是其国内资金短缺、投资密度低，为保证国内资金需求，其政府提高银行利率；二是国内市场资本供给短缺，市场经济运行规律将投资利润推高。

第三，对外投资软资本疲软。对外直接投资是硬资本（资金、设备等）和软资本（管理、技术等）的综合跨国移动。国际零投资惯性国在缺乏资本的同时，因生产技术落后、管理水平不佳等导致其软资本疲软。

2. 国际正投资惯性

国际正投资惯性是指当一国在初始状态存在对外直接投资时，如果外界条件没有发生明显变动，该国会继续保持其对外投资的状态。可从以下四个方面解释国际零投资惯性存在的原因。

第一，国内投资市场的竞争挤出效应。一方面投资母国资本密集度高，国内市场存在资本过剩现象；另一方面，国际正投资再次产生“相对资本过剩”现象，因为现代科学技术以及发达资本主义国家的垄断推动投资母国的资本积累，从而也就产生了国际正投资的惯性。

第二，国际投资市场的跟进效应。根据西方经济学家海默等人提出的“寡头均势”

和“跟进投资策略”，国际投资市场竞争的加剧会迫使投资母国加大对外直接投资规模，以维持在国际市场的市场份额。由于国际市场存在大量的国际正投资国，这种由竞争引起的投资连锁效应也成为国际正投资惯性形成的一个重要因素。

第三，国际正投资资金的逆退效应。投资母国一旦对外开展投资业务，受转移成本障碍、转移时滞障碍、转移风险障碍的影响，一国很难把投资全部撤回母国。

第四，贸易关税壁垒的反推效应。在当代经济活动中，关税是一国保护本国企业避免外国竞争的重要手段，而对外直接投资恰到好处地绕过了这一壁垒。即对外直接投资能够带动生产设备的直接出口，能够在减少国内对外出口的同时提升产品在国际市场的销售水平。

（二）模型假设

国际投资惯性定律作为一般性定律，是基于以下假设条件提出的：

第一，国际投资惯性是一个相对概念，首先以原有的对外直接投资状态为参照标准，同时其大小还与国际投资动力相关。

第二，国际投资惯性同时受到诸多经济因素和非经济因素的影响，但本模型仅包含发挥主要作用的几大因素，以便于研究其规律。

第三，投资母国和东道国都是外汇管制较宽松的国家，且同时具有比较完善的国际金融市场。

第四，对外直接投资最终目的是利润最大化，而不存在某种超经济的政治或外交目的。

（三）模型结构

国际投资惯性定律：国际投资惯性状态值与投资国本身的国际投资动力系数成正比，与投资国的内外投资密度比呈正方向变化，与投资对象国对投资国的平均关税税率变动指数呈正向变化。用公式表示如下：

$$G_{(a/b)}=D_a\times[M_{(a/b)}+T_{(a/b)}]$$

$G_{(a/b)}$——母国（A 国）对东道国（B 国）的对外直接投资惯性状态值，即是零投资惯性状态还是正投资惯性状态。

D_a——母国（A 国）当期的对外直接投资动力系数。

$M_{(a/b)}$——投资母国（A 国）的对外投资密度与国内投资密度的比率。其中，对外投资密度指母国在东道国一定时期的投资总额除以东道国人口总数；国内投资密度指母国一定时期内的投资总额除以国内人口总数。

$T_{(a/b)}$——东道国对母国商品进口的平均关税税率的变动指数，也即平均关税税率与基期平均关税税率的比值。

（四）模型要素

“国际投资动力系数”是一项综合反映投资母国内投资密度变动和国内利润率变动的系统指标。其大小一方面反映了国内资本的占有情况（即是否存在过剩资本进行对外投资），一方面也反映了国内资金利润率的水平。将国际投资动力系数纳入国际投资惯性模型中，能够从投资母国的资金状况和利润水平角度揭示国际投资的惯性规律。

“投资母国的内外投资比”能够很好地反映两个问题。第一，投资母国现存的对外投资状态，若该值为0则说明未曾对外投资，反之则存在对外投资。第二，国外投资市场的竞争状况，若该值>0，且不断上升，则说明投资者在国外市场面临相对激烈的竞争。将“投资母国的内外投资比”纳入模型中，有利于从国外投资市场的竞争效应和对外投资的逆退效应来揭示国际投资惯性定律。

“东道国平均关税税率变动指数”能够间接地推动母国加强对东道国的投资。具体来讲，当东道国关税水平越高时，母国的商品输出越难，在这种情况下如果母国存在过剩资本，其对外直接投资规模就会加速。

（五）模型结论

1. 典型情况分析

第一，当$D_a<1$，$M_{(a/b)}=0$，$T_{(a/b)}\leq 1$时，该国的对外投资处于零惯性投资状态。因为$D_a<1$，$M_{(a/b)}=0$说明该国经济相对比较落后且未曾发生过对外投资，所以即使东道国的进口关税较低，A国仍不会对外开展投资业务。

第二，当$D_a>1$，$M_{(a/b)}=0$，$T_{(a/b)}>1$时，该国的对外投资处于正惯性投资状态。因为尽管该国以往不存在对外直接投资，但其生产力水平达到一定高度并存在资本过剩（对外投资动力系数大于1），且贸易关税税率上升，A国从此会出现连续不断的对外投资。

第三，当$D_a>1$，$M_{(a/b)}>1$，$T_{(a/b)}>1$时，该国的对外投资处于正惯性投资状态，且惯性较大。因为此时A国处于经济相对发达、资本存在过剩的状态，同时鉴于高关税的影响，A国会为维持其在国际市场的投资地位和市场份额，继续保持对外投资。

2. 一般性结论

根据上述典型情况的分析，国际投资惯性模型存在以下一般性规律：

第一，当$G_{(a/b)}>1$时，母国对外投资处于正投资惯性状态，并且该值越大，正投资惯性就越大，对外投资的速度也会加快。

第二，当$G_{(a/b)}<1$时，母国对外投资处于零投资惯性状态，并且该值越小，零投资惯性就越大，对外投资的速度就会放慢。

3. 模型应用

对于投资母国，国际投资惯性定律为投资母国从理论上预测和调节其对外投资活动提供了方法论依据。第一，已开展对外投资的国家若想终止对外投资，必须首先改变国内外的投资条件、增加对外投资障碍（如提高国内投资利率、采取措施要求东道国降低关税等），因为有悖于投资惯性强行撤资会造成大量的经济损失。第二，不曾开展过对外投资的国家，如希望进行对外投资，必须先改善自身投资条件，如增加资本积累、提高投资密度，从而加大对外投资动力，摆脱国际零投资惯性的束缚。

对于需要引进外资的东道国而言，要优先考虑从那些正处在国际正投资惯性的国家引进资本。因为根据国际投资惯性定律，当一国存在较大的对外投资惯性时，即使东道国的投资环境没有明显的改善，该国仍会对资本引进国进行投资。

四、国际投资合力论评价

国际投资合力论是在综合研究西方对外直接投资理论以及政治经济学理论的基础上提出的，它既吸收了先进理论的精髓，又独创性地提出了新观点。因而，该理论的提出在发展中国家对外直接投资理论发展史上具有重要的里程碑意义。

国际投资合力论有两大重要贡献，一是揭示出国际投资活动客观存在的社会规律，二是为各国参与国际投资提供了重要的计量工具。具体来讲，对外直接投资动力论从列宁资本输出理论出发分析了对外直接投资产生的动因，既揭示了国际投资的必然性，也反映出了其可能性，同时也为各国计量国际投资动力的大小提供了方法论工具；对外直接投资引力论，理论上揭示了国际投资流向的原因，帮助人们认识到对外直接投资的一般规律，为发展中国家调整吸引外资的引力程度提供了一个量化依据；对外直接投资惯性论，反映了对外直接投资过程中的运动规律，为投资国在理论上预测和调节自身对外投资的后续行为提供了方法论依据。

但该理论的不足之处有二。第一，整个理论模型基于单纯的市场经济活动，忽视了政治等非经济因素对国际投资的影响。在当今世界经济中，国际投资活动往往不再是简单的经济往来，其中往往掺杂着政治、军事等不可控的因素。因而该理论模型在实际应用中，只能提供简单的参考作用。第二，不能够为单个企业的投资经营活动提供指引。该理论是基于宏观经济提出的，因而为一国制定外资发展战略具有较强的实践意义，但对单个企业的国际投资决策借鉴意义不大。

第二节 其他国际投资动力论

一、传统资本输出动力理论[①]

19 世纪以来，马克思主义政治经济学者对国际投资的研究主要集中在对国际资本流动主要动因和条件的研究上，并以资本输出理论（Capital Export Theory）为代表。资本主义社会矛盾的激化是马克思主义政治经济学者对相关理论进行研究的主要背景。马克思主义的资本输出论在 19 世纪 40 年代产生于西欧，当时西欧资本主义已有了相当的发展。英国、法国、德国等国已经或正在推进产业革命，生产力和科学技术达到前所未有的水平；无产阶级已由自在阶级开始向自为阶级转变；英国宪章运动、法国里昂工人起义和德国西里西亚纺织工人起义标志着无产阶级已经作为独立政治力量登上历史舞台。

传统资本输出理论的核心内容主要有两点：一是资本输出的直接动力是追求高额利润，或者以利润最大化为目标；二是“过剩资本”是资本输出的客观基础。

---

① 肖卫国，蔡志强. 关于资本输出的理论与现实意义[J]. 江汉论坛，1999(7).

（一）马克思的过剩资本理论

马克思提出了资本国际化观点，指出资本主义社会的固有矛盾必然会产生过剩资本，又因资本主义强烈的逐利动机，过剩资本导致资本的国际输出。

1. 资本主义条件下必然产生“过剩资本”，形成资本输出的物质基础和必要前提

马克思指出“过剩资本是指那种利润率的下降不会由利润量的增加得到补偿的资本”。第一，马克思揭示了关于“生产过剩”“相对人口过剩”和“资本过剩”三者之间的相互关系。在资本主义社会，由于资本主义积累规律的存在及其作用，使资本的增大以及随之而来的资本有机构成的提高以日益加快的速度进行，形成大量的相对人口过剩；相对于国内有支付能力的需求而言，生产过剩不可避免；相对于国内日益下降的平均利润率而言，必然存在大量过剩资本。第二，马克思同时论证了资本主义的生产过剩、相对人口过剩和资本过剩是同时并存的非暂时性现象，是由资本主义固有矛盾和资本主义经济规律所决定的。第三，根据分析指出与生产过剩、相对人口过剩同时并存的大量过剩资本正是资本输出的物质基础和必要前提。

2. 资本输出是资本主义生产方式发展的内在要求，是过剩资本一条必要的出路

剩余价值规律推动过剩资本向外输出，并以开拓世界市场、获取廉价原材料和追逐高额利润为目标。按照马克思的论述，由于资本主义的基本经济规律（即剩余价值规律）的作用，资本追求剩余价值的增殖运动并不受国家或民族地域的局限，而是生来就具有国际性，而资本国际化的核心和本质特征正表现为资本主义生产关系在空间上的扩张。马克思、恩格斯指出：“资产阶级，由于开拓了世界市场，使一切国家的生产和消费都成为世界性的了。……过去那种地方的和民族的自给自足和闭关自守状态，被各民族的各方面的互相往来和各方面的互相依赖所代替了”，“不断扩大产品销路的需要，驱使资产阶级奔走于全球各地。它必须到处落户，到处创业，到处建立联系”。

3. 追逐高额利润率和获取高额利润是过剩资本输往海外的最根本的内在动力

过剩资本所追求的不仅仅是较高的利润率，而是追求利润量的最大化。马克思指出“如果资本输往国外，那么，这种情况之所以发生，并不是因为它在国内已经绝对不能使用；这种情况之所以发生，是因为它在国外能按更高的利润率来使用”。

从国际投资动力方面理解马克思的过剩资本理论，该理论包括两方面内容：第一，国际直接投资的直接原因是在资本主义社会初期，资本过剩的出现往往伴随着利率的下降趋势，进而导致资本流向利率更高的市场；第二，资本输出主要包括两种形式，即生成资本输出和借贷资本输出。生成资本输出将发展对外直接投资，借贷资本输出将把资本放贷到国外。马克思资本输出理论认为这种情况的资本输出特点是输出量少，且不经常发生。

（二）列宁的资本输出理论

列宁的资本输出理论产生于19世纪末20世纪初，当时资本主义自由竞争市场转向垄断资本主义和国家垄断主义，资本主义国家的主要铁路设施建设已基本完成。鉴于此，列宁认为因垄断产生的大量资本过剩导致资本向国外输出，其结果便是资本家及其

同盟分割世界、开拓殖民地。列宁在马克思关于过剩资本理论的基础上，通过总结资本主义进入帝国主义阶段的实际情况，进一步发展了关于资本输出的理论，列宁认为，资本输出主要发生在帝国主义资本国和殖民地之间，两者关系是不平等的。

1. 资本输出是资本主义进入帝国主义阶段后的一个重要特征

在资本主义自由竞争时期，相比于资本输出，商品输出占重要地位；在垄断资本主义（即帝国主义时期），商品输出仍然重要，但资本输出却被赋予了极其重要的时代特征。列宁指出："自由竞争占完全统治地位的旧资本主义的特征是商品输出，垄断占统治地位的最新资本主义的特征是资本输出。"

2. 帝国主义阶段出现大规模的资本输出具有客观必然性

首先，垄断是帝国主义的本质特征，国家垄断和国际垄断的发展，加速了生产的集中和资本的积累，也加速了过剩资本的形成，从而使大规模资本输出具备了相应的物质基础。

其次，追求利润最大化的内在动机必然驱使过剩资本要从其他国家人民那里榨取高额利润。过剩资本是相对于国内有利可图的投资场所或者相对于国内利润率不足以满足垄断资本的贪欲而言的。因此，大量过剩资本不会用于提高国内各地区或部门的投资密度，更不会用于提高国内人民生活水平，过剩资本的出路在于向外扩展。列宁指出："只要资本主义还是资本主义，过剩的资本就不会用来提高本国民众的生活水平（因为这样会降低资本家的利润），而会输出国外，输出到落后的国家去，以提高利润"。

最后，帝国主义阶段的大规模资本输出不仅具有必要性，也具有可能性。资本的国际化是国际关系加深的重要表现，而国际关系的发展又反过来推动资本国际化的发展。因为资本主义的发展，已经把许多落后国家卷入资本主义世界市场，落后国家必要的基础设施为发展工业准备了一定的条件；而资本的短缺、地价和工资的低廉，以及原材料便宜等落后状况，可确保输入的"过剩资本"获取丰厚的利润。

3. 资本输出是帝国主义国家进行对外扩张的重要手段

资本输出是帝国主义国家进行对外扩张的重要手段，是金融资本对全世界进行剥削和统治的重要基础。帝国主义国家对广大落后国家的资本输出，客观上刺激了这些国家发展资本主义；同时，资本输出日益成为帝国主义侵略和奴役落后国家，把它们变成自己的殖民地和附属国的重要手段。

（三）传统资本输出理论评价

传统资本输出理论是基于社会意识形态以及阶级意识理论提出的，为后续理论的发展提供了重要的借鉴意义，但在具体实践方面存在很大局限性。

1. 资本输出与国际资本流动的定义

对于国际资本流动，不同时期具有不同的定义。在传统资本输出理论时期，国际资本流动往往就是指帝国主义以在国际市场获取更高的剩余价值为目的的资本输出。而在现阶段的经济全球化时期，国际资本流动包括对外直接投资和对外间接投资，在本章内容中更多的是指对外直接投资。关于国际资本流动定义的变化，做出了下列概括。

（1）含义不同

传统资本输出理论认为，资本输出这种殖民制度形式的扩张，对新生资产阶级而言十分重要，它"大大地促进了贸易和航运的发展"，促进了"向资本主义生产方式的转变过程。”而国际资本流动是指生产力发展到一定历史阶段所产生的非劳动力生产要素在国际间交流的一种形式和手段，它既是世界各国经济发展的客观要求，又是国际经济关系发展的必然反应。因而，国际资本流动在本质上是从生产力的角度来界定资本要素的国际移动，它以世界各国生产要素的禀赋差异为前提，而不管资本主义生产关系成熟度如何，客观地反映了资本要素在全球范围内寻求优化配置以提高生产效率的要求。

世界上绝大多数国家都同时进行资本输出和资本输入，且资本输出、输入的流动呈现多向性和交叉性，它既包含资本从发达国家向发展中国家的“垂直流动”，又包含发达国家之间、发展中国家之间的“水平流动”，还包含从发展中国家向发达国家的“逆向流动”。

（2）主要形式不同

传统资本输出理论认为，资本输出以证券投资为主，尤其是以借贷资本输出为主要形式，而且总是同帝国主义对殖民地或附属国的掠夺和扩张紧密相连的，形成宗主国剥削广大殖民地或附属国的债务锁链。即资本输出使帝国主义国家以利息和利润的形式源源不绝地从国外获取剩余价值，尤其是通过借贷资本输出谋取短期暴利。

而第二次世界大战后国际资本流动中虽然证券投资仍占重要地位，但海外直接投资是最基本的形式，而且至少从形式上讲，它是在殖民体系瓦解、各主权国家平等条件下进行的，因而投资方和受资方的关系发生了根本转变，即从掠夺与被掠夺、奴役与被奴役的关系向基本平等互惠的关系发展。

如果说以证券投资为主要形式的资本输出旨在广大落后国家疯狂地搜寻机会，以期在短时间内获得更高的利润率和最大的利润，那么，以跨国公司海外直接投资为主要形式的国际流动所追求的东西当然决不仅限于此，还应该包括控制技术、生产和销售等综合利润。

（3）投资主体不同

资本输出的投资主体仅限于少数发达的资本主义国家，因为“过剩资本”只存在于经济比较发达、技术比较先进的国家，才具有相应的对外输出资本的动力。具体而言，从事对外输出资本的主体是少数帝国主义列强的金融垄断财团。

而在第二次世界大战后国际资本流动中，投资主体不存在国别标准，不管社会生产方式和国别性质如何，处于经济发展不同阶段的国家均可根据自身的要素禀赋和国家民族的利益参与国际资本流动。对外投资主体呈现多元化的特征，虽然发达国家的跨国公司在投资主体中占主导地位，但发展中国家、社会主义国家的跨国公司在投资主体中的地位与日俱增。

2. 实践意义

传统资本输出动力理论的理论意义深远，为后来学者的政治经济学以及国际贸易国际投资理论的研究提供了重要的理论基础；但随着国际政治经济关系不断向平等互利互惠方向发展，资本输出理论的理论实践便出现了很大的局限性。

二、西方国际投资动力理论

西方国际投资动力理论作为经典对外直接投资理论，对国际投资（尤其是发达国家的对外直接投资）具有重要的指导意义。其中主流的理论主要有垄断优势理论、边际产业扩张理论和内部化理论。

（一）垄断优势理论①

垄断优势理论是最早研究对外直接投资的理论，由美国麻省理工学院教授海默（Stephan Hymer）于1960年在其博士论文中首先提出，其核心在于市场不完全是对外投资的根本动因，而垄断优势则使企业能够在海外进行有力的竞争。其中垄断优势包括知识资产优势和规模经济优势，这两种优势通过一定的作用机理，为企业的海外投资创造了巨大的竞争力。

1. 垄断优势理论的主要内容

海默认为，国内、国际市场的不完全性和企业的垄断优势是跨国公司对外直接投资的根本原因。以不完全竞争为前提的市场不完全性为对外直接投资打开了大门，如果产品和各种生产要素的市场运行是完全有效的，则对外直接投资就不可能发生，对外直接投资是市场不完全的副产品。

不完全市场的形成主要源于四个方面：第一，产品市场不完善；第二，生产要素市场不完善；第三，内部规模经济和外部规模经济引起的市场不完善；第四，经济制度与经济政策引起的市场不完善。

该理论的两个核心点就是市场不完全和垄断优势。市场不完全主要表现在政府政策干预经济造成的不完全、产品的差异性、要素市场的独占性等方面；而垄断优势主要包括知识资产优势和规模经济优势。

2. 垄断优势的作用机制

跨国公司因为具备了知识资产优势和规模经济优势，才能够有力地开展的对外直接投资业务。其中，两大优势的作用机制解释如下。

（1）跨国公司知识资产优势的作用机制

知识资产优势包括产品开发和更新能力、先进的生产工艺流程、先进的管理经验、先进技术相适应、雄厚的资金实力、信息优势、国际声望、有独立的销售网络、有自己独立的销售系统等。

第一，跨国公司控制企业已有的知识资产，利用它制造高质量产品，并通过对外直接投资的开发使得这些知识资产所发生的（边际）成本趋于零，或者与投资报酬相比，知识资产成本趋于无限小。

第二，知识资产的使用富有弹性，在一个国家应用后，并不排除在其他国家应用。进行直接投资的跨国公司在国外应用这些知识资产所发生的边际成本很低，一旦某项专有技术被开发出来，海外子公司便可以从母公司那里获得这种技术而不支付额外费用。东道国企业要想得到同样的知识资产技能，就需要付出全部费用，东道国企业无法和外国直接投资企业（子公司）相竞争。

第三，直接投资企业拥有上述较高水平的知识资产，就能产生差别产品。从而，直接投资企业对其产品的价格和销售量就有一定程度的垄断权力，获得一定数量的垄断利

---

① 韩阳. 垄断优势理论的作用机理分析[J]. 现代经济信息,2012(21).

润。跨国公司拥有技术优势，可以说明水平型直接投资现象，即跨国公司在许多国家设厂生产同样产品，以取得产品的多样化垄断。

（2）跨国公司规模经济优势的作用机制

规模经济优势是指跨国公司在某个工厂的规模经济效益挖掘已尽的情况下，可以通过增加企业经营数量来减少单位经营成本，获取多厂经营规模，节约收益。而当国内市场的容量不足于容纳最大限度获取多厂经营收益的工厂数量时，企业通过向外扩展来开拓新的市场范围，其产品单位成本比本地企业的要低。

跨国公司可以利用国际专业化生产避免本国和东道国市场对规模经济的限制，利用各国生产要素的差别，通过横向一体化取得内部规模的优势，利用纵向一体化取得外部规模经济的优势，并使之转化为公司内部的利润。

3. 垄断优势理论的发展①

金德尔伯格（C. Kindleberger）在考察了美国公司对外投资状况后，认为理解对外直接投资活动关键是要解释在东道国的生产为什么不由当地企业进行而是由美国企业进行，并指出跨国公司的垄断优势包括：实行横向一体化和纵向一体化的优势，即规模经济优势；市场优势，即购销优势；生产要素的优势，即资金、技术和管理等方面的优势。

邓宁的所有权优势在很大程度上是对垄断优势的发展。邓宁认为，市场不完善包括两方面的内容，一是结构性的不完善，这主要是由于对竞争的限制所引起的；二是认识的不完全，这主要由于产品或劳务市场信息难以获得，或者要花费很大的代价才能获取这些信息（自然性的不完善）。所有权优势理论认为，跨国公司之所以愿意并且能够对外进行直接投资，是因为跨国公司拥有一种当地竞争者没有的比较优势（所有权优势）。但由于上述两种不完善的市场，企业拥有的各种优势有丧失殆尽的危险，为了保持这些优势，企业必须将其内部化，这些优势内部化后就成为企业拥有的内部化优势。当一企业拥有所有权优势、内部化优势再加上区位优势时，该企业就会对外进行投资。

（二）边际产业扩张理论②

“边际产业扩张理论”于 1977 年由小岛清在其发表的论著《对外直接投资论》中系统提出。该理论是在当时的国际对外直接投资理论无法解释和指导日本对外投资活动的背景下提出的，并对日本的对外直接投资的确起到了积极的促进作用。

1. 理论内容

边际产业扩张理论的基本观点是，对外直接投资应该从本国已经处于或者即将处于比较劣势的产业（称边际产业，也是对方国家具有显在或潜在比较优势的产业）开始，并依次进行。广义的边际产业概念，既包括已趋于比较劣势的劳动力密集部门，也包括某些行业中装配或生产特定部件的劳动力密集的生产过程或部门。这些行业、部门或企业所进行的生产可统称为“边际性生产”。也就是说，本国所有趋于比较劣势的生产活动都应通过直接投资顺序向国外转移。理论的具体内容包括六个方面。

---

① 肖德，周先平. 浅述垄断优势理论的发展[J]. 湖北大学成人教育学报，2000(2).

② 彭红斌. 小岛清的“边际产业扩张论”及其启示[J]. 北京理工大学学报，2001(1).

第一，对外直接投资的主体应选择中小型企业。20 世纪 70 年代，日本企业相对美国而言，总体规模偏小，其大型跨国公司在国际市场上不具备垄断优势，而中小企业虽然在国内处于比较劣势，但相对于在国际分工中处于更低阶的国家来说，却具有资金和技术上的比较优势，且这些企业拥有的是多数发展中国家易于接受的劳动密集型及标准化了的实用技术。因此，中小型企业更易于在境外特别是发展中国家找到立足点并占领当地市场。

第二，对外直接投资的产业应选择在本国已经或即将丧失比较优势，而在东道国具有显在或潜在比较优势的产业或领域。将边际产业向国外转移，可以促进本国的产业升级，获得动态的比较竞争优势。

第三，在对外直接投资的特点上，“边际产业扩张论”认为，对外直接投资不单是货币资本的流动，而且是资本、技术、经营管理知识的综合体由投资国的特定产业部门的特定企业向东道国的同一产业部门的特定企业（子公司、合办企业）的转移，是投资母国先进生产函数向东道国的转移和普及。

第四，在投资国别的选择上，该理论积极主张向发展中国家工业投资，并要从差距小、容易转移的技术开始，按次序进行。从比较成本的原理角度看，日本向发达国家（如美国）的投资是不合理的。小岛清认为，几乎找不出什么正当理由来解释日本为什么要直接投资于美国小汽车等产业，如果说有，那也仅限于可以节省运费、关税及贸易障碍性费用以及其他交易费用等。与其这样，不如由美国企业向日本的小型汽车生产进行投资，而由日本企业向美国的大型汽车生产进行投资，即实行所谓“协议性的产业内部交互投资”。

第五，在投资的目的和作用上，该理论认为对外投资目的在于振兴并促进东道国的比较优势产业。特别是要按照发展中国家的需要，依次移植新工业、转让新技术，从而分阶段地促进其经济的发展。对外投资应起“教师的作用”，应当给当地企业带来积极的波及效果，教会并普及技术和经营技能，使当地企业提高劳动生产率并且能够独立进行新的生产。在成功地完成了教师的作用之后，就应该分阶段地转让所有权。

第六，对外直接投资的方式应选择与东道国合办，或采用非股权安排的方式。该理论反对以技术优势为武器，建立全部股份的“飞地”式的子公司。

2. 理论评价

边际产业扩张论的优点在于指出了对外直接投资的目的都是为了开拓国际市场，日本曾经由于在一些国家的出口较多导致了贸易摩擦的加剧，使得对方采取贸易保护政策限制日本的出口，因此日本改变了传统的出口方法，采取了对外直接投资，就地生产、销售的“间接出口”的方法。这与中国当前面临的对外投资现状极为相似，因而对中国中小企业的对外直接投资有着很大的指导意义。同时，该理论能够使中国加强对现有劣势产业的重视，并促使他们进行对外直接投资，使得企业有较好的发展，对国民经济和产业结构的调整也起到了积极的促进作用。

但“边际产业扩张论”也存在很大局限性。第一，将“边际产业扩张论”投资原理推广到发达国家之间的相互投资具有局限性。由于发达国家之间禀赋相似，投资国处于相对比较劣势的产业往往也处于绝对劣势，因此跨国公司不可能有这种投资动机。而且，发达国家的交叉投资既然以进口分公司的产品为目的，那么不如直接进口外国公司的产品。因为以后进口分公司的制成品时同样要面临关税及非关税壁垒，所以将“边际产业”投资原理推广到发达国家之间的投资有其局限性。第二，“边际产业扩张论”的适用性有其局限性。它只能反映日本在第二次世界大战后某个时期对外直接投资的特点，这与日本第二次世界大战后一直奉行“贸易立国”的方针有关。在论述科技产品时，忽略了技术周期的动态性质，因而该理论并非具有普遍的意义。

（三）内部化理论①

内部化理论是20世纪70年代中期由英国里丁大学的巴克利（P. Buckley）和卡森（M. Casson）及拉格曼（A. Rugman）提出的。内部化理论把市场不完全性作为分析研究问题的基本前提，指出市场不完全或垄断因素存在会导致企业参加市场交易的成本上升，企业就会创造内部市场进行交易。其中，市场不完全性主要是指中间产品市场，包括半成品、技术、信息（渠道）、营销技巧、管理方式和经验等无形资产市场的不完全性。

1. 市场不完全性

市场不完全性导致许多交易无法通过外部市场来实现，即使实现，企业也要承担较高的交易成本，必然促使企业创造其内部市场进行交易，企业便获得了扩张力。这一内部化过程如果跨越了国界就是对外直接投资。因此，内部化理论所指对外直接投资的实质不在于资本的转移，而是基于所有权之上的企业管理与控制权的扩张，其结果是企业管理机制替代市场机制来协调企业各项经营活动和配置资源。内部化虽然也要支付代价，但对外直接投资的内部化收益会远远超过国际外部市场的交易成本和对外直接投资的内部化成本。

2. 内部化作用机制

内部化理论主要通过五个方面来促进对外直接投资：第一，当买卖双方因信息不对称，交易成本过高难以成交时，可通过并购或新建子公司使交易在企业双方内部进行，从而避免或减少了交易成本；第二，当市场存在某种双边垄断僵局，交易条件不稳定，经营活动不确定性增加时，通过直接投资企业相互参股或并购建立较稳定的长期合作关系，从而使经济活动获得一定保障；第三，拥有内部化优势的企业可获得内部化的收益，跨国公司内部市场可将子公司的经营活动置于统一的相互依赖控制之下，充分应用包括差别定价、转移定价等手段提高公司的整体经营效益；第四，当政府通过税收、汇率政策等调控手段对外部市场干预时，跨国公司可通过内部化来减少某些无效干预；第五，市场内部化后，企业新增交易的边际成本接近为零，其违约的风险也近乎为零，有利于企业的发展。

可见，跨国企业对外直接投资真正动因和优势是企业通过内部组织体系和信息传递网络以较低成本在内部转移这种优势的能力，并不是企业特有技术优势的本身。这种直接投资实际上更多属于工业组织理论的范畴，难以完全用国际资本理论来解释。应该说，投资者要避免海外投资的风险，完全可以通过国际资本市场运营资本，况且在非完

① 陈泽明，陈晓红. 内部化理论评述——兼论全球对外直接投资趋势[J]. 理论前沿，2002(8).

全竞争条件下，资本市场的专业化会比企业做得更好。只有当投资企业与东道国存在不可能在非完全竞争市场上获得的互补优势要素时，对外直接投资才能发生。因为只有进行直接投资，才能以较低的成本将优势转移到国外，对自己的优势进行全面的控制，最大限度地获取优势带来的收益。同时，不是孤立地强调企业已拥有的特定优势，而是在内部化中不断地整合优势发展自己。

3. 理论评价

内部化理论的出现提供了与垄断优势理论不同的研究思路，其理论有力地解释和推动了 20 世纪 70 年代以来迅速发展的跨国直接投资行为，标志着对外直接投资理论的一个重大转折，至今仍然是对外直接投资的主流理论之一。

但该理论在当前国际经济形势下也存在很大的局限性。第一，内部化理论把投资国、受资国的优劣势绝对化、静态化，忽视了相对性、动态性、相互替代性。第二，内部化的决策过程完全基于企业自身特点，这就忽视了国际经济环境的影响。事实上建立完善的市场体系和法律体系已经成为越来越多的国家改善投资环境、优化制度因素吸引国际直接投资的共识。对于交易内部化为什么一定会跨国界而不在国内实行，理论缺乏有力的说明，更不足以说明投资的地理方向。第三，该理论以不可逆转的国际分工为前提，必然产生投资流动的单向片面性结论，与现实的投资流向相悖。国际分工是多向的，按优势进行分工，各国都可能有不同的优势；同时，由于各国生产的国际分工加强，专业化程度提高，跨国公司的网络布满全球，现代国际贸易大部分是跨国公司内部之间的交易，也是通过市场进行的，不能简单说这些交易都是内部化。

第三节　国际投资动力论评价

国际投资动力理论作为对外直接投资的重要理论，对跨国公司开展对外直接投资的动因做出了全方位的理论解释，同时对企业实践具有重要的指导意义。

该理论发展的优点在于：

第一，针对不同的社会意识形态，产生了不同的动力理论。传统资本输出理论，包括马克思的过剩资本理论和列宁的资本输出理论，对帝国主义时期的对外投资活动做出了重要的理论解释，同时也为后期理论的发展提供了重要的方法论指导；西方国际投资动力理论，包括垄断优势理论、边际产业扩张理论和内部化理论，则主要是针对发达国家跨国公司的对外直接投资动力的动力解释；国际投资合力论则是针对各类型国家（但尤其是发展中国家）对外投资业务的理论分析。

第二，国际投资动力理论的发展是继承式发展。一方面，传统资本输出理论是其他理论的重要理论依据；另一方面，三大理论体系内部也会继承式发展，如西方国家投资动力理论、边际产业扩展论和内部化理论都继承了垄断优势理论优势论的观点。

第三，理论的发展越来越具备普遍适用性。从一开始的帝国主义适用（传统资本输出理论），到发达国家适用（西方国际投资动力理论），再到普遍适用（国际投资合力论），国际投资动力理论逐渐成为指导跨国公司国际化发展的重要理论指导。

但理论的发展同时也存在一定程度的局限性，国际投资动力理论的发展始终没有突破原有理论基础的限制，缺乏理论创新。继承式发展能够很好地促进理论延伸，但是同时也对理论创新产生了一定程度的限制作用，至今国际投资动力理论的研究思路、研究方法仍没有突破以往理论的框架。

参考文献

[1] 王东京. 国际投资引力论[J]. 中南财经大学学报,1989(5).
[2] 王东京. 国际投资规模论[J]. 经济理论与经济管理,1990(4).
[3] 王东京. 国际投资动力论[J]. 江汉论坛,1990(2).
[4] 王东京. 国际投资惯性论[J]. 世界经济,1991(4).
[5] 王东京. 国际投资论[M]. 北京:中国经济出版社,1993.
[6] 陆正飞. 国际投资动力理论综述[J]. 经济学动态,1996(2).
[7] 肖卫国,蔡志强. 关于资本输出的理论与现实意义[J]. 江汉论坛,1999(7).
[8] 肖德,周先平. 浅述垄断优势理论的发展[J]. 湖北大学成人教育学报,2000(2).
[9] 彭红斌. 小岛清的"边际产业扩张论"及其启示[J]. 北京理工大学学报,2001(1).
[10] 陈泽明,陈晓红. 内部化理论评述——兼论全球对外直接投资趋势[J]. 理论前沿,2002(8).
[11] 黄德海,胡智. 中国国际投资引力、动力和惯性分析[J]. 财贸研究,2006(2).
[12] 韩阳. 垄断优势理论的作用机理分析[J]. 现代经济信息,2012(21).
[13] 王方方,扶涛. 中国对外直接投资动力机制框架构建[J]. 经济问题探索,2013(5).

第十四章

其他中国跨国公司投资理论

第一节　国际产能合作理论

2014年以来，国际产能合作备受国内外学者热议。现有研究文献对国际产能合作进行了不同界定。夏先良（2015）指出：国际产能合作是一种国家间产业互通有无、调剂余缺、优势互补的合作方式，是一种国际产业转移与对外直接投资相结合的新模式[①]。安宇宏（2015）依次从企业层面、产业层面和国家层面阐述了国际产能合作的内涵，认为其不单纯涉及要素（主要包括劳动和资本）、产品（包括原材料、半成品和工业制成品）和产业的输出，而是依据各国的比较优势，布局生产，在完善投资国工业体系的同时，提升其制造能力[②]。张洪和梁松（2015）指出，作为国际经济合作的新模式，国际产能合作以各国产业互补为前提，以互利共赢为目的，体现出合作国在资源、资本和技术等方面的共生关系[③]。借鉴现有研究成果，笔者认为：国际产能合作是指存在投资意愿与引资需求的国家或地区间，通过生产中互补优势、共享资源、调剂余缺，实现经济上互动融合、互助发展、互利共赢的合作方式，是一种对外直接投资与产品输出和产业转移相结合的国际间包容性全新合作模式。

一、理论背景

经济全球化、投资便利化和生产分散化使得跨国公司成长条件已悄然发生变更，“优势前提论”已逐步为“赢得优势论”所取代。中国企业曾引以为傲，借以参与国际分工的区位优势、资源优势和成本优势已不再为其所独享，在此情境下仅在一国配置资源的企业实难与实施全球化战略的跨国公司所抗衡。与此同时，发达国家以TPP和TTIP为抓手加速全球贸易投资秩序重构，新兴经济体市场开放逐步推进，中国经济发展由高速增长向中高速增长换挡，产能结构性过剩与周期性过剩问题并存，国内生产要素成本飞速上涨。在此背景下，通过中外产能合作在全球范围内优化产业空间布局、构

① 夏先良. 构筑“一带一路”产能合作体制机制与政策体系[J]. 国际贸易，2015(11).

② 安宇宏. 国际产能合作[J]. 宏观经济管理，2015(10).

③ 张洪，梁松. 共生理论视角下国际产能合作的模式探析与机制构建[J]. 宏观经济研究，2015(12).

建中国跨国公司自主的全球生产网络、升级全球价值链意义深远。具体来看：

首先，经济全球化加深了世界各国经济间的互融、互通和互联，加速了生产要素（如：劳动力、资本、技术等）跨国流动，加强了企业间的分工协作。传统的产业间分工已深入到产品内分工，单一的最终产品贸易已转变为中间产品贸易和最终产品贸易并行。与此同时，跨国公司将全球产业链和价值链进行分解和重构，按照自己的意愿在世界范围内布局生产、整合资源、获取优势以谋取最大收益。这促成了以价值链治理为基础的跨境产业链与全球生产网络逐步形成，推进国际间产能合作是经济全球化、分工精细化和投资便利化背景下无法逆转的客观趋势。借助国际产能合作，中国企业可以积极参与国际竞争，实现价值链重构，推动国内产业转型升级，促进中国经济迈向中高端水平。

其次，中国当今的经济实力与改革开放之初已不可同日而语，2015 年中国国内生产总值（GDP）高达 676 708. 00 亿元，仅次于美国，长期稳居世界第二。人均 GDP 水平也显著提升，由 1995 年的 5 045. 73 元（约相当于 604. 00 美元）增至 49 351. 00 亿元（约合 7 990 美元）。依据邓宁的对外投资阶段理论，2005 年至今中国处于对外投资的第三阶段，该阶段对外投资显著增加，但对外直接投资净额依然为负。该理论与中国对外直接投资现状虽有所出入，但无疑为分析中国对外直接投资与经济发展水平间动态关联提供了有益的参考。《2016 年世界投资报告》数据显示，2015 年中国对外直接投资流量已高达 12 760. 00 亿美元，位居全球第三，排名仅次于美国和日本。而同期，中国引进外商直接投资流量约为 1 285. 00 亿美元，排名世界第一。因此，中国已具备构建跨境产业链，实现价值链延伸与升级的经济基础。

最后，在经济全球化背景下，《推动共建丝绸之路经济带和 21 世纪海上丝绸之路的愿景与行动》《促进亚太地区全球价值链发展合作战略蓝图》《中非工业化伙伴计划》等系列战略规划的出台将助力中国企业走出国门，在更广阔的空间布局生产与谋取发展，这为中国企业加强国际产能合作，加快构建跨境产业链和自主全球生产网络提供了难得的契机。同时，中国政府审时度势，已将国际产能合作视为中国经济外交框架中的一项重要战略。2015 年 5 月，国务院正式发布《关于推进国际产能和装备合作的指导意见》，其被视为国际产能合作的顶层设计，该指导意见将为“走出去”的中国企业提供更为具体的指引，进一步强化政府引导与推动作用、加大政策力度、加强服务保障和风险防控。

二、主要内容

当对外直接投资概念扩展到国际产能合作更为宽泛的内涵之后，传统的对外直接投资理论很难对其进行完美诠释，因此，国际产能合作相关理论应运而生。尽管国际产能合作还未形成完整的理论框架，但国内学者已经对其进行了有益探索，并取得了较为丰硕的成果。

曲凤杰（2016）指出，传统对外直接投资理论一般基于企业视角解读对外直接投资的动因与目的，而中国推进国际产能合作的动因较为复杂，难以从单一视角进行解读，而应立足宏观层面、产业层面和企业层面对其进行全方位考察。

在宏观层面，国际产能合作要依托“政府介入优势”（包括国际产能战略规划的宏观引领、国际保理与出口信贷等金融服务支撑、合作国间建立长效合作机制与签署合作协议等），来规避企业海外经营的风险，降低企业恶性竞争的概率，提升企业国际竞争力。

在产业层面，国际产能合作要考虑“产业比较优势”，通过合理布局生产网络，构建跨境产业链，逐步深化国际间的分工协作，强化“中国制造”的品牌优势，推进中国制造业价值链升级、实现优势富余产能的消纳转移。

在企业层面，国际产能合作要凭借“企业特定优势”（包括所有权优势和内部化优势），提升企业全球资源整合能力与全球价值链治理能力。通过推进国际产能合作，促使中国企业熟悉国际投资新规则与现行其他法律法规，提高中国企业国际化经营能力，提升其国际话语权，增强其赢利能力，建立风险预警机制。

张洪和梁松（2015）基于共生理论视角来解释国际产能合作，“共生理论”最早应用于生物学领域，由德贝里（Anton de Bary）于1879年首提，随后又得以进一步完善。阿迈迁（Ahmadjian，1986）将共生关系定义为：不同种属按照特定物质联系生活在一起，而形成共同生存、协同进化或相互抑制的关系。共生关系主要涵盖共生单元、共生模式和共生环境三要素。其中，共生单元为共生关系中能量生产与交换的基本单位。共生模式体现共生单元间作用或结合的方式和强度。依照组织程度划分，共生模式可分为点共生、间歇共生、连续共生和一体化共生。按照行为方式划分，共生模式包括寄生、偏利共生、非对称互惠共生与对称互惠共生等主要形式。共生环境反映共生关系的外部条件，涵盖共生单元以外的其他一切因素。共生理论在区域经济合作和国际经济合作等领域的运用表明了该理论对国际产能合作的适用性和兼容性，考虑共生模式是共生关系中最关键的要素，作者着眼共生模式来识别国际产能合作共生关系的合理性，并通过设计最符合国际产能合作的共生模式，推动合作国互利共赢。国际产能合作共生模式是合作国之间相互作用的方式或相互结合的方式，反映合作国生产要素、产品的互换和利益的分配关系，是共生组织模式和共生行为模式的具体结合。

张述存（2016）基于全球产业链视角诠释了国际产能合作内涵，其认为所谓国际产能合作是出于化解国内过剩产能、加速构建跨境产业链与合作共赢的全球价值链、实现国家间优势互补和资源优化配置的考量，依托对外投资和国际贸易等途径将富余产能从本国移至其他国家和地区，在此过程中，生产技术、产业标准的输出通常与富余产能输出相伴，这使得本国企业更倾向于以战略核心链节融入全球产业链，在提升企业对全球产业链的控制能力与治理能力的同时，增加其参与国际分工的获益①。

孙海泳（2016）② 指出，国际产能合作融合了开放包容、合作共赢、义利并举与市场运作四大核心理念，彰显出首脑外交与顶层设计思路的战略引领性、部际联运与部省联动的部门协同性、配套合作基金与金融机构的服务支撑性、境外工业园区的生态环保性四大典型特征。其核心在于将产品贸易、产品输出上升为产业、技术、标准和能力的

① 张述存. 境外资源开发与国际产能合作转型升级研究[J]. 山东社会科学，2016(7).

② 孙海泳. 中外产能合作：指导理念与支持路径[J]. 国际问题研究，2016(3).

输出，优先考虑与中国产业、产能和装备匹配度高、合作意愿强烈、政局稳定与基础设施完善的国家，为其提供中国优势富余产业、产能和服务。一方面，助力发展中国家工业化发展，同时为发达国家升级基础设施项目提供更高性价比的选择，从而在互利互惠、共享发展的合作中，开启全球经济增长的新引擎。另一方面，积极突破中国自身的产业结构瓶颈，依托“走出去”，提升高端产能，补齐先进制造短板。在此过程中，中国既要有选择地输出自身优质产能，又要积极引入国内稀缺的高端产能，实现“中国制造”向“中国智造”的转型。具体来看，对广大发展中国家而言，借助国际产能合作，中国向亚、非、拉等地区的国家输送其工业化与基建项目所急需的资金、优质适用的工业装备和专业人才，复制国内工业园区成功的经验，就地建设产业合作区，在全球布局生产网络的同时，帮助广大发展中国家突破工业化瓶颈，在中外产能合作中践行合作共赢的发展理念。对发达国家而言，中国在高铁等基建领域的先进技术水平与一流建设能力，将为发达国家升级国内基础设施提供更多选择空间。概言之，国际产能合作通过深化合作方在高端制造领域的技术合作，践行“牵手第三方市场”的合作理念，以开拓多方共赢（即加速东道国工业化进程、助推中国国内产业转型升级、拓展中国与发达国家合作共赢空间、驱动全球经济增长）的新格局。

笔者认为，国际产能合作理论有别于传统对外直接投资理论，原因之一：国际产能合作已超出了传统的资本输出范畴，它是将商品输出与资本输出紧密结合，借助产品输出和产业转移来更为有效地消纳富余产能。原因之二：国际产能合作涉及层面较广，包括国家层面的协商、产业层面的衔接与企业层面的合作，而传统对外直接投资则更多表现为企业自身的投资抉择，与国家关联较小。原因之三：国际产能合作使得“走出去”的主体更为广泛，依据传统对外直接投资理论，“走出去”的企业通常兼具“技术垄断优势”和“内部化优势”。因此，对外直接投资主体多为大型跨国公司，而借助国际产能合作（如工业园区）契机，关联企业可以抱团出海，这为中小企业走出国门提供了难得的机遇。原因之四：国际产能合作理论新提“第三方市场合作”的理念，一改对外直接投资东道国效应和母国效应传统分析的双视角，开创了国际产能合作的新路线与“三方共赢”的新局面。具体来看，通过国际产能合作，将中国制造业的性价比优势同发达经济体（法国和德国等）的高端技术相结合，向广大发展中国家提供“质优价廉”的装备，助力其加速工业化与城镇化进程，以供给创新推动强劲增长。此举会产生 1+1+1>3 的效果，在第三方市场实现发达国家与发展中国家国际产能的有效对接，从而在更广阔的空间配置全球资源，开启世界经济增长的新引擎，在强化国际合作的同时，实现多方互利共赢。

三、理论评价

（一）理论贡献

国际产能合作理论的理论贡献表现为：（1）它是对传统对外直接投资理论的有益补充。其内涵更为宽泛，合作所涉层面较广，合作方式更为灵活，不仅为中国大中型企业“走出去”提供理论指导，而且为中国小企业“走出去”指明了方向。（2）进一步拓展了国际投资学、区域经济学和产业经济学的研究范畴。其中“第三方市场合作理论”摆脱了传统对外直接投资效应分析中双视角的局限，极大扩展了对外直接投资效益的分析视野。(3) 国际产能合作强调首脑外交与顶层设计的战略引领，凸显出制度优势在对外直接投资中的重要性，有效地规避了中国企业对外直接投资的零散性、无序性与冲突性。

(二) 不足之处

这一理论的不足之处主要为：(1) 虽然国内学者尝试从多视角对国际产能合作的现状进行解释，业已形成相关理论假说，但国际产能合作理论尚未形成完整清晰的理论分析框架。(2) 国际产能合作理论缺乏严格的理论推导，未能详细阐述各合作国在国际产能合作过程中的获益情况。(3) 对国际产能合作的正面效应探讨较多，而针对国际产能合作的风险防范与预警机制建立的研究相对匮乏。

四、国际产能合作的典型范例

冀东发展集团南非曼巴项目，作为全球第一个纯项目融资的水泥项目及冀东发展集团第一个海外建厂项目，开创了中国资产行业项目融资先河及水泥企业海外发展新模式，是国际产能合作理论指导下中国企业境外投资的成功案例。

中国水泥产业国际竞争力极强，而海外广大地区水泥等原材料急需，这为中国水泥产业“走出去”提供了难得的契机。2006 年，在中非北京论坛上，冀东发展集团董事长张增光应南非总统祖玛加强合作之约，开始从事水泥出口贸易活动，并由此萌发海外建厂的构想。冀东发展集团“走出去”首选了极具发展潜力的新兴国家——南非。2010 年 1 月，冀东发展集团与中非基金签约共同投资南非，正式拉开了“走出去”的序幕。

南非曼巴水泥项目是由冀东发展集团、中非发展基金、南非妇女投资基金、南非梅丽莎家族信托基金 4 家单位共同出资在南非兴建的年产 100 万吨的水泥熟料生产线项目。该项目采取了项目融资方式①。一般而言，项目融资仅针对政府特许经营项目，在世界范围内水泥企业做项目融资，冀东发展集团尚属第一家。该项目筹划 4 年之久，涉及相关合同条款近 80 余份。2013 年 3 月 26 日，中国国家主席习近平对南非进行正式国事访问，在两国元首见证下，张增光代表冀东发展集团在南非投资并控股的曼巴水泥有限公司与南非莱利银行及中国银行组成的银团签署了项目融资协议。

曼巴水泥项目实现了人民币直接投资。由于曼巴项目 95% 以上的装备从中国采购，汇率变动对项目成本影响较大。经与南非储备银行（中央银行）反复磋商，最终实现了人民币境外直接投资，有效地规避了汇率风险。这是中国企业首次在未签署两国货币互换协议的资本项中采用人民币直接投资。

冀东发展集团努力践行创新与绿色的发展理念，将世界最为先进的水泥建设理念应用于曼巴项目，选择第四代篦冷机、意大利全自动包装机，在水泥生产线工艺设计细节上注重改造创新。利用纯低温余热发电技术以满足生产所需 30% 的电能，生产和生活

① 项目融资是指用拟建设项目未来产生的现金流作保证，向银行贷款，如发生风险，贷款人只能优先追究项目公司而不能追究项目的投资人，这种融资方式对投资人而言风险较小，且负债不计入母公司资产负债表。

用水全部采用先进的污水处理技术，实现循环应用零排放；曼巴项目在大气排放、噪声治理、污水处理与再利用、节能高效、安全防护等方面的设计均达到国际先进水平。曼巴项目荣获南非政府“绿地”项目称号，南非贸工部给予1.7亿兰特（1.003亿人民币）现金及税收减免奖励，这也是中国企业首次在南非得到政府颁发的奖励。

冀东发展集团“走出去”的发展战略和模式，可以概括为国际资本、新兴市场、中国制造三大典型特征。（1）所谓国际资本：采用项目融资方式，负债不计入母公司资产负债表，同时由于项目融资的严格审核，对于所投资项目的包括环境社会责任在内的各方面风险控制也得到了预先防范。（2）新兴市场：通过分析世界经济和各国经济发展阶段对水泥的需求，确定了投资方向，部分中等发达国家、大部分发展中国家、经济落后国家的水泥市场有较好的发展空间，也是“走出去”具有发展潜力的市场，冀东发展集团为此制定了详尽的海外市场投资原则。（3）中国制造：充分依托建材行业领军企业冀东发展集团的技术管理和专业人才优势，带动国内成套高端水泥机电设备出口和劳务输出。冀东发展集团曼巴项目是中国科技创新、优势产能与新兴国家资源、市场优势的完美结合，诠释了当代国际产能合作的新内涵。创新为冀东发展集团“走出去”成功开拓出了一片新天地。

第二节　跨越式发展论

一、理论背景

1978年以来，中国经济与社会面貌发生了翻天覆地的变化，2015年中国GDP总量高达103 856.60亿美元，仅次于美国（161 979.60亿美元），排名世界第二。在经济迅猛发展的同时，中国共产党人以理论创新为先导，实现了综合国力持续跃升，开创了中国社会经济跨越式发展的新篇章。与此同时，跨越式发展日渐成为中国政府与国内学者所关注的焦点。1997年，江泽民在十五大报告中强调，中国作为世界最大的发展中国家，应更为注重新成果的转化与应用，实现技术发展的跨越。2000年10月，党的十五届五中全会公报中首提“跨越式发展”概念，强调工业化要以信息化为驱动，依托后发优势，实现社会生产力跨越式发展①。随后，国内学者对跨越式发展进行了多维度探讨，分析了跨越式发展模式与中国企业对外直接投资间的关联。

二、主要内容

（一）跨越式发展的多维度探讨与评述

1999年以来，国内学者围绕着跨越式发展进行了系列探讨。王伯鲁（1999）指出，遵循技术效率由低到高的顺序，技术水平可以依次划分为不同阶段。所谓产业技术跨越

① 魏莉. 近十年我国跨越式发展理论研究综述[J]. 新疆大学学报(哲学·人文社会科学版),2012(2).

是指，技术水平由低效率的阶段直接跃升至高效率的阶段，且跨越至少一个以上的阶梯①。刘友金和黄鲁成（2001）认为，技术创新导致产业发展的跨越性与产业升级的跳跃性，落后国家或地区以何种创新来实现跨越受制于外部环境、内部因素及决策者的策略②。陈志良（2002）概括了生产力跨越式发展的特定内涵，即中国的工业化进程有悖于传统模式，而是以信息化引领工业化，强调信息化在经济发展方式转变中的重要性③。杨瑞龙（2002）将跨越式发展归结为发展中国家凭借后发优势，逾越技术发展的特定阶段，依托新技术的优势，实现生产力跨越式发展④。王德强（2015）通过对中国特色跨越式发展科学内涵的阐述、理论渊源的探讨与理论形成过程的系统梳理，全方位探讨了中国特色跨越式发展理论的新进展⑤。

国内外学者基于多维度对跨越式发展进行了较为系统的探讨，业已取得丰硕成果。现有研究主要聚焦技术创新、生产力与经济发展、产业升级等视角，深刻揭示了跨越式发展的本质与动因。但尚缺乏跨越式发展与引进外资、跨越式发展与对外直接投资、跨越式发展与跨国经营模式等内在关联机理的探讨。

（二）跨越式发展模式与跨国经营管理

朱晞颜和李汉铃（2002）提出，由于不均衡发展、国家主导力量及产业发展路径的差异，中国的部分企业无需沿用“渐进式”发展模式，即先后历经不规律地间接出口、规律地间接出口、直接出口、开设海外营销机构、建立海外生产基地五阶段，而直接选择“跨越式”发展模式（包括部分跨越式和完全跨越式）⑥ 来开展境外投资与跨国经营。

（三）跨越式发展实现条件

跨越式发展是事物发展的一种新形态，其指出落后国家或地区，通过吸收与借鉴先进国家的文明成果（如先进技术与管理理念），采用非平衡发展战略，以重点区域、重点行业和重点领域为抓手，以点带面，辐射周边地区、关联行业及相关领域，实现该国家或地区在经济、科技、文化等领域的跨越式发展，国家综合国力整体跃升，逐步拉近与先进国家或地区间的差距。跨越式发展得以实现并非是无条件的，需满足如下一些条件。

1. 经济与技术发展滞后与对外开放是实现跨越式发展的先决条件

与先发国相比，后发国经济与技术发展相对滞后，国家间经济差距与技术鸿沟的存

---

① 王伯鲁. 产业技术跨越问题探析[J]. 云南社会科学，1999(2).

② 刘友金，黄鲁成. 技术创新与产业的跨越式发展[J]. 中国软科学，2001(2).

③ 陈志良. 生产力跨越式发展及其当代特点[J]. 中国人民大学学报(哲学版)，2002(2).

④ 杨瑞龙. 生产力跨越式发展的制度经济学分析[J]. 中国人民大学学报(哲学版)，2002(2).

⑤ 王德强. 论中国特色跨越式发展理论的科学内涵与价值[J]. 云南民族大学学报(哲学社会科学版)，2015(6).

⑥ 跨越式发展模式是指中国企业外向国际化过程中，不再沿用“渐进式”发展模式，逐步向前发展。而是鉴于自身条件，直接采用国际化的高级阶段，即借助对外直接投资融入入全球生产网络，从事跨国经营。跨越式发展模式又可进一步细分为部分跨越式和完全跨越式。其中，部分跨越式是指企业在国际化经营过程中，先后经历了第一或第二阶段等，但在后续发展过程中，未依次经历后几个阶段，而是采取跨越式的形式融入全球生产网络。完全跨越式则是指企业在国际化过程中，并未经历前四阶段，而是直接以最后阶段的形式进入世界市场。

在使得跨越式发展成为可能。后发国通过对外开放清楚地看到自身与先发国间巨大的差距，进而借助进口设备，引进技术与管理经验，并结合自主创新，进而实现超常规发展。

2. 制度因素是实现跨越式发展的重要支撑

跨越式发展的关键是生产力非线性发展，而生产力非线性发展取决于资源配置方式与特定的制度环境。当制度环境与生产力相匹配时，跨越式发展成为可能。

3. 全球生产网络的形成及全球价值链的分解与重构，为广大发展中国家经济与技术实现跨越式发展带来了前所未有的契机

全球经济一体化与生产非一体化趋势日渐加强，产业国际转移与生产要素（包括原材料、半成品与工业制成品等）国际间流动性日益增加，国际分工由产业间、产业内向产品内日趋深化，跨国公司主导的全球生产网络逐步形成，发展中国家嵌入全球生产网络的途径更为多元化，这些新变化均有利于发展中国家经济与技术实现跨越式发展。

4. 人力资本积累是实现跨越式发展的重要影响因素

众所周知，外商直接投资是技术传播的载体，而外商直接投资的技术扩散程度存在门槛效应，与东道国的科技吸纳和创新能力息息相关。当发展中国家人力资本水平越高（即高技能劳动者与高素质科研人员越多），先进技术的捕获、消化、吸收与再创新的能力越强，跨越式发展发生的概率越高。

5. 巨大的国内外市场需求是实现跨越式发展的重要驱动力

经济发展离不开市场扩张，后发国家和地区要想实现跨越式发展，必须紧盯市场前沿需求的变化，注重培育新兴产业竞争力，一旦新兴产业的产品在国际市场占有一席之地，将会为经济跨越式发展注入新的动力。

三、理论评价

跨越式发展理论是基于马列主义基本理论（主要包括马克思的跨越“卡夫丁峡谷”理论及列宁的非平衡发展理论）、邓小平台阶式发展战略与国内外的发展实践所提出的适合中国国情的经济发展理论。该理论科学地阐述跨越式发展的内涵及后发国要实现跨越式发展所需的条件，是中国特色社会主义理论的有机组成部分，是对当代中国社会生产力跨越式发展实践的科学总结与概括，是传统对外直接投资理论的有益补充，其为广大发展中国家实现跨越式发展提供了丰富的理论启迪和决策借鉴。

第三节　后发优势论

一、传统的后发优势理论

（一）理论背景

18 世纪英国超越荷兰，与工业革命先行者英国相比较，美国、德国、意大利等国 19 世纪工业化发展更快，并于 19 世纪末实现对英国的赶超等鲜活事例，使得学者们意

识到技术领导权并非一成不变，而是时常发生先发国与后发国间技术领导权的转移，即后发国凭借创新与超常发展，实现对先发国赶超的现象。

（二）主要内容

传统的后发优势理论由美国经济史学家格申克龙（1962）在《经济落后性的历史透视》中首提，其探讨了经济落后国家加速经济增长及实现经济赶超的有效途径。格申克龙指出，后发国工业化进程与其所具特征显著区别于先发国，具体表现为：第一，后发国由于制造业高速发展而引发“井喷式”启动，工业化水平会骤然上升；第二，后发国在工业化进程中，越发强调大企业的作用；第三，后发国愈发注重生产资料而非消费资料的生产；第四，后发国人们消费水平所受压力更为沉重；第五，后发国工业化进程中资本的筹措越发体现出集权化特征，带有强制性意味；第六，后发国农业对工业支撑性越弱，农业所受抑制越强，经济发展越发迟缓。

所谓后发优势，是指后起国家在实现工业化方面有着自身优势，而这一优势来自于落后本身，即共生于落后经济，这是先发国家所不具备的。后发优势有别于传统比较优势，主要强调时间纬度，并未涉及各国间在资源禀赋、人口规模、国土面积等方面的差异。

格申克龙在传统后发优势理论中主要强调以下内容：(1)“替代性”广为存在。所谓替代性，是指借助不同手段或器具以达到同一结果。替代性缘于先发国技术的先进性与可复制性，后发国工业化阶段的滞后性、工业化路径的多样性、制度安排的灵活性与可选性及工业化模型的开创性。由于特定工业化条件的或缺，后起国家唯有寻求可行的替代物，以促成相同或近似工业化结果的实现。替代性意味着由于资源禀赋所限与节约时间考虑，后起国家势必结合自身的实际，开创不同于先进国家的工业化之路，探寻新的发展模式。(2) 相对落后有助于社会紧张状态的形成。经济与技术上的落后，会形成后发国经济发展承诺与停滞现状间的落差，从而激起国民推进工业化进程的渴望，这会形成一种无形的社会压力。这种压力，即根源于后起国家相对落后的经济及维护与增进国家利益的思考，又根源于先进国家歧视与刺激的结果。

（三）理论评价

格申克龙的后发优势说开创了后发优势论的先河，首次从理论高度展示了后发国家工业化存在着相对于先进国家而言取得更高时效的可能性，同时也强调了后发国家在工业化进程方面赶上乃至超过先发国家的可能性。但由于其研究对象局限于工业化进程落后于英国的欧洲国家，其经济发展水平相对较低，从而导致格申克龙仅将后发优势归纳为劳动、资本和技术等因素，而未将社会、文化与制度等因素引入后发优势的分析。因此，格申克龙对后发优势的界定尚不够明确，对后发优势源泉的探讨不够全面。

二、后发优势理论的发展

（一）后发优势理论在国外的继承与发展

美国社会学家列维（1966）在《现代化与社会结构》一书中，基于社会现代化视角，区分早发内生型现代化与后发外生型现代化条件的差异，归纳了后发国家在理论认知、技术借鉴、经济预测等方面所具有的后发优势，具体表现为：（1）较现代化之初的先发国而言，后发国对现代化的认识更为丰富。（2）后发国可以大量借鉴与采用先发国成熟的设备、技术及与之相适应的组织结构。（3）与先发国不同，后发国在技术等领域往往呈现出跳跃式发展，将逾越先发国家在技术等领域的某些必经发展阶段。（4）通过对先发国家的经济发展史的透视，后发国家可有效预期自己现代化的发展前景。（5）先发式现代化过程不可能一蹴而就，需经历资本积累过程。而这一过程在后发式现代化中历时较短，因而必然伴随特殊的资本积累形式，在此过程中，政府的介入不可或缺。同时列维还指出：后发式现代化国家在拥有较为丰富的现代化理论、开放环境中获取先进国资本与技术支撑等优势的同时，还存在一定的后发劣势。

继列维之后，阿伯拉莫维茨（1989）提出了“追赶假说”，即无论是以单位资本收入还是以劳动生产率衡量，一国的经济增速与该国经济发展的初始水平负相关。阿伯拉莫维茨同时指出，该假说成立是有条件的：一是技术差距客观存在，即先发国与后发国间技术水平是不同的，存在一定差距，正是由于这种差距的存在，使得经济追赶成为可能；二是社会能力，既涵盖由教育等指标所体现的劳动力技能水平间的差异，又包括政治制度、商业模型、工业体系等方面的不同，此为经济追赶的内在因素。

日本学者南亮进（1992）认为，日本20世纪50—60年代的高速增长主要是从后发优势中受益的，同时在探讨日本后发优势从产生到消亡的过程中，其提出“最后一跃”命题，对后发优势理论做了重要的补充和发展。他指出，日本在20世纪70年代与欧美先发国的技术差距逐步消失，后发优势也随之丧失，但由于日本没能及时地将后发优势的学习、模仿能力转化为自主创新能力，使其经济发展动力丧失，始终无法消除与先行国间的“最后差距”。

继阿伯拉莫维茨之后，伯利兹、保罗·克鲁格曼、齐东（1993）基于发展中国家的成功经验与技术发展视角，构建出“蛙跳”（Leap-flogging）模型。该模型指出，在技术发展到一定程度、本国已有一定的技术创新能力的前提下，后进国可以直接选择和采用某些处于技术生命周期成熟前阶段的技术，以高新技术为起点，在某些领域、某些产业实施技术赶超。

罗伯特·巴罗和萨拉易马丁（1995）认为，一国先前模仿的技术愈多，其后继实施技术仿效的成本愈高。他把这些差异归纳为八个对比类型：（1）本地型或者引进型；（2）被迫型或者自主型；（3）生产资料中心型或者消费资料中心型；（4）通货膨胀型或者通货稳定型；（5）数量变化型或者结构变化型；（6）连续型或者非连续型；（7）农业发展型或者农业停滞型；（8）经济动机型或者政治动机型。在这八个对比类型中，每一项对比类型相互之间的组合形态是由各国的落后程度来决定的。

范艾肯（1996）在开放经济条件下建立了技术转移模仿和创新的一般均衡模型，他强调的是经济欠发达国家可以通过技术的模仿、引进或创新，最终实现技术和经济水平的赶超，转向技术的自我创新阶段。

（二）后发优势理论在国内的继承与发展

伴随中国经济持续、健康、快速增长，1993年以来，国内学术界对后发优势论的理论探讨也持续升温。现有研究主要基于以下视角展开：一是基于发展经济学视角，如郭熙保（2000[①]、2004[②]）在系统梳理西方经济的追赶理论的基础上，概括总结了资本流动性加强、技术扩散加快与信息技术发达背景下新衍生的后发优势。其将后发优势归结为：人力后发优势、资本后发优势、制度后发优势、技术后发优势和结构后发优势等；金明善和车维汉（2001）在《赶超经济理论》一书中认为，制度是最基本的影响因素。因此，首先是制度性约束和阻碍，包括制度供给不足、规则间断和弱化以及资源配置机制的无效。之后强调物质性、人文性和选择性的阻碍和约束。并创造性地提出，筛选和营造后发优势的关键在于怎样从时间、空间、要素及政策的搭配上加以优选和配合，如果搭配不当，往往会造成后发优势的丧失[③]。陆德明（1999）构建了“发展动力理论”的分析框架，该理论认为后发国家虽然可以凭借“学习型追赶”，逐步缩小与先发国家间的差距，但总有“最后最小差距”的鸿沟无法逾越。后发国家要实现对先发国家的赶超，势必转换发展动力，即由后发利益驱使下的引进学习转向先发利益带动下的自主创新[④]。二是基于现代化理论视角，如罗荣渠（1993）归纳了后发优势与后发劣势的表现形式，并论证了它们在现代化发展历程中的重要作用和重要影响。三是基于技术经济学视角，如傅家骥、施培公（1999）立足资源积累，分析了模仿创新引致后发优势的内在机理。林毅夫（1999）指出，发达国家因其技术水平世界领先，故唯有借助创新途径来实现技术进步，而后发国家则不然，只需借助模仿和引进便可实现技术进步。因此，后发优势侧重于强调后发国家在技术进步路径选择上所具备的优势[⑤]。樊纲（2002）强调，后发国家可以通过学习、观察与模仿，以微小的代价掌握先进国家经过反复试错和高昂成本所获取的知识与技能，可以从先进国家的发展过程和制度变迁中，吸取经验和教训，少走弯路。四是基于后发大国视角[⑥]，王跃生和陶涛（2010）通过对金砖四国对外投资行为的分析，得出后发优势：即不均衡发展和大国效应所引致的超前优势、国际产业转移与价值链再造所形成的产业基础优势、巨额贸易顺差所形成的外汇储备与资金优势、大国因素与对外开放叠加所催生的动态竞争优势、首脑外交与国有企业所展现的制度与政策优势等构成后发大国对外投资的基础[⑦]。

三、理论评价

（一）理论贡献

后发优势理论的理论贡献表现在：（1）与发达国家相比，发展中国家的对外直接投资通常呈现出投资规模小、技术含量低、缺乏国际一流品牌引领等特征。后发优势理论对于发展中国家加速经济发展，实现对发达国家的赶超至关重要。（2）后发优势假

① 郭熙保，胡汉昌. 后发优势研究述评[J]. 山东社会科学，2002(3).

② 郭熙保，胡汉昌. 后发优势新论——兼论中国经济发展的动力[J]. 武汉大学学报(哲学社会科学版)，2004(3).

③ 金明善，车维汉. 赶超经济理论[M]. 北京：人民出版社，2001.

④ 陆德明. 中国经济发展动因分析[M]. 太原：山西经济出版社，1999.

⑤ 林毅夫. 中国的奇迹：发展战略与经济改革[M]. 上海：格致出版社，1999.

⑥ 后发大国是具有经济规模大、经济增速快、外汇储备多、外部依赖强、贫富差异大、知名品牌少等特征的特定发展中大国。

⑦ 王跃生，陶涛. 再论 FDI 的后发大国模式：基础、优势与条件[J]. 国际经济评论，2010(6).

说可视为现有发展中国家对外直接投资理论的有益补充，在一定程度上弥补现有理论中以比较优势原则为理论核心的不足，为加速后发国经济发展提供了理论依据和现实途径。

（二）不足之处

自 1962 年以来，后发优势理论业已取得长足发展，但作为理论体系而言，其尚存以下不足：（1）就研究总体而言，国内现有后发优势理论尚处分散状态和前期探索阶段，尚未形成完整的理论体系。（2）缺乏严格的理论推导，未能揭示后发国经济追赶的内在机理与后发优势所蕴含的本质内容。（3）对制度后发优势的研究尚浅，现有研究往往侧重于技术后发优势，而疏忽制度后发优势。（4）缺乏相应的战略研究。后发优势及其战略，与传统的比较优势、竞争优势及其战略究竟是什么关系，后进国应该实施什么样的发展战略，需要做进一步研究。（5）跨学科的综合研究不够，后发优势的研究涉及发展经济学、政治经济学、增长经济学、制度经济学、技术经济学、经济史学等多个学科，如何在学科的交叉领域实施理论创新，是一个重要课题。（6）后发优势理论研究的另一重要缺陷是研究对象仅限于国家层面的宏观讨论，而对区域层面的中观研究目前却鲜有涉足。

第四节　两阶段理论

一、理论背景

虽然现有对外直接投资理论研究已取得丰硕成果，既有基于发达国家跨国公司对外直接投资实践得出的主流理论，亦有诠释发展中国家对外投资行为的发展中国家对外直接投资理论，但上述理论均无法对不具备任何优势的企业开展对外直接投资的行为给予很好的解答，同时也无法诠释 FDI 项目长期处于微利、持平甚至亏损状态，而其母公司仍继续追加投资的现象。因此，我们有必要构建新的分析框架来诠释发展中国家对外直接投资的新势头。

二、主要内容

吴彬和黄韬（1997）构建了“两阶段理论”分析框架，其认为企业的对外直接投资行为取决于不同行业中企业一般性经营资源的国际地位。如果与东道国企业相比，母国企业的一般性经营资源水平较高，即处于优势地位，则优势企业侧重于借助对外直接投资途径来攫取利润，此为利润摄取阶段，该阶段企业希望凭借垄断优势以攫取最大利润；如果较东道国企业而言，母国企业的一般性经营资源水平较低，即处于劣势地位，则侧重于通过对外直接投资向发达国家学习经验，此为经验索取阶段，该阶段企业通过试探、熟悉或学习来获得先进技术信息，积累跨国经营管理经验。而对于发展中国家跨国公司而言，一般需先向发达国家东道国进行投资以获取经验，在积累足够经验后逐步进入利润攫取阶段。

冼国明和杨锐（1998）将发展中国家的对外直接投资归结为学习型对外直接投资（即发展中国家逆向投资于发达国家）和竞争策略型对外直接投资（发展中国家投资于其他发展中国家）。借助学习型对外直接投资，发展中国家企业可以积累技术，强化所有权优势。而借助竞争策略型对外直接投资，发展中国家企业可以巩固与拓展市场份额。两人强调，学习型对外直接投资转为竞争策略型对外直接投资的必要条件是发展中国家自身技术积累水平超过特定阈值。

三、理论评价

（一）理论贡献

两阶段理论的理论贡献在于：（1）注重母国与东道国对比，能够将传统理论中的诸多“细致问题”进行重新归类，使研究更为深入化与系统化，并以此为基础构建数学模型展开分析，推导过程较为严谨。（2）不仅聚焦企业的对外直接投资问题，而且将“焦点目标”加以扩展，研究国家对外直接投资行为，思考一国应遵循何种秩序来组织高效的对外直接投资行动。（3）能够基于企业管理学及市场学等传统对外直接投资理论与两阶段理论的区别与联系展开分析，进一步扩展了对外直接投资理论的研究范畴。

（二）不足之处

该理论的不足之处为：（1）无法对身处对外直接投资两阶段的企业均开展对外投资的现象予以解释。（2）无法对处于特定阶段的企业超越传统轨迹，同时对发达国家和发展中国家开展对外直接投资的行为做出诠释。（3）无法解释发展中国家价值链重构的现象与通过对外直接投资来布局全球生产网络的行为。

第五节 综合优势理论

一、理论背景

传统的投资理论一般认为企业具备一定优势，从而具备投资的投机和条件，孙建中（2000）[①] 对传统投资理论的界定提出了新的见解。根据他的理论，任何优势都是相对的、多层次和多方面的，而差别是优势的主要来源，一个国家与特定的投资对象国比较所存在的差别就可以构成投资优势。根据这种对于优势的理解，我们可以总结出两点新的结论：一是意识对外直接投资不一定要完全具备主流理论所讨论的绝对优势或三种优势（Dunning，OLI 理论），优势是投资的重要条件而非充分条件或必要条件；二是优势是相对的，技术和资本并不是衡量的唯一标准。对于一些在各个方面都不具有突出优势的国家，我们可以说具有综合优势。

① 孙建中. 资本国际化运营——中国对外直接投资的综合优势比较[M]. 北京：经济科学出版社，2000.

二、主要内容

中国是个发展中大国，根据孙建中（2000）的理论，中国具有大国综合优势，具体表现为：投资动机的多极化、差别优势的多元化和发展空间的多角化三个方面。

（一）理论三大元素

1. 投资动机多极化

在以往的理论研究中，学者提出发达国家和发展中国家不同的对外直接投资动机，但因为中国发展阶段的特殊性质，在投资动机方面就兼顾了发达国家和发展中国家的特征，呈现出综合化的特征。根据这些投资动机，可以将中国的投资类型分为：资源获取型投资、技术寻求型投资、效益导向型、利用外资型投资、扩大出口型投资、产业转移型投资、集团市场进入型投资以及战略防御型投资。

2. 差别优势的多元化

孙建中（2000）认为主流投资理论当中的比较优势的概念并不适用于发展中国家的投资优势，而用差别优势更为准确、不易混淆。所谓差别优势就是指与确定的投资对象国相比较，投资国所具有的优势。中国作为一个经济发展不平衡的大国，具有对外投资多层次、综合性的差别优势：第一，政治稳定、综合国力强；第二，经济增速高；第三，经济环境总体良好，外国直接投资的流量大，进出口贸易额高；第四，资本实力和融资能力强；第五，企业具有一定的规模优势；第六，经济发展已经进入了不断扩大对外直接投资的国际化发展阶段；第七，宏观调控能力强，具有制度优势。

3. 发展空间的多角化

发展空间的多角化体现在四个方面：第一，中国企业具有不同发展阶段并存的特征。企业的投资发展一般先后经历产品出口（国内生产）、跨国生产、国际企业和全球经营四个阶段，由于中国地区间、行业间发展不平衡的特点，使得中国企业发展呈现四个阶段并存的现象。这一特征打破了企业整体阶段性顺序进入的模式制约，不同企业的发展空间更具灵活性、适应性和多角化。第二，技术结构具有多层次性。外资的进入和中国的自主创新构建了中国多层次的技术结构，这一特征使得对外直接投资区位选择具有更广阔的空间，可以向发展各个阶段的国家进行投资。第三，投资主体的多元性。中国对外直接投资的投资主体从规模上、行政隶属关系上、所有制成分上都具有多元化的格局，使得中国投资可以更为灵活地适应不同所有制和发展水平的国家。第四，投资空间的全方位性。

上述四个特征的综合使得中国的对外直接投资在区域空间选择上具有全方位性，可以覆盖发达国家、一般发展中国家和技术水平较低的落后国家。

（二）理论模型

根据孙建中（2000）在《资本国际化运营——中国对外直接投资发展研究》一书中对于中国对外直接投资优势的新理解，投资动机的多极化、差别优势的多元化和发展空间的多角化，这三个综合优势之间相互作用、相互影响，从而形成对外直接投资的综合优势，取得综合效益。理论模型示意如图 14-1 所示。

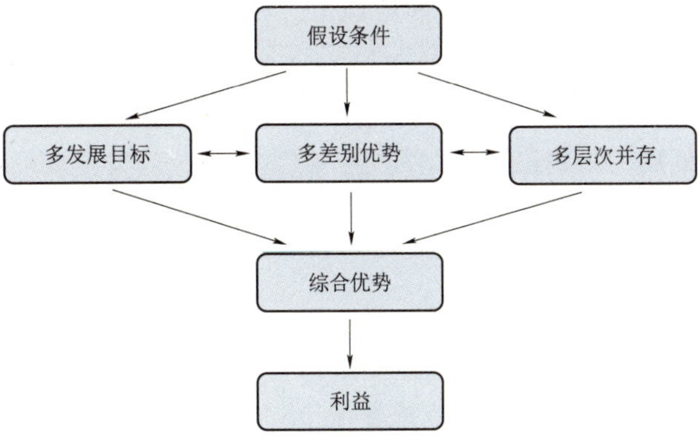

图 14-1 经济发展不平衡国家综合优势理论示意图

（1）理论假设：经济发展不平衡、经济高速增长。

（2）理论要素解释。第一，多发展目标之间具有相互激励作用。中国对外直接投资的利益主体包括国家、企业和个人三部分，三大利益主体追求不同的利益目标，构成了中国对外直接投资的内在动力机制。在该动力机制中，不同主体的利益诉求相互作用，产生了有效的系统内部促进体系。第二，多差别优势要素之间具有倍增效用。中国对外直接投资的差别优势是多层面的，如政局稳定、国际政治地位不断提高、国际宏观调控能力强等。这一系列的优势要素之间以及各要素内部各要素之间因相互促进与互补而产生的倍增效用，促进中国对外直接投资的高速发展。第三，发展空间的多角化（也称多层次并存），各发展空间之间具有相互促动机制。中国经济发展的不平衡性，使得中国对外直接投资具备企业国际化经营的各个阶段（跨国生产阶段、国际企业阶段、全球经营阶段等）特征，处于不同阶段的对外投资具有相互促进作用。与此同时，多层次的技术结构使中国对外直接投资在技术水平上具有递进式的促动效应；多元化的投资主体（国企、外资、乡镇、私营等）可以在市场体制的基础上组建联合型跨国公司，通过优势互补实现 1+1>2 的主体效益促进效应。

（3）理论模型。自变量定义：S—经济增长速度，Q—国家大小、经济体系的健全度，E—经济内在的平衡性。“综合优势理论”中的优势函数表示为：

多目标优势 $P_1=f_1(S、Q、E)$；

多差别优势 $P_2=f_2(S、Q、E)$；

多空间优势 $P_3=f_3(S、Q、E)$；

综合优势 $P=F(S、Q、E)$。

（4）模型结论。第一，经济增长速度越高，对外直接投资的综合优势越强（由多目标优势函数的一阶偏导得出）。第二，经济体系越健全、基础越强，综合优势越强（由多差别优势函数的一阶偏导得出）。第三，经济多样化程度越高，综合优势越强（由多空间优势函数的一阶偏导得出）。

三、理论评价

综合优势理论的贡献是能够对中国对外直接投资做出高度提炼，将中国资金“走出去”存在的各方面差异都融入到理论模型中，对于中国如何高效开展对外投资活动给予重要的宏观指引。其问题在于其较强的理论假设（经济发展不平衡、经济高速增长），在当前经济发展水平下，该理论对中国具有较强的适用性；但随着中国产业结构的不断调整，经济发展不平衡已不再是问题，随之该理论的实践就会出现问题。

参考文献

[1] 夏先良. 构筑“一带一路”产能合作体制机制与政策体系[J]. 国际贸易,2015(11).

[2] 安宇宏. 国际产能合作[J]. 宏观经济管理,2015(10).

[3] 张洪,梁松. 共生理论视角下国际产能合作的模式探析与机制构建[J]. 宏观经济研究,2015(12).

[4] 张述存. 境外资源开发与国际产能合作转型升级研究[J]. 山东社会科学,2016(7).

[5] 孙海泳. 中外产能合作:指导理念与支持路径[J]. 国际问题研究,2016(3).

[6] 魏莉. 近十年我国跨越式发展理论研究综述[J]. 新疆大学学报(哲学 · 人文社会科学版),2012(2).

[7] 王伯鲁. 产业技术跨越问题探析[J]. 云南社会科学,1999(2).

[8] 刘友金,黄鲁成. 技术创新与产业的跨越式发展[J]. 中国软科学,2001(2).

[9] 陈志良. 生产力跨越式发展及其当代特点[J]. 中国人民大学学报(哲学版),2002(2).

[10] 杨瑞龙. 生产力跨越式发展的制度经济学分析[J]. 中国人民大学学报(哲学版),2002(2).

[11] 王德强. 论中国特色跨越式发展理论的科学内涵与价值[J]. 云南民族大学学报(哲学社会科学版),2015(6).

[12] 郭熙保,胡汉昌. 后发优势研究述评[J]. 山东社会科学,2002(3).

[13] 郭熙保,胡汉昌. 后发优势新论——兼论中国经济发展的动力[J]. 武汉大学学报(哲学社会科学版),2004(3).

[14] 金明善,车维汉. 赶超经济理论[M]. 北京:人民出版社,2001.

[15] 陆德明. 中国经济发展动因分析[M]. 太原:山西经济出版社,1999.

[16] 林毅夫. 中国的奇迹:发展战略与经济改革[M]. 上海:格致出版社,1999.

[17] 王跃生,陶涛. 再论 FDI 的后发大国模式:基础、优势与条件[J]. 国际经济评论,2010(6).

[18] 孙建中. 资本国际化运营——中国对外直接投资的综合优势比较[M]. 北京:经济科学出版社,2000.

第十五章

国外关于中国对外直接投资理论研究述评

第一节 中国对外直接投资动因理论

一个国家对外投资的动因是多种多样的，仅从跨国公司理论、外国直接投资理论和各个国家对外投资的实际情况来看，就有大量研究成果。早期的研究从一般的视角研究发展中国家对外投资的动因和模式，随着中国对外投资规模的不断扩大和排名的迅速上升，国外对于中国对外直接投资（OFDI）的研究逐渐增多，大量领域内的研究将视角集中在中国企业投资动因的特征上。

一、资本市场不完全性理论

Buckley（2004）①② 在研究了中国企业投资特点后，提出了资本市场不完全理论，试图揭示中国 OFDI 的产生动因。该理论认为，在中国这样的新兴市场经济体，由于利率受到管制，国内实际利率往往低于市场均衡利率，这就在相当长的时间内造成了资本市场的不均衡。利率差的存在使得潜在投资者有动机进行对外投资活动以获得额外收益。从这种意义来说，资本市场不完全性导致了一些中国企业存在对外直接投资的所有权优势，主要表现在：（1）国有企业可以以低于市场均衡利率的成本进行融资（如 Lardy，1998；Scott，2002；Warner et al.，2004）③；（2）银行系统的无效率，导致潜在投资者可以获得软性贷款，这种无效率可能来自银行系统本身，也可能是政策引致的；

① Buckley P J, Clegg L J, Wang C. The impact of inward FDI on the performance of Chinese manufacturing firms[J]. Journal of International Business Studies, 2002, 33(4): 637-655.

② Buckley, Peter J, L Jeremy Clegg, Adam R Cross, Liu Xin, Hinrich Voss, and Ping Zheng. The determinants of Chinese outward foreign direct investment[J]. Journal of International Business Studies, 2007, 38(4): 499-518.

③ Lardy N R. China's unfinished economic revolution[R]. Washington, DC: Brookings Institution. 1998.

Scott W R. The changing world of Chinese enterprises: an institutional perspective'[M]//Tsui A S, Lau C M. Management of enterprises in the People's Republic of China. Boston: Kluwer Academic Press, 2002: 59-78.

Warner M, Hong N S, Xu X. Late development experience and the evolution of transnational firms in the People's Republic of China[J]. Asia Pacific Business Review, 2004, 10(3/4): 324-345.

（3）集团企业可以经营一个低效的内部资本市场（在中国的多元化企业集团如海尔，Liu，2005 年）对其外国直接投资活动进行补贴①；（4）家族拥有的企业可能从家庭成员处获得廉价的资本（Tsai，2002；Child & Pleister，2003；Erdener & Shapiro，2005）②。

资本市场不完全理论认为，以上四种市场不完全性在中国都是存在的。Buckley 指出③，总体来看，地方党和政府官员向国有企业提供了普遍性软预算约束，维持了许多低效中国企业的生存，银行和其他金融机构无力迫使企业重组或退出（Lardy④，1998）。此外，政府部门给予一些国有企业“相当大的风险资本”，例如国务院指示中国国际信托投资公司（CITIC）探索资源产业（Zhang⑤，2003）的海外投资机会。资本市场不完全可能导致这些中国企业存在海外投资动机。

该理论还指出，中国跨国公司的过度竞价行为可以归因于缺乏私人股东，对相关的技术、商业和政治风险过度乐观，对失败的恐惧有限，政府紧密支持以及较低的融资成本。国家支持的软预算约束使中国企业通过收购和渗透进入东道国经济可能成为一种“正常”模式。

二、制度引致理论

许多研究从制度层面考察 OFDI 的动因，从体制角度研究中国及其他新兴经济体的文献日益增加（North，1990；Peng，2002；Meyer & Nguyen，2005；Wright et al.，2005）⑥，并形成了制度引致理论。该理论认为，新兴经济体的体制结构能够决定国内企业在海外投资的能力和意愿。一个简单的、一致的和宽松的政策将鼓励对外直接投资，而自由裁量、经常性的政策调整可能具有相反的效果。这有可能解释中国企业行为的独特性。制度引致理论认为，中国的经济体制和对外投资政策对企业的

---

① Liu H, Li K. Strategic implications of emerging Chinese multinationals: the Haier case study [J]. European Management Journal, 2002, 20(6): 699-706.

② Tsai K S. Back-alley banking: private entrepreneurs in China[M]. Ithaca: Cornell University Press, 2002.

Child J, Pleister H. Governance and management in China's private sector[J]. Management International, 2003, 7(3): 13-24.

Erdener C, Shapiro D M. The internationalization of Chinese family enterprises and Dunning's eclectic MNE paradigm [J]. Management and Organization Review, 2005, 1(3): 411-436.

③ Buckley P J. The role of China in the global strategy of multinational enterprises[J]. Journal of Chinese Economic and Business Studies, 2004, 2(1): 1-25.

④ North D C. Institutions, institutional change and economic performance[M]. Cambridge: Cambridge University Press, 1990.

⑤ Zhang Yongtong. China's emerging global businesses: political economy and institutional investigations[M]. Basingstoke: Palgrave Macmillan, 2003.

⑥ North D C. Institutions, institutional change and economic performance[M]. Cambridge: Cambridge University Press, 1990.

Peng M W. Towards an institution-based view of business strategy[J]. Asia Pacific Journal of Management, 2002, 19 (2/3): 251-267.

Meyer K E, Nguyen H V. Foreign investment strategies and sub-national institutions in emerging markets: evidence from Vietnam[J]. Journal of Management Studies, 2005, 42(1): 63-93.

Wright M, Filatotchev I, Hoskisson R E, Peng M W. Strategy research in emerging economies: challenging the conventional wisdom[J]. Journal of Management Studies, 2005, 42(1): 1-33.

对外直接投资行为产生了非常重要的引致效应，特别是近年来对海外投资的鼓励引发了中国企业大量的投资行为。

该理论指出，母国的体制性因素对企业的决策具有重大的推动力。政府及其代理执行的“游戏规则”承担着影响与执行投资的行为规范和认知，当然也包括对外投资[①]（Scott，2002）。高水平的政府支持，如优先获得原材料和其他投入、低成本的资金（前文所述）、补贴以及其他形式福利有助于新兴国家的企业在国外弥补所有权和区位劣势[②]（Aggarwal & Agmon，1990）。在另一方面，这些投资者也经常会遇到高度官僚化和烦琐的投资审批行政程序。各级政府均试图影响对外资本流动的数量、方向和范围。如果这些体制因素与某些行业或所有制形式的歧视性政策工具相结合，对外直接投资流量可能被扭曲。在这种情况下，可能会出现（或者说事实鼓励）通过非正式或非法路径的 OFDI。

考虑到中国经济受到政府管制的程度，体制因素有可能作为中国企业的国际投资决策产生长久和深远的影响。起初，由于中国的各级政府掌握了对外直接投资的审批权，因此可以确定的是中国跨国公司的对外投资的发展、强度以及导向都受到了政策因素影响。随着中国跨国公司管理体制的不断改革，有经验表明中国跨国公司的目标已经转向更好地获得国外的专有技术、战略性资产、能力（例如品牌、分销渠道、外国资本市场等）、探索新的市场以及通过国际竞争使商业行为多样化。可以看出，这一发展是与中国的开放政策与自由化相伴而生的。中国的投资能力，特别是在发展中国家的投资，呈现出以下特点：从现有数据可以看出，防御性与进取型投资（前者更具有进口替代的特点而后者则着重于新市场的开拓）比例正在逐渐下降（Buckley et al.，2006）[③]。此外，在发展中国家的国际直接投资还有资源导向的特点；而出口和出口导向型的投资依然有所上升（Wong & Chan，2003）[④]。该理论的一个推论是，国内制度和政策演变对中国企业的对外直接投资的规模和结构产生了深远影响，这一点可以被数据所印证。但是，该理论可能过度强调了制度这一外生因素对企业投资行为的影响，在考虑中国企业对外直接投资动因时还应考虑更多因素，特别是企业方面的因素。

三、市场导向投资理论

东道国市场的特点，如市场规模，通常被认为是决定外国直接投资流向的显著因素。随着市场的大小增加，对资源、外国直接投资、规模经济和范围经济的开发等机会

① Scott W R. The changing world of Chinese enterprises: an institutional perspective'[M]//Tsui A S, Lau C M. management of enterprises in the People's Republic of China. Boston: Kluwer Academic Press, 2002: 59-78.

② Aggarwal R, Agmon T. The international success of developing country firms: role of government-directed comparative advantage[J]. Management International Review, 1990, 30(2): 163-180.

③ North D C. Institutions, institutional change and economic performance[M]. Cambridge: Cambridge University Press, 1990.

④ Wong J, Chan S. China's outward direct investment: expanding worldwide[J]. China: An International Journal, 2003, 1(2): 273-301.

也随之上升（UNCTAD，1998）[①]。大量的研究（Chakrabarti，2001）[②] 显示，外商直接投资流量和市场规模呈正相关。最近的研究工作指出：寻求市场的动机推动了中国跨国公司的崛起（Taylor，2002；Zhang，2003；Deng，2004；Buckley，2006）[③]。此外，中国企业对外直接投资活动可能会越来越以大型市场为目标。市场导向投资理论认为，市场导向型外商直接投资的水平肯定会随着需求的增长而上升，快速增长的经济体具有更多的利润产生机会（Lim，1983）[④]。

四、资源导向投资理论

资源导向投资理论认为，中国企业的动因是寻找海外重要的战略性资产或母国相对稀缺的自然资源。该理论将中国企业对外直接投资动机分为资产寻找型和自然资源获取型。例如，资产寻找型投资动机指出：中国引导其资产寻求型对外直接投资流向人力和智力资本的显著水平经济体，特别是工业化国家，帮助这些企业在其他地方加强自身的竞争力（Dunning，1998、2006）。近年来，中国政府引导 OFDI 的一项明确目标是通过绿地投资和跨国并购获取先进的专有技术、不可移动的战略性资产（如品牌、本土分销网络）和其他海外能力（Taylor，2002、2003；Zhang，2003；Warner et al.，2004）[⑤]。大量实证研究显示，中国对外直接投资的目的是通过国际化经营取得信息和知识，尤其是在 20 世纪 80 年代时（Ye，1992；Zhan，1995；Buckley et al.，2006）[⑥]。值得注意的是，许多开展并购的中国企业，特别是在欧洲和美国，其目标企业是处于困境或无力偿还债务的企业，如果将这些投资行为纳入资源导向投资理论的分析框架，将很容易解释这些投资行为。

而自然资源获取型投资动机可以解释大量中国企业（资源密集型行业企业）对自然资源丰富的国家，特别是一些发展中国家，进行直接投资的动因。如 Kolstad 和 Wiig（2012）使用 UNCTAD 发布的中国 2003—2006 年对 142 个东道国的 OFDI 数据以及世界银行学院的政府治理指数，对中国 OFDI 的动因进行了分析[⑦]。他们的研究认为：东道

① UNCTAD. World investment report 1998: trends and determinants[R]. New York and Geneva: United Nations, 1998.

② Chakrabarti A. The determinants of foreign direct investments: sensitivity analyses of cross-country regressions[J]. Kyklos, 2001, 54(1): 89-114.

③ Taylor R. Globalization strategies of Chinese companies: cunent developments and future prospects[J]. Asian Business and Management, 2002, 1(2): 209-225.

Deng P. Foreign direct investment by transnationals from emerging countries: the case of China[J]. Journal of Leadership and Organizational Studies, 2002, 10(2): 113-124.

④ Lim D. Fiscal incentives and direct investment in less developed countries[J]. Journal of Development Studies, 1983, 19(2): 207-212.

⑤ Amighini A A, Rabellotti R, Sanfilippo M. Do Chinese state-owned and private enterprises differ in their internationalization strategies? [J]. China Economic Review, 2013, 27: 312-325.

Warner M, Hong N S, Xu X. Late development experience and the evolution of transnational firms in the People's Republic of China[J]. Asia Pacific Business Review, 2004, 10(3/4): 324-345.

⑥ Ye G. Chinese transnational corporations[J]. Transnational Corporations, 1992, 1(2): 125-133.

Zhan J X. Transnationalization and outward investment: the case of Chinese firms[J]. Transnational Corporations, 1995, 4(3): 67-100.

⑦ Kolstad I, A Wiig. What determines Chinese outward FDI? [J]. Journal of World Business, 2012, 47(1): 26-34.

国制度因素和自然资源对中国对外直接投资具有交叉项影响。东道国的制度环境越差，中国对这些国家的投资就越呈现出自然资源引致的特征。他们认为，中国的资源获取型对外直接投资具有利用较差经济制度国家的特点，可能导致对这些东道国的“资源诅咒”。他们同时指出，总体来看影响中国对外投资的因素是多方面的，并随时间呈现阶段性变化。

五、中国企业“关系资产”说

“关系资产”说认为，中国以及其他新兴市场经济体的跨国公司具有一种所有权优势，这种授权优势使企业在国外进行活动相对于母国更有效率。这些优势可能包含灵活性、更有效率的资本使用、母国具有的天然优势（母国与东道国的市场结构和商业文化更为接近）、与当地企业更为有效的合作等。与当地企业更为有效的合作又称为“关系资产”（Dunning，2002；Erdener & Shapiro，2005）①，如中国企业显示出的网络技能以及具有与中国民族迁徙相类似的优势等。当这些条件长期存在时，就为中国企业提供了一种半永久性的所有权优势。该理论指出，“关系资产”可能给中国企业带来所有权优势，进而从所有权视角分析了中国企业进行海外直接投资的动因。

在企业的早期投资中，其东道国经常具有与母国相似的文化背景（Johanson & Vahlne，1977）②，或者东道国特定的少数民族人口族群或家庭关系具有的“关系资产”能被利用（Lecraw，1977；Wells，1983；Lau，2003）③。在这样的网络中，最合适，最有利可图的投资机会的市场信息可以很容易流通，可以建立有利于市场进入和发展的、富有成果的商业关系。如果中国的 OFDI 具有鲜明的地域特点，比如有明显的中国裔族群的存在，或者东道国相关的网络技能被认为是中国企业的特殊的所有权优势，那么这一理论的成立将是显而易见的。但是，这一理论不被中国的加总 OFDI 数据所支持④。此外，即使这一理论能够成立，其也只能解释对特定东道国的投资行为，具有一定的局限性。

---

① Dunning J H. Relational assets, networks, and international business activities[M]. //Contractor F J, Lorange P. Cooperative strategies and alliances. Pergamon: Amsterdam, 2002: 569-593.

Erdener C, Shapiro D M. The internationalization of Chinese family enterprises and Dunning's eclectic MNE paradigm[J]. Management and Organization Review, 2005, 1(3): 411-436.

② Johanson J, Vahlne J E. The internationalization process of the firm: a model of knowledge development and increasing foreign market commitments[J]. Journal of International Business Studies, 1977, 8(1): 23-32.

③ Lecraw D J. Direct investment by firms from less developed countries[J]. Oxford Economic Papers, 1977, 29(3): 442-457.

Wells L T. Third World multinationals: the rise of foreign investments from developing countries[M]. Cambridge, MA: MIT Press, 1977.

Lau H F. Industry evolution and internationalization processes of firms from a newly industrialized economy[J]. Journal of Business Research, 1977, 56(10): 847-852.

④ North D C. Institutions, institutional change and economic performance[M]. Cambridge: Cambridge University Press, 1990.

第二节 中国对外直接投资模式理论

一、投资主体理论

研究指出，中国企业所有权结构会影响企业对外直接投资模式。大量的文献指出中国的 OFDI 呈现出一种独特模式：一是在投资目的地的选择上与传统理论预测有所不同（拉马萨米，阳杨 & 拉福雷，2012）①，中国对最不发达国家的投资较理论预测的水平要高，二是中国的 OFDI 东道国选择更体现出产业特点（阿梅尼，热贝罗蒂 & 圣菲利波，2011）②。大量文献从中国 OFDI 主体的所有权结构出发对此进行了分析，认为中国跨国公司的所有权结构对其 OFDI 投资战略和行为具有重要影响。国有企业和民营企业的对外投资战略可能会有所不同。原因有以下两点。

与民营企业相比，国有企业在国内市场面临着不同的商业和经济状况。国有企业在某些资源部门和战略性部门享有一定的特权，这种特权可能来源于政策原因、资本市场不完全，也有可能是因为企业的垄断地位等。这种特权导致国有企业不必考虑资本和投资规模的限制，更有能力投资于资源丰富的不发达国家或地区；而私营企业相对来说规模较小，资本的约束使其更愿意投资到资本充裕的国家或者避税天堂。

与民营企业相比，国有企业在投资时更有可能考虑多重目标。国有企业对外投资既可能考虑经济目标，也可能考虑政治目标。国有企业的管理者通过投资行为向其委托人显示自身能力，或者向东道国展示企业实力，或者是为国家战略服务。这三种情况都有可能导致国有企业在对外直接投资时优先考虑政治目标，而非经济目标。与之相比，民营企业在投资时则不大可能考虑政治目标。（颂思，2011）③

阿梅尼、热贝罗蒂和圣菲利波（2013）④ 指出，与民营企业相比，国有企业更多投资于资源丰富的东道国；与之相比，民营企业在东道国选择上更有可能受到地理距离和政治稳定性的影响。

二、投资方式理论

该理论从投资方式的角度对中国企业的对外直接投资模式进行了分析。投资者面临的一个关键战略问题是选择合适的 OFDI 方式：是在东道国建立一个新企业（绿地投资），还是选择并购在东道国已经建立的企业（兼并与收购）。传统理论认为，投资者

---

① Ramasamy B, Yeung M, Laforet S. China's outward foreign direct investment: Location choice and firm ownership [J]. Journal of World Business, 2012, 47: 17-25.

② Amighini A A, Rabellotti R, Sanfilippo M. Do Chinese state-owned and private enterprises differ in their internationalization strategies? [J], China Economic Review, 2013, 27: 312-325.

③ Song H. Chinese private direct investment and overseas Chinese network in Africa[J]. China & the World Economy, 2011, 19(4): 109-126.

④ Ramasamy B, Yeung M, Laforet S. China's outward foreign direct investment: location choice and firm ownership[J]. Journal of World Business, 2012, 47: 17-25.

将选择最具有赢利可能的方式进入国外市场。

现有的文献认为，以下因素将影响绿地投资或收购（Slangen & Hennart，2007）[①]的赢利能力：先行优势、市场增长速度和互补性资产。与绿地投资相比，兼并或收购最明显的优势是这种方式允许相对快速地进入国外市场。当进入速度具有更大的经济价值时，企业会获得较强的先发优势。先发优势的经济学解释是，先进入者能够建立起某种市场优势壁垒，使后进入者难以盈利。在增长相对缓慢的市场，收购有可能是首选项，因为这种方式不会创造新的产能，从而在其他因素不变的条件下限制了价格下行的压力。因此，在增长缓慢或者具有先发优势特征的市场，兼并与收购优于绿地投资。

投资者的投资动机与这两种投资方式是相适应的。海外投资的一个主要动机是获取那些已经由外国企业建立的、可以提高投资者效率和竞争力的“互补性资产”。原则上，互补性资产可以通过收购“化整为零”或整合到现有的组织中。互补性资产的例子包括在东道国的营销和分销网络、东道国具有技术和管理知识的居民等。海外投资的第二个动机是建立在东道国的竞争优势。

如果这些优势以公司特定知识或其他无形资产的形式存在，利用这种优势的最佳方式是将公司收购为全资子公司，并内化和利用这些优势。然而，无形资产的开发通常需要当地的市场情况和东道国环境等其他方面的知识。当外国投资者对于东道国市场不熟悉或存在文化隔阂时，收购将是海外投资中最有利的方式，而不是进行绿地投资。

在资本市场较为有效的地区如美国，投资者获得的优势可以通过在资本市场上支付的溢价得以体现。另外，由于资本市场发达，投资者享有相对较低的融资成本。格洛伯曼和夏皮罗（Globerman & Sharpilo，2009）[②]指出，由于中国的国有企业具有相对低成本的政府资金支持，因此中国国有企业在美国资本市场具有优势。国有企业通常更可能通过收购而不是绿地投资方式进入美国市场。此外，技术和管理资源的收购很可能是中国的外国直接投资在美国的一个重要动机。在美国和中国之间的文化距离相对较大的背景下，中国企业具有的经验相对有限，因此，美国经理人在具体经营环境中的经验对中国投资者非常有价值。

虽然外商直接投资可以采取绿地投资和兼并收购两种形式，但需要看到的是，经济合作与发展组织（OECD）国家中，外国直接投资的 80% 是通过兼并和收购的方式（UNCTAD，2000）达成。未来中国在发达国家的 OFDI 更有可能以兼并收购的形式出现。

总体来看，大多数研究都倾向于认为，中国表现出了一种独特的海外投资模式。国外对于中国对外直接投资模式的理论分析范式上依然与传统理论相一致，但是重点考察了中国企业的产权属性（Globerman & Sharpilo[③]；Amighini，Rabellotti & Sanfilippo[④]）、

---

① Slangen A, Hennart J O. Greenfield or acquisition entry: a review of the empirical foreign establishment mode literature[J]. Journal of International Management, 2007, 13(4): 403-429.

② Globerman S, Shapiro D. Economic and strategic considerations surrounding Chinese FDI in the United States[J]. Asia Pacific Journal of Management, 2009, 26(1): 163-183.

③ Globerman S, Shapiro D. Economic and strategic considerations surrounding Chinese FDI in the United States[J]. Asia Pacific Journal of Management, 2009, 26(1): 163-183.

④ Amighini A A, Rabellotti R, Sanfilippo M. Do Chinese state-owned and private enterprises differ in their internationalization strategies? [J]. China Economic Review, 2013, 27: 312-325.

投资目的（Slangen & Hennart）以及东道国的制度环境（Ramasamy，Yeung & Laforet[①]；Amighini，Rabellotti & Sanfilippo）。这些理论认为，中国独特的投资模式可以被以上三种因素解释。

第三节　国外关于中国对外直接投资理论研究评价

随着新兴经济体特别是中国等国家对外直接投资的迅速增长，以“老牌”跨国公司投资理论为核心的传统跨国公司理论能否解释中国对外投资的动因、趋势和特点值得怀疑。目前，在这个问题上，国外理论界存在两种观点：一种观点认为，包括中国在内的新兴经济体的跨国公司对外直接投资最终将与发达国家跨国公司投资一样，呈现出相同的特点。中国对外直接投资表现出的特征是阶段性的，可以被纳入国际生产折衷理论等传统理论的分析框架加以分析。例如，在投资动因方面，市场导向投资理论尝试从区位优势角度解释中国 OFDI 的动因，认为中国市场导向型外商直接投资会随着国外市场需求的增长而上升。而资源导向型理论则将投资动因纳入区位（自然资源和其他原材料导向）和内部化（战略资产、海外能力等收购）的分析框架。在投资模式方面，有研究认为中国企业在并购美国企业中具备所有权优势，如格洛伯曼和夏皮罗（2009）[②] 等。

另一种观点则认为，考虑中国的对外直接投资，必须结合中国的自身特点和当今贸易发生的时代背景。一方面，中国作为全球最大的发展中经济体，其 OFDI 具有其自身特点。另一方面，在全球价值链深入发展、生产网络化的背景下，中国的直接投资的迅速发展必然会带有鲜明的时代特征，这些都是传统的理论不能解释的。国外对中国对外直接投资的理论研究具有以下几个特点。

一是投资动因方面，认为国内资本市场不完全是中国对外直接投资的重要动因之一，随着中国国内投资机会的变化，这部分投资也可能产生变化。如 Buckley（2004）指出，预算软约束使中国企业通过收购和渗透进入东道国经济可能成为一种“正常”模式。

二是认为对外投资政策与管理体制会对中国对外投资产生决定性影响。几乎所有涉及这一问题的研究都承认，中国的投资管理体制和政策会对中国对外投资产生根本性的影响，在分析中国对外直接投资动因和模式时不能忽略制度背景和政策因素。

三是认为所有权结构对中国企业的投资模式具有显著影响。例如，有研究认为，在东道国选择方面，国有企业更多投资于资源丰富的东道国，与之相比，民营企业在东道

① Ramasamy B，Yeung M，Laforet S. China's outward foreign direct investment：Location choice and firm ownership［J］. Journal of World Business，2012，47：17-25.

② Globerman S，Shapiro D. Economic and strategic considerations surrounding Chinese FDI in the United States［J］. Asia Pacific Journal of Management，2009，26（1）：163-183.

国选择上更有可能受到地理距离和政治稳定性的影响①。而在投资方式方面，国有企业通常更可能通过收购而不是绿地投资方式进入美国市场，而民营企业则更偏好绿地投资②。

综合来看，国外关于中国对外直接投资理论研究还在快速发展中，并可能呈现出新的特点。同时，这一部分也是发展中国家对外直接投资理论中变化最快、成果最丰富的部分，值得进一步关注和研究。

参考文献

[1] Buckley P J, Wang C, Clegg J. The impact of foreign ownership, local ownership and industry characteristics on spillover benefits from foreign direct investment in China[J]. International Business Review, 2007, 16(2): 142-158.

[2] Buckley, Peter J, Jeremy Clegg L, et al. The determinants of Chinese outward foreign direct investment[J]. Journal of International Business Studies, 2007, 38(4): 499-518.

[3] Lardy N R. China's unfinished economic revolution[R]. Washington, D. C.: Brookings Institution, 1998.

[4] Scott W R. The changing world of Chinese enterprises: an institutional perspective[M]. // Tsui A S, Lau C M. Management of enterprises in the People's Republic of China. Boston: Kluwer Academic Press, 2002: 59-78.

[5] Warner M, Hong N S, Xu X. Late development experience and the evolution of transnational firms in the People's Republic of China[J]. Asia Pacific Business Review, 2004, 10(3/4): 324-345.

[6] Liu H, Li K. Strategic implications of emerging Chinese multinationals: the Haier case study[J]. European Management Journal, 2002, 20(6): 699-706.

[7] Tsai K S. Back-alley banking: private entrepreneurs in China[M]. Ithaca: Cornell University Press, 2002.

[8] Child J, Pleister H. Governance and management in China's private sector[J]. Management International, 2003, 7(3): 13-24.

[9] Erdener C, Shapiro D M. The internationalization of Chinese family enterprises and Dunning's eclectic MNE paradigm[J]. Management and Organization Review, 2005, 1(3): 411-436.

[10] Buckley P J. The role of China in the global strategy of multinational enterprises[J]. Journal of Chinese Economic and Business Studies, 2004, 2(1): 1-25.

---

① Ramasamy B, Yeung M, Laforet S. China's outward foreign direct investment: location choice and firm ownership[J]. Journal of World Business, 2012, 47: 17-25.

② Globerman S, Shapiro D. Economic and strategic considerations surrounding Chinese FDI in the United States[J]. Asia Pacific Journal of Management, 2009, 26(1): 163-183.

[11] Zhang Yongtong. China's emerging global businesses: political economy and institutional investigations[M]. Basingstoke: Palgrave Macmillan, 2003.

[12] Dunning J H. Relational assets, networks, and international business activities[M]. // Contractor F J, Lorange P. Cooperative strategies and alliances. Pergamon: Amsterdam, 2002: 569-593.

[13] Erdener C, Shapiro D M. The internationalization of Chinese family enterprises and Dunning's eclectic MNE paradigm[J]. Management and Organization Review, 2005, 1(3): 411-436.

[14] Johanson J, Vahlne J E. The internationalization process of the firm: a model of knowledge development and increasing foreign market commitments[J]. Journal of International Business Studies, 1977, 8(1): 23-32.

[15] Lecraw D J. Direct investment by firms from less developed countries[J]. Oxford Economic Papers, 1977, 29(3): 442-457.

[16] Wells L T. Third world multinationals: the rise of foreign investments from developing countries[M]. Cambridge, MA: MIT Press, 1977.

[17] Lau H F. Industry evolution and internationalization processes of firms from a newly industrialized economy[J]. Journal of Business Research, 1977, 56(10): 847-852.

[18] North D C. Institutions, institutional change and economic performance[M]. Cambridge: Cambridge University Press, 1990.

[19] Peng M W. Towards an institution-based view of business strategy[J]. Asia Pacific Journal of Management, 2002, 19(2/3): 251-267.

[20] Meyer K E, Nguyen H V. Foreign investment strategies and sub-national institutions in emerging markets: evidence from Vietnam[J]. Journal of Management Studies, 2005, 42(1): 63-93.

[21] Wright M, Filatotchev I, Hoskisson R E, Peng M W. Strategy research in emerging economies: challenging the conventional wisdom[J]. Journal of Management Studies, 2005, 42(1): 1-33.

[22] Scott W R. The changing world of Chinese enterprises: an institutional perspective[M]. // Tsui A S, Lau C M. Management of enterprises in the People's Republic of China. Boston: Kluwer Academic Press, 2002: 59-78.

[23] Aggarwal R, Agmon T. The international success of developing country firms: role of government-directed comparative advantage[J]. Management International Review, 1990, 30(2): 163-180.

[24] Wong J, Chan S. China's outward direct investment: expanding worldwide[J]. China: An International Journal, 2003, 1(2): 273-301.

[25] UNCTAD. World investment report 1998: trends and determinants[R]. United Nations: New York and Geneva, 1998.

[26] Chakrabarti A. The determinants of foreign direct investments: sensitivity analyses of

cross-country regressions[J]. Kyklos,2001,54(1):89-114.

[27] Taylor R. Globalization strategies of Chinese companies:current developments and future prospects[J]. Asian Business and Management,2002,1(2):209-225.

[28] Deng P. Foreign direct investment by transnationals from emerging countries: the case of China[J]. Journal of Leadership and Organizational Studies,2002,10(2):113-124.

[29] Lim D. Fiscal incentives and direct investment in less developed countries[J]. Journal of Development Studies,1983,19(2):207-212.

[30] Ye G. Chinese transnational corporations[J]. Transnational Corporations,1992,1(2): 125-133.

[31] Zhan J X. Transnationalization and outward investment: the case of Chinese firms[J]. Transnational Corporations, 1995,4(3):67-100.

[32] Warner M, Hong N S, Xu X. Late development experience and the evolution of transnational firms in the People's Republic of China[J]. Asia Pacific Business Review, 2004,10(3/4):324-345.

[33] Kolstad I, A Wiig. What determines Chinese outward FDI? [J] Journal of World Business,2012,47(1): 26-34.

[34] Ramasamy B,Yeung M, Laforet S. China's outward foreign direct investment:location choice and firm ownership[J]. Journal of World Business,2012,47:17-25.

[35] Amighini A A, Rabellotti R, Sanfilippo M. Do Chinese state-owned and private enterprises differ in their internationalization strategies? [J] China Economic Review, 2013,27: 312-325.

[36] Song H. Chinese private direct investment and overseas Chinese network in Africa[J]. China & the World Economy,2011,19(4):109-126.

[37] Slangen A, Hennart J O. Greenfield or acquisition entry:a review of the empirical foreign establishment mode literature[J]. Journal of International Management,2007,13(4): 403-429.

[38] Globerman S, Shapiro D. Economic and strategic considerations surrounding Chinese FDI in the United States[J]. Asia Pacific Journal of Management,2009,26(1): 163-183.

第四篇

其他角度跨国公司投资理论

第十六章

国际投资保护理论

伴随着经济全球化和国际贸易的蓬勃发展，贸易保护主义越来越猖獗并不断发酵升级；而当贸易保护主义方兴未艾之时，对外直接投资，特别是跨国并购的迅猛发展也催生出了另外一个毒瘤——国际直接投资保护主义（简称为“国际投资保护主义”或“投资保护主义”，英文为 FDI Protectionism）。随着中国“走出去”战略的推进和跨国公司的崛起，国际投资保护主义已成为中国跨国公司必须要跨越的鸿沟，而只有在全面把握国际投资保护主义的基础上，才能在“走出去”的过程中有的放矢，做到从容应对。

第一节 国际投资保护主义概述

一、概念界定

目前关于投资保护主义，国际国内尚没有统一的概念界定。哥伦比亚大学教授索旺（Karl P. Sauvant）是较早地研究投资保护主义的学者之一，他认为以下两种情况可以视为投资保护主义：一种情况是针对外商投资（Inward FDI，IFDI），投资东道国为了预防或阻止外商进入本国投资、逗留，所采取的各种措施；另一种情况是针对对外投资（Outward FDI，OFDI），投资母国为了让本国企业将国外资产和业务转移到本国或者是为了阻止某些类型的对外投资，所采取的各种措施（Sauvant，2009）。《2012 年世界投资报告》第一次对“投资保护主义”做出明确的概念界定。广义上讲，投资保护主义措施包括两部分内容：（1）对外国投资者进行明确或“事实上”的歧视（例如给予其与国内投资者不同的待遇），故意组织或妨碍其在该国投资或停留；（2）要求国内公司将资产或业务转移到国内或阻止其新的对外投资。投资保护主义措施不仅仅局限在国家法规的监管层面，也存在于机构审批的行政流程当中，更形象地体现在对国外企业和政府的政治施压上。

对比贸易保护主义的定义，结合现有的资料文献，本章做出如下定义：投资保护主义指的是东道国针对流入国内的内向型国际直接投资（IFDI）和母国针对流向海外的外向型国际直接投资（OFDI）所采取的各种针对性极强的歧视性限制措施。从中国政府“走出去”战略的角度考虑，中国企业在国外频繁遭遇到各种投资保护主义的侵害，因此研究 IFDI 保护主义对于中国来说有更大的研究意义和研究价值。IFDI 保护主义最重要的表现形式是国家安全审查，体现为东道国政府对现存外资进入法律、法规的执行弹性，因此是一种“隐性”的保护主义。

二、历史演进

回顾历史，伴随对外直接投资和跨国公司的迅猛发展，国际投资保护主义应运而生；而直到第二次世界大战以后，对外直接投资才得以在广度和深度上迅速发展，跨国公司才迎来真正的大发展。因此本书所研究的国际投资保护主义的演进历史，是从第二次世界大战后开始的①。

（一）国际投资无序但快速发展阶段（20 世纪 50 年代至 80 年代末）

在这一阶段，各国或者出于保护国内产业的考虑对国际投资进行限制，或者因为民族情绪而抵制外来投资，美国则成为投资保护主义的最大受害者。第二次世界大战后，作为战争最大受益国的美国在全球加速资本扩张和海外投资，但随之而来的是各国的抵触和反抗。在欧洲，尽管美国资本的流入对欧洲经济的复兴非常关键，但欧洲人仍然相当敏感，1965 年《哈佛商业评论》发表了题为《欧洲需要限制美国资本吗》的文章，其对美国的抵触情绪可见一斑；在拉丁美洲地区，新兴国家掀起了世界第一次国有化运动浪潮，到 20 世纪 70 年代末，美国等西方资本主义国家长期控制的石油、铜、铁、铝等重要资源，以及长期经营的铁路、电力、电信等公用事业部门，已大都被拉丁美洲国家收归国有。

这一阶段发生的典型事件是拉美和中东国家发起的国有化运动，这些国家对外来投资进行强制性不平等的国有收归，这种政策的朝令夕改或者说政策的不稳定性显然破坏了正常的国际投资秩序（见表 16-1）。尽管如此，随着第二次世界大战后科学技术的迅猛发展、世界经济一体化和全球化的不断推进，国际投资还是迎来了快速发展的黄金时期。

表 16-1　　1900—1980 年美国企业在拉丁美洲被国有化的例子　　单位：美元

年份	国家	企业/行业	索赔金额	清算年份/清算金额
1900	尼加拉瓜	木材	1 048 154	1901/6 000 000
1917—1941	墨西哥	土地 铁路	561 800 75 000 000	1930/225 468 1941/40 000 000
1937	玻利维亚	标准石油	3 000 000	1942/1 729 375
1959—1960	古巴	牛牧场、糖种植地、奶牛、石油提炼、银行、制造业、种植业、公共设施、旅店	3 346 000 000	未决

① 第二次世界大战之前，国际投资保护主义已经存在，表 16-1 举了几个国有化的例子。但那时候无论从数量、范围还是影响力等方面考虑，都还远不成气候。

续表

年份	国家	企业/行业	索赔金额	清算年份/清算金额
1962	巴西	ITT 工业公司分支机构	6 000 000— 10 000 000	1963/7 300 000
1968	秘鲁	国际石油公司（埃克森）	120 000 000	1974/23 100 000 以及 4 400 000 利息
1970	秘鲁	ITT 工业公司分支机构	18 500 000	1970/17 900 000
1970	厄瓜多尔	ITT 工业公司分支机构	500 000— 7 500 000	1971/600 000
1971	智利	伯利恒钢铁公司 阿姆柯钢铁公司 美洲银行和第一国家银行分支机构 ITT 工业公司分支机构	已谈判 已谈判 153 000 000	1971/31 000 000 1971/5 000 000 1974/125 000 000
1974	委内瑞拉	伯利恒钢铁公司 美国钢铁公司采掘分支机构	已谈判	1975/101 400 000
1974	厄瓜多尔	Texaco 石油公司 海湾石油公司分支机构	已谈判	1974/148 000 000
1975	秘鲁	海湾石油公司分支机构 马尔科纳铁矿	2 000 000 167 000 000	1977/1 540 000 1976/61 400 000

资料来源：弗雷德里克·皮尔逊,西蒙·巴亚斯里安. 国际政治经济学:全球体系中的冲突与合作[M]. 杨毅,钟飞腾,苗苗,等译. 北京:北京大学出版社,2006:345.

（二）国际投资放松规制且趋于自由化阶段（20 世纪 90 年代至 21 世纪初）

进入 20 世纪 90 年代，各国放松了对外来投资的限制，投资保护主义让位于投资自由化。以中国为代表的新兴国家针对外来投资逐步开放更多的投资领域，放宽市场准入条件，加快建立多层次的投资促进机构，并采取一系列鼓励国外跨国公司的优惠政策和投资便利化措施。《2003 年世界投资报告》的统计资料显示，1991—2002 年各国所变更的投资政策中，有 94.9%的政策变动有投资自由化倾向，而仅有 5.1%的政策变动加强了对外来投资的限制和约束。

（三）国际投资保护主义发酵升级但制度日趋成熟阶段（21 世纪初至今）

到了 21 世纪，各国对国际投资的态度是促进和限制并举，但投资保护的力度不断加大，范围不断拓宽，杀伤力和破坏力增强。2003 年以来，各国频繁推出与投资相关的监管或限制措施，投资保护主义不断发酵升级，而 2007 年金融危机之后，投资保护主义更是肆无忌惮地急剧恶化。根据《2016 年世界投资报告》的统计资料，2002—2015 年，投资保护主义倾向的政策变动达到了 20.2%，而这一数字在 2010 年更是超过 30%，达到历史峰值，也就是说 2010 年有 1/3 的政策变动带有投资保护主义的倾向（见图 16-1）。

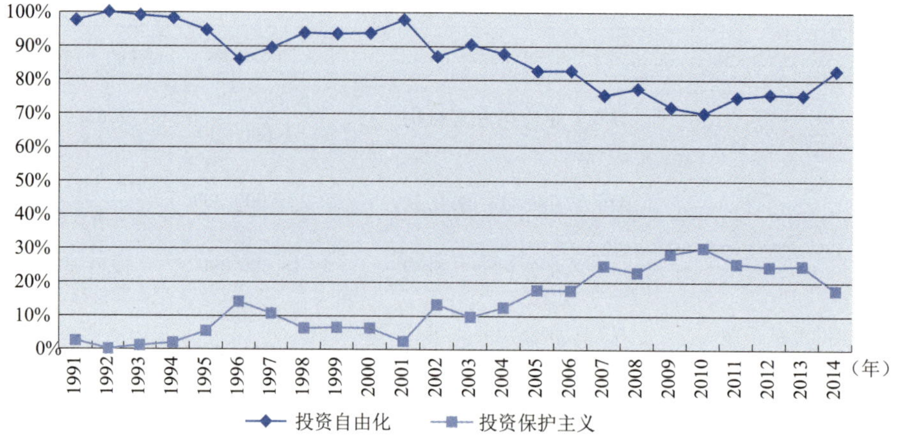

图 16-1　投资保护主义倾向的政策变动趋势

数据来源：1991—2000 年数据来源于《2002 年世界投资报告》，2001—2015 年数据来源于《2016 年世界投资报告》。

各国政府更多地利用产业政策，调整先前的投资自由化措施，收紧了筛选和监测程序，并严格审查跨境并购。对于采掘业等具有战略意义的产业特别实施了限制性投资政策。总体而言，各国政府对于外来投资在本国经济不同行业中的参与程度采取了更加挑剔的态度。我们也可以从跨国并购失败的原因总结中得出同样的结论。《2013 年世界投资报告》分析了 2008—2012 年撤销的规模最大的跨境并购交易中的 211 笔交易，其中每笔交易价值不低于 5 亿美元。这 211 项交易先是公示但最终取消了，究其原因，大多数并购计划是出于商业原因而中止的，但也有相当多的并购交易（约占 15%）是因为投资保护主义的因素，包括竞争政策、经济利益测试、国家安全审查、政治压力等。这类交易的总价值约为 2 650 亿美元，在 2012 年撤销的所有跨境并购中所占比例约为 22%，而在 2010 年这一比例达到逾 30% 的峰值。由于监管顾虑或政治反对而撤销的并购交易主要集中在采掘业，可以说投资保护主义的重点目标就是包括采掘业在内的战略性行业的跨境并购（UNCTAD，2013）。

这一阶段发生的典型事件是 2007 年美国通过《2007 年外国投资与国家安全法》（Foreign Investment and National Security Act of 2007，FINSA），从国家立法的层面进一步加强了投资保护的合法性和可操作性，对外资的审查范围进一步扩大，审核过程更加漫长也更加复杂（见图 16-2）。在这一阶段，一方面国际投资保护主义的倾向日趋严重，不仅有正式的法律约束和政策限制，而且有非正式的行业潜规则和社会文化抵制，再加上最新出现的社会责任软禁等未知因素，投资保护主义的形式层出不穷；另一方面，国际投资保护主义制度化的发展倾向逐渐清晰起来，各国不断推出并逐步完善针对外来投资的政策和法律体系，投资保护步入法制健全的规范化发展阶段。预计未来，投资保护主义会继续恶化，而且保护更趋于隐蔽化、方式更趋于多样化、手段更趋于政治化。

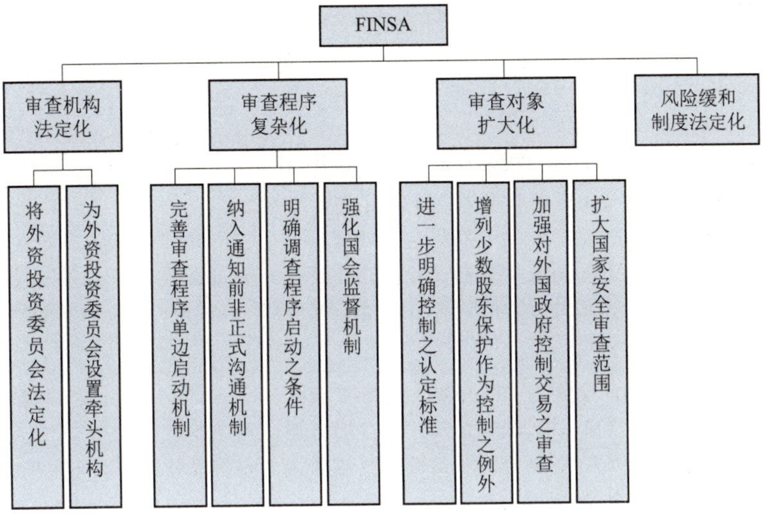

图 16-2 FINSA 修改的主要法律问题

资料来源：笔者根据相关资料整理得来。

第二节 国际投资保护主义的表现、特征及危害

一、表现形式

国际投资保护主义之所以超越正常的保护范畴成为保护主义，在于其超越了合理合法的度，这又通常体现在政策的行政执行或文化的潜移默化之中。此处列举的表现形式，在通常情况下可能是正常的政府或企业或社会行为，但由于超越了“度”，故升级为投资保护主义。因此，这里所研究的国际投资保护主义的表现形式，更确切地讲是投资保护主义的载体，其本意或出发点可能是好的，但由于在实际中过了“度”而改变了性质。

（一）国家安全审查

无论是以国家安全之名，还是以国家利益为由，当今世界许多国家都会对外资并购进行国家安全审查（见表 16-2）。此类审查冠冕堂皇，虽有国家立法作为支撑，但其定义模糊，主观性和不确定性很大，具有可预见性差、泛政治化和隐性等特点。可以说，国家安全审查制度是国际投资保护主义最重要的表现形式，也是最冠冕堂皇的借口。

从表面上看，国家安全审查的目的是为了保护东道国政府的国家安全或国家利益，这无可厚非。但究竟何为国家安全或国家利益，东道国政府却含糊其词，没有给出明确的概念界定作为参考，也没有一个标准来加以衡量，中国“走出去”的跨国公司很多倒在了这一制度的重压之下。美国可以说是国家安全审查制度发展最为完善的国家，但近年来中国跨国公司深受美国国家安全审查的毒害，无论是中海油 185 亿美元并购优尼科这样的世纪大交易，还是华为 200 万美元并购 3leaf 公司部分资产的小打小闹，都始终无法避开美国外国投资委员会的影响。

表 16-2　世界主要国家的国家安全审查制度

国家	审查内容	执行机构	法律依据
美国	对外国直接投资涉及“国家安全”问题的考察范围很广，涉及关键基础设施、重要能源资产、重要技术、对战略资源的长期供应、外国投资者是谁、是否由外国政府控制、外国企业所在国在武器扩散和其他方面的记录以及是否配合美国的反恐行动等	美国外国投资委员会	《埃克森—佛罗里奥法案》《2007 年外国投资和国家安全法》等
澳大利亚	从六个方面衡量投资是否符合澳大利亚“国家利益”，将重点审查投资金额较大、目标企业员工众多、市场份额较大、涉及敏感行业或拥有特殊资产的外资项目	财政部、外资审查委员会	《1975 年外国收购与接管法案》《1975 年外国收购与接管条例》等
加拿大	对外资并购审查以“净利益”标准进行判断，将金融、能源、交通和文化与通信列为四大敏感行业，对这四大行业的外国投资予以严格限制或者禁止	工业部、加拿大投资局	《加拿大投资法》《加拿大投资条例》《投资国家安全审查条例》等
法国	将生物技术行业、信息系统安全行业、密码学部门、涉及国防机密的部门以及军火部门等 11 个产业为受保护产业，当外资并购涉及这 11 个“战略性产业”时，应接受国家安全审查；将家乐福等 20 家大公司列为特别保护企业，反对外国资本对其并购	财政部，法国公平交易、消费者事务和欺诈控制局以及竞争委员会	《2004 年法国外国投资法》

资料来源：笔者根据相关资料整理而得。

（二）“依法”判定“非法”

不可否认，某些跨国公司确实存在违法违规的海外操作行为，但大多数跨国公司都是合法守法、诚信负责的企业。然而很多东道国政府出于或政治或军事或经济或社会角度的考虑，滥用某些法律法规，打着法律的幌子将国外跨国公司的某些正常合法的经济行为判定为“非法”（见表 16-3）。

表 16-3　近年来跨国公司被“依法”判定“非法”的部分案例

时间	事件	“非法”理由	事实真相
2006 年	壳牌在远东萨哈林岛投资石油项目，因油价上涨，油田被以各种借口强行收回	俄罗斯自然资源部长指出，壳牌石油集团触犯了至少 5 条俄罗斯法律，并以破坏环境等罪名向萨哈林二号油气项目控股方英荷壳牌石油集团提起刑事诉讼	美国彭博新闻社指出，围绕萨哈林二号项目的争端有更深层背景。这件事一方面反映出俄罗斯不满项目成本的不断攀升，另一方面折射出俄罗斯试图加强能源控制的战略趋向

续表

时间	事件	“非法”理由	事实真相
2007 年	木兴公司在俄罗斯投资开发 3 年多的林场，当资产估值从当初的 70 亿元人民币飙升至 150 亿元人民币时，被强制拍卖	以涉嫌盗采盗伐为由，查封了木兴公司的全部资产；以木兴林场未及时缴纳税收为名，启动破产、资产拍卖等程序	俄方由检察院出面，先查扣了与木兴林场有关联的运输公司的车辆，以一张假冒的护照签证嫁祸于木兴公司，单方认定木兴林场涉嫌盗采盗伐。然后封货物，查账目，致使林场不能正常运行和按时缴纳税费，再以欠税费为由解除森林租赁合同，收走木兴公司最核心的森林资产，人为造成“资不抵债”，逼迫木兴公司破产拍卖
2012 年	西洋集团投资朝鲜铁矿项目，当开发技术被朝鲜掌握了以后，2.4 亿元人民币血本无归	投资过程中存在违规操作，朝鲜对外经济投资协力委员会指出：“从法律上分析履行合同义务的情况来看，西洋集团反而负有更严重的责任”（这是极其罕见的朝方对某个企业的动作做出回应）	朝方在投资项目的股份比例、税收等规定上存在阴谋，西洋集团对此毫无办法只得妥协，随后朝方政府官员对于西洋集团解雇朝方失职员工的做法非常不满，继而采取了一系列报复性措施
2013 年	美国以《防止向伊朗、朝鲜和叙利亚扩散法》为由，对多国企业和个人实施制裁，禁止在美国进行贸易和投资。受制裁的中国企业有深圳市倍通科技有限公司、中国精密机械进出口公司、大连盛辉公司、保利集团	根据声明，据美国《武器出口管制法》和《出口管理法》，大连盛辉公司及其业务经理李方为（音）因运输“导弹及其技术控制制度”中的设备和技术，将受到导弹扩散制裁	美国援引其国内法，对中国公司实施制裁，严重违反国际关系准则，损害了中方利益

资料来源：笔者根据相关资料整理得出。

（三）政策朝令夕改

政治的稳定性和政策的延续性是一国经济健康发展的有力保障，也是外来投资借以生存的心理靠山。如果政策朝令夕改，外商投资的积极性将会受到极大的削弱，其财产安全将受到威胁。回顾历史，20 世纪六七十年代的国有化风波，尽管有助于新兴拉美国家加强对自然资源等战略产业的控制，但也伤害了外来投资者的利益。

近年来，俄罗斯掀起了再国有化浪潮，开始重新审视与国外跨国公司签订的项目工程合同，尤其是在矿产、石油、天然气甚至是基础设施领域的大型合同，审查的重点是如何平衡经济利益。刚果、利比里亚、玻利维亚、厄瓜多尔、巴拉圭、委内瑞拉、巴西等国也开始审查与国外跨国公司在自然资源领域签订的大型工程合同。2010 年，厄瓜多尔已通过一项法律，迫使私营石油公司重新商谈其服务合约，以期用每桶石油统一税率取代生产课税；然而在巴西石油公司的案例中，合同重新谈判失败后，政府直接接管了其运营权①。

国外投资者比较敏感和关注的东道国政策，除了国有化外，还包括税率的调整、开放领域的变化等。2011 年 9 月，西洋集团投资朝鲜铁矿项目期间，突然收到朝方发来的一份文件，要求修改合同，包括资源费收取铁粉销售价格的 4%～10%，土地租赁费每年每平方米 1 欧元，工业用海水费用每立方米 0.14 欧元，而原合同规定中没有资源费和土地租赁费（因为朝方以矿山资源和土地出资折合 1 200 万欧元，其中包括了资源费和土地租赁费），修改后相当于重复收费，并且原合同中规定，海水也是不收费的。又譬如电费每度电按 0.5 欧元收取，而原合同中明确规定每度电 0.33 元人民币。最严重的修改，是生产的铁精粉为“试生产”产品，不准销售，并且原合同只征收利润 10% 作为所得税，要改为再征收销售额的 25% 作为资源税。

投资保护主义不仅包括国家安全审查等法律明文规定的正式的限制措施，还包括很多非正式的限制措施，包括故意拖延审批流程、对本土企业的财政和金融扶持、对本土企业并购的鼓励以及政治压力等。例如，澳大利亚在外资审查过程中仍存在不透明的做法，审查委员会多次在初审阶段临近结束时要求交易方撤回申报、补充信息或改变交易计划，这无异于重新激活初审程序、延长审查时间，既不利于审查的稳定性和公开性，同时也可能导致外国投资者因此错失投资的最佳时机（张薇，2011）。

二、特征分析

国际投资保护主义的表现形式各异，广泛地渗透在宏观、中观和微观等各个层面。通过分析这些各不相同的具体表现，我们梳理总结的国际投资保护主义特点如下。

（一）冠冕堂皇但立法正名

为了维护经济安全、产业安全、市场安全和金融安全，采取投资保护主义措施无可厚非，但凡事过犹不及，若是出于打击报复或是因为非经济因素而盲目限制外来投资，未免有点自欺欺人而且结果往往事与愿违。国际投资保护主义的初衷是好的，目前世界各国通过立法的形式加强对外资的监管和引导，这样的出发点合情合理（见表 16-4）；然而有些国家打着保护国内产业的幌子仇视和敌对外来投资，虽有立法正名，但这个借口未免太冠冕堂皇了。可以说立法本身没有问题，法律规章的出台也有利于投资环境的法制化和规范化，但曲解法律的初衷，在执法的过程中断章取义并借着保护的幌子对外资进行无理限制，这就由正常的投资保护演变成了过分的投资保护主义了。典型案例是华为并购 3COM 和 3Leaf 均以失败告终，美国外资投资委员会（CFIUS）对于“国家安全”这条理由说起来很简单，但却怎么也解释不清楚，因为民企华为不知为何被涉及了“军方背景”。

① 联合国贸易和发展组织. 2012 年世界投资报告——迈向新一代投资政策[M]. 北京：经济管理出版社，2012.

表 16-4 西方典型国家借以用来推行国际投资保护主义的法律体系

国家	国家安全审查	市场垄断调查	行业准入规制	其他
美国	《埃克森—佛罗里奥法案》《2007年外国投资和国家安全法》《关于外国投资委员会对外资在美投资进行审核的最终条例与指导意见》等	《谢尔曼法》《克莱顿法》《联邦贸易委员会法》《哈特—斯科特—罗迪诺反垄断改进法》《横向合并指南》《知识产权转让反垄断指南》等	《银行控股公司法》《农业外资披露法》《外国代理人注册法》《联邦能源法》《电信法》等	《琼斯法案》《购买美国货法》等
澳大利亚	《1975年外国收购与接管法案》《1975年外国收购与接管条例》等	《产业保护法》《商业行为法》《公平交易法》（新南威尔士州）等	《银行法》《金融业控股法案》《广播服务法》《机场法》《海运登记法》等	《公司法》等
加拿大	《加拿大投资法》《加拿大投资条例》《投资国家安全审查条例》等	《竞争法》等	《银行法》《保险公司法》等	《环境保护法》《外省公司管理法》（安大略省）等
德国	《对外经济法》《对外经济条例》等	《反不正当竞争法》《反限制竞争法》《里斯本条约》《欧盟企业合并控制法》等	《和平利用核能及核能风险保护法》《药品法》《武器法》《酒店法》等	《劳动法》《共同决定法》《联邦数据保护法》《停止招募外籍劳工条例》等

资料来源：商务部《中国对外投资促进国别/地区系列报告》、商务部《对外投资合作国别（地区）指南（2011年版）》。

（二）概念模糊且主观性大

国际投资保护主义首先保护的是国家安全或是国家利益，但何为国家安全或国家利益，东道国自己都未给出明确的概念界定，这就埋下一个隐患，概念不明、界定模糊的政策法律留给东道国审查机构一个很大的法律空白和操作空间，使得他们在审查外来投资时能够随心所欲地进行推理和假想，其主观臆断的成分可想而知。美国虽然几次修订国家安全审查方面的法律，但对于国家安全的概念至今仍没有做出清楚的规定；加拿大法律既没有规定国家安全审查启动条件，也未就什么是安全损害或威胁因素进行定义或说明，更没有明确提出安全审查标准；澳大利亚也没有就什么是国家利益做出明确的规定，仅规定从六个方面衡量投资是否符合澳大利亚的国家利益。

美国的审查标准是建立在《埃克森—佛罗里奥修正案》和 FINSA 两部法律基础之上的，前者规定了需考虑的第 1～5 项因素，FINSA 规定了需考虑的第 6～11 项因素：（1）国防所需的国内生产；（2）国内产业满足国防需求的能力；（3）外国公民对国内产业和商业活动的控制，及其对美国满足国防需求能力的影响；（4）并购交易对支持恐怖主义或扩散导弹技术或生化武器的国家出售军事物资、设备、技术的潜在影响；（5）并购交易对美国国家安全领域里的技术领先地位的潜在影响；（6）并购交易对包括主要能源资产在内的美国关键基础设施的有关国家安全的潜在影响；（7）并购交易对美国关键技术的有关国家安全的潜在影响；（8）并购交易是否为外国政府所控制；（9）是否是国有企业进行并购，母国是否有在防止核扩散、反恐和技术转移方面的不良记录；（10）并购对美国所需能源及其他关键性资源和原材料供给的长期影响；（11）总统或 CFIUS 认为合适的其他因素。澳大利亚审查外国投资时从国家安全、对竞争环境的影响、与澳大利亚政府其他相关政策的关系、对经济和社会的影响、投资者的性质、外国政府及其相关实体六个方面衡量投资是否符合澳大利亚国家利益。美国、澳大利亚两国的上述标准看似有法可依、有规律可循，但在实际执行过程中的执行弹性和操作空间依然很大，具有主观性和随意性。

从社会和公众对外资的接受程度来看，其主观性更大。以中国对美国、澳大利亚投资为例，中国跨国公司由于缺乏跟东道国政府的沟通，缺少跟当地民众和媒体的互动和交流，当地媒体和民众往往怀揣忐忑和恐慌，戴着有色眼镜看待神秘未知的中国投资者，而且情绪往往容易受到煽动。

（三）泛政治化

近年来，中国企业海外扩张的步伐不断加快，但并购受阻或投资失败的案例不绝于耳（见表 16-5），这其中既有我们自身的问题，同时也部分归因于国际投资保护主义的泛政治化倾向。正常的海外投资、公平的商业并购、单纯的经济行为，当这些商业活动受到政治因素的干扰时，外资审查机制就失去了其原有的意义，带有强烈政治色彩的投资保护不仅吓退了外来投资者，而且也未必有利于东道国的经济发展和社会稳定。

表 16-5　2011 年以来中国企业因政治因素而投资失败/受阻的部分案例

时间	事件	具体原因
2011 年 2 月	2010 年 5 月华为斥资 200 万美元并购 3Leaf 公司部分资产，但最终屈服于美国外商投资委员会的压力选择放弃	涉及技术资产和国家安全
2011 年 3 月	中航通用飞机有限责任公司与美国西锐公司签订全资收购协议，但这笔交易很快受到某些国会议员的反对	涉及技术资产和国家安全
2011 年 5 月	中海油遭到印尼国家石油公司的挤压并最终决定撤销参与安哥拉项目的竞购	印尼不想放弃对当地能源资产的控制权，相比外资对其国内能源的投资，印尼方面更希望外资投资其基础建设项目
2011 年 9 月	中国神华集团入股开发蒙古塔本陶勒盖煤矿的初步协议被蒙古国家安全委员会否决	蒙古国政党更替频繁，不同政党对如何处理煤矿的态度不同，而且避讳过度依赖中国

续表

时间	事件	具体原因
2011 年 9 月	伊朗对中石油在伊朗南帕尔斯气田第 11 期项目的开发提出警告，如果该项目的开发维持目前态势，有可能会把整个项目转让给其他承包商	某些势力对中国或是被投资国施加压力，阻挠项目的开展
2011 年 11 月	中海油在伊朗北帕尔斯气田总额 160 亿美元的开发协议被伊朗方面叫停	某些势力对中国或是被投资国施加压力，阻挠项目的开展
2011 年 11 月	中海油合营企业 Bridas Corporation 收购阿根廷油气资产的交易终止	阿根廷政府对国外企业收购本国油气资源持谨慎态度，审核较为严格，导致收购迟迟未能通过审查，较大的政治风险影响了收购
2012 年 1 月	珠海振戎公司被制裁，禁止获得美国出口许可、美国进出口银行资金以及美国任何一家金融机构超过 1 000 万美元的贷款，相当于丧失了在美投资经营的机会	被美国国务院认定其与伊朗有业务往来
2012 年 2 月	上海鹏欣集团于 1 月完成对新西兰 Crafar 农场的收购，但新西兰土地信息部海外投资办公室 2 月发布一份新西兰最高法院做出的裁决，要求新西兰政府重新审议关于批准向中国上海鹏欣集团出售农场的决定	民族情绪、国家利益以及竞争对手的压力迫使新西兰政府政治介入
2012 年 3 月	澳大利亚政府禁止中国华为技术有限公司对数十亿澳元的澳大利亚全国宽带网设备项目进行投标	澳政府认为华为与中国政府有关联，以担心来自中国的网络攻击为由拒绝华为

资料来源：笔者根据相关资料整理得出。

不可否认，东道国政府在审批外来投资时确实需要考虑政治因素，但政治因素绝对不应成为衡量批准还是否决的主要标准，海外并购归根结底还是商业行为，东道国政府更应该从市场和商业的角度谨慎地行使审批权，避免滥用投资保护主义。

（四）显性手段不断加强、隐性手段不断涌现

国际投资保护主义涉及的问题很广而且非常复杂，所采取的手段或者说表现形式有显性和隐性之分，前者指的是看得见、摸得着，而且容易识别的投资保护主义，而那些不容易识别、隐蔽性非常强的则称之为隐性的投资保护主义。近年来世界各国不断加强对外资的政策引导和法律约束，颁布的这些政策法律是实实在在的显性的投资保护主义，具有一定的可预见性。然而明枪易躲暗箭难防，隐性的投资保护主义却时常令我们一筹莫展，比如政府的腐败行为和效率问题以及在外资监管过程中的民族情绪和排他意识，又如媒体舆论的负面煽动和社会责任标准这一“软法律”。隐性投资保护主义覆盖

面广、杀伤力大、破坏力强，对中国海外投资的影响也就更为严重。如澳大利亚在外资审查过程中仍存在不透明的做法，审查委员会多次在初审阶段临近结束时要求交易方撤回申报、补充信息或改变交易计划，这无异于重新激活初审程序、延长审查时间，既不利于审查的稳定性和公开性，是对现有法律法规的突破，同时可能导致外国投资者因此错失投资的最佳时机。

（五）体现国家利益之争，实为全球经济再平衡的工具

国际投资保护主义看似针对企业，实则瞄准国家，体现的是国家利益之争。金融危机使全球经济失衡的问题暴露无遗，更揭露了原有经济发展模式的不可持续性，全球经济进入再平衡发展时期，而保障投资平衡是一个非常重要的环节和关键所在。

没有永恒的朋友，只有永恒的利益。在全球经济再平衡的过程中，各国势必首先从自身利益出发，采取种种手段有针对性地限制外来投资，保护国内相关产业，最大限度地保障自身的国家利益，国际投资保护主义也因此成为保障国家利益的手段和工具。

三、危害

国际投资保护主义不仅阻碍了中国企业的国际化经营，而且更严重的是，它拖累了中国“走出去”战略和海外能源战略，中国产业结构的调整和优化也受到一定程度的延误。

（一）国家形象受损，正常经贸往来被打乱

首先，国际投资保护主义认为来自中国的并购或多或少地带有政治色彩，这实际上是对中国市场经济地位的质疑，严重损害了中国的国际形象。其次，投资保护主义破坏了国家间正常的经贸往来，如果任其发展会招致报复性的后续反应，上升到经济冲突甚至政治对立。再次，投资保护主义如果泛滥开来容易导致“羊群效应”，一国对我们实施投资保护主义，其他国家会如法炮制，久而久之，如果各国群起效尤，后果不堪设想，这对于快速崛起并不断加快全球化进程的中国来说就是一个噩耗。

（二）对外投资的长足发展受影响

随着中国的迅速崛起，中国的经济实力大大增强，外汇储备非常充裕，我们也拥有了一批具有一定国际竞争力的跨国公司，但在我们积极推进“走出去”战略、主动融入全球化进程的同时，中国对外投资却遭受到投资保护主义的毒害，不仅在规模和速度上受到限制，而且对外投资的质量也受到制约，很多涉及优质资产的跨国并购被无情地拒之门外。《2012 年世界投资报告》的统计资料显示，2011 年中国对外直接投资达到688.1 亿美元，位居世界第九，仅次于美国、日本、英国、法国、中国香港、比利时、瑞士和俄罗斯。中国已经成为对外投资大国，但从投资大国过渡到投资强国还有很长一段路要走，投资保护主义无疑是横在中间的拦路虎，是我们必须要跨越的一道坎。

（三）资源与能源的全球战略布局受拖累

虽说中国地大物博，但资源与能源的供给显然跟不上中国经济发展的要求，而且中国资源与能源的对外依存度相当高，这是一个很危险的经济信号。2011 年 10 月，国务院通过了《找矿突破战略行动纲要（2011—2020）》，这也充分显示出中国对资源与能源战略的重视程度。为了保证中国经济发展所需的能源供给，除了充分有效地发掘国内

的矿产资源外，海外买矿也不失为可行的明智之选，因此我们看到了中石油、五矿、中钢等大企业海外并购的身影，但同时也听到了中海油、中铝等并购折戟的新闻。海外买矿谋发展的经济行为被打上了政治烙印，投资保护主义拖累了中国的资源与能源战略。

（四）产业结构的优化升级被延误

目前中国企业的海外并购很多情况下是瞄准国外的先进技术、品牌和经验，这种战略资产寻求型的跨国并购对于提升中国的技术水平、推进中国产业结构的调整和优化很有裨益，非常有助于中国经济的可持续发展。但这种目的的海外并购也常常遭到投资保护主义的歧视，仅以华为为例，近几年就接二连三地在美国和澳大利亚等国受到各种不公平待遇，不仅妨害了中国企业的技术革新，而且阻碍了整个行业的技术进步和国家产业结构的优化升级。

（五）企业国际化经营战略的实施受牵连

在投资保护主义不断发酵升级的背景下，企业成为首当其冲的受害者，其正常的生产经营活动被打乱，国际生产经营网络的构建受到限制，国际化经营战略受到影响。同时投资保护主义对于中国企业的品牌和形象等无形资产也是一种打击，国外政界的诋毁、舆论的误导和民众的抵触使得我们企业的国际形象大跌，对于我们立足国内、放眼全球、做大做优做强的目标来说绝对不是一个好消息。

第三节　国际投资保护主义的理论解释

目前关于国际投资保护主义没有现成的理论解释，但我们可以借鉴贸易保护主义的理论分析框架[①]，并从博弈论、新制度经济学、规制经济学、国际政治经济学等方面入手，探索国际投资保护主义的理论基础。

一、博弈论视角下的国际投资保护主义

对于跨国公司与东道国之间的关系，西方学者大都遵循传统的“负和思维”或“零和思维”[②]。1994 年，斯托普福德发表《跨国公司与政府日益发展的依存关系》，明确提出跨国公司与政府之间是一种“正和博弈”的关系，但将东道国政府看成是博弈中处于弱势的一方[③]。但事实上，跨国公司与东道国政府双方的讨价还价能力是动态变化的，东道国政府并不总是处于弱势的一方[④]（见表 16-6）。

首先，就博弈来说，任何独立行使主权的国家政府相对于单个跨国公司都是强大的，相对于跨国公司事前的机会主义，东道国存在事后机会主义优势（承诺不兑现、

① 贸易保护主义的理论解释包括重商主义、保护幼稚产业论、超贸易保护理论和战略性贸易政策等。

② John M Stopford, Susan Strange, John S Henley. States & rival firms, competition for world market shares[M]. Cambridge: Cambridge University Press, 1991.

③ 柴正猛，张岩贵. 跨国公司与东道国政府之间的多阶段正和博弈分析[J]. 南开经济研究，2003(5).

④ 张忠宇. 跨国公司与东道国之间关系的博弈分析[J]. 经济学家，2006(3).

国家掠夺等)，更容易给跨国公司造成危害。但是，对于单个跨国公司和其他跨国公司来说，东道国的任何一次事后的机会主义都可作为例证，威胁着双方的合作，导致博弈的中止。因此，事后的机会主义的东道国付出成本是长期和巨大的，因而东道国会谨慎从事，约束其事后违约倾向。

其次，东道国政府的博弈能力（除事后机会主义）主要来源于对跨国公司的合法管制。由于东道国是政策和规制的制定者，各东道国意识到对跨国公司进入后的行为进行规制是必要的。规制包括所有权控制、外汇控制、不正当竞争行为、环保、业绩要求（如当地劳动力使用和原材料、技术转移等)、信息披露、利润汇回等。

再次，跨国公司拥有强大的技术、资金、管理、营销手段，拥有全球一体化网络，更有母国为后盾，其超强能力有足够的同东道国谈判的筹码，其讨价还价能力是非常强大的，但随着时间的推移，跨国公司在东道国的“沉淀成本”加大，其讨价还价能力相对削弱。

最后，除了双方绝对实力，双方博弈能力还取决于跨国公司能力和东道国市场大小的相对比较。如果跨国公司的力量相对强大，则其讨价还价能力较强。反之，如果东道国具有强大的资源优势和市场，且跨国公司之间的竞争非常激烈，则东道国的讨价还价能力会强于跨国公司①。

表 16-6　跨国公司与东道国政府的目标冲突

跨国公司	东道国政府
1. 强化全球市场竞争力，追求利润最大化	1. 促进本国经济发展，提高本国福利待遇
2. 保持全球标准和效率	2. 增加当地股权比例
3. 降低成本，减少壁垒	3. 增强对企业的控制权
4. 风险规避或风险中性	4. 规定支付方式、缩短合同期限
5. 获得财产权保障	5. 减少供应商的财产权
6. 只提供生产和开发的部分技术	6. 从外国投资中分离出技术
7. 保持影响资本、技术和合作产品的能力	7. 削弱对方对本国技术、资本的控制
8. 保护获得投资收益的权利	8. 立法取消限制性商业条款
9. 重视合同保障	9. 尽量少提供合同保障
10. 保持对研发的控制	10. 鼓励研发当地化

资料来源：[美]默里·L. 韦登鲍姆．全球市场中的企业与政府[M]. 上海：上海三联书店、上海人民出版社，2002：307.

由此可见，跨国公司和东道国政府之间“正和博弈”的关系决定了二者矛盾和冲突的必然性，东道国政府因此会采取相应措施对跨国公司加以引导、鼓励或限制，使外来投资朝着有利于自身需求和目标的方向发展。当常规的投资保护措施达不到东道国政

① 柴正猛，张岩贵．跨国公司与东道国政府之间的多阶段正和博弈分析[J]．南开经济研究，2003(5).

府的预期时，国际投资保护主义作为一种畸形的政府行为便应运而生了。

二、新制度经济学视角下的国际投资保护主义

新制度经济学，正如科斯所说，就是用主流经济学的方法分析制度的经济学。它将制度经济学与新古典主义经济学的架构应用于构成经济活动底层基础的社会与法律规范分析之上，侧重于交易成本的分析。

（一）国家理论

国家理论是新制度经济学的理论基石之一，主要来源于诺斯等人对经济史中有关经济增长与产权和制度变迁关系的研究。国家理论认为，国家是制度的最大攻击者，故诺斯指出，“理解制度结构的两个主要基石是国家理论和产权理论”，而国家又决定了产权结构，因此国家的作用特别重要。诺斯指出，关于制度变迁的国家理论既要解释造成无效率的产权的政治或经济组织的内在活动倾向，又要说明历史上国家本身的不稳定性，即国家的兴衰。

在国家理论中，国家被理解成一个“企业”，这个企业是由一个统治者、一个统治阶层或者一个人民代表把持着、以收益或社会产品最大化为目标的组织。一方面，国家是一个暴力机构，其产生是为了降低保护成本（交易费用），因为没有国家及其制度和产权框架的支持，经济活动的交易费用将高不可攀，复杂的生产体系不可能运转，涉及长期交换关系的专用投资也不可能进行；但另一方面，国家也可能会建立一些无效率的产权制度，成为阻碍经济增长的力量。国家既具有掠夺性，也具有合约性，并且大多数时候是这两种属性的结合体。在现在民主社会，国家可以想象成一个选民和其他统治者（代表）之间的有关（且隐性的）委托—代理合约。通过这种合约，社会中不同利益集团进行政治或经济交换，这种交换可以用交易费用的方法来分析，国家与国家之间、国家与跨国公司之间的交换亦是如此。

由此可见，跨国公司投资于东道国的行为可以理解为二者之间的“经济或政治交换”，这可以用交易费用的方法加以分析，用国家理论加以解释。为了实现自身利益最大化，东道国政府可能对它认为有潜在危险的跨国投资设置有针对性的产权制度安排，“合法”地掠夺外商投资利益，最典型的例子就是国有化。

（二）利益集团理论

利益集团理论是西方公共选择学派的一个理论分支[①]。所谓利益集团又称压力集团，就是“那些具有某种共同的目的，试图对公共政策施加影响的个人的有组织的实体”。利益集团的成员可以是普通公民、非营利性组织、公共部门组织，也可以是寻利的厂商。不同的利益集团在其规模、资源、权利和政治倾向等方面存在着明显的差别。

制度经济学家康芒斯将利益集团表述为压力集团，认为只有利益集团才是对美国经济政策最有代表性的力量。他认为，市场机制本身存在缺陷，因此并不会给经济社会中

① 利益集团理论是政治学与经济学相互交叉融合的一种理论，杨德才（2007）将利益集团理论划归为新制度经济学的范围，本书沿用了杨德才的划分。

各个集团带来公平。如果没有压力集团之间通过“呼声”来对政府施加压力，制度变迁就不能消除不同要素收入对比悬殊的状况，因为要素收入低的利益集团的消极无声将使得既得利益集团具有某种资源的垄断地位，具有收益优势的既得利益集团将一部分收益与政府分享，从而固化这种寻租的成果。

利益集团的活动主要是进行投票或寻租，力争通过有利于自己的立法或政策来改变现有的制度。利益集团是一个有规模优势的组织，尤其是在规则的形成和制度的制定过程中，有不同的团体在行动，规则就是不同集团相互博弈的均衡结果。

由此可见，东道国政府采取的任何措施都体现了其代表的利益集团的愿望和诉求，当外来投资可能损害东道国某一特定利益集团的切身利益时，这些利益集团就会动用各种资源对交易施加影响，使东道国政府的政策决定始终朝着有利于保障自身利益的方向发展。例如，思科曾被美国《华盛顿邮报》暗指以国家安全为由参与游说美国国会对华为、中兴的调查，而非营利机构 Opensecrets 的统计数据显示，在美国众议院情报委员会启动对华为、中兴调查的 2011 年，思科的游说支出创下最高纪录，达到 280 万美元。

三、规制经济学视角下的国际投资保护主义

规制经济学是以政府规制为研究对象的应用经济学，是产业组织经济学的重要组成部分。有些学者将规制经济学称之为“管制经济学”或“政府管制经济学”。规制经济学的理论框架，见图 16-3。

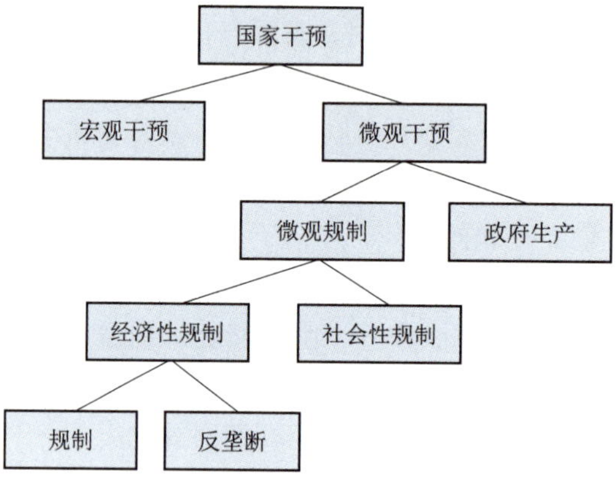

图 16-3　规制经济学的理论框架

资料来源：马云泽. 规制经济学[M]. 北京：经济管理出版社，2008：56.

（一）公共利益学说

规制规范分析学派产生于 19 世纪，主要观点是，市场失灵是由于市场机制固有的缺陷和自然垄断、外部性等存在，因而必然要对企业活动进行相应的规制，目的是在确保资源配置效率前提下，确保国家和社会的公共利益，反垄断和竞争政策是实施这一学说的重要政策领域①。

① 李雯. 西方规制理论及其演进[J]. 教学与研究，2002(7).

政府规制公共利益理论（Public Interest Theory of Regulation）在规制经济学中长期占据主导地位，这一理论建立在两个基本假设的基础上：首先，市场是盲目和脆弱的，市场失灵会导致不公正或低效率；其次，企业追求企业利润最大化，个人追求效用最大化，政府追求社会利益最大化，政府是公共利益的绝对代表和守护者，有能力对社会公正和效率需求做出有效的反应，政府规制过程符合帕累托最优原则。随着政府规制范围的扩大（从经济性规制扩大到社会性规制），公共利益理论几乎被用来解释所有的政府规制问题。

由此可见，政府是公共利益的代表，如果东道国的公共利益受到或可能受到外来投资的负面影响，东道国政府将采取相应的措施，甚至超越合理的“度”进而实施投资保护主义措施。中铝 195 亿美元并购力拓失败案中，59% 的民众反对呼声体现了澳大利亚的公共利益诉求，虽然最后的失败根源不在于此，但澳大利亚的公共利益诉求毫无保留地反映在了无形的政治压力之中。

（二）部门利益理论

施蒂格勒 1971 年出版的《经济规制论》首次提出了政府规制的部门利益理论①，随后由佩尔兹曼和波斯纳予以发展。施蒂格勒认为，政府规制是产业所需并为其利益服务而设计和实施的。他用经济供求分析来解释政府规制的存在，确立了一个以工商企业或消费者为需求方，政府为供给方的供求分析框架。佩尔兹曼认为，无论规制者是否获益，被规制产业的产量和价格都没有多大的差异，其差别主要是收入在各利益集团之间的分配。需要指出的是，政府规制的部门理论是建立在三个假设基础之上的，一是所有相关的利益各方都是纯粹的经济人，都是收入最大化的追求者；二是所有相关的利益各方都具有理性的预期；三是政府规制的基本资源是权力。

由此可见，部门利益理论更多的是从利益分配的角度入手，体现的是利益各方的博弈。跨国公司投资于东道国的经济活动对东道国利益各方的影响不尽相同，当获益较小甚至利益受损部门的实力较强时，则可能针对外来投资采取保护主义措施。

（三）俘虏理论

部门利益理论的一个直接派生物是施蒂格勒提出的政府规制俘虏理论（Capture Theory of Regulation）。该理论认为，俘虏政府规制即促使政府进行规制的，或者是规制对象本身，或者是其他可能从中获益的人。实行政府规制首先需要回答的问题即是“谁从管制中得益、谁因管制受损”。政府并不能被简单地假设为自觉为实现公众利益最大化而服务的组织，政府规制是为满足产业对规制的需要而产生的，规制机构最终会被产业所控制②。因此，规制的俘获理论本质上属于一种极端的论断。但其对现实的指导意义却是不言自明的，即政府规制是否有效，能否实现其初衷的关键在于规制当局的独立性，因而需要对规制者进行规制。这些理论的影响增强了反政府规制的倾向，出现了放松规制运动。

① 部分学者将此理论称为“规制经济理论”(Economic Theory of Regulation)。

② 斯蒂格勒. 产业组织和政府管制[M]. 上海：上海三联书店，1996.

由此可见，俘虏理论在一定程度上能解释国际投资保护主义的随意性，这直接体现在国家安全审查制度的执法弹性上。由于缺乏独立性，国家安全审查在操作上往往掺杂了很多主观意识和政治意图，各国投资审查机构的决定往往被产业利益集团所左右。

四、国际政治经济学视角下的国际投资保护主义

国际政治经济学是国际关系学的一个分支学科，它主要研究国际体系中经济因素与政治因素之间的相互影响与制约的关系。

（一）霸权稳定理论

霸权稳定理论（Hegemonic Stability Thesis）是由经济学家查尔斯·金德尔伯格首先提出来的，后来罗伯特·吉尔平、斯蒂芬·克莱斯纳等人对其进行了补充和修改。金德尔伯格指出，要使世界经济稳定，需要一个霸权者，而且只能有一个霸权者；吉尔平认为，英国治下的和平与美国治下的和平确保了一种相对和平和安全的国际体系，英国和美国创造和确保了自由国际经济秩序的规则。金德尔伯格和吉尔平的陈述构成了霸权稳定理论的核心内容，即一个开放和自由的世界经济需要有一个居于霸主或主宰地位的强国，霸权的衰落必然导致自由开放的国际经济体系的削弱与瓦解。

这一理论的假定主要有以下几个方面内容：（1）世界是内在冲突的，由于国际政治的无政府特征，规则、秩序、稳定和正义都是例外；（2）国家是国际关系的主要行为体，它被假定汇聚和反映了市民社会所有成员的利益总和；（3）国家利益是冲突的，由于没有一个世界政府，追求权力的国家处于一种“安全的困境”之中，一国的安全是以另一国的不安全为代价的；（4）在无政府的状态下，实现国际秩序的最好方法是在国际体系中有一个世界帝国或霸权国，即有一个压倒优势的国家来约束其他国家和维持和平；次优方案是大国间小心地建立或理性地维持一种均势，以致不使任何一个国家来破坏现状。

霸权稳定理论认为，在世界体系的任何既定时期，全球经济体系——包括贸易关系、银行和金融协定以及跨国公司的生产经营，正像是由政治和军事结构所支撑的那样，是由可以发挥正面和负面影响的单一霸权国家控制的。在霸权兴起阶段，霸权国家采取各种措施以确保其霸权优势地位并防止其在未来受到挑战。这些措施包括控制物资、生产的资源、市场，并在生产和战略物资上具有竞争性的优势，同时拥有足够的军事实力以及意识形态同盟来确保其霸权地位。这样，霸权国家得以按照自己国内的需要建立新的国际经济、政治和军事体系。霸权国作为国际体系中的主要行为体，除了进行不公平的“剥削”外，还要承担相应的金融和政治责任以加强和巩固其所建立的新秩序。

由此可见，霸权稳定理论可以用来解释居主宰地位强国的对外经济政策，在这里即解释美国的国际投资保护主义行为，事实亦是如此。中国跨国公司对美国的许多大型收购项目都被美国否决了，美国所考虑的不仅仅是单纯的商业行为，更多的是自身的霸主地位以及中国崛起的潜在威胁。

（二）国家主义理论

国家主义理论（Statist Theories）有时又称经济现实主义（Economic Realism），它

是国际政治经济学中沿袭古典重商主义政治经济学学术传统并与后来国际关系领域中的现实主义结合最为突出的理论，其代表人物包括罗伯特·吉尔平、彼德·卡扎斯坦和史蒂芬·克拉斯纳等。与霸权稳定理论关心霸权国家与自由的国际经济体系管理之间的关系不同的是，国家主义理论主要集中于国家的行为以及国家的利益（不只是霸权国家）对国际经济关系的影响，强调的是国家的主权、安全以及民族感情，这一理论将民族国家放在国际体系的中心，并借用权力分析方法展开讨论。

吉尔平认为，国家安全永远是国家主要关心的问题，他引用肯尼思·沃尔兹的一句话来阐述，即“在一种自助型的国际体系中，国家必须不断防止实际地或潜在地对它们的政治和经济独立所构成的威胁。”一个国家的利益和政策取决于进行统治的政治精英、一个国家的社会中权势集团的压力以及“民族国家的政治经济体制”的性质，一个社会的经济或外交政策反映了这个国家统治精英所界定的民族国家利益。

由此可见，从国家主义理论提炼出的“国家利益”和“国家安全”观点，对于解释国家安全审查制度是非常贴切的。

（三）依附理论

依附理论试图解释北方富裕的工业化国家（简称“北方国家”）与南方贫穷的不发达国家（简称“南方国家”）之间的差异，它从依附的概念出发，探讨了发达国家与发展中国家在依附关系中的不同结果。依附理论的主要观点是，在南北关系中，北方国家在历史上就通过剥削、榨取包括人力资源（甚至奴隶）和原材料在内的各种资源，从而使南方国家处于一种从属地位。除了这种剥削关系外，北方国家还经常无视南方国家的经济发展。

依附理论一个最为基本的，也是首要的理论假设就是认为存在一个中心—外围结构。这种结构不仅存在于国际体系之中，而且存在于一个国家内部。这种结构不仅影响到发达国家和发展中国家之间的相互关系，而且对发展中国家的贫困、收入分配、失业、国际贸易以及对外援助等问题都有广泛的影响。依附理论关于中心—外围结构的理论假设包括：（1）单一的资本主义世界市场；（2）不等价交换；（3）二元社会结构。

依附论者指出，发达国家的政府及其跨国公司应当对它们给发展中国家人民造成的负面结果负责。他们认为，发达国家的政府和跨国公司通过向发展中国家的统治阶层行贿并与当地的资本家进行合作，从而实现了对这些国家政治和经济机构的有效控制，通过对发展中国家的工业进行投资并改善它们技术含量较低的生产设施以及使用当地廉价的劳动力，从而进一步延长了这种依附关系。正是这种“剥削”关系模式的存在，使得发达国家现代化和富裕程度水平较高，却造成了不发达地区的贫穷落后以及对北方资本和技术的依赖。

由此可见，依附论反映了发展中国家对发达国家的仇视和报复心理，这一理论能很好地解释拉美国家针对美国等发达国家的跨国公司强制进行的国有化运动。

（四）世界体系理论

作为马克思主义的主要分支，世界体系理论在很大程度上是对依附理论的进一步发展，其分析方法的逻辑前提，就是分析当前世界经济的本质和关键问题时，应当将其放在资本主义历史发展的背景下理解。伊曼纽尔·沃勒斯坦认为，资本主义世界体系在其发展的过程中包含着一系列基本内容，包括单一的世界市场；由一些实力较强的资本主义国家（这些国家都是拥有国有的混合企业）控制着全球市场；而且世界体系被分成“核心”国家和“边缘”国家。核心国家由资本主义发展较早、程度较高的国家构成，包括西欧国家、美国和日本等，而边缘国家则由拉丁美洲、非洲和亚洲的发展中国家组成。基于帝国主义理论分析，沃勒斯坦认为核心国家与边缘国家之间的关系在本质上是剥削关系，也就是说，核心国家按照自己的意愿创立了现代世界经济的结构性基础，它们主宰并规范着边缘国家政治和经济的发展方向，其主要目的在于通过多边和双边的贸易、投资、金融协定以及军事协议，确保维持现状以及继续在体系内享有它们所拥有的特权。而另一方面，处于边缘地带的国家则试图推翻这一体系。

第四节　国际投资保护主义的原因及对策

一、中国跨国公司容易成为众矢之的的原因分析

对比古今，同样是海外投资，为什么日本在 20 世纪 80 年代对美国进行大规模投资的时候没有像中国现在这样遇到这么大的阻力？分析当下，同处经济危机时期，为什么中国对美国的海外投资并不大，反而比其他国家更容易遭受美国的国家安全审查？

针对上述问题，这里将探究一下近年来中国跨国公司容易遭受国外投资保护主义毒害的原因所在，这其中有我们自身的原因，也有东道国的原因。

（一）西方国家政治上的处处设防以及对中国大国崛起的恐惧

作为快速崛起的发展中国家和社会主义超级大国，中国虽历经金融危机的洗礼但仍保持强劲的增长势头，近年来在国际政治和经济上的地位不断提升，对原有经济格局和政治秩序的影响也越来越大，而西方发达国家作为原有政治经济秩序的既得利益者，在金融危机后经济持续低迷。中国原本就与发达国家之间在意识形态、政治理念和安全战略等方面存在较大差别，再加上近年来中国强劲增长的发展态势和此消彼长的未来趋势，西方国家也因此对中国的跨国公司百般刁难。

（二）中国对外直接投资的某些特性容易成为西方国家实施投资保护主义的借口和托辞

中国跨国公司之所以容易成为西方发达国家投资保护主义的牺牲品，与中国对外直接投资的某些特点不无关系。

1. 以并购为主要方式的海外投资行业集中度高而且过于敏感

中国对外直接投资以并购为主，并购领域大多涉及敏感行业，而西方国家投资保护主义针对的重点对象则恰恰是敏感行业的跨国并购。根据《2014 年度中国对外直接投资统计公报》，2014 年中国企业共实施对外投资并购项目 595 起，涉及 69 个国家（地区），实际交易总额 569 亿美元，并购领域主要涉及采矿业、制造业、电力生产和供应

业、信息技术服务业等。中国这种战略资产寻求型的跨国并购往往由于过于敏感而成为众矢之的。

2. 引领“走出去”大军的国企、央企实力雄厚但树大招风

国有大中型企业是中国对外直接投资的主力军，但其国有背景往往被西方国家所警惕，而且中国国企海外投资的规模和金额往往很大，容易招来发达国家的非议。根据《2014 年度中国对外直接投资统计公报》显示，2014 年年末，在对外非金融类直接投资 7 450.2 亿美元存量中，国有企业占 53.6%；而在“走出去”的国有企业当中，实力雄厚的央企又是其主力军。据国资委统计数据，截至 2010 年年末，99 家央企在境外和港澳地区设立境外单位（不含境内业务境外上市和境外企业返回大陆投资）资产总额为 2.66 万亿元。

3. 海外投资过分集中于部分地区

近年来，美国和澳大利亚对中国跨国公司实施的投资保护主义案例不绝于耳，究其原因，与中国海外投资的地区分布过于集中有很大关系。中国对外直接投资国别/地区分布不均，而美、澳恰恰是中国海外投资的重要目的国，对美、澳过多的海外投资也容易造成其排斥心理和防范意识。根据《2014 年度中国对外直接投资统计公报》显示，截至 2014 年年末，中国对澳大利亚和美国的直接投资存量分别达到了 380.11 亿美元和 238.82 亿美元，各占 4.3% 和 2.7%，排名依次是第四和第五，而如果不考虑中国香港、英属维尔京群岛和开曼群岛等特殊的国家或地区，美国和澳大利亚则成为了中国海外投资最大的目的国。

4. 企业缺乏公关和宣传意识，使东道国在中国企业的神秘感面前望而生畏

在海外投资的过程中，中国企业往往只关注自身融资和被并购企业的价值这些内在因素，容易忽视媒体宣传、政府公关等外在因素的重要性，随即造成在东道国的认知度比较低，进而带来不必要的猜忌和抵触。回顾历史，中国跨国企业已经不止一次倒在了公关和宣传这一环节上。

关于中海油并购优尼科的失败案例，美国财政部副部长金米特在 2007 年来华访问时指出，失败原因之一在于中海油没有事先向美国国会宣传其市场化运作的情况以及中国能源行业的开放程度，因此他建议中国企业在并购美国企业之前要充分做好与美国驻华使馆经济官员、美国国会议员及州政府的交流，为并购打下政治基础。

在中远收购美国加州长滩一个集装箱码头时，由于缺少相关的公关策略和宣传方案，收购方案几近夭折。由于缺乏对中国企业尤其是中远集团的认识，《华盛顿时报》上美国专家理查德·费希尔将中远评价为“中国解放军的桥头堡”“中国的第二支海军”和“AK47 走私犯”。

2012 年，澳大利亚政府禁止华为公司对数十亿澳元的宽带网设备项目进行投标，认为华为的总裁任正非曾是中国人民解放军的军人，并且他从不接受媒体采访，同时华为与中国政府有关联，他们担心来自中国的网络攻击。华为公司此前也曾遭到美国立法委员的反对，后者称华为与中国军方据传存在关系，因此会有安全方面的隐忧。总结华为的失败教训，不难发现，其公关和宣传意识的严重缺失导致其在东道国的认知率和熟悉程度极低，东道国的无端猜忌极其容易招致投资保护主义措施。

二、应对策略

针对投资保护主义不断恶化的严峻形势，结合中国海外投资的现状，我们应从国际、国内两个方面，政府、行业、企业三个维度进行系统化、有针对性地积极应对，但笔者认为政府的作用是第一位的，毕竟投资保护主义的泛政治化倾向更为严重。

（一）国际合作，致力于各国投资政策的国际协调

投资保护主义的行为主体是国家，而最为明显、影响最大的表现形式莫过于东道国的投资保护政策，如国家安全审查。而且与贸易保护主义相比，缺乏统一的全球协调机制是投资保护主义面临的最大难题。因此，加强国际合作，从国家投资政策方面影响东道国的取向，实现投资政策的国际协调是妥善解决投资保护主义的首选，而建立一个有威信、管理有序的国际组织或制定一套行之有效的多边投资规则成为当务之急。

《2012 年世界投资报告》非常鲜明地提出了“迈向新一代投资政策”，全面介绍了联合国贸易与发展会议（UNCTAD）制定的综合性可持续发展投资政策框架（IPFSD），这一政策框架可为政策制定者制定国家投资政策提供参考，为国家与国际投资政策的探讨与合作提供了基础。但遗憾的是，IPFSD 既不具有法律约束力，也非国家的自愿行动，而只是国际组织的专业性指导文件，其效力和作用还有待未来实践的进一步检验。不管结果如何，国际协调应该是我们努力的方向。

（二）经济外交，多种途径建立互信，寻求共赢

投资保护主义在很多情况下归因于东道国政府的不信任。有鉴于此，一方面，中国应继续坚持对外投资互利共赢的原则、和平外交政策与和平崛起战略，积极参与全球治理，“亲诚惠容”地打造利益共同体，增进战略互信，为企业海外投资营销良好的国际外交环境；另一方面重视投资协定的作用，推动 MAI 或 MFI 谈判的重启，不断完善双边投资协定和区域性贸易投资协定，并早日布局和建立海外投资利益保护机制与机构，利用双边和区域投资协定来保障中国的海外投资利益。

（三）内外联动，做好对外投资与引进外资的政策协调

中国在投资领域有两个维度的顶层设计，即“走出去”和“引进来”，因此，我们应将“走出去”战略和“引进来”战略有机结合起来，加强政策联动，增强其互动性和关联性。投资保护主义本质上是东道国对外来投资和外国政府的歧视，对此中国应当据理力争，必要时要坚定地予以反击，让对方有所忌惮，因此应将抵制投资保护主义提升到国家战略高度，加强内外联动，必要时适当修改中国的利用外资战略，坚决予以回应。

（四）完善机制，健全对外投资服务促进体系和风险防范体系

中国目前的对外投资服务促进体系还不够完善，主要体现在对投资保护主义的认识和准备不足，无法帮助中国企业有效应对海外投资风险和保护主义限制。今后，中国相关部委应强化信息咨询服务，加强国别和产业指引，及时告知东道国投资环境变化和政策变动倾向，准确提示风险。同时，我们应充分借鉴国外发达国家完善的海外投资保障机制，不断健全国别投资经营障碍报告制度，逐步建立适合中国国情的风险防范、保险

保障和利益维护机制，尤其是要完善海外投资保险制度。

除了上述提到的四点对策外，行业组织的力量也不容忽视，其特殊的地位和行业影响力应该得以有效的利用。另外，投资毕竟是企业行为，“走出去”的中国企业也应该练好内功，一方面做好充分的准备工作，从法律、文化和经营上都做到入乡随俗；另一方面，重点从公关宣传和社会责任上下功夫，弥补中国企业的短板。

参考文献

[1] 翟东升,夏青. 美国投资保护主义的国际政治经济学分析——以 CFIUS 改革为案例[J]. 教学与研究,2009(11):56-62.

[2] 卢进勇,李锋. 国际投资保护主义的历史演进、特点及应对策略研究[J]. 亚太经济,2012(4).

[3] 李锋. 国际投资保护主义的发展态势及应对策略[J]. 现代经济探讨,2015(4).

[4] 柴正猛,张岩贵. 跨国公司与东道国政府之间的多阶段正和博弈分析[J]. 南开经济研究,2003(5).

[5] 张忠宇. 跨国公司与东道国之间关系的博弈分析[J]. 经济学家,2006(3).

[6] 李雯. 西方规制理论及其演进[J]. 教学与研究,2002(7).

[7] 斯蒂格勒. 产业组织和政府管制[M]. 上海:上海三联书店,1996.

[8] Karl P Sauvant. FDI protectionism is on the rise[R]. Policy Research Working Paper of The World Bank,Sept. 2009.

[9] Karl P Sauvant. Yearbook on international investment law & policy 2009-2010[M]. Oxford:Oxford University Press,2010.

[10] John M Stopford,Susan Strange,John S Henley. States & rival firms,competition for world market shares[M]. Cambridge:Cambridge University Press,1991.

第十七章

国际投资环境理论

国际投资环境（Investment Climate）的提法和概念尽管直到21世纪初才开始流行，但国际投资环境的几大重要构成要素对跨境资本流动乃至经济增长的影响，却一直是学术界和政策制定者们特别关注的重要问题，也是外国直接投资和跨国公司领域的核心研究议题之一。

纵观20世纪70年代以来的国际直接投资和跨国公司理论发展历程，国际投资环境理论的发展形成了三条研究脉络：咨询应用研究、学术理论研究、政策指导研究。咨询应用研究主要由咨询/顾问公司以及跨国公司下属战略决策部门进行，主要服务于企业跨境投资和生产经营全球布局与决策需要，研究内容也偏重于国际投资环境的评估和辅助投资决策方面。学术理论研究则主要由经济学者进行，研究范围几乎涵盖经济学的各个方面，如国际投资环境与经济增长、国际投资环境与企业投资行为等。政策指导研究则主要由世界银行及各国政策制定者进行，主要目的在于通过对国际投资环境的研究，探讨改善国际投资环境的有效政策，指导发展中经济体通过改善投资环境推动经济增长。三条研究脉络互相交叉，相互吸收借鉴，从而初步形成了当前的国际投资环境理论体系。

从研究方法和范式的变化看，近三四十年国际投资环境理论发展以本世纪初为分水岭，可以大致分为两个阶段。21世纪初，由世界银行为主启动并实施了几个国际投资环境调查项目。随着微观企业数据的获得以及数据质量的不断提升，更为严谨、科学的微观计量分析方法逐渐成为国际投资环境理论研究的主流，而且随着计量经济学理论的发展，模型估计方法也从初期的截面数据分析过渡到面板数据模型，更进一步推进到准试验研究。可靠的微观数据、先进的研究方法已经成为国际投资环境理论快速发展的重要保障和主要推动力。

从研究范围的变化来看，国际投资环境理论研究已经从早期关注税收、外汇管制等投资环境因素对对外直接投资（FDI）的影响，逐步扩大到基础设施、融资、腐败、法规、政策、政治风险、投资协定等国际投资环境因素对跨境资本流动、经济增长、企业生产率、技术转移等方面的影响。除此之外，世界银行一系列投资环境调查还催生出了一批专门研究国际投资环境评价指标设定以及数据和指标处理方法的研究成果。

第一节 国际投资环境的概念与早期评估理论

一、国际投资环境的内涵与外延

国际投资环境（Investment Climate）的提法直到2000前后才开始流行。在此之前的国际投资环境理论研究则更多的使用商业环境（Business Environment）或可行环境（Enabling Environment）的提法，或者以具体的投资环境构成因素代替。

德恩（Stern，2002）将投资环境定义为"当前和预期的能够影响到投资收益和风险的政策、制度和行为环境"。一般来说，投资环境包括以下三类因素：第一类是宏观经济或国别因素，如财政政策、货币政策、汇率政策、政治稳定性等；第二类是治理和制度因素，如官僚主义、金融和法律体系等；第三类是生产类投资所需的基础设施条件，如运输条件、电力供应、通信设施等（Hallward-Driemeier et al.，2003）。

世界银行（2004）则从政府政策与投资环境互动视角出发，认为国际投资环境是"能够形成企业投资机会和激励，创造就业和促进企业发展的一系列的与具体地域有关因素的集合"，"政府政策和行为可以通过影响企业的成本、风险和竞争障碍从而对投资环境产生重要影响"（见表17-1）。

表17-1 世界银行定义的国际投资环境主要构成要素

类别	受政府影响较强的构成要素	受政府影响较弱的构成要素
成本	腐败 税收 法规负担、官僚主义 基础设施 融资成本 劳动法规	受市场调节的投入品价格 购销市场距离 规模经济和范围经济
风险	政策可预见性和可信性 宏观经济稳定性 财产权利保障 合同执行 没收	消费者和竞争对手的反应 外部冲击 自然灾害 供应商可靠性
竞争障碍	市场进入和退出的法规障碍 竞争法和政策 金融市场运转 基础设施	市场规模和购销市场距离 规模经济和范围经济

资料来源：整理自 the World Bank（2004，p. 22）。

波佩斯库和可可诺（Popescu & Coconoiu，2013）则从企业管理和国际竞争力视角出发，将投资环境概念延伸到企业内部，提出了组织投资环境（Organizational Investment Climate）概念，强调了企业文化对企业竞争力的重要推动作用。

二、国际投资环境的分类与内容

（一）国际投资环境的分类

从不同的角度进行划分，可以把国际投资环境分为不同的类型。

（1）从各种环境因素所具有的物质和非物质性来看，可以把投资环境分为硬环境和软环境两个方面。硬环境和软环境有时又称为物质环境和人际环境或称为有形环境与无形环境。所谓硬环境是指能够影响国际直接投资的外部物质条件，如能源供应、交通和通信、自然资源以及社会生活服务设施等。所谓软环境是指能够影响国际直接投资的各种非物质因素，如经济发展水平和市场规模、贸易与关税政策、财政与金融政策、外资政策、经济法规、经济管理水平、职工技术熟练程度以及社会文化传统等。

（2）从各因素的稳定性来区分，可将国际投资的环境因素归为三类，即自然因素、人为自然因素和人为因素（见表 17-2）。

表 17-2　　国际投资环境因素稳定性分类

A：自然因素	B：人为自然因素	C：人为因素
a_1自然资源 a_2人力资源 a_3地理条件 a_4……	b_1实际增长率 b_2经济结构 b_3劳动生产率 b_4……	c_1开放进程 c_2投资刺激 c_3政策连续性 c_4……
相对稳定	中期可变	短期可变

（3）从国际投资环境所包含的内容和因素的多寡方面来划分，可以分为狭义的投资环境和广义的投资环境。狭义的投资环境是指投资的经济环境，即一国经济发展水平、经济体制、产业结构、外汇管制和货币稳定状况等。广义的投资环境除经济环境外，还包括自然、政治、社会文化和法律等对投资可能发生影响的所有外部因素。

（二）国际投资环境的主要内容

1. 投资环境主要内容的变化

国际投资环境的内容随着时间的变迁而变化，并且在不断丰富。最初，人们关注的重点是投资硬环境，俗称“七通一平”，即通水、通电、通气、通邮、通路、通商、通航及平整场地等有形环境；后来，人们发现软环境（包括办事效率、教育文化、风俗习惯、政策法规、投资优惠等）也非常重要，尽管它无形，但对投资决策的作出和投资项目的运营有很大影响；现在，人们不仅关注硬的和软的环境，还开始重视产业配套环境（如产业配套能力、零部件与原材料供应的便利程度、产业链投资、企业集群布局等），并把它看成是构成直接投资环境的一项新的内容。

2. 投资环境的具体内容

（1）政治环境，主要包括政治制度、政权稳定性、政策的连续性、政策措施、行政体制和行政效率、行政对经济干预的程度、政府对外来投资的态度、政府与他国的关系等。

（2）法制环境，主要指法律秩序、法律规范、法律制度和司法实践，特别是涉外法制的完备性、稳定性和连续性以及人民的法治观念和法律意识等。

（3）经济环境，主要包括经济的稳定性、经济发展阶段、经济发展战略、经济增长率、劳动生产率、财政、货币、金融、信贷体制及其政策、对外经济贸易体制与政策、地区开发政策、外汇管理制度、国际收支情况、商品和生产要素市场的状况与开放程度、人口状况和人均收入水平等。

（4）社会环境，主要指社会安定性、社会风气、社会秩序、社会对企业的态度、教育、科研机构与企业的关系、社会服务等。

（5）文化环境，主要包括民族意识、开放意识、价值观念、语言、教育、宗教等。

（6）自然环境，自然地理环境优良与否，也关系到能否吸引投资。地理环境包括面积、地形、气候、雨量、地质、自然风光、与海洋接近程度、自然资源状况等。

（7）基础设施状况，基础设施是吸引外资的重要物质条件，包括城市和工业基础设施两个方面，具体如交通运输、港口码头、厂房设备、供水供电设备、能源和原辅材料供应、通信信息设备、城市生活设施、文教设施及其他社会服务设施等。

（8）产业配套环境，这是近年来跨国投资者比较关注的一个问题。其内容包括工业和服务业的配套能力、采购原材料与零部件半成品的方便程度、产业链投资与产业集聚、企业集群布局等。也有的学者将产业配套环境称为企业生态环境。

上述的第（1）到第（5）点属于投资软环境，第（6）和第（7）点属于投资硬环境，第（8）点属于产业配套环境。

三、早期国际投资环境评估理论

投资环境的好坏直接影响国际直接投资决策以及国际直接投资的风险和收益，因此，在做出投资决策之前要对国外投资环境进行综合评估。对国际直接投资环境进行评估，大都是将众多的投资环境因素分解为若干具体指标，然后综合评价。早期国际投资环境评估方法包括投资障碍分析法、国别冷热比较法、投资环境等级评分法、动态分析法、加权等级评分法、抽样评估法和体制评估法等（卢进勇等，2013）。

（一）投资障碍分析法

投资障碍分析法是依据潜在的阻碍国际投资运行因素的多寡与程度来评价投资环境优劣的一种方法。这是一种简单易行的，以定性分析为主的国际投资环境评估方法。其要点是，列出外国投资环境中阻碍投资的主要因素，并在所有潜在的东道国中进行对照比较，以投资环境中障碍因素的多与少来断定其坏与好。阻碍国际投资顺利进行的障碍因素主要包括以下 10 类。

（1）政治障碍：东道国政治制度与母国不同；政治动荡（包括政治选举变动、国内骚乱、内战、民族纠纷等）。

（2）经济障碍：经济停滞或增长缓慢；国际收支赤字增大、外汇短缺；劳动力成本高；通货膨胀和货币贬值；基础设施不良；原材料等基础产业薄弱。

（3）资金融通障碍：资本数量有限；没有完善的资本市场；融通的限制较多。

（4）技术人员和熟练工人短缺。

（5）实施国有化政策与没收政策。

（6）对外国投资者实施歧视性政策：禁止外资进入某些产业；对当地的股权比例要求过高；要求有当地人参与企业管理；要求雇用当地人员，限制外国雇员的数量。

（7）东道国政府对企业干预过多：实行物价管制；规定使用本地原材料的比例；国营企业参与竞争。

（8）普遍实行进口限制：限制工业品和生产资料的进口。

（9）实行外汇管理和限制投资本金、利润等的汇回。

（10）法律、行政体制不完善：包括外国投资法规在内的国内法规不健全；缺乏完善的仲裁制度；行政效率低；贪污受贿行为严重。

投资障碍分析法的优点在于能够迅速、便捷地对投资环境做出判断，并减少评估过程中的工作量和费用，但它仅根据个别关键因素就做出判断，有时会使公司对投资环境的评估失之准确，从而丢失一些好的投资机会。

（二）国别冷热比较法

国别冷热比较法又称冷热国对比分析法或冷热法，它是以“冷”“热”因素表示投资环境优劣的一种评估方法，热因素多的国家为热国，即投资环境优良的国家，反之，冷因素多的国家为冷国，即投资环境差的国家。这一方法是美国学者伊西·利特瓦克和彼得·拜延于20世纪60年代末提出的，他们根据美国250家企业对海外投资的调查资料，将各种环境因素综合起来分析，归纳出影响海外投资环境“冷”“热”的7大基本因素、59个子因素，并评估了100个国家的投资环境。所谓“热国”或“热环境”，是指该国政治稳定、市场机会大、经济增长较快且稳定、文化相近、法律限制少、自然条件有利、地理文化差距不大，反之，即为“冷国”或“冷环境”，不“冷”不“热”者则居“中”。现以其中10国为例分析比较其投资环境的“冷”“热”程度（见表17-3）。在表17-3所列的七大因素中，前四种的程度大就称为“热”环境，后三种的程度大则称为“冷”环境，当然，“中”为不“冷”也不“热”的环境。由此看来，一国投资环境的七个因素中，前四种越小，后三种越大，其投资环境就越坏，即越“冷”的投资目标国。表17-3所列的10个国家从前到后的顺序就反映了这10个国家当时的投资环境由“热”到“冷”的顺序。

表17-3　　美国观点中的10国投资环境的冷热比较

国别		政治稳定性	市场机会	经济发展与成就	文化一元化	法令障碍	实质障碍	地理文化差距
加拿大	热	大	大	大		小		小
					中		中	
	冷							

续表

国别		政治稳定性	市场机会	经济发展与成就	文化一元化	法令障碍	实质障碍	地理文化差距
英国	热	大			大	小	小	小
			中	中				
	冷							
德国	热	大	大	大	大		小	
						中		中
	冷							
日本	热	大	大	大	大			
							中	
	冷					大		大
希腊	热					小		
			中	中	中			
	冷	小					大	大
西班牙	热							
			中	中	中	中		
	冷	小					大	大
巴西	热							
			中		中			
	冷	小		小		大	大	大
南非	热							
			中	中		中		
	冷	小			小		大	大
印度	热							
		中	中		中			
	冷			小		大	大	大
埃及	热							
					中			
	冷	小	小	小		大	大	大

在这项研究中，学者们还计算了美国250家企业在上述东道国的投资进入模式分布频率。结果表明，随着目标市场由热类国家转向冷类国家，企业将越来越多地采用出口进入模式，越来越少地采用投资进入模式。在一般热类国家，出口进入模式占所有进入

模式的 47.2%，在当地设厂生产的投资进入模式占 28.5%，技术许可合同和混合模式占余下的 24.3%。与此形成鲜明对照的是，在一般冷类国家，出口进入模式占所有进入模式的 82.6%，投资进入模式仅占 2.9%，技术许可合同和混合模式占余下的 14.5%。一般中间类国家的进入模式介于上述两类国家之间。

（三）投资环境等级评分法

投资环境等级评分法又称多因素等级评分法，它是美国经济学家罗伯特·斯托色夫于 1969 年提出的。等级评分法的特点是，首先将直接影响投资环境的重要因素分为八项，然后再根据八项关键项目所起的作用和影响程度的不同而确定其不同的等级分数，再按每一个因素中的有利或不利的程度给予不同的评分，最后把各因素的等级得分进行加总作为对其投资环境的总体评价，总分越高表示其投资环境越好，越低则表明其投资环境越差（见表 17-4）。

表 17-4 投资环境等级评分标准表

投资环境因素	等级评分标准	投资环境因素	等级评分标准
一、资本抽回	0～12 分	五、政治稳定性	0～12 分
无限制	12	长期稳定	12
只有时间上的限制	8	稳定，但取决于关键人物	10
对资本有限制	6	政府稳定，但内部有分歧	8
对资本和红利都有限制	4	各种压力常左右政府的政策	4
限制十分严格	2	有政变的可能	2
禁止资本抽回	0	不稳定，政变极可能	0
二、外商股权	0～12 分		
准许并欢迎全部外资股权	12	六、关税保护程度	2～8 分
准许全部外资股权但不欢迎	10	给予充分保护	8
准许外资占大部分股权	8	给予相当大保护但以新工业为主	6
外资最多不得超过股权半数	6	给予少数保护但以新工业为主	4
只准外资占小部分股权	4	很少或不予保护	2
外资不得超过股权 3 成	2		
不准外资控制任何股权	0		
三、对外商的歧视和管制程度	0～12 分	七、当地资金的可供性	0～10 分
外商与本国企业一视同仁	12	完善的资本市场，有公开的证券交易所	10
对外商略有限制但无管制	10	有少量当地资本，有投机性证券交易所	8
对外商有少许管制	8	当地资本少，外来资本不多	6
对外商有限制并有管制	6	短期资本极其有限	4
对外商有限制并严加管制	4	资本管制很严	2
对外商严格限制并严加管制	2	高度的资本外流	0
禁止外商投资	0		

续表

投资环境因素	等级评分标准	投资环境因素	等级评分标准
		八、近五年的通货膨胀率	2～14 分
四、货币稳定性	4～20 分	低于 1%	14
完全自由兑换	20	1%～3%	12
黑市与官价差距小于 10%	18	3%～7%	10
黑市与官价差距在 10%～40% 之间	14	7%～10%	8
黑市与官价差距在 40%～100% 之间	8	10%～15%	6
黑市与官价差距在 1 倍以上	4	15%～30%	4
		高于 30%	2
		总分	8～100 分

从斯托色夫提出的这种投资环境等级评分法的表格中可以看出，其所选取的因素都是对投资环境有直接影响的、为投资决策者所最关切的因素，同时又都具有较为具体的内容，评价时所需的资料易于取得又易于比较。在对具体环境的评价上，采用了简单累加计分的方法，使定性分析具有了一定的数量化内容，同时又不需要高深的数理知识，比较直观，简便易行，一般的投资者都可以采用。在各项因素的分值确定方面，采取了区别对待的原则，在一定程度上体现出了不同因素对投资环境作用的差异，反映了投资者对投资环境的一般看法。这种投资环境评估方法的采用有利于使投资环境的评估规范化。但是，这种评估方法也存在三个缺陷：一是对投资环境的等级评分带有一定的主观性；二是标准化的等级评分法不能如实反映环境因素对不同的投资项目所产生影响的差别；三是所考虑的因素不够全面，特别是忽视了某些投资硬环境方面的因素，如东道国交通和通信设施的状况等。

（四）动态分析法

投资环境不仅因国别而异，在同一国家内也会因不同时期而发生变化。因此，在评估投资环境时，不仅要考虑投资环境的过去和现在，而且还要预测环境因素今后可能出现的变化及其结果。这对企业进行对外直接投资来说是十分重要的，因为这种投资短则 5 年或 10 年，长则 15 年或 20 年以上，有的甚至是无期限。这就需要从动态的、发展变化的角度去分析和评估投资目标国的投资环境。美国道氏化学公司从这一角度出发制定并采用了动态分析法评估投资环境（见表 17-5）。

道氏公司认为其在国外投资所面临的风险为两类：第一类是“正常企业风险”，或称“竞争风险”。例如，自己的竞争对手也许会生产出一种性能更好或价格更低的产品。这类风险存在于任何基本稳定的企业环境中，它们是商品经济运行的必然结果。第二类是“环境风险”，即某些可以使企业环境本身发生变化的政治、经济及社会因素。这类因素往往会改变企业经营所必然遵循的规则和采取的方式，对投资者来说这些变化的影响往往是不确定的，它可能是有利的，也可能是不利的。这样，道氏化学公司把影响投资环境的诸因素按其形成的时间及作用范围的不同分为两部分：一是企业现有的业

表 17-5 投资环境动态分析法

1. 企业现有业务条件	2. 引起变化的主要原因	3. 有利因素和假设的汇总	4. 预测方案
评估以下因素： (1) 经济实际增长率； (2) 能否获得当地资产； (3) 价格控制； (4) 基础设施； (5) 利润汇出规定； (6) 再投资的自由； (7) 劳动力技术水平； (8) 劳动力稳定性； (9) 投资优惠； (10) 对外国人的态度； …… (40)	评估以下因素： (1) 国际收支结构及趋势； (2) 被外界冲击时易受损害的程度； (3) 经济增长相当于预期目标的差距； (4) 舆论界和领袖观点的变化； (5) 领导层的确定性； (6) 与邻国的关系； (7) 恐怖主义的骚扰； (8) 经济和社会进步的平衡； (9) 人口构成和人口变动趋势； (10) 对外国人和外国投资的态度； …… (40)	对前两项进行评价后，从中挑选出 8～10 个在某国某项目能获得成功的关键因素（这些关键因素将成为不断查核的指数或继续作为投资环境评价的基础）	提出 4 套国家或项目预测方案： (1) 未来 7 年中关键因素造成的“最可能”方案； (2) 若情况比预期的好，会好多少？ (3) 若情况比预期的糟，会如何糟？ (4) 会使公司“遭难”的方案

务条件；二是有可能引起这些条件变化的主要原因。这两部分又分别包括 40 项因素。在对这两部分因素做出评价后，提出投资项目的预测方案的比较，可以选择出具有良好投资环境的投资场所，在此投资经营将会获得较高的投资利润。表 17-5 中第一栏是企业现有业务条件，主要对投资环境因素的实际情况进行评价；第二栏是引起变化的主要原因，主要考察社会、政治、经济事件今后可能引起的投资环境变化；第三栏是有利因素和假设的汇总，即在对前两项评价的基础上，找出 8～10 个使投资项目获得成功的关键因素，以便对其连续地进行观察和评价；第四栏是预测方案，即根据对未来 7 年中的环境变化的评估结果提出 4 套预测方案，供企业经营决策时参考。道氏化学公司的动态分析以未来 7 年为时间长度，这是因为该公司预计投资项目投产后的第 7 年是盈利高峰年。

动态分析法有优点也有缺点，它的优点是充分考虑未来环境因素的变化及其结果，从而有助于公司减少或避免投资风险，保证投资项目获得预期的收益；它的缺点是过于复杂，工作量大，而且常常带有较大的主观性。

（五）加权等级评分法

加权等级评分法是前面所介绍的投资环境等级评分法的演进，该方法由美国学者威廉·戴姆赞于 1972 年提出（Dymsza，1972）。企业在运用这种评估方法时大体上分 3 个步骤：第一步，对各个环境因素的重要性进行排列，并给出相应的重要性权数；第二步，根据各环境因素对投资产生不利影响或有利影响的程度进行等级评分，每个因素的评分范围都是从 0（完全不利的影响）到 100（完全有利的影响）；第三步，将各个环境因素的等级评分得分乘上相应的重要性权数，然后进行加总。表 17-6 就是采用加权等级评分法对甲、乙两国投资环境进行评估和比较的情况。按照总分的高低，可供选择的投资目标国被分为以下 5 类：（1）投资环境最佳的国家；（2）投资环境较好的国家；（3）投资环境一般的国家；（4）投资环境较差的国家；（5）投资环境恶劣的国家。

表 17-6　　投资环境加权等级评分法

按其重要性排列的环境因素	甲国			乙国		
	（1）重要性权数	（2）等级评分 0～100	（3）加权等级评分（1）×（2）	（1）重要性权数	（2）等级评分 0～100	（3）加权等级评分（1）×（2）
1. 国家风险（财产被没收的可能性）	10	90	900	10	55	550
2. 动乱或战争造成损失的可能性	980	720		9	50	450
3. 本金返回	8	70	560	8	50	400
4. 政府的歧视性限制	8	70	560	8	60	480
5. 在当地以合理成本获得资本的可能性	7	50	350	7	90	630
6. 政治经济稳定性	7	80	560	7	50	350
7. 资本收益的返回率	7	80	560	7	60	420
8. 货币稳定性	6	70	420	6	30	180
9. 价格稳定性	5	40	200	5	30	150
10. 税收水平	4	80	320	4	90	360
11. 劳资关系	3	70	210	3	80	240
12. 政府对外来投资的优惠待遇	2	0	0	2	90	180
加权等级总分	5 360（最高 7 600 分）			4 390（最差 0 分）		

表中，甲国的加权等级总分为 5 360 分，大于乙国的 4 390，这意味着甲国的投资环境优于乙国的投资环境。如果公司面临在甲、乙两国之间选择投资场所的机会，甲国是比较理想的选择。

（六）抽样评估法

抽样评估法是指对东道国的外商投资企业进行抽样调查，了解它们对东道国投资环境的一般看法。其基本步骤是：（1）选定或随机抽取不同类型外商投资企业，列出投资环境评估要素；（2）由外商投资企业的高级管理人员进行口头或笔头评估，评估通常采取调查问卷的形式。

国际投资者可以通过这种方法了解和把握东道国的投资环境，同时，东道国政府也可采取这种方式来了解本国投资环境对外国投资的吸引力如何，以便调整吸收外资的政策、法律和法规，改善本国的投资环境。组织抽样评估的单位通常是欲从事国际投资活动的企业或国际咨询公司，也可以是东道国政府的有关部门或其委托的单位。

这种抽样评估法的最大优点是能使调查人得到第一手信息资料，它的结论对潜在的投资者来说具有直接的参考价值；缺点是评估项目的因素往往不可能列举得很多，因而可能不够全面。

（七）体制评估法

体制评估法是香港中文大学闵建蜀教授于 1987 年提出的。这种方法不局限于各种投资优惠措施的比较，而是着重分析政治体制、经济体制和法律体制对外国投资的政治风险、商业风险和财务风险所可能产生的直接影响，并指出企业的投资利润率不仅仅取决于市场、成本和原材料供应等因素，而且也取决于政治、经济和法律体制的运行效率。

在体制评估法中，闵建蜀确立了 5 项评价标准，即稳定性、灵活性、经济性、公平性和安全性。这些标准反映了一个国家政治与行政体制、经济体制和司法体制的运行效率，它对外国投资的政治风险、商业风险和财务风险将产生直接的影响，从而关系到外资企业能否实现其投资的利润目标。

第二节 世界银行投资环境调查和政策改革促进活动

一、世界银行投资环境调查项目

微观企业数据的缺失使得国际投资环境理论研究受到极大的限制。直到 20 世纪 90 年代才陆续出现国际投资环境的微观企业调查数据。目前用于研究的投资环境微观企业数据主要来自世界银行实施的调查项目。

最早的一个尝试是 1992—1995 年由世界银行企业发展部非洲区域项目（African Regional Program on Enterprise Development，RPED）进行的，主要针对的是非洲地区投资环境。1999 年世界银行对 22 个转型经济体进行了商业环境与企业业绩调查（the Business Environment and Enterprise Performance Survey，BEEPS）。随后在 1998 年年末至 2000 年，世界银行对 80 多个经济体进行了世界商业环境调查（the World Business Environment Survey，WBES）。除此之外，世界银行发展经济学研究部还进行了一系列的企业分析和竞争力调查（Firm Analysis and Competitiveness Surveys，FACS）。

由世界银行发起并实施的“世界商业环境调查（WBES）”获得了宝贵的国际投资环境微观数据，为国际投资环境领域的微观计量分析提供了可能。巴特拉等人（Batra et al.，2003）基于世界银行于 1998—2000 年对 80 个国家超过 10 000 家企业调查得到的企业微观数据，总结归纳了对企业生产经营影响最大的五项国际投资环境因素：税收与法规、金融（融资）、政策稳定性、腐败和公司治理、公共服务水平，并认为政策、制度、治理是国际投资环境中影响企业增长的三大主要环境要素。各项因素的主要构成指标参见表 17-7。表 17-8 则进一步给出了全球各主要地区和区域影响最大的前四个国际投资环境因素。从全球范围来看，影响最大的投资环境因素依次是税收和法规、融资、政策稳定性以及通货膨胀。

表 17-7　　国际投资环境主要因素概况

因素类别	主要指标
税收和法规	高税率、税收征缴管理、海关程序和贸易规则、劳工法规、企业注册、环保法规、外汇和货币规定、消防和安全法规等
融资	高利率、缺乏长期信贷渠道、担保要求、银行文书处理效率低、缺少客户信用信息、特殊关系、银行可供信贷金额不足、出口融资难、无法获得非银行权益、租赁融资难、外资银行少、腐败等
政策稳定性	宏观经济政策不稳定，通货膨胀和汇率不确定性，政策的可预见性、透明度、一致性，规则、政策与法规的可预见性，政策与规则制定过程中未听取企业意见
腐败	给政府的非正常额外费用、关于非正常额外费用多少的信息提前获取、支付额外费用才同意提供某项服务、如果给某位官员额外费用而其他官员同样索要、如果某官员违反规定则可以找其上纠正、影响国家法律或政策制定等
公共服务水平	行政效率、特殊公共服务水平（如公共卫生、公共工程和道路等）、司法服务水平等

资料来源：整理自巴特拉等人的文章(Batra et al. ,2003)。

表 17-8　　对企业影响最大的国际投资环境因素

地区与区域		第一大因素	第二大因素	第三大因素	第四大因素
全球		税收与法规	融资	政策不稳定	通货膨胀
区域集团	经济合作与发展组织和新兴工业化东亚国家（包括中国）	税收与法规	融资	政策不稳定	通货膨胀
	欧洲转型经济体	税收与法规	融资	通货膨胀	政策不稳定
	发展中经济体	腐败	通货膨胀	融资	政策不稳定/基础设施
地区	非洲	融资	腐败	基础设施	通货膨胀
	中东、北非	政策不稳定	腐败	通货膨胀	汇率
	东亚新兴经济体	融资	通货膨胀	反竞争措施	政策不稳定
	东亚发展中经济体	犯罪	腐败	通货膨胀	汇率
	南亚	腐败	政策不稳定	通货膨胀	基础设施
	拉美和加勒比海国家	税收与法规	政策不稳定	犯罪	融资
	经济合作与发展组织	税收与法规	融资	政策不稳定	通货膨胀
	独联体	税收与法规	融资	政策不稳定	通货膨胀
	中东欧（非独联体国家）	税收与法规	通货膨胀	融资	政策不稳定

资料来源：整理自巴特拉等人的文章(Batra et al. ,2003)。

从 2001 年开始，生产力和商业环境调查（Productivity and Business Climate Survey, PICS）每年在 15～20 个国家进行，从而形成了可比较的微观企业数据，并与 BEEPS 等类似调查数据一起被统称为企业调查数据（Enterprise Survey, ES）①。该数据库包括了来自 100 多个国家的近 70 000 家企业数据，有关投资环境的主要指标，见表 17-9。

表 17-9 企业调查数据（ES）有关国际投资环境的主要指标

类别	主要指标
企业一般信息	成立时间，股权结构，主要活动，所在位置
供销信息	进出口情况，供求情况，竞争情况
商业环境障碍	对主要障碍加以评估
基础设施和服务	电力，水供应，运输，电脑，商业服务
金融（融资）	融资来源，融资条件，金融服务，审计，土地所有权
劳动法规	工人熟练程度和培训水平，技巧可获性，冗员，工会和罢工
政企关系	公共服务水平、政策和管理一致性、通关处理、合规成本等
冲突解决/法治环境	对司法系统的信心，信用争议的解决
犯罪	安保成本，犯罪成本，警察服务的使用与表现
能力、创新与学习	使用知识，新产品，远景规划，技术来源，工人和管理人员教育水平和经验

资料来源：整理自德蒂尔等人的文章(Dethier et al. ,2011)。

二、世界银行国际投资环境评估项目

世界银行于本世纪初启动了两个国际投资环境评估工具项目，以期为各国政策制定者提供政策决策工具。一个是国际投资环境评估项目（International Climate Assessments, ICAs)②，另一个是营商环境评估项目（Doing Business Project），提供各国商业法规方面的评估数据。不过，与国际投资环境评估项目（ICAs）不同，营商环境评估数据来自律师和法官等专家打分。两个调查项目的比较参见表 17-10。第一本营商环境报告发布于 2003 年（The World Bank, 2003）。专栏则列出了《2016 营商环境报告》的概要和重点内容（The World Bank, 2015）。

表 17-10 世界银行国际投资环境调查和营商环境调查比较

	国际投资环境调查	营商环境调查
覆盖面	2001 年启动时覆盖 53 个国家的 26 000 家企业，后续不断增加	2003 年启动时覆盖 130 个国家，后续不断增加

① 参见 http://www.enterprisesurveys.org/。该系列数据库自 2005 年起统一和标准化了调查问卷和处理方法，不过在不同领域仍然保留了原来的数据库名称，如针对非洲地区的 RPED，针对东欧和中亚地区的 BEEPS 等。

② 其核心部分是国际投资环境调查(International Climate Survey, ICS)。

续表

	国际投资环境调查	营商环境调查
涵盖投资环境因素	标准问卷有 82 个问题，涉及法规、治理、融资、基础设施，也包括企业生产率、投资、雇员等信息	以法规为主，包括企业注册、员工雇用和辞退，合同执行、获得贷款等 11 个领域
变量类型	主观和客观变量均有	主观评价
取样和视角	对企业进行随机取样，通过对高管和财务人员访谈获得数据	由 5 位当地专家（律师、会计人员等）评估
国内地区差异	涉及一国内部不同地区企业	通常只考虑一国最大的城市，个别大国提供更多城市数据

资料来源：世界银行(the World Bank,2004,p. 245)。

专栏 17-1

《2016 营商环境报告》概要和重点内容

概　要

《2016 营商环境报告：衡量监管质量和有效性》：世界银行的旗舰性出版物，作为每年出版一次的第 13 期的报告，旨在衡量监管法规是有助于推动或是会限制商业活动。《营商环境报告》应用量化的指数分析 189 个经济体，从阿富汗到津巴布韦的商业监管法规和财产保护。

《营商环境报告》衡量影响一项商业经营的 11 个领域的法规。今年的营商难易程度排名涵盖了 10 个领域：开办企业、办理许可、得到电力、财产注册、获得贷款、保护少数投资者、纳税、跨境贸易，合同履行和办理破产。《营商环境报告》也衡量劳动市场法规，但今年的排名不以其为依据。

《2016 营商环境报告》的数据搜集止于 2015 年 6 月 1 日。指数被应用于分析经济后果并且指出什么样的商业法规改革发生了作用，在什么地方以及为什么发生了作用。今年的《营商环境报告》继续其 2 年计划的对 10 项《营商环境报告》指数中的 8 项指数的提升，以配合完善其强调法规的有效性并重点关注法规的质量。

重 点 内 容

《2016 营商环境报告：衡量监管质量和有效性》发现：在去年，有 122 个经济体的创业者发现了其各自当地监管系统的提升。自 2014 年 6 月至 2015 年 6 月，该报告衡量全球范围 189 个经济体，记录了 231 项商业改革。在为了减少监管过程的复杂性和花费的 2014—2015 年改革中，最普遍的发生于开办企业领域，与前一年相同；次之的是在纳税，获得电力和财产登记领域。

在 2014—2015 年改革中，在《营商环境报告》关注的领域中提升最多的经济体是：哥斯达黎加、乌干达、肯雅、塞浦路斯、毛里塔利亚、乌兹别克斯坦、卡萨克斯坦、牙买加、塞内加尔和贝宁。这 10 个提高最多的经济体相继推行了 39 项使营商更容易的改革。

撒哈拉以南非洲在 2014—2015 改革所推动的使营商更为容易的法规改革占到了所有法规改革的 30%。欧洲和中非紧随其后。促进非洲商业法律统一化组织的成员国突出的活跃：去年一年，17 个经济体中的 14 个实行了商业法规改革，总共有 29 项改革。其中 24 项改革降低了监管程序的复杂性和花费，另外 5 项加强了法律机构建设。

本年度的报告在 4 个指标中新增了质量指标：登记财产、建筑许可证、获得电力供应和执行合同。另外，跨国界贸易指标得到了修正以提高其相关性。相关的案例研究侧重分析各个经济体的首要出口产品，以普遍的制造产品（汽车配件）作为进口产品，并且以各经济体的最大贸易伙伴作为进出口对应方。

该报告总共包含了 7 个案例研究：5 例侧重在今年新引进的或扩展了的法律和监管方面的指数，包含范围有建筑许可证，获得电力供应，登记财产，跨境贸易和执行合同；另两例分析其他相关方面的历史数据。

（资料来源：http://chinese.doingbusiness.org/reports/global-reports/doing-business-2016。）

自 2006 年起，世界银行营商环境指数开始进行国家排名。贾亚苏里亚（Jayasuriya，2011）使用动态面板估计方法分析和研究了 2006—2009 年营商环境指数排名变化对外资流入的影响。结果表明：整体上排名上升对吸收外资具有显著影响，但对于发展中经济体，排名上升对外资流入的影响却不显著（尽管仍然为正）。而且其文还指出：那些进行大规模改革的国家并不必然吸引更多的外资。皮涅罗-阿尔维斯和赞布雅尔-奥利维拉（Pinheiro-Alves & Zambujal-Oliveira，2012）使用因子分析法考察了世界银行发布的营商环境指数（Ease of Doing Business Index，EDBI），认为该指数只能有限地描述和概括国际投资环境，建议跨国公司依据该指数进行投资决策时要特别谨慎。

阿尔坎塔拉和伍柯克（Alcántara & Woolcock，2014）指出质化研究方法（Qualitative Methods）[①] 在投资环境影响评估中同样有着重要作用，并结合量化研究法（Quantitative Methods）的优点，提出混合评估法（Mixed Methods Approaches）。量化研究使用调查或官方公布的数据进行计量经济分析、自然试验（或准实验）以及数理建模，而质化研究则主要包括案例分析、过程跟踪、人种学研究等，数据则来自深度访谈（In-depth Interview）、小组访谈（Focus Group）、实际参与、田野观察、历史文档、媒体图像以及文本等。Alcántara 和 Woolcock（2014）认为质化研究可以在提出假说、确定影响机制、调查问卷设计以及验证量化研究结果的合理性等方面与量化研究优势互补，从而更准确地评估国际投资环境干预措施的政策效果。

伯尼克和哈格尤（Banica & Hagiu，2015）则强调了近年来兴起的“大数据”对国际投资环境研究的重要性，认为社交网络和手机通信的大数据将有助于更新投资环境分

① 也称作质性研究法或定性研究法。

析框架，并为企业市场开拓提供强大的数据支撑。

三、世界银行推动的投资环境改革活动

世界银行集团不仅主导和推动了国际投资环境数据搜集和调查项目，而且还针对发展中经济体投资环境改革活动提供贷款、投资、担保以及技术援助和能力建设支持。世界银行（2006）评估了世界银行集团于1998—2002年有关推动国际投资环境改革的主要活动和项目（见表17-11）。1998—2002年世界银行投资环境改革贷款总额达到108.55亿美元，国际金融公司（IFC）投资额达到36.40亿美元，多边投资担保机构（MIGA）提供担保13.93亿美元，三个机构提供的技术援助和能力建设约1.86亿美元。

表17-11　世界银行集团投资环境改革项目主要组成部分

	国际复兴开发银行（IBRD/IDA）	国际金融公司（IFC）	多边投资担保机构（MIGA）
政策层面	宏观政策改革所需贷款和研究咨询工作		
制度/组织层面	制度改革贷款（法规框架、公司治理、金融部门改革等），基于调查数据的咨询	公共部门法规技术援助和能力建设	投资促进部门能力建设
企业层面		投融资示范项目，私人部门能力建设	担保活动和信息发布

资料来源：整理自 the World Bank(2006, p. 8)。

凯克（Kikeri，2006）等全面探讨了投资环境改革的必要性、步骤和程序，总结了各国的改革实践经验，并特别提出了投资环境改革的十大教训：

（1）调查数据和改革范例有助于确定改革优先顺序。

（2）以经济开放为开端，即通过贸易和产品市场改革使经济面临国际竞争。

（3）深入调研从而获取有关改革的一手信息才能暴露改革中的问题。

（4）危机和政治变动是推行改革的重要机遇。

（5）试点和其实务、措施有助于学习和改进并具有示范效应。

（6）通过教育和对话增强支持者的力量，从而减轻利益集团抵制。

（7）改进对私人部门的管理措施并以此增强改革动力和执行力。

（8）采取措施保证投资环境改革举措的长期执行，排除政治和官僚干扰并保证透明度和可操作性。

（9）全程监督投资环境改革过程，而非事后监督。

（10）最重要的是保证改革进程是正确的，改革政策和结果是可持续的。

凯克（Kikeri，2006）还提出了投资环境改革面临的三大挑战。一是冗长的改革事项清单让人无从判断合理的改革顺序；二是投资环境改革涉及政治博弈，那些短期内利

益受损的利益集团往往会团结起来加以抵制，而长期内受益的团体却往往会在政治上被分化；三是改革还会挑战原有制度环境，不仅牵涉不同政府部门和机构，而且还涉及组织、激励、行为等基本的制度环境变化，而这种基本制度环境的改变难度很高。

第三节 国际投资环境对经济增长与宏观经济影响的理论发展

国际投资环境对经济增长和宏观经济发展的影响是否存在？影响有多大？这一直以来都是国际投资环境理论的核心命题之一。尽管直觉告诉我们国际投资环境越好，经济发展应该越快越好，宏观经济也会越有活力，然而在纷繁复杂的国际经济活动中，国际投资环境对经济的影响是否确实如我们所想的那样吗？

归纳起来，30 多年来国际投资环境对经济增长和宏观经济影响的理论主要围绕着三大问题展开：一是经济增长与生产率效应，即国际投资环境对经济增长、技术进步、全要素生产率、经济开放等方面的影响；二是企业竞争力和出口效应，即国际投资环境对企业竞争力和出口业绩的影响；三是就业效应，即国际投资环境对就业创造的影响。

一、经济增长与生产率效应

良好的国际投资环境能够提高全要素生产率，从而推动经济增长。这一判断的逻辑基础是良好的国际投资环境有助于吸引外资流入，而 FDI 是重要的技术转移载体，从而推动技术进步和经济增长。博瑞代恩等人（Borensztein et al.，1998）就考察了 FDI 活动对经济增长的影响，认为 FDI 是重要的技术转移载体，其对经济增长的贡献相对高于国内投资。不过，其文也指出：只有当东道国的人力资本存量达到最低门槛时，FDI 才能带来更高的生产率。科雷亚等人（Correa et al.，2010）指出了技术吸收与国际投资环境之间的紧密关系。其文认为：管理能力、熟练工人、融资、良好的基础设施以及外资流入和出口带来的国际知识对一国技术吸收有着重要的促进作用。

那么投资环境改善能否促进全要素生产率提高呢？霍尔沃德—德瑞麦尔等人（Hallward-Driemeier et al.，2003）使用世界银行对中国城市调查数据，考察了投资环境与企业业绩和全要素生产率之间的关系。结果表明：企业业绩与外资企业所有制、研发支出、是否信息和通信技术行业、员工素质、员工培训比例、融资等正相关，而与政府部门打交道的时间却与全要素生产率负相关。巴斯托斯和纳西尔（Bastos & Nasir，2004）基于吉尔吉斯、摩尔多瓦、波兰、塔吉克斯坦、乌兹别克斯坦等中亚和东欧国家的调查数据，使用主成分分析法给出了国际投资环境的主要影响因素。经验验证结果表明：竞争压力超过基础设施因素和官僚主义等寻租措施因素，成为影响生产率最重要的国际投资环境因素。苏布拉马尼安等人（Subramanian et al.，2005）考察了中国和巴西投资环境对全要素生产率的影响。结果表明：通关时间对两国全要素生产率有着显著影响。如果通关时间能够缩短一天，则中国的全要素生产率将上升 2%～6%。

巴尔和费恩（Bah & Fang，2015）将视角转向世界最贫穷的非洲地区，利用世界银行调查数据构建了一般均衡模型，考察了包含融资、法规、犯罪、基础设施、腐败等在内的投资环境对撒哈拉以南30个非洲国家的产出和全要素生产率（TFP）的影响。其文将政策和制度等因素量化为针对产出的“税收”（见表17-12）。平均来看，法规、犯罪、基础设施、腐败等环境因素的“税率”分别达到6.42%、3.69%、5.93%、6.57%，以上四项环境因素的总税收水平达到22.61%。这意味着非洲企业因为较差的投资环境而损失了超过20%的销售额。其文采用私人部门获得的国内信贷规模占GDP的比重作为金融发展水平的测度指标，结果表明，撒哈拉以南30个非洲国家的平均水平仅为美国的10.35%。

表17-12　非洲国家投资环境评估结果　单位：%

国家名称	法规	犯罪	基础设施	腐败	前四项合计	金融发展
安哥拉	7.14	2.84	5.03	6.92	21.93	2.4
贝宁	6.46	1.16	6.45	0	14.07	7.38
博茨瓦纳	4.96	3.46	2.58	8.35	19.35	9.64
布基纳法索	9.53	1.46	3.86	0	14.85	7.48
布隆迪	5.7	2.53	10.94	7.83	27	14.77
喀麦隆	12.8	2.97	5.59	0	21.36	4.96
佛得角	12.17	2.46	4.31	0	18.94	20.23
刚果（金）	6.31	2.89	5.55	6.08	20.83	0.63
刚果（布）	5.92	7.73	15.7	19.21	48.56	2
科特迪瓦	1.81	9.89	6.53	11.32	29.55	8.13
埃塞俄比亚	3.77	3.27	1.53	0	8.57	11.85
加蓬	3.02	3	1.8	9.64	17.46	5.49
冈比亚	7.31	6.93	12.92	9.5	36.66	7.79
加纳	4.03	2.84	7.13	3.36	17.36	7.32
几内亚	2.65	3.01	15.27	6.63	27.56	2.35
几内亚比绍	2.87	2.62	5.25	7.54	18.28	1.55
肯尼亚	5.12	6.06	7.81	4.61	23.6	14.49
莱索托	5.73	7.42	5.95	6.77	25.87	6.37
利比里亚	8.51	7.06	3.67	7.18	26.42	2.58
马达加斯加	17.12	3.98	8.88	0	29.98	4.98
马里	2.39	1.3	2.71	5.74	12.14	10.13
毛里塔尼亚	5.84	1.5	2.91	8.17	18.42	14.02
毛里求斯	9.36	4.56	3.54	7.13	24.59	36.53
尼日尔	11.45	1.23	4.5	0	17.18	3.02
尼日利亚	6.06	5.91	12.16	5.27	29.4	7.48

续表

国家名称	法规	犯罪	基础设施	腐败	前四项合计	金融发展
卢旺达	5.92	3.3	9.93	6.31	25.46	5.86
塞内加尔	2.9	1.71	6.38	6.82	17.81	10.9
南非	5.95	2.59	1.6	9.84	19.98	71.81
乌干达	5.21	2.58	11.65	7.28	26.72	4.28
赞比亚	4.55	2.47	4.87	6.52	18.41	4.14
平均	6.42	3.69	6.57	5.93	22.61	10.35
标准差	3.47	2.24	3.96	4.27	7.78	13.56

资料来源：整理自巴尔和费思的文章(Bah & Fang,2015)。其中金融发展指标为相对于美国水平的比重。

巴尔和费恩（Bah & Fang，2015）的经验验证结果表明，非洲国家的国际投资环境对其产出和全要素生产率存在显著影响。如果“税率”达到30%，相对产出将下降到61%，相对全要素生产率则下降到70%。而如果金融发展水平仅为美国的10%的话，产出仅为美国的62%。以上五项投资环境指标的综合影响将能够解释67%的非洲国家与美国平均工资水平的差异。与此同时，巴尔和费恩（Bah & Fang，2015）还指出，如果“税率”降低一个标准差则会带来平均工资水平15%的上升，金融发展指标上升一个标准差将会带来7%的单位产出增加。如果几大因素同时改善一个标准差，则会带来22%的收入增加和15%的相对全要素生产率的增长。

二、企业竞争力和出口业绩效应

艾费特等人（Eifert et al.，2005）强调了商业环境是造成非洲制造业部门竞争力较低的重要因素。其文提出，可以将商业环境视作一种关键的公共产品，从而影响制造业企业的竞争力和比较优势。堪德等人（Kinda et al.，2011）指出投资环境通过基础设施水平、劳动力的教育和经验、融资渠道和成本、政企关系等方面影响企业竞争力。

道勒等人（Dollar et al.，2006）基于孟加拉国、巴西、中国等8个国家的微观调查数据，使用Probit模型考察了投资环境与经济对外开放和融合水平间的关系。经验验证结果表明：国际投资环境越好，与世界经济的融合程度越高，换言之，开放政策和良好的投资环境奠定了跨境投资和生产的良好环境基础。享瑞（Henry，2007）全面考察了资本账户开放的理论和实证研究，指出资本账户开放对资本成本、投资和经济增长存在显著影响。塞克（Seker，2011）指出，在商业法规、通关效率、基础设施、融资条件等方面的改善有助于提升企业出口业绩。其文还进一步指出：越封闭的国家，其投资环境改善越能促进出口增长。

三、就业效应

艾瑞道等人（Aterido et al.，2007）基于107个国家的微观企业数据研究了国际投资环境尤其是融资、腐败、商业法规、基础设施等因素对企业生产经营和就业的影响，认为国际投资环境对企业经营的影响存在企业规模差异。融资难和欠完善的商业法规将拉低所有企业的增长，尤其是小微企业，而腐败和基础设施不足将给中大型企业发展造成瓶颈。艾瑞道等人（Aterido et al.，2011）使用新的数据并控制了内生性后验证了上述结论，并进一步指出：融资环境改善将使小企业获益最大，而微型企业（雇员少于10人）受投资环境影响的程度反而相对要低。希弗和韦德（Schiffer & Weder，2001）同样指出，投资环境对不同规模企业的影响并不相同，小企业更容易在融资、税收和法规、通货膨胀、腐败、犯罪等方面遇到问题。拉赫曼（Rahman，2014）梳理了投资环境对就业的研究文献，指出投资环境通过企业进入、税收改革、投资促进等渠道影响就业创造，并指出越来越多的研究成果从通常的面板数据分析过渡到准试验方法，尽管仍然存在不少内生性问题，但进步是明显的。

第四节 国际投资环境对跨境资本流动影响的理论发展

国际投资环境对于一国跨境资本流动的影响，即国际投资环境是促进还是阻碍跨境资本流动，其对企业跨境投资、东道国吸引外资的影响是什么？这一直是政策制定者和学术界关注的焦点。尽管学者们对国际投资环境不同构成因素对跨境资本流动的影响存在不同意见，但国际投资环境对跨境资本流动存在影响却是基本共识。

发展中经济体政府的一大政策目标是通过改善国际投资环境以吸引外资，然而实际情况却要复杂得多。奥尔巴赫（Auerbach，1990）就指出：首先，发展中经济体普遍缺乏运行良好的国内资本市场，从而给新投资项目的资本成本评估带来困难。其次，国内资本不足又会带来对外国资本的过度依赖。再次，发展中经济体普遍存在的关税、配额和限制措施等贸易和生产扭曲也会影响投资者的投资意愿。然后，很多投资激励措施需要较高的政府管理水平，而这在发展中经济体中往往缺失。最后，一旦政策出现变动，投资者往往对发展中经济体的政府缺乏信心。

实际上，国际投资环境对跨境资本流动的影响不仅取决于传统的所得税税差，而且在更大程度上取决于法规因素、制度因素（包括行政和公共服务能力、腐败等）、政治风险因素、双边协定因素等。

一、征税与税收优惠影响

学者们很早就关注到了海外投资征税和外资税收优惠可能会对跨境资本流动产生影响。而税收政策又是国际投资环境的主要构成因素之一。

费尔德斯坦（Feldstein，1982）考察了1953—1978年税收对投资的影响，认为税收和通货膨胀的相互作用显著地导致了20世纪60年代末期的投资下降。费里希和哈特曼（Frisch & Hartman，1983）研究了税收对美国海外投资选址的影响，结果表明：如果有效地方公司税下降带来净收益率上升 1 个百分点，则会在 4 年内为该国带来超过 30% 的外资增长。

波斯肯和盖尔（Boskin & Gale，1986）考察了 1981—1982 年美国税法变化对双向资本流动的影响，结果表明：美国税收政策通过影响国内收益率从而影响双向资本流动，其中在美国外国投资受影响要大于美国对外投资。其文进一步指出：1981—1982 年的税法变化平均每年相对于 1980 年减少了 2%～4% 的美国对外投资额，增加了 11%～20% 的在美外国投资额。奥尔巴赫和海因（Auerbach & Hines，1988）考察了 1953—1986 年美国企业投资的情况，将投资者对未来投资税水平变化的预期因素纳入最优投资模型，认为当调整成本较小时，对未来投资税水平的预期会显著影响其投资意愿，即当投资者预期到投资激励措施力度将会减少时，其投资冲动反而更强。斯莱墨德（Slemrod，1990）构建了一个南北两国模型，分析了发达国家和发展中国家间的资本流动与税收之间的理论关系。

沙阿和斯莱墨德（Shah & Slemrod，1990）以墨西哥为例考察了 FDI 的税收敏感度，指出在墨西哥的外资对墨西哥税法、美国税法、跨国公司信用状况、国家信用评级以及法规环境等因素较为敏感。其文建议墨西哥将税率调整到与美国大致相当，从而消除两国间税差带来的套利机会。

帕瑞和詹姆斯（Parys & James，2010）构建了一个简单的税收竞争模型，并使用 2005—2008 年来自 80 个国家的面板数据验证了税率与投资之间的关系。结果表明：良好的国际投资环境能够提高 FDI 对税率的敏感度，但对于那些国际投资环境很差的国家，FDI 对税率并不敏感，换句话说，对于投资环境较差的国家，税收优惠反而效果不佳，政策重点应该放在改善基础投资环境上。旺恩等人（Wang et al.，2011）在考察中国投资环境与外资流入关系时也得到了类似结论。其文指出：法制环境较差但存在社会秩序的情况下，更好的经济基础条件有助于吸引更多的外资，但税收优惠并不必然有效果。另外，其文还指出国内企业融资环境越好，外资流入越少；空气质量越差，外资流入越少。左大培（2000）亦有类似结论。

王丹等人（2005）运用非合作静态博弈模型分析了政府如何综合运用招商引资和税率这两种手段进行税收竞争，并研究了公共产品差异、投资对选址的敏感程度以及招商手段的效率对均衡税率和均衡招商引资水平的影响。分析表明：政府招商手段效率越高，均衡税率越低，而在各地区非税收因素对投资利润影响很大的情况下，一味减税并不能有效地吸引投资。不过，李宗卉和鲁明泓（2004）在考察了税收优惠政策的有效性后，认为税收优惠政策是引导外商直接投资流向的主要因素，这些政策基本实现了在特定的时期将外资引向特定地区的政策目标。

二、法规因素影响

科夫等人（Djankov et al.，2002）指出企业进入规制越重，腐败和非官方经济就越多，而所提供的服务和产品的质量就越差。波特罗等人（Botero et al.，2004）从就业法规、劳资谈判法规、社会保障法规等方面研究了 1997 年 85 个国家的劳工法规，结果发现：富国的劳工法规反而不如穷国严格，尽管前者拥有更好的社会保障体系，社会主义国家和大陆法系国家的劳工法规要比普通法系国家更为严格。而更为严格的劳工法规往往带来更大规模的非官方经济（Unofficial Economy）[①] 和更高的失业率。

克拉普等人（Klapper et al.，2004）考察了市场进入法规对企业进入的影响，结果发现进入法规阻碍了企业进入，即使是在腐败较严重的国家也是如此。白重恩等人（2004）研究了中国 44 个城市投资环境对外资企业效益的影响。其文发现，投资环境（尤其是法制环境）对外资企业的效益有显著的正向影响。克拉普和德尔加多（Klapper & Delgado，2009）使用 2000—2007 年 100 个国家的世界银行企业调查数据进一步考察了投资环境与新企业建立之间的关系，结果表明：企业注册越便宜、越便捷，注册管理越完善，新企业建立活动就活跃。同时，其文还指出越来越多国家推行的企业注册现代化（如一站式网络在线注册）确实可以提高企业开业的便利水平，从而促进新企业的建立。克拉普和拉沃（Klapper & Love，2010）进一步指出，若简化企业注册程序比例低于 40% 或者降低注册收费和时间低于 50% 或 60%，对新企业建立并无显著促进作用。

韦格尔（Waglé，2011）使用 80 多个国家的数据重新考察了外资法规与跨境资本流动之间的关系。其文考虑到了双边投资流量可能出现零值的问题，从而得到了更为稳健的经验验证结果：外资流入与国家投资环境差异（如争端解决、企业注册程序等）存在显著联系。

图扣（Ntouko，2013）使用主成分分析法构建了法规环境指数，使用 2003—2007 年 53 个发展中经济体的面板数据分析了商业法规对投资行为的影响。结果表明：注册和就业法规显著障碍投资，合同法规和财产登记法规没有显著影响，破产法规则有正面影响。其文还指出：如果撒哈拉以前非洲国家的平均商业法规水平达到其他地区的话，私人投资将增长 4.57%。

三、制度因素影响

（一）卢卡斯悖论与制度环境

卢卡斯（Lucas，1990）比较了 1988 年的美国和印度，指出印度的资本边际产出约为美国的 58 倍，如此大的差异将导致美国资本大量涌入印度，然而我们却没有观察到这一情况。这一现象后来被称为“卢卡斯悖论”（Lucas Paradox）。

经济学家对此悖论进行了大量的研究和解释。归纳起来，产生“卢卡斯悖论”的原因大致可以分为两类：一为国际资本市场的不完全，另一个则是国家间的基础差异，如技术差异、政府政策、制度结构差异等。阿尔法罗等人（Alfaro et al.，2005）使用 1970—2000 年数据给出了经验验证结论：较低的制度水平（Low Institution Quality）是导致“卢卡斯悖论”的首要因素。其计量分析结果表明：如果将土耳其的制度水平提高到英国的高度，则会带来高达 60% 的外资流入增长；如果秘鲁的制度水平提高到澳大利亚的高度，则外资流入将增长到原来的 4 倍。能够加强知识产权保护、减少腐败、增加政府稳定性和行政效率等的政策措施将有利于穷国吸引更多外资，并且外资还可以作为制度因素影响长期增长的一个渠道。

---

① 一般指未在政府部门注册的非正式企业的经济活动，参见波尔塔和施莱费尔（Porta & Shleifer，2008）。

专栏 17-2

制度因素在跨国公司选址决策中的重要性

1996 年世界著名的电脑芯片制造商英特尔公司（Intel）决定新建一家工厂。经过几轮的选址考察，英特尔公司最终将备选目的地缩小到两个国家，即墨西哥和哥斯达黎加。当时这两个国家的人均 GDP 均接近 3 000 美元，成人识字率也相仿，只是墨西哥面积更大。墨西哥在熟练工人和技术人才供给方面占据上风，而哥斯达黎加则在稳定性、较低的腐败程度方面表现突出。然而，英特尔公司最终选择了哥斯达黎加，其中一个重要原因在于墨西哥给予了英特尔公司“独享”的特殊待遇，而哥斯达黎加没有。换言之，英特尔公司在很大程度上认为墨西哥的制度环境多变，反而不如哥斯达黎加。

[资料来源：整理自阿尔法罗等人的文章（Alfaro et al.，2005，p. 2）]。

拉洛西（Iarossi，2009）使用构建的一个新的投资环境指数分析了印度 16 个邦的投资环境差异。该投资环境指数包含了基础设施、要素投入、制度环境三个部分，每个部分又分别列出了客观因素和主观因素，并结合主成分分析结果得到的权重构建了最终的投资环境复合指数。分析结果表明：基础设施和制度环境仍然是制约印度发展的主要瓶颈。

与制度环境本身相比，制度环境差距更能解释部分对外直接投资区位选择现象。岳咬兴和范涛（2014）基于 2003—2011 年中国对亚洲 26 个主要国家及地区的直接投资数据，通过制度环境因素与不同动机对外直接投资的交互作用，发现两国制度环境差距较东道国制度环境的作用更加重要。具体来说，中国对外直接投资总体偏向于与自身制度环境差距较大且制度环境较差的国家或地区，但与自身制度环境差距较小的国家更加吸引中国的市场规模和效率（主要是融资便利）寻求型对外直接投资，而资源寻求型对外直接投资并无明显制度环境的倾向。

陈岩等人（2012）则强调了母国制度因素具有同样的重要性。其文在分析考察中国 2003—2009 年对非洲投资决定因素后，认为中国信贷政策、双边投资与税收协定、非洲国家贸易政策、商业自由度、劳工自由度、财政自由度以及东道国的自然资源、劳动力资源、市场资源与基础设施，对于中国对非洲投资影响尤为显著。

（二）行政能力与公共服务水平的影响

政府行政能力和公共服务质量是制度因素的关键组成部分。范恩（Fan）等（2007）以中国为例提出了衡量政府行政水平的新维度，即政府法治执行力，并认为政府亲商水平、政府法治执行力、政府执政记录是一个“好政府”的重要方面。霍尔沃德-德瑞麦尔和普里切特（Hallward-Driemeier & Pritchett，2011）比较分析了世界银行企业调查（ES）数据和营商环境（Doing Business）指数，指出相同的宏观政策和相同的地点，企业行为仍然存在显著差异。其文特别强调对两者的比较研究彰显了政策与政策执行之间的差距。

戈德堡等人（Goldberg et al.，2005）基于50个国家的27 000家企业微观数据，结果表明：与较差的投资环境相比，尚未完成的私有化过程和重组反而降低生产率。奥克塔维尼和伊拉万（Oktaviani & Irawan，2009）考察了印度尼西亚向地方放权措施对投资环境的影响。其文考察的结论是，向地方放权并未改善印度尼西亚的国际投资环境，地方政府发布的地方法规反而恶化了投资环境。其文认为：向地方放权能否改善投资环境，关键取决于出台的地方法规能否促进贸易和投资发展。

不过，也有学者认为制度因素的影响并不显著。布拉金和皮格（Blonigen & Piger，2014）采用贝叶斯统计方法验证了FDI活动的主要决定因素。经验验证结果表明：传统引力变量、文化距离、母国人均GDP、劳动力相对禀赋、区域贸易协定等对FDI活动具有较明显的影响，而包括营商成本、基础设施、政治制度等在内的东道国政府政策对FDI并无显著影响。

另外，不同运行机制的投资促进机构政策效果也不同。哈丁和贾沃克（Harding & Javorcik，2007）利用109个国家的数据考察了国际投资促进与外资流入之间的关系。结果表明：投资促进在一定程度上促进了发展中经济体的外资流入，而投资促进机构的法律地位和管理结构影响投资促进效果，如官方下属的投资促进机构的吸引外资效果就不如拥有相对独立地位的促进机构。

（三）腐败的影响

施莱费尔和维什尼（Shleifer & Vishny，1993）研究了腐败的成因，认为腐败与政府制度和政治进程有关，并且腐败的非法性和隐秘性导致其会带来比税收更大的扭曲。

马尔辛斯卡和韦恩（Smarzynska & Wei，2000）构建了一个简单的理论模型，研究了腐败与外资企业所有权结构之间的关系。其文认为：一方面，腐败使得当地官僚制度变得更不透明，从而希望能够寻找合作伙伴克服这一问题，但另一方面，腐败也减弱了对投资者无形资产的有效保护以及有可能无法公平处理投资者与合资伙伴间的争端，从而又降低了寻找合资伙伴的意愿。随着企业技术复杂程度的提高，对无形资产的保护变得越来越重要，建立合资企业的意愿也相应地降低。经验验证结果表明：腐败减少了外资流入，并促使外资企业转向合资形式，而技术先进企业越发不愿意建立合资企业。薛求知和韩冰洁（2008）考察了19个新兴市场国家的745家跨国公司子公司，得到了类似的结论：腐败会使跨国公司倾向于采取持股比例较低的合资（控股或非控股）进入模式。

韦恩（Wei，2000a）发现税收增加和腐败严重均会减少外资流入，腐败程度从新加坡的水平严重到墨西哥水平，相当于税收增加20个百分点。另外，其文指出：没有证据表明腐败对东亚国家的影响更小。韦恩（Wei，2000b）亦有类似观点。

哈卡拉等人（Hakkala et al.，2008）构建了腐败影响FDI的理论模型，并使用瑞典微观数据研究分析了腐败对FDI的影响。其文认为腐败将降低外资流入概率，但对不同类型外资的影响并不一样，腐败对水平投资（主要针对内销市场）的影响要大于垂直投资（主要利用东道国的便宜要素加工出口）。

胡兵和邓富华（2014）认为母国与东道国腐败程度的差异影响投资者对风险和机会的感知从而影响其对外直接投资行为。实证研究发现：腐败距离对中国是否进入东道国开展直接投资并无显著影响，但对进入东道国后的直接投资规模存在显著正向影响。

四、政治风险影响

巴斯和海菲克（Busse & Hefeker，2007）使用 1984—2003 年 83 个发展中国家面板数据，经验验证了政治风险、制度和外资间的关系。其文认为政府稳定性、没有内部冲突和种族紧张、基本民主权利、法律和秩序保障等因素对外资流入存在显著影响。伯格等人（Burger et al.，2013）进一步提出了哪些行业的外资更受政治不稳定因素影响的问题。通过分析 2003—2012 年中东和北非地区外资流入情况，其文认为政治冲突将导致非资源类可贸易部门外资流入显著减少，而自然资源部门和不可贸易部门对此并不敏感。米尔斯和范恩（Mills & Fan，2006）研究了冲突后投资环境恢复和完善的问题，指出私人部门可以带来就业、提供公共服务以及积累社会资本，因此激发私人部门活力对于冲突后投资环境塑造有着重要意义。

潘镇和金中坤（2015）通过对 2003—2013 年在 117 个国家直接投资数据的分析，考察了双边政治关系和东道国制度风险影响中国对外直接投资的机制和效应。研究发现：从总体上看，中国的对外直接投资趋于流向政治关系好和制度风险高的东道国；在制度风险大的东道国，良好的政治关系作为一种替代性的制度安排，减弱了在东道国经营的不确定性，有效地促进了对外直接投资，而在制度风险小的东道国，良好的政治关系没有带来对外直接投资的明显增加，更多地起到了对东道国环境的补充作用。

五、双边协定影响

布郎金和戴维斯（Blonigen & Davies，2004）分别采用了引力模型和基于马库森和马斯卡斯（Markusen & Maskus，1999、2002）的 M-M 模型研究了双边税收协定对美国 1966—1992 年双向资本流动的影响。经验验证结果表明：双边税收协定签署后对美国双向资本流动规模存在 2%～8% 的显著影响，差异取决于直接投资活动的测度和经验验证模型的选取。其文同时指出：双边税收协定对对外直接投资的影响存在滞后。

霍尔沃德—德瑞麦尔（Hallward-Driemeier，2003）使用经济合作与发展组织对外直接投资数据研究了双边投资协定对资本流动的影响。指出：没有证据表明双边投资协定可以带来额外的外资流入，具体来说，对于国内制度环境较差的经济体，双边投资协定并未带来更多的外资，换言之，签署双边投资协定并不能代替国内改革；而对于正在致力于国内改革且国内制度环境得到明显改善的经济体，双边投资协定有更大可能带来外资流入。总的来说，对于国内制度环境，双边投资协定更多的是补充而无法替代国内改革。其更进一步指出，不少案例表明投资者有可能利用双边投资协定中的征收和赔偿条款获得利益，因此政策制定者需要特别注意投资协定中具体条款的设计以平衡双边投资协定的成本与收益。

周海川（2014）分析了外商投资土地行为成败的因素。结果显示：东道国的制度环境会影响土地投资交易的成功率，两国政府间的土地投资协议有利于投资者在东道国开展土地投资，并且在制度环境质量好的东道国表现更为显著。

另外，李平和范跃进（2003）认为中国的贸易自由化与外国直接投资的流入间存在着一定的因果关系。

六、基础设施与融资影响

张光南等人（2010）利用中国1998—2006年各省工业企业面板数据，实证分析了基础设施投资短期和长期的就业效应、产出弹性和投资弹性。研究发现：基础设施的就业效应在全国各地区短期和长期均显著为正；但其产出弹性只在东部省份显著为正，而且长期的就业和产出效应均小于短期；资本投入效应则表现为长期高于短期、东部高于中西部，和地区资本趋同。梁若冰（2015）则特别强调了基础设施建设对经济增长的贡献，使用准实验方法量化考察了口岸与铁路对工业企业建立的影响，发现口岸与铁路推动近代工业化的途径分别是促进国际贸易与整合国内市场。

王碧珺等人（2015）采用浙江省制造业生产和对外直接投资的企业层面数据，构造了包括内源资金约束、外源资金约束、投资机会等在内的融资约束综合指标，考察了融资约束对中国民营企业海外直接投资决策的影响。结果显示，融资约束确实对中国民营企业对外直接投资存在不利影响。

七、其他影响因素

希尔斯（Shiells，2003）考察了对外直接投资与独联体国家投资环境的关系，指出：独联体国家外资流入较少的主要障碍包括较重的税收负担、大面积的腐败、国家干预以及薄弱的法规体系等。赛卡特和贝甘索内斯—沃渥道克（Sekkat & Veganzones-Varoudakis，2007）强调了贸易开放、外汇自由兑换、基础设施、经济与政治稳定性等因素在中东北非国家吸引外资的重要性。堪德和洛宁（Kinda & Loening，2010）考察了非洲坦桑尼亚小企业发展与农村投资环境之间的关系，指出融资条件、道路基础设施、农村移动通信等是影响企业发展的重要因素。

于津平（2007）分析了汇率变化对外资流入的影响。结果表明：东道国货币升值具有减少资源导向型外商直接投资和增加市场导向型外商直接投资的作用，而汇率波动性的增加尽管会导致外商直接投资规模下降，但对外商直接投资结构不产生影响；东道国货币升值会导致资源导向型直接投资项目资本密集度增加和市场导向型直接投资项目资本密集度降低。

参考文献

[1] 白重恩，路江涌，陶志刚. 投资环境对外资企业效益的影响——来自企业层面的证据[J]. 经济研究，2004(9)：82-89.

[2] 陈岩，马利灵，钟昌标. 中国对非洲投资决定因素：整合资源与制度视角的经验分析[J]. 世界经济，2012(10)：91-112.

[3] 梁若冰. 口岸、铁路与中国近代工业化[J]. 经济研究，2015(4)：178-191.

[4] 卢进勇，杜奇华，杨立强. 国际经济合作[M]. 北京：北京大学出版社，2013.

[5] 薛求知,韩冰洁. 东道国腐败对跨国公司进入模式的影响研究[J]. 经济研究,2008(4):88-98.

[6] 岳咬兴,范涛. 制度环境与中国对亚洲直接投资区位分布[J]. 财贸经济,2014(6):69-78.

[7] Alcántara, Alejandra Mendoza, Michael Woolcock. Integrating qualitative methods into investment climate impact evaluations[R]. Policy Research Working Paper Series 7145, The World Bank, 2014.

[8] Alfaro, Laura, Sebnem Kalemli-Ozcan, et al. Why doesn't capital flow from rich to poor countries? an empirical investigation[R]. NBER Working Papers 11901, National Bureau of Economic Research, Inc, 2005.

[9] Aterido, Reyes, Mary Hallward-Driemeier, et al. Investment climate and employment growth: the impact of access to finance, corruption and regulations across firms[J]. IZA Discussion Papers 3138, Institute for the Study of Labor(IZA), 2007.

[10] Aterido, Reyes, Mary Hallward-Driemeier, et al. Big constraints to small firms' growth? business environment and employment growth across firms[J]. Economic Development and Cultural Change, 2011(3):609-647.

[11] Bah, El-hadj, Lei Fang. Impact of the business environment on output and productivity in africa[J]. Journal of Development Economics, 2015, 114(C):159-171.

[12] Busse, Matthias, Carsten Hefeker. Political risk, institutions and foreign direct investment[J]. European Journal of Political Economy, 2007, 23(2):397-415.

[13] Correa P G, Fernandes A M, Uregian C J. Technology adoption and the investment climate: firm-level evidence for eastern Europe and central Asia[J]. World Bank Economic Review, 2010, 24(1):121-147.

[14] Dethier, Jean-Jacques, Maximilian Hirn, et al. Explaining enterprise performance in developing countries with business climate survey data[J]. World Bank Research Observer, 2011, 26(2):258-309.

[15] Eifert, Benn, Alan Gelb, et al. Business environment and comparative advantage in africa: evidence from the investment climate data[R]. Working Papers 56, Center for Global Development, 2005.

[16] Frisch, Daniel J, David G Hartman. Taxation and the location of U. S. investment abroad[R]. NBER Working Papers 1241, National Bureau of Economic Research, Inc, 1983.

[17] Goldberg, Itzhak, Branko Radulovic, et al. Productivity, ownership, and the investment climate: international lessons for priorities in serbia[R]. Policy Research Working Paper Series 3681, The World Bank, 2005.

[18] Henry, Peter Blair. Capital account liberalization: theory, evidence, and speculation[J]. Journal of Economic Literature, 2007, 45(4):887-935.

[19] Iarossi, Giuseppe. The investment climate in 16 indian states[R]. Policy Research Working Paper Series 4817, The World Bank, 2009.

[20] Jayasuriya, Dinuk. Improvements in the world bank's ease of doing business rankings: do they translate into greater foreign direct investment inflows? [R]. Policy Research Working Paper Series 5787, The World Bank, 2011.

[21] Kikeri, Sunita, Thomas Kenyon, et al. Reforming the investment climate: lessons for practitioners[R]. The World Bank, 2006.

[22] Kinda, Tidiane, Josef Loening. Small enterprise growth and the rural investment climate: evidence from tanzania[J]. African Development Review, 2010, 22(1): 173-207.

[23] Lucas, Robert E Jr. Why doesn't capital flow from rich to poor countries? [J]. American Economic Review, 1990, 80(2): 92-96.

[24] Markusen, James R, Keith E. Maskus. Multinational firms: reconciling theory and evidence[R]. NBER Working Papers 7163, National Bureau of Economic Research, Inc, 1999.

[25] Mills, Rob, Qimiao Fan. The investment climate in post-conflict situations[R]. Policy Research Working Paper Series 4055, The World Bank, 2006.

[26] Rahman, Aminur. Investment climate reforms and job creation in developing countries: what do we know and what should we do? [R]. Policy Research Working Paper Series 7025, The World Bank, 2014.

[27] Schiffer, Mirjam, Beatrice Weder. Firm size and the business environment: worldwide survey results[R]. The World Bank, 2001.

[28] Shleifer, Andrei, Robert W. Vishny. Corruption [J]. The Quarterly Journal of Economics, 1993, 108(3): 599-617.

[29] Waglé, Swarnim. Investing across borders with heterogeneous firms: do FDI-specific regulations matter? [R]. Policy Research Working Paper Series 5914, The World Bank, 2011.

[30] Wang, Xiaozu, Lixin Colin Xu, et al. Foreign direct investment under weak rule of law: theory and evidence from China[R]. Policy Research Working Paper Series 5790, The World Bank, 2011.

[31] Wei, Shang-Jin. How taxing is corruption on international investors? [J]. The Review of Economics and Statistics, 2000, 82(1): 1-11.

[32] Wei, Shang-Jin. Local corruption and global capital flows [J]. Brookings Papers on Economic Activity, 2000, 31(2): 303-354.

[33] World Bank. Improving investment climates: an evaluation of world bank group assistance [R]. The World Bank, 2006.

[34] World Bank. Doing business in 2016: measuring regulatory quality and efficiency[R]. The World Bank, 2015.

第十八章

跨国公司治理理论

第一节 跨国公司治理的内涵与价值

一、跨国公司治理的内涵

（一）跨国公司治理

治理本意就是控制、引导和操纵，公司治理从思想渊源上看，最早可以追溯到200多年前亚当·斯密（Adamsmilh）在《国富论》中触及的代理问题。但是，通常认为，真正引起经济及管理学家们对这一问题关注的是在1937年伯利（Berle）和米恩斯（Means）合著的《现代公司与私有财产》一书，它被公认为是研究这一问题的开山之作。自此，公司治理问题开始受到理论界的广泛重视，并逐渐成为人们关注的焦点。1975年，威廉姆森（Williamson）提出了“治理结构”的概念。到了20世纪80年代初期，经济学文献中开始出现“公司治理”概念，并在西方经济及管理学界逐渐形成了比较完整的公司治理结构理论。

公司治理结构又叫法人治理结构，“狭义地讲，是指有关董事会的功能、结构、股东的权利等方面的制度安排；而广义上讲，是指有关公司控制权和剩余索取权分配的一整套法律、文化和制度性安排，这些决定公司的目标，谁在什么状态下实施控制，如何控制，风险和收益如何在不同的企业成员之间分配等这样一些问题。”[①] 根据这一定义，狭义上的跨国公司治理是指研究跨国公司所有者、董事会和高级管理人员三者之间的关系，即研究跨国公司的法人治理问题，它主要是一套制度安排。对此，可以界定跨国公司治理就是跨国公司的治理结构，实质是对跨国公司的控制、引导和操纵，它的本质是公司与其组成人员之间的一种合约关系。广义上的跨国公司治理则既是一套制度安排，又是立足在制度安排背后实现经济利益的问题，它不是简单的法律问题，更多的是经济利益的考量。

跨国公司的治理结构依据在本质上是与普通股份公司的治理结构依据一致的，但

① 张维迎. 所有权、治理结构与委托—代理关系[J]. 经济研究,1996(9).

是，单个公司的治理结构比较容易理解，而跨国公司往往是由在不同国家和地区内的多个公司组成的企业集团，因此，跨国公司的治理，首先是一种企业集团的治理，要考虑跨越公司边界的治理。由于跨国公司的管理要越过国界，在一定程度上是企业集团治理在国外的延伸，主权独立导致一个国家或地区内的法律体系具有各自的独特性，而不同国家和地区内的企业的成立与运营都要依托该国家或地区的特定法律体系，所以，跨国公司的治理就必然具有复杂性。

追述公司治理问题，一般认为是在公司的发展过程中，出现股权结构分散化、所有权与控制权的分离，为解决随之而来的“委托—代理”问题而提出的。① 在公司的发展过程中，一般公司意义上理解公司治理的内涵，不同学者的理解并不完全一致。张维迎教授在《企业理论与中国企业改革》一书中，认为公司治理是关于公司控制权和剩余索取权分配的一整套法律、文化和制度性安排，这些制度安排决定公司的目标、谁在什么状态下实施控制，如何控制，风险和收益如何在不同企业成员间分配等问题②。本书认同这一观点。在李维安、武立东编著的《公司治理教程》一书中，认为公司治理是关于协调公司与股东、债权人、供应商、雇员、政府、社区等利益相关者之间利益关系的制度。还有的学者认为公司治理应包括横向和纵向的两个方面，其中横向的为股东与经理人员之间的关系，纵向的为控股股东与关系生疏的股东（Distant Shareholder）之间的关系③。但有学者认为公司治理的范围应该更广，除此之外，还应该包括其他利益相关者的代理问题④。

从一般意义上的公司治理研究扩展到对跨国公司的治理研究，这是在经济全球化背景下公司发展的必然，其目的是既要解决公司的控制与监督问题，又要协调好利益相关者间的关系，根本点是提高跨国公司的效益，促进公司资产的增值，提高跨国公司的竞争能力。由于“公司治理结构（Corporate Governance Structure），实际上就是关于委托人与代理人或者受托人之间的权力分配与安排的基本模式”⑤，因此，跨国公司的治理离不开探讨公司的股东会、董事会、监事会、经理管理层的权利义务问题，也离不开探讨跨国公司的管理问题、效益问题。但是，由于跨国公司的治理结构与跨国公司母公司所在国的国情紧密结合，不同的国家制度、社会制度、文化特点等对跨国公司的治理会有实质性的影响，因而，探讨跨国公司治理问题既要放眼世界，又要立足国情，使所研

① [美]伯利，[美]米恩斯. 现代公司与私有财产[M]. 甘华鸣，罗锐韧，蔡如海，译. 北京：商务印书馆，2005.

② 张维迎. 企业理论与中国企业改革[M]. 北京：北京大学出版社，1999.

③ Roe, Mark J., the Institutions of Corporate Governance (August 1, 2004). Harvard Law and Economics Discussion Paper No. 488. Available at SSRN: http://ssrn.com/abstract=612362 or http://dx.doi.org/10.2139/ssrn.612362.

④ 如有学者就认为，“商事公司中会产生三大代理问题。第一类代理问题涉及公司股东与公司雇用的经营者之间的利益冲突。这其中的股东是被代理人，而经营者就是代理人。这类问题的难点是确保经营者关心股东的利益，而不仅仅关注经营者的私利。第二类代理问题涉及公司的控股股东与小股东或者非控制股东之间的利益冲突。其中的非控股股东是被代理人，而控股股东就是代理人。这类问题的难点是确保前者免遭后者的盘剥。第三类问题涉及公司自身（尤其包括公司股东）与缔约伙伴（债权人、职工和顾客）之间的利益冲突。这类问题的难点是确保公司（代理人）不对其周围的各种被代理人实施机会主义行为，如压榨债权人、盘剥劳动者、误导消费者。”莱纳·克拉克曼，等. 公司法剖析：比较与功能的视角[M]. 刘俊海，徐海燕，等译. 北京：北京大学出版社，2007：25.

⑤ 施天涛. 公司法论[M]. 2版. 北京：法律出版社，2006.

究分析的跨国公司治理内涵更为丰富。

研究跨国公司的治理结构需要从跨国公司内部治理和外部治理两个维度同时入手。跨国公司内部治理，是指特定企业的所有者对经营者的经营管理活动进行激励和约束的一整套具体的制度[①]，讨论的重心在于股东与经理人员，具体说，内部治理是指通过跨国公司法人治理结构实施的治理活动，以决策机制、激励机制、监督机制为核心，通过制度安排，保障跨国公司的代理人为公司努力工作，降低成本；内部治理也涉及跨国公司海外子公司的内部治理研究、母子公司间的关系研究等。外部治理是指所有者通过对经营者的间接控制，借助产品市场、资本市场及人力资本市场等对公司进行治理。所以，外部治理主要是指通过资本市场、证券市场、经理人市场等外部力量对企业经营管理行为进行的监督，它涉及银行、机构投资者的作用，公司收购与兼并等问题；另外，外部治理也涉及跨国公司与政府间的关系、跨国公司的社会责任等问题。

跨国公司内部治理的决策机制主要是指股东会、董事会的决策，激励机制主要是针对经营者，比如经营者的报酬问题、荣誉问题、聘用与解聘问题等，监督机制涉及股东与股东会、董事会和监事会的监督等问题。外部治理所体现的监督效果，对公司经营者也会有压力，显然并不是孤立的，内部治理与外部治理有着密切的联系。

从一般意义上的公司治理研究扩展到跨国公司的治理研究，根本点是提高跨国公司的效益，促进公司资产的增值。本书认可“公司治理结构（Corporate Governance Structure)，或者称为法人治理结构，实际上就是关于委托人与代理人或者受托人之间的权力分配与安排的基本模式”[②] 这一基本命题，因此认为，跨国公司的治理离不开探讨公司的股东会、董事会、监事会、经理管理层的权利义务问题，也离不开探讨跨国公司的管理问题、效益问题。具体的公司治理问题，一般认为是在公司的发展过程中，出现股权结构分散化、所有权与控制权的分离，为解决随之而来的“委托—代理”问题而提出的[③]。跨国公司的治理，不仅涉及跨国公司内部治理结构问题，而且也涉及跨国公司的外部治理。

（二）跨国公司内部治理与外部治理

跨国公司内部治理问题，主要表现在跨国公司内部结构的两个方面：一是母公司内部横向的权力分配；二是母公司与海外子公司之间纵向上的权力配置。对于第一方面，这是一般讨论公司治理结构重点关注的问题；对于第二方面，因为跨国公司海外子公司的初始投资是依靠母公司完成的，按照“代理—委托”理论，跨国公司母公司与海外子公司之间又有一层代理关系。“跨国公司的代理链是层叠式的，是在单一公司代理链的基础上叠加了一层代理链。”[④] 这有点类似于复代理的关系，因为跨国公司海外子公司的行为仍然要母公司的股东“买单”。而在跨国公司中，由于母公司与子公司双重边

---

① 周新军. 跨国企业的公司治理研究——中外跨国公司治理模式的比较与选择[M]. 北京:高等教育出版社,2005.

② 施天涛. 公司法论[M]. 2 版. 北京:法律出版社,2006.

③ [美]伯利,[美]米恩斯. 现代公司与私有财产[M]. 甘华鸣,罗锐韧,蔡如海,译. 北京:商务印书馆,2005.

④ 周新军. 跨国企业的公司治理研究——中外跨国公司治理模式的比较与选择[M]. 北京:高等教育出版社,2005.

界，加上一个国界，对子公司的监管就显得尤为困难。所以，这是跨国公司内部治理结构中的难点。

对于跨国公司内部治理中的第二个方面，有的学者把它看做外部治理，从外部治理的角度分析。比如，周新军在其博士论文中认为：尽管从跨国公司角度来看，母子公司都构成跨国公司内部有机组成部分，母公司又是子公司的投资者，但母公司和子公司毕竟又是两个相对独立的公司，而且是跨越了国界的两个公司，从子公司的角度来看（以子公司为参照物），母公司又显然是子公司的外部因素。因此，可以把来自母公司的治理称为外部治理，它完全代替了子公司的内部治理①。对此论断，主要是指在华投资企业的治理，在华投资企业基本上处于母公司主导型公司治理阶段，所以，认为母公司是外部治理。

对于跨国公司而言，母子公司并非总是从事同样的业务、执行同样的职能。无论把母公司认定为外部治理（一般认为是外部治理），还是内部治理，母子公司之间都要存在分工的，并且多是根据“大权独揽，小权分散”的原则安排权力结构。比如，整个公司的研发、财务、法律等职能往往集中在母公司，日常的经营活动权分散在各个子公司。主要权力集中于母公司，主要着眼于全球的融资、用资政策和便利，不仅有利于管理，而且，也使各个子公司能根据当地的情况就地取材，因地制宜地把握当地机会，创造良好的适合本土国情的经营机会。能让组织更好地利用各个子公司的技能和经历是跨国公司治理的重要目的之一。

跨国公司母子公司之间的分工并不意味着母公司的工作人员与子公司的工作人员是分离的。由于母公司与子公司在世界不同的地点办公，母公司恰恰利用这点，通过外派各种职能的管理人员到世界各地的分支机构工作，并通过设计出能让员工进行协调并更好地运用其技能和知识的组织机构来达到组织目标的任务与职责关系，以提高产品的质量和可靠性。

为了管理的需要，同时也为了达到整个公司的一体化，母子公司往往在分工的基础上实现系统集成，达到一致。比如，通过产品的标准化、工序的标准化、操作规程的标准化、规章条例的标准化，使得整个跨国公司能够在众多的差异中达到一致，在纷繁的头绪中确保统一。

跨国公司规模越大，子公司纵向层级越多，整合协调不同子公司和母子公司间的工作的难度就越大，所以，公司治理结构需要设计合理，内部治理与外部治理要巧妙结合，发挥科学作用，使遍布全球的分支机构，使母子公司之间、子公司与子公司之间尽管有着截然不同的分工和角色安排，但却是一个整体。

二、跨国公司治理的价值

跨国公司治理具有重要的价值，它基于股份制这一财产组织形式和机制，既能把各个不同所有者支配的数量有限的、分散的“小资本”集中起来，转化为公司的统一支

① 周新军. 跨国企业的公司治理研究——中外跨国公司治理模式的比较与选择[M]. 北京：高等教育出版社，2005.

配的“大资本”，摈弃私人资本的局限性，同时，公司治理通过借助完善的制度规定，可以确保母子公司各自发挥作用，确保每个产权主体具有平等参与企业所有权分配的机会。

具体说来，一方面，由于跨国公司所有权与经营权的分离，现代跨国公司中股东如何有效地控制和监督经理人员行为等问题，是通过公司治理来实现的，其目的是保障各负其责，使公司获得最大收益，使公司所有者获得最大收益；另一方面，由于跨国公司母子公司特殊的关系，通过公司治理可以依赖监督机制来制衡母子公司的行为，在让各产权主体发挥作用同时，体现人力资本的价值。

跨国公司治理的价值主要表现在以下几个方面：

第一，通过公司治理，可以发挥各个功能机构的作用，形成公司运行的合力。

跨国公司与普通的商业公司一样，要设立董事会、监事会、股东大会等机构。通过建立董事会，发挥董事会的作用，可以确保各个产权主体都有平等的机会参与公司重大决策；通过建立监事会机制，发挥监事会的作用，能确保各个产权主体平等地享有监督权，从而实现相互制衡；通过股东大会，公司的股东可以适当参与决策，并通过影响董事会、监事会，即通过公司治理来有效地控制和监督经理人员行为。另外，通过治理制度的安排，还可以使母子公司紧密联系，在共同的目标价值指引下，形成合力，开拓市场，获取利润，提高公司竞争实力，促进公司的健康发展。

另外，公司治理中的投票机制和利益约束机制能够稳定合作的基础，使产权主体行为统一于企业的发展，统一于提高公司的能力。事实上，公司股东的股权只是意味着对公司的投票权和股票的自由转让权，以及获得剩余索取权，股东失去了对其投入资本的实际占有权和支配权，这样，要想使个人利益最大化，就必须有稳定的合作，就必须使公司治理安排中的各个功能机构发挥作用，形成合力。

第二，跨国公司中也存在所有权和经营权的分离，这种分离实现了“实物或货币资本与人力资本”优势的有机结合，这有助于充分调动出资人和经理人的积极性，发挥两种类型资本的作用。

通过公司治理结构，让企业建立了一套科学的组织管理体制，通过规范的组织机构和组织制度，可以使企业的权力机构、监督机构、决策机构和执行机构之间权责明确，并形成相互制衡的关系。同时，科学的治理结构往往配以一套财务管理制度、用工制度、工资制度、人事制度等组成的科学管理制度，能够促进企业的有效运转，让出资者和经理人都会发挥积极作用，促进企业发展。而现代社会中，跨国公司新的治理理念的核心就是围绕如何发挥货币资本与人力资本的作用来设计制度，安排治理结构，两者是相辅相成的。

第三，跨国公司的治理有助于明晰母子公司的责任，特别是有助于确定一定情况下的母公司的连带责任，促进公平竞争。

跨国公司中母子公司具有特殊的关系，存在着所有权和经营权不分离或不彻底分离的情形，所以，需要确定母子公司的关系，明晰各自的责任。根据美国的司法实践，如果子公司被其母公司全面控制，以至于其分立的法人实体不存在，则法院可以认为它仅仅是母公司的“工具”（Instrumentality）或“化身”（Alter Ego）、“代理人”（Agent）

等，试用揭开法人面纱规则[①]。在什么情况下，需要揭开公司面纱，让跨国公司的母公司承担连带责任，各国规定的尺度并不一致，在某些国家，如德国、英国、美国，如果主要股东利用公司作为规避法定或契约义务的手段，法院就会置公司的法律实体于不顾，使公司的股东直接负责任[②]。在具体的判决中，有的国家法院认为如果事实表明子公司并没有独立存在或具有不当行为（逃避先前存在的合同或侵权责任），就可以揭开法人面纱以实现公正。只因为针对跨国公司的母子公司，可以运用揭开公司面纱的规则，所以，需要判定跨国公司母子公司的关系，而这种判定归根到底是要清晰跨国公司的治理问题，继而确定母子公司的关系，再明确责任，促进公平竞争。

对跨国公司来说，通过公司治理不仅能够明晰母子公司的责任，而且，借助公司治理，通过运用公司章程等正式制度安排，能够确保每个产权主体具有平等参与企业所有权分配的机会。后者是公司治理的共同目标之一。

总之，公司治理具有重要价值，它不仅有助于让公司这一市场主体在市场竞争中生存下来，而且还能发挥各产权主体的作用，发挥母子公司各自作用，让公司取得最大收益，并借助制衡机制，让各产权主体获得公平的分配。

三、跨国公司治理的特殊性

跨国公司是由基于某国的母公司为核心及其在多国经营的经济实体而组成的企业集团，它不同于独立的商业公司，相比一般的公司，在治理上有诸多特殊性。

第一，母公司的管理层不仅控制母公司本身，而且对属下的子公司也行使控制权。

跨国公司在治理上的这个特殊性，主要是由于跨国公司的母公司往往成为子公司的控股股东或唯一股东，同时，跨国公司母子公司的主要价值目标是一致的，整体活动是一致的，所以，跨国公司的母公司的管理层自然会把管理权限伸向子公司，包括直接插手子公司管理层的人事任免问题、重大投资决策问题。这是跨国公司治理上的特殊性。

第二，子公司的董事通常不仅要对本公司负责，而且也要对母公司负责。

普通的独立商业公司，公司董事仅仅对公司本身负责，这不同于跨国公司。跨国公司通过在东道国设立子公司，跨国经营，获取利润，其所设立的子公司的董事不仅要对子公司本身负责，而且要对母公司也负责。这就对子公司的经营提出了要求，即子公司董事会的决策要服务于母公司的目标，子公司的董事与母公司存在必然的联系。从法律关系上来看，子公司的董事所负责的主体是子公司，但是事实上是对母子公司都要负责。

第三，跨国公司的子公司具有一定的独立地位，在治理结构上，需要既发挥母公司的控制与引导作用，又要发挥子公司的独立功能。

跨国公司一般是在母公司控制下的由众多子公司组成的集团公司，其各个子公司的利益以及子公司少数股东、债权人的利益与母公司的利益是不完全一致的，这就要在治理结构的建构上，在治理的理念上，体现母子公司间的差异，既要发挥母公司的控制与

① 余劲松. 跨国公司法律问题专论[M]. 北京:法律出版社,2008.

② 余劲松. 跨国公司法律问题专论[M]. 北京:法律出版社,2008.

引导作用，又要发挥子公司的独立作用。这样，公司治理机制既要有利于保护母公司作为股东的权利和利益，使母公司对子公司的事务能够行使控制权，同时，子公司的少数股东及其他利益相关者也应在公司的治理中发挥作用，子公司的利益相关者的利益也应得到保护①。

第四，跨国公司治理要突出如何解决母公司的控制与约束机制问题。

由于母公司对子公司具有控制权，母子公司的利益又并非完全一致，子公司也需要一定的独立经营权，所以跨国公司在治理上要突出如何解决母公司的控制与约束机制问题，以便使母公司、子公司各自发挥最佳的作用。

由于母公司可直接参加子公司的管理，所以，对子公司来说，公司的所有权和经营权并没有完全彻底地分离，实际上，子公司的公司所有权与经营权基本上是合二为一的。这样，子公司的治理问题并不是围绕所有权与经营权的分离，而是基于委托代理的理论而架构的（虽然，形式上也有董事会、经理阶层、股东会的结构，但是其实质已经不同于普通的独立商业公司了），而是更多地要考虑对母公司的控制与约束问题，考虑如何平衡母子公司的关系问题了。这是跨国公司治理上的特殊之处。

如何平衡母子公司的关系呢？这往往取决于跨国公司的规模、业务类型、集中化程度以及母公司实质拥有子公司的股权情况。对此，可分为三种类型：一是间接控制型，即母公司通过在子公司占有多数董事，拥有多数表决权去行使控制权；二是直接控制型，即母公司对子公司的财务、人事、经营活动等全面直接控制；三是混合型，即母公司对子公司的控制介于上述两种类型之间，根据公司的实际情况以及东道国的实际情况，采取灵活的控制策略。

第五，跨国公司的治理受其母国及东道国的影响，从而采取不同的治理模式。

公司治理结构的模式及相应的制度安排在不同的国家是具有差异性的。一般认为公司在漫长的发展过程中形成了两种主要治理模式：英美的市场导向型和德日的控制导向型。

跨国公司子公司需要遵循东道国的法律，这不同于一般的公司治理。不同的东道国的法律是不一样的，会直接影响跨国公司的治理安排。比如，以东道国的法律对公司少数股东的保护规定为例，各国的保护可分为事后的法律救济与事前的制度安排两种，相应的公司治理要在机制上做出调整和安排。目前，很多国家在公司法上增加了一些保护少数股东的内容，包括累积投票制度、表决权回避制度、少数股东关于股东大会的请求权和召集权、少数股东的质询权、调查权、知情权、提案权等②，这需要相应的制度安排，从而影响公司的整体治理结构。

只因为跨国公司上述治理的特殊性，所以，跨国公司治理不同于一般的公司治理，这包括治理理念上、治理文化上、治理追求目标上，特别是在母子公司的关系上，均有很大差异。

---

① 余劲松. 跨国公司法律问题专论[M]. 北京：法律出版社，2008.

② 冯果，艾传涛. 控股股东的诚信义务及民事责任制度研究[M]//王保树. 商事法论集（第六卷）. 北京：法律出版社，2002.

第二节 跨国公司治理的理论基础

一、跨国公司治理的法学分析

（一）跨国公司治理的逻辑基础

跨国公司也是公司，对其治理的研究也起源于“企业契约理论”及“委托—代理理论”。“企业契约理论”是指企业是一系列契约的组合，企业所追求的目标是股东利益最大化，但是参与企业契约的各方目标并不是完全一致的。“委托—代理理论”认为公司治理源于产权形态的分离，假如没有所有权与经营权的分离，也就不会产生所谓的代理议题，进而也就没有研究公司治理的必要。这样，追根溯源，基于两种理论，研究跨国公司的治理必先研究产权，产权的制度安排无疑是考察和探讨跨国公司治理的逻辑出发点。正是由于所有权与经营权的分离，产生了委托—代理关系，但是由于企业契约各方的目标并不完全一致，委托—代理关系还要受到信息不对称规律作用的影响，这样，利益的失衡和冲突就在所难免，所以就产生了公司治理问题。然后，通过法律予以规定[①]，比如 1985 年英国《公司法》规定，公司治理是由董事、股东和审计员三方构成的一种制度，通过法律把所有者即股东与管理者即董事分开，并规定各自职权。这里，英国《公司法》专门规定了审计员，认为董事是管理部门的领导者，指导公司实现利润最大化；股东的作用是确保董事这样做；而审计员则保证公司不会有财务违规现象，确保董事能够提供一个“真实而公平”的公司财务绩效状况[②]。所以，在治理问题上，各国的规定未必一致，但是，其理论依据是相同的。

关于产权问题，由于对国外跨国公司的研究大都集中在投资、经营等领域，所以产权理论比较少，基本上是内含在其他理论之中。国内有关跨国公司产权的研究也不是很多，但是，也有的研究比较深入细致，比如李全伦的文章把跨国公司产权分为直接产权和间接产权，又以存在的形态标准区分为物质形态和价值形态。当然，这种划分只是对产权做的十分抽象的划分，并没有描述出跨国公司产权特有的属性，实际上一般公司的产权也可做如此划分。虽然，研究跨国公司产权理论的内容较少，但是把它作为研究治理的基础，这一点是学者们的共识。在具体的分析中，研究公司治理就要研究在“企业所有权”一定的情况下，各生产要素之间的关系及其对“剩余索取权”和“剩余控制权”如何安排，以便实现公司利益的最大化。对此，针对公司收益权和控制权分配要有一系列制度安排，这就是公司的治理结构。公司治理中的一系列制度安排，实质就是法律制度的安排，通过国家立法机构颁布法律，强制性安排制度。这种强制性制度安

① 从世界各国公司运行的实践看，几乎所有的国家均通过制定相关法律，作为该国公司运作的依据和公司治理的规范，通过法律约束公司的行为，保护投资者和其他利益相关者的利益。

② 何维达. 公司治理结构的理论与案例[M]. 北京：经济科学出版社，1999.

排，基本依据正是产权，因产权而研究所有权与经营权分离理论，因所有权与经营权分离理论而研究公司治理，这是环环相扣的。

所以，公司治理与所有权和经营权分离直接相关。所有权即为投资者控制企业股份的程度，它是拥有企业各种权利的基础，公司的股权结构直接影响甚至决定公司的治理结构。经营权是指经营公司的权利，现代社会享有经营权者一般并不是公司的投资者。跨国公司也是如此，它的治理结构也需要从产权研究开始。跨国公司的产权是建立在单体公司产权理论基础之上的，单体公司是企业制度形态的最初形式，比如业主制企业。企业制度形态从业主制、合伙制再到公司制这条变化路径正是基于各个发展阶段上单个企业的产权的变化而导致的。

跨国公司一般是母国的企业团体（母公司）或控股子公司在海外进行投资建立的海外子公司或者分公司。因此，跨国公司海外子公司与母公司的关系一般情况下应看作是子公司与母国的企业团体的关系。跨国公司实际上是把企业团体的产权关系延伸到国外。国外子公司基本上是与国内母公司保持单线联系，各子公司之间的关系并不紧密。所以，研究跨国公司的治理结构问题，需要考虑母公司的治理问题，也需要考虑母子公司间的关系问题。

当然，由于公司治理结构也体现为一系列契约的组合，这包括正式契约和非正式契约。正式契约是指具有确定形式、内容和可执行性的契约，如公司的股东和董事、经理以及债权人、员工间的关于控制权和收益分配权的契约安排问题；非正式契约是指没有明确形式、内容和可执行性的契约，如企业文化、社会习惯等，所以，研究跨国公司治理问题需要结合传统习惯及一国国情予以研究。但是，从法律的角度，其研究关注的重点主要是正式契约问题。

（二）跨国公司产生的法律关系

对跨国公司的研究，从法律的角度，研究关注的重点是正式契约关系，这主要是基于多种法律关系的存在。

1. 跨国公司内部间的法律关系

跨国公司内部有复杂的结构，这主要源于所有权与经营权的分离，因委托—代理关系的产生而产生的多个法律关系；同时，也源于跨国公司内部存在多个实体，各实体之间产生的法律关系。

跨国公司内部产生的法律关系主要有：总公司与分公司间的关系；母公司与子公司间的关系；子公司与子公司间的关系；股东与总公司间的关系；股东与子公司及分公司间的关系；董事会与股东大会间的关系；董事会与监事会间的关系；监事会与股东大会间的关系；公司经理与董事会间的关系；公司经理与监事会间的关系；公司工会与公司间的关系；股东之间的关系；董事之间的关系；监事之间的关系；等等。

如此众多的法律关系，单单依靠公司治理结构协调解决是不够的，实际上，对于普通的股份有限责任公司来说，公司治理重点关注董事会、监事会、股东会、经理管理层等相互之间的关系，从而架构公司的治理结构。对于跨国公司来说，除关注董事会、监事会、股东会、经理管理层等相互之间的关系外，最引人注目的和最为重要的是母公司与子公司间的关系①。

所谓母子公司关系，实质为母公司是子公司的具有控制权的股东，也就是说，虽然子公司是在法律上具有独立地位的实体，但是，其行为要受到母公司的控制，特别是当母公司是子公司的唯一股东，或是具有优势地位的大股东时，显然能控制子公司的行为，对子公司具有决定性的影响。

传统意义上的所有权与经营权分离，意味着股东对公司的管理基本不直接参与。但是，跨国公司的母公司不同于一般股份有限公司的股东，它对子公司的管理是参与的。在现实中，子公司的政策、重要决策、预算决定等，几乎全部由母公司来决定。跨国公司的母公司要求子公司对于开发问题、工厂的扩建问题、设备的购买、红利的决定等，都要上报给母公司，一般由母公司直接决定。跨国公司的子公司主要负责当地的日常业务、销售、采购、劳务、生产等短期的事项。所以说，跨国公司母子公司间的法律关系是复杂的。跨国公司母公司为保持对子公司的控制，往往直接任命或委派董事和其他高级管理人员，这样，子公司的管理层在具体的经营中不单单考虑子公司的利益，而是着眼于整个跨国公司的利益。但是，子公司毕竟也有自身的利益，所以，如何协调母子公司间的利益关系，将是跨国公司治理中必须考虑的问题。

正确的做法是跨国公司既要关注子公司的经营是否与母公司的计划与目标一致，又要留给子公司一定的经营权限，在发挥母公司资金和技术优势的基础上，让子公司有更多的自由发展空间。

2. 跨国公司对外的法律关系

跨国公司对外也有很多法律关系，这表现在跨国公司与东道国间的关系、跨国公司与母国间的关系、跨国公司与其他公司间的关系、跨国公司与其他组织间的关系等。

在以上多种法律关系中，跨国公司与东道国间的关系最为重要。因为跨国公司对东道国的经济发展既会带来积极作用，也会带来消极影响，所以，如何处理好跨国公司与东道国间的关系就变得非常重要。在积极作用方面，跨国公司会给东道国带来资金、技术、先进的管理经验等，促进东道国经济的发展，也能为东道国解决大量的就业。在消极影响上，中国人民大学余劲松教授曾归纳了以下九个方面：对国家主权的挑战；与东道国的发展目标和规划的冲突；采取转移定价的手段来逃避东道国的税收，逃避东道国的外汇管制措施；根据母公司的指示，在东道国采用各种限制性商业行为，如限制竞争、垄断市场；在技术转让上，可能通过限制性条款阻碍技术交流；在雇用与劳动上，可能在劳动条件、劳动保护、劳动管理等方面与东道国的法律和政策不一致；在资金流动上，可能给东道国的国际收支带来重大影响；在环境保护上，可能给东道国的环境带来破坏；在消费者保护上，可能对消费者带来损害②。这些消极的影响，必然促使东道国出台法律，加强对跨国公司的管制，以便防止或限制发生消极的影响，这使得跨国公司与东道国间的关系变得非常复杂。

① 余劲松. 跨国公司法律问题专论[M]. 北京：法律出版社，2008.

② 余劲松. 跨国公司法律问题专论[M]. 北京：法律出版社，2008.

在跨国公司向东道国扩展的初期，跨国公司往往通过协议与东道国产生法律关系。当前，跨国公司一般同东道国的国家公司订立协议，产生法律关系。虽然这种法律关系是间接的，然而由于东道国的国家公司受国家控制，所以，跨国公司与东道国间的关系需要一直重视。

在跨国公司对外的法律关系中，其与母国间的关系也需要认真关注。在经济全球化的背景下，各个国家都在制定政策，出台法律，鼓励和支持其本国公司走出国门，开拓海外市场，获取海外资源，所以，跨国公司的发展离不开母国的支持。同时，跨国公司走出国门，难免会造成资金外流，也可能影响母国的国际收支，影响国内的就业，所以，母国也会出台相应的防控措施，这使得跨国公司与母国间的关系也变得较为复杂。

对于跨国公司与其他公司间的关系、与其他组织间的关系，这多是平等主体间的关系，遵循同样的市场经济秩序，通过民商法律制度的运用可加以解决。当传统的民商法不足以保障市场经济的合理秩序时，经济法就应运而生。经济法有更重要的平衡与协调作用，关注市场经济秩序的维护，对民商法是一个补充，所以，从一定的意义上可以说经济法是从超越民法界限的地方开始的①。

实际上，法学界研究公司治理涉及的领域还是较多的，这主要是民商法，尤其是商法，比如公司法、证券交易法、基金法以及专门的投资者保护法案等②。经济法是从另一个角度调整经济法律关系，另外，还有控制政府权力的行政法。行政法是关于行政的法律，中国学者认为行政法是规定行政权的组织及其作用的法③；国外学者对行政法的理解与中国学者有所不同，比如美国学者古德诺认为："行政法是公法的一部分，它规定行政机关的组织和职权，并规定公民在受到行政行为侵害时的行政救济"。不管怎样理解，这些方面的法律都是市场经济国家不可或缺的。当然，从跨国公司的角度来说，这些都基于因跨国公司产生的对内对外法律关系基础之上。

总之，跨国公司产生的法律关系非常复杂，它比一般的商业公司研究的法律关系要有其特色，有很多不同之处。正是由于跨国公司产生的法律关系的复杂性，才让人们要更多地研究其内部、外部治理结构问题，以便更好地处理好各种法律关系，促进跨国公司的发展，解决好各种复杂矛盾。

二、跨国公司治理的产权分析

公司是主要的市场主体，跨国公司当然也是市场主体。市场经济要求产权明晰，而公司治理恰恰源于产权形态的分离，如果没有所有权与经营权的分离，也就不会产生所谓的代理问题，也就没有研究公司治理的必要。对于跨国公司同样如此。所以说，研究包括跨国公司在内的所有形态的公司治理问题，必先研究产权问题。产权的制度安排，无疑是对跨国公司经济分析的逻辑起点。

---

① 丹宗昭信，厚谷襄儿．现代经济法入门［M］．谢次昌，译．北京：群众出版社，1985.

② 高明华，等．公司治理学［M］．北京：中国经济出版社，2009.

③ 应松年，朱维究．行政法学总论［M］．北京：法律出版社，2000.

所谓产权是指不同主体对其资产投资于企业而形成的企业财产所享有的权利，它是决定企业采取何种治理结构，即剩余索取权与控制权在股东与经营者之间如何进行有效配置的前提与基础。产权研究是经济学研究的一个首要的基本问题，对这一问题，不同的逻辑分析起点，导致的结果是不一样的。世界上基于产权假设的不同，最终形成了两大理论体系，即马克思主义产权理论和西方经济学产权理论。马克思主义产权理论的假设前提是公有制，他的产权思想是与所有制分析相联系的所有权思想，表现为以其所有制、所有权理论来阐述整个财产权利关系及其运动的。西方经济学家的产权理论假设前提是私有产权，1937 年科斯发表的《企业的性质》一文中，提出了交易费用概念，为产权理论的形成奠定了基础。对于产权问题的研究，西方众多经济学家都有研究成果，其代表人物包括了亚当·斯密、科斯（Coase）、诺思（North）、佩杰·威齐（S. Pejovich）、阿尔钦（Alohian）、德姆塞茨（H. Demsetz）等人。他们所形成的思想构成了西方微观经济学的基本内容。

西方经济学对产权问题的看法也是不统一的，有的把产权等同于所有权，有的把产权看成是一个比所有权更宽泛的范畴。同时，对产权组成结构的看法也是多种多样，比如有的把产权分为占有权、使用权、转让权、收益权、消费权等。实质上，产权不完全同于所有权，产权所指的所有权是一组特定的财产权，即投资企业所产生的财产权，不管财产权是国有的，还是集体或公民个人所有，只要财产权主体不将其财产投资于企业，该财产权仍称为所有权，而不是产权。

研究公司治理问题是基于产权理论的，产权问题的核心是研究如何界定、变更和安排产权，降低或者消除市场运行中的交易费用，以提高运行效率，改善资源配置。在企业，产权所研究的范畴主要指所有权和经营权。所有权是投资者控制企业股份的程度，是拥有企业各种权利的基础。所有权可以股份化，投资者在公司持有股权的大小一般与其控制权成正比，这样，就容易理解股权结构直接影响甚至决定公司的治理结构了。跨国公司同样如此，只不过跨国公司更为复杂，不同于单一企业的产权结构。跨国公司一般都是企业集团，是企业集团向国外的延伸，它可以看作是由一个个单个企业通过产权关系纽带组合起来的集合体，通过持有或相互持有的方式在内部形成了一种多层次结构。跨国公司海外子公司与母公司的关系可以看作是子公司与母国的企业集团的关系，而不是单一公司的关系。

作为投资企业所产生的产权，其表现形式为：出资者享有股权，企业享有法人财产权。产权具体的特点是，所有人一旦将其财产投资于企业，他便不再独自享有对此财产的所有权，必须将其财产权转移到企业名下。所有人一旦将其财产投资于企业，他便不再拥有对该财产的控制权，不能再将其投资的财产予以抽回。所有人一旦将其财产投资于企业，他的实物形态的财产将转化成价值形态的财产。产权的主体将获得剩余索取权，剩余索取权是指在其他各方按合同获取他们的收益后，剩余的收益将由所有者予以索取。

对于公司来说，产权主体即投资人或股东享有剩余收益权，但是产权主体是不承担负债责任的，因为股东仅仅以其出资财产承担有限责任。所以，关注公司仅仅关注产权是不够的，还要关注经营权，公司治理基于产权理论，其所研究的范畴既包括所有权，也包括经营权，二者共同构成跨国公司产权的范畴。跨国公司海外投资所有权结构的选择是其实施全球战略的重要内容，这种结构选择的重要目的是控制经营权，以便于公司的决策也必须服从于集团的整理利益。1884 年，斯蒂芬 · P. 马吉（Stephone P. Magee）提出了适应性理论，认为为了适应自己所有权优势的潜在利益，企业往往会发现保持控制力和所有权更为有力。保罗 · 克鲁格曼（Paul R-Krugman，2002）甚至认为，跨国公司直接投资的显著特点是投资不仅转移了资源，而且获得了控制权，扩大公司控制权是对外投资的基本目的。但是，能否控制并不是简单的事情，这需要完善治理结构。实际上，经营者控制的可能性及其潜在危险只有持续存在而非暂时的，公司治理才有存在的意义①。“没有控制权的财富所有权与几乎没有所有权的财富控制权，似乎是公司制度发展的必然结果”②。

跨国公司的产权经营是其一系列跨越国界的投资运作和产权重组的重要活动。跨国公司一般通过直接投资进入东道国，或通过跨国并购进入东道国，尽管这些行为的动机是获取更高的企业利润，但都是基于产权安排的行为。所以，东道国市场经济的成熟与开放程度，产权的保护制度是否健全，会直接影响跨国公司的行为。

当前，跨国公司并购的目标市场越来越倾向于市场化程度更高的国家和地区，欧洲、北美和日本是首选。对于西方国家来说，西方公司产权自始即极为明确，并适合市场经济的要求，而且，在法律上都没有也无须对企业公司或法人的财产权及其性质做出规定，只需规定这些组织具有权利能力，这不同于中国。对此，在明晰产权基础上，中国需要调整策略，完善对话平台，以便在全球化过程中拥有主动权。当前，跨国公司的并购出现新的形式，比如，跨国并购正由对传统制造业的并购转向服务业和高科技产业、发展中国家对发达国家并购、发展中国家与新兴工业化国家和地区之间的跨国并购等。在这个发展过程中，需要打破产权的性质界定，只要有明晰的产权保护制度就能有所作为。

在一般的股份公司中，“股东出资以后，将实物的占有、使用和处分的权能转移给公司”，但股东并不丧失所有权，而只是“所有权权能发生长期分离……收益权是股东保留的最重要的权利”；公司解散以后，若公司财产在清偿债务以后有剩余的，最终要返还给股东从而使所有权权能完全复归于股东。这种返还正是所有权的弹力性的表现。在跨国公司中，投资风险会更大一些，东道国可能会通过国有化或没收等方式强制改变与跨国公司之间的关系，所以，跨国公司一般会预先制定退出战略，以便保护其产权，但是也可能导致造成跨国公司与东道国间关系遭到长期迫害的成本。所以，各国的投资都是谨慎的，虽然冲突难以避免，但是一般都不会刀枪相见，否则是两败俱伤。

---

① 高明华，等. 公司治理学[M]. 北京：中国经济出版社，2009.

② ［美］阿道夫 · A. 伯利，加德纳 · C. 米恩斯. 现代公司与私有财产[M]. 北京：中国商务出版社，2005.

第三节　跨国公司治理理念的最新发展

一、传统的跨国公司治理理念的不足

（一）传统公司治理理念与不足

尽管管理不同于治理，但是管理对公司治理机制的建设会有影响，而且，随着公司治理的提出和研究应用，当前跨国公司已经从管理过渡到了治理时期，只是这个时期中的治理理念有传统和现代之分。

传统上的跨国公司治理理念，实质就是处理好企业所有者与经营者之间的关系问题，认为跨国公司治理结构的内容可以概括为“一个基础”和“一条主线”。一个基础就是以两权分离为基础，即所有权与经营权的分离，一条主线就是以处理好企业所有者与经营者的关系为主线。

在这种传统的跨国公司治理理念指导下，因为所有权与经营权的分离，所以才产生委托—代理的问题，才会有如何保护好股东的利益，如何监督公司管理者的行为问题。这样，在治理研究上，就把董事长、总经理的职责研究，把建立董事会、监事会制度，把完善股东会、董事会的权力等作为重点。研究这些并不错误，这是基于传统的两权分离的理念而所采取的制度安排。但是，这种传统的治理理念已有很大不足。

第一，传统的公司治理理念把跨国公司的两权分离绝对化，没有意识到货币资本与人力资本的区别，只从所有权与经营权的角度认识公司治理问题，这就难以形成合力，也难以体现公平。

股东最优未必企业最优，作为一种制度安排，企业的治理结构应该也是必须做到能够调整所有相关利益者的利益关系①，而不是简单的两权分离。在传统的治理理念指导下，跨国公司所有权与控制权得以分离，然而，这一分离在很多情况下已经变得很极端，以至于股东大会不再是有效的治理机制，甚至在保卫他们自身利益的场合都成了问题②。公司治理形不成合力，各自考虑各自利益，并逐渐形成不同的利益集团。这样，公司的决策就带有复杂性，很难达到实际的效果。

第二，传统的公司治理理念重在保护公司所有者的权益，而对经营者的利益照顾不足。

在传统理念上，“公司商业活动行为，应当以增加公司利润和股东收益为目标”，而由于公司所有者并不在一线经营企业，所以，要设计一种保护公司所有者权益的制度安排，这个初衷是正确的，有合理之处，也起到了一定作用。但是，伴随着全球化的发展，经营风险的增加，市场竞争残酷性的增加，公司经营者在发挥着越来越重要的作用。实质上，人力资本在跨国公司中已起着重要的作用，这就要求在利益分配上要体现

---

① 宋玉华，等. 美国新经济研究——经济范式转型与制度演化［M］. 北京：人民出版社，2002.

② ［英］珍妮特·丹恩. 公司集团的治理［M］. 黄庭煜，译. 北京：北京大学出版社，2008.

人力资本的价值，对经营者更多的利益考量。传统的公司治理理念缺少这一点。

第三，传统的公司治理理念更多地考虑公司的利益，考虑股东的利益，而很少考虑公司的社会责任，即便考虑社会责任，这种社会责任，从理论上分析，主要体现为对利益相关者的责任①。

传统的治理理念使公司的治理目标变成了赤裸裸的利润追逐，缺少社会道德感，也使公司治理问题的研究变得灰暗。现代社会，社会管理主体多元化，社会组织蓬勃发展，之所以出现这种情况，这是因为民众社会权利意识的觉醒，因为社会管理出现了新的特点，公域与私域界限变得越来越模糊，提供公共服务的主体多元化了。伴随着这些新变化，跨国公司也需要越来越多地去承担应有的社会责任。而传统的跨国公司治理理念不具有这些内涵。

（二）跨国公司治理存在的问题

当今时代，由于治理理念的不足，“任何公司的首要财务目标应当是最大化股东财富”，使世界面临着公司治理的危机，以被世界普遍推崇和模仿的美国为例，公司治理模式正在遭遇前所未有的严重危机，美国很多跨国公司都出现了严重的违规行径和财务危机，如微软公司、环球电讯、世界通信、泰克国际、安达信等。安达信公司因为销毁与安然公司有关的数千页文件而受到司法部的起诉②。美国其他的跨国公司如微软公司、环球电讯、世界通信、泰克国际等，早在 21 世纪初，就已经出现了诸多问题，见表 18-1。

表 18-1 美国重大问题公司

公司名称	行业	违规内容
微软公司	软件	涉嫌在 1994—1998 年间存在严重虚报公司收入情况
朗讯公司	通信	涉嫌将 6 790 万美元未到账的分销商销售收入入账
环球电讯	通信	涉嫌故意夸大公司现金储备，违规账目高达 40 亿美元
泰克国际	通信	涉嫌动用 80 亿美元做出超过 700 宗未向外界披露的收购
世界通信	通信	该公司承认将 38 亿美元的支出列为公司收入
施乐	硬件	涉嫌虚报 60 亿美元和 42 亿美元的交易收入
CMS	能源	涉嫌夸大两笔分别为 10 亿美元和 42 亿美元的交易收入
戴纳吉	能源	被控夸大交易盈利，另一总交易中现金流量大大超过以往水平
安然	能源	掩盖巨额债务并虚报利润达 6 亿美元，最终破产
美林证券	金融	被控分析师与投资银行部门的合作存在利益关系
骑士交易集团	证券	涉嫌在美国科技股全盛时，以不适当手法交易股票

资料来源：周新军. 跨国企业的公司治理研究[M]. 北京：高等教育出版社，2005：13-14.

① 侯若石. 美国企业重建社会责任[N]. 环球时报，2002-09-16.
② 胡祖六. 安然事件启示录[J]. 财经，2002(7).

除以上表中列举的公司外，近年来，承揽了绝大多数美国上市公司外部审计业务的美国五大会计师事务所：安达信（Anderson）、毕马威（KPMG）、普华永道（Pricewatethouse Coopers）、安永（Emst & Young）和德勤（Dicken Deloitte）也不同程度地卷入了多起假账丑闻。美国安然、世通等公司的丑闻给世界带来的震惊不亚于“9·11”事件。进入21世纪以来，跨国公司作为经济全球化的载体和主体，在全球经济中发挥着越来越重要的作用，但是，以上这些问题也让人们在不断地反思跨国公司的治理理念与传统的治理模式问题。

事实上，不仅仅美国，欧洲和亚洲国家的公司治理也存在诸多问题，如21世纪初，法国威望迪（Vivendi）集团，一家拥有150年历史和27万员工、营业额高达291亿欧元的世界500强大公司，也因报假账而陷于危局，被称为“欧洲的安然”。可见，跨国公司出现的问题带有普遍性，需要从治理入手，反思与研究。

跨国公司治理存在的问题，可以归纳为以下几个方面。

第一，跨国公司治理理念需要完善，已有的理念不能满足公司及社会发展的需要。

跨国公司治理是一般公司治理跨国化的产物和高级形态，所以，受传统的公司治理理论的影响，往往只围绕所有权与经营权分离理论、委托—代理理论等建构跨国公司的治理结构。公司治理依赖的这些理论是基础，但是仅仅围绕这些理论完善公司治理问题是不够的。公司治理要考虑货币资本与人力资本的关系，要考虑公司的社会责任，要随着时代的发展，把原有的赤裸裸的利益最大化的价值追求，充实更多的理性、责任、道德的内容。

第二，对跨国公司的监管不力，使跨国公司缺乏外部治理。

监管仅仅在作为“市场失灵”的一个矫正手段时才是有用的①，这是不正确的。跨国公司不能回避政府的监管，在跨国公司和全球化公司的背景下得到特别的认可及文本方面支撑的“自由市场”②，是理想化的。2008年的全球金融危机正是由于缺乏监管，自由市场自由发展的必然结果。缺乏监管的跨国公司，尤其是跨国金融公司，所导致的结果是灾难性的，甚至难以救药。

第三，跨国公司内部治理与外部治理联系不够，内外部治理脱节导致的结果是更加忽视外部治理以及不公平性。

跨国公司跨越国门，而不同的国家的法律环境、政府能力等的差异很大，这导致跨国公司在外部环境考量上，多注重母国公司的外部环境，忽视甚至不从东道国国家的环境角度考察公司的外部治理问题。显然，这种情况的存在是缺乏长期规划的，也是缺乏国际视野的，也是世界经济全球化不成熟的表现。重视外部治理的跨国公司需要投入一定的成本，在短时期内凸显治理的不公平性，所以，大多公司只做表面文章，而没有融入当地的环境。这需要多国的联合，共同促进跨国公司外部治理的发展。

第四，对跨国公司的研究不够，已有的研究成果得不到有效推广。

对跨国公司治理问题，国内外学者也在持续不断地深入研究，比如，尼尔·胡德

① ［英］珍妮特·丹恩. 公司集团的治理［M］. 黄庭煜，译. 北京：北京大学出版社，2008.

② Korten D. When corporations rule the world［M］. Connecticut：Kumarian Press，1995.

(Neil Hood)、斯蒂芬·扬（StePhen Young）对跨国企业予以经济学分析，运用经济学理论对跨国公司控制、所有权类型等问题均有较深入的研究，提出了很多新的理论。中国学者南开大学的李维安教授最早把跨国公司作为重点课题来研究。从1992年的《卡德伯瑞报告》到1999年德国的《OECD公司治理结构原则》，再到随后的《公司治理结构：提高竞争能力连接全球资本市场》的报告，这些都极大地丰富了公司治理结构的内容。但是，总的来说，对公司治理的研究，国内外基本停留在单一公司治理的层面上，公司治理的研究与跨国公司的研究大体是脱节和相对独立的。同时，已有的研究成果并没有得到很好的推广与运用。各国多重视对本国跨国集团公司的本土化治理，缺乏共同的价值观点，或者说把跨国公司治理问题融入了太多的价值取向。

第五，跨国公司母子关系模式众多，但缺乏系统性治理策略。

跨国公司治理的实质即为母子公司治理，但跨国公司治理的有效性并非仅仅在于一个基于母子公司的权力划分结构，也不仅仅是旨在保证母子公司权、责、利制衡关系的建立，而在于超越公司治理结构层面的一套完备有效的公司治理机制系统。跨国公司在构建母子公司关系问题上，对以上这一问题的认识并不到位，已有的母子公司关系缺乏活力，有很多需要完善和改进的方面。

二、当代发达国家跨国公司治理的新理念

正是由于跨国公司问题层出不穷，跨国公司的传统治理理念已经不能够适应时代的发展变化了，所以，人们在不断研究推出新的治理理念。

当代社会，从跨国公司内部治理来说，其治理结构更多地指两种资本的关系，一是出资人的资本，称作货币资本；二是人力资本。通过确立、界定两种资本的关系，去构建法人治理结构，明晰公司所有者与经营者的关系，这是一种新的治理理念；从跨国公司外部治理来说，明确跨国公司的社会责任，适当地单独或与其他组织合作提供公共产品的服务，建立新型的公司与政府的关系，以及公司与社会组织间的关系，这是一种新的治理理念。

新的治理理念中突出了人力资本的价值。跨国公司法人治理结构中的人力资本包括两种人：一是技术创新者；二是职业经理人。跨国公司新的治理理念在美国里根总统任职期间就开始提出和运用。里根提出了三个创新：技术创新、结构创新、体制创新。这一理念的提出，使美国经济发生了根本性变化，使跨国公司在内部治理上，更加突出了人力资本的价值。事实证明，这是卓有成效的。

跨国公司需要参与国际竞争，要具有国际竞争力，这就需要拥有别人没有的核心技术。跨国公司所拥有的核心技术是靠人创造出来的，这也包括管理技术。在中国，落后的技术与管理是制约中国企业发展最主要的因素，中国企业生存和发展的根本出路在于获取知识和技术，提高自主创新能力，逐步培养出独具特色的核心技术①。跨国公司的管理要靠有世界眼光且具有良好素质的职业经理人，同时，技术创新者创造出来的技术也需要推到市场，技术有没有市场才是跨国公司是否真正有竞争力的标志。这个，要靠

---

① ［法］拉尔松，［中］赵纯钧. 中国跨国企业研究［M］. 北京：机械工业出版社，2009.

职业经理人，他们是市场的创造者。这样，技术创新者构成了人力资本的要素，职业经理者也成了重要的人力资本。

搞好一个企业，不仅仅取决于出资人的货币资本，更关键是要取决于另外一种资本，即人力资本。认识到这一点，就可以将研究跨国公司的内部治理结构问题转变为研究如何发挥资本的作用问题了。人力资本就不能再简单被当做经营者看待，而是成为和货币资本一样有对等地位的一种资本了。这种理念的树立至关重要，它意味着跨国公司中的人人平等，意味着企业是在人人实质性平等基础上建立的一种契约关系。在这种理念指导下，制定新的法律，建立跨国公司内部治理的秩序，运用“法律是一种强制性秩序”① 的思想，就会使跨国公司的治理走向一条新的轨迹。这样，现代的公司定义就不仅仅是从出资人出发的，而是从公司的生产要素出发的，所有的生产要素通过平等的契约形成了公司的治理结构，形成了公司的管理制度。基于平等的契约基础上产生的企业，就没有谁高谁低之分，任何人不能主张企业是他个人的，让企业真正成为契约化的产物，让“每个人据其人性所拥有的一个唯一的和原始的权利”②，即自由，通过跨国公司的新治理理念平等地体现出来。

在新的理念指导下，跨国公司内部法人治理结构从对所有者与经营者的关系研究，就逐渐转向了对货币资本和人力资本的关系问题研究。研究人力资本，就要注重在公司法人治理结构中建立激励人力资本、约束人力资本的机制，确保人力资本的权利和地位不容侵犯，并享有应有的地位和权利以及相应的报酬。当然，传统的治理理念也要一并兼顾，那就是不能危害出资人的利益，不能危害货币资本的利益。两种资本都要发挥作用，这就需要有一定的制约。这样，研究法人的治理结构，把法人治理结构的核心定位在如何发挥两种资本的作用上，这是跨国公司内部治理结构研究上的最为重要的新发展。

在这种理念的指导下，公司董事的权力来源于股东授予他们的职权的观点也在悄然发生改变。董事的权力源自于公司本身，公司权力的一部分被移交给通过股东大会发挥作用的股东，其他的权力被直接移交给管理层③。所以，对管理层的监管会变得越来越重要。

“每个社会都面临着分配权利、限定权利范围，使其与其他（可能相抵触）权利相协调的任务”④。在跨国公司外部治理上，由于强调了公司的社会责任，强调了公司与政府、与社会组织的合作关系，就会促使跨国公司与其他权利主体建立一种合作关系，使货币资本在社会公益领域也发挥适当的作用，使跨国公司的人力资本具有了更为广阔的价值应用领域。在跨国公司治理新理念指导下，跨国公司在保留传统的已被实践证明为正确的做法基础上，又有所突破，增加新的内涵，让跨国公司的治理进入了一个新的发展阶段，也为社会和谐尽一份责任。

新的治理理念已经在发挥着作用。以英国为例，英国《公司法》正朝着一种主张

① 沈宗灵．现代西方法理学［M］．北京：北京大学出版社，1992.

② ［美］博登海默．法理学—法哲学及其方法［M］．北京：华夏出版社，1987.

③ ［英］珍妮特·丹恩．公司集团的治理［M］．黄庭煜，译．北京：北京大学出版社，2008.

④ ［美］默登海默．法理学—法哲学及其方法［M］．北京：华夏出版社，1987.

股东决策时不能局限于考虑其自身直接利益的公司模式发展[①]。股东不得出于一己私利，利用其多数表决权，允许董事的行为违背其对公司负有的义务。这说明，公司应有更多的利益考量，仅仅围绕所有权、经营权而构建治理结构，旨在保护所有者权益的治理理念已经在发生根本性变化。新的治理理念含有更为丰富的内容，并在指导着跨国公司治理的改革。

三、新理念下的跨国公司治理

现代社会，跨国公司的治理结构问题，已经从围绕所有权与经营权两权分离构建治理机构的理念转向以发挥货币资本与人力资本的作用上来，人们日益认识到，公司是完全独立于其所有者的一个实体[②]。在人力资本方面，跨国公司应重视建立人力资本的激励机制，在货币资本方面，应更强调决策的科学性，提高公司的利润与效率，重视建立人力资本的约束机制。同时，新的治理理念在吸收传统理念基础上，更加注重社会责任，更加注重兼顾各方面的利益。

在新治理理念指导下，跨国公司非常重视人力资本激励机制的建立与完善，构建人力资本的约束与监督机制，同时，跨国公司特别重视法律人才的运用，重视企业文化的培育，重视适当地参与公益活动，这方面既是传统的习惯，又带有时代的特色。

（一）跨国公司人力资本激励机制的建立

1. 跨国公司注重建立人力资本激励机制

首先，要建立对人力资本的经济利益的激励。既然人力资本已经作为资本存在，所以它的经济利益的激励就不是工资，而是人力资本的薪酬制度，它包括五项内容：一是岗位工资；二是年终奖；三是期权；四是职务消费；五是福利补贴。这种薪酬制度意味着，有的人在企业没有出资，却拥有这个企业的产权，打破了我们传统经济学的原理。这里要注意，人力资本要通过岗位体现出来，要意识到设立的岗位就是人力资本的岗位。同时，要意识到员工持股和人力资本持股是两个概念，员工持股远远早于人力资本持股，人力资本持股是最近十几年的现象。员工持股目的是解决员工的社会保障问题，而人力资本持股是出资人与人力资本相对抗的结果，是出资人承认人力资本，让其持股。这种让与正是对人力资本的认可，说明人们日益认识到，高效率的管理协调是现代企业的生命之源。在现代企业中，管理者具有重要的经济功能，“已承担起协调当前产品和服务的流量以及为未来生产和分配进行资源分派的责任。”[③]

其次，建立对人力资本的权利与地位的激励。这就意味着，公司治理结构中要让人力资本拥有更多的权利，地位进一步提高。西方的企业中“CEO”（Chief Executive Officer，首席执行官）的产生，标志人力资本在企业中的地位和作用大大地加强了。“CEO”不是一个称呼的变化，是法人治理结构发生重大变化的一个标志。这种变化，说明公司对管理者的重视与认可，实际上，仅从降低成本上来说，跨国公司管理协调带来

① ［英］珍妮特·丹恩. 公司集团的治理［M］. 黄庭煜，译. 北京：北京大学出版社，2008.

② ［英］珍妮特·丹恩. 公司集团的治理［M］. 黄庭煜，译. 北京：北京大学出版社，2008.

③ ［美］小艾尔弗雷德·钱德勒. 看得见的手——美国企业的管理革命［M］. 北京：商务印书馆，1987.

的节约“要比通过增加生产或分配单位规模而造成的节约多得多。”① 另外，当前治理结构中，企业建立了相当于战略决策委员会的机构，战略决策委员会是这个企业的最高执行机构，首席执行官的权力要受到战略决策委员会的约束。这是治理结构的新变化，意味着人力资本的地位和作用在不断加强。

最后，建立人力资本的企业文化激励。按照新制度经济学的理论，人们的经济行为受着两类经济制度的约束，一类是正式制度，另一类是非正式制度。② 正式制度主要是指人们制定的各项法律、法规、规则以及经济活动主体间的正式契约等。非正式制度主要是指一个社会的文化传统和行为习惯，比如伦理规范、风俗习惯等。当正式制度与非正式制度的价值取向相吻合时，两者发挥的作用更大，正式制度的效果才能真正实现。企业文化是一种价值观念，是所有人思想道德范畴里的东西，相对于产权制度、管理制度等“硬件”来说，它是企业的“软件”，是一种非正式制度。企业靠制度约束，即使再完美的制度总有失效的时候，这个时候就是要靠企业文化的约束。企业文化激励就是在思想上承认人力资本的存在，承认它的作用，要在企业内部形成企业等级差别观念、效率至上观念、团队观念和忠诚观念，服务于人力资本。

2. 跨国公司期权激励得到推广运用

期股（权）激励是指经营者在一定期限内，经股东大会或董事会批准购得、或奖给适当比例的企业股份，并需任期届满后逐步兑现的一种激励方式。

期权制度的产生与职工持股制度有关。职工持股制度最早起源于美国。18 世纪晚期至 19 世纪初期，由于受传统的物质资本本位论和所有权“绝对论”的影响，美国实行的是典型的资本雇佣劳动制度，即作为企业物质资本要素提供者的企业主在企业中处于主导地位，他们通过资本拥有企业，并通过所有权的“力量”对企业享有绝对的、排他性的权利，企业主不仅有权雇用劳动者、支配企业，还会因所有权所固有的“扩张性”来占有企业的利润；而作为企业劳动要素提供者的雇员则附属于资本，在企业中处于从属地位。

随着资本的不断积累，劳资间的贫富差距不断扩大，劳资冲突也越来越加剧，从而影响了企业生产的有序进行和企业利润的最终实现。为了缓解、“改善”劳资间的紧张关系，有一些公司开始采用雇员购买股票计划，在每个工资支付期内从雇员的工资支票上由公司减去一部分用于购买公司的股票，同时，公司有时也会折价向雇员出售股票。

在美国，1961 年凯尔索成立了“职工持股计划发展中心”，并创办了一家投资银行，专门支持职工持股计划。随后，职工持股制度越来越引起人们的关注，并获得美国政府和国会的大力支持。目前美国联邦政府已颁布了 25 个联邦法律来鼓励职工持股，有一半的州为了鼓励职工持股也进行了立法③。

在 20 世纪 50 年代前后，由于所有权与经营权分离所诱发的物质资本所有权的弱化与经理阶层的崛起，就已经导致期权激励机制的产生与运用。一方面，随着公司规模的

① ［美］小艾尔弗雷德·钱德勒. 看得见的手——美国企业的管理革命［M］. 北京：商务印书馆，1987.

② 王跃生. 没有规矩不成方圆［M］. 上海：三联书店，2000.

③ 推行职工持股制度的国家除了美国以外，还包括日本、法国、意大利等 50 多个国家。

不断扩大，企业内部的分工也越来越复杂，而作为股东大会常设机构的董事会，既无力了解公司的技术组合、专业范围，也无力掌握公司各部门的分工情况，更不可能独立地做出公司的重大决策。因此，作为企业物质资本所有者代理人的企业经理，凭借自己的信息优势，实际上取得了企业的控制权；另一方面，企业经理权力“膨胀”的后果可能会危及企业物质资本所有者的权益和他们对利润“最大化”的追求。

为了平衡企业经理层与企业物质资本所有者之间因企业经理层的权力“膨胀”而引发的冲突，在 20 世纪 50 年代，美国开始对企业经理层进行股票奖励计划。该计划的目的在于鼓励高级经理人员为了让手中的股票升值而努力为公司工作，并关心股东们的长期利益①。于是经理们便“站”在了股东一边，并与被称作“劳动者”的白领阶层形成了一道不可逾越的鸿沟②。所以，高层经理持股或者虽然协调了经理层与企业物质资本所有者之间的冲突，但对众多的雇员而言，则被排除在企业的治理结构之外，他们仍然从属资本，并处在高级经理层的监督之下。

企业高层经理持股尽管离职工普遍持股相距甚远，但它毕竟冲破了传统的资本雇佣劳动的逻辑。在 20 世纪的 50 年代中期以后，由于高层经理持股的“示范”效应和民权运动的兴起，被称为“职工持股计划之父”的美国经济学家、律师路易斯·凯尔索与他人合作撰写了对职工持股制度的普遍推广，具有极为重要推动作用的两部著作：《资本家宣言：怎样用借来的钱使 8 000 万工人变成资本家》和《两要素论》。他们认为：在正常的经济运行中，任何人不仅可以通过劳动来获得收入，而且还必须要通过资本来获得收入，这是人的基本权利。

随着公司治理理念的发展和职工持股的普遍化，期权激励得到广泛运用，并具有了理论支撑。当然，在具体使用期权上，有的学者提出要改进期权的使用方法，采用战略性期权，将期权的奖励依赖于公司股票在同行业股票中的相对表现，考核标准是股票价格的比率③。这是对期权如何使用的进一步研究，总的情况是当代市场经济不排斥期权的使用。

（二）跨国公司人力资本约束机制的建立与法律人才的重视

1. 建立人力资本约束机制

人力资本也会危害出资人利益的，所以，要建立人力资本约束机制，通过约束机制防止人力资本冲击货币资本的利益。人力资本的约束机制包括内约束和外部约束两方面。内部约束机制是指建立公司章程约束、合同约束、偏好约束、机构约束等；外部约束机制是指法律、道德、市场、民间、新闻等方面的约束。目前，在理顺跨国公司母子公司的关系方面，既注重母公司人力资本的发挥，体现其领导统筹地位，又注重子公司独立的职能，特别是注重子公司管理层独立职能的发挥，并建立相应的考核与约束机制。

人力资本约束机制的建立实质是完善监督制度，这非常必要。随着人们更多地把

① 赵涛. 股份制——现代企业的重要形式[M]. 北京：经济科学出版社，1997.

② [日]松本厚治. 企业主义[M]. 北京：企业管理出版社，1997.

③ [美]加里·贝克尔. 必须正确使用期权[J]. 商业周刊，2002(9).

公司看作一个独立于所有者的一个实体，股东的多数决议未必是最为有效，这也会带来治理上的一个新危机，那就是如果股东不能有效地捍卫其自身利益，那么他们在固有的治理模式下，能够有效地捍卫公共利益的可能性又能有多少?[①] 2008 年出现的金融危机，很大程度上正是由于监督不力，人力资本的约束机制没有健全。市场经济条件下，不能指望管理者自觉地为社会服务，跨国公司自觉地承担社会责任、维护公共利益。跨国公司的社会责任需要通过制度的构建，通过约束人力资本的制度建立，才能落在实处。

2. 跨国公司法律人才的重视

在公司治理结构中，有首席执行官（CEO）、首席财务官（CFO）、首席信息官（CIO）等，与这些职位或职业相比，随着对人力资本的重视，当前，企业法律顾问们在公司治理结构中日益扮演着重要的角色，发挥着重要的作用。

跨国公司具有庞大的法律顾问团队。所谓企业法律顾问，是指取得企业法律顾问执业资格，由企业聘任，专门从事企业法律事务工作的企业内部专业人员。从 1882 年美国新泽西州的美孚石油公司设立第一个企业法律顾问职位到现在，已经 130 多年了。目前，很多跨国公司都设有企业总法律顾问，总法律顾问是全面负责企业法律事务工作的高级管理人员，并参与企业重大经营决策，对企业法定代表人或总经理负责，全面领导和处理企业的法律事务工作，保证企业决策的合法性。企业法律顾问已经成为很多公司企业经营决策过程当中不可或缺的参与者，国际上也建立了全球企业法律顾问协会[②]。

在跨国公司中，企业法律顾问的职责范围非常广泛，如在美国企业法律顾问的职责范围主要包括参与企业董事会和经营层决策、合同管理、法务战略、知识产权保护、诉讼或仲裁业务、外部律师事务所管理等。

总之，在新的治理理念指导下，跨国公司更重视人力资本的运用，通过激励机制与约束机制的同时建立并实现人力资本责、权、利的对称，注重体现人力资本的存在和作用，只有这样，企业才能说是真正完善了法人治理结构。当然，除以上治理新变化之外，还有很多，比如信息公开机制的建设。实际上，信息公开机制建设与激励等机制的建设并不矛盾，而是一个整体，在建设上逐渐展开。有的学者认为，激励问题之所以存在，不仅仅在于相互交往的经济个体目标或利益的不一致，更重要的是因为他们各自目标或利益的实现受到其他个体的行为或其掌握信息的影响[③]，所以，企业信息要公开，管理者的行为要公开。

---

① ［英］珍妮特·丹恩. 公司集团的治理［M］. 黄庭煜，译. 北京：北京大学出版社，2008.

② 全球企业法律顾问协会，简称 ACC，是全球企业法律顾问的自律性组织，总部在美国华盛顿，成立于 1982 年。成立时该协会的名称是“美国企业法律顾问协会”，后来随着经济全球化进程的加快，其会员单位大多变成全球性的跨国公司，个人会员分布于世界各国，2003 年 1 月，该协会更名为全球企业法律顾问协会（Association of Corporate Counsel）。该协会会员，来自全球 47 个国家的 7 000 多家企业，《财富》500 强企业中的多数公司法律顾问是其成员。

③ 李维安，等. 美国的公司治理：马奇诺防线［M］. 北京：中国财政经济出版社，2003.

第四节 新公共管理运动与跨国公司治理

一、新公共管理运动的兴起与社会治理创新

新公共管理是20世纪70年代末80年代初以来西方兴盛的一种新的公共行政理论和管理模式，该理论以自利人为假设，基于公共选择代理人理论及其交易成本理论，以传统的管理主义和新泰勒主义为基点而发展起来的，核心点是强调经济价值的优先性、强调市场机制、强调大规模使用企业管理技术、强调顾客导向的行政风格。

这场开始于西方国家至今仍风靡全世界的“新公共管理运动”是以市场化为导向的，它属于社会治理创新的组成部分。市场化为导向的新公共管理运动不仅对社会管理工作，对政企间的关系问题有很大影响，而且对跨国公司的治理也有很大影响，它让政府、公司、社会间的关系更为密切。

市场化为导向的新公共管理运动对世界的影响是显著的，这可从以下几个方面认识。

第一，市场化导向原则要求对政府的经济能力界限予以明确把握，尤其要明确政府与企业的界限，同时要对市场经济赖以生存的土壤予以培育。

市场化导向要求在社会治理创新中，一方面要借助政府的力量予以调控经济，努力克服市场失灵，通过政府干预经济给市场装上大脑和心脏，促进社会稳定以及经济的持续健康发展，对此，需要扩大政府的经济职能；另一方面，政府也会失败，政府失灵的现象非常普遍。事实上，这场运动基于公共选择理论，该理论是用经济学方法来分析政治过程的，这种理论认为无论在经济领域还是在政治领域，参与活动的所有人，包括那些精英政治家在内，都是利己的经济人。① 在处理政府与经济的关系上，尤其是在政企关系上，掌握公权力的利己的经济人会为自己谋利益的，所以，必须确立政府能力界限，使政府的管理工作限定在政府力所能及的范围内，让企业自主经营。

由于市场经济存在垄断、外部性，存在供给公共物品的不可能性，以及信息的不对称、分配的不公平等问题，所以，国家才被动或自觉地承担起对这些方面加以组织协调的职能。由此，对政府来说，政府与经济间的关系通过科学的管理在包括企业在内等很多领域予以展开，这也是社会管理需要创新的重要原因，而信息社会中信息技术又提供了社会管理创新的基础条件②，这使创新在社会管理层面得以可能的开展。同时也要认识到，市场的缺陷导致将问题转交给政府处理，在一定的阶段会扩大政府的职能，但是，政府也是存在失败的，也是存在干预不能或不当干预之情形的。所以，政府需要不断创新管理，而市场的竞争机制能为克服政府失败提供可能，这正是政府管理创新市场化导向的缘由之一。因而，市场化为导向的社会管理创新的内涵是从扩大政府职能并限

① 梁小民. 微观经济学纵横谈[M]. 北京:三联书店,2000.

② 李庆钧,陈建. 中国政府管理创新[M]. 北京:社会科学文献出版社,2007.

制政府权力两个角度同时展现出来的。

对政府经济能力限制的主要措施是制度建设，通过制度规范政府的权力，通过制度约束政府的权力，建立阳光政府、透明政府是最为重要的手段。由于市场经济是按等价原则进行交换的经济，在市场经济条件下，它是认可并维护个别利益的，认可人力资本的，并认可多劳多得的分配原则的，这一点与中国传统的无私奉献、不讲报酬、不求回报等很多价值观存在冲突。在中国，市场经济方面的正式制度较为完备，但是，非正式制度方面并不健全，人们的市场经济意识还在培育过程之中，有很多不稳定因素，多种价值观念交织一起，这在很大程度上加大了社会管理的难度，社会管理创新更是需要智慧。对此，市场化为导向的社会管理创新，要求灵活运用各种制度，在处理好政府与公司间关系同时，注意培育市场经济土壤。

第二，市场化为导向的原则提倡竞争，要求把企业间的竞争引入到公共行政领域，建立公共服务的竞争机制，促进社会治理创新。

传统公共管理的流行观点认为：作为政府活动主体的政治官员和公务员，他们是控制集体利益的代表，只遵循公共利益行事，别无他求①。而实质上，并不是这样的，公共选择理论运用个人主义方法论、经济学的交易理论以及“经济人”假设对这一问题做了深入研究，否定了这一流行的观点，并提出了若干政策主张，其中主张之一就是在政府部门引入竞争机制。

在政府部门引入竞争机制有助于防止政府的失败。政府最习惯于采用垄断方式进行管理活动，常常把竞争看成是一种浪费与重复，其实，这正是政府缺乏效率和权力运行不断失败的根源，引进竞争有助于提高政府的效率，防止政府失败。这种主张正是基于布坎南的公共选择理论。这要求在行政管理体制内部重新建立竞争机制，可以设置两个或两个以上的机构来提供相同的公共物品，更为有效的是引入私人生产者的竞争，企业包括跨国公司均可参与公共产品的供给。将部分公共物品的生产供给放开，可以由企业或私人承担，从而展开以政府为核心的提供公共物品服务的竞争机制，这是新公共管理运动的成果。政府在现代社会的角色在发生变化，奥斯本认为政府要更多起到的是“掌舵”而不是“划桨”作用，政府应该集中精力做好决策工作，把具体的服务性工作交给私营企业和非营利性机构去做②。政府把服务性的工作完全交出去的观点有待斟酌，但是，在现代管理创新进程中，公司参与公共服务，公共服务竞争机制的建立却是具有成熟的客观条件和理论支撑的。

公共服务竞争机制的建立，不仅仅是市场化原则的要求，而且，这也是符合现代管理特点的。现代管理的特点体现在：打造服务型政府，政府服务的顾客倾向；政府向市民社会开放公共物品和服务的生产与供给；中介组织日益介入公共服务的生产和分配；公域与私域的界限变得日益模糊，政府与私营企业组织合作提供公共服务；政府利用私营企业的管理技术和方法来改善公共行政内部运作。社会管理要抛弃传统管理中不符合时代要求的东西，让管理变得更为合理、更为科学化，其本质就是要建立服务型政府，

① 徐增辉. 公共选择理论与西方新公共管理的兴起[J]. 理论导报，2008(5).

② [美]戴维·奥斯本，[美]特德·盖布勒. 改革政府[M]. 上海：上海译文出版社，1996.

并适当地建立政府与企业间的合作关系。要意识到，现代公共行政已由原来的以“效率”为优先价值转向对服务质量、顾客满意的重视，由控制转向争取成员认同，从对特定功能、权威和结构的服从转变为对使命、服务、顾客及绩效的高度认同①，公共行政的范式在发生转变。而这一切，让人们第一次感觉到企业与政府是如此的相似。显然，这对跨国公司治理理念是一个巨大冲击。

公共服务竞争机制的建立正是现代管理的要求，也是公共行政范式转变的必然体现，它的建立是有助于服务型政府建设的。现代社会政府治理理创新的本质就是要建立服务型政府，它是指在社会本位理念指导下，在整个社会民主秩序的框架下，通过法定程序，按照公民意志组建起来的以为公民服务为宗旨的政府。“公民与政府的关系可以看成是一种委托—代理关系，公民同意推举某人以其名义进行代理，但是必须满足公民的利益并且为公民服务”。② 这种服务自然也包括政府提供的公共服务。公共服务体现服务性的特点，它要以协调合作为基础，提供满足公共需求的模式③。对此，政府必要时要向社会购买服务，服务于社会，要建立公共服务的竞争机制，允许企业或私人参与公共服务中来。这是以市场化为导向的社会治理创新，把市场机制运用到公共领域的表现。

市场化导向的社会治理创新，体现在具体的创新活动中，就是要注重市场机制在管理工作中的培育和发展。市场机制有许多优势，除竞争机制外，比如还有分权机制、顾客选择机制、对外部环境的反应机制等，它们都是行之有效的，有助于提高管理的效率。这不同于传统行政指令和控制，缺少像企业那样的驱动力，反应速度慢，阻碍个人和组织的创造力。所以，在社会管理中，应重视依靠市场机制而不是行政机制来解决问题，这正是市场化为导向的新公共管理的必然要求。这让企业与政府的距离拉得如此之近，同时，界限又是如此之明晰。

市场化导向原则要求政府采取严厉的管理手段，对违反市场经济秩序的企业，严厉惩罚，严格维护市场经济秩序，培育市场活动参与者的规则意识、市场意识。

任何人、任何组织都是生活在市场经济体制这一客观环境之中的，都是或多或少的参与市场经济活动的。所有的市场经济活动的参与者都需要遵循市场经济活动的规则或制度，这是不言而喻的。不仅企业，人人都自觉遵循市场经济规则，注重维护市场秩序，这样的市场经济社会才是成熟的。

当前，世界各国的市场经济规则基本建立起来了，但是，市场经济规则的遵守与执行情况与规则的要求相差甚远，甚至一定程度上全社会都在违背市场经济秩序，企业制造劣质产品，私人权利泛滥，市场经济规则遭到肆意践踏，违反市场经济秩序的行为比比皆是。对此，必须创新社会管理，对违反市场经济秩序者严厉打击，通过严厉的措施培育市场经济，通过严厉的手段培育具有市场经济意识的广大民众，也包括各类跨国公司，这是新时代的客观要求。

---

① Michael Barzelay. Breaking through bureaucracy: a new vision for management in government[M]. Berkeley: University of California Press, 1992: 119-127.

② [澳]欧文·E. 休斯. 公共管理论[M]. 彭和平，周明德，金竹青，等译. 北京：中国人民大学出版社，2001.

③ 许青，陈鸿惠. 政府社会管理和公共服务学术研讨会综述[J]. 同济大学学报(社会科学版)，2004(4).

市场经济中，市场活动的每个参与者都是追求利益最大化的“经济人”，无论是在公域还是在私域，盖莫如此，这是人性使然，也是市场经济学理论存续的基础。所以，在市场经济中，为了追求利益最大化，去违背市场规则，违反公平竞争秩序的行为就会成为一种现象。在中国，这种现象已经普遍存在了，已经影响着人们的生活，影响了社会的公平、正义，而这些必须依赖政府才能解决。在中国当前的社会管理创新中，要求各级政府采取更为严厉的手段，对公然扰乱市场经济秩序的任何企业、任何人，都要严厉打击，绝不手软，毫不留情，对不遵守市场规则的企业和个人，严厉惩治。通过打击、惩治，培育人们遵守市场规则的意识，培育人们正确的市场思维模式。这种做法会立竿见影、行之有效，这是市场化导向对社会管理创新的要求。发达国家的社会管理就带有更重的“规制”色彩，这在发达国家整体“服务型政府”的背景下构成了其刚性但又不可或缺的职能①，这对中国的社会管理创新是有启示的，对中国如何建构跨国公司的外部治理结构也是有启发的。

具体到创新活动中，严厉的管理手段、惩治措施，既要对违反市场秩序的以企业为主的各类市场主体，也要针对违反市场管理秩序的管理主体，也就是说，措施既要对违反规则的企业、民众，也要对违反规则的官员，两者都需要建立惩治机制。特别是针对官员，他们自身往往还是规则的制定者。“公共选择的观点直接导致人们注意和重视规则、宪法、宪法选择和对规则的选择”②，显然，约束政策制定的规则和规则的制定者本身尤为重要。只有对参与市场经济活动的所有主体都纳入严格管理的范围中，采用严厉的措施，已有的制度才会得到尊重和执行，未有的制度才会得到很好的制定，社会也才会逐步形成法律至上、规则至上的文化，这样的社会才会更文明有序。

二、新公共管理运动与社会治理创新对跨国公司治理的影响③

（一）新公共管理运动与社会治理创新对跨国公司外部治理的影响

新公共管理运动以及中国的社会治理创新运动对跨国公司的外部治理有全面的影响，具体体现在以下几方面。

第一，跨国公司与政府交往的环境相对宽松，政企的职能定位更为明确。

传统的公共管理要么过分地强调政府的作用而忽视了市场，要么把政府看得一无是处而无限夸大市场的功能。“新公共管理运动”对政府和市场的关系有了新的认识。“新公共管理”运动，将传统公共管理的主体中心主义、权力中心主义转化为客体中心主义和服务中心。通过运动，使政府行政方式发生转变并多样化。传统的行政法的主要目标是管理，因而其手段主要是强制，方式主要是行政命令、行政处罚、行政征收等，而随着行政目标向服务行政的变化，20 世纪中后期出现了新的管理手段和管理方式，

---

① 陈振明，等. 提高政府社会治理能力，构建社会主义和谐社会［J］. 东南学术，2005(6).

② ［美］詹姆斯·布坎南. 自由、市场和国家［M］. 北京：北京经济学院出版社，1988.

③ 中国开展的社会治理创新活动，融入了新公共管理运动的世界大潮流中，市场化为导向的新公共管理运动对中国社会管理工作，对中国政企间的关系处理，有很大影响，这种影响自然会辐射到中国跨国公司外部治理理念上。

行政指导、行政合同、行政奖励、行政给付①等方式手段已被世界各国普遍运用。所以，在这场运动中，学者看到了市场机制和政府机制的互补关系。新公共管理运动对政府提出了更高要求，要求建立服务型政府，政府对跨国公司等市场主体，要提供服务，并把其当做政府的顾客。这样，跨国公司外部治理的环境会比较宽松。

在中国，长期以来政企关系密切，政府往往束缚企业的手脚，企业缺乏独立自主性。跨国公司跨越国界发展，在不同的东道国的法治环境是不一样的，一般来说，法治发达的国家，政企关系恰到好处，各自职责明确，公司的发展路径宽阔，否则相反。借助社会管理创新运动，必然会出台系列法律制度，这有助于厘清政企关系，让政府更多地服务于企业，促进跨国公司的对外发展。

第二，新公共管理运动采用市场化导向的原则，并开放公共物品的生产与供给，这就为跨国公司与政府间的合作、竞争提供了基础。

跨国公司的经营业务一般是不包括提供公共物品的生产和供给的，这本不是跨国公司的责任与义务。但是，新公共管理运动的结果是为跨国公司打开了一扇窗户，即可适当地提供公共产品的生产与服务。这意味着，一方面，政府要为跨国公司提供公共产品与公共服务创造便利条件；另一方面，跨国公司要承担更多的社会责任。这种变化已经从理念的提倡与呼吁，逐渐变为实际的要求及制度上鼓励与倡导了，这不同于传统上基于跨国公司和东道国政府在一些关键资源上是相互依赖的，所以才合作的做法。提倡公共领域的合作无疑直接影响传统的跨国公司治理理念及治理目标。毫无疑问，这种影响将会逐渐显现出来，因为它意味着社会的进步。

当然，市场化导向的原则要求市场主体平等地参与经济竞争活动，对于违反市场经济秩序者，要严厉惩治，尤其是针对市场经济并不成熟的国家，更要如此。这就对跨国公司的外部治理提出了更高更严厉的要求，政企之间关系既要明晰，又要各负其责，对于违规者必将严惩。

第三，跨国公司亦需重视与社会组织的合作。

现代社会是国家—市场—社会的三元模式构架，在这个构架中，社会组织（NGO）构成的第三部门与政府部门、企业部门形成功能互补的关系②。跨国公司不仅需要与政府部门合作，而且，也要与社会组织合作。这是社会发展的必然，尤其是新公共管理运动以来，社会组织蓬勃发展，已经在社会中发挥着重要的作用。在中国，社会管理创新活动以来，对社会组织也有了深刻的认识，正积极鼓励社会组织的发展。在这个过程中，虽然政府、企业、社会组织的功能不同，但都是组织体，都存在于全球化的市场经济体系之中，它们间的互补与合作是必要的。跨国公司与社会组织间的合作，必将是一种发展潮流。

第四，政府为跨国公司发展提供的制度既要包括正式制度，也包括非正式制度，在中国，当前非正式制度的提供更为必要、更为迫切。

---

① 行政给付主要是福利国家时代发展起来的一种管理手段，通过给特定相对人发放抚恤金、救济金、养老金、失业补助、最低生活补贴等，以维持年老、疾病、贫穷、失业等行政相对人的基本生活。

② 王名，刘培峰. 民间组织通论［M］. 北京：时事出版社，2004.

之所以新公共管理运动在西方社会兴起，是因为西方社会市场经济制度已经基本成熟，社会发展到一定阶段后，人们对政府、对社会、对各类市场主体开始提出了新的要求。之所以兴起于20世纪70年代末80年代初的新公共管理运动，直到最近这些年才开始影响到中国，是因为中国现在才开始具有容纳该运动主要精神内涵的土壤。可以说，这一人类文明活动，直到今天才在中国扎根发展，并借助社会管理创新运动逐步开展。在经济学上，正式制度发挥作用，必须要具有良好的非正式制度。中国长期以来缺少重视培养让某种制度生存与发展的土壤。

当前，针对跨国公司的发展，中国培育与提供非正式制度更为必要和迫切。在转型期的中国，无论是政府还是其他社会管理主体，都在针对中国社会中出现的新问题、新情况予以管理创新的，这一切虽然都是契合以市场化为导向原则的新公共管理运动，但是在认识上，需要上升到培育非正式制度这一高度。

在中国跨国公司的外部治理上，要体现出这些新的变化：一是跨国公司要带头遵守市场经济秩序，要成为遵守市场经济秩序的模范者，同样的，如果违背市场经济秩序，受到的处置也应该是最为严厉的；二是政府与跨国公司间的关系要理顺，各负其责，但也有不可割断的联系，政府主要的是要为跨国公司的发展提供更好的制度、更好的环境；三是进一步健全与完善市场经济的正式制度与非正式制度，为跨国公司的发展提供良好的法治环境。

（二）新公共管理运动与社会治理创新对跨国公司内部治理的影响

新公共管理运动与社会治理创新直接影响跨国公司的存在环境，所以对跨国公司外部治理的影响是巨大的，同时，它也影响到跨国公司的内部治理。

第一，治理理念上更重视把跨国公司当作一个整体看待，强调管理的精细化以及权责的一致性。

新公共管理运动强调利用现代的信息技术对组织结构进行再造，使决策层和最低层直接互动，并注重组织内部的权力下放、权责一致。这些对跨国公司内部治理具有重大的影响。

跨国公司传统上更重视自上而下的管理，新公共管理运动提倡上下的互动，采用参与式的管理，注重上下参与的治理。上下协商参与的治理前提是更重视组织的整体性、一致性。跨国公司的社会责任要求公司把自己作为一个整体看待，治理考量的是全部相关利益者，而不是简单的股东与管理者的利益，这与新公共管理运动的精神是契合的。新公共管理运动主张在服务提供者之间展开竞争，把政府的控制权从官僚机构转移到社区，授权给公民。这会直接影响跨国公司内部治理主体的权责划分理念。新公共管理运动克服了官僚体制下对公共物品的垄断或管制供给的做法，主张分权和权力下放，实行组织机构变革和人事制度改革，这会直接影响跨国公司内部治理的完善，让跨国公司内部权力分配更加合理，内部分工更加明晰。

第二，跨国公司重视治理的作用，重视信息的公开。

新公共管理运动主张采用参与式的管理，这意味着政府与其他社会主体要有更多的合作、协商，而合作、协商的前提是信息公开，让合作者掌握基本的信息。只有双方掌握的信息一致，才有协商的基础。而这一切又是契合信息社会这一背景的。信息社会就是信息和知识将扮演主角的社会①，信息的价值要发挥出来，就需要流动，其前提就是信息公开。参与式的管理可以理解为治理，治理是一种合力的汇集。政府管理需要多方面的参与，需要合力，同样，公司治理也需要多方面的参与，需要合力，而各种力量形成合力的基础是要建立协商机制。协商机制需要信息公开，掌握了信息才会有思想、有行动。事实上，跨国公司也需要外部、内部的监管，这同样需要信息的公开。

跨国公司要想及时公开必要的信息，需要通过内部治理的调整，建立相关的信息公开机制。这种机制的建立，是公司发展的要求，也是时代发展的必然结果。

第三，在中国，新公共管理运动的浪潮恰与中国社会治理创新的浪潮融合一起，中国跨国公司管理需要创新，它是保持一个经济体持续健康发展的必然要求。

新公共管理把一些科学的企业管理方法，如目标管理、绩效评估、成本核算等引入公共行政领域，在对提高政府工作效率的同时让人深思。因为，中国是以公有制为主体的国家，中国的大型跨国公司均是国有企业。长期以来，国有企业的管理理念更贴近政府的管理理念。尽管目前各大企业已经建立了现代企业制度，但是仍摆脱不了传统的管理理念，可以说，国有企业已经打下了传统政府管理理念的烙印。新公共管理对政府管理行为的冲击，对中国跨国公司治理理念的提升和完善，无疑是最好的推动。这也折射出了中国整体管理与治理理念的落后。

在中国，新公共管理运动对跨国公司治理的影响，更多地反映在社会治理创新之政企关系的创新中，反映在理念上的差距上，反映在公司内部治理的完善上。当前，在包括政府、跨国公司在内的市场主体的管理创新活动中，各市场主体需要逐渐吸纳和借鉴新的理念，以便更好地促进社会的进步，促进中国文明的转型。

第五节　跨国公司治理的比较分析

一、跨国公司的治理模式

（一）基于跨国公司法律结构形成的模式

跨国公司与某些超越国家的国际商业组织是不同的，后者是根据国家间区域组织的法律成立的，目的是进一步促进来自成员国的企业间的合作。跨国公司的法律结构则主要有两种：基于合同的安排；基于股权控制、企业间的合作与联营等。在合同上，比如，通过签订分销协议、签订特许经营合同或签订外包协议等形成跨国公司的模式。在欧洲，许多跨国公司是通过跨国合并形成的，这是跨国公司的又一法律形式。在英美，跨国公司是典型的金字塔式集团模式，这主要是力图掌握控制多数所有权和控制权，这种形式，有利于母公司保持对其下属公司的控制权。

跨国公司的法律结构对跨国公司治理的影响主要体现在跨国公司外部治理模式上的不同，这表现在以下几点。

---

① 游五洋，陶青. 信息化与未来中国[M]. 北京：中国社会科学出版社，2003.

1. 母公司对子公司的控制模式

母公司对子公司的控制是主要的控制形式，这具体体现在以下方面：一是母公司对董事会的控制。对于一些投资规模比较大的子公司，跨国公司的母公司首先要控制的就是子公司的董事会。比如中国的三资企业中关于增资、撤资、高级主管的任免等重要决策，基本上是由母公司做出的，而不是由子公司的董事会做出的，这在独资企业中表现得更为明显。从某种程度上来说，独资企业只不过是母公司在海外的一个加工厂而已。独资企业董事会的作用体现在落实和执行母公司的决策上，并要对母公司负责，同时必须接受母公司的监督。二是母公司对经理人员的直接控制。母公司对子公司实行控制的最有效的途径之一，就是通过经理选聘机制直接任命总经理。在中国，无论是独资企业还是合资企业，外方总经理都是由其国内的母公司直接任命的。总经理一旦被确定，会被授予比较充分的权力，但是，总经理如果在一定时间不能使公司获得长足的发展或是未能打开预期的经营局面，就会被母公司撤职。经理的选聘机制是跨国公司治理机制的关键，母公司正是凭借这一机制实施对子公司强有力的外部控制。三是母公司对子公司的业绩评价。跨国公司特别注重对子公司的绩效管理，对子公司业绩的评估直接影响到对子公司总裁的评估及其成就的取得。对此，考核一般都很严格，ECA 国际公司的咨询师艾伦·切斯特斯（Alan Chesters）就提出，必须对驻外人员实行比国内任职更为严格的绩效评估，而且这些评估必须考虑外派成本和价值①。

2. 利害相关者治理模式

利害相关者是指所有那些向企业贡献了专用性资产，以及作为既成结果已经处于风险投资状况的人或集团②，这一般包括债权人、员工、顾客、工会、当地政府等。利害相关者治理模式涉及利害相关者如何参与公司的治理问题。有的学者认为，作为一种制度安排，企业的治理结构应该也是必须做到能够调整所有相关利益者的利益关系③。一般认为，在这种模式中，顾客和当地政府以及工会所起的作用往往比较大。顾客反馈的意见对公司经营层十分重要，顾客对公司的服务质量及服务态度的反馈可能会对公司有关经理人员的职位产生影响，从而可以约束这些人员的行为，促使其不断规范自己的行为，努力提高服务质量和水平。当地政府对公司的行为有引导作用，从而间接影响企业的经营。在企业中，工会具有重要的作用，一般跨国公司的工会主席是由副总经理或是部门经理兼任的，职务比总经理低，而且不能参加董事会。从利益选择角度看，工会主席往往会选择与总经理合作，总经理也会在一些情况下做出一定的让步，以维护公司员工的利益。所以，在治理结构中，需要考虑工会的位置与作用。

从利害相关者的角度理解，还有一种家族集团的特有治理模式。家族集团在发展中国家是较多的，比如韩国的三星集团由李氏家族控制、LG 由具氏家族控制、现代集团由郑氏家族控制等。家族集团的一个使命就是保持本家族对企业主导权的不中断，所以它对继承问题格外重视，对继承问题制度化，形成一套选拔接班人的制度和“明君贤

---

① 赵曙明，彼得·J. 道林，丹尼斯·E. 韦尔奇. 跨国公司人力资源管理[M]. 北京：中国人民大学出版社，2001.

② [美]马格丽特·布莱尔. 所有权与控制：面向 21 世纪的公司治理探索[M]. 北京：中国社会科学出版社，1999.

③ 宋玉华，等. 美国新经济研究——经济范式转型与制度演化[M]. 北京：人民出版社，2002.

臣”的治理模式。

有的学者认为，利害相关者治理模式有助于把跨国公司看作一个单一实体来承担责任，是对“多国企业责任”理论的支撑。该理论认为，依多国企业结构这一因素就足可让母公司对其子公司的非契约性债务承担责任，由该实体中任一组部分造成的损害均可归咎于该实体整体。

以上的治理模式以体现在跨国公司的外部治理上为主，但是并不是独立的，比如有的家族企业会体现在内部治理上。总的来说，母公司对子公司的控制是常态的模式，同时跨国公司治理要考虑并结合一国的文化传统，要考虑利益相关者的利益，有时也需要在治理结构上做适当调整。

（二）基于国别不同形成的模式

不同的国家，公司治理结构的模式及相应的制度安排是具有差异性的。学者们基于国别的研究，认为公司在漫长的发展过程中形成了两种主要治理模式：英美的市场导向型和德日的控制导向型。

1. 美国的公司治理

在美国，从公司内部治理结构上，主要是以董事会为核心的，董事会设有外部董事，以加强董事会对经营者的监督和控制。公司的首席执行官通常兼任董事长。美国公司是股东至上的理念，公司股东会是最高权力机构，日常决策委托给董事会，但是并没有监事会，主要采用外部审计制度，依赖审计予以监督，这要聘请专门的审计事务所，对公司予以独立审计。单从公司的内部治理来看，股东对公司的内部监控是比较弱的，公司经营者有着较大的经营自主权。在现实中，董事会往往被首席执行官所左右，经营管理者的权力较大，容易导致高层管理人员的玩忽职守和谋取私利。

美国公司股东对公司的监控主要依赖外部治理。在美国，1929—1933 年的经济危机后，建立了商业银行与证券业分业经营的体制，这对美国公司的外部治理有着很大影响（当前，分业经营的体制已经发生了变化）。由于商业银行不能从事投资银行业务，银行的股权投资受到严格限制，所以银行在企业中的作用和影响有限，美国公司主要通过发行股票和债券的方式从资本市场直接融资。这样，公司的所有权结构上主要是机构投资者和分散的个人持股的股东。20 世纪 30 年代前后，外部的制度安排倾向于股东利益的保护，同时在股份分散的安排上也大大加强了①。所以，美国公司所有权的特征就是分散（现在依然非常分散）。分散的股权使股东对公司的控制能力下降，导致公司外部治理相对完善。

美国公司的外部治理机制比较健全，表现在以下几方面：

第一，股东可以随时撤出。股东如果对公司的经营不满意，可以随时通过证券市场卖掉自己手中的股票，这样公司的经营者会有很大的外部压力，被迫改善公司经营。美国公司主要通过发行股票和债券的方式从资本市场直接融资，股东的变更变得非常容易，其结果是公司经营者不得不尽责经营，以便获得更好的资金支持。

第二，公司的收购与兼并制度完备。市场经济是竞争的经济，公司之间的兼并与收

---

① 李维安，等. 美国的公司治理：马奇诺防线[M]. 北京：中国财政经济出版社，2003.

购是市场竞争的结果。如果公司的经营者经营不善，就会导致公司被兼并，导致公司实体的消亡。在美国，对公司收购有明确的规定，反对恶意收购。美国许多州从 20 世纪 80 年代末掀起了第二次反收购立法的浪潮，目的是反对恶意收购，此后共有 35 个州通过了各类旨在限制恶意收购的州立法①。公司收购与兼并会给公司经营者以很大的外部压力，促使其尽责经营。

第三，公司外部的独立审计制度完备。公司内部虽然没有监事会，但是针对公司的财务问题，法律规定独立的审计机关可以审计，这样对公司的经营者也会有很大的压力，并且能够及时发现公司的经济问题。另外，公司的信息披露制度也很完备，让社会对公司有监督的自由，这对防止内幕交易大有好处。事实证明，公司的外部治理机构是有效的，非常符合美国的国情。

美国公司的外部治理结构虽然比较完备，但是公司经营者往往注重公司的短期目标，不停地进行并购和重组，甚至做假账，以便维持和提高股票价格，这是其不利的方面。

2. 德国的公司治理

德国公司强调的是为公司的利益相关者服务，公司的管理层是代表所有的利益相关者经营公司的，股东只是利益相关者之一。所以，其在治理结构方面与美国公司有诸多不同，形成了自己的模式。

德国公司治理模式的形成是与其股权结构有关的。在德国，公司的融资主要依赖于银行的持股和借款，证券市场不起主要的作用。这一点与美国的证券市场对公司的作用不同。这样，德国公司的银行持股和公司之间持股的现象普遍，银行直接或间接地控制着德国公司大量的股份。

德国公司在治理结构层面有几个特点：

一是德国公司雇员直接参与公司决策。德国强调终身雇用和雇员在治理中的作用，这必然有力地鼓励雇员开发和提供企业特定的人力资本，有力地鼓励雇员对公司的忠诚。在德国，在具有 500 名雇员以上的企业，必须设立两层管理机构，即监事会和管理委员会。监事会负责任免管委会成员并对其监督，两个管理机构的成员不得交叉任职，不得重叠。如果公司雇员在 2 000 名以上，半数监事会成员须由企业的雇员组成，另一半由股东代表组成。管委会成员主要是由公司的资深管理人员组成。

二是银行与公司联系密切，银行往往是公司的大股东，具有重要地位，同时也受到重视，许多公司章程规定，非银行股东行使的表决权不得超过总数的 5%～10%。

三是公司的外部治理不发达。在德国，外部市场对公司治理的约束较弱，上市公司的兼并与收购发生的比率低，信息披露质量较差，相关的法律与管制的架构松散。

可见，德国公司在治理制度上，非常强调银行的作用，银行作为融资者、咨询人、管理人以及高层管理部门的控制人发挥着重要的作用。银行融资的杠杆作用明显，公司较少依靠外部资本市场，个人股份所有权不占重要地位，所以，德国公司的治理是社团主义的。

① 李维安，等. 美国的公司治理：马奇诺防线［M］. 北京：中国财政经济出版社，2003.

（三）按职能、地区、产品分类的治理组织模式

不同时期、不同国家的跨国公司有不同的模式，但是，反映到组织结构上，都有一些共同的因素。跨国公司共同的因素是由职能、产品（或劳务或顾客）、地域三个基本因素。三个因素依各自的主干作用不同而形成不同的组织结构，从而形成跨国公司的最基本组织结构：职能部形式、产品部形式和地区部形式。进而结合不同国情，形成不同的模式。

图 18-1、图 18-2 和图 18-3 是三种组织形式以及它们各自所代表的委托—代理关系[①]。

第一种组织结构为职能部结构，如图 18-1 所示。

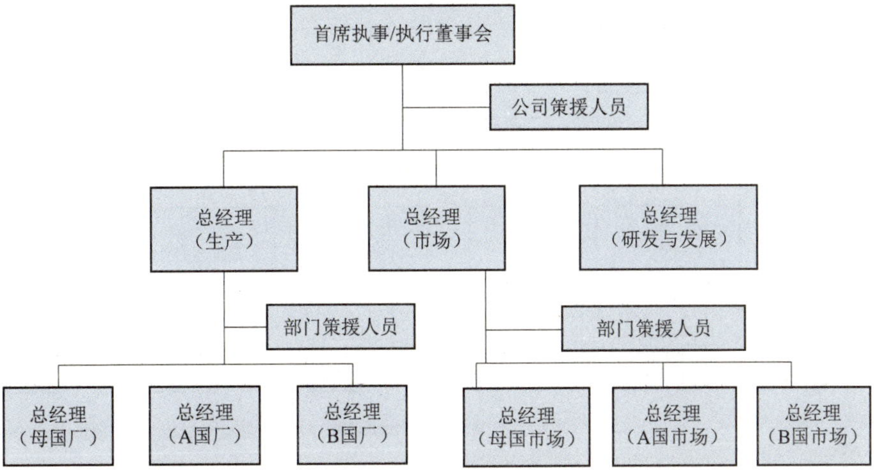

图 18-1 职能部结构

从图 18-1 可以看出，其委托—代理层级比较多，如果不考虑子公司董事会，就可以分解成 3 级：所有者（初始委托人）→执行董事会→总经理（母国）→总经理（A、B 国总经理）。

第二种组织结构为地区部结构，如图 18-2 所示。

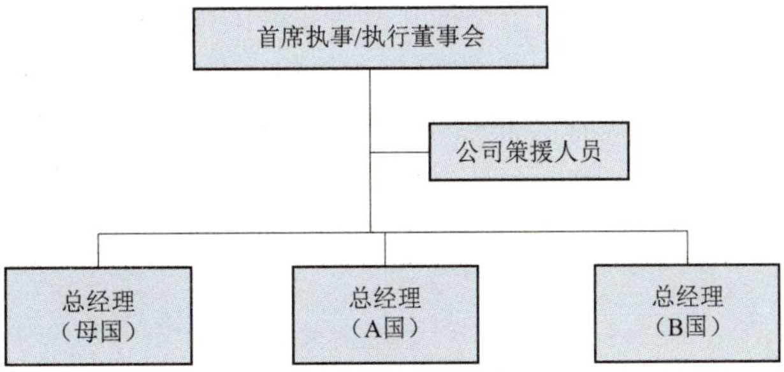

图 18-2 地区部结构

① 蔡来兴，等. 全球 500 强[M]. 上海：上海人民出版社，1999.

该组织机构委托—代理关系相对简单，由两个层级组成，比职能部结构少了一层关系，可以表示为：

$$\text{所有者}\xrightarrow{\text{委托}}\text{执行董事会}\xrightarrow{\text{委托}}\text{总经理}$$

第三种组织结构为产品部结构，它是以产品部为主干来划分和驱动的，如图 18-3 所示。

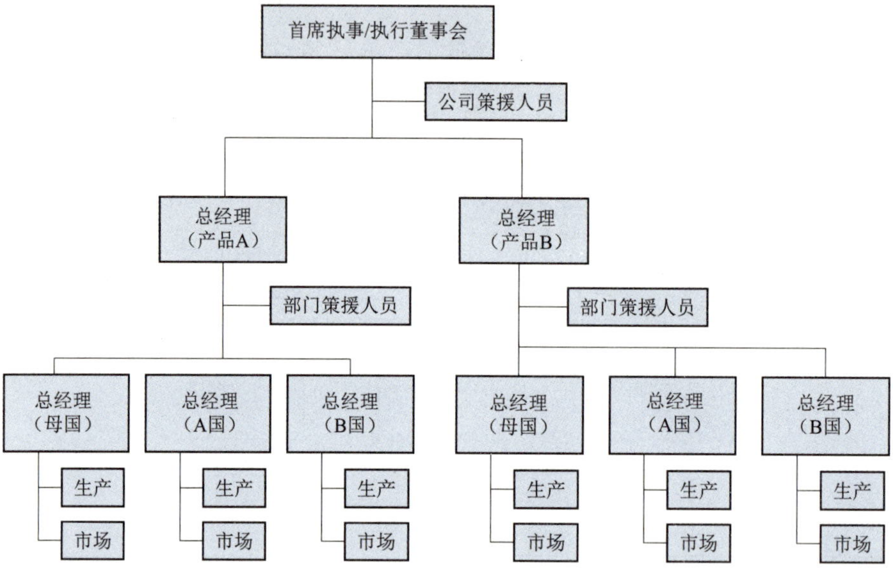

图 18-3　产品部结构

对比图 18-1 和图 18-3，可以看出职能部结构和产品部结构非常类似，从委托—代理关系来看，完全是一样的①。

（四）威廉姆森的三种基本组织类型②

威廉姆森在 1978 年将公司内部管理的组织形态分为 U 型（一元结构）、H 型（控股结构）和 M 型（多元结构）三种基本类型。

U 型结构（United Structure）是现代企业最为基本的组织结构，其特点是管理层级的集中控制，又包括直线结构、职能结构和直线职能结构三种③。

H 型结构（Holding Company）即控股公司结构，是企业集团的组织形式。跨国公司一般主要采用这种结构。在 H 型结构中，公司持有子公司或分公司部分或全部股份，下属各子公司具有独立的法人资格，是相对独立的利润中心。控股公司依据其所从事活动的内容，可分为纯粹控股公司（Pure Holding Company）和混合控股公司（Mixed

① 周新军. 跨国企业的公司治理研究[M]. 北京：高等教育出版社，2005.

② 王蔷. 跨国公司组织结构[M]. 上海：上海财经大学出版社，2010.

③ 直线结构的组织形式是沿着指挥链进行各种作业，每个人只向一个上级负责，必须绝对地服从这个上级的命令。职能结构是按职能实行专业分工的管理办法来取代直线结构的全能式管理。下级既要服从上级主管人员的指挥，也要听从上级各职能部门的指挥。直线职能结构形式是保证直线统一指挥，充分发挥专业职能机构的作用。从企业组织的管理形态来看，直线职能是 U 型组织的最为理想的管理架构，被广泛采用。

Holding Company）。纯粹控股公司是指，其目的只掌握子公司的股份，支配被控股子公司的重大决策和生产经营活动，而本身不直接从事生产经营活动的公司。混合控股公司指既从事股权控制，又从事某种实际业务经营的公司。

M 型结构（Multidivisional Structure）亦称事业部制或多部门结构，有时也称为产品部式结构或战略经营单位。这种结构可针对单个产品、服务、产品组合、主要工程或项目、地理分布、商务或利润中心来组织事业部，可再分为产品事业部结构、多事业部结构、矩阵式结构三种。

关于跨国公司组织结构，还有很多其他分类。比如，亨利·明兹伯格认为有五种最纯粹的组织结构类型，即简单结构、机械官僚结构、专家官僚结构、多分部结构和临时委员会组织①等。

总之，跨国公司治理的模式很多，我们一般主要基于国别的角度，将其分为英美模式和德日模式两大类，但是，具体的组织类型是有交叉的，治理机制并不是迥然不同的，但也会有重大差别。比如，家族集团与按照英美模式组建起来的公司差别很大，这是因为英美公司治理存在一个严重缺陷，即缺乏将确保公司长期健康作为高于一切的目标的相关所有者，而控股家族可以弥补这个缺陷。具体的那种治理模式最好，这是很多学者研究组织类型的意义所在。

二、跨国公司治理的模式比较分析

公司治理既包括公司内部的治理，也包括公司外部的治理，对此，国家、地区、时期不同，公司治理结构的模式及相应的制度安排是具有差异性的。这里，主要比较分析基于国别而分类的治理模式，这对完善中国公司的治理结构将大有益处。

对于英美模式的形成，主要因为公司所在的这些国家 19 世纪后期证券市场高度发达，使得公司的资本结构以股本为主，股东多且高度分散、股市流动性强，公司治理更多地依托一个庞大的资本市场、依赖于银行外部市场的力量和相对完善的立法及执法机制，强调银行财务数据的充分公开，增强透明度，禁止内部人交易，用股票市场监督经理活动，所以这些国家的银行资产结构具有举足轻重的地位，在实际运行中，英美模式更着重短期效益，把股东财富最大化视为企业经营的最高目标。

对于德日模式的形成，主要因第二次世界大战后德日两国加强银行对企业的支持，银行既是股东又是债权人。企业资本结构往往以负债为主，股权高度集中，股东相对稳定，形成了股东和债权人共同治理的模式，管理上更多地依靠债务约束和经营者的“团队精神”，以及法人、股东在银行非正常状态下的控制力。这样，从企业的管理目标来看，德日着眼于公司的长期效益，承担社会责任和义务。

两种类型模式作为一种制度安排都是有效的，不能笼统地判定孰优孰劣，比如管理方式上德日模式重协调、合作，而英美模式重分工、制衡，具体哪个更好很难界定。比

① 五种结构特征的详细比较，参见 Henry Mintzberg, Struchture in Fives: Designing Effective Organizations, Eaglewood Cliffs, New Jersy, Prentice-Hall 1983, pp. 280-181. 汉译可见王蔷. 跨国公司组织结构[M]. 上海：上海财经大学出版社，2010：166-167.

如从利润分配的政策方面来看，英美公司更愿意把收入中较大的比例作为红利，管理人员的收入一般较高，但是从人员的流动上看，德日的管理人员一般是大股东选派，所以较稳定，英美管理人员的收入虽然较高，但从产生上可看成管理人员市场供求的一种交易，所以，流动性相对较大。从公司董事会与经理层关系来看，在美国的公司治理结构中，董事会成员一般不参与具体经营活动，其成员构成主要是外部董事，并且多为专家型的外部独立董事，经营决策机制较为完善，董事会与经理层的委托—代理关系比较清晰。而在日本的公司治理结构中，董事与经理多为"一肩挑"，董事会与经理层的委托—代理关系比较模糊。实践表明，董事会与经理层形成比较清晰的委托—代理关系，不易形成"内部人控制"的局面，更有利于公司治理结构的完善，公司治理的成本也相对较低。当代社会，根据学者们的调查研究，董事会正在采纳日益严格的CEO评价制度和自我评价制度，董事会与经理层清晰的委托—代理关系有助于企业的治理。因此，美国的公司治理结构中这方面做得比较好，而在日本模式中，董事会与经理层之间就缺乏责权分明的监督制约机制，容易形成公司的内部人控制。

从治理目标上看，英美模式追求短期效益，以满足股东收益最大化为经营目标；而德日模式更注重公司的长期收益，追求公司的稳定经营与长期发展。从管理方式上看，英美模式强调各部门各司其职及其相互制衡，而德日模式注重各部门的协调合作。从代理人上看，英美模式主要从一个完全竞争的代理人市场中寻找能干尽职的管理人员，人员流动性较大；而德日模式的高层主管一般源于公司内部的逐步晋升，以此求得组织与人事的稳定。

这两种治理模式作为一种制度安排都是有效的，各有其优点和缺点，而我们研究的目的不是判定孰优孰劣，而是通过比较两种模式的特点，结合自身的实际情况，寻求一种符合中国跨国公司发展的治理模式。

我们知道，按职能、地区、产品分类的跨国公司治理组织模式分为职能部形式、产品部形式和地区部形式。从发展过程来考察，企业在初级跨国经营阶段选择职能治理形式，便于管理和集中；企业发展到多国范围内经营的时候，一般选择地区部形式或者是产品部形式。从发展过程考察英美跨国公司治理模式会发现，英美模式是外部控制主导型公司治理，又称市场导向型公司治理，是指外部市场在公司治理中起着主导作用。[①]这一模式可追溯到19世纪末，那时，英美两国的证券市场业非常发达，公司的资本结构以股本为主，其股权高度分散且流通性强。英国政府在伦敦股票交易所实施的收购条例有效地遏制住了集权式企业治理模式的发展，其非常分散的所有权形式自20世纪至今一直是英国占主导地位的公司治理模式。在这种模式中，公司股东依靠自由资本市场，根据公司股票的价格涨落，通过股票买卖的方式或通过买卖股票（用脚投票）机制实现对公司影响；这种模式中，核心思想是董事会的独立性[②]；另外，公司控制权活跃，并依赖于相对完善的立法及执法机制，强调信息的披露，以此对代理人形成间接约束。

① 李维安. 公司治理学[M]. 北京：高等教育出版社，2011.

② 李维安，等. 美国的公司治理：马奇诺防线[M]. 北京：中国财政经济出版社，2003.

德日模式是内部控制主导型公司治理，又称为网络导向型公司治理，是指股东（法人股东）、银行（一般也是股东）和内部经理人员的流动在公司治理中起着主要作用。[①] 其企业资本结构以负债为主，银行是企业债务资金的主要来源。股权相对集中，法人之间持股相对稳定，银行拥有一定的股份，银行既是股东又是债权人。管理上主要依靠债务的约束和经营者的团队合作，以及法人、股东通过获取经营信息对公司实行控制。德国 1884 年和 1897 年的公司法逐步提升了银行对企业的控制权，特别是旨在使纳粹通过控制银行来控制国家经济的 1937 年的纳粹股东法导致了现代德国经济主要是由家族企业和银行主导的公司所组成，逐渐形成了德国模式，后被日本借鉴吸收。

虽然跨国公司的治理模式从国别上一般可以归纳为主要的两类，但是，考察其模式的发展过程，会发现各国公司治理模式的最初状态似乎都是随机形成，并以自己的这个最初状态为起点在各种内外环境的约束下向着自己独有的最优路径变迁。在其发展进程中，历史上的关键事件对治理模式有着变革性的决定作用。各国历史上的一些重大事件或因此制定的法律对于公司治理模式的选择演化起着非常关键的作用。

各国的治理结构一旦形成，该模式就具有自我强化的能力并沿着自己特有的路径演化。各国治理模式均与本国国情相关的，与传统的治理习惯、文化相关的，并顺着各自的传统发展完善，这是不以人的意志为转移的，是一种历史的过程与结果。比如，早期的欧洲企业集团倾向于依赖一种委托合伙人性质的关系来建立子公司，每个子公司的组织结构和治理模式几乎是母公司的翻版。母公司与子公司一起组成了一个母子结构的集团，母公司对子公司施加战略上的控制。这一传统影响到跨国公司对国外子公司的治理，因而，总体上看，欧洲的跨国公司倾向于采用关系比较简单的母子公司结构，集团设一个或者多个相对独立的子公司来控制整个国外业务，重要事情由子公司的总经理和母公司的总经理共同协商。

欧洲各国的跨国公司总体模式有一致的方面，但是在治理模式方面也存在一定的差别。比如，董事会的组成，不同国家的企业差别较大。英国、瑞士和意大利的企业倾向于在董事会中混合执行董事和非执行董事。而德国企业监理会只由外部成员（即非执行董事）组成，不包括任何的经理团队成员，领导监理会的董事长不参加公司的经营。所以，各国的文化、传统对跨国公司治理的影响是非常重大的。

在中国同样如此。由于中国是从计划经济逐渐转变到市场经济的，在计划经济时代的公司治理结构完全不同于市场经济，对于国有企业是这样，对于私营企业更是如此，所以，公司的发展非常曲折。中国直到 1993 年才有了自己的公司法。在从计划经济转为市场经济的过程中，英雄辈出，中国家族企业也比较多。当前中国跨国公司治理的完善，首先要求企业创始人打破自己的个人英雄情结，要让创始人学会并意识到如何善于处理与投资者、职业经理团队的关系。实际上，家族式企业是有很多弊端的，比如太注重人情味，制度可有可无，而且制度大部分都流于形式。锡恩公司首席顾问姜汝祥认为："中国企业经过 30 多年发展历程之后，正在来到一个很重要的关口。这个关口就是从企业家的英雄时代，过渡到职业化的平民时代，从一个激动人心的创造奇迹时代，

---

① 李维安. 公司治理学[M]. 北京:高等教育出版社,2011.

进入寂寞的持续发展时代。在职业化、法制化时代，任何一个英雄都会受到法律的制约，都会受到流程化、组织化的约束。”相应地，公司治理的完善，更是需要这种意识与氛围。对此，需要克服文化上、地域上的差异，让跨国公司的治理结构在激烈的竞争中顺其自然的演变。

三、影响跨国公司治理结构的主要因素分析

无论国外还是国内的跨国公司，其治理模式严格意义上讲是一个内外因素影响的结果，这些因素包括外部因素和内部因素。

（一）影响跨国公司治理的外部因素

公司治理模式受各国历史、文化和制度的制约而不尽相同，对公司治理影响的外部因素可以为以下几个主要方面。

1. 思想文化与传统

一国的思想文化对该国的跨国公司治理的影响是巨大的，因为，跨国公司治理需要遵循一定的价值理念，而所遵循的价值理念一般都是内涵于本国的文化之中的，脱离本国文化的企业治理价值理念是难以生存的。一个民族的文化，浸润到其成员骨子里，民族文化的特点也会反映在该成员的组织方式上。不同的思想文化会导致各国对跨国公司治理问题上的不同反应，而传统使各种制度演化带有明显的路径依赖特征，文化与传统的结合，导致各国跨国公司治理遵循的理念与治理模式存在差异。

吉尔特·霍夫斯泰德的民族文化模型认为，不同国家的价值观和规范的差异可由文化的五个维度（集体主义与个人主义、权力距离、成就导向、不确定性规避、长期导向）概括。以中国和美国之间的对比为例，对比情况见表 18-2。

表 18-2　　中美文化差异对比

国家和地区	权力距离	个人主义	成就导向	不确定性规避	长期导向
中国	H	L	M	M	H
美国	L	H	H	L	L

注：H = 最前三位；M = 中间三位；L = 最后三位。

可以看出，在集体主义与个人主义、权力距离、长期导向三项下，美国和中国恰好处于两个极端。也就是说，中国占主导地位的价值观是群体和谐、凝聚力和一致同意；对不平等现象的持续和加剧有较大的包容，允许积聚财富并把财富传给后代（这一点对理解中国的家族企业具有很大的参考价值）；节俭，个人储蓄较高。而美国的价值观则强调个人成就、自由和竞争；国家更倾向使用税收或社会福利计划减少不平等现象；注重当前社会生活，多花少储。

这些文化方面的差异，或多或少的会反映到跨国公司中去，从而影响公司的治理结构。

2. 法律和资本市场的发展

跨国公司是时代的产物，是经济全球化的必然结果，当代社会倡导法律文化，注重

资本市场的发展，这些与公司融资方式及其治理模式密切相关。

良好的法律文化不仅使跨国公司有良好的生存环境，而且，在治理架构过程中，具有了依据和衡量标准。法律文化的内涵是丰富的，涉及跨国公司方面的内容也是丰富的。比如，关于产权法律制度的规定就是极为重要的，正是产权在国际范围内的进一步分离，才使跨国公司在海外的投资得以实现。东道国的产权制度直接影响着跨国公司的治理结构，因为产权制度背后是法律的规定，产权的多少又可以通过资本市场的融资反映出来。如果一国具有良好的法律文化，资本市场开放而健康，那么跨国公司的投资、融资都会得到良好的运作，为之而建构的公司治理侧重点也就会反映出来。

3. 制度移植

制度被视为一种抽象的假定不同，静态与动态统一的形式，它在现实中是复杂和多样化的。制度又是具有优劣之分的，好的制度能激发人的创造力，实现社会的公平；劣的制度却是阻碍社会发展的。正因为如此，可以通过移植好的制度，促进一国社会的发展。制度移植的效应是显现的，移植效应说明制度系统的移植是在现存制度的基础上持续和渐进演化的。可以说，制度移植也需要一国社会发展到一定阶段，基本具有制度生存的环境后，才能发挥最佳作用。

经济学家认为，机会主义产生于委托—代理关系①。机会主义表现在代理人利用机会以侵犯委托人利益为代价来为自己谋利，其采取的手段包括：有目的、有策略地利用信息，按个人目标对信息加以筛选、掩饰和歪曲；违背对未来行动的承诺；对某种既有秩序的变相违反等。如何防止机会主义呢？解决机会主义问题的方法在于建立一套合理的制度，而不是寄希望于代理人有高尚的献身精神②。这套制度包括产权制度、监督制度、信息公开制度等，这些是可以移植的。

跨国公司的发展突破了国界，跨国公司在母国的治理机构本身就是一系列制度的结合，所以，从一定意义上说，跨国公司走出国门的过程也正是东道国移植治理制度的过程。从另一个角度理解，东道国的公司治理结构必然受到移植制度的影响。

东道国所移植的公司治理制度不是简单的，因为这种制度背后带有诸多的社会烙印。新制度经济学认为，应强调经济社会制度的变迁作用，注重对历史的、经济的、文化的、法律的乃至政治的因素分析。这说明，制度不是孤立存在的，它受一国传统经济社会制度的影响。因而，跨国公司在移植制度的同时，一定要注重理念的培育，注重研究与之而来的理念的内涵及状态。所以，当代社会一国文化理念、制度的输出是最为有影响力的。在中国，我们在移植制度的同时，要注意保留传统优秀的文化及理念，注重本国制度与他国制度的融合，提升中国文化的价值内涵，这样的策略才是正确的。

一般来说，跨国公司倾向于选择制度生产成本或缔造成本低的国家建立子公司，因为，与本国制度环境相似的东道国更有利于治理机制的运行。所以，移植制度不是单一的，需要制度生存的相似环境，如果没有相似的环境，那么，只要是能促进社会进步的、能促进经济发展的环境因素，就必须要培育，这是一国政府责无旁贷的责任。

---

① 梁小民. 微观经济学纵横谈[M]. 北京：三联书店，2000.

② 梁小民. 微观经济学纵横谈[M]. 北京：三联书店，2000.

4. 公司发展阶段及家族等因素的影响

跨国公司治理主要是协调母子公司之间的关系。母子公司之间究竟是集权还是分权倾向，这有不同文化背景的影响，但也与跨国公司的发展阶段密切相关。“从跨国公司的发展阶段来看，跨国公司母子公司的治理一般会经历集中控制——分权——再集中的演变过程”。① 在跨国公司开展海外业务之初，因其规模较小，譬如初生婴儿，既没有独立之必要，也没有独立之能力，一举一动，都由母公司主宰，这是第一阶段之集权。随着海外业务扩张，子公司数量增多，独立性增强，“海外子公司也渐渐由母公司战略的被动执行者转变为积极参与者，由母公司知识与技术的转移者变为知识与能力的贡献者”，② 这时候是子公司各自为战的阶段，是分权。随着全球化程度的加深和跨国公司海外子公司活动领域的拓展，这要求企业必须在全球范围内整合资源，统一战略，是权力的再集中。

如果注意到这种因素的影响，我们在研究各国跨国公司治理结构的时候，既要现时性的比较，也要注意历史性的比较。如果忽视公司特定发展阶段的特殊性对组织结构的影响，强行推行某一国的“先进”经验，可能会方凿圆枘，有害无益。

如果一个国家的公开资本市场规模较小或根本不存在，企业所有者就有必要从内部筹措资金，并将剩余资金投入到他们可以直接控制的其他业务中。这样就逐渐产生了家族集团、家族跨国公司。家族企业广泛存在于发展中国家和许多发达国家，在许多国家，跨国公司在治理上受家族的影响很大。

家族集团之所以存在，部分原因在于它们弥补了缺失或欠发达的经济制度，因而，家族集团多存在于发展中国家。发展中国家的法律体系往往不够健全，商业关系间缺乏信任，通过将家族成员安置在关键岗位上，所有者就可以降低风险。所以，家族跨国公司集团的治理会受到家族的极大影响。

（二）影响跨国公司治理的内部因素

跨国公司治理的实质是母子公司的治理，但是，这不仅仅体现在一个基于母子公司的权力划分结构及旨在保证母子公司权责利制衡关系的刚性治理结构，而是在于要有超越于公司治理结构层面上的一套完备有效的治理机制系统。这个系统生存于公司内部，直接作用于公司的前进与发展。显然，清晰影响公司内部治理机制系统的因素极为重要。一般来说，可以从以下几个因素认识。

1. 所有权和决策权的配置

跨国公司治理机构是通过一系列制度体现出来的，制度如何影响公司的行为选择取决于决策权如何配置，而决策权的配置又取决于公司产权的安排，实质是所有权的配置。对跨国公司来说，通过权力的配置，要达到一个维度，即恰当地划分母公司决策与子公司决策问题，以及直接控制与间接控制之间的边界。

在跨国公司内部治理中，母公司以某种方式对子公司决策进行一定的限制是组织体的一种重要表现，但是，由于子公司信息主要是掌握在海外子公司内部，这样，把决策

① 李维安. 公司治理学[M]. 北京：高等教育出版社，2011.

② 薛求知. 当代跨国公司新理论[M]. 上海：复旦大学出版社，2007.

权集中在母公司就必须有两个基本前提条件：一是母公司必须掌握足够的子公司的信息；二是这样一种集中管理及决策的方式所需要的信息应该有限。这个条件不仅适用于母子公司之间，而且也适用于母公司内部及子公司内部，而在公司内部决策权的配置及其母公司决策和子公司决策之间的分野，从根本上来说，主要是由产权决定的。产权具有排他性，排他性是其基本特征。跨国公司治理需要按照产权排他性及其程度配置决策权，从而明晰公司内部以及母子公司间的关系。

在单一公司决策中，由于是公司自身意志的体现，所以不存在强制性约束。而在跨国公司这一集团公司领域中，由于必须形成“集体意志”，一般先要就决策规则和程序达成一致，然后才能进行具体的选择和决策，所以，这就存在着强制性约束，集团子公司的偏好不能自由地得到体现和满足。对跨国公司来说，其战略目标具有国际性，对于涉及的众多子公司，其利益通常是间接的和非相互性的，目的也未必相同，机会成本不断变化，所以，存在着很高的监督成本和强制执行成本。具体需要怎样的监督和执行成本，从根本上说，还是回归到产权配置上，所有权和决策权的配置影响跨国公司内部治理结构的构建。

2. 公司融资结构

公司融资结构是指跨国公司债务资本与权益资本的构成及其比例关系。表面上看，融资结构只是在很大程度上决定企业偿债和再融资能力，它只是影响企业财务形象的重要指标，但是，公司融资结构背后却是与治理结构紧密相连的，因为这是决定企业未来盈利能力的重要指标，它必须通过公司治理发出命令。由于合理的融资结构可以降低融资成本，充分发挥财务杠杆的作用，使企业获得更大的自有资金收益率，不合理的融资结构却会使企业背负沉重的财务负担，使企业承受较大的财务风险，所以，不同的融资结构背后能反映出公司内部治理的状况，并影响着公司的发展。

从跨国公司经营管理者的角度看，如果融资结构不合理，一旦发生财务危机，管理者的职务和利益将受到重大影响，所以，经营管理者倾向于较少地使用财务杠杆，并在实际决策中尽量降低债务资金的比例。但是，从公司的所有者角度来说，往往不愿分散其控制权，不愿增发新股而要求经营者去举债。这样，管理者与所有者的分歧，就可以通过公司治理结构体现出来，成为决定资本结构的关键因素。反之，资本结构对公司治理具有较大影响，能反映出公司治理结构状况。

3. 董事会结构

公司董事会对各股东负责，以公司和股东的利益为目标是他们的最大使命。跨国公司也是如此。在一个跨国公司中，董事会负责监察管理层的表现及工作进度，当公司利益跟个别董事的个人利益有冲突时，他们也确保董事会有适当的制度维护公司的利益。1997 年，保罗·W. 麦卡沃伊等对美国 154 家公司进行了调研，发现在这 154 家公司中，拥有积极的和独立的董事会的公司与经济增加值之间存在正相关性。显然，在一个公司中，公司董事会具有举足轻重的作用。事实上，它在公司治理结构中处于核心地位。

董事会由公司董事组成，董事可分为执行董事与非执行董事（包括独立非执行董事）。执行董事除了在董事会的职责外，还作为雇员，担当公司的行政职务，并另取酬金；非执行董事是外来的，是在公司中没有职务的董事。显然，董事会中执行董事与非执行董事的比例直接影响着公司的治理，尤其是独立非执行董事的比例对公司的治理影响很大。因为独立非执行董事可出席所有的董事会，可发表个人的意见，并且如有相反和不认同的意见，董事会秘书必定要把他的意见反映在会议记录上；在有关联的事项上，独立董事可向股东提交独立董事委员会报告书。可以说，独立董事本身就是跨国公司治理结构的一部分。

4. 公司章程的一般结构

公司章程是公司存在和活动的基本依据，是公司行为的根本准则，是规范公司行为的内部制度，它之所以对公司、股东、董事、监事和高级管理人员均具约束力，是因为公司章程本身就是公司治理的缩影。

公司章程反映出公司的组织形式和行为准则。在跨国公司中，公司运作模式的形成有赖于一个比较完备而又具有可操作性的公司章程。所以，公司章程的结构直接展现出公司的治理理念和基本的治理结构。

一般来说，一国的公司法对公司治理有比较明晰的规定，但是公司法的规定带有普遍性，而公司章程具有特殊性，它是针对公司自身状况，在不违反公司法规定的基础上，对公司自身治理的完善①。

章程对于公司的作用犹如宪法对于国家的作用，所以，公司章程一旦确定，就指导着公司的治理工作，因而，了解一个公司的治理状况，可以透过该公司章程上的规定予以明晰。

5. 信息披露质量以及员工在公司决策中的参与程度

按照中国《现代汉语词典》的解释，在信息论中，信息是指用符号传送的报道，报道的内容是接受符号者预先不知道的②。

公司信息披露质量是公司治理作用的结果，反映着公司治理的状况；公司员工在公司决策中的参与程度与公司信息的披露直接相关，也反映着公司治理的状况。

在信息社会，信息只有公开和流动起来才具有价值。按照《现代汉语词典》的解释，公开是指“1. 不加隐蔽；面对大家（跟‘秘密’相对）；2. 使秘密的成为公开。”③ 跨国公司一般都是上市公司，对信息披露有严格的规定，而这些严格的规定是通过公司治理予以实现的。

信息公开，也有助于公司员工对公司决策的参与。员工参与就是个人对公司、工作角色和同事的依附程度。要使公司员工参与公司决策工作，员工就需要了解有关的决策信息，所以信息公开是基础。但是，员工参与决策的程度如何，并不取决于只了解有关信息，这就需要在公司治理中确定公司员工的地位。不同的公司治理结构下，公司员工参与公司决策程度是不一样的。

员工适当参与跨国公司的决策具有重要意义。在员工积极参与时，管理者就不用强

---

① 中国 2006 年 1 月 1 日起正式生效的新《公司法》充分尊重当事人意思自治，赋予了公司章程较大的灵活性，公司股东对公司的诸多事项拥有选择权或者决定权，这都可以在公司章程中予以明确。

② 中国社会科学院语言研究所词典编辑室．现代汉语词典[M]．增补本．北京：商务印书馆，2002：1404.

③ 中国社会科学院语言研究所词典编辑室．现代汉语词典[M]．2 版．北京：商务印书馆，1983：384.

迫他们工作，也无需监视任务的执行状况。由于员工的参与，可以调动员工的内在积极性，能够出色地完成工作。员工参与决策也是人力资本的具体运用，是公司治理新理念的体现。

以上这些要素决定了不同的公司内部主要利益相关者的权力格局以及组织架构和决策过程。跨国公司的全球战略、技术模式、规模、组织文化，以及跨国公司面临的国际环境均会对跨国公司组织结构的选择产生影响。对具体的公司而言，因为公司面貌的差异，上述各个因素的影响很难统一说哪一个更重要。

参考文献

[1] 张维迎. 所有权、治理结构与委托—代理关系[J]. 经济研究,1996(9).
[2] 张维迎. 企业理论与中国企业改革[M]. 北京:北京大学出版社,1999.
[3] 施天涛. 公司法论[M]. 2 版. 北京:法律出版社,2006.
[4] 周新军. 跨国企业的公司治理研究——中外跨国公司治理模式的比较与选择[M]. 北京:高等教育出版社,2005.
[5] 余劲松. 跨国公司法律问题专论[M]. 北京:法律出版社,2008.
[6] 冯果,艾传涛. 控股股东的诚信义务及民事责任制度研究[M]//王保树. 商事法论集(第六卷). 北京:法律出版社,2002.
[7] 何维达. 公司治理结构的理论与案例[M]. 北京:经济科学出版社,1999.
[8] 丹宗昭信,厚谷襄儿. 现代经济法入门[M]. 谢次昌,译. 群众出版社,1985.
[9] 高明华,等. 公司治理学[M]. 北京:中国经济出版社,2009.
[10] 应松年,朱维究. 行政法学总论[M]. 北京:法律出版社,2000.
[11] [美]阿道夫·A. 伯利,加德纳·C. 米恩斯. 现代公司与私有财产[M]. 北京:中国商务出版社,2005.
[12] 侯若石. 美国企业重建社会责任[N]. 环球时报,2002-09-16.
[13] 胡祖六. 安然事件启示录[J]. 财经,2002(7).
[14] [法]拉尔松,[中]赵纯钧. 中国跨国企业研究[M]. 北京:机械工业出版社,2009.
[15] 博登海默. 法理学—法哲学及其方法. 北京:华夏出版社,1987.
[16] [英]珍妮特·丹恩. 公司集团的治理[M]. 黄庭煜,译. 北京:北京大学出版社,2008.
[17] [美]默登海默. 法理学——法哲学及其方法[M]. 北京:华夏出版社,1987.
[18] [美]小艾尔弗雷德·钱德勒. 看得见的手——美国企业的管理革命[M]. 北京:商务印书馆,1987.
[19] 王跃生. 没有规矩不成方圆[M]. 上海:三联书店,2000.
[20] 赵涛. 股份制——现代企业的重要形式[M]. 北京:经济科学出版社,1997.
[21] [日]松本厚治. 企业主义[M]. 北京:企业管理出版社,1997.
[22] [美]加里·贝克尔. 必须正确使用期权[J]. 商业周刊,2002(9).

[23] 李维安,等. 美国的公司治理:马奇诺防线[M]. 北京:中国财政经济出版社,2003.
[24] 梁小民. 微观经济学纵横谈[M]. 北京:三联书店,2000.
[25] 李庆钧,陈建. 中国政府管理创新[M]. 北京:社会科学文献出版社,2007.
[26] 徐增辉. 公共选择理论与西方新公共管理的兴起[J]. 理论导报,2008(5).
[27] [美]戴维·奥斯本,[美]特德·盖布勒. 改革政府[M]. 上海:上海译文出版社,1996.
[28] [澳]欧文·E. 休斯. 公共管理论[M]. 彭和平,周明德,金竹青,等译. 北京:中国人民大学出版社,2001.
[29] 许青,陈鸿惠. 政府社会管理和公共服务学术研讨会综述[J]. 同济大学学报(社会科学版),2004(4).
[30] 陈振明,等. 提高政府社会治理能力,构建社会主义和谐社会[J]. 东南学术,2005(6).
[31] [美]詹姆斯·布坎南. 自由、市场和国家[M]. 北京:北京经济学院出版社,1988.
[32] 王名,刘培峰. 民间组织通论[M]. 北京:时事出版社,2004.
[33] 游五洋,陶青. 信息化与未来中国[M]. 北京:中国社会科学出版社,2003.
[34] 赵曙明,彼得·J. 道林,丹尼斯·E. 韦尔奇. 跨国公司人力资源管理[M]. 北京:中国人民大学出版社,2001.
[35] [美]马格丽特·布莱尔. 所有权与控制:面向21世纪的公司治理探索[M]. 北京:中国社会科学出版社,1999.
[36] 宋玉华,等. 美国新经济研究——经济范式转型与制度演化[M]. 北京:人民出版社,2002.
[37] 周新军. 跨国企业的公司治理研究[M]. 北京:高等教育出版社,2005.
[38] 王啬. 跨国公司组织结构[M]. 上海:上海财经大学出版社,2010.
[39] 李维安. 公司治理学[M]. 北京:高等教育出版社,2011.
[40] 薛求知. 当代跨国公司新理论[M]. 上海:复旦大学出版社,2007.
[41] Michael Barzelay. Breaking through bureaucracy: a new vision for management in government[M], Berkeley: University of California Press, 1992: 119-127.
[42] Korten D. When corporations rule the world[M]. Connecticut: Kumarian Press, 1995.